陳文石著

明清政治社會史論 上冊

任紹廷題

臺灣學生書局印行

前記

這裡所收的十五篇論文，有的已是三十年前的作品了。這些年來，雖然發現有些地方論證疏忽失妥，及新的材料陸續出現，應作增刪修正。但舊作爬梳重組更動，都不是目前能做得到的。所以只好仍其舊了。說來慚愧，這個集子，經蒐集、編排、校正至出版，都是張存武、蘇同炳和黃寬重諸先生的辛勞，我什麼都沒做。只有以深深的祝福，謝謝他們的感人風義了。

陳文石　一九九一年九月三十日於美國華盛頓

明清政治社會史論 目次

清人入關前的手工業……二八三

清人入關前的農業生活——太祖時代……三二七

清太宗時代的農業生活……三六五

清太宗時代的重要政治措施……四二三

明代馬政研究之一——民間孳牧

一、前　言

明太祖在即吳王位時，已清楚的看到羣雄逐鹿的局面，即將結束。在內部定於一尊之後，隨之而來的，是與蒙元王朝進行最後的民族戰爭。這一場戰爭，無論是以百戰大軍乘銳取勝，將其逐出中國；或蒙元見大勢已去，北歸自退，都仍將擁有相當力量，出沒塞上，展開持久性的侵犯。爲了保障帝國北疆國防的安全，必須及早準備迎接長期的堅苦戰鬥。根據歷史經驗，對付北方沙漠上的敵人，從純軍事解決的行動上說，不外兩途：一是採取主動，以攻爲守，動員大軍深入窮追，將其徹底擊潰。雖不能做到邊塵永靖，至少可以得到一個相當時間的安定。但這不可能一舉成功，必須持續出擊。二是以守爲主，嚴疆佈防，來則痛創使接受侵略教訓，不敢輕易犯邊，亦可以維持斷斷續續的安定。但無論積極的攻，或消極的守，第一個先決條件，必須有強大的騎兵，攻可以深入窮追，守可以機動應援。而建立強大的騎兵，除人的條件外，首先必須有能適應特殊地理環境馳騁作戰的軍馬。不但在師行赴戰時兵與馬的配屬與敵人一樣，且有足夠的訓練有素的備用馬，可以一波一波的補充上去，直到贏得最後勝利爲止。不能因爲補充難繼，使功敗垂成。這一個首要的條件，雖然由於自然地理氣候環境等特殊條件的限制，北方沙漠上的敵人，歷代以來，似乎都一直佔著優勢，但中國王朝，爲了安定，爲了生存，也極力設法彌補自己在這方面的弱點。

明太祖在未即位前，對未來與蒙元的作戰計劃，已決定了以攻爲守的戰略。對追逐戰中機動靈活衝刺力強的戰馬，也開始著手準備。即位之後，更積極推動馬政，設立牧馬千戶所，牧羣監，太僕寺，行太僕寺，以孳牧戰馬。設立茶馬司、鹽馬司，以茶鹽與邊境部族易馬❶。撥給親王勳戚公侯草場牧地，使大量養馬❷。外藩進貢貿易，鼓勵用馬。各處土官秋糧，常賦折馬❸。《弇州史料》云：「高帝時，南征北討，兵力有餘，唯以馬爲急，故分遣使臣，以財貨於四夷市馬。而降虜土目來朝，及正元萬壽之節，內外屏藩將帥，皆用馬爲幣。」❹而培育馬源最主要的措施，是太僕寺所領民牧與苑馬寺所領軍牧。

成祖久居塞上，禦敵沙漠，當然更深知「這馬是朝廷的大氣力。」❺即位之後，復準備對北方持續大舉用兵，所以馬政之推行，更爲積極。規模範圍，亦更爲擴大。除在邊境特開馬市，大量購入，選作種馬及撥軍操備之外，並在自遼東至甘、陝沿邊廣水草地區，設立苑馬寺，實行官牧。民間孳牧，亦擴及北京順天等八府卅縣。至永樂二十二年全國馬數，已由永樂元年三萬七千九百九十三匹，成長到一百七十三萬六千六百一十八匹。宣宗時，養馬地區，復擴及河南開封及山東東昌、濟南、兗州三府，正統時河南彰德、衞輝、歸德三府州縣亦開始養馬。

宣德初，馬大蕃息，別其毛色二十五種，遍野雲錦，乘輿特駐驊臨閱，這可能是中國王朝擁有軍馬最多的時期。但亦自此而後，馬政漸疏。而北方沙漠上的形勢，亦在發生變化。正統十二年調馬二萬匹入備京師，已是訊號。十四年，也先聯諸部入犯，京畿所養馬被掠一空。此後馬政每下愈況，法令亦一變再變。由課駒而折色，由折色而買俵，由買俵而盡賣種馬，由賣種馬而征銀，征銀以資團營買馬。及至太僕寺貯銀動用一空，國家亦無馬可用。《皇朝馬政紀》云：「及以種馬不徵駒而買俵，則種馬始廢，孳息源絕。又自種馬半賣全賣，則種馬盡廢，孳牧羣空。即有寄養存，而官民皆無馬，惟藉于買，取諸市貨而已。以國家兵戎大事，乃寄之商買，政事可以見已。」❻及至崇禎年間，「街巷見一馬，比之麒麟行地，共指爲祥。間有一二養馬之家，官府必行勒取。匿馬不與，即屬禍胎。非詛馬速斃，家必不全，於是相戒以養馬爲祟。」❼與成宣時戰騎雲錦，阡陌成羣之盛況，眞天壤之別。當時流寇每破一城，「必先下令括馬，或質人之父，放其子令其購馬以贖。自丁啓睿、楊文岳相繼敗績後，兵民之馬，盡爲寇資。」❽起初官軍尚可與亂軍追逐作戰，論剿議撫。到後來官軍連尾隨覘敵的機會都沒有了。從馬政的盛衰，很可以印證明代國運隆汚的動向。而馬政變遷的主要關鍵，即在軍牧與民間孳牧。

討論明代的馬政，這是一個非常有趣的問題。一方面可以看到當時君臣上下爲孳育軍馬苦心焦思，克服種種困難的精神。不只是在量上追求優勢，在質上對馬的品種氣質，適應特殊地理條件自然環境作戰的養育與訓練，都認眞的研討改進。而且某些地方，做的頗爲成功。在另一方面，也可以看到馬戶不堪賠累，墮胎戕駒，賣妻鬻子，破家逃亡的悽慘境況，以及國家無事時，馬大蕃息，雲錦成羣，而朝野困於養馬的尷尬局面；國家有事時，需馬如血，而無馬可用，君臣相對嘆息的苦痛處境。這牽涉到政治的、經濟的、社會的、地理的，以及對外態度、國防理論、時代精神等種種複雜問題。由明代馬政的種種措施，從以戶馬爲種馬，以種馬爲解俵，以解表爲寄養，以寄養爲買俵，以買俵而徵銀，卒至銀馬兩空，其興衰變遷，痛苦經驗，不只是明代一朝所遭遇的困擾，也可以說明元代以前中國歷代爲軍馬問題所遭遇的困擾情形。本文擬討論的，將只限於其中民牧中的民間孳牧部分❾，其他問題暫不涉及。

二、牧養地區

在沒有敍述牧養地區以前，需先說明掌理孳牧機構由羣牧監官牧到地方有司民牧的演變經過。

《皇朝馬政紀》云：「太祖高皇帝武功定天下，以所歸馬置廐牧之，設牧監羣官司之。」「牧監羣者，編戶爲羣，羣長養馬之法，官牧也。」❿初，明太祖都金陵後，即命應天、太平、鎭江、廬州、鳳陽、揚州六府及滁、和二州民領馬飼養，以供軍前調用⓫。洪武六年，設羣牧監於滁州⓬，旋改爲太僕寺，秩如舊。「始定養馬之法。命應天、廬州、鎭江、鳳陽等府，滁、和等州民養馬。江北以便水草，一戶養一匹，江南十一戶養一匹。官給善馬爲種，率三牝馬置一牡馬，每一百匹爲一羣，羣設羣頭、羣副掌之。牝馬歲課一駒，牧飼不如法，至缺駒損斃者責償之。其牧地擇旁近水草豐曠之地，春時牧放游牝，秋冬而入，寺官以時巡行羣牧，視馬肥瘠而勸懲之。」⓭

這裡需要提明的，是洪武六年以前應天、太平、滁、和等州縣民所養官馬，主要爲軍前徵發調撥之用。至羣牧監設立後，由官給善馬爲種，配組編羣，始以蕃息孳生爲主。及太僕寺設立，羣牧監成爲其下級機構，監內組織，一仍其舊，設監正、監副及其他屬官雜吏。監下設羣，以實際管理牧放蕃孳及稽查騎使作踐等事項。如是羣統於監，監統於太僕寺，寺專督理，而統於兵部⑭。

洪武七年，增加牧監羣二十七處，計五牧監一百二十羣⑮。九年爲一百四十八羣⑯，十年置滁陽等五監四十八羣，十九年置句容等十四羣，二十年置承仙等五羣，二十二年置永勝等四羣，計十二牧監，一百二十七羣⑰。二十三年置江東、當塗二牧監十九羣，旋罷去九牧監五十四羣，改置永安等七羣，遂定爲十四牧監，九十八羣⑱。二十八年，有言民間馬戶，既養孳生馬匹，復供有司差役，重複苦累者，事下廷臣會議。廷議言宜省牧監羣，令有司兼掌爲便。於是乃盡罷牧羣監官及監羣一百一十一處，「以牧監羣馬歸有司，專令民間孳牧，太僕寺督理。」⑲

現存牧監羣資料，已不夠完整，且時有置廢，所以尚不足說明自洪武六年到二十八年所設牧監羣數及實際孳牧狀況⑳。就當時牧監羣所有種馬而言，洪武九年十二月太僕寺報告是年直隸江淮間共有一百四十八羣，畿甸民養馬者一萬五千戶，孳生種馬二千三百八十四匹㉑。十年三月實錄記種馬一萬七千三百八十五匹㉒。二十三年調整江北養馬民戶爲五戶養馬一匹時，曾云「仍命太僕寺江南北各存牝馬萬匹，爲孳生種馬。其餘悉數發草場牧放。江北之人，每戶再給鈔三百貫，別市種馬孳生，以補見缺之數。」㉓依一牡三牝編組計算，牝馬二萬匹，牡馬應有七千匹，種馬牡牝總數當在二萬七千匹左右。而是年十月六日初置江東、當塗二牧監十九羣，十七日兵部奏「太僕所畜種馬，已有定數，而所設羣監過多，宜加裁革之，以汰冗官。」㉔於是遂汰監羣官四十三人。兵部所謂種馬已有定數，當即指前述史料而言。所以十一月十日復罷去五十四羣，定爲十四監，九十八羣。由此忽置忽廢，可知當時監羣之雜亂及所以淘汰整編，重新規劃之原因㉕。

當時領養孳牧州縣，計前述應天等六府所屬四州二十八縣與滁、和二州所領三縣，共六州三十一縣，就二十三年所定滁陽、大興、香泉、儀眞、定遠、天長、長淮、江都、句容、溧陽、溧水、江東、當塗、舒城十四牧監言，計江北者九監五十四羣，江南者四監四十三羣。二十八年改隸地方有司之後，領養地區仍舊。皆環在京畿周圍，今江蘇、安徽兩省境內，亦以拱衞京師，便於征調之意。

自洪武六年到二十八年，爲太僕寺直接指揮牧監羣孳牧時期。太僕寺之組織，無需敍述。這一個時期所孳生馬駒數，洪武九年十二月太僕寺奏自六年至九年共得駒二千一百九十五匹，十年爲二萬一千八百十六匹。十八年爲二萬五千九百十五匹，二十六年爲一萬七百餘匹，二十八年爲九千四百零七匹[26]。

洪武二十八年三月以民間上言「馬戶既養孳生馬匹，又於有司供應差役，一戶兩差，實爲重複。」而將牧監羣馬歸有司管理，實因爲「府州縣專理民事，牧監羣專理民戶馬。府州縣重民，牧監重馬，各有所責，權勢不一，法令牽涉，互爭未定。」所造成[27]。因此在廢牧監後復榜示云：「江南一十一戶，江北五戶，共養馬一匹，皆係同鄉同里，丁力多寡，田產厚薄，彼此相知。富者助貧，貧者安業，不待官府號令，自能相助，豈不人情和睦，風俗淳美。今有丁多之家，倚恃豪強，欺壓良善，著令丁少人戶，一般輪流養馬，靠損小民。甚至略無人心，著令幼兒寡婦篤疾殘廢，一概出備馬錢，有傷風化。榜諭之後，務要依照原編人內，儘丁多之家做馬頭，養馬一匹。或兩三人丁相等富貴之家餵養，並不許著令丁少人戶輪流。設有倒損虧欠，其餘人戶，止是津貼錢鈔買馬。其丁多大戶，敢有不行自養馬匹，仍前輪流，靠損小民者，及著令幼兒寡婦篤廢殘病，一概出辦買馬者，許諸人綁縛赴京，全家遷發邊衞充軍。如馬頭家生畜不旺，許令貼戶家看養。」㉘上引榜文，顯然是針對所述各項弊端，重申當初所定民戶丁田養馬標準。其中所言種種問題，亦即羣監官與地方有司權責混亂所引起，一重馬，一重民，結果造成馬不蕃息，民亦受其累。所以調整管理指揮系統，劃一事權，並規定各州縣養馬數目㉙，及馬頭貼戶各自責任，犯者邊衞充軍，予以嚴懲。此說明了當時牧監羣官與地方有司各自爲謀，權責不清，大戶在法令牽制下，得夤緣勾結，靠損小民的嚴重狀況，也說明了明太祖對馬政重視的情形。

改制之後，國家所課人民田賦差役，都納入統一管理系統。一切課征分派，都由地方政府辦理，自是指揮靈活，督理方便。於是府設通判，州設判官，縣設丞或主簿，俱一員，專掌馬政㉚。

洪武六年到二十八年改制，《大明會典》稱爲廐牧時期，文云：「凡廐牧，洪武七年初設羣牧監，十三年增滁陽等五牧監。二十三年定爲十四牧監。二十六年定凡太僕寺所屬十四牧監，九十八羣，專一提調，牧養孳生馬贏驢牛。其養戶俱係近京民人，或十戶或五戶共養一匹，每騍馬歲該生駒一匹。若人戶不行用心孳牧，致有虧欠倒死，就便着令買補還官。每歲將上年所生馬駒，起解赴京，調撥本寺。每遇年終比較，或羣監官員怠惰，或人戶姦頑，致有馬匹瘦損虧欠數多，依例坐罪。二十八年，廢牧監，始令民間孳牧。」㉛《皇朝馬政紀》凡例稱廐牧時期所孳牧馬爲戶馬。「當戶馬時，天下初定，尙取之征伐，不專主孳息，故曰戶馬，亦曰廐牧。及種馬時，天下大定，不用征伐，專主孳息，故稱種馬，亦曰孳牧。」上引《大明會典》復云「廐牧中有孳牧，有寄牧，有放牧，是孳牧亦即廐牧。」由上引文字，可知無論在牧監羣官牧時期，或地方政府提調民間孳牧時期，內容並無不同。稱爲戶馬，蓋以其初時類宋王安石戶馬之意。

以上是明太祖在南京畿區推行馬政的情形。洪武三十年，設北平、遼東、山西、陝西、甘肅等行太僕寺，並定牧馬草場㉜。此屬軍牧及衛所孳牧，非本文擬討論範圍。建文改元，典章制度，銳意復古，馬政設施，亦有所變動。《明史》：「建文中，陞（太僕）寺丞品秩，又改其首領官職名，增設錄事，及典廐、典牧二署，驌驦等十八羣，滁陽等八牧監，龍山等九十二羣。成祖復舊制。」㉝

靖難之變，大河南北與兩淮地區受創甚鉅，太祖三十年所經營的馬政，亦隨戰火摧毀殆盡。成祖即位，諭兵部「馬政國家重務，今畜牧之法廢，宜爲定制，責其成效。」重新整頓。因奏定：「每牡馬一匹，配牝馬三匹，牝馬歲育一駒，牡馬騸馬，許軍士騎操，而非有警急亦不許。非有大調發，種馬皆不得差遣。」仍由太僕寺專其政。非太僕所屬者，都司衛所委官董之，每歲比較㉞。當時以需馬甚急，所以復特在邊境開設馬市，向迤北各族大量購馬。凡以馬至者，牡馬或全市或市其半，牝馬則盡市之。一則爲充實戰備及孳牧種馬，一則亦爲緩和國防緊張情勢。同時並自遼東至陝甘沿邊廣水草宜放牧地區，設立苑馬寺，就所市馬，撥寺分發監苑給軍孳牧，爲邊防衛所軍馬馬源。永樂四年，爲加強地方孳牧，直隸應天、鎭江、揚州、廬州、鳳陽、太平六府所轄五州二十九縣及滁、和二州，全椒、含山二縣，州各增設判官一員，縣增主簿一員，不兼他務，專理馬政㉟。是年殿試，並以漢、唐、宋馬政耗息之故，策問士子，探討歷史經驗㊱。但到永樂十年，成績仍不甚理想。諭兵部云：「朕用心馬政有年，戒諭所司亦至矣，而蕃息之效未聞。」故特嚴飭太僕寺及各都司衛所管馬官，盡心從事，以歲終孳生實數，作爲勤怠賞罰標準㊲。同時並開始規劃北方地區養馬。《皇朝馬政紀》：「永樂十年，定順天、保定、河間、眞定、順德、廣平、大名、永平八府士民計丁糧編戶餵養孳生馬匹，名曰戶馬。」㊳復命兵部選達官善養馬者，分赴各地，教導畜養方法㊴。十一年定順天等府所屬州縣養馬如滁州太僕寺例，五戶一馬，遣給事中、御史同司牧官赴州縣散給㊵。

順天等府養馬，這是兩京政治中心養馬之始。成祖即位後，首改北平爲北京，已隱然兩京竝峙。成祖久居塞上，日與北敵相接，當更能瞭解太祖「胡戎與西北邊境，互相密邇，累世戰爭，爲選將練兵，時謹備之。」之遺訓㊶。及至永樂七年邱福等元功宿將率大軍討本雅失界慘敗，乃決意親征。此後六師屢出，皆以北京爲動員中心。所以永樂十年命北京民分養孳生馬，乃軍國固本，安內居重，爲未來京師集結拱衞力量。

永樂十一年所定養馬例，分免糧與不免糧兩種。免糧者五戶一馬，不免糧者七戶一馬。所謂不免糧者，係因事編發種田人戶。用心牧養，可免罪爲良民㊷。十三年，以論戶養馬，其間丁有多寡，頗爲不均，命太僕寺與戶、兵兩部議負擔均平之法。於是議定以丁計算，十五丁以下養馬一匹，十六丁以上者養馬二匹。遷發爲民者不論丁，仍七戶養一馬㊸。十四年，以馬日蕃息，順天等府牧養人丁不足，復定北方民五丁養馬一匹㊹。十五年，南太僕寺亦以馬多，原養馬府州縣難以牧養，於是散給安慶、寧國二府及廣德州所屬州縣。並重定鳳陽、滁、和等府州養馬例，江北者五丁一馬，江南者十丁一馬㊺。十八年，北平苑馬寺牧馬軍士調充保安守備，乃罷北平苑馬寺六監二十四苑，以其馬屬北京行太僕寺，令民間孳牧㊻。

需要順便說明的是南北太僕寺名稱的變更，洪武三十年建北平行太僕寺，永樂元年改北平行太僕寺爲北京行太僕寺，十八年定都北京，北京行太僕寺亦改稱爲太僕寺，洪熙元年復稱北京行太僕寺，正統六年，定爲太僕寺，其舊在滁州者改稱南京太僕寺。本文爲行文方便，稱爲南太僕寺，北太僕寺。

永樂年間，爲馬政成績最佳時期，由永樂元年國家軍馬三萬七千九百九十三匹，二十二年發展到一百七十三萬六千六百一十八匹[47]。然亦因馬日蕃息，畿內之民，困於牧養。仁宗即位，經成祖連番國內外大活動之後，對內對外，都採取休養生息政策，所以將牝馬年課一駒，改爲二年一駒[48]，以減低孳生率，並用以緩和馬戶納駒之困。當時兵部並建議令山東、山西、河南、陝西、浙江、江西、湖廣七布政司及南、北直隸府州縣文武衙門，每官給馬乘坐，聽令牧養，其孳生一如民間事例。都指揮使、布政使、按察使及衞所府州縣各衙門正佐官亦皆給馬，由太僕寺及都司、布政司提督考較，用寬畿甸之民。事已行，終以官僚階級以此舉貴畜賤士，反對而罷[49]。仁宗在位一年而卒，宣宗英姿睿略，克繩祖武，即位後頗留心馬政[50]。宣德元年，遣官分赴大名府及山東、河南諸郡勘核軍民丁力，並審土地之宜，以備散給分養[51]。宣德三年，兵部奏兩京太僕寺幷陝西等行太僕寺苑馬寺軍民牧養至今，遠者三、二十年，近者十餘年，丁力消長不一，馬之增損不同，請以現有馬數，重新審編均派，而順天等七府見養種馬幷宣德元年以前孳生馬駒十九萬七千四百八十四匹，原編養馬者止有二十一萬二千六百三十九丁，其中有馬已他給，已死未補，及新丁堪養馬者，總二十三萬五千七百八十三丁，俱未關馬，亦宜重新編排。於是遂定北直隸每三丁養牝馬一匹，二丁養牡馬一匹。時南太僕寺馬亦蕃息，令淮安等府如例編丁領養[52]。

蕃息日多，減少養馬丁數比例，止有增加畿內人民負擔。且馬爲人爲的有計劃的蕃孳，復有虧欠買補之令。故馬駒可保持一定速度的成長。但壯丁之增加，則不能如此自由控制。所以如不減少孳牧馬數，就必須擴大散養地區。宣德六年，經兵部勘覆山東、河南等牧地後，乃將孳生馬六萬一千餘匹散給濟南、東昌、開封等府分養。又因養馬人戶日多，如依直隸順天等府養馬免糧例，則所免太多，供給不足。於是乃定五丁養牝馬一匹，三丁養牡馬一匹，無論養牡養牝，俱不在免糧之例53。是年南太僕寺亦奏報應天等府馬多，原編養馬並新增人丁七十二萬四千七百四十丁，每五丁養馬一匹，而牡牝配合各有數，今牡馬領養數足，牡馬尚欠，且宣德五年孳生又增牝馬一萬餘匹，尚無人牧養，於是乃散給徐州、宿州民畜牧，聽候取用54。正統十一年，養馬地區復擴及河南彰德、衞輝、歸德等府55。自此之後，養馬地區，未再擴充，計北太僕寺所轄養馬州縣順天、保定、眞定、順德、廣平、永平、河間、大名、濟南、東昌、兗州、開封、彰德、衞輝、歸德等十五府，所屬十七州一二四縣。南太僕寺應天、鎭江、太平、鳳陽、揚州、廬州、寧國、淮安八府，所屬七州三十九縣及滁、和、徐、廣德四州所領八縣56。

三、免丁免糧與課駒

《皇朝馬政紀》云：「二祖于兩都近畿輔者，上供孳牧之馬；遠畿輔者，上供漕運之粟，非有所偏累。」「種馬課駒，即以爲糧丁正賦，此外未有他供。」57養馬「爲國家正役，自官吏監生生員陵海戶，皆不得免。」58養馬可免糧免役，所以也叫做賦馬。

洪武七年所定養馬區域，除江南江北，因自然地理條件有顯著差異而劃分五戶一馬與十一戶一馬大的區別外，各府州縣自然環境狀況，田賦戶丁多少，亦自各有不同。當時如何分配應養馬數目，及所言馬戶以丁力多寡田產厚薄爲差之標準如何，今存史料都不足做具體分析。同樣各地養馬免糧免役標準，也不夠清楚。如洪武六年詔戶部凡民間畜養官馬者，每匹免輸田租五石59。十三年，定鳳陽、揚州二府及和州之民畜馬一匹者，戶免二丁徭役60。十八年，定凡養牲馬一匹，免糧二十五石。牝馬一匹，免糧三十石[61]。二十三年，詔免滁陽、定遠、六合、長淮、天長、香泉、儀眞、舒城、江都等監養馬戶田租，民田全免，官田減半征收，著永爲定例[62]。又萬曆《六合縣志》與《舒城縣志》皆云凡養種馬民戶，其戶內田地稅糧盡皆免征[63]。

由上引各例看，論養馬及免役免糧，皆是以戶爲計算單位。其免糧或免役，蓋以各州縣地理條件不同，而因地不一。就其中洪武十三年與十八年雖有明確免糧免役數字，但說明亦不夠清楚。如十三年言鳳陽、揚州二府及和州之民畜馬一匹者，戶免二丁徭役。按《明史食貨志》記明初役法，「定於洪武元年，田一頃，出丁夫一人，不及頃者以他田足之，名曰均工夫。尋編應天十四府州，江西九江、饒州、南康三府均工夫圖冊，每歲農隙，赴京供役三十日遣歸。田多丁少者，以佃人充夫，而田主出米一石資其用。非佃人而計畝出夫者，畝資米二升五合。迨造黃册成，以一百十戶爲一里，里分十甲，曰里甲，以上、中、下戶爲三等，五歲均役，十歲一更造。一歲中諸色雜目應役者，編第均之，銀力從所便，曰均徭。他雜役曰雜泛。」「以戶計曰甲役，以丁計曰徭役，上用非時曰雜役。皆有力役，有雇役。」[64]男子年十六曰成丁，成丁而稅，六十而免。所言養馬一匹，戶免二丁徭役，依理推斷，當是以册丁輪役年分所負擔之徭役標準而言。輪役年分以養馬則不必應役，非輪役年分，以該年一切徭役總量之値，折合爲幣或官定糧價，然後折免應納稅數量目。而既然養一馬復二丁，則二丁一年所出徭役之總値，應即接近養馬一匹一年所費人工草料之總合，但史料中對此並未見有進一步說明。又免糧記載，以十八年所定養牲馬一匹免糧二十五石，牝馬一匹免糧三十石標準言，洪武年間賦則，「初，太祖定天下官民田賦，凡官田畝稅五升三合，民田減二升，重租田八升五合五勺，沒官田一斗二升。」[65]當然這只是籠統原則，各地都還有依土壤好壞產量多少而另有等第差別。就姑以民田每畝納糧四升計算，二十五石，等於六百二十五畝糧額，三十石等於七百五十畝應納糧數。依洪武年間米價平均一石銀三錢七分五釐計算，米二十五石值銀九兩三錢七分五釐，三十石值銀十一兩二錢五分[66]，此亦當接近養馬一匹一年之費用[67]。且就常情而言，養馬固然是正役，派養地區，人民不得不負擔。但既非全國性而爲地區性的，則養馬所費與免糧免役多寡，二者應彼此相近，負擔均衡，方爲合理。

免糧免役，今存史料，一直是一個籠統範圍的說明。而且所免多寡，也隨政府所散養馬匹數目而相互變動。成祖時爲了加速孳息，永樂十年，命順天、保定、河間、眞定、順德、廣平、永平等七府養馬時，依南京養馬例，五戶一馬，免馬戶稅糧。十三年，由依戶計算改爲以丁計算，十五丁養牡馬一匹，十六丁以上養二匹。十四年令北方人戶五丁養一馬，免其糧草之半。十五年，定南方養馬例，江北鳳陽、揚州、廬州三府及滁、和二州所屬州縣五丁養一馬，江南應天、鎭江、太平所屬州縣十丁一馬。後淮安府、徐州、廣德州養馬，亦依此例。宣德年間，因馬蕃息日多，初令順天等府二丁養一牡馬，三丁一牝馬，止免糧草之半。其後畿內民既不能無限領養，便只有擴大領養地區。政府復不願減少田賦丁力收入，所以其後河南、山東等地新養馬戶，丁馬比例提高，五丁一牝馬，三丁一牡馬，但不在免糧之例[68]。

就上所引民間領養資料而言，顯然只是依當時孳生駒數（包括虧欠賠償）而後論丁領養，「丁及數者與之，不及數者足諸他戶，不問其願與否也。」[69]馬數多，則州縣分養亦隨之增多。至人丁不足，依原來丁馬比例，馬多無丁領養，則減低丁馬比率。但地有典賣，丁有消乏。地去馬存，馬應歸得業之家；丁消馬在，馬應給丁多之戶。而事實上因爲養馬爲民間最重最苦負擔，因而欺弊滋起，勢豪富室率多賂免，惟累貧困。直到弘治年間，釐定州縣種馬數目，其弊始一時稍息。

洪武時初規定每牝馬必歲納一駒，缺失者買補。二十三年，定缺駒一匹，納鈔七百貫[70]，民間苦累不堪，致遠出購馬，歷年不歸，有斃于道路者[71]。牝馬年納一駒，本不合理。馬的妊娠期普通約三百三十天，發情週期當爲十天，發情四天至五天，爲最適當交配期間。雖然產後七至十一天即發情，可以進行交配，但一般情形，不容易受孕。一年一駒，有的馬在某一時期也許可能，但將所有牝種馬都依此計算成爲通則而課駒，事實上即不可能。此種情形，當時已經從經驗中發現，所以令每羣買附餘牝馬一匹，以備生駒抵補。萬曆《舒城縣志》：「洪武初，戰馬養於天下衞所民間，令江北五戶共養馬一羣，兒馬一，騍馬四，歲征一駒外，仍給鈔三百貫，買附餘種馬一匹，如原養馬無駒，則以附餘之駒補數。若皆有駒，許賣本羣無駒者還官。其戶內田地稅糧，盡皆免征。是五戶養六馬也。」[72]附餘馬即實錄所說從馬。《太祖實錄》：「江北之人，每戶再給鈔三百貫，別市種馬孳生，以補見缺之數。其正從馬二匹，官止歲收駒，餘聽民自鬻。」[73]雖然官給鈔買從馬，產駒以備頂補，但五牝馬未必即能年年出駒，此在原則上仍然是一牝馬（正馬）年課一駒。直到仁宗即位，始改爲二年一駒[74]。而且馬之生育年齡，亦一直沒有明確規定，景泰三年，始奏准凡牡馬十八歲以上，牝馬二十歲以上，免其算駒[75]。

凡孳生馬駒，依例是每歲初春，由羣長、馬頭將所生新駒解赴本州縣馬廠，經管馬官員醫獸驗看合格後，組隊解送。洪武時，江南者於三月初一日赴南京牧馬千戶所，江北者三月十五日赴滁州太僕寺，用云字小印印烙，如俵散作種者則用大印，給軍騎操者再用云字印。北方養馬後，亦如南京太僕寺之制，每年赴北京太僕寺印俵。此將於論俵解時敍述。

四、草場與孳牧

養馬州縣，都撥給草場牧地，供放牧之用⑯。如揚州府草場地共一千三百六十七頃六十七畝，高郵州十八處，通州四處，泰州七處，江都縣七十處，儀眞縣二十七處，寶應縣十一處，如皐三十一處，泰縣八十二處，興化縣九處⑰。鎭江府牧地共三十六處，原牧種馬四千八百七十五匹⑱。草場牧地上並有廐厗。《皇朝馬政紀》：「戶馬者，編戶養馬，收以公廐，放以牧地，居則課駒，征伐則師行馬從，諸司職掌所稱廐牧者也。」⑲洪武二十年，並集結歷代養馬經驗，條述孳牧之法，凡八款，榜示各養馬地方。舉凡豆料草穀之選擇與調配，四季早晚氣溫不同對飼飲蹓繫應注意事項，平時疾病檢查照料及馬房衞生條件，如何控制交配受孕及生產後之調理養護，呈報定駒、顯駒、重駒、產最之時間，手續册式，管馬官員巡視考核項目要點等，都有詳細的規定。

草場是馬政的生命線，與馬政的盛衰，息息相關，而且與馬之氣質，亦大有關係。這是一個牽涉很多的問題，等討論馬政的衰落時，再詳細說明。但有了馬種，有了草場，必須有組織計劃，有管理的牧養，始能向所期望的目標發展。除了前述提調督導衙門及各府州縣設立專理馬政機構與官吏外，種馬皆編組編羣。編組是牡牝配合以便交配，有時一牡三牝，有時四牝一牡。凡本組中牡馬病，同組共治，死則均賠。若走失及別故致死者，止追本戶⑳。編羣是爲了統率管理方便，羣有大羣小羣，洪武中規定每百匹爲一羣，有羣長羣副㉑。永樂改爲每十馬立一羣頭，五十馬立羣長一人㉒。羣內有醫獸，平時與羣頭羣長督導牧養，交配期指導羣蓋㉓。

在個別馬來說,有馬頭、貼戶,也叫正戶、幫戶,或正頭、幫頭。馬頭養馬,以殷實戶充之。五年編審,方得更代。貼戶貼與正戶養馬草料,或折價錢。馬因病死亡,出錢朋合買補;如瘦損倒斃,止於本戶科罰[84]。馬頭後來也像糧長一樣,一經充役,往往蕩產破家。這與草場沒失,官吏科擾,俵解耗費,大戶逃役,馬販作姦,醫獸舞弊,交織一起,互為作用。這裏只是提說一個孳牧概要,論馬戶養馬之困苦時,當詳細說明。

五、此期孳牧成績

自洪武六年到正統十四年,共七十七年。在這一期內,太祖年間為初創階段,雖然積極推行,撥劃牧場,設立庌廐,專官提調,培植獸醫,集結歷代養馬經驗,榜式州縣,傳授馬戶,孳駒者賞鈔鼓勵,虧欠者遇赦不免[85]。但孳息成績,因為受內外種種條件的影響,一直不能快速成長。就前述自洪武六年到二十八年孳駒情形,最高峯為二萬五千九百一十五匹,而且自二十六年以後,有漸降的趨勢。其原因是養馬一匹,負擔本已甚重,而牝馬年課一駒,尤不合理,致虧駒買補,賠累不堪。所以豪富之家,往往與官府勾結,將養馬正役,移嫁丁單產薄民戶。小戶無力照料,孳生不蕃,甚或種馬瘦損倒斃。而當時為了加速孳蕃,措置亦有不當。如牧地距離太遠,放牧不便;或人稠地狹,放牧無所。以致馬各分散,不能以時羣蓋(交配),馬不生駒[86]。另外一個因素,是當時邊塞需馬甚急,新生駒長成後多發軍中操備,不能多撥做種馬,用以蕃息[87]。就洪武年間衞所馬與軍的比例,可知當時軍中缺馬情形,與蕃孳不能供應所需狀況。如洪武七年江夏侯夏德興奏報檢閱武昌等十五衞所軍馬,計軍四萬四千八百九十九人，馬騾一千二百十五匹。軍與馬的比例是三六・九比一[88]。十九年兵部奏覈河南屬衞兵馬之數，計官軍九萬一千六百一十三人，馬四千五百九匹。軍與馬的比例爲二〇・三比一[89]。這還可以說是內地衞所，所以軍馬分配不多，比例不高。但邊地諸衞，軍與馬之比例亦甚低。如洪武十五年長興侯耿炳文等報告訓練陝西二十二衞校卒凡十萬六千八百七十四人，得驍勇騎士一萬九千七百九十人，習馬二萬三千五百匹[90]。以騎士算計，是一人一騎有餘。但以二十二衞軍與馬總數的比例言，爲五・四比一。十八年，耿炳文奏閱陝西諸衞軍士總一十二萬四千二百五十三人，馬二萬九千九百五十匹[91]。平均軍與馬的比例爲四・一比一。十九年兵部覈遼東等十二衞並武德衞征進官軍之數，計官一千五百十五人，軍七萬三千三十八人，馬一萬三千五百二十二匹[92]。官兵與馬的比例爲五・五比一。二十四年潁國公傅友德訓練北平等都指揮使司軍馬，計軍八萬二千零五十六人，馬二萬六千二百四十匹[93]。軍與馬的比例爲三・一比一。所以洪武十八、九年爲準備征討遼東納哈出，除派人赴各處買馬，並以鈔給北平等都司衞所軍，令每軍二人買驢一頭，以備應用外[94]，邊衞各將校馬匹，非已所乘騎者，悉被政府征買[95]。二十五年，大核全國內外武官並兵馬數，計在京武官二千七百四十七員，軍二十萬六千二百八十人，馬四千七百五十一匹。軍與馬的比例爲四三・四比一。在外武官一萬三千七百四十二員，軍九十九萬二千一百五十四人，馬四萬三百二十九匹。軍與馬的比例爲二四・六比一[96]。直到洪武三十年，國防第一線塞上諸王的軍馬尚甚少。是年五月己巳勅燕、晉、代、遼、寧、谷六王曰：「今爾等所守地方，不下六千里，急遽難爲聚會。每處軍馬，多者不過一、二萬。而胡人之馬，計有十萬。其不出則已，設若南行，馬勢必盛。」「爾等受封朔土，藩屏朝廷，若不深思遠慮，倘或失機悞事，非惟貽憂朕躬，爾等安危，亦繫於是。」「倘遇胡馬十數萬寇邊，不宜與戰，或收入壁壘，或據山谷險隘之處，夾以步兵，深伏以待之。」[97] 六月復諭云：「我朝自遼東至于甘肅，東西六千餘里，可戰之馬，僅得十萬。京師、河南、山東三處，馬雖有之，若欲赴戰，猝難收集。苟事勢驚急，北平口外馬，悉數不過二萬，若逢十萬之騎，雖古名將，亦難丁野戰。所以必欲知己，算我馬數如是。縱有步軍，但可夾馬以助聲勢，若欲追北擒寇，則不能矣。」「今吾馬數少，止可去城三、二十里，往來屯駐，遠斥堠，謹烽燧。爾等不能深思熟遠慮，提兵行，不與敵遇，則僥倖耳！」[98]

經二十餘年積極推行，究竟孳牧了多少軍馬，因為馬政屬國家最高機密，常秘其數，不使人知[99]，因此找不到歷年蕃息數字。但由前引各史料，知道是相當缺乏的。全國軍馬總數，當不會超過十五萬。所以國家官員，到洪武十五年，中央六部卿貳始有乘馬[100]。地方有司，到洪武二十四年，才不必跨驢出入[101]。

自永樂十一年開始北京地區民間孳牧，到宣德十年，可以說是明代馬政最輝煌的時期。實錄記永樂元年國家馬數僅三萬七千九百九十三匹，但也就從元年起，一年一年的成長，終於創造明代也可以說有史以來中國王朝擁有軍馬最高的記錄。當然，這與當時內外情勢都有關係。成祖久居邊塞，更深切瞭解行天莫如龍，行地莫如馬，馬者，甲兵之本，國之大用的眞義。又準備主動對北方草原上的敵人持續用兵，以解除多年來內犯騷擾，帝國不得安枕的威脅。所以即位之後，即盡全力整頓馬政，培育戰馬。不但選擇馬種，擴充牧地，而且用善於牧養的韃官，教民牧養之法。然孳息作育，究非可一蹴可就，雖屢嚴諭有司，盡心提調，直到永樂十年北方開始牧養之後，功效始漸漸顯著。下面是實錄所記永樂朝歷年馬數：

年份	數目	本年增加數	增加百分比	備註
元年	三七九九三			
二年	四九二一三	一一二二〇	三二·八%	
三年	五八五九九	九三八一	一六%	
四年	六七四五五	八八六一	一三·一%	
五年	七二八四〇*	五三八三	七·三%	（*實錄記爲七二八四〇束，時尚不記馬草，束當爲匹，而且頗合歷年成長情形。）
六年	八一九〇七	九〇六七	一一%	
七年	九六四三一	一四五二四	一五%	
八年	一二二四一七	二五九八六	二一·二%	
九年	一五二七一九	三〇三〇二	一九·八%	
十年	一八一一四〇	二八四二一	一五·六%	
十一年	二三四八五五	五三七一五	二二·八%	
十二年	二七一九六一	三七一〇六	九·九%	
十三年	三一〇六五七	三八六九六	一二·四%	
十四年	三六八七〇五	五八〇四五	一五·七%	
十五年	五一四四三九	一五五七三四	三〇·二%	

十六年	六二三〇二〇	一〇八五八一	一七·四%
十七年	一八二四二七*	一五九四〇七	
（*一八二四二七，疑為七八二四二七。）			
十八年	八九九二八七	一一六八六〇	一二·九%
十九年	一〇九〇九一二	一九七九二五	一八·四%
二十年	一一九九三一五	一〇八四〇三	九%
廿一年	一五八五三二二	三六六〇〇七	二三%
廿二年	一七三六六一八	一五一二九六	八·七%

以上是實錄在每年年度終了國家總歲入中所記馬匹總數[102]。依〈成祖實錄凡例〉，凡軍民衙門官馬孳生馬邊境茶馬買馬之政，悉書其牧養之地，有改遷者亦書。每歲有勅免，所免欠各項馬匹，悉書總數[103]。所記自不能代表太僕寺戶馬孳牧數目，但就景泰年間太僕寺言永樂二十二年一年馬數共八十九萬一千二百八十四觀之，其中雖有衛所及聖順川軍牧在內，仍可推想當時民牧概況[104]。而且就前述永樂年間史料養馬由以戶計算改為以丁計算，復由十五丁一馬改為五丁一馬的變動情形，亦可看出成祖期求儘速蕃孳及所得到的成果。所以永樂中葉之後，南太僕寺始不必向北京運馬供軍騎操。

無論就軍牧民牧來說，宣德年間都為最高峯。史稱「兵部奏馬大蕃息，以色別而名之，其毛色二十五等，其種三百六十。」[105]當然這都是成祖二十多年辛苦經營的果實。但亦自此而後，開始懈怠。事實上實錄自洪熙元年起，在國家年終歲入項內已不記馬匹數目，所以此後歷年馬數無考。但就零星記載，如正統十年太僕寺奏孳生馬騾駒七萬六千八百五十二匹，十一年奏所屬府衛孳生馬騾駒六萬三千五百六十一匹，十二年奏孳生馬騾駒三萬四千五百零四匹，印烙過南北直隸及山東等處孳生馬四萬五千七百八十四。十三年奏孳生馬騾駒五萬二千六百八十二匹，印烙南北直隸及山東等處孳生馬六萬餘匹⑯。這些數字，因爲與軍衛及騾駒混雜一起，無法確定馬駒數多少。而所記印烙孳生馬數，亦不能說明歷年平均孳息數目。但就史料顯示，正統十年以後，在京操備馬已漸感不足。正統十二年七月，慶王秩煃選送堪中騸馬三百匹，助守邊軍騎操⑰。同月並命直隸永平、山東濟南等府取馬二萬匹赴京備用，已是一個明顯的訊號⑱。這是一個相當複雜，牽涉到軍牧、苑馬、牧場、茶馬、市易馬、關兌等許多問題。但民牧流弊浸滋，虧欠倒失日趨嚴重，也是一大原因，此當另爲說明。

英宗冲齡即位，累朝勳舊當國，在仁宣一段承平之後，馬政積久弊深，由盛而衰。而北敵之瓦剌勢力，却日漸壯大。正統十四年七月，也先誘諸部分道大舉入寇，英宗親征，遂有「土木之變」。畿內馬匹，多爲所掠⑲。郕王主國，戰守缺馬甚，除向朝鮮急征馬三萬匹⑳，並征購軍民馬匹外，復推行助馬輸官給授冠帶辦法㉑，以應京營緊急守備之用。時養馬州縣，雖仍依例孳牧，但軍民多畏懼養馬，州縣亦以功令嚴急，往往諉稱無丁領養，消極抗拒。天順三年，兵部奏稱官軍四百四十人赴撒馬爾罕等處公幹，合用馬一千七百八十匹，而在京馬少，無法撥派，乞於各營內量借騎操馬，及行陝西苑馬寺給與㉒。缺馬至如此程度。天順七年，南京太僕寺奏俵過應天並直隸鳳陽等府及滁、和等州馬騾駒七千八百九十三匹㉓。八年，南北直隸及山東、河南等府州縣孳生馬駒止二萬八千四百九十七匹㉔。可見當時孳牧的情形。

六、民間孳牧的衰退

上文敍述民間孳牧情形到正統十四年爲止，雖然與「土木之變」有點巧合，但事實上此時已是明代馬政開始走向衰廢時期。正統十二年七月，以蒙古高原風雲日急，命各邊練軍備瓦剌，並調取直隸、河南、山東孳牧馬二萬匹赴京備用。十四年七月瓦剌入犯，京師缺馬甚急，復調兩京太僕寺馬入京，稱之爲備用馬。此後年征調二萬匹，遂爲常例。而且由此引起解俵寄養，本折買俵，盡賣種馬，民間孳牧一連串的變動。不獨民間孳牧發生根本上的變化，邊地軍牧，也受到嚴重影響。《孝宗實錄》：「國初設行太僕及苑馬寺於邊方，當時每寺馬不下二、三萬匹，未嘗仰給京師。自正統後，馬政日弛，邊方用馬，不仰給於京師，必括買於民間。」[115]正統十四年以前，當政者所注意的是如何擴展牧養地區，加強民間孳牧。十四年以後，所爭議的是如何減縮改革，維持形式而在內容上改變這一政策。當然，一張一弛，都與當時的內外條件息息相關，調適轉變，是歷史形勢發展要求所決定的。造成民間孳牧衰退的因素，舉其要者，如

(一) 草場日蹙，馬乏牧地，芻茭不繼，孳牧爲難

「軍馬爲國之重務，草場乃軍馬所資。」明太祖在定民間養馬法時，凡養馬州縣，皆有指定牧馬草場。《皇朝馬政紀》：「我朝於畿甸之間，耕之外，擇有水草處，以爲草場。又厲之法禁……會典載營衞草場則曰放牧者，蓋爲放馬以備騎操征伐之用。兩京太僕寺草場則曰孳牧者，蓋爲備孳養課駒之用。」[116]洪武年間，雖然馬戶因課駒賠補，甚爲苦累；成祖因屢出擊胡，令民年十五皆養馬，責歲課駒。畿甸民有一夫畜馬三、四匹，畢力於此，耕桑盡廢者[117]。但此

時草場牧地尚廣，王侯勳戚富家官豪，尚不敢染指侵佔。芻牧既便，經心孳牧，馬少倒失，一般馬戶尚可支持。然宣宗之後，草場或被權孌奏討，或爲官豪侵佔，日漸減蹙。《西園聞見錄》云：「國初草場牧地，在京營則江北湯泉、燕山、茂靈等衞，各置草場。于京府州縣，各有椿棚鍋甕槽鍘……封圻原野，山場腹裏，皆軍民牧地，祖制昭然。即所封之王，不得占爲己有。場外官豪，不得妄指奏討。傳世既遠，紀法漸弛，或侵占于權要，或乾沒于泥沙。」泥沙冲壓，只是一小部份，主要的是官豪勢要佔爲莊田。正統間已感問題嚴重，進行清查，但阻於勢家，因循而不可復。成化二年，兵部以調發缺馬奏上區劃事宜，特說明騎操孳牧草場，多爲豪強侵耕，馬乏芻牧之地，孳生者不蕃，騎操者日損，請急加清理。於是遣官分赴南北直隸、河南、山東等處踏勘丈量，照當初原設界至頃畝，埋立封墩，樹置標識，結果仍爲權門所梗，未能認眞擧行⑪⑲。

當時權貴勢家，對土地兼併，發生瘋狂的興趣。不但私侵巧取，而且公開指奏豪奪。皇室更煽威助勢，視草場爲日夜垂涎對象⑫⓪。草場日少的另一個原因是人口增加，生齒日蕃，糧食的壓力，迫使人民將原來草場可耕種土地，開成農田⑫①。所以到成化中期以後，益以連年災荒，內外不安，政府已不得不考慮此一嚴重問題。二十三年，重勘各縣草場，凡高埠低窪止堪牧馬地土，責付養馬人戶，輪流管顧放牧。中間肥饒地土，堪以開墾成田者，看驗頃畝，撥與有力馬戶耕種，依佃種官田事例起科。所收花利，不拘銀穀，依時計估量納，州縣別置庫倉收貯。已經開發成田，耕種年久徵納子粒者，亦一體清查徵收。有被人包占種作，或侵占界至者，各許自首，還官免罪⑫②。

㈡ 派養不均，大戶營脫，苦累小民

不但許多草場被開成農田，而且已有包占耕作，從中剝削取利者。草場是孳牧之源，草場日少，馬乏牧地，不但影響到孳生蕃息，而且會影響到馬的發育與氣質[123]。另外一個重要原因，是派養不均，馬戶苦累過甚，不能盡心養馬。馬政建立之初，只籠統的想到民間孳牧，是爲騎操征伐提供京營調兌馬匹。對每年汰損多少，補充多少，新陳代謝作業程序，並沒有清楚明白的計劃。所以兩京太僕寺孳生馬除解俵外，即盡數搭配補種，發民間領養[124]。但丁戶消長不一，馬之增損不同，二者之間，經常發生變化。所以往往丁消馬在，地去馬存，政府對此並沒有一套明確詳細的處理辦法。成化十三年太僕寺丞李璡奏大名府情形云：宣德三年養馬以來，舊管種馬四萬餘匹，至今僅五十年，見在種馬止有一萬餘匹。其餘遇例蠲免等項，正俵種馬二萬四千九百五十餘匹，見在人丁，俱各空閑。即令各處養馬，有司遵依宣德年間成案，雖有逃絕，俱不更易。免過人戶，直俟搭配，方才領俵。有五年十年分俵不及者，有二十年以上分俵不及者，又有官吏受賂通同放免者。所種土地，俱免一半稅糧，貧者困無餘積，富者公然得利。致有人馬俱逃，馬在人逃，孤兒寡婦貧戶養馬之弊，放富差貧，挪重就輕。養馬人戶，不分田地有無，終年不換。更有富豪之家，田連阡陌，畏懼重差，將田土冒詐寄莊，隱入下等人戶，兩不當差。又有別處遷來人戶，居住年久，廣置田莊，因係遷民，多不養馬。（遷民不需養馬這牽引明代戶籍法問題）[125]。因奏請查核各州縣上中下各等戶口若干，各等戶之丁糧若干，現養種馬若干，就此作爲基準，依丁糧戶口等第，不論有無別項役占，一概照例分派。並照水夫事例，每十年編審一次，先上戶，次中戶，單丁寡婦不許概僉[126]。但積久弊深，矯正已甚不易。結果仍是大戶賄免，小民受累。

(三) 課駒、買補，負擔過重

「馬之生，制命在民；民不瘠，而馬始肥。」[127]馬戶負擔超出一定的限度，「人尚無食，何以飼馬；人尚無居，何以棲馬。」[128]所以不但生不蕃息，臕不肥壯，而且易於倒死虧損。在馬戶負擔中最苦痛的是課駒與買補，太祖令母馬年課一駒，其原因及不合理處，上篇中已言之。成祖連年用兵北方，需要戰馬源源補充，所以仍堅持母馬一年一駒政策，不及數者，責令賠補，馬戶至有鬻子女妻遠出購馬者[129]。仁宗即位，始改爲二年一駒[130]。然積累年久，倒失數多，仍難負擔。《西園聞見錄》：「黃仕儁……正統壬戌進士……太僕寺左少卿。先是，馬多耗，每歲民鬻子女以償。公往鳳陽等府巡視孳生馬匹，見軍民以車載小口賣以買馬者，相繼於道。」[131]成化元年，改爲二年一駒，馬戶得稍稍息肩。但旋以西北多事，內外整飭軍備缺馬，成化三年又恢復一年一駒之例[132]。

買補虧欠馬駒及倒失種馬，依洪武榜例，凡種馬倒失，從民議和，或一縣，或三、五羣長輳價買三歲以上，八歲以下，高四尺以上，堪中馬賠補，聽候印俵。凡虧欠馬駒，買補相應馬駒還官。無論倒失虧欠，必須在本年年終賠補完備。逾期府州縣正佐首領官吏決杖二十，管馬官加倍痛治。病瘦倒失在十四以上者，管馬官查提究問。[133]買補手續，亦甚煩雜。如種馬倒失，須經醫獸、羣長依次報到州縣，對驗簿籍後，准令買補。萬曆《香河縣志》：「失者審核得實，俱取醫隣結狀存案，通詳太僕寺三堂，及順天馬政廳，下縣照例處之。或免罪納價，或免罪買補，或問罪買補三等，以領養年分遠近爲差。買補馬匹解寺印烙，先由馬政廳勘驗，次寺丞堂，次大堂，次少卿堂，不中，或本馬退回再買。」[134]

一馬之斃未償，而後馬又斃。前歲之生未俵，而後俵又生。生者歲增，而供給愈難。死者日繼，而賠償無已。不勝賠累，便只有逃亡了。雖然政府亦常行蠲免，但這只能解救一時追賠的急難，並不能解除常年買補的痛苦。

㈣ **官吏需索苛擾，馬戶苦於征剝，無力於馬**

窮民無賴，牧飼失時，羸瘠厎隤，種且自斃，安得有駒。納駒買補之苦外，便是點視、印烙、編審時的騷擾需索，及平時吏胥、羣頭、醫獸等剝削侵漁。民間孳牧，由中央到地方管理馬政機構，各置有一套印信文簿，對種馬及新駒放牧狀況，生長動態，都有詳細的記錄。每年州縣管馬官一年四次，太僕寺一年二次下鄉查點巡視，謂之比較。洪武、永樂年間，對苛擾瀆職，侵漁剝尅者，一經查覺，懲治甚嚴，故尚不甚爲民患。後日久法湮，下鄉點視，反成爲管馬官吏與羣長、醫獸等勾結科歛馬戶機會。而點視拘集，耗時妨業，亦甚爲馬戶之害。

點視外有印烙，「洪武初年，孳生、備用、騎操、折易並進納馬匹，俱印烙以防姦弊。其孳生及賠納馬駒應交俵者，印訖差官照依地方日期，將空閑增出人丁俵散領養。」⑬⑤印烙馬匹，向例由兵部請旨派遣公、侯、伯、或駙馬一員，兵部委官一員，赴各地印烙。景泰間改差御史二員，與兩京太僕寺分管寺丞會同印烙。天順元年，復差公、侯、伯與御馬監內官共同監印。成化初，又恢復景泰間辦法。除印烙新駒外，每三年將所屬種馬選驗一次。如兒（牡）馬老病不能拿馬，騍馬漂沙等項，不能揣其駒者，責令照例變賣⑬⑥。而印烙官往往即藉此機會，故意刁難，受賕無厭，馬戶苦痛不堪。

㈤ **管馬官闒茸廢事**

州縣管馬官委靡不才，貪黷者多。有能者又心騖別委，無心馬政。《西園聞見錄》〈論管馬官〉云：「利馬之死，不利馬之生。一遇倒失，按月收其常例，謂之僉補。民苟目前，私圖便益，習染成俗，在在不免。」「府之管馬通判，較之州縣之官，識廉恥顧行檢者尚多，其弊亦有二焉。柔懦無用者恐點馬之起謗，惕日玩時，通不查理，專務諂悅上官，營求別委。或問理刑名，或追比錢糧，用以干名，覬望旌獎。己之職業，若秦人之視越人，置肥瘠于度外。」[137] 地方管馬官如此，而分管地方馬政之太僕寺丞，又責重而權輕，因之事多掣肘，行之不易。每出巡兩運備用馬匹，尚恒以不及是懼，何暇復追種馬。結果原來規定每年出巡比較，正月至六月報定駒，七月至十月報顯駒，十一月至十二月報重駒等工作，「法久而廢，定駒、顯駒、重駒，官吏通不查驗。季報之册，書吏、羣頭人等遂假此以爲科歛之媒。造册之資幾何，而一馬或歛錢百文，或倍于此。」而「各州縣官點馬造册，寺丞出巡造册，凡寺府管馬官廩給柴炭紙劄，俱出馬戶。故養馬之費什一，爲馬而費者恒十九。」「況其開報舊管、新收、開除之數，俱是紙上空文，千無一實。」[138] 甚者經年不到所管州縣，上下相蒙，彼此荒怠。平日既無提調之方，臨時則不得不爲逭罪之計，於是紙上栽桑，閉門造馬。「如張三原未生駒，預行報生某駒。及駒生毛色不同，遂置無用，不免別買，以務合册。民由是不堪，多作倒死。」[139] 倒死後須買補，買補給馬戶更嚴重的損害是馬價暴漲。「倒死既多，一遇差官印烙之年，各該州縣同時比併買補。買者既多，價值自貴。乘時射利之徒以致富，而百姓囊橐，罄然一空，鬻及子女者有之。」[140]

成化十八年，爲整飭馬政，特定「管馬官科歛饋送雖無贓降等敍用」條例，例文云：「各屬管馬官員，不行用心提督孳牧馬匹，百端科擾小民，饋送分管官員，或假令醫獸答應，預先饋以財物，或點差羣長送册，按委供給私家。有將養戶作學習醫獸爲由，送與常年役使。有將人丁作聽事門子爲名，令其輪換跟隨，習以爲常。甚至府縣交通，乘機厚歛侵分，以致馬匹虧欠，人民累損。……今前項養馬地方各該管馬官員，守法奉公者常少，竊祿廢事者常多。平時不行提調下人孳牧，遇印俵之年，自知拖欠數多，無由掩罪，往往科擾民財，多方侵潤，以圖倖免。各該分管官員，非惟不行禁約，又且喜其奉承，……以致各屬馬匹，累歲虧欠。養馬人戶，遞年逃移。民財由此而逾窮，馬政因之而逾廢。」故特規定管馬官吏人等科斂小民財物，饋送分管官員，並聽從僉送醫獸門子役使，及科收盤纏者，從重科處。雖無贓私，亦降等敍用。府州縣掌印正官扶同不舉，事發連坐(141)。但似乎也沒有發生多大的嚇阻作用。

「馬政軍國之重務，小民邦國之根本。」點視之擾，印烙之擾，編審之擾，益以官員之需索，胥吏之侵漁。「餵養科罰之害在民，孳生之利在官，雖日撻而求其好孳牛，決不可得。」(142)憲宗成化年間，西北邊境多事，「國之大事在戎，戎之大事在馬。」而國家馬不蕃息。下面是成化年間一些馬匹數字資料：

成化二年，太僕寺印記過北直隸、山東、河南馬騾共四萬三千九百十七匹。

七年，北直隸、河南、山東各府衛孳生馬駒共二萬九匹。

八年，在京在外衛所並直隸保定與山東濟南、河南開封等府孳生並賠償馬騾駒共二萬四千二百十四匹。

十七年，南北太僕寺印過孳生並買償馬騾駒共一萬六千九百二十四匹。

廿一年，兩京太僕寺印過馬騾駒共一萬六千七百二十二匹(143)。

這些數字，因爲其中包括衛所及騾數，所以不能確知孳生馬駒數目。但內外缺馬，是相當嚴重的。如成化七年陝西總兵官奏陝西用武之地，所在士馬日益虧損，腹裏及臨鞏七府，見在兵雖有二萬，馬不及一千(144)。十六年，兵部奏因選給西征馬一萬六千四百匹後，京營官馬止存八千八百餘匹，且多病瘠不堪騎操者(145)。二十三年，宣府總兵官以緣邊有警，請選給馬三千五百六十四。令給一千三百八十四，餘以太僕寺馬價銀一萬三千七百兩送邊，令自行買補146。

孳生固然日少，而更嚴重的是倒死虧損日多。成化十八年統計各府州縣孳牧寄養馬匹虧損情形，計自十一年正月以後，至十七年十二月以前，七年之間，倒死、被盜、虧欠、埋沒等項，共計二十四萬四千六百六十餘匹，俱係該追之數147。平均每年爲三萬五千餘匹。

七、弘治六年的定種定駒改革

自正統十四年土木之變後，明代北疆國防情勢，發生根本變化，幾無時不在緊張狀態中。自古「治兵以備戎狄，畜馬爲先。」所以整頓馬政的呼聲，時有所聞。但終因權佞利益牽掣，苟且了事。孝宗即位，王恕、余子俊、馬文升等重臣在位，皆歇歷中外，曉暢戎務，君臣經幾度熟議後，在現實許可的情況下，採取了定種定駒的改革辦法。這次改革，因爲與當時的備用馬制頗有關係，需先簡述備用馬。

正統十四年瓦剌入犯，京師操備缺馬甚急，太僕寺奏州縣起俵馬匹，「路途近者五六百里，遠者七百里，起俵之時，催促赴京，草料不時，多致瘦損，軍不領用，百姓往復艱難。其順天府所屬養孳馬匹，遇緊不便取用。」於是奏准取調州縣孳牧馬入備京師，從此遂爲年例。《皇朝馬政紀》：「國初種馬課駒，俱搭配補種，餘即變賣入官，以俟湊補給償置廐之用，未有解俵者。正統十四年，以虜變取馬一時不至，難應猝變，始于孳牧內歲取備用馬二萬匹，寄養京輔三府，以備不時調兑，是爲起解之始。」148

在沒有敍述備用馬內容之前，關於解俵、印俵、交俵、俵散等幾個名詞，因後文將常常提及，需在此先作說明。《皇朝馬政紀》云：「俵者，俵識之謂。以種馬課駒，表識以此起解，謂之俵解。又以俵解、俵用、騎操、折易併進納俱印烙，以防姦弊，謂之印俵。其孳生後賠納駒應交印者，謂之交俵。差官各地，將空閑增出人丁俵散領養，謂之俵散。俵散者，即寄民間餧養者。」「兌馬者，以寄養者調之以兌團營騎操征伐者也。祖宗定制，本寺俵寄備用馬，乃給兌團營騎操防守都城，拱護陵寢，有事征討入衞，應援勤王之用，不爲各邊設。」[149]

備用馬是以種馬俵駒寄養，北太僕寺所屬孳牧州縣取十分之七，南太僕寺所屬孳牧州縣取十分之三。俱限每年八月以內解送兵部，發太僕寺驗印後，給順天府二十七州縣餧養。[150] 該州縣原養孳生種馬，則改撥保定、永平等府空閑人戶。弘治七年，以順天府馬多丁少，於是將保定府易州等七州縣，河間府靜海等三縣，亦照丁給俵備用馬匹。原孳牧種馬散給滄州、肅寧等處領養[151]。因爲此二萬匹備用馬取來後寄養在順天府民間，所以也叫做寄養馬。「寄養者，以解俵者發民間牧養，以備用者也。」[152]

備用馬問題，將另文討論。由於每年調取備用馬，而且要選擇堪以騎操四歲以上，七歲以下騸馬解京，無形中使種馬課駒受到忽視。管馬官所注意的是如何完成應解數目；所解馬是否合乎標準，及如何發俵寄養等問題。至於其來源如何，則非所注意。二萬之數，當初也許是偶然決定。但久而久之，便成了每年應解例額。無形中也就認爲是京營需求額數。

自正統之後，各處民間孳牧，新收者少，物故者多，煩擾多弊，無益於國，甚病於民，需要改革，已是勢在必行之事。弘治六年，太僕寺卿彭禮提出「自古牧馬，多在監苑，未聞寄養於民間。今寄養馬駒歲課無窮，而民間戶丁生長有限，以有限之丁，責無窮之駒，民困何由而蘇。請定種馬之額止十萬匹，歲取駒二萬五千，永爲定額，不復增添。」種馬十萬，係指牝馬而言，一年課駒二萬五千，蓋根據每年所解備用馬數目估計。既然備用馬每年解額止二萬匹，則每年課駒二萬五千匹，已足夠用。此議經廷臣討論後，決定改革。於是由兵部派員會同御史、給事中、布按二司守巡等官及太僕寺分管寺丞，督同各州縣掌印並管馬官，「查勘養馬地方，何處論糧，何處論丁。論糧者要見免糧地畝實有若干，或一百畝，或五十畝養種馬一匹，共該種馬若干。論丁要見有力人丁，實有若干，或十丁，或五丁，養種馬一匹，共該種馬若干。務要斟酌處置，既不可太多以損民，亦不可太少以虧官……其耕種地土人戶，不分是否原係養馬之數，但係承種過買地土者，一體派與領養。不許畏避勢要，致令不均。勘定見在種兒騍馬，擇選高大膘壯者，存留作種。不堪者變賣，輳買好馬補數。」遂定兩京太僕寺種馬額數，兒馬二萬五千匹，騍馬十萬匹，共十二萬五千匹。照例兒馬一匹，騍馬四匹，爲一羣，共二萬五千羣，每二年照例納騍，其駒更不搭配，於內擇選備用及補種馬之闕。如有倒失，遇赦亦不蠲免。其餘賣銀貯庫，遇備用不敷，量支買補。種馬每三年擇選一次，老病不堪者賣銀入官，撥駒補數。北直隸河間、大名、保定、順德、廣平、眞定、永平等七府，免糧養馬。每地五十畝，領兒（牡）馬一匹，百畝領騍（牝）馬一匹。共兒馬一萬六百九十五匹，騍馬四萬二千八十匹。山東濟南、兗州、東昌三府，河南開封、衞輝、彰德三府，計丁養馬，每五丁領兒馬一匹，十丁領騍馬一匹。共兒馬六千八百匹，騍馬二萬七千二百二十匹。南直隸應天、鎭江、太平、寧國、廣德五府州，每十丁領兒馬一匹，十五丁領騍馬一匹，共兒馬一千九百九十九匹。騍馬七千九百九十六匹。鳳陽、揚州、淮安、廬州四府，滁、和二州滁州一衞，每田二頃領兒馬一匹，三頃領騍馬一匹。內滁州衞遞加一頃。共兒馬五千五百一匹，騍馬二萬二千四匹[153]。

此次改革，是先確定各府州縣養馬地丁數目，而後因丁因地養馬，因馬免丁免糧，所以也叫做免糧馬[154]，已不考慮草場的問題[155]。亦即《皇朝馬政紀》所云「令民各自為廐居，各自求地芻蓄」之意。所以遂有弘治九年「差官踏勘各處牧馬草場，凡占種俱令退出，內堪種地土，佃與近場軍民耕種，每畝征租，上等七分，中等五分，下等四分，收貯各州府縣庫，給民幫助買馬。不堪者照舊放牧馬匹」之令[156]。十四年，佃戶以草場地薄，租銀太重，有鬻子女不能辦者，請求減額。於是定上等五分，中等三分，下等二分五釐[157]。

八、正德二年的改革

弘治六年的改革，確定了兩京養馬州縣種馬數目及每年所納駒數，不再像以前一樣，生駒原無定額，就所得駒，或選種或起解。當時的構想是，除了每年仍可得到新駒之外，十二萬五千匹驃壯種馬，亦等於十二萬五千匹戰騎。一旦有事，可以征集調發。《皇朝馬政紀》云：「孝廟始納王端毅、馬端肅諸臣前後會議，定種馬一十二萬五千匹，其備用或選駒或用買不拘，惟擇種必高大如式，可以征戰。每歲責寺丞，三歲差御史比較，其瘦損者罪之，務換買足額。此其故何也，蓋承平無事，則孳息可以應俵，萬一中原多警乏馬，其十二萬五千種馬，皆戰騎也。」[158]但實行結果，與設想相去甚遠。正德二年，監察御史王濟奉命往直隸、河南、山東印記孳生馬駒還，報告所見情形云：「諸處駒數，不能十二，且皆羸小，堪起俵能用者，百無二三。種馬之額，亦多虧損。其弊由責駒太繁，若四年二駒，印記之後，復令領養，則並種馬為三四矣。甚者積至四匹、五匹，飼秣之費，歲用不貲，雖有養馬地畝，所得無幾。加以官府點視，刑責科罰，甚為民害。故民間苦于有駒，寧聽種馬羸餓而死無駒，甘以虧欠償銀。有駒亦任其倒死，甘以倒死償銀。其不至倒死之駒，又皆羸小，所司官迫令賠買備數，名曰『撓頭駒』，必至變賣，則又將以變賣償銀。蓋所納之銀，止于二兩或三兩，視養駒之費，利害懸絕。故責駒之法不變，而虧欠倒死變賣之例復行，則孳生既無實用，數年之後，種馬必盡廢而後已。況太僕寺歲取備用大馬，無所從出，不免科民重買，豈不益為民害乎！」[159]

馬戶寧願作倒死賠銀，不願養馬育駒，除前述種種原因外，與當時倒失虧欠馬追價徵銀標準，亦大有關係。因為根據所定追價辦法，「每駒一匹，餧養三年，方可起解，草料之費，至少不下十兩。水草牧放，又用一人主之，孰若納銀而費少事輕哉！故當羣蓋之時，將兒騍馬分布別用，絕其生意。間或種馬有孕，百方衝落，求為虧欠，不過納銀二兩。或一生駒，致令倒失，納銀三兩。輪點烙之年，官吏懼罪，逼追小民臨時買駒，多是如豺如狗，充數塞白。有駒之名，無駒之實。」[160]馬戶既不願孳駒應俵，政府又不肯放棄民牧政策，因此王濟建議：「為今之計，宜令民止養種馬，選其高四尺以上，齒十歲以下者存之。其羸小者易銀別買，數必如舊，養必肥息，倒失必責補償。每歲有無孳生，官勿追究。備用之取，則如種馬額派，行各府州縣，視其地畝人丁，合力買解。民間設有好駒可以起俵者，聽其自賣。則民以孳生為己利，而馬必蕃息矣。」事下兵部處議，兵部言「濟言于官民兩便。請行兩京太僕寺遣官分行所管州縣點視種騍兒馬，務足十二萬五千之數，給原戶羣而養之。故事歲科駒五萬，今亦如濟言勿究。備用之馬，止令羣納一匹，或折銀十三兩。如此則南北十萬種馬之中，一歲實得二萬五千堪用之馬。且無季報、印烙之煩。自後第三年，遣御史二員，同太僕寺丞分行查印種馬，並追解備用馬之拖欠者。茲于孳牧之法，既無所損，而小民之困，亦可少舒。」詔從之[161]。

王濟的改革，使民間孳牧發生根本改變。翌年，令民照種馬額數買備用馬匹解俵，凡遞年孳生，不必追究。並禁府州縣管馬不得點視種馬[162]。所以《太僕志》云：「蓋自濟建爲此議，兵部尚書覆議行後，則種馬不繫於官，官但責駒而不復視種，遺母以求子，大抵爲一切苟簡之政矣。從此民間稱爲無用種馬，所謂徒有種之名，而無種之實也。」[163]《西園聞見錄》亦云：「自是以來，種、備二馬，判不相維。有司每年止是比較買馬起解，更不提調生駒，種馬若無用之物，無駒亦不查究，有駒任意作踐。」[164]

既然每年只是買解備用馬，不再過問是否生駒，則種馬只是恐絕孳生之源，乏緩急之備。在提供孳息俵解之馬源上，已無直接關係。所以生有好駒，可以自用自賣。如此，每羣年納馬一匹，不但可以免去飼養、印烙、季報等煩擾，而且不再受官吏科斂追迫的痛苦，對馬戶來說，這是一大解脫，自然是樂于接受的。

九、隆慶三年半賣種馬

正德二年王濟的改革，使種馬、俵駒、備用馬三者本已脫離依存關係，而仍保留種馬者，一方面是「祖宗立制深意，原期蕃息，故寧留空戶之有餘，以備寄養之不足。」恐怕備用馬失掉來源；一方面是因爲「祖制所在，軍機所係，未可輕也。」[165]所以仍留着種馬一條尾巴。

當弘治六年定種馬額數時，州縣都留有不少白地或餘地。「何謂白地？直隸之地，有例不起科者。以不起科之地，通融養馬征糧地內，牧兒馬名爲五十畝者有之，騍馬名爲百畝、二頃、三頃者有之，白地之謂也。」「假如一縣原有養馬地百頃，通以騍馬計之，算該領馬一百匹，若只有九十四，其剩下十頃，聽其養馬，餘地之謂也。」但這些白地餘地，編僉之時，各該官員假手書吏，受賕妄爲，得過之家，營求撥取，影射富豪，規取地利。致貧戶湊合養馬餘地之費，每畝出銀一、二分，而養馬草料又日不可無。遂至馬無芻料，瘦損倒斃[166]。

更嚴重的是馬戶以苦累不過，將養馬免糧地土，投獻權門。而勢豪之家，亦廣開投充之門，隱射庇護[167]。或馬戶因追馬緊急，將田地捏作白地出賣，甚或舉家逃移，有馬頭逃而累及貼戶者，有貼戶逃而累及馬頭者[168]。

養馬地畝的典賣投獻與養馬人戶的逃移流亡，已嚴重的動搖到民間孳牧的基礎。雖屢嚴申舊例，清查養馬人戶，依等編僉。消乏者開豁，隱漏者增入。逃絕免糧田地，給同羣管業，不許私自典賣，變亂册籍。混買者查照分數，過割養馬，論丁者俱照額數編定。不拘官吏生員之家，一體派與馬匹[169]。但終不能阻抑日益混亂的趨勢。

由於正德二年的改革馬戶只是按羣合買備用大馬，不再較其駒之有無，有司止是比較買馬起解，更不提調生駒，所以羣長、醫獸也隨之失其機能。謝汝儀云：「祖宗養馬之制，慮馬之多，水草羣蓋，或不能皆以其時；騎使作踐，恐稽察之不及。于是乎量爲多少，立有羣長，所以都事而察其弊。又懼于馬之病如人之病，其弊之多，橫死可惜也。于是乎羣長之下，又立醫獸，所以責其往來治療馬匹……今有司不能講求法意，羣長常川存留在縣，跟同老人等朝暮打卯。中間一年一換者有之，半年一換者有之，甚至三月一換者有之。不才官吏，因是利其交代，以爲侵漁之計。醫獸人有一番弓兵，各官分派侵占。狡猾之徒，因而營求差使爲業。甚者看馬獸醫又有一番，額設醫獸又有一番，看馬者多市井無賴，額設者輪流應當。故小民里長之役方滿，羣長又及；羣長之役未歇，醫獸復來。往來奔命，皆爲馬而已。問其本業，茫然不知，有司亦不以其當爲責之。」[170]

上述種種問題，都標示着需要更進一步的改革。時上言雖多，但多就事立說，補救一時。兵部亦往往以事關郊原緩急之用，祖宗作制育馬兩京，軍國固本，安內居重至計，不敢輕議而止之。至隆慶二年，太常寺少卿武金目睹當時種馬之弊，詳陳利害，並提出改革辦法，疏云：「種馬之設，專爲孳生備用。但孳駒類弱下，解俵不堪，逋欠日積，馬戶逃竄，是民牧之法難行。今備用馬既已別買，則種馬可遂省。且種馬有編審之害，有雜役之害，有點視之害，有歲例之害，有交兌之害，有輪養之害，有賠償之害。重之以官吏之需索，里甲之影射，民日益窮，沿襲至今，滋弊尤甚。乞命兵部驗計，每年應解之馬若干，某省若干，某州縣若干，但照原數買馬，按季查解。如備用馬已足二萬，則令每馬折價三十兩輸太僕寺，遇各邊缺馬，分發估買。一馬折價，可買戰馬二匹，不必加賦，而馬數自倍。且令各府州縣取前所養無用之種馬，盡賣以輸兵部。如一馬定價十兩，則直隸、河南、山東十三府，可得銀一百二十萬。其草料令各府州縣每馬折銀二兩，計又得銀二十四萬。夫戰馬之數解俵之丁不更舊制，而邊餉獲急用之資，百姓免無窮之害。足國裕民，無踰于此。」[171]

事下兵部議，御史謝廷傑言祖制所定，事關軍機，不可廢。兵部亦是廷傑言。而是時方以內帑缺乏，分使括天下逋賦。輔臣徐階主理財用，贊成賣種馬之議。於是穆宗可武金奏，命南北直隸、河南、山東及兩京太僕寺將原養種馬選其老弱瘦小者變賣一半，每馬價銀十兩，解兵部發太僕寺備用。每馬每年徵收草料銀二兩，以隆慶三年爲始，徵完類總起解。其所留之馬戶爲正頭，變賣之馬戶爲幫頭，養馬則輪流，折徵則攤派[172]。

十、萬曆九年盡賣種馬

每年每羣朋買大馬解京，固使馬戶少去許多煩費騷擾，簡便甚多。但買解負擔仍甚沈重。謝汝儀云：「臣訪得各州縣買解之馬，每匹用銀二十餘兩，中途草料日費銀一錢，計又用銀四、五兩。若逃亡數多，累一人賠買，一時力不能及，未免稱貸。或甚以取諸馬販，則所費又倍矣。此俵中者也。萬一揀退，馬之草料，豈能復如前哉。致瘦損轉賣與人，不能如値之半。典賣產業子女，重行俵補。故解馬一次，中人之產蕩然。」[173]又吳允中曰：「直隸、河南、山東歲解馬二萬匹，每匹除官銀三十兩外，民間買補，不止加倍。俵解一出，舉家惶惶。一聞揀退，中人之產，如遭滅門之殃。搜括無措，爲之質田園，貸豪門，再購良馬以往。及至而復揀退矣。甚有再之不已，而至於三矣。收者未必皆上駟，退者未必皆駑駘。總之，眼昧五色，而妄爲顛倒耳。哀哀小民，囊橐能幾，而能堪此苦累也。田園耗盡，株連同宗，同宗幫盡，蔓延里黨。」[174]買俵使馬戶省事省力，但也爲吏役馬販開了一條勒索剝削馬戶的新路，使馬戶受盡侵迫凌虐，不到逃移不止，但逃移又何容易！

種馬與課駒與備用馬的依存關係分離後，州縣管馬官，已失其主要職司。所以嘉靖四十二年，革州縣管馬官，「南北直隸、河南、山東種馬寄養地方，除府管馬通判照舊存留，以總其綱外，其餘州縣管馬官，不分同知、判官、縣丞、主簿，盡行裁革……一切馬政，責令各掌印官兼理，止許點視種馬，不許騷擾課駒。」[175]

種馬半賣半留之後，使原來馬頭與貼戶間的關係，亦發生變化。原來是依丁力地畝，分爲等則，上戶領養，中戶量貼草料，給與由帖，不許輪養，瘦損止罪馬頭，其因倒死，亦於本犯名下追補[176]。種馬既變賣一半，丁地與種馬關係，發生變化。御史謝廷傑以「正幫各戶，宜均其役。請於審編之時，攤地量力，定以正頭養馬，幫頭津貼，五正五幫，共爲一羣。每歲共俵二馬，其所納變賣馬價十兩，令各量貼。」[177]從之，萬曆元年復定「各種馬州縣督率餧養，二年之內果有一駒解俵，四家馬戶，各出銀三兩，幫貼養駒之家。如孳駒不堪解俵，就令估價變賣，將價銀一半歸還四戶，扣買大馬解俵；一半給與原養駒家。其二年之內不生一駒者，量追收過草料銀八兩，扣充朋買大馬解俵。」[178]

貼戶所貼草料，以銀計算。萬曆三年議准，「馬戶每匹派征草料銀六兩，照地照丁編入備用馬價銀內帶征，給正頭餧養。如有失，止於馬頭追補，不許累及貼戶。其孳駒給賞，亦不許貼戶侵分。」[179]出草料銀本爲貼與馬頭，爲養馬之費。而事實上「馬頭百般搜索，祇飽私囊，馬雖枵腹不顧。及馬倒斃，又歛馬丁銀，指一科十，民不堪苦。」[180]

變賣種馬一半之後，所餘一半，輪流餧養，所以有馬頭，有貼戶。養馬負擔本甚苦重，富家率多營脫，而此時以有草料貼銀，所以亡賴者往往占充，致馬消耗更甚。且賣種馬後，買俵備用大馬，官民既皆稱便，時西北部族經長期侵擾戰鬥之後，接受封貢互市，當政者以必須與之市馬，需要市本，所需馬匹，又可由互市取得。而所留一半種馬，復全與起解無干，徒累小民。於是萬曆九年，遂有所留種馬應否變賣之議。太僕寺少卿裴應章，主張嚴行各州縣認眞點查，責令馬戶用心孳育，務使種馬不虧，生駒足額。每年俵解馬匹，征銀買俵一半，孳駒坐俵一半。其有孳生不足，俵解無駒，及隱射侵尅變賣孳駒銀兩者參劾治罪，代表維持種馬者意見。監察御史于有年請將每年應俵之馬，每匹議定價銀三十兩，外加草料盤費銀五兩，即於本處均徭數內通融征收在官，或取本色，則買馬解俵，或取折色，則一併起解。所養無用種馬，盡數變賣，價銀類解兵部，以備邊方缺馬買補之用，代表變賣種馬者意見。

時張居正作輔，方以西北諸部通貢互市事，苦市本不足，太僕所貯亦無幾，欲藉此以充市本，故亦力主盡賣。於是兵部擬上盡賣辦法，並總括種馬之害云：

㈠ 國初草野甚廣，芻牧既便，而免稅資牧，民力稱裕，故課駒歲以萬計。嗣後生齒日蕃，田野日闢，養馬爲難。弘治六年，始計地以養馬，則起糧此地也，養馬此地也，民日告困，而駒之堪俵者，百無一二。

㈡ 正德二年定照種馬額數派征備用大馬，隆慶二年變賣種馬之半，因種馬之半尙存，故課駒之法難廢。萬曆三年，孳生馬駒估價變賣，半賞馬戶酬勞，半收在官助俵。然買駒之時，駒不足以値四、五兩，而官估者或至十餘兩，則賣駒之價，不足抵半價入官之數，而半賞馬戶者，止空名耳。故馬戶有養種者一馬也，買俵者又一馬也，養駒則又一馬也。

㈢ 種馬則有點驗之煩，科罰之苦，差撥送迎，拘充夫役之勞；在課駒則有定駒、顯駒、重駒之擾，及賣駒賠償之費，民爲此累，雖日撻而求其駒，亦不可得。

因請：

㈠ 南北太僕寺實在種馬五萬七千五百二十三匹，盡數變賣，以蘇民困。變賣價銀高下，令各處撫按官選委司道官與地方有司親爲估計，高者無過八兩，下者無過五兩，造册送部。自回文到日，南直隸一年之內，北直隸、山東、河南十個月內，變賣完畢，將銀解京，收貯太僕寺。專備買馬，不得別項支用。

㈡ 草料折征銀每年計十二萬五千有奇，積至十年，可得百萬。萬一遇俵馬不足，即將此銀分發各處，官爲收買，一同解俵，堪充實用。

㈢ 草料折征銀，仍每匹每年征銀一兩，以資積儲，兼可歲稽馬戶，默寓約束。種馬雖革，馬戶宜存，或十年，或五年，編審一次，買解大馬。

(四) 如有征戰，無論本折，悉買本色。如再不敷，出太僕寺所貯變價及歲積草料銀分發州縣收買膘壯大馬。

議上，從之。於是將各處存留種馬，盡行變賣[181]。民間孳牧，由孳駒起俵給軍騎征，到盡賣種馬，朋買本色，朋出折色，這一連串的變動，與當時經濟發展，息息相關。尤其是隆萬年間西北各部的封貢互市政策，及自嘉隆後國家賦役推行一條鞭法，都是促成變賣種馬的有力因素，容後文敍述。

十一、折色納銀

萬曆九年盡賣種馬，多年來壓在馬戶身上爲政府孳牧的苛政終於改變了。但必須指出，這一改變，其動機並不是爲了解除馬戶的痛苦，而是政府自己將馬政弄到「家弗有牧地，人弗有牧職，治弗有牧法。」雖有種馬之額，而無種馬之實；徒有孳生之名，而無孳生之用的地步[182]。又加上當時爲緩和西北國防情勢與邊族互市缺乏市本，邊餉亦所需甚急[183]。於是爲籌市本，濟邊急，並得保障使人民繼續爲馬政提供支持力量，乃實行改革。當然，首政者爲自己鄉里及本身利益極力從中主張，也不無作用[184]。

種馬盡賣之後，馬戶自然可以不必爲養牧、孳駒、印烙、比較、季報等一套煩苛的問題終日焦頭爛額，但亦止是稍舒口氣而已。改革只是變換了一個征取的方式，馬政帶來的災難，並沒有因爲種馬盡賣而隨之俱去。買馬解俵，仍然苦累不堪。在沒有論述買俵之前，先簡述折色，因爲這與變賣種馬在歷史發展上有連帶關係。

折色是將馬折銀輸納，其開始甚早。《皇朝馬政紀》：「永樂十五年定，凡遇災荒，每羣以三分之一納鈔，即便入官，此折色之始也。」又云：「成化二年，兵部奏南直隸府州縣養馬地方遞年起解兒馬來京，多矮小不堪征操。請今後江南該解馬匹，其不堪不敷之數，每匹征銀十兩，類解太僕寺收貯，隨時收賣（買）寄養給操。」(185)這當是江南地區改折之始，故《明史》〈兵志〉云：「成化二年，以江南不產馬，改征銀。四年，始建太僕寺常盈庫，貯備用馬價。」(185)

折色最初止行於滁州等少數地方，後改折者日多(187)。弘治三年，以順天府寄養馬匹日漸消耗，民力艱難，太僕寺奏准將該年各處年例備用馬，銀馬中半起解，每匹折銀十兩(188)。同時兵部亦奏准自弘治三年始，鳳陽、廬州二府，滁、和二州，以十分爲率，解馬七分，折銀三分。淮安、揚州二府，並江浦、六合二縣，解馬四分，折銀六分(189)。

本折比率，南北兩太僕寺因地宜關係，多寡不同。南京太僕寺折色數多，本色數少。如弘治十四年兵部奏南直隸各府州縣解到馬多不堪給軍騎操，收之則累順天府寄養之民，退之則解馬人戶往來艱苦，請將各年拖欠未解者俱每匹征銀十五兩，解部付太僕寺市馬，發府寄養。十五年命派取備用馬以十分爲率，南京太僕寺三分，於內折色一半征銀。二十二年，淮安、揚州、滁州、和州等地，本年分照江南事例折收價銀。正德二年，接受王濟改革辦法後，復依正統十四年分配標準，每年所派馬以十分爲率，北七南三。太僕寺所屬年派七分，俱本色；南京太僕寺所屬取三分，本折各半(190)。不過這也只是原則性的規定，事實上常有變動，將原派本色改爲折色。如嘉靖三十七年題准南直隸各府州縣以後俱派折色，但萬曆初年亦時派本色。至萬曆十五年，太僕寺以南方水鄉，所產馬不堪邊用，至有盡數退回者。加以路途窵遠，俵解艱難，不惟無裨軍興，且致賠累寄養。乃奏准將原本色每匹折銀三十兩，解寺貯庫買馬。自後南京太僕寺遂只行文各屬，督率征收解銷，無馬解寺[191]。

至太僕寺所屬北直隸、河南、山東等地方，雖然正德二年規定俱征本色，但正德末年以後，亦折色漸多。如嘉靖五年以順天等府及通州、良鄉三十七縣已有寄養馬三萬七千餘匹，將北直隸、河南、山東取本色六分，七、八年本折中半。三十三年因災傷將原征七分中災重者折色三分，本色四分；較輕者折色二分，本色五分。三十七年，沂、費、郯、滕、嶧五州縣俱改折色。萬曆元年題准北直隸、山東、河南備用馬本折均配比率，眞定、大名、濟南、開封、衞輝、彰德六府爲一半，保定、順德、廣平、永平、河間、東昌、兗州、歸德八府爲一半，年半輪派。一半征解折色，一半征解本色。二十二年，復命原定額派馬一萬七千五百匹以十分爲率，普派本色三分，折色七分[192]。

本折比率的變動，與京府寄養馬實數多少，關兌狀況，及養馬地方豐歉情形，都有關係[193]。大明會典載有各處每年應解備用馬額數，並在其下註明折色數目。前已說過，這只是分配常額，事實上幾乎是每年由兵部或太僕寺奏請當年或次年征派本折數目[194]。至折色征收銀兩數目，正德二年以前與以後亦有不同。如成化二年命滁州等處該解馬其不堪不敷之數，每匹征銀十兩[195]。弘治二年准鳳陽等府折色銀仍如舊例每匹十兩[196]。正德二年鎭江府折色每匹十三兩[197]。八年定每匹征銀十五兩。如原係本色而改征折色者，每匹征銀十八兩[198]。十六年，兵部奏淮安、揚州二府折色每匹征銀二十兩[199]。嘉靖八年題准各處原係折色者，每匹征銀十八兩；原係本色改折色者，每匹征銀二十兩[200]。三十七年命南直隸各府州縣備用馬匹以後俱派折色，內原係折色者征銀二十四兩，本色改折者征銀三十兩[201]。折銀數目，就上所言，亦如同折色範圍之越來越廣，而愈來愈大，一直在上升，這與當時物價及國家財政狀況都有關係。《皇朝馬政紀》：「當事者（隆慶、萬曆賣種馬之後）狃于時平，馬無所用，議多征折色。于是寺帑爲羨，而廐爲虛。邇年東西役興，鏃輸強半，而寺馬奏討請給者，殆無虛日。」[202]

折色銀因爲是折的備用馬，所以亦稱備用銀，貯備買馬之意。其征收方式，與弘治六年計丁論地的改革是分不開的。這裏不詳細解說，只提示一個征取的例子。萬曆《鎭江府志》：「又按舊種馬俵養于民，計歲科駒，擇其尤者解京，給散軍士。後因道遠馬斃，民苦賠償，某年間奏准免其本色，歲納折色，名曰備用。每兒馬一匹，征銀三兩五錢七分二厘，騍馬一匹，征銀三兩八錢七厘二毫。凡兒之一，騍之四，共銀二十四兩，作馬一匹，解太僕寺。其備用銀俱由于馬丁，每丁二錢五分有奇。然亦貧富衆寡，或數人爲一丁，或數戶爲一丁，非人各爲丁也。……其備用亦係馬頭類收輸官，于羣之內擇有力者一人爲羣長，以典一歲備用上馬等項銀兩。」[203]鎭江以丁養馬，論地地方，則由養馬之家，校地會錢，出自養馬地中[204]。

折色問題，以後還會談到。這裏要注意的是，折色雖然表面上將所收價銀稱爲備用馬價，備緊急時買馬之用。而事實上主要原因是因爲備用馬逐年解送，俵散與關兌不能密切配合，致供求失調，馬戶受困，連年倒斃，追補艱難，非但無益于用，而且徒滋擾害。所以乃部分改征折色，以馬易銀，官無所損，民害亦稍舒[205]。所改折銀兩，雖然較一般市價爲高。但由於解俵往返賠累不堪，民畏本色，有如赴湯。所以雖改折至六、七十兩，猶欣然剜肉從之[206]。

十二、本色買俵

買俵，即價買應納本色馬，起解赴京驗俵。解俵起於正統十四年，《大明會典》：「國初種馬課駒，俱搭配補種，餘即變價入官，未有解俵者。正統十四年，始於孳牧內歲取備用馬二萬匹，寄養京府，以備不時調兌，是爲起解之始。」[207]《皇朝馬政紀》：「自正統十四年，始以順天、保定、河間各州縣屬寄養之地，前此皆以征俵者發寄，自正德二年以後，則以買俵者發寄。」「正德二年，專于買俵，猶係就種馬額數，出銀買者。至隆慶二年半賣，萬曆九年全賣之後，則一概將丁糧均派，征銀在官，給馬戶買俵矣。」[208]

前文所說正德二年的改革，主要是擺脫種馬與課駒及課駒與俵用間的連鎖關係。不問馬的來源如何，只要合於所定交驗標準便可，無馬者並可折銀。這確是明代馬政史上的基本改變。此後變賣種馬，放棄民間孳牧，即由此發展而來。

馬戶可以買馬解俵，事實上在正德二年以前早已開始。因養馬固爲孳駒，但馬並非機器，不能保證必然定時定量產駒。所以虧欠買補，便成了必然的結果。此例多不勝舉，最明顯的是自太祖而後，每一皇帝的登極詔與遺詔中，都提到課駒虧欠買補問題。不過在正德二年以前，買補雖是必然而且經常的現象，但根據國家養馬法令，這是孳駒虧欠違例處罰下的賠償行爲，並不是馬戶應有的積極作爲，直到憲宗年間的四戶馬法，才明白有法令規定。也可以說四戶馬是正德二年開放買俵的先河。

四戶馬據《皇明成化條例》云：「成化二年間，兵部尚書王復等會題，天順七年至成化二年各處衞所府州縣所養孳牧種馬孳生馬駒，令有司四匹折買堪騎操兒騸馬一匹，軍衞五匹折買一匹，名曰四戶馬。」[209]又《憲宗實錄》：「初太監立四戶馬法，每馬一匹，歛銀二十五兩，太僕寺官爲買馬。」[210]其實四戶馬亦不始於成化二年，如天順八年命直隸眞定及河南開封等地倒失馬匹，軍衛每馬五匹，民間每馬四匹，朋合折買一匹，補俵備用[211]。成化元年，命各處買補孳生馬駒，有司四匹，軍衛五匹，折買堪騎操騸馬一匹，以充備用[212]。都是四戶馬的先例。四戶馬在成化年間，一直實行[213]。弘治六年與正德二年的改革，都可以說是四戶馬基本精神的延伸。

依正德二年的改革，種馬與備用馬彼此本已脫離依存關係。但由於弘治六年所定種馬係計丁論地分配養馬州縣，養馬者「田不起科，丁不編徭」，稱謂人丁馬，或免糧馬[214]。所以派取備用馬，仍以原編馬戶爲征納對象。及至種馬盡賣，專于買俵，仍復如此，由本羣朋買，馬頭家起解[215]。起初是由馬戶自行攢銀買俵，因其弊甚多[216]，乃改爲由政府向幫頭（幫戶）征收價銀，發給馬頭買俵。嘉靖四十二年，題准各州縣每匹征銀二十七兩，內二十二兩給馬戶買馬，五兩充爲路費[217]。隆慶元年改爲三十兩，其中馬價銀二十四兩，草料路費銀六兩[218]。

解俵在正統十四年以前，每年限各州縣于八月以裏解送兵部，發太僕寺驗印。正德二年規定北直隸、山東、河南限六月終，南直隸限七月終。各差管馬官解俵。後來一般是每年分爲春季秋季兩次解運。春運亦稱頭運，或首運，限四月半完畢。秋運亦稱二運，或次運，限八月半完畢[219]。

州縣起解馬匹，先在本地聚齊，由地方掌印官檢驗，在申册內註開解官俵戶獸醫姓名，馬之尺寸、毛色、齒歲、等第，鈐印封識，派解馬官持簿率俵戶解馬赴京交驗。《皇朝馬政紀》：「本（兵）部查得題准派馬事例，本色馬務要揀選身高四尺，兒馬五歲，騸馬八歲以下，方許起俵。近年以來，或狡猾減價買抵，或權豪囑託換易，以致馬匹矮小，大半不堪。……與其驗退於到寺之日，不若精選於起俵之初。合行南北印馬御史會同各該撫按衙門，行令各府州縣，以後起俵解用本色馬匹……其馬務要中式。各該掌印官親驗停當，解部發寺交收。果有驗多中選，且無虧欠者，少卿等官會呈本部咨送吏部旌擢。仍襲前弊者，參奏罷黜。」[220]

驗收標準，依欽定俵兌式，齒歲須在七歲以下，三歲以上。身高四尺者爲上等，三尺九寸者爲中等，三尺八寸者爲下等。三尺七寸者如果膘壯，並無鞍瘡瘸病，亦准驗收[221]。中央管馬機構與地方養馬州縣，都有所頒欽定鐵尺，以爲驗量標準。起解時本地先驗，至京交馬時復驗，如齒歲、尺寸等與所齎册開載不同，承批官吏醫獸馬戶送問，馬匹駁回另補[222]。俵中者給批回文，方算了事。凡解馬二十匹以上者差官解送，如管解官確有事故或二十匹以下者方許差吏，違者依例究問[223]。

州縣解馬一匹入京，嘉靖年間有人計算所費不下三十兩。《西園聞見錄》：「各州縣買解之馬，每匹用銀二十餘兩，中途草料銀日費一錢，計又銀四、五兩。」[224]這是依當時一般馬價及最低人馬每日消費量，及到京後能夠迅速順利的俵中者而言。事實上往往是在京守候甚久，不得驗俵。以致芻豆不支，日用不給。「每解馬一匹，賠費數十金。」所以不得不臨時借貸，有賣妻鬻子以償債者。萬曆《滁陽志》：「本州以田養馬者十一，以丁養馬者十九。惟皆窮丁下戶，是以幫貼不多。俵馬未及出門，所費亦已過半。且解馬之時，正值水漲之日，巨浸長河，馬必舟渡，費及一兩。及至投文驗馬，寄養衙門，需索常規，費又不貲。其家驗烙之後，鎖馬索價，滿欲後已。此借債以應用，亦勢之所必借者也。且所借之銀，名曰十兩，止得八兩實用，而憑內已作二十兩矣。幸而獲批以歸，席未暇煖，而債主隨至，日夜追逼，苦不可言。欲不償還，又恐下次解俵，控借無路。以故俵頭科派馬頭，馬頭科派貼丁，貼丁又派同戶，指一科十，故有父鬻其子，夫賣其婦以償馬債者，所不忍聞也。然債主出門，新價復派，只此窮丁，苦不旋踵矣。」[225]京中也有了專吸俵解血的放高利貸者。

俵頭問題，以後尚會提到。能夠俵中，雖然賠費，已是大幸。如馬在中途因飲食失調，瘦損死亡，其情更慘。萬曆《鎮江府志》：「查得江北郡縣，歲派起解大馬，每馬直價六十餘兩，炎月征行，中途倒死，因而破產補解，恒又以失期被逮，民不堪命。」[226]

解馬除途中人馬必要的消耗之外，便是管理俵驗官吏獸醫等勾結向解俵馬戶敲骨吸髓的進行勒索。

前面已經說過解馬到京後不能順利驗收，守候待俵的悲慘情形。而馬戶最怕的，尚不在此。眞正致馬戶於死命的，是揀退補俵。萬曆《滁陽志》：「每年……預令俵頭前往滁陽以北地方收買。二十兩之外，又加銀十一、二兩，方成交易。而草料之費，又所不計。出門之後，以爲無復他慮矣。不知南方之馬，素服稻草，柔脆之性，不服粟草乾硬之株，天炎路遠，多生疾病，倒死必令賠償，瘦損不無驗退。賠者全賠，退有轉賣，原馬一匹，至此不過賣銀三、五兩而已。賠者無貲，只得揭債。至於曠日持久，難保又死又退，不免再借再賠。」[227]揀退賠補，不是滁陽個別的例子，而是普遍的經常的問題。所以一聞揀退，中產之家，如遭滅門之殃。質田園、賣妻子，買馬重俵，每年不知有多少馬戶家破人亡[228]。

在此情形之下，欲求順利驗俵免遭揀退，則不得不含淚忍痛接受敲剝。否則「太僕寺獸醫人等，多係積慣，百計瞞官作弊。本一馬也，今日關節未通，則稱老病不堪，以致退出。明日關節已通，則稱歲少無病，以至驗中，狡猾莫可究詰。以省直百千馬匹，寄之胥人呵報，呵病即病，呵老即老，呵中用即中用。」「眼昧五色，妄爲顚倒。」[229]所以「起俵馬匹，每懼革退，又捐數十金以飽奸胥。」[230]有驗不堪退出者，可借良者入驗，驗畢又將前退出者朦朧混入。獸醫胥吏，串通更換，往往將老病者摻雜入俵[231]。

解俵馬匹，不止太僕寺衙門侵朘勒索，事實上是地方與中央官吏兩頭敲剝。地方政府發價買馬時，馬價已被書吏等剋扣，短數發給。隆慶元年，雖嚴令各處將備用馬價銀每匹三十兩，全給馬戶買解，不許扣留[232]。但胥吏手握馬戶生死命脈，何敢聲訴。所以實際上俵解一匹，所費往往不下六、七十兩，甚而有至七、八十兩，百兩者[233]。此龐大消耗，除所領到的不足三十兩的官價銀外，其餘都由馬戶承擔。而最可恨的是「勢家以不堪馬，賄囑驗中，高索其值。」亦乘機侵朘[234]。

由本地買馬赴京解俵，不但有中途草料消耗，甚而有瘦損、死亡等危險，自不如齎銀赴京，臨期買馬應俵爲便。因此也就產生了專門乘人之危的馬儈馬販。

乘危射利的馬販，自有俵馬時起，即已存在。《成化條例》：「審據解馬人等告稱，每馬一匹，科銀一十四兩，到京通同馬販兜攬，每馬一匹，止作銀十兩，聽其收買交俵。其餘馬匹，俱被解馬之人侵欺。馬販又將瘸瞎老瘦不堪馬匹赴寺交俵，驗有不堪退出，遞年拖欠，不得完結。馬價花費無存，有司重征貼納。」這些馬儈馬販，「俱軍旗舍餘，平昔兇徒，慣受刑憲，挾制各處解馬官吏，勒要包攬，時常在太僕寺門首打攬，將本寺吏卒醫獸人等欺打辱罵，莫之禁治。」[235]

因之遂與解役、獸醫勾結一起，「年年此解役，年年此醫獸，內外交通，夥黨聯絡。混然而收則喜，稍加別白，一換猶是，再換三四換亦猶是。壹縣猶是，兩縣三四縣亦猶是。始哀鳴。繼求書，終騰謗。況一換之間，此輩復與馬販朋謀，冒開費用價值，歸勒騙于各戶。」這輩人如附骨之蛆，狠戾侵朘，而驗官復從中漁利，助其恣虐。《西園聞見錄》：「蓋州縣俵馬一匹，價二十四兩，盤費六兩，春秋二季解京。凡出示驗馬之日，馬販爭獻其馬，正官擇大青、大白及赤色，三尺九寸五分以上至四尺者印之。印烙之後，坐索馬頭高價，有至七、八十兩者，少不下四、五十兩。至催馬之公差，馬科之胥吏，看馬之獸醫，索賄種種，猶其小者。」[235]

馬販爭獻其馬，驗馬官不經馬戶同意，即任意印烙，然後聽令馬販坐索高價。這顯然是官商勾結，共同揩勒。

手續繁苛，弊竇滋起，自然會產生專門在隙縫中行奸取巧的謀利之徒。先是有馬販包解包運，不但中途常有將好馬抵換，且有盜馬逃去者[237]。於是復有專門包俵行業。《神宗實錄》：「馬之價值草料，原有定額，何至科派。緣積年醫獸衙棍，朋比張騙，視關節之通不通，爲看驗之中不中。因而包攬者藉口打點守候，科派多端，民始視納解爲畏途。」[238]

包俵者皆衙蠹奸棍，心狠手辣，不下於馬販。《西園聞見錄》：「積年衙棍，代攬包俵，百計揩勒巧取，至京衙門打點歇家誆騙，或驗中不揭銀買償，率駕禍馬頭，至一馬費百金有餘矣。」[239] 事實上包俵者是與太僕寺官及管馬官掩護下進行的。《皇朝馬政紀》：「歲派備用馬匹，本折二色，俱管馬通判等官依期解納，不許濫委官解，明例昭然。乃邇來各有司以事久玩生，任意差遣，以致積年棍猾，包攬乾沒。或匿于家，或耗于途，欺隱推延，至有二三年不赴掣總批者，長奸壞法，莫此爲甚。」[240]

十三、官買官俵

勒索榨取，私囊既飽，則不能不降低驗收標準。而解俵者又希求速收，於是有用藥發膘情事。《皇明經世實用編》：「有奸狡馬戶，解俵取寄時利於速脫，用藥發膘，民軍柔愚者爲其所欺，利其膘壯而收之。有隨斃者，有可度二、三日者，亦謂有藥可解者，雖存亦無氣力，難以負重。」㉑這不是馬戶奸狡，而是在層層壓榨之下不得不求自存之路。用藥發膘，何止馬戶，包俵馬販亦是如此。

事實上馬之肥瘠，係用藥發膘，或係正常狀況，驗收官吏及獸醫等心裏自然清楚。但既以此爲利藪，則惟有矇混驗收。且驗收之後，可隨即俵給京府州縣寄養，地方官止照來文驗膘幾分，不問馬之健康狀況如何，遂塡票給俵散馬戶收執㉒，嫁其禍害於領養馬戶。後領養馬戶，亦取得痛苦經驗，如法泡製。用藥發膘，兌之於軍。如此求馬之堪用，如何可得㉓。

馬不得用，至嚴重到軍力敗壞，無法掩飾，養馬州縣地方首長自會受到責處。於是爲避免買俵過程中層層詐欺，有行官買民解者。太僕寺奏云：「馬政之修，當自俵馬之時愼之。未有俵馬不善，而養馬能善者。朝廷於各州縣俵馬之家，每戶給銀三十兩，即荒旱之年，亦足自辦。使馬戶盡用此三十金，必得上駟。何乃以矮小瘤病之馬解寺印烙。訪其所繇，則有受欺於書吏，減價以給馬戶者。有市恩於佐貳，准其領價而償劣馬者。有求媚於鄉官，准其備低馬而得重價者。有忽略於馬政，任馬戶之作弊，漫不經心者。……州縣解到馬匹，多不合式，即朝廷欽定尺寸，明知而明違之。問之馬戶，則曰本縣自發銀買馬，吾儕聽解而已。及駁換之後，馬戶百計營求，必售低馬而後已，曰本縣嚴示，駁回一馬，必加重罪。夫買馬不繇馬戶，而駁馬必責馬戶，恐馬政之修無日也。」

官買民解，其弊仍多，於是又有行官買官解者。天啓五年順天巡撫申用懋〈條覆馬政事宜〉

云：「永平各州縣原派有俵馬，俵馬索價甚昂，交納不易，有一馬而費至百金以外者。今第議每俵馬一匹，幷草料共改折銀三十四兩，萬一冏寺執以爲不可，第請於臣屬一行官買官解之法。每年聽冏寺預定本色若干，容臣責令委官定價召買。每匹不過十五兩，剩下銀兩，仍還冏庫。是在馬戶一馬而省兩馬之費，在冏寺一馬而獲兩馬之利。」[245] 又《靈壽縣志》：「萬曆六年用條鞭法，按畝出銀，將種馬變價，民乃稍甦。然俵解猶用馬頭，以大戶當之，每解馬一匹，……科歛需索，害遍閭井。天啓三年，巡撫張公題請俵解不用馬頭，官買官解，民不與知，而夙痼盡瘳。當時州縣馬政，大皆如此。」[246]

由馬頭隨解自買到官解官買，《保定府志》言其過程甚晰，「己巳（萬曆）之後，錢令春嚴禁一切苛費，而全給額銀，隨自買……調停俵馬，議舊解買馬，幫頭貼銀者，既未必盡給，而回日又查算剩餘入官，故解者頗稱苦累。今裁革陋規，正頭買俵大馬，實給價銀外，仍劑量幫頭貼盤費，自封在庫，至起解時當堂給散俵戶領用。後革去幫頭，又易以官買官解。」[247]

由正德二年後一連串的改革觀之，官買官解這是必然的發展趨勢。事實上成化年間，官府代買四戶馬，可以說已開官買官解之端。如成化二年兵部奏准：「南京養馬地方，歲取餘馬來京備用，間多選退，往復人難。或有收價來京買納，則又被官吏羣醫人等作姦謀利，不惟馬多不堪，虛累給養。又累年解補，追取不完。今宜於不堪不敷之數，每匹徵價十兩，類解官買，以給騎操。」[248] 又十七年「直隸蕪湖縣主簿侯鑑領太平府馬價赴京買四戶馬，久不能辦。奏乞以價銀輸官自買，以爲民便。事下兵部，覆奏請將貯價銀會官推舉五軍都督府暨太僕寺少卿內各一員，官爲買馬，量直給銀，按季以所售馬毛齒及支過銀兩造册繳部。從之。」[249] 所不同的，這是京師驗俵衙門，收銀在京代買驗俵，也是後來折色納銀及京營給銀買馬形成原因之一。而州縣官買官解，則是爲避免馬販等中間剝削，代馬戶買馬解俵，以了功令。

「始革種馬以除害，專買俵以便利。乃今買俵地方諸臣，亦謂俵民疾苦，不減於種。」原因是官買官解，事實上又不得不交由胥吏辦理，因之其弊仍在，堪用之馬，仍不可得。《西園聞見錄》：「俵馬每匹給價三十餘兩，胥猾領銀，任意呑肥，而夤緣打點，賄囑充數，俱取足焉。其所用以買馬者，不過三分之一二，中間寄養，貽害解運。若印烙使費，倒死拖累，難以僕數，究其害還中于百姓。」而「若折解銀二馬之費到邊，便可買馬五匹。即以所餘充餉，而諸省費不與焉。」[250]所以萬曆十五年後南京太僕寺所屬俱納折色，將應解本色馬每匹折銀三十兩，類解太僕寺，每歲將此銀給發薊州，抵補馬價[251]。後北太僕寺所屬亦漸向全納折色發展。《東明縣志》：「萬曆十九年入於條鞭，本折四六派征，見在春秋二季備存本折馬一百四十七匹。本色四分，馬五十八匹八分，每匹征銀三十兩，共征銀一千七百六十四兩。折色六分，馬八十八匹二分，每匹征銀二十四兩，共銀二千一百一十六兩八錢。脚價銀二十一兩一錢六分八厘。如遇本色派少，餘銀貯庫，候後派多年分湊用。」[252]時沂、費、郯三州縣，並命永改折色[253]。萬曆四十六年兵部以俵馬芻粟解驗諸費，不可勝言。且腹地之馬，不堪出邊衝突，請每匹征價銀三十兩，通改折一年，半價解冏寺，給邊市馬，每匹十五兩；半價解太倉充兵餉。從之[254]。

馬價自嘉靖、萬曆年間在國家賦制實行一條鞭法後，已併入正項征收。雖然有的州縣本色部分已不納馬納銀，但仍保持本色與折色名目上的分別，表示本色可仍當征馬。本色折銀時，每匹作三十兩計算，較折色多六兩，因其中六兩爲解馬草料路費。雖然折銀征納，但政府並不肯讓馬戶佔到便宜，不解馬也需付出解馬費用，這筆錢是算到官家買馬的費用上去了。

本色征銀，當然俵馬日益減少。俵馬日少，便影響到寄養備用馬。寄養備用馬的變化，又影響到京營馬匹。原「俵寄備用馬，乃給兌團營騎操，防守都城，拱護陵寢，有事征討入衛應援勤王之用，不爲各邊設，以各邊自有太僕寺苑馬寺，都司衛所種馬，市買夷馬在也。」[255]而事實上自嘉靖二十九年，以俺答入犯，薄都城，邊軍入衛者或借兌或補給孳牧寄養馬，遂開邊鎮借兌奏討之例，而後援引不絕[256]。又加上軍中養馬種種問題[257]，致京營缺馬，嚴重至極。天啓二年，直隸巡按馬鳴起疏云：「國初馬額多至數十萬，孝廟時亦有七十萬之多。良以陵京重地，護衛當周。京軍十有三萬，而馬更過之。自種馬變爲俵寄，而額日絀。然猶牧養近地，以備緩急。今何時也，萬卒星馳，豈堪徒步。且請討之議，屢奉欽依，嚴行禁止，令甲昭然。今保定總兵魯欽請以解京馬價支收買馬矣。不知今日京師何恃，而僅僅六千八百之馬，謂足用乎！謂有備乎！」[258]當時南京守備各營操備馬僅二千零一十四匹[259]。崇禎年間，內外交逼，烽火一日數傳，京師前方，皆需馬如血。如崇禎十四年遼東前敵將領吳三桂兵一萬，馬僅五千匹。白廣恩兵五千，馬僅二千五百匹。李輔明兵五千，馬僅七百餘匹[260]。而向視爲陵京藩屏，援剿必先，非他鎮可比的宣鎮，崇禎十四年鎮標兵六千，馬僅三百匹[261]。

非但京師無馬可撥可調，太僕寺所貯備用馬價銀亦早動用一空。天啓七年太僕寺奏云：「嘉隆之際，老庫所積馬價，千有餘萬，新庫歲額馬價草料等項，復四十餘萬。總之，銀即馬也。馬專給團營操練，守護京陵之用。銀則專備各邊年例功賞，市易撫賞，京營每年器械犒賞，今之虎憨炒花加賞之用而已，馬不爲邊設也，銀亦不爲邊餉用也。儲備復爲種馬之用，別衙門不得擅取，而今一切以借爲例何也。查萬曆十八年起自今，戶部三十二借，共放銀一千二百九十九萬九千八百六十一兩。工部十借，共放銀一十八萬七千五百四十兩。光祿寺、順天府各一借，共放銀四萬兩。近奉本部另箚，三王之國，該放脚價修船銀一萬八千兩。而冏庫四朝之積皆盡矣。」[262]崇禎年間，已所入不足以供所出。《王忠端文集》：「臣自入署察庫貯，僅存馬價三萬九千一百餘兩。益之以新收一萬九千餘兩，目前部劄待發之陽懷京營馬價，已不下七、八萬兩。」[263]無馬無銀，地方亦多拖欠馬價。此中牽涉甚廣，且非本文主旨，不再敘述[264]。

十四、簡短的結語

明代馬政中民牧政策，已簡述如上。自洪武二十八年（一三九五）廢牧監羣改爲民間孳牧，至萬曆九年（一五八一）盡賣種馬。在此前後一百八十七年中，大致可分爲四期。自洪武二十八年（一三九五）至正統十四年（一四四九）五十餘年爲成長發展期，而以宣德（一四二六—一四三五）爲最輝煌的時代[265]。自景泰元年（一四五〇）至弘治五年（一四九二）四十年間爲衰退期。主要原因，爲原來由官牧改爲民牧時所給草場，多爲豪右侵奪，芻茭不繼，孳牧爲難，加以生齒日繁，馬戶告困，遂多逃亡。自弘治六年（一四九三）到正德元年（一五〇六）十餘年間爲中興期。弘治六年的改革，在明代馬政民牧史上是一件大事。定種算駒，論田計丁養馬，使馬戶負擔，有了一定的範圍，科征上也有了一定標準。但這一次具有徹底整頓性的改革，由於草場牧地不可恢復，馬與其賴以存活的生命線的分離，已注定其中興之必不可久[266]。

自正德二年（一五〇七）至萬曆九年（一五八一）前後七十餘年爲沒落期。正德二年的改革，只問所俵馬是否合于所定標準，不問其來源如何。使種與駒，駒與俵，亦即養用間的依存關係完全分離。這是對開始民牧政策以來性質上的基本改變，指出了弘治六年的改革不足以解決根本問題，也爲後來的變賣種馬做了準備工作。

正德二年改革既然種馬與課駒養用關係兩不相維，而仍保留馬戶馬羣的形式者，以養馬為國家正賦，留此為課征上的方便，但同時也仍為胥吏需蠹留下貪剝之門。明代民牧政策，自成立之日，即為民間帶來無比困苦。人稱養馬有編審、雜役、點視、歲例、交兌、輪養、賠償八害。此外尚有獸醫官吏之需索，里甲之影射[267]。民苦征剝，存活為難，嘉靖年間，幾釀大變[268]。種馬無益于用，徒為民害，且值國有急用，籌措為難，於是遂有隆慶、萬曆兩次變賣種馬。種馬既賣，遂全賴買俵，時勢發展的需求，也不得不放棄祖制了。而正德二年的改革到隆萬間變賣種馬，及折色買俵改折一連串的轉變，也正是明代自中葉以後商品經濟發展，白銀流通範圍日廣，廣泛侵入農村，在田賦制度上推行一條鞭法的時期。這說明了民間孳牧自正德二年後一連串的改變，正是當時歷史發展的要求，也說明了恢復種馬建議所以終不能被採納的原因[269]。當然由科駒而改買俵，由買俵而改折，對馬戶來說，只是交納方式的改變，並沒有減輕負擔。沈昌世云：「無種而責其駒，無馬而取其值。國家假牧馬以收厚貲之入，似于養狙；小民因折買而受奸胥之逼，實為飽蠹。」[270]但折色畢竟較本色簡便。「民畏本色，有如赴湯，雖改折至六、七十兩，猶欣然剜肉從之。」[271]

明代自行培養軍馬政策，以軍牧民牧，為兩大支柱。民牧之成長衰退，終至蕩然，已如上述。軍牧情形，亦與此相類。萬曆之後，民養既空，官牧亦竭，非有勢力者不養馬，一養，官必強取，且貽後累。民家惟養驢騾，天下幾無馬矣[272]。官民牧養既廢，惟賴買俵市易。買俵所費越來越高，而馬亦越不得用。市易與邊防問題糾結一起，問題更多[273]。明代自建國之初，一方鑒於歷史教訓，大患常來自北方以騎戰為長的部族；一方由於當時以戰騎決勝負的情勢需要，所以檢討歷代馬政得失，苦心籌畫大力推行軍牧民牧。但數十年後，即持續為難，上下交困。其中原因，將在論軍牧時一併檢討。

注釋

❶ 當時爲掌握茶葉數量，控制茶價，防止私販，以便向邊境部族易馬，所以茶禁特嚴，民間存茶，不得過一月之用。

❷ 明太祖撥草場牧地給親王勳戚公侯家，令大量養馬，必要時支援朝廷之用。成祖云：「蓋共享富貴之意。」所以當時養馬之風甚盛，諸王進馬，常以千數。

❸ 《大明會典》卷一五三，馬政四，收買：「國初各土官衙門秋糧，各依原認數目，折納馬匹。」各部土酋，多以輸馬爲常賦。見《太祖實錄》卷二二〇，洪武二十五年八月戊午。

❹ 《弇州史料前集》卷八，市馬考。

❺ 《王忠端公文集》卷四，酌行清抵疏。

❻ 〈皇朝馬政紀凡例〉。

❼ 《王忠端公文集》卷四，酌議內地馬政疏。

❽ 同上。

❾ 〈皇朝馬政紀凡例〉：「遼山陝甘各太僕寺，洪武初年建，各加行字，各設牧監羣，管府州縣衛所種馬，其後亦革去牧監羣，改屬行太僕寺管。各府州縣處所，有民者，民牧之。有衛所處，以軍丁牧之，總是民牧。」本文所討論的，將不包括兩京太僕寺及行太僕寺所領衛所孳牧，雖其搭配、科駒、起解、比較等項，悉照民間事例。

❿ 卷一，戶馬。又云：「凡牧監、苑監，皆爲官牧。凡民間孳牧，皆爲民牧。此官牧改爲民牧，在初制即然矣。」

⓫ 《明史》卷九二，兵四，馬政。此時所養之馬，非專爲孳生。見萬曆舒城縣志卷三，食貨志，馬政。

⓬ 《太祖實錄》卷七九，洪武六年二月辛巳。洪武四年已有羣牧監的設立。《明史》卷七十四，職官三「太僕寺：

⑬「初，洪武四年，置羣牧監於答答失里營所，隨水草利便，立官置署，專司牧養。」《皇朝馬政紀》卷一，戶馬。按牧監羣馬苑監馬，其制皆二祖稽唐四十八監，宋十八監之制而命之名者也。
《太祖實錄》卷七九，洪武六年二月戊子。所記牡牝編組數，萬曆《舒城縣志》卷三，〈食貨志〉，〈馬政條〉云：「江北五戶共養馬一羣，兒馬一，騍馬四，歲征一駒外，給鈔三百貫，買附餘種馬一匹，如原養種馬無駒，則以附餘之駒補數，是五戶養六馬也。」

⑭洪武六年滁州初設羣牧監時，有監令、監丞、鎭撫等官。其後監令改爲監正，監丞改爲監副，鎭撫改爲御良，（御或作馭，或作良馭），其官品秩職名變動及屬吏雜職等名目，見實錄，明史及嘉靖惟陽志等書。

⑮《皇朝馬政紀》卷一，太僕寺牧監羣戶馬：「七年，置屬有五牧監，九十八羣，後增損爲一百二十羣。」是大部份監羣爲洪武七年所設。

⑯《太祖實錄》卷一一〇，洪武九年十二月戊寅。

⑰同上卷一一一，洪武十年三月戊戌。卷一七七，洪武十九年三月辛未。卷一八一，洪武二十年三月己巳。卷一九五，洪武二十二年正月癸酉。卷一九七，洪武二十二年十月戊寅。

⑱同上卷二〇五，洪武二十三年十月甲子。卷二〇六，洪武二十三年十一月戊戌。各書記載，皆云此次整編定爲十四牧監，而統計實錄所記羣名，爲九十七羣。又當時十四牧監所牧養者，並不限於官馬，尚有官驢、騾、牛等。驢、牛亦同樣按戶共養，課駒課犢。

⑲同上卷二三七，洪武二十八年三月戊午。《皇朝馬政紀》卷一，太僕寺戶馬。

⑳各州縣牧監羣數，實錄所記亦不詳備，散見地方志者尚多。如嘉靖《惟陽志》卷一〇，軍政，馬政項下所記牧羣，有設於洪武十三年者，有設於十五年者。今存明地方志不全，已無法統計。

㉑見注⑯。

㉒《太祖實錄》卷一一一，洪武十年三月戊戌。

㉓同上卷一九九，洪武二十三年正月癸巳。

㉔ 同上卷二〇五，洪武二十三年十月乙亥。

㉕ 每羣種馬數目，雖洪武六年設太僕寺時言每羣一百匹，實際上亦不一定。如洪武二十三年十月乙亥所記設江東、當塗二監開寧等十九羣，計養種馬六千六百五十一匹，每羣爲三百五十四。

㉖ 同上卷一一〇，洪武九年十二月戊寅。卷一一六，洪武十年十二月癸酉。卷一七二，洪武十八年十二月丁巳。卷二三〇，洪武二十六年十二月庚子。卷二四三，洪武二十八年十二月辛亥。

㉗ 《皇朝馬政紀》卷一，太僕寺牧監羣戶馬。

㉘ 同上。

㉙ 依洪武二十三年正月（見注㉔）兵部所奏，當時種馬數目，已有規定。今存明代地方志對各地草場牧地數目、面積記載頗詳。分派州縣領養馬匹，自然以京畿周圍爲主。但派養多少，草場牧地大小有無，實爲首要決定條件。州縣所養數目已定，而後再以戶分配。惜所記已不完備，且有以弘治以後數字，列爲國初者。

㉚ 見注㉘。又滁陽志卷六，職役志。萬曆六合縣志卷二，人事志，皆設有馬政科。

㉛ 《大明會典》卷一五〇，兵部三十三，馬政一。

㉜ 《太祖實錄》卷二四九，洪武三十年正月丁卯：「置行太僕寺于山西、陝西、北平、甘肅、遼東。上慮西北邊衞所畜馬甚蕃息，而禁防疏濶，乃設行太僕寺以掌其政。」

㉝ 《明史》卷九二，兵四，馬政。又皇朝馬政紀，卷一，太僕寺戶馬：「建文元年，改卿爲太僕寺卿，分少卿、丞爲左右，主簿爲典簿，增典廐、典牧二署。署設署正一員，署丞二員，監事二員，吏目一員。典廐署添設驌騻等十五羣……典牧署添設遂生等三羣。」

㉞ 《太宗實錄》卷一六，永樂元年正月甲午。

㉟ 《太宗實錄》卷五一，永樂四年二月丁丑。七年增署鳳陽府泗州馬政判官一員。

㊱ 同上卷五二，永樂四年三月壬寅。

㊲ 同上卷一二七，永樂十年四月甲子。卷一三，永樂十八年八月丙辰。

38 卷一，北平行太僕寺戶馬。此時尚無大名府，大名府養馬在宣德六年。《太宗實錄》卷一四〇，永樂十一年六月乙卯。北京衛所孳生馬，令民間分養，免糧如例。

39 同上卷一三〇，永樂十年七月己丑。上諭兵部曰：「朔方多馬，因土地所宜，亦其人民習於畜牧。」因令選謹厚善養馬韃官，其在通州、薊州者，就留本處教民養馬之宜。屬眞定、定州者，更番赴順天等府教民，一如朔漠牧養之法。

40 同上卷一三七，永樂十一年二月癸亥。「每五戶爲一羣」，戶當爲馬。

41 《皇明祖訓》首章。

42 《太宗實錄》卷一六九，永樂十三年十月丙寅。

43 同上卷一七一，永樂十三年十二月丁卯。

44 同上卷一八〇，永樂十四年九月己亥。

45 同上卷一九二，永樂十五年九月丙寅。實錄言「淮、徐郡雖近時始養馬，亦宜計丁始均」。

46 《皇朝馬政紀》卷一，北平苑馬寺監苑戶馬。北平苑馬寺設於永樂三年。

47 見《太宗實錄》每年年終國家歲入報告。及《仁宗實錄》卷五下。

48 《仁宗實錄》卷六，洪熙元年正月丙戌。又《宣宗實錄》卷二六，宣德二年三月壬子。

49 《仁宗實錄》卷六，洪熙元年正月己丑。明史卷一四八，楊士奇傳。

50 《宣宗實錄》卷六四，宣德五年三月癸卯，諭侍臣：軍國之政，馬務爲先，今孽虜固當懷之以恩，亦不可不示之以威。朕於馬政，尤所用心。

51 同上卷二三，宣德元年十二月癸亥。

52 同上卷四，宣德三年三月甲辰。

53 同上卷七六，宣德六年二月丁酉。

54 同上卷八一，宣德六年七月壬午。

55 《英宗實錄》卷一三，正統十一年二月甲子。皇朝馬政紀言該府等是年開始養馬。實錄僅言增加開封、彰德、衛輝三府通判及二州十五縣管馬官判官、縣丞各一員，開封府養馬在宣德六年。

56 《大明會典》卷二一八，太僕寺。

57 卷一，北平行太僕寺戶馬。

58 《世宗實錄》卷二○，嘉靖元年十一月己未。西園聞見錄卷七○，馬政前；祖制既免糧草，又免牧官羊。

59 《太祖實錄》卷八六，洪武六年十一月癸丑。

60 同上卷一三二，洪武十三年六月癸亥。

61 《宣宗實錄》卷四五，宣德三年七月甲寅。

62 《太祖實錄》卷二○一，洪武二十三年閏四月丙子。共免糧五萬四千八百五戶，官民田凡三萬八百四十頃，免征夏秋米麥凡二十七萬二千四百四十五石。依吳緝華先生《明代社會經濟史論叢》頁四○所載洪武二十六年全國實征稅糧總額二九、四四二、三五○石，如此則九監所免糧額，佔全國歲入糧額一○八分之一。

63 萬曆《六合縣志》卷二，〈人事志〉，孳牧。《舒城縣志》卷三，〈食貨志〉，馬政。

64 《明史》卷七七，食貨一，戶口，田制。卷七八，食貨二，賦役。

65 同上。

66 彭信威《中國貨幣史》第七章，明代的貨幣。洪武年間的米價，有洪武元年每石銀三錢二分，九年每石一兩，十八年每石五錢，三十年每石二錢五分和五錢的記載，平均為三錢七分五釐，又所列明代各朝米價表，洪武年間每公石價格為銀○・四六一兩，以銀折合為銅錢每石為四六○文。

67 一匹馬一年所費草料費用折銀或錢多少，頗不易計算。依衛所馬平時每年四個月放牧青草，不支給草料，其餘時間每馬每日給豆三升，十五斤重草一束。料豆每石約值銀三、四錢，穀草每百束銀二至三兩。如每馬每日用料豆穀草以四分計算，每月以三十天計，為銀一兩二錢，八個月為九兩六錢，與免糧所折銀價接近。但豆料草束之品質不一，價格亦因時因地而有不同。上述問題史料，見日人谷光隆明代馬政の一考察——北直隷における牧馬草場の廢と孳牧體制の崩壞，《東方學》第十五輯。又《皇明世法錄》卷三一：「萬曆三年議准，馬戶每匹派征草料銀六兩，照地照丁，編入備用馬價銀內帶征，給正頭餧養，如有失，止於馬頭追補，不許累及貼戶。其孳駒給賞，亦不許貼戶侵分。」此爲貼戶所出，雖所指地區不明，姑以五戶養一馬論，加上養馬正戶本身負擔部分，亦與此接近。

68 《太宗實錄》卷一四〇，永樂十一年六月乙卯。卷一六九，永樂十三年十月丙寅。卷一八〇，永樂十四年九月己亥。《宣宗實錄》卷七六，宣德六年二月丁酉。

69 《西園聞見錄》卷七一，馬政後，頁十七。

70 萬曆《滁陽志》卷七，馬政。嘉靖《潁州志》卷上，賦產，孳牧。

71 《太祖實錄》卷二四二，洪武二十八年十月辛亥。

72 卷三，〈食貨志〉，馬政。又萬曆《六合縣志》卷二，〈人事志〉，孳牧。

73 太祖實錄卷一九九，洪武二十三年正月癸巳。

74 皇明詔旨，永樂二十二年八月十五日。洪熙元年正月十五日。

75 《英宗實錄》卷二一三，景泰三年二月戊辰。

76 草場與牧地，亦有分別，「兩京太僕寺草場則曰孳牧者，蓋爲備孳課駒之用。營衞草場則曰放牧者，蓋爲放馬以備騎操征伐之用。」見皇朝馬政紀卷十一，草場。

77 萬曆《揚州府志》卷四，〈賦役志〉下，馬政。

78 萬曆《鎮江府志》卷九，田賦，馬政。

79 卷一，北平苑馬寺戶馬，引〈太僕寺志〉：「其牧監羣苑監，既有官以統之，又公囿廐而牧之，晝牧地而餧之。」「其後令太僕寺理民間孳牧，其初公廐牧地並存，載在典章者甚明，制亦善。厥後公廐廢，而牧地或爲豪貴奪，或爲之征租，令民各自廐居，各自芻畜。」

80 《宣宗實錄》卷四四，宣德三年三月甲辰。

81 見注㉕。

82 《太宗實錄》卷一八〇，永樂十四年九月己亥。

83 皇明經濟實用編卷二三，馬書。皇朝馬政紀卷一，太僕寺戶馬。卷十，政例，比較。

84 《大明會典》卷一五〇，兵部三十三，馬政一，民間孳牧。

85 《皇朝馬政紀》卷十二，蠲恤。種馬征駒搭配，倒失即補，遇赦不免。這是洪武早期的情形。洪武晚年，太祖因見馬戶爲買補虧失馬匹，苦累不堪。而時亦有人上言，故責駒之令漸寬，遇特殊情形，亦行蠲恤免償。如洪武二十三年六月戊辰，二十八年十月辛亥。

86 當時爲了儘快蕃息，充分提供草地牧場，所以將所有草塘及不能耕種的土地，都劃爲牧地，因此有的牧地甚爲零星狹小。如萬曆滁陽志卷七田賦志所記該本州草場十六處，最大者八頃九畝餘，小者只有十七畝。又萬曆鎮江府志卷九，賦役志，馬政：「江以南田地狹窄，無場牧放，不能以時羣蓋（交配），每年馬不生駒，追償寶鈔柒百貫，民間不堪賠累之苦。」

87 《太祖實錄》卷二五二，洪武三十年四月乙酉，諭晉王燕王，「京師發去江淮太僕寺孳生馬及戰馬，八年之間，數該七萬。」

88 同上卷八七，洪武七年正月己巳。

89 同上卷一七七，洪武十九年正月乙亥。

90 同上卷一五〇，洪武十五年十一月乙未。

91 同上卷一七四，洪武十八年七月乙酉。

92 同上卷一七九　洪武十九年八月辛丑。

93 同上卷二一二，洪武廿四年九月壬子。

94 同上卷一七〇，洪武十八年正月壬辰。

95 同上卷一七六，洪武十八年十月乙卯。這一次征遼東，經過相當準備，將士所有戰馬分配，據《實錄》卷一六六，洪武十七年十月壬申云：「命兵部移文總兵官延安侯唐勝宗及遼東都司，自今凡將士征討遼東者，原給官馬，悉收入官。指揮而下，試其驍勇者，人給二匹，庸常者一匹。」

96 同上卷二二二，洪武二十五年十二月丙午。

97 同上卷二五三，洪武三十年五月己巳。

98 同上，同年六月庚寅。

99 《皇朝馬政紀》卷二，太僕寺，南京太僕寺種馬。《英宗實錄》卷一六，正統元年四月壬戌。馬政一直列爲國防最高機密。天順元年，太僕寺卿程信按故事理營衞馬，三營大將石亨、孫鏜、曹欽訴太僕苛急，請隸兵部。信言高皇帝諭馬數勿令人知，今隸兵部，馬登耗臣等不得聞，卽有警，馬不給，請無以責太僕。上是其言，令如舊制。太僕寺歷來章疏，雖非密封，亦不發抄，到明亡仍然如此。見王忠端公文集卷四，重中樞之選疏。

100 《明太祖實錄》卷一四二，洪武十五年二月丁巳。

101 同上卷二〇八，洪武二十四年正月丁亥。

102 各數字皆見於太宗實錄每年年終國家歲入項內，不一一列舉卷數。

103 〈太宗實錄凡例〉。〈皇朝馬政紀凡例〉。又云：「太僕寺志曰：太僕寺不預內廐，則內馬無節。不預苑馬，則外馬不蓄。」「此紀不及內廐者，以未嘗領之，故無從稽之。至于苑馬，僅述北平初制于先，而各邊苑馬寺附書于後，蓋亦不預，亦無法稽之，故皆不能詳記。」故此數字當非太僕寺所掌管馬匹數字。

104 《英宗實錄》卷二五四，景泰五年九月癸丑。

105 《明史》卷九二，兵四，馬政。

106 《英宗實錄》卷一二六，正統十年二月乙丑。卷一三八，正統十一年二月甲子。卷一五一，正統十二年三月戊寅。卷一五七，正統十二年八月庚午。卷一六四，正統十三年三月癸丑。卷一六九，正統十三年八月戊午。

107 同上卷一五六，正統十二年七月乙未、辛丑。

108 同上，同年同月辛丑。

109 同上卷一八七，景泰元年正月丙申。

110 同上卷一八五，正統十四年十一月乙酉。

111 同上卷一九四，景泰元年七月戊申。卷一八七，景泰元年正月甲辰。

112 同上卷二八二，天順元年九月乙亥。景泰元年，已以馬少革去永樂間所設金吾左等衛馬科典吏二名中一名。英宗實錄卷一九〇，景泰元年三月己巳。

113 《憲宗實錄》卷四一，成化三年四月戊戌。

114 同上卷二〇，成化元年八月辛卯。

115 《孝宗實錄》卷二九，弘治二年八月辛卯。又如《憲宗實錄》卷二六二，成化二十一年二月壬申，記遼東行太僕寺成化元年尚有馬一萬餘匹，二年征東取馬五千，至十二年止存一千五百。後復增種馬一千，至成化二十一年不及三千，又報亡失馬二千五百餘匹，盜賣甚多。

116 《皇朝馬政紀》卷十一，草場。

117 《明書》卷七二，戎馬志，馬政。

118 卷七四，馬政前，前言，頁九。

119 《皇朝馬政紀》卷十一，太僕寺所屬孳牧草場。《憲宗實錄》卷八二，成化六年八月壬申，吏部侍郎葉盛巡視眞定等府還，報告所見當時情形云：今日民間最苦養馬，破家蕩產，皆馬之故。舊例牧馬一匹，每年取一駒，當時馬足而民不擾者，以芻牧地廣，民得以爲生，馬得以自便也。厥後豪右莊田漸多，養馬日漸不足。

120 《明史》卷十三，〈憲宗本紀〉。蔣孝瑀，《明代的貴族莊田》。嘉新水泥公司文化基金會研究論文第一七七種。

121 《皇朝馬政紀》卷二，太僕寺南京太僕寺種馬。

122 見注116。

123 成祖曾語曰：欲馬蕃息，宜如朔漠牧養之法，擇水草之地，其外有險阻，用數人守之，縱馬其中，順適其性，至冬寒草枯，聚而飼之。又云：馬撒在草場裏牧散，水草自在，養得肥，又無病，孳生蕃息，這是馬的眞性，不勞苦。若是拴着時，都生出病瘦損了。

124 《孝宗實錄》卷七八，弘治六年七月癸巳。

125 《皇明成化條例》，修舉馬政，成化十三年二月十六日。

126 同上。又《皇朝馬政紀》卷二，太僕寺南京太僕寺種馬。

127 《西園聞見錄》卷七一，馬政後，前言，引沈世昌語。

128 同上，馬政後，前言，頁二十一。

129 見注117。

130 《仁宗實錄》卷四，洪熙元年正月丙戌。

131 卷七一，馬政後，往行，頁二十八。又黎福，宣德間爲鎭江府知府，時民戶苦養馬，歲課駒，駒復課駒，轉展無已，民破產，而馬滋耗。

132 見注126。

133 《皇朝馬政紀》卷一〇，比較。

134 卷四，田賦，馬政。

135 《大明會典》卷一五二，兵部，馬政三，印俵。

136 《皇朝馬政紀》卷一〇，印俵。

137 卷七一，馬政後，前言，頁三。

138 同上。又頁七—八。

139 同注137，頁四。

140 同注137。

⑭《皇明成化條例》，成化十八年正月廿七日。
⑭《西園聞見錄》卷七一，馬政後，前言，頁一。
⑭《憲宗實錄》卷三七，成化二年十二月丙辰。卷一四五，成化八年六月辛巳。卷一一七，成化九年六月丁丑。卷二一七，成化十七年七月壬午。卷二六八，成化二十一年七月癸酉。
⑭《憲宗實錄》卷八七，成化七年正月庚子。
⑭《憲宗實錄》卷一九九，成化十六年正月戊申。
⑭同上卷二九一，二十三年六月戊寅。
⑭同上卷二三九，成化十八年八月辛丑。又《孝宗實錄》卷二四，弘治二年三月戊寅。
⑭《皇朝馬政紀》卷三，俵馬。
⑭同上。又卷六，兌馬。其實亦非專爲京師之用，明人論種馬文章中，常言種馬爲孳息生駒，起解以備邊用。
⑮同上，凡例。又大明會典卷一五二，兵部，馬政三，起解。
⑮《孝宗實錄》卷一〇，弘治元年閏正月甲戌。皇朝馬政紀卷三、四。
⑮備用馬與寄養馬二者都叫做備用馬。〈皇朝馬政紀凡例〉，「及解俵寄養時，復有征伐調度，難以卒辦，乃以種馬征駒解俵，發之寄養。其種主孳息，其俵養主征伐，始分爲二，均稱之爲備用馬。」
⑮《皇朝馬政紀》卷二，太僕寺南京太僕寺種馬。各府州縣分配種馬數目，見大明會典卷一五〇，兵部，馬政一，民間孳牧。
⑮《世宗實錄》卷六〇，嘉靖五年正月壬子。萬曆六安州志卷上，馬政。光緒保定府志卷七九，引《高陽志》。
⑮《西園聞見錄》卷七一，馬政後，前言，頁六。
⑮《皇朝馬政紀》卷十一，太僕寺所屬孳牧草場。
⑮《孝宗實錄》卷一八四，弘治十四年十月癸酉，王圻續文獻通考卷一六五，兵政，馬政。
⑮卷二，太僕寺南京太僕寺種馬，引太僕志語。

⑲《武宗實錄》卷二二，正德二年閏正月庚午。

⑯《西園聞見錄》卷七一，馬政後，前言，頁四。《皇朝馬政紀》卷二，太僕寺南京太僕寺種馬。弘治六年，議定倒失虧欠馬追價標準。弘治十一年題准，虧失種兒騍馬追價數。弘治六年至九年倒失虧欠種兒騍馬，亦免追補本色，每兒馬一匹，追銀六兩。騍馬一匹，追銀四兩。每駒一匹，倒失者追銀二兩，虧欠追銀一兩五錢，解部轉發太僕寺收貯，以備各邊買馬支用，以後仍照原例追銀。

⑯見注⑲。

⑯見注⑯。又《王忠端公文集》卷四，酌議馬政長策疏。

⑯《皇朝馬政紀》卷二，太僕寺南京太僕寺戶馬。

⑯見注⑲。

⑯《王忠端公文集》卷四，講寄牧酌折徵疏。

⑯《西園聞見錄》卷七一，馬政後，前言，頁七。皇朝馬政紀卷二，太僕寺南京太僕寺種馬。

⑯《世宗實錄》卷七二，嘉靖六年正月丙戌。

⑯見注⑯，《西園聞見錄》同卷頁五。

⑯見注⑯《皇朝馬政紀》。《大明會典》卷一五〇，兵部，民間孳牧。

⑰見注⑯。嘉靖初，嚴申舊例，仍五十四立羣長一人，一年方許交替一次，常川在鄉，往來調督羣蓋。若有作踐，責令具呈究治。醫獸仍每羣下選聰明子弟二、三人學習，定業成一人，專看治馬。其市井無籍與輪流充當等項，一切革去。仍令各州縣止許每月朔望點卯一次。羣長、醫獸每半月報告馬之生活狀況一次，孳牧不如法及作踐者與馬戶連坐治罪。但法令效果，似不甚大。

⑰《穆宗實錄》卷二。隆慶二年五月辛未。

⑰同上，又見注⑯。隆慶四年題准南直隸變賣種馬一半，如北直隸、河南、山東例。《皇朝馬政紀》卷十一，太僕寺南京太僕寺種馬。

173 《西園聞見錄》卷七一，馬政後，前言，頁八。

174 同上，頁十六。《憲宗實錄》卷五三，成化四年四月癸丑。

175 《皇朝馬政紀》卷二，太僕寺南京太僕寺種馬。

176 同上。弘治五年奏准，兩京太僕寺轉行各管寺丞，編審上中下等第，除有力者照舊充馬頭不動外，其中有消乏不堪者改作貼戶，另選殷實丁多之家替養。不許馬頭令各戶輪養，止許均貼草料。及馬有事故，管馬官員定與貼戶則例，出銀買補。正德八年、十三年再申前例。但大戶往往賂免，不充馬頭，故府州縣與太僕寺雖有文冊，與所定等第亦多不符。

177 《穆宗實錄》卷三〇，隆慶三年三月乙卯。

178 見注175。

179 《大明會典》卷一五〇，兵部，馬政一，民間孳牧。隆慶四年有報駒優恤及生駒津貼。五年復議准，三年有二駒者，卽以一駒犒賞。光緒金壇縣志卷七，武備，馬政：「均出草料銀七兩二錢，貼與馬頭，爲養馬之費。」解馬途中草料銀，每匹一兩。光緒《吳橋縣志》卷四，〈建置志〉下。

180 光緒《金壇縣志》卷七，武備附馬政。

181 見注175。又《神宗實錄》卷一一二，萬曆九年五月辛卯。

182 《西園聞見錄》卷七一，馬政，前言。〈名山藏馬政記〉，王廷相論馬政之敗壞有三，草料不足，給領失宜，餵養無法。

183 《穆宗實錄》卷二〇，隆慶二年五月辛未。

184 《春明夢餘錄》卷五三，太僕寺。《皇朝馬政紀》卷二，種馬。

185 卷二，種馬。《太宗實錄》卷一八五，永樂十五年二月乙亥：「河間府滄州言，州民有死其種馬者，有欠孳生駒者，例應買償。而去年水澇，田稼不登，方有艱食之患，願以鈔償。下兵部，言若令償鈔，恐民怠事，宜令每羣以三分之一輸鈔，餘仍追馬。從之，命著爲令。」《熹宗實錄》卷八一，天啓七年二月丁卯，「自宣德正統間，暫紓民力，以馬易銀，嗣是改折。」

186 《明史》卷九二，兵四，馬政。

187 萬曆《滁陽志》卷七，田畝，馬政。昭代經濟言卷六，儲峙，馬政利病疏：「照得本寺歲收各處馬價銀兩，起自成化二年，爲因南方地不產馬，暫收折色，自後比照日漸加增。」

188 《孝宗實錄》卷二三，弘治二年二月甲寅。

189 同上卷二八，弘治二年七月癸未。《大明會典》卷一五二，兵部三五，馬政三。言弘治三年，應天各屬，鎮江、太平、南陵、建平俱解折色。

190 《大明會典》卷一五二，兵部三五，馬政三。《世宗實錄》卷四，正德十六年七月庚午。南京太僕寺以所屬地多水鄉，所產馬矮小不堪邊用，多遭揀退，所以自成化年間，即屢屢以風土不產好馬，難備軍前應用，請求改納折色。

191 卷三，俵馬，南京太僕寺折俵馬。本折逐年變動情形，不一一舉例。

192 同上。又世宗實錄卷八五，嘉靖四年十二月丁未。卷八二，嘉靖六年十一月戊寅。以北京太僕寺來說，直隸道近價輕，利在本色。山東、河南道遠價高，利在折色。萬曆三年之後，大抵是直隸本色常居六、七。山東、河南本色常居三、四。

193 正德十二年題准，每年備用馬匹，額派本折色二萬五千匹，內取本色馬二萬匹，折色馬五千匹。本折相兼，緩急備用。若各年寄養馬匹，除已兌過各邊關營之外，積有多餘，量再減派，立爲定例。上年積有餘馬，下年量減本色，加扣折色。積有餘銀，存留用馬數多年分，作價收買。嘉靖四年，令寄養備用馬歲常保持二萬匹，不必多派。萬曆二十二年，命北京太僕寺以十分爲率，各派本色三分，折色七分。定例權于各府本色三分之內，分別災傷輕重，極重者本色盡改折色，稍輕者少派折色，無災者多派本色。

194 所派本折色分數，常有變動。萬曆二十年太僕寺以分數不等，又有幫派帶派。派無定數，則小民以不均而受累。法無畫一，則吏書得因緣而爲奸。以故州縣往往加賦不止，撫按無所覈其數，有司不得明其守。請斟酌節年馬數，定爲成規。遂議定于本年九月內預派各府下年分數。預派雖有定期，但歲額仍然不定，奸弊即由此而起。萬曆三十九年太僕寺請乘大造賦冊之期，立一成不易之法。未知結果如何。

195 《皇朝馬政紀》卷三，俵馬，南京太僕寺折俵馬。

196 見注185。

197 萬曆《鎮江府志》卷九，賦役志，馬政。

198 見注195。

199 《世宗實錄》卷四，正德十六年七月庚午。

200 《世宗實錄》卷八二，嘉靖六年十一月戊寅。《皇朝馬政紀》卷十，蠲恤。嘉靖元年題准，自正德十六年以前曾經起解到部送寺俵驗不堪退回馬匹，聽從變賣，每匹照依徵銀一十八兩解部，發寺收貯，買馬支用。

201 《皇朝馬政紀》卷三，俵馬。本色改折色，每匹較原爲折色者，加征六兩，爲路費草料銀。這說明了明朝政府在征刮上的精打細算。所以說每次的改革，都不是爲了解除馬戶養馬的痛苦，而是爲了自己的征刮方便。

202 〈皇朝馬政紀序〉。

203 見注197。

204 嘉靖南宮縣志卷二，馬政。

205 康熙靈壽縣志卷四，田賦志上，馬政。備用馬自正統十四年後，逐年起解，俵散京輔三府領養。成化末，已漸失其本來用意，徒爲民害。弘治三年十二月，兵部議處吏部等衙門會議，寄養順天等府所屬人戶備用馬匹，以十年論之，該馬二十萬匹。民戶有限，馬匹太多，連年倒死者，不止十數餘萬。及至追補，又告艱難，徒費民財，無益于用。若照前數行取，不無累及逃亡。題准備用馬每歲暫取一萬匹，本色折色，臨時具奏定奪。如遇緊急用馬，照舊取用，或發銀收買。

206 《王忠端公文集》卷四，酌議馬政長策疏。

207 《大明會典》卷一五二，兵部三五，馬政三，起解。

⑳⑧《皇朝馬政紀》卷三，俵馬。卷四，寄養馬。
⑳⑨《皇明成化條例》，成化十六年二月。
⑳⑩卷二一五，成化十六年五月丁酉。
⑳⑪同上卷一二，天順八年十二月戊戌。
⑳⑫《皇朝馬政紀》卷二，種馬。
⑳⑬《大明會典》卷一五二，兵部三五，馬政三，買補。四戶馬的實行，似限於成化年間。大明會典、皇朝馬政紀等書記買俵係專指買備用大馬俵散而言。事實上自太祖時起，馬戶有虧欠倒失，四出購馬賠補送官印俵，亦買俵之意。
⑳⑭《熹宗實錄》卷五，天啓元年正月庚寅。計丁養馬，有稱爲「人丁馬」者。又有「糧逐水田丁逐馬」之謠。萬曆《滁陽志》卷七，馬政。萬曆鎭江府志卷九，賦役志，馬政。
⑳⑮《神宗實錄》卷四八二，萬曆三十九年五月辛酉。《皇朝馬政紀》卷三，俵馬。俵解猶用馬頭，以大戶當之，每五年一編審，以地多寡，酌其產厚薄定之。故亦稱爲俵頭，解頭。
⑳⑯《穆宗實錄》卷三〇，隆慶三年正月甲寅。「舊制，馬一羣，歲俵一駒。後因聽民朋買，而弊遂滋。」嘉靖南宮縣志卷二，馬政：「養馬之家，往往校地會錢，別售其大且良者。」民國東明縣志卷五，經制志，倉驛下驛政：「養馬則獨責正頭，買俵則均輸於幫頭……萬曆九年，奉文存留種馬，盡數變價解部……但存舊種馬數目名色，僉馬頭聽候買馬解俵。」
⑳⑰《皇朝馬政紀》卷三，俵馬。
⑳⑱同上。
⑳⑲《大明會典》卷一五二，兵部三五，馬政二。《皇明成化條例》，成化十九年十月十九日，俵馬違限差吏等項。嘉靖《南宮縣志》卷二，馬政。康熙靈壽縣志卷四，田賦志上，馬政。《世宗實錄》卷一三三，嘉靖十年十一月壬寅。《皇朝馬政紀》卷三，俵馬，復云：頭運直隸、眞定、保定、河間三府，俱限二月二十日以

裏。順德、廣平、大名、永平四府，俱限二月初十以裏。河南歸德一府併作一運，限五月終解寺。二運俱限九月以前，通行完報。如有俵解過限二個月以上者，呈部題參。如至三個月以上至半年者，許指名參奏。承批人員違限一個月以上，參送問罪。

220 《皇朝馬政紀》卷三，俵馬。《世宗實錄》卷五一八，嘉靖四十二年二月乙卯。

221 同上。又卷十，政例，印俵。又《皇明成化條例》，俵馬違限差吏等項。成化十九年十月十九日。《皇明經濟實用編》卷二三，馬書，欽定俵兌式。齒歲與身高前後微有變動，如嘉靖四二年題准身高四尺，兒馬五歲，騸馬八歲以下，方許起俵。

222 皇朝馬政紀卷十，政例，印俵。《神宗實錄》卷四二一，萬曆三四年五月乙酉。

223 《皇朝馬政紀》卷三，俵馬。

224 卷七一，馬政，前言，謝汝儀。馬的價格，自因時因地而有不同，此由歷年折色及虧欠倒失賠償標準，可知其大致時價與變動情形。就嘉靖到天啓間來說，一般在二十兩上下。除上引史料，又同書卷七〇，馬政，前言：「清平令杜承芳議，每年正官預選馬頭，預給三十金，彼用十五金以上買合式馬，多不過二十金，餘備草料路費。」此萬曆九年以後。

225 卷七，馬政。

226 卷九，賦役志，馬政。解運途中如發生傳染病，則問題更爲嚴重。《宣宗實錄》卷二五，宣德二年二月乙亥，「免直隸河間等府民賠馬。時行在兵部尚書張本言，河間等六府所屬州縣民孳牧馬，去年秋盡取赴京備用，道途瘦死者五萬五千餘匹，應追賠還官。」這可能是傳染病。炎日成羣解送，易成疾病，互相傳染。

227 見注225。

228 《西園聞見錄》卷七一，馬政，前言，吳允中。在明實錄中，經常可以看到馬戶因不能交納備用馬，典賣妻兒逃亡，特赦免追賠，令其復業的詔書。

229 《西園聞見錄》卷七〇，馬政，前言。

230 《西園聞見錄》卷七一，馬政，前言。沈世昌。弘治、嘉靖年間，曾兩度盡驅逐太僕寺獸醫，由各州縣遴取樸實者送寺應役，每歲更代。世宗實錄卷二五二，嘉靖二十年八月辛巳。

231 《皇朝馬政紀》卷十一，禁約。卷三，俵馬。

232 《皇朝馬政紀》卷三，俵馬。又皇明成化條例，成化十六年四月十五日，馬販通醫獸隸卒兜攬馬匹上納枷號充軍例。

233 見注228、229。

234 《穆宗實錄》卷三〇，隆慶三年三月乙卯。此在正統年間已是如此，依勢兜攬，浪估馬價。並見皇朝馬政紀卷三，俵馬。

235 見注232，引《皇明成化條例》。

236 見注229。

237 《世宗實錄》卷一三三，嘉靖十年十一月壬寅。《穆宗實錄》卷三十，隆慶三年正月甲寅。卷四二，隆慶四年二月辛丑。

238 《神宗實錄》卷七四七，萬曆三十八年九月己亥。

239 見注229。

240 《皇朝馬政紀》卷一〇，政例，總例。

241 卷二三，馬書，太僕寺辨驗式。《穆宗實錄》卷三〇，隆慶三年三月乙卯。

242 《宛署雜記》卷九，馬政。

243 《西園聞見錄》卷七〇，馬政，前言。

244 《神宗實錄》卷四二一，萬曆三十四年五月乙酉。

245 《熹宗實錄》卷六四，天啓五年十月壬寅。《神宗實錄》卷四五，萬曆三年十二月己巳，御史孫成名條陳馬政五事，議本色官俵。謂本色馬一匹征銀三十兩買俵，似有羨賸，應改議官買，謂馬十匹，不過二百兩耳。

246 康熙《靈壽縣志》卷四，〈田賦志〉上。又民國《東明縣新志》卷五，〈經制志〉，倉驛下，驛政：「夫馬政軍國大計，倘以原價鬻買合式，則無不蒙悶署印烙。一責之民，而額外無名之擾，罄竹難書矣。明邑官買官解，行之一年，官民俱便，而屯牧首稱不便，事遂止。」

247 光緒《保定府志》卷七九，雜記，軼事，引《高陽志》。

248 《憲宗實錄》卷三三，成化二年八月辛丑。

249 同上卷二一五，成化十七年五月壬寅。

250 《西園聞見錄》卷七一，馬政，前言，沈昌世。

251 《皇朝馬政紀》卷三，俵馬。

252 民國《東明縣新志》卷五，〈經制志〉，倉驛下，驛政。

253 《皇朝馬政紀》卷六，兌馬，調兌京營馬。

254 《神宗實錄》卷五七〇，萬曆四十六年五月癸丑。

255 見注253。

256 《皇朝馬政紀》卷六，兌馬，各邊鎮防守借兌馬，各鎮奏討馬。

257 軍不恤馬，利其速斃，且有故意致馬於死者。原因甚爲複雜，軍中養馬將專文討論。

258 《西園聞見錄》卷七一，馬政，前言，天啓二年直隸巡按馬鳴起馬政空耗已極疏。

259 《熹宗實錄》卷六六，天啓五年十二月己卯。原額爲五四一八四。

260 《明清史料乙編》第四本，崇禎十四年十二月十六日，兵部題爲遵旨密奏疏。

261 《崇禎長編》卷一，崇禎十六年十月己丑。

262 《熹宗實錄》卷八一，天啓七年二月丁卯。

263 卷四，杜拨請畫還數疏。崇禎十五年五月十五日題。

264 《熹宗實錄》卷八六，天啓七年七月丁亥。廬州、鳳陽、淮安、揚州四府欠二十餘萬兩。鎮江、應天、太平三府欠三萬五千兩。

265 《明史》卷九二，兵四，馬政：「初，太祖起江左，所急惟馬，屢遣使市於四方，正元壽節，內外藩封將帥，皆以馬爲幣。外國、土司、番部以時入貢，朝廷每厚加賜予，所以招携懷柔者備至。文帝勤遠略，遣使絕域，外國來朝者甚衆，然所急者不在馬。後自狃於承平，駕馭之權失，馬無外增，惟恃孳生歲課。重以官吏侵漁，牧政荒廢，軍民交困矣。蓋明自宣德以後，祖制漸廢，軍旅特甚，而馬政其一云。」

266 《孝宗實錄》卷一一一，弘治九年三月丁丑。皇朝馬政紀卷二，種馬，太僕寺南京太僕寺種馬。

267 《穆宗實錄》卷二〇，隆慶二年五月己巳。重修揚州府志卷四七，人物志二，冀綺傳。

268 《世宗實錄》卷六二，嘉靖五年三月壬子，宣城等五縣豪民何隆等以派養馬事聚衆二萬餘人大噪，幾至大亂。

269 《皇朝馬政紀》卷二，種馬，太僕寺南京太僕寺種馬。

270 《西園聞見錄》卷七一，馬政，前言。論買俵不當者甚多。「革去種馬，科戶出錢應買，是無田而責其租，爲無名之征矣。」《皇朝馬政紀》卷三，俵馬，南京太僕寺折俵馬。

271 《王忠端公文集》卷四，酌議馬政長策疏。崇禎十五年六月三十日。

272 見注268。又卷三，俵馬，太僕寺買俵馬。

273 九十九籌卷七，嚴覈馬政，論養馬之害云：「養馬于民，則北方之地磽瘠，而民多貧窘，故養之實所以擾之也。種馬于鄉，則南畿之豪右兼并，有馬之名，而無馬之實也。更設馬市於邊，則夷虜之奸欺莫詰，徒有馬之費，而不得一馬之用也。……是以召買一法，以改納之貲，而任良駑以上下其價；以折色之費，而選美惡以低昂其用。本以覈實用也，今愈覈而愈不可用，則其弊爲冒。本慮其厲吾軍也，今愈慮而愈見其厲者，其弊爲弛。此其故何也，馬之數則足，而馬之價則一以冒十矣，賄賂通于牙行，而以駑駘爲麒驥，其乾沒不可飭也。誤趣馬以皮相，飾高價以欺公，其侵冒不可不虞也。……兼以控馭乖方，芻牧失時，幾何不公私交病也。」

明代衛所的軍

〈明史兵志〉：「明以武功定天下，革元舊制，自京師達於郡縣，皆立衛所，外統之都司，內統於五軍都督府，而十三衛爲天子親軍者不與焉。征伐，則命將充總兵官，調衛所軍領之。既旋，則將上所佩印，官軍皆回衛所。蓋得唐府兵遺意。」❶志文「蓋得唐府兵遺意」一語，所指有其一定的範圍，引用時多所發揮，反會滋生不必要的困擾❷。茲先就衛所的軍士一項，做初步探討。並亦在此範圍之內，與唐府兵制中的兵，稍作比較。

一、衛所軍的來源

明以軍衛法部伍全國軍隊，邊腹內外，棋置衛所。以衛所繫軍籍，以軍士隸衛所。軍隊雖因駐地及任務之不同❸，而有京營、留都、腹內衛所、邊兵之別❹，但其基本體制，仍是衛所制。故有人形容衛所與軍士的關係，稱軍士如貨泉，衛所乃其出產，而戍守是其轉輸處❺。不過此亦就其總的體制比附言之。本文所述，限於腹內衛所，且亦僅爲一般狀況。

明代衛所軍的來源。《圖書編》云，「國初之爲兵也，取之亦多途矣。有從征，有歸附，有謫發，有籍選。從征者，諸將素將之兵也，平定其他，有留戍矣。歸附者，元之故兵與諸僭

僞者之兵也，擧部來歸，有仍其伍號矣。謫發則以罪人。籍選拔之編戶。途不一也。」❻

從征與謫發，所指範圍均甚爲明確。歸附則除故元及元末諸割據勢力投降者外，尙包括新收服地區軍民之被籍取爲軍者❼。籍選不見於〈明史兵志〉，《圖書編》僅云拔之編戶，也沒有說明籍選的方法。但〈明史兵志〉「清理軍伍」下有垛集爲軍。「明初，垛集令行，民出一丁爲軍，衞所無缺伍，且有羨丁。」「成祖卽位，遣給事等官分閱天下軍，重定垛集軍更代法。初，三丁已上垛正軍一，別有貼戶。正軍死，貼戶丁補。至是，令正軍、貼戶更代。貼戶單丁者免。」❽

垛集亦稱垛充或朶充❾。不但實行的範圍遍及全國❿，而且在衞所軍的來源上，亦佔有相當大的比重。王世貞〈議處清軍事宜疏〉：「不知高皇帝時，多朶充及從征二端耳。」⓫《圖書編》：「國初衞軍籍充垛集，大縣至數千名，分發天下衞所，多至百餘衞，數千里之遠者。」⓬但垛集並不都是三丁以上垛正軍一。《太祖實錄》：「平陽府太原等府閱民戶四丁以上者，籍其一爲軍，蠲其徭役，分隸各衞。」⓭《英宗實錄》則言：「山西行都司衞所軍，多係平陽等府人洪武間垛集充軍，更番應當戶丁，往來供送。」⓮是籍選卽爲垛集。故邱濬〈州郡兵制議〉云：「其初制爲軍伍也，內地多是抽丁、垛集，邊方多是有罪謫戍。」⓯不過垛集爲軍，其實行範圍既遍及全國，在衞所軍中又佔甚重的比例，垛集軍戶終明之世又一直存在，《明史》〈兵志〉未將其列入衞所軍的來源，而於「清理軍伍」項述之，不知爲了何故。又垛集雖爲籍民爲軍，但其入軍籍之後，義務權利，與其他軍戶同，然又保持正軍、貼戶，使更代服役，亦不明其立法之意何在？有人說垛集爲籍民戶補充軍伍而設⓰。但當時取兵之法，除上述者外，其途甚多，詳見下。而垛集爲軍，自洪武、永樂之後，卽甚少記載⓱。《續文獻通考》謂籍選

（即本文垜集）當即所謂民兵，其制起於後，非洪武時期初制⑱。案軍與兵不同。陳邦彥〈課糧田〉云：「兵糧高皇帝之舊也。以垜集則稱軍，以召募則稱兵。」⑲軍是國家經制的、永久的組織。有一定的額數，一定的戍地，且是世襲的。一經爲軍，其戶籍便成爲軍戶，非經開豁除籍，其一家系便永遠世世代代充軍。兵是臨時召募來的，非經制的，無一定的額數，也不永遠屯駐在同一地點。任何人都可以充募爲兵，雖食糧在伍，但戶籍仍是民戶。服役亦僅終身而止，退伍之後，復歸爲民⑳。

其實明初取兵，何止上述四項。如洪武四年，籍方國珍所部溫、台、慶元三府軍士隸各衛爲軍㉑。籍浙江蘭秀山無田糧民嘗充舡戶者爲軍㉒。收集山東北平故元五省八翼漢軍分隸北平諸衛爲軍㉓。徙北平山後之民散處衛府，一部分籍之爲軍㉔。六年，簡拔嘉定、重慶等府民爲軍㉕。十一年，收集四川明氏故將校爲軍㉖。收集江州沔陽舊將士爲軍㉗。十四年，籍鳳陽屯田夫爲軍㉘。十五年，籍廣州蛋戶爲水軍㉙。籍浙東民四丁以上者戶取一丁爲軍㉚。此外，尚有所謂抽丁。如洪武二十年抽福建福、興、漳、泉四府三丁之一爲沿海戍兵㉛。有投充爲軍。《古今治平略》：「初定府州縣，張赤白旗二，立之郊。下令曰：『願爲吾兵者立赤旗下，願爲吾民者立白旗下。』㉜有以不務生理遊食無業被充軍者㉝」。眞所謂「國初之爲兵，取之亦多途矣。」㉞

上所舉都是國初取兵之途。此外有平民被清軍官吏強抑爲軍的㉟。其後復有佃軍、婿軍、同姓軍、重隸軍、重役軍等名目㊱。不過這都是少數，而且有的是違法的。

二、軍籍與軍戶

洪武元年立軍衞法，自京師達於郡縣，皆立軍衞。度天下要害之地，「係一郡者設所，連郡者設衞。大率以五千六百人爲衞，千一百二十人爲千戶所，百十有二人爲百戶所。所設總旗二，小旗十，大小聯比成軍。」㊲軍衞法的構想是，「太祖高皇帝以武功戡亂，混一區宇，洞見古今之利病，定爲經久之良法。內之所設，有錦衣等十二衞，以衞宮禁。有留守等四十八衞，以衞京城。彼此相制也。外之所設，有留守，以衞陵寢。有護衞，以衞藩封。有都司衞所，以防省郡縣。上下相維也。」㊳所有內外衞分，皆隸於五軍都督府，而亦總於兵部。有事則調發從征，事平則各還原伍。所謂合之則呼吸相通，分之則犬牙相制也㊴。

明代軍制之統馭運用，明太祖確實有一番「深哉邈矣，而不可加也」的安排㊵，此處不多論列。就腹內衞所來說，既已有一定的額軍，則必有保障補充軍源之法以相配合，始能保持其原設計體制的穩定，與所預期的效用。

明代保障衞所軍源的方法，是軍戶制度。

軍戶是以其戶類屬軍籍而定。洪武元年收復北平後，詔凡「戶口版籍應用文字，其或迷失散在軍民之間者，許令官司送納。」㊶以爲立戶收籍整理天下賦役的根據。二年，「令凡各處漏口脫戶之人，許赴所在官司出首，與免本罪，收籍當差。凡軍、民、醫、匠、陰陽諸色戶，許以原報抄籍爲定，不許妄行變亂。違者治罪，仍從原籍。」三年，「令戶部榜諭天下軍民，凡有未占籍而不應役者許自首，軍發衞所，民歸有司，匠隸工部。」㊷

明代戶籍分類，〈明史食貨志〉云：「凡戶三等，曰民、曰軍、曰匠。民有儒，有醫，有陰陽。軍有校尉，有力士，弓、鋪兵。匠有厨役、裁縫、馬、船之類。瀕海有鹽，竈，寺有僧，觀有道士。畢以其業著籍，人戶以籍爲斷。」㊸

人戶以籍爲斷，依籍應役，這是承襲元代戶籍分類而來的。「元代戶計制度對帝國服務人口的區劃，是以軍戶、民戶、匠戶爲主幹。」㊹明代戶籍亦以軍戶、民戶、匠戶爲主。不但在戶籍分類上承襲元代，而且在人民報戶定籍時，仍以在元朝時的戶籍所屬類別爲準㊺。所以明代軍戶軍籍的成因，可分爲：一、在元朝時原爲軍戶，仍編入軍籍，充軍服役。如屢次遣人赴各地收集故元軍士爲軍，便是依籍收取㊻。此復引伸爲「其嘗爲兵，俾仍爲兵。」㊼所以凡在元末天下大亂曾參加軍旅，雖已解甲歸田，仍征發爲軍，編入尺籍㊽。二、現役軍人，無論從征、歸附、謫發、籍選、投充及平民非法被抑爲軍已食糧三年者㊾，其戶皆編入軍籍。

戶籍的分類，卽是向國家提供差役的差別。明皇朝爲了能確實掌握全國人民差役的分配，及任何人不得漏戶脫役㊿，所以動員相當大的力量，編造全國戶籍黃册（亦稱賦役黃册，皇族戶口另有册籍）。人戶以籍爲定，亦卽差役以籍爲準。民有民差，軍有軍役。復爲了保障軍役有固定的來源，衞所軍士有固定的額數，因此在國家戶口之中，劃編軍戶。如其戶籍未變，則世代充軍。

軍籍的編立，《古今治平略》說是初定州縣時卽已分別著籍(51)。不過雖然軍民分籍甚早，但軍籍黃册的編造，則在洪武二十一年。

軍籍黃册（亦稱軍籍文册，軍黃，軍册），是爲了防止軍民紊亂戶籍，隱埋避役，及營丁替補，勾攝逃軍，軍產授還，軍戶免丁等管理上的方便而編造的。先是，洪武三年十一月詔戶部籍天下戶口，置立戶帖。各書戶之鄉貫，丁口名歲，以字號編爲勘合，用半印鈐記，籍藏於部，帖給於民。仍令有司歲計其戶口之登耗以聞[52]。十三年五月，詔軍民已有定籍，以民爲軍者禁之[53]。十四年，詔天下府州縣造賦役（戶籍）黃册。十六年九月，初命給事中及國子生、各衞舍人分行天下，清理軍籍[54]。不過此時軍籍册尚未由全國戶籍總册中分化出來。二十一年，詔衞所覈實軍伍。令衞所造軍戶圖籍，並置軍籍勘合。《續文獻通考》：「帝以軍伍有缺，遣人追取，往往鬻法擾民。乃詔自今衞所將逃故軍姓名鄉貫編成圖籍，送兵部，照名行取，不許差人。又詔天下郡縣，以軍戶類造爲册，見載丁口之數。取丁則按籍追之，無丁者止。又命兵部置軍籍勘合，遣人分給內外衞所軍士，謂之勘合戶由。其中開寫從軍來歷，調補衞所年月及在營丁口之數。如遇點閱，以此爲驗。底簿則藏於內府。」[55]

這種軍戶圖籍，卽後日之軍籍黃册。全國賦役黃册每十年大造一次，每屆大造賦役黃册時，也同時攢造軍籍黃册。賦役黃册包括全國各地所有人戶，所以册內亦造入軍戶，並於其下「備開某戶某人，及於某年月日爲某事充發某衞所軍。其有事故等項，亦備細開具，以備查考。」[56]另在「見年均徭人丁册內，審係軍戶者，摘入軍黃册內，仍將祖軍名籍，充調衞分，接補來歷塡造，使軍黃、民黃、均徭，貫串歸一。」此外，各軍復發給由帖，上開本軍年貌、丁產、貫址及衞所等，亦十年更給一次[57]。

軍籍是世襲的，「終明之世，軍籍最嚴」[58]。除非具有一定的條件，不得除籍。依規定可以除軍籍的：一、戶有軍籍，仕至兵部尙書者[59]。二、軍戶丁盡戶絕者[60]。三、官員軍民之家有家人義男女壻自願投軍，或因事編發，死亡後其本房已絕者[61]。四、僧道因事充軍身故，戶止有一丁，且在充軍之前爲僧道者[62]。五、同籍之人生前各自充軍身故，本房丁盡，他房又不及三丁者㊸。六、因事充軍止終本身在衛身故者㊹。七、在逃缺伍三十年以上，五經清勾，十次回申，仍無踪跡者㊺。以上第一項可請求除籍，第二至七項須取具里老有司保結，呈部開豁。此外便是曠恩特例。如禮部尚書夏言以特恩除籍。《實錄》：「禮部尚書夏言疏乞除其家府軍左衛軍籍，許之。以見役丁篤疾，京衛及江西俱無次丁故也。」㊻又如潮州府學生陳質，其父戍大寧，死，有司取其補伍，自陳幼荷國恩受教育，願賜卒業，以圖上報。太祖謂兵部曰：國家得一卒易，得一材難。命削其兵籍，遣歸就學㊼。又如羅京以同母弟楊士奇之請，得除籍㊽。此亦皆有個別特殊條件，非輕易可得㊾。

三、軍戶的義務和權利

衛所軍士來自軍戶。軍戶軍籍，大都定於洪武年間。先是因身爲軍士而戶入軍戶，編成軍籍。其後則是根據軍籍軍戶，而征發軍士。國家對所需要的軍士數目，可以自由控制。但對提供軍士之軍戶的消長，是無法自由控制的。明初衛所制建立後，究有多少軍士㊿，多少軍戶[71]，因爲這是國家最高機密，絕對不許外人知道[72]。而且軍士與軍戶二者如何保持變動上的適應，亦沒有可供考查的資料。不過就現有的史料觀之，例如許多對脫漏軍籍的防範規定[73]，正表示軍戶在人爲的因素下，產生消滅的現象。

在軍戶軍籍固定後，一個可以經常補充，且至少可以彌補部分軍戶軍籍消滅問題的，是永遠充軍人戶改爲軍戶軍籍（雖然當初充軍的立法本意，也許不是爲了彌補軍戶軍籍的消滅問題所訂立的）。明律充軍條例甚多，〈明史刑法志〉：「初制流罪三等，視地遠近邊衛，充軍有定所。蓋降死一等，唯流與充軍爲重。……律充軍凡四十六條。諸司職掌內二十二條，則洪武間例皆律所不載者。其嘉靖二十九年條例，充軍凡二百十三條，與萬曆十三年所定大略相同。……而軍有終身，有永遠。永遠者罰及子孫，皆以實犯死罪減等者充之。明初法嚴，縣以千數，數傳之後，以萬計矣。」[74]

充軍者以免死爲戍，當懷上恩，故謂之恩軍[75]。永遠充軍戶其子孫又世世執役，故謂之長生軍[76]。其戶籍皆編入軍戶[77]。充軍執役，尤其在邊境戍守上，佔有相當大的比例。〈明史兵志〉：「初太祖沿邊設衞，惟土著及有罪謫戍者。」[78]

明律人戶以籍爲斷，卽是人戶依所屬戶籍類別服役當差。軍戶的差役，分爲二部分。一是出丁一人赴指定的衞所當兵，一是支應戶下未經免除的差役。

戶丁赴指定的衞所當兵服役的叫做正軍[79]。其子弟稱爲餘丁或軍餘（軍官的子弟稱爲舍人。）正軍在衞也叫旗軍。旗軍在營服役分兩種，一是防禦操備，一是撥種屯田。操備的稱爲操守旗軍，屯田的稱爲屯田旗軍。二者的比例，並沒有一定。（見第四節）

戶出一丁服役，應服役壯丁，除非有特殊情況，或經特准者，不能免役。《客座贅語》：「其原繇尺籍，皆係祖軍，死則其子孫或族人充之。非盲瞽廢疾，未有不編於伍者。」[80]以特恩免役的例子。〈明史兵志〉：「間有恩恤開伍，洪武二十三年，令應補軍役生員遣歸卒業。宣德四年，上虞人李志道充楚雄衞軍，死，有孫宗皐宜繼，時已中鄉試，尚書張本言於帝得免，如此者絕少。」[81]又葉盛〈申明祖宗成憲疏〉：「查得條例內開，故軍戶下止有一人充生員，起解兵部，奏請翰林院考試。如有成效，照例開豁軍伍。若無成效，仍發充軍。聖明立法制例，夫豈無而自然。蓋在太祖高皇帝之時，有生員陳質，宣宗章皇帝、太上皇帝以來，有生員李宗侃、沈律、張衍等俱蒙列聖體念賢才，考試作養，底于有成。」[82]顯然的這都是爲在學生員，鼓勵其努力讀書，作育統治人才，而特豁免。但也附有條件，必須是戶下止有一人，已充生員，而且讀書成績能通過翰林院的考試，否則仍須入營服役。另外一個例子是應服役因已爲官而特免。武昌推官姜蕃，訴其祖父充五開衞軍已死，其父老病，戶無餘丁，今五開數取其補役，請援洪武中例除其役。兵部勘實，未敢擅除。宣宗以蕃已爲官，特允除之[83]。

正軍赴衞所服役時，至少有餘丁一名隨行，在營佐助正軍生理，供給軍裝[84]。軍戶出正軍一名，入營當差，並有餘丁一名隨行，以幫生理，是已佔去正軍全部及餘丁部份生產時間與勞力。所以必須減輕軍戶負擔，保障軍戶生活，方能使其世世提供軍丁，並供給在役軍丁服裝盤纏。

爲了使軍戶生活安定，所以一般軍戶，都有田地[85]。正軍在營，無論操備屯種，都免其本身一切差役。在營餘丁和原籍戶下一丁，亦免部分差役，使其得以供給正軍。洪武四年，「令各府縣軍戶，以田三頃爲率，稅糧之外，悉免雜役，餘田與民同役。」七年，「令山東正軍全免差役，貼軍免百畝以下，餘田與民同役。」[86]卅一年，「令各都司衞所在營軍士除正軍並當房家小，其餘盡數當差。」[87]卅五年，「令垛集軍正軍貼戶造册輪流更代。貼戶止一丁者免役。當軍之家，免一丁差役。」[88]宣德四年，「令天下衞所每軍一名，免原籍戶下一丁差役。在營軍餘，亦免一丁，令專一供給資費。」[89]正德六年，復規定「在三千里外衞所當軍者，原籍本營，亦准各免二丁，專一供給軍裝。」[90]。

四、軍士在營生活資料來源

明代各府州縣軍丁服役，並不以其原籍府州縣分發就近衞所，也不分發在同一地區或同一衞分，而是相當遙遠相當分散的。于謙〈覆大同守禦疏〉：「大同府四州七縣之民，自昔至今，多於腹裏及迤南衞所充當軍役。其各該衞分，有二、三千里，有五、七千里者。」[91]又楊士奇〈論勾補南北邊軍議〉：「有以陝西、山西、山東、河南、北直隸之人起解南方極邊補伍者。有以兩廣、四川、貴州、雲南、江西、福建、湖廣、浙江、南直隸之人起解北方極邊補役者。」[92]陝西南陵縣是一個具體的例子。該縣有軍丁八六二人，分發在一三六個衞或守禦千戶所，地區包括京師、南京、兩直隸、河南、山西、陝西、甘肅、四川、雲南、貴州、廣西、廣東、湖廣、遼東等地[93]。

《明會典》對清出各衞在逃紀錄等項軍人編發衞分及罪謫充發其應分發地區都有明確規定[94]。偶有改發近地者，都有特殊的原因。如宣德五年令，應充軍之人有父母年七十以上及篤廢殘疾者，許于附近衞所收役。嘉靖廿二年，令山西應解別省軍士，除兩京、宣大、遼東、陝西照舊清解外，其餘清出應解河南、山東、四川、湖廣、浙江、江西、福建、兩廣、雲貴等處軍士，俱存留本省，撥附近衞所收籍食糧[95]。存留本省，因爲當時邊警甚急，需要更多兵力防守。

遠離原籍分發服役，是爲了使其遠離故土，不易逃亡。或另有其他原因，尚不清楚。至於南北易地分發，「彼此不服水土，南方之人死於寒凍，北方之人死於瘴癘。且其衞所去本鄉或萬里，或七、八千里，路遠艱難，盤纏不得接濟，在途逃死者多，到衞者少。長解之人，往往被累，非但獲罪，亦艱難死於溝壑而不知者。」[96]易地分發，爲軍丁、爲社會所造成的種種困擾與苦難，將於軍士的逃亡與勾補一節內述之。

正軍赴衞所服役，照規定必須携妻同行，不許獨身。〈明史兵志〉：「軍士應起解者皆僉妻。」[97]《明會典》：「正統元年奏准，凡解軍丁逃軍，須連同妻小同解，違者問罪。無妻小者解本身。」[98]「如原籍未有妻室，聽就彼婚娶。有妻在籍者，就於結領內備開妻室氏名、年歲，着令原籍親屬送去完聚。」[99]或爲臨時置買，因而有雇買假妻等問題[100]。

僉妻同行，爲安定軍士生活，解決其生理上、心理上因無妻室所引發的種種問題。而且軍士自服役後，幾乎是終生在營。使其建立家室，生育子女，即是建立一個補充軍丁的來源。

每一衞所，都有軍房田地[101]。宣德元年規定。軍士到衞後，「即將空餘屋地，量撥住種。」「限半月收幫月糧，葺理房屋。俟其安定，方許差操。」[102]正德八年復規定必待到營三箇月食糧滿日，方許揀選操備屯種，或其他差役[103]。

軍士居有月糧，行有口糧。月糧，〈明史食貨志〉：「天下衞所軍士月糧，洪武中令，京外衞馬軍月支米二石，步軍總旗一石五斗，小旗一石二斗，軍一石。城守者如數給，屯田者半之。民匠充軍者八斗。」[104]這是指有眷屬者而言[105]。又籍沒免死充軍之恩軍，「家四口以上者一石，三口以下六斗。無家口者四斗。」[106]月糧之外，並有月鹽，「有家口者二斤，無者一斤，在外衞所軍士以鈔準。永樂中，始令糧多之地，旗軍月糧，八分支米，二分支鈔。」[107]

《明史》所載軍士月糧數目，是一般通則。實際情形，因駐屯地區及收成狀況不同，變化甚多。因而有月支本色米九斗者、八斗者、七斗者、六斗者[108]。月糧原則上在本衞關支，但事實上並非所有衞所都是如此。張居正〈與薊遼督撫書〉：「近訪得薊鎭軍糧，有關支於一二百里之外者，士卒甚以為苦。夫以數口之家，仰給一石之粟，支放不時，斗斛不足，而又使之候支於數百里之外，往返道路，顧倩負載，費將誰出？是名雖一石，其實不過八九斗而已矣。況近日又有撫賞採柴等項名色，頗出其中。」[109]

這是腹內衛所一般狀況[110]。若沿邊衛所，生產不足，糧餉轉運不便，常以糧折銀，或折布，則所得更少。如正德年間，糧一石折銀一兩二錢，實際上被官吏漁獵四錢，又以撙節為名，扣存四錢，軍實得只四錢，買米止三斗三升[111]。

軍士出行有口糧，按路程、時日等情況發給[112]。

軍士衣裝自備[113]，並由在營餘丁及家族幫貼。《會典》：「凡軍裝盤纏，宣德四年令每軍一名，優免原籍戶丁差役。若在營餘丁，亦免一丁差使，令其供給軍士盤纏。」[114]《續文獻通考》：「時以軍士征調，當自備衣裝，供給為難，故有此制。」[115]並令「軍籍之家，以時量送衣裝。」[116]隆慶五年復議准，「凡州縣清出應解之軍，責令本戶或本里照依丁糧幫貼軍裝盤費。」[117]出征則由政府發給冬衣棉花，胖襖鞋袴[118]。

會典屢次提到在營餘丁是專一供給正軍的，但其供給範圍，史文不詳。又軍士如輪派屯種，當可有自己的部分收入。

「明代衛所之制，計兵授地，以地養兵，故兵足而糧不費。」[119]兵足而糧不費，這是明太祖建立衛所屯守制的理想，但也只是從洪武到宣德六十年間的情形。

明代衛所制度的一個基本要素，是用軍士且守且屯。王邦瑞〈送東厓崔先生陟山東大參序〉：「我國家兵制與屯政並立，內開衛府，外設邊戍，咸授以田。戰則荷戈，休則秉耜。使農不厭兵，兵不坐食。」[120]其理想是希望能做到「養兵百萬，要令不費百姓一粒米。」[121]

正軍在營，平時分防守操備與撥種屯田兩項主要任務，其分配大概是輪流方式。守與屯的比例，以所在地的實際情況而定。《明會典》：「國初兵荒之後，民無定居，耕稼盡廢，糧餉匱乏。初命諸將分屯於龍江等處，後設各衞所，創制屯田，以都司統攝。每軍種田五十畝爲一分，又或百畝，或七十畝，或三十畝、二十畝不等。軍士三分守城，七分屯種。又有二八、四六、一九、中半等例，皆因田土肥瘠，地方緩衝爲差。又令少壯者守城，老弱者屯種，餘丁多者亦許。其征收則例，或增減殊數，本折互收，皆因時因地而異云。」[122]

明代軍屯的具體情況，研究者已多[123]。此處只言軍屯收入與衞所軍士生活資料來源上有關部分，而且也只是子粒征收科則定制後的一般通則。

《明會典》：「洪武三十五年（建文四年），始定科則，每軍田一分，正糧十二石，收貯屯倉，聽本軍支用。餘糧十二石，給本衞官軍俸糧。洪熙元年，令每軍減征餘糧六石，共正糧十八石上倉。」[124]〈明史食貨志〉：「（月糧）軍一石，城守者如數給，屯田者半之。」「明初各鎮皆有屯田，一軍之田，足贍一軍之用，衞所官吏俸糧，皆取給焉。」[125]此卽所謂使「守城軍的月糧，就屯種子粒內支。」[126]

正糧上屯倉，餘糧上衞倉。守備操練的軍士的月糧，由衞倉關支[127]。屯軍的月糧，由屯倉關支。這裏有問題的，是屯軍月糧的數目。原正糧餘糧二十四石，都要上倉盤納。洪熙元年，詔各都司衞所，屯田軍「今後除自用十二石之外，餘糧免其一半，上納六石。」[128]正統二年，復令「每軍正糧免上倉，止征餘糧六石。」[129]正糧免上倉的原因及其所造成的問題，這裏不談。但基本上仍是屯軍月糧一石，與《明史》所言，「（月糧）軍一石，城守者如數給，屯田者半之。」的說法不合。孟森《明代史》復就此推論云：「如是恒有七八成之兵，可在農畝。卽恒有七八成之兵，只需半餉。夫七八成半餉之兵，是卽等於三四成額軍不需給餉也。以三四成餘贍之額餉，給三四成守城之額兵，實餘額餉一二成，爲官長及馬兵水兵等之加額，及上級官俸給，皆有餘裕。而軍械亦括於其中。」[130]後半段官長加額及上級官俸給云云，乃根據《明史》「明初各鎭皆有屯田，一軍之田，足贍一軍之用，衞所官吏俸糧，皆取給焉。」[131]而來。

依上引史料，屯軍月糧，亦爲一石，並非城守者之半。所謂餘贍之軍餉，乃屯軍所納餘糧，支給城守軍士後所餘贍者。林俊〈送范應楨按察福建序〉云：「我太祖遠稽近紹，屯守之兵，居然古意。內地則屯八人守二人，邊地則屯七人守三人。衞五千人，歲輸六石，守人食月一石，以歲輸充歲食，二八則歲贏一萬二千石也。三七則歲贏三千石也。」[132]

但這也只是宣德以前如此[133]。正統二年以後，屯軍正糧不再上倉，軍屯已發生重大變化。《春明夢餘錄》：「不知正糧納官，以時給之，可以免貧軍之花費，可以平四時之市價，可以操予奪之大柄。今免其交盤，則正糧爲應得之物，屯產亦遂爲固有之私。典賣迭出，頑鈍叢生，不可收拾，端在於此。」[134]事實上永樂後期，已是每下愈況。宣德九年屯田收入突然下降後，便再沒有恢復[135]。

這裏順便附述明代軍士的武器。明代軍士所用的武器，由國家供給。《明會典》：「凡軍器專設軍器局。軍裝設鍼工局，鞍轡設鞍轡局掌管。」[136]「軍器造於工部，而給散則兵部掌行。禁衞營操，內外官軍，莫不有定數。」「凡官軍領用軍器，洪武二十六年定，內外官軍合用衣甲鎗刀弓矢等器，必須總知其數。如遇各衞移文到部申索，轉工部定奪關撥。」「凡各邊合用盔甲弓箭等項軍器，俱令各處都司所屬衞所歲造數內關用。如果不敷，及軍情緊急添設者，赴部請給。」[137]各衞都有軍匠，製造本衞所需軍器[138]。

五、軍士逃亡與勾補

軍戶世籍，代代當兵，所以每一軍戶，必須有正軍一人在營服役。如正軍老疾身故逃亡，需戶內壯丁補繼。

正軍服役的條件，未見詳細規定。「因其原繇尺籍，皆係祖軍，死則其子孫或族人充之，非盲瞽廢疾，未有不編於伍者。」139服役除役年齡，也未見明確記載。洪武十五年，「令各衛軍士年老及殘疾，有丁男者許替役。所管官旗留難者坐罪。」140並未言老到什麼年齡才可由丁男替役。洪武二十九年都指揮僉事張豫上言：「各衛軍士年七十以上，並老疾無丁可代者，若留在伍，虛費糧賞，宜令回鄉依親。」141宣德二年規定，「故軍戶下止有人丁年七十以上，或篤疾殘廢不堪充軍者，保勘是實，明白回報定奪，不必起送。」142依此，是七十歲尚不得除役，此與民戶應役年齡不同。＜明史食貨志＞：「民始生籍其名曰不成丁，年十六曰成丁。成丁而役，六十而免。」143

老疾殘廢，不堪征操軍士，洪武十五年規定，有丁男者許替役。廿三年，「令老疾軍有子年一歲二歲該紀錄者，皆與正糧，候成丁收役。」二十六年復定，「凡內外衛所軍人，或征進工作傷殘，或患痼疾，及年老不堪征操者，須要保勘相驗是實，許令戶下壯丁代役。若無少壯，止有幼小人丁，許令該衛紀錄操練，仍令老疾隨營。如果戶絕無人，揭籍查勘明白，具奏除豁。聽令隨營，或依親還鄉。」144七八歲以下爲幼丁，或令在營，或回原籍依親，由屬衛紀錄。十三、四歲爲出幼，在衛隨營操練145。

軍士身故，則「勾取戶內壯丁補役。如別無壯丁，止有幼小兒男，取官吏保結回報，行移該衞，照勘相同，紀錄，候長成勾補。」[146]

衞所軍士大量逃亡，洪武年間已甚嚴重。宣德之後，已威脅到衞所制度的存在。這是一個因素非常複雜的問題。而表面直接現象，則是軍士窮苦萬狀，難以存活。「內外都司衞所軍官，惟知肥己。征差則賣富差貧，徵辦則以一科十。或占納月錢，或私役買賣，或以科需扣其月糧，或指操備減其布絮。」[147]「雖有屯田子粒而不得入其口，雖有月糧而升斗不得入其家，雖有賞賜而或不給，雖有首級而不得爲己功。」[148]「軍士蔽衣非食，病無藥，死無棺。」[149]「瘦損尫羸，形容枯槁。」「既難自存，復遭凌虐，避差畏苦，戀舊懷歸。」「飲恨吞聲，無可控訴。」[150]便只有逃亡了。

正統三年九月，行在兵部奏：「自遣御史清理之後，近三年于茲，天下都司衞所發册坐勾逃故軍士一百二十萬有奇。今所清出，十無二三，到伍未幾，又有逃故。」[151]其中有多少是逃亡，有多少是身故，固不可知。但由一般記載瞭解，正統之後，軍士逃亡幾半。「往時一衞以五千六百人爲率，今一衞有僅及其半者，甚則什無二三焉。」[152]有一百戶所僅剩下一人[153]。

缺伍逃亡，卽依例追捕，「提本軍謂之根捕，提家丁謂之勾捕。」[154]

明代衞所軍士之定衞、收捕、重冒、存恤、根捕、勾捕、挨查、改編、斷發，兵部有一套詳密的作業系統[155]。在册籍方面，「國初尺籍，有軍籍册、黃册、格眼册、類軍册、編軍册、惠軍册、順衞册、班軍册、類姓册、地名册、魚鱗册、奏益册，名色多端，參互考驗。」[156]

凡清理軍伍，勾捕軍丁，「司府州縣設專官，或監以御史，歲集里老，覈其招募、垛集、罪謫、改調、營丁籍戶之數，以根捕、紀錄、開伍、結除、停勾，嚴稽其冒濫。」[157]清勾軍丁，總於兵部，「衞所上缺伍圖册，府縣上軍戶文册，並下諸省按勾。衞所卽去府縣近，不得輒相移文。」⑱或由中央派清軍御史赴各處清勾。

「逃軍根捉正身。如正身未獲，先將戶丁起解補役，仍根捕正身補替。」⑲「軍士以衞所爲家，父子兄弟在焉。以州縣爲老家，族姓在焉。衞所有丁者，於衞所勾補。衞所無丁者，於州縣勾補。」⑯

軍士由於老疾、身故、逃亡而發生繼替問題，其初是以嫡繼。「非所當繼，雖有壯丁，不得應役，或其子幼，例當紀錄，以致軍士精壯者少。」成化十三年規定，「此後凡有軍人事故，其嫡長子孫弱小，卽於戶內揀選壯丁替補，不必拘於舊例。」⑯

後復爲勾補方便，建立聽繼辦法。於軍册「實在」項下，「另立二欵。一曰見役，下係軍丁某人。二曰聽繼，下係軍丁某人。」「凡清軍御史今後清出軍丁，除正軍外，仍于戶內另審一般實戶丁聽繼。如有逃亡，卽勾聽繼之人應補。若聽繼之人別有逃躲，則罪坐戶頭。捕獲原逃，免其補伍。」⑯

清勾軍丁，這是明代兵政上一大項目，也是朝野最痛苦最困惑的工作。每年遣人清勾，不但清軍御史府州縣掌印清軍官以不能完成規定標準，須受處分⑯，而且逃軍鄰里連坐⑯，因此而造成許多慘痛弊害。

由於功令嚴急，所以清軍官周行民間，焦神極能，窮搜厲禁。甚至挨無軍役，欲逭己責，乃多方揑故，寃抑平民，頂名解補⑯。<明史刑法志>論勾軍之弊云：「有丁盡戶絕，止存軍產者；或並無軍產，戶名未除者；朝廷歲遣御史清軍，有缺必補。每當勾丁，逮捕族屬里長，延及他甲，雞犬爲之不寧。」⑯又王世貞疏云：「臣每見清軍之牘一下，其在窮邊遠裔，戶弱丁單者，一遇勾攝，卽就拘攣，沿門乞哀，搏頰求助。若族丁稍衆者，卽不以正戶應役，或脅委孱弱，或購推黠壯。孱弱之人，迢迢不達戍所，就斃道路。卽幸而達戍所，而衣食鮮繼，水土未服，不窘而鰥，則老而獨。……至于應勾之徒，稍遇壯黠，則藉口亡命，詐索親鄰，故隱行裝，坐食解伴。著伍未幾，或營稱賫冊，或委托取裝，衞官受其賄屬，利彼月糧。甚有解者未及門，而軍已高臥於家矣。」[167]

清勾官吏遍天下，而差遣之數，多於所取之丁。「每衞每年清勾軍士，多則數萬，少有千餘，而計解到軍士，多者不過二三十名。至有一軍勾及數十次，所費不知幾何。」[168]如「廣西、貴州二都司所轄衞所軍多逃亡，勾軍官旗千五百餘人，淹延在外，有至二十年不回者。」[169]

事實上勾軍成了衞所軍官的利窩[170]。范濟疏云「凡衞所勾軍，有差官六七員者，百戶所差軍旗或二人或三人者，俱是有力少壯，及平日結交官長，畏避征差之徒，重賄貪饕官吏，得往勾軍。及至州縣，專以威勢虐害里甲，既豐其饋饌，又需其財物，以合取之人及有丁者釋之，乃詐爲死亡，無丁可取，是以宿留不回。有違限二年三年者，有在彼典顧婦女成家者。及還，則以所得財物，賄其枉法官吏，原奉勘合，朦朧呈繳。」[171]及「本軍至衞，掌印以下，鎭撫以上，不罄所携不止。既着伍，復得錢縱之歸。」[172]

衞所軍官，固貪利縱放。而勾單至邑，清軍廳亦視爲奇貨，不厭其欲不止[173]。又由於法必歲勾，勾必造册，軍房猾書，世傳箕裘，一切軍戶，皆口分之業。所以得任意謄寫，神出鬼沒，奸弊叢生。一不滿欲，輒誣而剝之。有一軍而致死數人之命，一戶絕而破蕩數家之產者[174]。

軍士家族受勾軍之迫害外，尚累及鄰里。每勾到軍，僉里役二名押解。「此輩非有腴田上貲，使之廢廬產，鬻子女，觸冒寒暑，凌歷瘴險，以與軍共一旦之命。蓋至于千里之外，而下產半廢矣。……三千里之外，而中產亦半廢矣。」⑮長解之人，往往有艱難死於溝壑而不知者⑯。而一軍起解，「民間娶妻，僉解路費軍裝，無慮百金。故一軍出，則一家敝。一伍出，則一里敝。」⑰

被勾獲者，「身被拘攣，心懸桑梓，長號即路，終天永訣。」有如棄市⑱。累解累逃，累到累死。因而有全家逃亡，或潛入番夷者⑲。

六、軍士社會地位的變化

開國創業，需要武力，重視軍人。〈明史兵志〉：「當是時，都指揮使與布按並稱三司，爲封疆大吏。而專閫重臣，文武亦無定職，世猶以武爲重。」⑳所以以侍郎（正三品）改爲指揮同知（從三品），而視爲恩榮。〈明史張信傳〉：「洪熙初，召爲兵部右侍郎。帝嘗謂英國公（張）輔，有兄弟可加恩者乎？輔頓首言，輗、軏蒙上恩，備近侍，然皆奢侈。獨從兄侍郎信賢，可使也。帝召見信曰：是英國公兄耶。趣武冠冠之，改錦衣衞指揮同知，世襲。時去開國未遠，武階重故也。」㉑武官受到重視，但軍戶軍籍，似並不如此。〈明史翟善傳〉：「（洪武二十六年）署（吏）部事，再遷至尚書。明於經術，奏對合帝意。帝曰：善雖年少，氣宇恢廓，他人莫及也。欲爲營第於鄉，善辭。又欲除其家戍籍。善曰：戍卒宜增，豈可以臣破例。」㉒明太祖欲令其脫軍籍入民籍，是以愛施恩，顯然軍戶在社會地位上不如民戶㉓。

這是去開國未遠的情形。隨着承平日久，武力不被重視。軍政廢弛，營伍素質日落，而社會上重文輕武觀念，亦日益抬頭。由是互爲因果推移，軍人地位，遂日益低下。〈明史兵志〉：

「正德以來，軍職冒濫，爲世所輕。內之部科，外之監軍、督撫，疊相彈壓。五軍府如贅疣，弁帥如走卒。總兵官領勅於兵部皆跽，間爲長揖，卽爲非體。」[184]軍官如此，軍士可知。例如役使軍士，軍官及公侯之家，定有軍役額數。此外一軍一卒不得私行呼喚，律有常憲，違者處治甚嚴[185]。但「至於末季，衞所軍士，雖一諸生可役使之。」[185]

軍士地位，隨着武力之無所用而日漸低落，本是我國歷朝的普遍現象。但明朝有意的以罪謫長生軍爲保持軍戶藉以維持所希望的數量，以供給軍士來源，使本來淸白的軍戶軍士，與謫罪爲伍，不但使軍士之素質低下，自卑墮落，而且也爲社會對軍戶塑造了一個憎惡的觀念。許國在＜論京營兵制議＞中云：「獨我朝世卒。世卒有定數，而募無常數。然則以謫爲軍，至以相詬，欲軍之強，制胡可得也。」[187]雖然軍戶表面上在某種方面似較民戶佔到了優惠，如靳學顏＜講求財用疏＞所云：「人有恒言軍強民弱，謂夫正屯之外，又兼餘地，餘地之外，又買民田。差役不能干，有司不能得制。比夫民之輸筋膂，竭筐篋，終歲而辦官；捐親戚，去墓坟，隨地而占籍者，相什百也。」[186]但實則爲世輕，人恥爲軍[185]。

武人受到輕視，軍戶地位也隨之低落。比較軍戶與民戶所受到的差別待遇，也表現在國家法令上。如軍戶無分戶之自由。《明會典》：「調衞戶下餘丁寄籍有司者，若遠調二三千里之外，後調衞所正餘不缺，聽留一丁，於有司種辦糧差，其餘悉收原衞所操守。如後調衞所缺人，行原衞餘丁內取解，不許於原籍勾擾。其調衞在千里之內者，餘丁照例回營。」[190]「軍戶不許將弟男子姪過房與人，脫免軍伍。」[191]又如同樣犯罪，處分不同。《明會典》：「逃軍逃匠逃囚人等，自首免罪，各發著役。罪重者從實開奏，量與寬減。其逃民不報籍復業，團聚非爲，抗拒官府，不服招撫者，戶長照南北地方，發缺軍衞所充軍，家口隨住。逃軍逃匠逃囚人等不首者，發邊衞充軍。」[192]《明律》：「凡用強占種屯田五十畝以上不納子粒者問罪。照數追納完日，官調邊衞，帶俸差操；旗軍軍丁人等發邊衞充軍；民發口外爲民。」[193]他如投充爲王府家人，民發口外，軍舍餘丁發極邊衞分充軍[194]。而且軍戶在從事公職上也受到限制。《明會典》：「正軍戶五丁者充吏，四丁不許。水馬驛站貼軍雜役養馬等項人戶，四丁以上者充吏，三丁不許。民戶兩丁識字，亦許勾充。」[195]

爲保障皇權安全，而設置武力。爲保障軍士來源，而設立軍戶制度。爲維持軍戶的存在穩定，而安排其物質生活保障。念其萬死一生以立戰功，而有某種優遇[196]。但又以罪謫爲軍，發衞執役，却又似乎在有意的貶抑軍士的社會地位[197]。軍士在當初無論是從征、歸附、垜集、籍選，甚至被抑配爲軍的，雖戶入軍籍，都是國家的平民。但罪犯以恩軍至營，使原來非謫籍的軍士與之爲伍，身分便也隨之低落，爲世所輕視了。再加以別的種種問題，致軍戶子弟結婚都成了問題[198]。

生活艱難，又內受長官凌虐，外受社會輕視。逃亡只能躲避一時，而且要受到一次一次的追捕，非但連累家族，且殃及鄰里，所以只有挖底去根，在脫籍上想辦法了。雖然禁止軍戶子弟參與關係到軍册的事務，凡「軍籍典吏，不得撥武庫司册科當該。軍籍監生，不得撥送清軍。南京後湖查册監生人等，並司府州縣兵房吏典、造册書手，俱不許用軍戶之人。」[199]以防變亂軍籍。然「一隸戎籍，子孫往往貽累于無窮。」[200]所以反而爲里胥製造了勒索的機會。〈明史周經傳〉：「清軍之弊，洪熙以前在旗校，宣德以後在里胥。弊在旗校者版籍猶存，若里胥則並版籍而淆亂之。」[201]否則便是自殘肢體，以逃避應役。《明會典》：「（宣德）四年令，應繼壯丁故自傷殘肢體者，許鄰里舉首，全家發煙瘴衞所充軍。」[202]或亡命山林糾衆爲非[203]。明朝末年的饑民大動亂中，正不知有多少逃軍參與其中。

七、明衞所軍與唐府兵簡單的比較

〈明史兵志〉論明代衞所兵制云「蓋得唐府兵遺意」。茲先就各家研究唐府兵制度所得成績，關於府兵本身部分歸納其要點如下：㈠唐代的道，分有軍府州與無軍府州。凡有軍府的州，人民便有充當府兵的義務，也卽是人人有充當府兵的可能。㈡唐代的戶口三年一定，以入帳籍。府兵亦三年一揀點。府兵的揀點，依資財，材力，丁口三項標準爲順序。財均者取強，力均者取富，財力又均先取丁多。㈢折衝府分內府、外府。內府衞士爲二品至五品官子孫，外府取六品以下子孫及白丁無職役者點充。府兵的揀點，是從合乎標準的民戶中點充。點充之後，一有「軍名」，便爲終身役。軍名既定，不可「假名」，逃亡者加罪一等。府兵也不能自由遷徙，「有軍府州不得住無軍府州」。㈣府兵揀點是爲了增加新的兵源，不同於世兵制，也不是普通徵兵。軍府州都有「軍府籍」和「衞士帳」。前者是後備兵名册，後者是現役兵分番宿衞的名册。府兵一般是二十一歲入軍，六十而免。㈤各折衝府的兵源和軍人家室住處叫「地團」，其戶籍屬州縣，其軍籍屬折衝府。軍人分居在「地團」之內，其戶籍與民戶參雜在一起，其土地也相互交錯。除在戶籍上註明「衞士」和「不課」外，其他完全相同。㈥府兵的主要任務是分番宿衞京城。這是經常性的任務，但也擔任邊疆或內地特殊的防務。有指定的折衝府分番服役。㈦府兵基本上不脫離其家鄉和本人原來的生活，只有在上番教閱時，才分別集中於折衝府，或上番的京師，或征戍的所在地，執行軍事任務，過軍旅生活。㈧府兵執行軍事任務時的食糧行裝和一部分裝備，「人具弓一，矢三十，胡祿、橫刀、礪石、大觿、氈帽、氈裝、行縢皆一、麥飯九斗，米二升，皆自備。其甲冑戎具藏於府，有所征行，則視其入而出給之。」㈨府兵除在家習武，上番前課試，征戰中教戰，及季冬集府教閱外，宿衛京師時尚有平時教射與冬春講武。㈩府兵在防地營田，「各量防人多少，于當處側近給空閑地，逐水陸所宜，斟酌營種，並雜草蔬，以充糧貯及防人等食。」收入主要的是做爲公糧。(十一)府兵依均田法可受田，因已服軍役，故免其租、庸、調的負擔[209]。

明代衞所的軍與唐代府兵制的兵，可做簡單的比較如下：

㈠軍的來源：明衞所軍，來自軍戶，每軍戶出軍丁一人。軍戶是由全國戶籍中劃分出來的。軍民分籍，以軍戶世襲提供固定的軍士來源。唐代府兵有軍府州的居民，才有充當府兵的義務，才有充當府兵的可能。府兵揀點，依戶籍上資財、材力、丁口三項標準。每三年揀點一次，在合乎標準的民戶中點充。

㈡軍戶經濟條件：明衞所軍來自軍戶，軍戶是以籍爲定的，所以不考慮其經濟條件。雖然爲保障軍戶生活，一般都有軍田，但選充軍戶，並不以此爲前提。十年一編軍黃册，是爲了不使軍籍紊亂，保障軍士來源。所注意的是聽繼丁，和提供勾補的資料。不管軍戶產業，只管丁有沒有絕。唐代戶口，三年一定。點充府兵雖有三項標準，但以資財爲重。三年一揀點，是準備新的兵源，不是編發。均田制雖不是爲府兵而設，但他爲府兵制提供了存在的條件。所以論者多認爲均田制的破壞，是府兵制破壞的原因之一。

㈢服役與平時生活：明衞所正軍到指定的衞所服役，沒有應役與退除役年齡的規定。只有老疾殘廢不能征操或身故時，由繼丁補替。而且要帶餘丁前往衞所，資助其軍裝生活。又要帶妻室在衞所長期居住。軍士在營，不管是操守屯種，都是軍旅生活。唐府兵一般有了軍名，二十一入軍，六十而免。只有輪到上番京師，或征伐，或教閱時才過軍旅生活。平時不脫離其本來的鄉土，及原有的職業生活。

(四)裝備費用：明衞所軍器由國家供給，生活軍裝等費用，有月糧及餘丁資助，或本籍供給。唐府兵除軍器外，一切都自備[205]。

(五)軍籍與繼替：明衞所軍的軍籍是世襲的、家族的、固定的。一經爲軍，一家系永遠爲軍。所以缺伍要一次一次的勾，勾到丁絕爲止。唐府兵是經點充之後才有「軍名」，有軍名後不可「假名」，逃亡。逃亡罪加一等。服役是個人的，原則上到六十歲除役爲止。

(六)家庭優免：明衞所軍免正軍本身一切差徭及餘丁一人雜泛差徭。並以三百畝爲率免稅糧及應派差役。唐府兵免其個人租、庸、調。

(七)社會地位：明衞所軍無分戶之自由，弟男子侄不得過房予人，不可充當管理兵役事務的吏。法律上某些過犯較民人處罰爲重。唐府兵也有不可隨意遷徙，自有軍府州遷居無軍府州的限制。

(八)屯營：明全國衞所皆有軍屯。這是國家統一的軍屯制度，用以支付軍糧及官軍俸餉，理想上是以軍養軍。唐府兵亦有營田，但只是部分的，用以補助公糧。不是全面的，也不是國家軍政的統一政策，更不是爲了軍糧與官軍俸餉。

由上簡單比較，所謂「得唐府兵遺意」者，只是「征伐則命將充總兵官，調衞所軍領之。旣旋，則將上所佩印，官軍各還衞所。」而已，〈明史兵志〉言之已明。其實明代衞所制度，倒是受了元代兵制的不少影響。

注釋

❶ 明史卷八九，兵一。

❷ 明人論衛所兵制，卽常以唐府兵制相比較，故清修明史兵志中有此語。今坊間明史專著或中國通史皆引此語論明代兵制。而孟森先生更謂「後人於唐府兵之本意，初不甚了然。卽於明之兵制，亦沿其流而莫能深原其本。……今惟由明之衛所軍，以窺見唐之府兵。」華世出版社本。民國六十四年，臺北。孟森先生此說，影響甚大，此亦本文寫作動機之一。

❸ 明史卷一二八，〈劉基傳〉。

❹ 朱健，《古今治平略》卷二五，國朝兵制。

❺ 《荊川先生文集》卷八，與嚴介谿相公（五）。

❻ 章潢，《圖書編》卷一一七，軍籍抽餘丁議。王圻，《續文獻通考》卷一六三，兵考，皇明都司。亦言明初取兵有從征、歸附、謫發、籍選四途。

❼ 此例甚多。如明典章洪武元年八月十一日大赦天下詔。「新附地面起遣到軍人，少壯者永爲軍士。」明史紀事本末卷十，洪武四年八月平蜀，籍明氏散亡士卒爲軍。明太祖實錄卷七三，洪武五年四月庚子，收集故元山後宜興等州遺民爲軍。卷八〇，洪武六年三月丁巳，山後宜興、錦州等處搜獲故元潰散軍民九百餘戶，少壯者隸各衛爲軍，老弱者隸北平爲民。

❽ 《明史》卷九二，兵四，清理軍伍。此見於太宗實錄卷十五，洪武三十五年十二月壬戌。

❾ 《皇明經世文編》卷三三二，王世貞，〈議處清軍事宜以實軍伍以蘇民困疏〉。又卷一二七，何孟春，陳萬言以俾修省疏。

❿ 垜集軍見於記載的，有湖廣、陝西、山西、遼東、廣東、福建、浙江及北平、保定、永平等三府。見王毓銓，

明代的軍屯。

⑪ 見注❾。又《皇明經世文編》卷一九，胡濙，攢造黃冊事宜疏。

⑫ 《圖書編》卷一一七，議隨里甲以編民兵疏。

⑬ 《明太祖實錄》卷二二〇，洪武二十五年八月丁卯。

⑭ 《明英宗實錄》卷一一三，正統九年二月壬辰。

⑮ 《皇明經世文編》卷七四〇。

⑯ 王毓銓，《明代的軍屯》。

⑰ 《明宣宗實錄》卷六五，宣德五年四月丁酉，工部尚書黃福疏云：「今天下衛所之兵，多有亡故，有丁者追補，無丁者欠缺。為今之計，凡腹裏衛所缺者，莫若於附近郡縣，十丁以上，田不及五十畝殷實民戶選補。其邊衛有缺，以各處犯罪者就近發補，則士伍不空矣。然又不可不養其銳，必令所司免正軍之雜役，使專操屯。存戶下之老幼，使治生產，則有以養其生。……」命戶部議行之。此頗似躲集。又明英宗實錄卷一〇八，正統十一年九月丁丑，直隸壽州衛千戶陳鏞上言「各衛軍逃亡缺伍，乞依洪武年間垛集事例，于民籍內設法補完。」然以後即未見類此記載。

⑱ 卷一二二，兵考，兵制。

⑲ 《乾坤正氣集選鈔》卷九一。

⑳ 吳晗，《明代的軍兵》。《中國社會經濟史集刊》第五卷第二期。民國廿六年六月，北平。

㉑ 《明史》卷九一，兵三，海防。溫、台、慶元三府軍士及蘭秀山無田糧之民凡十一萬餘人，隸各衛為軍。

㉒ 同上。又見《太祖實錄》卷七〇，洪武四年十二月丙戌。

㉓ 《明太祖實錄》卷六三，洪武四年閏三月庚申。按籍得十四萬一百十五戶，每三戶收一軍，分隸北平諸衛。

㉔ 《明太祖實錄》卷六六，洪武四年六月戊申。徙北平山後民三萬五千八百戶，十九萬七千二十七口。

㉕ 《明太祖實錄》卷七八，洪武六年正月癸丑。

㉖《明太祖實錄》卷一一七，洪武十一年二月甲子。

㉗《圖書集成》卷三七，兵制彙考二三，明四。

㉘《明太祖實錄》卷一一八，洪武十一年四月辛未。

㉙雷禮，《皇明大政記》卷三，洪武十五年三月癸亥。

㉚《明史》卷一二六，湯和傳云。共得五萬八千七百餘人。

㉛《明太祖實錄》卷一八一，洪武二十年四月戊子，按籍抽丁，共得一萬五千餘人。案抽丁不是垛集。皇明經世文編卷三五，朱鑑，〈請補軍民冊籍疏〉云：「查自洪武元年以來，原造軍民籍冊，並節次原垛及抽丁等項軍冊到官。」

㉜《古今治平略》卷二五，〈國朝兵制〉。又《皇明經世文編》卷一二七，何孟春，陳萬言以俾修省疏。《萬曆大明會典》（以下簡稱明會典）卷一三七，兵部二，收捕。

㉝諸司職掌，刑部，司門條，合編充軍。

㉞《圖書編》，軍籍抽餘丁議。明軍籍黃冊頗注意從軍來歷，但其區別原因，現在都不知道了。

㉟清軍官吏濫抑民人為軍，自明太祖時起，無朝無之。如明史卷一四一，盧熙傳，御史奉命搜舊軍，睢民濫入伍者千餘人。卷二八一，趙豫傳，清軍御史李立，專務益軍，勾及姻戚同姓，稍辨，則酷刑榜掠，人情大擾，訴枉者至一千一百餘人。又卷一六一：況鍾傳，民人被酷刑抑配經鍾疏免者百六十人，役止終身者千二百四十人。

㊱《明神宗實錄》卷六，隆慶六年十月辛巳，兵科左給事中蔡汝賢因清勾軍丁奏言軍政五害：一、佃軍，謂佃故軍之地為業而補軍者。二、婿軍，謂娶故軍之女為妻而補軍者。三、同姓軍，謂籍異姓同展轉勾補者。四、重隸軍，謂軍或改近調遠而原衛未經除名，因而勾攝者。五、重役軍，謂本人在伍不缺而餘丁又行勾攝，因而發回原籍者。《明會典》卷一三七，兵部二，冒名。宣德四年令，民戶與軍姓名相同冒勾解者，照例審實開豁。若同姓同名之人已經到衛食糧三年之上者，不准。

㊲《明史》卷九〇，兵二，衛所。

㊳ 皇明經世文編卷一七八，張孚敬，奏答安民飭武疏。

㊴ 《春明夢餘錄》卷三〇，五軍都督府。又卷四二，兵部一，兵制。

㊵ 《皇明經世文編》卷一四八，王廷相，修舉團營事宜疏。

㊶ 明典章，洪武元年十月詔。此詔當爲收復北平後所發。有關之原文爲：「秘書監圖書、國史、典籍，太常法服、祭品、儀衞及天文儀象，地理戶口版籍，應用文字，已令總兵官收拾，其或迷失散在軍民之間者，許令官司送納。」

㊷ 《明會典》卷一九，戶部六，戶口一，戶口總數。

㊸ 《明史》卷七七，食貨一，戶口。此外有陵戶、海戶、墳戶、壇戶、園戶、瓜戶、車戶、米戶、藕戶、窯戶、羊戶、酒戶、茶戶、舖戶、音聲戶等，見明會典。又戶類排列順序，會典常稱軍、民、匠戶，軍在前。

㊹ 黃清連，〈元代諸色戶計的經濟地位〉。食貨復刊六卷三期。六十五年六月、臺北。元代戶籍制度，在戶等上改變了唐宋依丁產分九等戶則的辦法。元代戶口類別和等則，有依職業分的，有依民族分的，有依階級身分分的，有依宗教分的，有依管轄機關分的，有依所納貢賦分的，總稱爲諸色戶計。戶計類屬不同，其所負擔的賦役種類和輕重也各不同。

㊺ 《元史》卷九八，兵一：「天下既平，嘗爲軍者定入尺籍伍符，不可更易。」

㊻ 《明太祖實錄》卷六三，洪武四年閏三月庚申。卷七八，洪武六年六月癸丑。卷八〇，洪武六年三月丁巳。卷八三，洪武六年六月戊寅。卷一七四，洪武十八年七月丁未。續文獻通考卷一二二，兵考，兵制。

㊼ 《明太祖實錄》卷一七，乙巳年（元至正廿五年）七月丁巳。明史卷一四〇，王興宗傳，「（洪武初）知嵩州，時方籍民爲軍，興宗奏曰：元末聚民爲兵，散則仍爲民。今軍民分矣，若籍爲軍，則無民何所征賦。」

㊽ 見注⑥，注㉑㉓㉖㉗。

㊾ 《明會典》卷一三七，兵部二〇，冒名。

㊿ 《大明律集解附例》，戶律，戶役，人戶以籍爲定：「凡軍、民、驛、竈、醫、卜、工、樂諸色人戶，並以

籍爲定。若詐冒脫免，避重就輕者，杖八十。其官司妄准脫免及變亂版籍者罪同。」

51 卷二十五，〈國朝兵制〉。

52 《續文獻通考》卷一三，戶口考二。明史卷二八一，陳灌傳：除寧國知府，訪問疾苦，禁豪右兼併，創戶帖以便稽民。帝取爲式，頒行天下。

53 《續文獻通考》卷一三，戶口考二。又卷一二二，兵考，兵制。「洪武十五年，有戍卒言故元將校宜取爲兵。帝以版籍已定，豈可復擾。命徙其卒於他衞。」事實上洪武十五年以後，仍有籍民爲兵的例子。此可能以所言爲取故元將校爲兵之故，而特張揚其事。

54 《續文獻通考》卷一二二，兵考，兵制。

55 同上。

56 《明會典》卷二〇，戶部七，戶口二，黃冊。

57 卷一五五，兵部二八，冊單。會典並規定各司府州縣之軍籍文冊，務要置立木櫃，整齊收貯。各官上任之日，俱要交代明白。如有疏虞，接管官具申清軍御史，呈都察院移咨兵部參究。

58 明史卷九二，兵四，清理軍伍。

59 同上。

60 《明會典》卷一五四，勾捕。

61 同上。

62 同上。如在充軍之後者，仍發充軍。

63 同上。如他房有三丁以上時，則由他房補役。

64 同上。若非在衞，又非征調，在外身故，未有本衞所相視明文，即係在逃，仍勾子孫一輩補伍，無者免勾補。

65 《明英宗實錄》卷五三，正統四年三月己酉。明會典卷一五五，兵部三八，清理軍伍。呂坤，《實政錄》卷四，民務三，解送軍囚。

66 《明世宗實錄》卷一四三，嘉靖十一年十月甲午。

67 《明太祖實錄》卷一九九，洪武廿三年正月戊子。此處言削其兵籍，或爲只是免其個人兵役，非削其家軍籍。

68 《皇明經世文編》卷一六，楊士奇，恭題天恩卷後，又卷一八，金幼孜，楊少傅陳情題本副錄後。

69 夏言得除籍，官高得寵之外，見役丁篤疾，家鄉又無次丁可應役。陳質是明太祖爲鼓勵士子讀書。謂兵部曰：「軍士缺伍，不過失一力士耳。若獎成一賢才，以資任用，其繫豈不重乎！」羅京爲楊士奇之同母弟。羅京父戍永昌衛，卒，京兄憲補戍役，母卒，京以事坐種田北京。士奇時佐仁宗監國南京，以母故墓無所託，乃懇請宥京。仁宗以士奇輔導功，特准除籍。

70 《明太祖實錄》卷二二三，洪武廿五年十二月丙午。在京武官二千七百四十七員，軍二十萬六千二百八十人。在外武官三千七百四十二員，軍九十九萬二千一百五十四人。明史卷九一，兵三，民壯。「天下衛所官軍，原額二百七十餘萬。」《明孝宗實錄》卷一八〇，弘治十四年十月乙丑，「祖宗時天下都司衛所原額官軍二百七十餘萬。」《皇明經世文編》卷三六六，葉春及，修軍政策：「國初置衛四百九十一，所三百一十一，以軍計之，約三百一十萬餘。而是時口之登籍者六千五十四萬。」又卷四六六，李維楨，武職策。「按圖索之，天下爲衛者四百九十有奇，爲守禦千戶所者三百一十有奇，儀衛羣牧番夷土司不與焉，約可得兵三百三十餘萬。」吳晗，〈明代的軍兵〉，據萬曆會典卷一二九—一三一，「各鎮分例」統計，原額數字一百五十八萬六千六百一十一人，應爲永樂以後數字。王毓銓，〈明代的軍屯〉。認爲看作弘治原額較妥。

71 明初的軍戶，《明太宗實錄》卷三三，永樂二年八月庚寅，都察院左都御史陳瑛言：「以天下通計，人民不下一千萬戶，軍官不下二百萬家。」又卷二六，水樂元年的著籍是：戶一千一百四十一萬五千八百二十九，口六千六百五十九萬八千三百三十七。又卷三七，永樂二年的記載是，戶九百六十八萬五千二十，口五千九十五萬四百七十。

72 敖英，《東谷贅言》卷下：「我國初都督府軍數，太僕寺馬數，有禁不許人知。」陳珩，槎上老舌，五軍嚴審條：「祖制，五府軍數，外人不得預聞，惟掌印都督司其籍。前兵部尙書鄺埜向恭順侯吳某索名冊稽考，吳按例上聞，鄺惶懼疏謝。」

⑬《明會典》卷一五五，寄籍、禁令等。

⑭《明史》卷九三，刑法一。

⑮《明太祖實錄》卷二三二，洪武二十七年四月癸酉，詔兵部，凡以罪謫充軍者名爲恩軍。沈德符，萬曆野獲編卷一七，恩軍。

⑯陸容，《菽園雜記》八：「本朝軍伍，皆謫發罪人充之，使子孫世世執役，謂之長生軍。」

⑰《明會典》卷一三七，兵部二〇，收補。造黃冊之年，各司府州縣備查所屬充發永遠軍犯，開行該管州縣，將本犯本房人丁事產，分出另立軍戶。

⑱《明史》卷九一，兵三，邊防。皇明經世文編卷三三二，王世貞，議處淸軍事宜以實軍伍以蘇民困疏。

⑲《明太祖實錄》卷一九九，洪武二三年正月甲申：「諭兵部尚書沈縉曰：兵以衞民，民以給兵，二者相須也。民不可以重勞，軍不可以重役。今天下衞所多有一戶而充二軍，致令民戶耗減，自今二軍者宜免一人還爲民。」

⑳顧起元，《客座贅語》二，勾軍可罷。

㉑《明史》卷九二，兵四，淸理軍伍。

㉒《皇明經世文編》卷五九。陳質事見前節所述。實錄言除籍，與此處除役不同，亦特例。

㉓《明宣宗實錄》卷八八，宣德七年三月戊辰。所謂援洪武中例，見《明太祖實錄》卷二五二，洪武三十年四月辛亥，「以唐庸爲給事中。庸寧夏人，父中嘗爲貴州衞戍卒，庸代役。時有令凡軍民懷一材一藝者，得以自效。庸詣闕自陳。吏部奏庸正軍宜還戍。上曰：令旣下而背之，是不信也。人有才而不用，是棄賢也。遂擢用之。」

㉔《古今治平略》卷二五，國朝兵制。《明史》卷九〇，兵二，衞所。《明會典》卷一三七，存卹。餘丁因係幫助正軍，亦稱幫丁。明史卷二〇五，李遂傳：「江北池河營卒以千戶吳欽革其幫丁，毆而縛之竿。幫丁者，操守卒給一丁，資其往來費也。」也有不止一丁的，但此多爲邊地衞分。如明史卷二〇三，呂經傳，「故事，每軍一，佐以餘丁三。」此指遼東地方。又如平涼府開城縣，每正軍一，餘丁二三佐助。見明英宗實錄卷一

三〇，正統十四年六月庚申。

85 明代各府州縣所都有官田。軍戶承種的軍田，即其中一部分。明史卷七七，食貨一，田制。全國田地，除民田外，都是官田。明皇朝掌握了相當大的官田地。官田和民田的比例，已不可考。但就軍戶所佔全國戶口的比例，「以天下通計，人民不下一千萬戶，官軍不下二百萬家。」軍田是不會少的。明太宗實錄卷三三，永樂二年八月庚寅。

86 《明會典》卷二〇，戶部七，戶口二，賦役。《明太祖實錄》卷八九，洪武七年五月壬子，「山東濰州判官陳鼎言。故事，正軍貼軍地土多者，雜徭盡免。今本州軍地多，而民田少，民之應役者力日殫，請正軍戶全免差役，貼戶免百畝之下。其百畝之外餘田，則計其數與民同役。從之。」明會典言此施行於山東布政使司全境。

87 《明會典》卷二〇，戶部七，戶口二，賦役。

88 《明會典》卷一五四，兵部三七，勾補。

89 見注87。《古今治平略》卷二五，〈國朝兵制〉。「宣德中勅，天下衞所軍離鄉背井，在伍給裝爲難，其免原籍戶一丁繇，令專一供軍家。在營者一體行之。」宣德五年，以馬軍比之步軍尤爲勞苦，自備軍裝爲難，令馬軍戶內再免一丁。宣宗實錄卷六二，宣德五年正月丙寅。

90 《明會典》卷一三七，兵部二〇，存郵。餘丁只免雜泛差役，正役是不免的。明史卷七八，食貨二，賦役：「役曰里甲，曰均徭，曰雜泛，凡三等。以戶計曰甲役，以丁計曰徭役，上命非時曰雜役。皆有力役，有雇役。」明武宗實錄卷一九，正德元年十一月乙酉：「巡撫順天府都御史柳應辰言，順天、永平二府並各衞所差役不均。……軍衞均徭，當出于餘丁，近年兼派正軍，姦弊難稽，民窮財盡。」

91 《皇明經世文編》卷三四。

92 《皇明經世文編》卷一五。

93 嘉靖《高陵縣志》卷二，兵匠。每一地區應分發人數，都有規定。

94 《明會典》卷一五四，兵部二七，編發。

95 同上。《明宣宗實錄》卷六四，宣德五年三月辛亥，「兵部尚書張本等奏，京師操備官軍，其間有屬陝西緣邊鞏昌等衛及階州、文縣千戶所者，去京師甚遠，每歲更代，必俱遣人促之方至，請以陝西內地衛所官軍與之兌換。又山東內地衛所官軍，有調緣海備倭者，緣海衛所却調京師操備。通州諸衛官軍發淮安運糧，而直隸安慶諸衛乃發京師操備，彼此不便，請行兌換。上悉從之。因謂勇等曰，大凡用人必須審其便利，則人樂於趨事。若不度量地理遠近，人情難易，既不便下人，亦有誤公務，卿等宜速行之。」然而這都是個別突出的例子才被記錄下來。所言事理甚明，而原則不變，蓋留為行寬恤之仁？

96 《明史》卷九二，兵四，清理軍伍。

97 同上。又卷二〇五，〈李遂傳〉：「舊制，南軍有妻者，月糧米一石，無者減其四。」

98 《明會典》卷一五五，兵部三八，起解。

99 《明會典》卷一五五，兵部三八，起解。

100 同上。解到新軍內有雇覓假妻者，審出，將妻變價入官，或配與別衛無妻軍人。古今治平略卷二五，國朝兵制：「為具齎資，為置買妻小，其說以為遇之厚，庶得其心，無逃亡也。其所買為軍妻著，恩既不屬，視如唾核，及軍既逃，終流落乞丐而凍餒以死。」

101 各衛所都有軍田，即是供給在衛軍士屯種及軍士家屬耕種的，並載在軍黃冊內。

102 《明會典》卷一三七，兵部二〇，存卹。

103 同上。

104 《明史》卷八二，食貨六，俸餉。

105 《明太祖實錄》卷一七七，洪武十九年四月乙亥。皇明經世文編卷四三，李秉，奏邊務六事疏：「各處軍士，止以有妻為有家小，其雖有父母兄弟而無妻，亦作無家小，減支月糧。是輕父母而重妻，非經久可行之法。況父母供給軍裝，不無補助，乞以此等作有家小開報，一體增給。庶使親屬有賴，軍不逃亡。」

106 《明史》卷八二，食貨六，俸餉。

107 同上。

108 《皇明經世文編》卷三九，王恕，處置運糧餘丁月糧奏狀。又卷五九，葉盛，軍務疏。

109 《皇明經世文編》卷三二六。

110 薊鎮雖爲九邊之一，但地近京畿。

111 《皇明經世文編》卷一八五，霍韜，嘉靖改元建言第一疏。又卷二八，王驥，邊務五事疏。

112 《皇明經世文編》卷二八，王驥，邊務五事疏。又圖書集成卷三六，兵制，明三。赴京班操口糧，「每班山東、河南、中都上班官軍，以到京報名日爲始，除各該省解到各軍大糧銀，聽兵部委官散給外，其口糧每官軍每月造支四斗，雙月折色，單月本色。官軍防秋口糧，車戰及標兵營官軍秋操，每月各造支口糧三斗，城守營各一斗二升，備兵營無。」皇明經世文編卷七九，劉大夏，條列軍伍利弊疏：「江南官軍，每遇京操，雖給行糧，而往返之費，皆自營辦。」又卷四三，李秉，奏邊務六事疏：「瞭望官軍，去城四十里之外者，方給口糧。」

113 《明會典》卷一三七，兵部二四，存恤。

114 同上卷一五五，兵部三八，軍裝盤纏。

115 卷一二二，兵考，兵制。

116 同注114。又弘治十年題准，「其不奉冊勾之家，以五年爲率，著令戶下應繼人丁，給供送批文，於戶內量丁追與盤纏，照數開寫批內，仍差管解該衛，當官給與本軍收領。若本軍在彼富足，不願供給者，聽其告免。」

117 見注114。班軍衣裝，則回家自取。續文獻通考卷一二二，兵考，兵制。「景泰二年二月，分三大營爲三班。時邊事棘，班軍悉留京，間歲乃放還取衣裝。總兵官石亨言，京營諸軍操備日久，今聲息稍寧，宜令輪流取衣裝。」又今古奇聞，劉小官雌雄兄弟：「老漢方勇，是京師龍虎衛軍士，原籍山東濟寧，今要回去取討軍裝盤纏。」

118 《明史》卷一七七，王復傳。

119 《續文獻通考》卷一二九，郡國兵，邊防。

120 《皇明經世文編》卷二二八，續文獻通考卷一二二，兵考，兵制。邱濬，大學衍義補卷三五，屯營之田：「無農不耕，而吾借不耕之人而役之；無兵不戰，而吾乘不戰之時而用之。」

121 陸琛，儼山外集卷二四，〈同異錄〉上：「太祖最留意屯田，嘗曰：吾京師養兵百萬，要令不費百姓一粒米。每以遠田三畝易城外民田一畝爲屯田。」此亦見於明大政纂要卷九，洪武二十五年正月。

122 《明會典》卷一八，戶部五，屯田。

123 較爲成系統者，見王毓銓，明代的軍屯。

124 《明會典》卷一八，戶部五，屯田。

125 《明史》卷八二，食貨六，俸餉。

126 《皇明經世文編》卷一九八，潘潢，請復軍屯疏。

127 《皇明經世文編》卷一六三，林希元，〈應詔陳言屯田疏〉，「歲輸正糧十二石，餘糧如之。正糧輸之屯所，以給本軍月糧。餘糧輸之衛所，以給守城軍士。」

128 《明仁宗實錄》卷六，洪熙元年正月丙戌。

129 《明會典》卷一八，戶部五，屯田。

130 孟森，《明代史》，華世出版社，民國六四年，臺北。

131 《明史》卷八二，食貨六，俸餉。

132 衛五千人，自然是舉成數。以屯守二八計算，四千人屯種，人納糧六石，共二萬四千石。一千人城守，人月糧一石，共支糧一萬二千石，故餘一萬二千石。如三七屯守，三千五百人屯種，人納糧六石，共二萬一千石。一千五百人城守，人月糧一石，共支糧一萬八千石，故餘三千石。又春明夢餘錄卷三六，戶部二，屯田：「雖曰三七、四六、二八不等，而大約爲三七。是以三人耕，供七人之食也。耕者授粟多，故得十二石。守者授粟寡，分得五石一斗四升。」此是依餘糧十二石計算。城守者月糧，此處暫不論。但屯軍仍是十二石，即月糧一石。

133 屯田子粒收入最多都是永樂元年，二三、四五〇、七九九石。而這一年其他官田及民田全國總收入是三一、二九九、七〇四石，二者是四與三之比。

134 《春明夢餘錄》卷三六，戶部二，屯田。

135 王毓銓，〈明代的軍屯〉。

136 《明會典》卷一九〇，工部一二，軍器軍裝。

137 《明會典》卷一五六，兵部三九，軍器。

138 皇明經世文編》卷一〇〇，李承勛，遼東撫處殘破邊城疏略：「照得撫屬每衛一年額造盔甲腰刀各一百六十件，弓張撒袋各八十副張，長箭四千八十枝，圓牌四十四面，該料銀七十二兩，該役匠作數多。」

139 顧起元，《客座贅語》二，勾軍可罷。

140 《明會典》卷一三七，兵部二〇，老疾。

141 《明太祖實錄》卷二四四，洪武二十九年二月甲午。

142 見注140。

143 《明史》卷七八，食貨二，賦役。元代兵役年齡是十五歲到七十歲。〈元史兵志〉：「其法家有男子十五以上，七十以下，無衆寡，盡簽爲兵。」

144 《明會典》卷一三七，兵部二〇，老疾。

145 《明會典》卷一三七，兵部二〇，收補。

146 《明會典》卷一五四，兵部三七，軍政一。

147 《明宣宗實錄》卷一〇八，宣德九年二月壬申。

148 王鏊，王文恪公文集卷一九，上邊議八事。

149 《明史》卷一六〇，張鵬傳。卷一八五，黃紱傳。

150 《皇明經世文編》卷一二，王瓊，清軍類序。卷二八，王驥，〈貴州軍糧疏〉。呂坤，《實政錄》卷四，解送軍囚。皇明經世文編記軍士生活者甚多。窮苦萬狀，惟軍爲甚。如卷六二，馬文升，恤軍士以蓄銳氣疏云：「照得陝西腹裏衛所軍士，俱在三邊操備，有一年一次回衛休息者，有十八個月回衛休息者。又有一家正軍餘丁二三名在邊操備者。其在衛餘丁，又要種納屯糧子粒守城等項差使。且以在邊軍士言之，既有官給騎操馬匹，赴邊之日，彼處總兵副參等官，每軍一名，又要脚力或馬或騾壹匹頭。其軍士旣無營生，又無產業，止靠月糧六斗養贍。置備軍裝，整理盤纏，亦皆仰給。如此懼怕到邊責打，只得原籍戶下津貼財物，置買前去。比至則邊方該管官旗，或指以買賣旗號纓頭爲名，或假以修理城垣門樓爲由，節次科斂，逼迫無奈，又將原買脚力馬騾變賣出辦。未及一年，使用盡絕，或又有倒死官馬，隨要買賠，逼追緊急，只得揭借，或本管指揮千百戶彼處副參與官馬匹錢物。馬一匹還銀二三百兩者有之，銀一兩還本利三四兩者有之。彼至回衛，各官家人隨即前來索取。在衛官員，懼其勢要，只得監追，或典賣妻子，或揭借月糧，歸還前去。賠馬一匹，已至破家蕩產。倘有倒死，將何所買賠，因此而逃亡者十常八九。」

151 《明英宗實錄》卷四六，正統三年九月丙戌。

152 邱濬，《大學衍義補》卷一一七，治國平天下之要，嚴武備。

153 《明英宗實錄》卷四七，正統三年十月辛未。

154 《明史》卷九二，兵四，清理軍伍。

155 《明會典》卷一三七，兵部二〇，軍役。

156 《明世宗實錄》卷六，正德十六年九月丙子。

157 《續文獻通考》卷一二二，兵考，兵制。

158 《明會典》卷一五六，兵部三九，勘合。「每布政司並直隸府州各給勾軍勘合一百道，底簿二本。都司收勘合並底簿一本，一本發布政司直隸府州。凡遇勾軍，都司塡寫勘合，差人齎付各該官司，比對字號，著落有司勾發。」勾軍清冊甚爲詳明，「都司衛所將應勾軍人，備查原充、改調、貼戶、女戶、的祖姓名、來歷、節補、逃亡年月，衛所、官旗、都圖、里社、坊隅、關廂、保鎮、鄉團、村莊、店圈、屯營等項，的確逐一造冊，呈報兵部轉發。」各種冊單，見《明會典》卷一五五，兵部三八，冊單。

159 《明會典》卷一五四，兵部三七，軍政一。

160 《皇明經世文編》卷三三七，汪道昆，〈遼東善後事宜疏〉。

161 《明憲宗實錄》卷一六八，成化十三年七月壬午。

162 《明會典》卷一五四，兵部三七，勾捕。卷一五五，兵部三八，册單。

163 同上卷一五五，兵部三八，清理。「隆慶六年令，府州縣掌印清軍官完軍八分以上者薦，七分以下者獎，六分以下者戒飭，五分以下者參降。」

164 《明會典》卷一五四，兵部三七，根捕。宣德元年奏准，凡逃軍三月不首者，並里鄰人等問罪，就點親鄰管解，窩家發附近充軍，遞送隱藏者煙瘴衞分充軍。

165 《皇明經世文編》卷三三七，汪道昆，遼東善後事宜疏。卷一一一，王瓊，陳愚見以蘇民困事。

166 《明史》卷九三，刑法一。

167 《皇明經世文編》卷三三二，王世貞，〈議處清軍事宜以實營伍以蘇民困疏〉。

168 《皇明經世文編》卷九九，王憲，計處清軍事宜。

169 同上卷二八，王驥，〈計處軍士疏〉。

170 同上卷三七二，魏時亮，〈題爲摘陳安攘要議以俾睿採疏〉。卷七四，邱濬，州郡兵制議。卷五九，葉盛，軍務疏。

171 《明宣宗實錄》卷五，宣德八年二月庚戌。皇明經世文編卷二九，范濟，詣闕上書。

172 《皇明經世文編》卷四四六，鄭元標，敷陳吏治民瘼懇乞及時修擧疏。

173 同上。

174 《古今治平略》卷廿五，國朝兵制。《皇明經世文編》卷四三一，劉應秋，與朱鑑塘中丞書。

175 《皇明經世文編》卷三三二，王世貞，議處清軍事宜以實營伍以蘇民困疏。

176 同上卷一五，楊士奇，論勾補南北邊軍疏。

177 同上卷三三七，汪道昆，遼東善後事宜疏。

178 《古今治平略》卷二五，國朝兵制。邱濬，大學衍義補卷一六，固國本，䘏民之患。

179 《皇明經世文編》卷六二，馬文升，存遠軍以實兵備疏。

180 《明史》卷九〇，兵二，衛所。時尚重武階，固是一因，然錦衣衛指揮同知能世襲，當亦有關係。

181 《明史》卷一四五，〈張玉傳附從子信傳〉。

182 《明史》卷一三八，〈翟善傳〉。

183 縱是因爲軍戶民戶與國家的權利義務上有所差別，見注186，但仍可謂指示著二者在社會地位有所不同。

184 《明史》卷九〇，兵二，衛所。

185 《續文獻通考》卷一二二，兵考，兵制。大明律例集解附例卷一四，軍政，公侯私役官軍。皇明經世文編卷四五，林聰〈修德弭災二十事疏〉。

186 《明史》卷九〇，兵二，衛所。

187 《皇明經世文編》卷三九二。又卷八，葉伯巨，〈萬言書〉：「今鳳陽皇陵所在，龍興之地，而率以罪人居之。近令就中願入軍籍者，聽其免罪。」是已將軍戶視之甚低。

188 《皇明經世文編》卷二九九。

189 顧炎武，《天下郡國利病書》五二，河南，懷慶府，〈京邊戍役論〉。

190 《大明會典》卷一五五，兵部三八，清理。又明會典卷二十，戶部七，戶口二，黃冊。「景泰二年奏准，凡各圖人戶，有父母俱亡，而兄弟多年各爨者。有父母存，而兄弟近年各爨者。有先因子幼而招婿，今子長成而歸宗另爨者。有先無子而乞養異姓子承繼，今有親子而乞養歸宗另爨者。俱准另籍當差。其兄弟各爨者，查照各人戶內，如果別無軍匠等項役占規避窒礙，自願分戶者聽。如人丁數少，及有軍匠等項役占窒礙，仍舊不許分居。」此處軍匠二字，尙需分析，可能是指軍與匠，也可能是各衛中製造軍器的軍匠。

191 《大明會典》卷十九，戶部六，戶口總數。

192 《明會典》卷十九，戶部六，逃戶。逃軍與逃囚列爲一類。

193 《大明律例集解附例》卷五，戶律，田宅。

194 《明武宗實錄》四六，正德四年正月壬寅。明神宗實錄卷三三二，萬曆二十七年三月丙午。

195 《明會典》卷八，吏部七，吏役參撥。

196 如軍人犯盜免受刺刑。《皇明經世文編》卷三五六，徐涉，奏爲懇乞天恩酌時事備法紀以善臣民以贊聖治事：「國初見軍官人等身在行陣，萬死一生以立戰功，故此（免刺）優之，推而及族餘丁，亦免刺耳。」

197 以罪犯充軍，即使充發邊衞，其情形亦同。其到衞之後，即與軍士一同執役，在法理上爲國家軍士。無論其爲止充本身，或永遠充軍家入戍籍，在觀念都是一種懲罰意義。此牽涉到明代衞所制本身上另一問題，當在分析明太祖對明兵制的整個安排構想上，另文討論。

198 《明史》卷一五八，黃宗載傳，（洪武三十年進士）永樂初爲湖廣按察使，「武陵多戎籍，民家慮與爲婚姻，徭賦累己，男女至年四十尚不婚。宗載以理諭之，皆解悟。一時婚者三百餘家，鄰邑效之，其俗遂變。」

199 《明會典》一五五，兵部三八，清理。

200 《皇明經世文編》卷一八，金幼孜，書楊少傅陳情題本副錄後。

201 《明史》卷一八三，周經傳。

202 《明會典》卷一五五，兵部三八，禁令。

203 《皇明經世文編》卷一四，蹇義，〈上言十事疏〉。

204 主要取自谷霽光，府兵制度考釋。岑仲勉，《隋唐史》。陳寅格，〈隋唐制度淵源略論稿〉。濱口重國，從府兵制至新兵制，史學雜誌四一編十一、十二號。又如府兵是否兵農合一，兵農分離，兵農合治，兵農分治，因各階段的具體情況不同，還沒有一致的結論。又唐府兵制與均田制的關係，此牽涉到府兵制度本身的另一問題。

205 部分輕兵器亦自備。

明嘉靖年間浙福沿海寇亂與私販貿易的關係

明嘉靖中葉之後，東南沿海地方，私商、海盜、倭寇結合爲亂，攻城略邑，劫庫縱囚，殺擄居民，焚蕩廬舍。負海數千里，所在告警。加以當時政治、經濟、社會上種種問題，於是「小民迫於貪酷，苦於徭賦，困於饑寒，相率入海從之。兇徒、逸囚、罷吏、黠僧，及衣冠失職書生，不得志羣不逞者，皆爲之奸細，爲之嚮導。人情忿恨不堪忍，弱者圖飽煖旦夕，強者奮臂欲洩其怒。」❶內外結合，乘機相與爲亂，東南數省爲之漁爛者二十餘年。明廷轉兵輸餉，朝野俱困，直到萬曆初年，始大體平定。明人對此皆歸之倭寇。倭寇之罪，固永不可恕，然「大抵賊中皆華人，倭奴直十之一二。」其召禍因素，相當複雜。本文擬僅就國人私販貿易與禍亂關係部分，作一簡單敘述。

一、明代的禁海政策貢舶貿易制度與私販貿易的關係

禍亂的最初起因，由於私販猖獗；私販發生，由於禁海政策與貢舶貿易制度。中外海上貿易，自唐宋以來，已很活潑。明朝初年，由於濱海地區海盜橫行，並勾引倭人，肆爲劫掠。「初，方國珍據溫、台、處，張士誠據寧、紹、杭、嘉、蘇、松、通、泰諸郡，皆在海上。方、

張旣降滅，諸賊強豪者悉航海，糾島倭入寇。」「焚民居，掠貨財，北自遼東、山東，南抵閩、浙、東粵，濱海之區，無歲不被其害。」❷內奸外寇，海警頻傳。先是，明廷擬先由剪除海盜羽翼着手，欲令日本禁戢國人，阻其與海盜結合。海盜失去外援，然後徐而圖之，自易殄滅。故明太祖於卽位之初，卽遣使赴日，循外交途徑交涉。然不幸幾次往返，皆歸失敗。且寇掠之勢，更爲昌熾。當時以政權新立，社會經濟，亟待恢復，國內統治，尙未完全鞏固。尤其對北方蒙古，連年用兵，國家正集中力量，淸除殘餘抗逆勢力。一時未能建立強大水師，跨海遠征，肅靖海疆。所以只有採取消極防禦政策，以期減少禍害。於是除沿海各地廣置衞所城寨，增戍造船，並「招蛋戶、島人、漁丁、賈豎，自淮、浙至閩、廣，庶幾萬人，盡籍之爲兵。」及將沿海易生盜亂地區居民遷之內地外，並頒令禁海，嚴禁國人在海上活動，縱民船漁舟亦不得擅行下海。違禁者以私越邊關走泄事情私通外國律，治以重罪❸。

然嚴令禁海，只能阻止國人出海興販。自唐、宋以來長期歷史發展起來的中外貿易，在「有無相遷，邦國之常」的供求關係下，外舶至者日多。明廷爲統制外舶貿易，並防止私商海盜乘機混入，保障海防安全，因此有管制外舶的貢舶貿易制度。凡海外諸國欲至中國通商貿易者，須先在政治上接受中國封敕，建立宗藩從屬關係，由中國頒給勘合憑信，規定修貢期限，貢使人員船隻數目❹，然後可以持此在修貢通好的名義下，進行有限度的貿易。所帶貨物，除表示誠敬上貢者外，其餘經政府抽分收買後，方許在港口市舶司內或京師會同館由官員嚴密監視下與中國商民開市互易❺。上貢物品，中國以回賜方式，酬以相當貨値。此外任何私人貿易，概行禁止。《江南經略》云：「凡外裔入貢者，我朝皆設市舶司以領之。在廣東者專爲占城、暹羅諸番而設。在福建者專爲琉球而設。在浙江者專爲日本而設。其來也，許帶方物，設牙行與民貿易，謂之互市。是有貢舶卽有互市，非入貢卽不許其互市，明矣。」「貢舶者，王法之所許，市舶之所司，乃貿易之公也；海商者，王法之所不許，市舶之所不經，乃貿易之私也。」❻

以商業行爲與外交關係結合一起的貢舶貿易制度，這是明代以「封貢貿易」對外馭邊政策中的一環❼。因此明代市舶司的任務，亦與宋、元時代有所不同。《大學衍義補》：「本朝市舶司之名，雖仍其舊，而無抽分之法。惟於浙、閩、廣三處置司，以待海外諸蕃之進貢者。蓋用以懷柔遠人，實無所利其入也。」❽《明史》：「市舶提舉司掌海外諸番朝貢之事，辨其表文勘合之眞僞，禁通番，征私貨，平交易，閑其出入，而愼館穀之。」「所以通夷情，抑姦商，俾法禁有所施，因消其釁隙也。」❾因之貢舶貿易、對外關係（海上諸國）、海禁政策三者是密相關聯的。明代市舶司不僅止設寧波、泉州、廣州三處，而且各國必須依指定港口出入，至者皆以使臣儀注優禮接待，館穀甚厚。其非《會典》所載不列於王會者，概不許往來通市。因之「朝貢」之際，對禮節儀度，非常重視。如違犯貢市禁令，不遵約束，則人船阻回，甚且閉市絕貢，以爲懲誡。《皇明名臣經濟錄》：「且如番舶一節，東南地控夷邦，」「我祖宗一統無外，萬邦來庭，不過因而羈縻而已，非利其有也。故來有定期，舟有定數，比對符驗相同，乃爲伴送。附搭貨物，官給鈔買。其載在祖訓，謂自占城以下諸國來朝貢者，多帶行商，陰行詭詐，故阻之。自洪武八年阻至十二年方且得止。諄諄然垂戒也。」❿

明代之所以禁止國人出海興販，堅持維護貢舶貿易制度，除前述政治上、國防上的理由外，亦爲「禁海賈、抑姦商、使利權在上」以壟斷海外貿易利益。東南各國所至貨物，其關係民生日用最大輸入最多者爲蘇木、胡椒。一次所至，往往多達數萬或十數萬斤。明廷對此管制甚嚴，最初用爲特別賞賜⓫，後則用以折發兩京文武官常俸。《明史》：「成化二年……舊例，兩京文武官折色俸，上半年給鈔，下半年給蘇木、胡椒。」⓬前引《大學衍義補》：「矧今朝廷每歲恒以蕃夷所貢椒、木，折支京官常俸。夫然不擾中國之民，而得外邦之助，是亦足國用之一端也。其視前代算間架經總制錢之類，濫取於民者，豈不猶賢乎哉！」所以成祖時爲開拓財源，耀兵異域，命中官鄭和率領龐大艦隊，遠出經營，廣事招徠，外番願入中國者皆以禮接納。一時番舶至者甚盛，並許商民於市舶司承令博買，且有以此致富者⓭。但對於國人海上興販，仍嚴行禁止。民間所有海船，令一律改爲平頭使不得下海⓮。明代常以中官提舉市舶司事，實亦爲便於壟斷之故。

嚴令禁海，國人既不得自由販海貿遷。在貢舶貿易制度下，雖然持有勘合國家可享有貿易上的種種特殊權益⓯，但究爲貢約所限，不能隨其所欲自由往還。同時此僅爲貢舶國家王室或官方支持下的貿易，一般番商以不能取得勘合，便無法進口。而貢舶輸入貨物，又爲政府所壟斷。雖然市舶司或會同館（會同館開市僅限三天或五天）開市時，中國商人，可承令買賣，但僅爲官方所不肯收買的殘餘物品，貨色粗劣，數量亦微，品類價格，又都有限制。而且往往供求兩不相投，雙方俱不能滿足所欲。於是貢使、中外商人，遂互相勾結，窩藏接引，進行秘密私販活動。尤其中國海商，在政府禁海壟斷，外舶特權獨佔的雙重刺激下，既不能取得公平合法的貿易，便只有越關冒禁，挑戰下海，從事非法貿易了。

二、國人私販貿易與沿海地理經濟條件

明代寸板不許下海的禁海措施，不但違反自唐、宋以來中外海上貿易發展的歷史潮流，阻抑了國人向南洋開發活動的趨勢；同時更嚴重的漠視了邊海區域的自然地理因素與人民生活條件。冒禁下海者，以福建沿海最爲昌盛。就福建沿海地理經濟環境而言，此實有不得不然者。《皇明世法錄》：「八閩多山少田，又無水港，民本艱食。自非肩挑步擔，踰山度嶺，則雖斗石之儲，亦不可得。福、興、漳、泉四郡，皆濱於海，海船運米，可以仰給。在南則資於廣，而惠、潮之米爲多。在北則資於浙，而溫州之米爲多。玄鍾向爲運船販米，至福行糶，利常三倍。每至輒幾十艘、或百艘、或二三百艘，福民便之，廣、浙人亦大利焉。」⑯生產不足自給，必須依賴外部輸入，此種情形，漳、泉地方尤爲嚴重。《泉州府志》：「泉封疆逼隘，物產磽瘠，桑麻不登于筐繭，田畝不足于耕耘。稻米菽麥絲縷棉絮，繇由皆仰資吳、浙。惟魚蝦蠃蛤之利，稍稍稱饒。民飯稻羹爲甘，於肉食不敢羨也。山藪居民樹藝葛苧，機杼所就，與他郡相灌輸而貿魚鹽，不過饔飧是賴。」「資食於海外，資衣於吳越，資器用於交廣。物力所出，蓋甚微矣。充方物者唯有荔枝，備珍羞者莫如海錯。然而山澤之產，多寡難知，有無不時。按籍而求，多不可得也。」⑰《漳州府志》：「閩田素稱下下，而漳以海隅，介居閩、粵，依山陟阜，林麓荒焉。雜以海壖斥鹵，澗溪流潦，決塞靡常。稱平野可田者，十之二三而已。」⑱

土瘠物薄，所出已不足以食其民。益以官府掊尅，胥役騷擾，勢家兼併，寺院侵奪，民生因之益艱。陳之濆〈上巡按一利十害〉文云：「地陋民稠，耕畝於山，豎蠣於海，姑舂婦擔，女市男田，坐賈工作，其細已甚。」「夫皁隸胥役，古有名數也，而今何額哉！一邑之庭，有輿隸也，附之以白役。一人在庭，十人在門，在庭者趨，在門者縛。一有差遣，一人化而爲十矣。夫十人也，其家之父母妻子何財之贍而身之資也。」「土出不豐，百貨皆自外至，舟裝騾馱數十里，不能置一石，而官復稅之。」「驅儈復從而噲囁之。」[19]蔡清〈民情四條答當路〉云：「福建屬郡人民，自永樂、宣德以後，多有田已盡，丁已絕，而其糧額猶在者。名爲無徵，灑派小民。夫何時事推移，田產潛入豪右，上下欺蔽，有司莫爲之分明。歲復一歲，遂不可奈何。」「富家則厚享無名之利，貧民則受不根之害。」[20]勢家兼併勒索之外，又有寺院侵奪，「天下僧田之多，福建爲最，擧福建又以漳州爲甚。多者數千畝，少者不下數百畝。」「有至萬畝者，僧人多以田投獻勢豪之家，謀爲住持。而當差良民，或無寸土。」[21]「寡弱之良民，而夾強大之鄰敵，乘機窺伺，呑田索貨，連綿其劵。不陷之以人命，則誣之以軍丁。吏緣而羅織，不竭其產以賠償之不止也。兼以郡隸搆差，百色誅求，凡有催科，抬一作十。小民一年之勤動，不足供一月之費。而典田宅鬻子女，纍纍相繼。」[22]

濱海地區，以自然地理條件限制，田地可耕者少，故多從事養蠶、製茶、植蔗煮糖，栽培果木等生產，向外交換。《泉州府志》：「泉地枕山負海，有荔枝龍眼之利，魚蝦螺蛤，多於羹稻。懸島絕嶼，以網罟爲耕耘。附山之民，墾闢磽确，植蔗煮糖。地狹人稠，仰給於外。百工技藝，敏而善倣。北土緹縑，西番毳罽，莫不能成。鄉邨婦人，芒屩負擔與男子雜作。」[23]《閩部疏》：「凡福之紬絲，漳之紗絹，泉之藍，福延之鐵，福漳之橘；福興之荔枝，泉漳之糖，順昌之紙，無日不走分水嶺及浦城小關，下吳越如流水。其航大海而去者，尤不可計。」生活主要物品既須仰賴對外交換，除海道外，陸路貨販，不但峭壁峻嶺，經越奇險，而且脚費昂貴，成本過高。「福建多山路，山路多險隘。如今浦城仙霞嶺，及福清縣常思嶺，上官常所經行，猶或詑爲險峻，抑不知此猶通衢大路也。其險甚處，上有懸崖峭壁百十仞，下則有不測之坑谷，泉瀉其中，聲如震雷，而僅以盈尺之板，或半腐木枝駕其上以度，甚可危也。又或林木蒙翳，披一罅而入，數十百步不見天日，與探虎穴無異。其出也，木葉草刺，黏帶滿襟裳。」[24]「漳、泉人運貨至省城，海行者每百斤腳價銀不過三分，陸行者價增二十倍，覓利甚難。其地所產魚鹽，比浙又賤。蓋肩挑度嶺，無從變賣故也。故漳、泉強梁狡猾之徒，貨貲通番，逾遏愈熾，不可勝防，不可勝殺。」[25]

由於自然地理條件及政治上的種種因素，福建邊海地區的經濟社會，形成尖銳的對照。少數富豪掌握大量可耕的田地，廣大農民貧無立錐之產。彼等除淪爲佃戶或離開鄉土遠出傭工外，只有「以船爲家，以海爲田，以販番爲命。」客觀環境如此，執政者不顧其生活條件，漠視自唐、宋以來的歷史發展情形，嚴禁下海，實無異扼斷了其生命線，《武備志》云：「福建邊海，貧民倚海爲生，捕魚販鹽，乃其業也。然其利甚微，愚弱之人，方恃乎此。其奸巧強梁者，自上番船以取外國之利，利重十倍故耳。今既不許通番，復並魚鹽之生理而欲絕之，此輩肯坐而待斃乎！」[26]「不下海挾徒黨爲姦利，則俟命於天耳！」而下海者官府又繫其家屬，不敢生還，故愈禁愈熾，終至內奸外寇，勾結爲患，《譚襄敏公奏議》：「閩人濱海而居者，不知其幾也。大抵非爲生於海，則不得食。海上之國，方千里者不知凡幾也，無中國綾綿絲枲之物，則不可以爲國。禁之愈嚴，則其值愈厚，而趨之者愈衆。私通不得，卽攘奪隨之。昔人謂弊源如鼠穴，也須留一個，若要都塞了，好處俱穿破，意正如此。今非惟外夷，卽本處魚蝦之利與廣東販米之商，漳州白糖諸貨皆一切禁罷，則有無何所於通，衣食何所從出？如之何不相率而勾引爲盜也。」[27]沿海盜亂，福建最盛，終年海警不絕，實由於此。「語云：海者閩人之田，海濱民衆，生理無路，兼以饑饉薦臻，窮民往往入海爲盜，嘯聚亡命。海禁一嚴，無所得食，則轉掠海濱，男女束手受刃，子女銀物，盡爲所有，爲害尤酷。」[28]

三、嘉靖前期的私販活動

私販貿易活動，自明初以來，雖屢申禁令，然迄不能絕。成、宣以後，由於政府向南洋經營的刺激，因之下海興番者益多。成、宣時代近三十年轟轟烈烈的南洋經營活動中，對國際文化的交流，政治經濟的影響，及國內製造遠洋航船工業技術的發展，姑且不論。試思在此三十年的活動中，該訓練出多少航海人才？他們對於海上航行的技術、海圖的繪製、羅盤的使用、風候潮汐的測定、及海洋生活條件等，都有了純熟的訓練。對海外諸國的風土習俗、物產經濟、政教組織，也有了更爲深入的瞭解。當他們回國之後，將沿途所遇到的風險怪異，奇譚趣事，國人見所未見，聞所未聞的異國事物，動人情調，如神話般的講給鄉人親友，傳聞朝野。加以珍寶重利的誘惑，對本爲生計所迫時思越禁出海及樂於逐波行險爲生者，不但無形中提供了「興番指南」，也更刺激了彼等從事海上冒險的衝動。《吾學編》：「永樂初西洋之役，雖伸威海表。而華人習知海夷金寶之饒，夷人來貢亦知我海道，奸闌出入，華夷相糾，以故寇盜復起。」成祖遣使遠出，「威德遐被，四方賓服，受朝命而入貢者殆三十國。」㉙雙方貨物禮品的交流，及鄭和等平定海上通航的阻難，一方面啓誘中外商人往來逐利的心理，同時亦予航行上的安全與方便。而永樂時倭寇遭受嚴厲懲創，明、日間亦已訂立貢約，允許日本通貢互市，倭患漸少。沿海警備，又以承平日久，漸次鬆弛。故成、宣之後，商民或結黨下海，接引轉賣。或官商勾結，賣港分肥。或交通貢使，窩藏取利。或假朝廷幹辦爲名，挾商出番。或僞稱行人正使，內外蒙騙。走私之風，日盛一日。濱海豪門勢家，亦有染指海上者。《東西洋考》：「成、弘之際，豪門巨室，間有乘巨艦貿易海外者，奸人陰開其利竇，而官人不得顯收其利權。初亦漸享奇贏，久乃勾引爲亂，至嘉靖而弊極矣。」㉚

此外，海防官軍，由於待遇菲薄，且不得按時支給，往往有拖延數月或經年不發，故常賣關取賄，放縱出入。而提督市舶太監包庇主使，尤足刺激私販活動。如憲宗時的韋眷，實錄「廣東布政使陳選奏，據番禺縣呈鞫犯人黃肆招稱：縣民王凱父子招集各處客商，交結太監韋眷，私出海洋通番交易，謀財殺人，警擾鄉村。」㉛《雙槐歲抄》：「廣東市舶太監韋眷，招集無賴駔儈數百十人，分布郡邑，專漁鹽之利。又私與海外諸番貿易，金繒寶石犀象珍玩之積，郿塢不如也。」㉜又如世宗時的牛榮，《殊域周咨錄》：「嘉靖元年，暹羅及占城等夷各海船番貨至廣東，未行報稅，市舶太監牛榮與家人蔣義山、黃麟等私收買蘇木、胡椒並乳香、白蠟等貨，裝至南京。又匿稅，盤出送官。南京刑部尚書趙鑑等擬問蔣義山等違禁私販番貨例，該入官蘇木共三十九萬九千五百八十九斤，胡椒一萬一千七百四十五斤，可值銀三萬餘兩。」㉝市舶太監通番，朝廷實有意縱容。明代君主於生利機構，常令中官提督其事。市舶太監除提督貢舶外，並負有代王室沿海採辦任務，是以彼等得乘機弄權，挾制有司，瀆法爲弊。此輩不但破壞國家法令，且常啓禍肇事，嘉靖二年日本貢使讎殺事件，卽因此輩受賄偏陂，顚倒舊例所引起。

明代海禁，一般說來，廣東較寬，浙江、福建以接近日本，倭寇常由此等地方登岸刼掠，故禁令特嚴。然亦往往日久弊生，非如禁令所定，始終如此。常時如水上無寇，海波不警，海防官員且得納賄要利，則漫不之禁，採取半放任態度。一旦生事起釁，事態擴大，爲逃避罪譴，遂張皇禁治。如此張弛反覆，欺蔽蒙騙，及至積重難返而不能制，於是朝廷簡派重臣銜命禁海，窮根推排，嚴急追捕。私販者生路乏絕，轉而爲盜，內地民久失生理及羣不逞者又起而從之，相率入海，於是推演激盪，遂釀禍亂。

嘉靖二十年前後，浙、福沿海，已是所在通番。此時私販活動，與以往不同。嘉靖以前，多爲海商及濱海民爲生計所迫者，冒禁下海。豪門巨室參加者旣少，亦尙不敢公然出入。此期私販，分爲兩種；一是由閩、浙大姓貴家操持主使，私梟船主與勢要士豪結合的上層勢力，挾制官府，包庇窩藏，公然進出海上。《明史》：「祖制，浙江設市舶提舉司，以中官主之，駐寧波。海船至，則平其直，制馭之權在上。及世宗盡撤天下鎭守中官，並撤市舶，而濱海奸人，遂操其利。初市猶商主之，及嚴通番之禁，遂移之貴官家。」㉞《籌海圖編》：「閩縣知縣仇俊卿云：沿海地方，人趨重利，接濟之人，在處皆有，但漳、泉爲甚。餘多小民勾引番徒，窩匿異貨，其事易露，而法亦可知。漳、泉多倚著姓宦族主之。方其番船之泊近郊也，張掛旗號，人亦不可誰何。其異貨之行乎他境也，甚至有藉其關文，明貼封條，役官夫以送出境至京者。及其海船回番，而刧掠于遠近地方，則又佯爲辭曰：此非此夥也，乃彼一艅也。訛言以惑人聽。比及上司比責水寨巡司人等，間有一二官軍捕送寇盜，人船解送到官。彼爲巨盜大駔屯住外洋者，反役智用倖，致使著姓宦族之人出官明認之曰：是某月日某使家人某姓某處糴稻也，或買杉也，或治裝買疋帛也。家人有銀若干在身，捕者利之，今雖送官報贓，尙有未盡，法合追給。或者有司懼禍，而誤行追懲。但據贓證與所言之相對，不料所言與原情實不同。其官軍之斃于獄而破其家者，不知其幾也。彼巧于讒而計行，此屈于威而難辨，奈之何哉！以致出海官軍，不敢捕獲。不若得貨縱賊無後患也。」㉟屠仲律〈禦倭五事疏〉亦云：「臣聞海上豪勢，爲賊腹心，標立旗幟，勾引深入，陰相窩藏，輾轉貿易。」㊱豪門巨室，或爲窩家內主，或傭人出番，轉販中外，以羅重利。《海澄縣志》：「富家以貲，貧人以傭，輸中華之產，騁彼遠國，易其方物以歸，博利可十倍，故民樂之。」[37]一種是沿海貧民與桀驁者結綜行販的下層勢力，周之夔〈海寇策〉云：「生長海濱，衽席波濤，一二桀驁，智力自雄。既不能耕耘作苦，粗衣惡食長貧賤而老子孫。而洋船違禁，以暹羅、占城、琉球、大西洋、咬嚁吧爲名，以日本爲實者，絲寶盈衍而出，金錢捆載而歸，艷目薰心，啓戎誨盜。始通倭者有主萃，既而掠通倭者又有主萃，則奸富偏國中也。始而掠番船以圖厚實者無已時，既而掠商船、掠漁船、掠兵船以壯聲勢者亦無已時，則鯨鯢徧海上也。閑入焉，武夫力而拘諸水，貴人牘而釋諸庭矣。要挾焉，衣冠未赭，更突弁以殊榮。桑椹厭飡，復掣鏃而颺去矣。」[38]《馮養虛集》：「又有奸猾商人，將中土絲綿段布磁鐵貴物，到彼番國，不換貨物，止換金銀。回還之時，將船燒燬，潛地逃歸。」[39]「又有一種奸徒，凡本處禁嚴，勾引外省。在福建者則于廣東之高、潮等處造船，浙江之寧、紹等處置貨，糾黨入番。在浙江、廣東者則于福建之漳、泉等處造船置貨，糾黨入番。此三省之通弊也。」[40]後者於急迫時亦往往賄投勢家爲之掩護。甚且有以童男幼女，抵當番貨，或委身爲番商贅婿者。「漳、泉惡俗，童男幼女，抵當番貨，或受其直而徑與其人，而賺得其貨。或委身而甘爲贅婿，或連姻而藉以富家。」[41]

不但貴家巨姓參與其間，組織規模，亦與前大異。初下海者各自行動，後以海道不靖，遭受劫掠，及彼此利益衝突，強弱相凌，於是各結綜依附一雄強者，以爲船頭。備有武裝，指揮保護，成羣分黨，連檣往來。〈海寇議〉：「寧波自來海上無寇，每年止有漁船出近洋打漁樵柴，並不敢過通番者。後有一二家止在廣東、福建地方買賣，陸往船回。潛泊關外，賄求把關官以小船早夜進貨，或投託鄉宦說關。我祖宗之法，尚未壞也，二十年來始漸有之。近年海禁漸弛，貪利之徒，勾引番船，紛然往來，而寇盜亦紛然矣。然各船各認所主，承攬貨物，裝載而還，各自買賣，未嘗爲羣。後因海上強弱相凌，互相侵奪。因各結綜依附一雄強者，以爲船頭。或五十隻，或一百隻，成羣分黨，分泊各港。又用三板草撇船不可計數，在於沿海。」資力雄厚者，並役屬貧窮亡命倭人，借其強悍，以爲羽翼，「太守嚴中云：海商初不爲盜，然盜由商起，何也？許二、王直輩通番渡海，常防刼奪，募島夷之驍悍而善戰者，蓄於舟中。」㊷《弇州史料》：「中國之亡命者，多跳海聚衆爲舶主，往來行賈閩、浙之間。又以財物役屬勇悍倭奴自衞。而閩、浙間奸商猾民，覘其利厚，私互市違禁器物，咸托官豪庇引，有司莫敢誰何。」㊸

貨物轉易，以福建之海澄月港及浙江之定海雙嶼爲主要聚散中心。《福建通志》：「海澄有番舶之饒，行者入海，居者附貲。或得窶子棄兒，撫如己出，長使通夷，其存亡無所患苦。」「海澄舊月港也。爲龍溪八都九都之境，一水中塹，回環如偃月。萬寶羅攢，列隧百重，自昔爲巨鎭。其地濱海，潮汐吐納，夷艘鱗集。遊業奇民，捐生競利，滅沒波濤。」㊹而雙嶼尤爲中外海商薈萃之處，《朱中丞甓餘集》：「定海雙嶼，乃海洋天險，叛賊糾引外夷，深結巢穴。名爲市販，實則刼虜。有等嗜利無恥之徒，交通接濟。有力者自出貲本，無力者轉展貿易。有謀者誆領官銀，無謀者質當人口。有勢者揭旗出入，無勢者投託假借。雙桅三桅，連檣往來。愚下之民，一葉之艇，送一瓜，運一罇，率得厚利。馴至三尺童子，亦知雙嶼之爲衣食父母。遠近同風，不知華俗之變于夷矣。」㊺

時出海興販者除遠走南洋各地外，以經營中、日間貿易爲最盛。原因自嘉靖二年四月日本大內、細川兩氏爲爭奪中國貿易，大內氏遣宗設謙導，細川氏遣瑞佐、宋素卿各率船先後至寧波，因互爭眞僞，引起讎殺事件後，中、日通貢互市的正常貿易中斷。「故事，凡番貨至，閱貨宴席，並以先後爲序。時瑞佐後至，素卿奸狡，通市舶太監，饋寶賄萬計。太監令先閱瑞佐貨，宴又令坐宗設上。宗設席間與瑞佐忿爭，相讎殺。太監又以素卿故，陰助佐，授之兵器，殺總督備倭都指揮劉錦，大掠寧波旁海鄉鎭。」並擄指揮袁璡及濱海民以去[46]。給事中夏言上言禍起於市舶，禮部遂請罷之[47]。後明廷屢令日本擒獻宗設（宋素卿已於事發後被捕下獄論死）並送還袁璡及所掠人口，日本迄未履行。此後日本幾次擬通貢互市，明廷皆拒未接納[48]。貢市不通，正常貿易斷絕，私販者常獲重利，因之多勾引日商或走日本興販，《見只編》：「重華蘭谿人，以鉅貲爲番商。會海寇起，胡制府令華與汪、葉貿易，藉緩其兵。」「余因問其商海情狀。大抵日本所須，皆產自中國。如室必布席，杭之長安織也。婦女須脂粉，扇漆諸工須金銀箔，悉武林造也。他如饒之磁器，湖之絲綿，漳之紗絹，松之綿布，尤爲彼國所重。海商至彼，則必以貨投島主，島主猶中國郡縣官。先以少物爲贄，島主必爲具食，其烹煮雖與中國殊，然醯醬椒薑種種可口靑果，亦有數十器。」「其貨悉島主議之，低昂既定，然後發市，信價更不易也。」[49]《世宗實錄》：嘉靖二十五年二月壬寅：「朝鮮國署國事李峘遣使臣南洗健、朴菁等解送下海通番人犯顧容等六百十三人。」「容等悉漳、泉人。」[50]又二十六年三月壬子：遣「人解送福建下海通番奸民三百四十一人。咨稱福建人民故無泛海至本國者，頃自李王乞等始以往日本市易，爲風所漂，今又獲馮淑等前後共千人以上，皆夾帶軍器貨物。前此倭奴未有火炮，今頗有之，蓋此輩闌出之故。」[51]濱海商民願與日本貿易，亦以日商以現銀交易，《籌海圖編》：「漳、潮乃濱海之地，廣、福人以四方客貨預藏於民家，倭至售之。倭人但銀置買，不似西洋人載貨而來，換貨而去也。」[52]同書卷二〈倭國事略〉記輸出日本物品及其價格云：

絲：所以為織絹紵之用也。蓋彼國自有成式花樣，朝會宴享，必自織而後用之。中國絹紵，但充裏衣而已。若番船不通，則無絲可織。每百斤直銀五十兩，取去者其價十倍。

絲綿：髡首裸程，非此不能耐寒，冬月非此不煖，常因匱乏，每百斤價銀至二百兩。

布：用為常服，無綿花故也。

綿紬：染彼國花樣，作正服之用。

錦繡：優人劇戲用，衣服不用。

紅線：編之以綴盔甲，以束腰腹，以為刀帶、書帶、畫帶之用。常因匱乏，每百斤價銀七十兩。

水銀：鍍銅器之用，其價十倍中國，常因匱乏，每百斤賣銀三百兩。

針：女工之用，若不通番船而止通貢道，每一針價銀七分。

鐵鍋：彼國雖自有而不大，大者至為難得，每一鍋價銀一兩。

磁器：擇花樣而用之。

古文錢：倭不自鑄，但用中國古錢而已。每一千文價銀四兩，若福建私鑄錢，每千文價銀一兩二錢。

藥材：諸味俱有，惟無川芎，常價一百斤價銀六十七兩。其次則甘草，每百斤二十金以為常。

絲蓋為湖絲，明末徐光啓言，閩、浙商人販運湖絲至呂宋者，市價頗高，每斤銀五六兩，與運販日本「取去者其價十倍」亦相同。53

四、私販轉爲海盜與朱紈禁海失敗原因

私販活動，雖成公開狀態，但畢竟爲違法犯禁行爲，故黠狡者每以此欺之。朱紈〈議處夷賊以明典刑以消禍患事疏〉云：「又據上虞知縣陳大賓申抄黑鬼番三名……一名嘛哩丁牛，年三十歲，咖呋哩人，被佛郎機番自幼買來。同口稱佛郎機十人與伊一十三人。共漳州、寧波大小七十餘人，駕船在海，將胡椒銀子換米布紬段買賣，往來日本、漳州、寧波之間。今失記的日，在雙嶼被不知名客人撑小南船，載麪一石，送入番船，說有綿布綿紬湖絲，騙去銀三百兩，坐等不來。又寧波客人林老魁，先與番人將銀二百兩買段子綿布綿紬，後將伊男留在番船，騙去銀一十八兩。又有不知名寧波客人，哄稱有湖絲十擔，欲賣與番人，騙去銀七百兩。六擔欲賣與日本人，騙去銀三百兩。」[54]《日本一鑑》：「許二、許三先年下海通番，贅於大宜、滿剌加，自後許四與兄許一嘗往通之。嘉靖庚子（十九年），始誘佛郎機夷往來浙海，泊雙嶼港，私通交易。每與番夷賒出番貨於寧、紹人易貨抵償。濱海游民視以禁物，輒捕獲之。於是游民得志，乃駕小船沿海邀刼，致殺傷人。被害之家，乃以許一、許二賺騙下海，鳴於海道。」官軍剿捕，因而引起寇掠報復，「副使張一厚親自統兵以捕之，敗績。自是番船竟泊雙嶼。未幾，許一被獲，許三喪亡。許二、許四向與番人賒出貨物，十無一償，番人歸怨，許二、許四無以爲解計，令夥伴於直隸蘇、松等處地方誘人置貨往市雙嶼。既至其間，許二、許四陰嗾番人搶奪，陽則寬慰誘來之人，認還貨價。久無所償，自本者舍而去之，借本者不敢歸去，乃從許四泛日本，圖償貨價以歸。」「許四自思初失番人貨物，又失番人商賈，是故不敢回雙嶼，即與

沈門、林剪等刧掠閩、浙地方。乃以林剪往彭亨邀賊入寇。於時許二以許一、許三喪亡，許四不歸，番人折本，自己乏食，遂與朱獠等誘同番人刧掠閩、浙海隅。」[55]此種以私市交易糾葛而引起盜害，許氏兄弟事件，決非偶然例子。禍亂發生，守土官以職責所在，緝捕接濟勾引生事之人，勢家染指其間者，則又爲之拯拔，「嘉靖壬寅（二十一年），寧波知府曹誥以通番船招致海寇，故每廣捕接濟通番之人。鄞鄉士大夫嘗爲之拯拔。知府曹誥曰：今日也說通番，明日也說通番，通得血流滿地方止。」[56]如此交相激盪，又值浙直歲凶大饑，小民下海刧掠者益衆，海波遂動，《籌海圖編》：「自甲申（辰）二十三年歲凶，雙嶼貨壅，而日本貢使適至，海商遂販貨以隨售，倩倭以自防，官司禁之不得。西洋船原回私澳，東洋船遍布海洋。而向之商船變爲寇船矣。」[57]

盜亂既起，海禁轉嚴。初私販者與貴家結託，以求庇護。貴家初爲關說拯拔，坐索重賄。後則爲歇家窩主，勾通私販。既而陰持兩端，要脅騙勒，玩弄其間。私販者憤其陰狠狡詐，遂結合報復。《明史紀事本末》：「自罷市舶後，凡番貨至，輒主商家，商率爲奸利負其責，多者萬金，少不下數千金。索急，則避去。已而主貴官家，而貴官家之負甚於商。番人近島坐索其負，久之不得，乏食，乃出沒海上爲盜。輒搆難，有所殺傷。貴官家患之，欲其急去，乃出危言撼當事者，謂番人泊近島，殺掠人，而不出一兵驅之，備倭固當如是耶？當事者果出師，而先陰洩之，以爲得利。他日貨至，且復然。倭大恨，言挾國王資而來，不得直，曷歸報，必償取爾金寶以歸。因盤據島中不去。並海民生計困迫者糾引之，失職衣冠士及不得志生儒亦皆與通，爲之嚮導，時時寇沿海諸郡縣。」[58]

其實並非皆係倭人索債寇掠，多中國海商嗾使或假倭爲名以洩憤。二十六年夏，乃焚刧餘姚謝氏宅，《實錄》：「按海上之事，初起於內地奸商王直、徐海等，常闌出中國財貨與番客市易，皆主於餘姚謝氏。謝氏頗抑其值，諸奸索之急，謝氏度負多不能償，則以言恐之曰：吾將首汝於官。諸奸既恨且懼，乃糾合徒黨番客，夜劫謝氏，火其居，殺男女數人，大掠而去。」[59]謝氏宅即謝遷（弘治、正德年間大學士）第。此蓋許氏兄弟所爲，而非王直（王直事蹟見後）。《日本一鑑》：「丁未（二十六年）林剪自彭亨誘引賊衆駕船七十餘艘至浙海，合許二、許四爲一綜，刧掠沿海地方，而謝文正公遷宅爲之一空。備倭把總指揮白濬、千戶周聚、巡檢楊英出哨昌國海上，却被許二、朱獠擄去。指揮吳璋乃以總旗王雷齎千二百金往贖之，於是得志。故每擄掠海隅富民以索重贖，地方多事。」[60]

謝氏宅被焚刧，此爲海商轉爲海盜的主要關鍵。事發，浙海騷動。六月，巡按浙江監察御史楊九澤以貴家積年通番，搆事召禍，守臣不能制。且浙江寧、紹、台、溫皆濱海，界連福建。海寇出沒無常，兩地官軍不能通攝，制禦爲難。宜特遣巡視重臣，盡統海濱諸郡，開軍門治兵捕盜，請之於朝。七月，乃命巡撫南贛、汀、漳提督軍務右副都御史朱紈改巡浙江，兼攝福、興、漳、泉、建寧五府軍事[61]，嚴加禁治。時朱紈未至，「而泊寧波、台州諸近島者已登岸，攻掠諸郡邑無算。官民廨舍焚燬至數百千區。」巡按御史裴紳復請勅紈嚴禁泛海通番勾連主藏之徒，許以軍法從事，朝議從之[62]。

朱紈字子純，長洲人，正德十六年進士。有文武才，淸彊峭深，惡墨吏大猾如仇讎。巡撫南贛時，前後所操切黃墨以下多望風解印綬去[63]。紈受命之後，首至福建，閱視海防，諸多廢弛。僉事項喬及地方士民上言，不革渡船，則海道不可淸；不嚴保甲，則海防不可復。紈知革渡船，嚴保甲，必與濱海勢家利益發生衝突，因上疏云：「臣自贛南交待，據福建都按二司署都指揮僉事等官路正等會議呈稱：今日通番接濟之姦豪，在溫州尚少，在漳、泉爲多。漳、泉之姦豪絕，則番夷不來，而溫、寧一帶亦可稍息。等因到臣。因思海濱遐遠，難以遙制。乃入漳州，一面傒勑，一面閱視海防。則大壞極弊，可駭可憂。臣今日不爲陛下明言之，則臣今日所行，皆乖方違衆之事。市虎傳信，薏苡損眞。臣將來之罪，亦自不知所終矣。蓋福建多賢之鄉，廷論素所倚重。而濱海不理之口，流言亦能動人。故官斯土者率以因循遷就爲自全計。」「蓋威福之柄，移于鄉評；是非之公，亂于野史久矣。」「如總督備倭官黎秀，奉有專勑，以都指揮體統行事，海防其職守也。臣相見之初，問軍數不知，問船數不知。及令開報，則五水寨把總五員，尚差職名二員，餘謄舊册而已。稍加較對，通不相合。總督如此，其他可知。」「賊船番船，則兵利甲堅，乘虛馭風，如擁鐵船而來。土著之民，公然放船出海，名爲接濟，內外合爲一家，其不攻刼水寨衞所巡司者亦幸矣。官軍竄首不暇，姦狡者因而交通媒利，亦勢也。如今年正月賊虜浯州良家之女，聲言成親，就于十里外高搭戲臺，公然宴樂。又八月內佛郎機夷通艘深入，發貨將盡，就將船二隻起水于斷嶼洲，公然修理。此賊此夷，目中豈復知有官府耶？夷賊不足怪也，又如同安縣養親進士許福，先被海賊虜去一妹，因與聯姻往來，家遂大富。又如考察閒住僉事林希元，負才放誕，見事風生。每遇上官行部，則將平素所撰詆毀前官傳記等文一二册寄覽，自謂獨持清論，實則明示挾制。守土之官，畏而惡之，無如之何。以此樹威，門揭林府二字，或擅受民詞，私行拷訊，或擅出告示，侵奪有司。專造違式大船，假以渡海爲名，專運賊贜並違禁貨物。夫所謂鄉官者，一鄉之望也。今乃肆志狼籍如此，目中亦豈知有官府耶？蓋漳、泉地方本盜賊之淵藪，而鄉官渡船，又盜賊之羽翼。臣反覆思維，不禁鄉官之渡船，則海道不可清也。」「而夷船賊船，乘風往來，瞬息千里，又非倉促所能捍禦。」「不嚴海濱之保甲，則海防不可復也。」疏上，不待報復，遂督率有司雷厲行之64。

又以行事之際，巡按御史掣肘，上疏請明職掌，一事權，以便措置。凡事關軍務者，如用兵錢穀，操練調度。墩臺堡寨，廢置增損。衙門官員，更移去取。貨物貿遷，有無化居。事關軍機者，如警報之遲速，防守之勤惰，刻期之先後，臨陣之勇怯，禁示之從違。事關軍法者，自梟示以至決杖。凡此御史皆不得干預。疏上，皆報可65。於是嚴令禁海，凡雙檣餘艎悉毀之。日夜練兵，尋船盜淵藪，獲即誅之。又令竝海民素與番人通者，皆得自首及相告言，「人心洶洶，轉相告引，或誣良善。而諸奸畏官兵搜捕，亦遂勾島夷及海中巨賊，所在刼掠，乘汛登岸。動以倭寇爲名，其實眞倭無幾。」66

朱紈之革渡船，嚴保甲，言出法隨，令行嚴急。衣食於海者失其憑依，士大夫家亦驟失重利，是故皆甚惡之。而朱紈又公開揭發貴家通番勾連情事，閩、浙貴家染指海上者遂共謀沮壞。二十七年春，適日本貢使周良等違舊約以六百人舟百餘艘先期至寧波，朱紈奉命便宜處分。度不可却，乃要良等具狀自請後不爲例，錄其船，延入寧波賓館待命。通番者遂投匿名書館中，擬激變生事。有巡撫欲殺使者，可先發殺巡撫蜚語67。一時人心騷動，走相告言。朱紈防範嚴密，堅臥定海以鎭之，計不得行。四月，朱紈督盧鏜進攻雙嶼，「生擒日本倭夷稽天、新四郎二名。」「將雙嶼賊建天妃宮十餘間，寮屋二十餘間，遺棄大的船隻二十七隻，俱各焚燒盡絕。」「追至海閘門湖泥頭外洋及橫水洋二處，打破大賊船二隻沉水，賊徒死者不計其數。」「得草撇船一隻，銅佛郎機一架，鐵佛郎機一架。」「斬賊封姚大總首級一顆，」「生擒哈眉須國黑番一，名法理須。滿剌加國黑番一，名沙哩。馬喇咖國極黑番一，名嘛哩丁牛。喇噠許六，賊封直庫一名陳四，千戶一名楊文輝，香公一名李陸，押綱一名蘇鵬，賊夥四。」「囘至霩衢所，審據賊犯陳四等，報獲賊犯張八、祝八瞎、陳仁三、曹保、陳十一。」「又據（副使）魏一恭呈稱，賊首許六，報獲積年（通番）造意分贓大窩主倪良貴、奚通世、劉奇、十四、顧良玉，並通賊分贓龔十五等。」「推官張德熹報獲通番蔣虎、余通世、章養陸、蔣十一、陳天貴、王萬里、王延玉、王順夫、邵湖貴與許六、陳四面認眞的。」(68)雙嶼久爲中外海商據爲私販轉運中心，先有金子老、李光頭，後有許氏兄弟、王直等盤據其地，國榷：「嘉靖十七年，閩人金子老爲舶主，據寧波之雙嶼港。後有閩人李□□（李光頭），歙人許棟繼起。」(69)《弇州史料》：「蓋舶主許棟、王直輩挾萬衆泊雙嶼諸港，郡縉紳利互市陰通之。」(70)雙嶼破後，許棟逸去，王直收其餘黨遁入海。朱紈至雙嶼，議屯田駐守，衆難其險絕，而「平時以海爲家之徒，邪議蠭起。」於是遂築塞港口而還，「二十年盜賊淵藪之區，至是始空矣。」(71)

雙嶼既塞，「番船後至者不得入，分泊南麂、礁門、青山、下八諸島，勢家既失利，則宣言被禽者皆良民，非賊黨，用搖惑人心。又挾有司以脅從被擄予輕比，重者引強盜拒捕律。」(72)時「朱紈又督分巡副使柯喬出海搗靈官澳，大破之，擒渠三，眞夷六十。漳人大恐，往聚觀，偶語籍籍，紈益窮根排治，豪右惡之於朝。」(73)朱紈上疏抗辯云：「今照各犯，潛從他國，朝見國王，皆犯謀叛之律。潛通海賊，嚮導刼掠，皆違下海之例。」「擒斬各賊，皆在海島之外，戰陣之中。其交通諸姦，副使魏一恭亦稱憑賊當時口報，次日報者一切不准。至于所獲黑番，其面如漆，見者皆驚怖，往往能爲中國人語。而失恃之徒，背公私黨，藉口脅從被虜之說。問官執持不堅，泛引強盜罪人之律，不究謀叛嚮導之由。衆證無詞者則從比附，以爲他日之地。稍能展轉者則擬徒杖，供明逕欲釋放。參詳脅從被虜，皆指良民。今禁海界限分明，不知何由被虜？何由脅從？若謂登岸脅虜，不知何人知證？何人保勘？若以入番導寇爲強盜，海洋敵對爲拒捕，不知強盜者何失主？拒捕者何罪人？」疏上，遂立決之[74]。

朱紈執法既堅，勢家皆憂惶不安，時日本貢使安揷已定，閩人林懋和爲主客司，遂宣言宜發遣回國，圖激變肇釁，轉移朝野注意。朱紈以「中國制馭諸番，宜守大信。今撫慰既定，乃欲執詞發回，則衆夷必以臣爲不足信。其後不援例之詞，亦將反覆。而奸人扇惑之計遂行，教誘之言遂動。」疏爭之強。且曰「去外國盜易，去中國盜難；去中國瀕海之盜猶易，去中國衣冠之盜尤難。閩、浙人益恨之，竟勒周良還泊海嶼，以俟貢期。」[75]紈憤甚，遂公開向閩、浙勢家攻擊，鐫暴貴官通番姓名二三渠魁於朝，請誡諭之。於是聲勢相倚者大譁，乃諷御史周亮、給事中葉鏜（皆閩人）奏紈以一人兼轄二省，每事遙制，諸司往來奔命，大爲民擾，且亦無此先例。今閩、浙既有海道專官，自不必用都御史，宜改紈巡視。若不得已，不如兩省各設一員。以殺其權，而爲逐步去之之計。閩、浙人在朝者復從而合之，於是朝命遂改紈巡視[76]。勢家計得售，紈益憤，疏言：「臣整頓海防，稍有次第。亮欲侵削臣權，至屬吏不肯用命。」「通盜勢家，往往竊發文移，預泄事機。及有捕獲，又巧眩眞贋。」「凡遇臣者，率多裁抑侮弄，肯于有過中求無過，設以身處其地而察其心邪？」「但以海爲家之徒，安居城郭，既無剝牀之災；棹出海洋，又有同舟之濟。三尺童子，亦視海賊如衣食父母，視軍門如世代仇讎。」[77]既又疏請明國是、正憲體、定紀綱、扼要害、除禍本、重斷決六事，語多憤激。中朝士大夫先入浙、閩人言，因是亦有不悅紈者[78]。

二十八年三月，葡船擾詔安，官軍擊之於走馬溪，擒通番渠魁李光頭等九十六人。紈不待覆奏，遂以便宜戮之。事後具狀聞，復語侵諸勢家。御史陳九德、周亮等乃劾紈專擅刑戮，濫及無辜，請治其罪。疏上，詔兵部會三法司雜議，與紈相仇者復乘機攻之，紈逮落職，命還籍聽理，並遣官往勘[79]。

二十九年七月，給事中杜汝楨及御史陳宗夔勘上回報，言「前賊乃滿刺加國番人，每歲私招沿海無賴之徒，往來海中販鬻番貨，未嘗有僭號流刼之事。二十七年復至漳州月港、浯嶼等處，各地方官當其入境，既不能羈留人貨，疏聞廟堂，反受其私賂，縱容停泊，內地奸徒，交通無忌。及事機彰露，乃始狼狽追逐。以致各番拒捕殺人，有傷國體。其後諸賊已擒，又不分番民首從，擅自行誅，使無辜並爲魚肉，誠有如九德所言者。紈既身負大罪，反騰疏告捷。而（盧）鏜（柯）喬復相與佐成之，法當首論其冒功坐視。」「拒捕番人方叔擺等四名，當處死，餘佛南波二者五十一名，當安置。「見存通番奸徒，當如律發配發遣。」兵部三法司議處，一如汝楨等言，遂詔逮紈至京鞫訊，鏜　喬繫福建按察司獄待決[80]。紈聞命至，慷慨流涕曰：吾貧無賄不任獄，病痔不任獄，負氣不忍詬不任獄。縱天子不死我，大臣且死我；即大臣不死我，閩、浙人必死我。我死自決之，不以授人。乃製壙志作絕命詞曰：糾邪定亂，不負天子。功成身退，不負君子。吉凶禍福，命而已矣。命如之何，丹心青史。一家非之，一國非之。人孰無死，惟成吾是。遂仰藥死[81]。

走馬溪之役，明人記載有兩說，如《名山藏》云：「此時有佛郎機夷者，來商漳州之月港，漳民畏紈厲禁，不敢與通，捕逐之。夷人憤起格鬬，漳人擒焉。紈語鏜及海道副使柯喬，無論夷首從，若我民，悉殺之。殲其九十六人。謬言夷行刼至漳界，官軍追擊走馬溪上擒得者。」[82]孰非孰是，主張禁海派與主張開禁派頗多爭論。戰役經過，藤田豐八氏述之已詳[83]。朱紈之敗，乃明代海禁政策下所釀成的悲劇。杜汝楨等所上報告，於貴家通番勾藏事一字未提，而以縱容受賄，坐視肯功上聞，固深文巧詆，務入其罪[84]。蓋東南禍起之時，諸貴家以包庇奧主，侵欺貨值，而致寇亂。彼等既失通番之利，地方又遭焚刼，故急思驅逐，使事體不致擴大。彼所要求於朱紈者，爲驅寇定亂，以官府力量，制其就範，適可而止，仍得保持其海上利益。乃朱紈窮根排治，不稍假貸。且暴其姓名，憤語相侵。諸貴家爲自身計，遂結合相詆。國榷云：「自舶難起，當事者以重屬朱公，朝報可而恨夕不得致之。迨朱公稍欲爲所欲爲，諸惡朱公者，朝報聞而恨夕不得去之。」[85]而朱紈之操切偏激，張皇過甚，亦有不得自解者。以個人而論，朱紈爲人精廉，勇於任事，「談及政事有蠹蝕，若饑寒著其股腹，不更不已，卽豪右眈眈不奪。」「十年中丞，田不畝闢，家無斗儲。」洵爲官僚政治下之良吏。然令行嚴急，有犯必戮，罔顧貧民生理。又令轉相告引，致人心洶洶，或誣良善。諸畏官軍搜捕者遂轉而爲盜，舉措亦多失當。〈海寇議〉云：「夫以朱中丞搗穴焚舟，除海巨寇，鑿山築海，功非不偉，而人未有懷之者。蓋以其高而不下，粗而不察，惟專攻其末，而反遺其本。臨下雖過嚴，地方之通番紛然如故。除一許二，增一五峰，其勞宜不足稱。」朱紈徒以嚴急執法，不能就海禁政策與廣大沿海貧民生計根本問題上檢討議處，實爲失策。而濱海勢家，僅知就個人利益，挾制玩弄其間，恩怨相傾，意氣相鬪，尤足令人歎息。

五、嘉靖後期的私販與盜亂

朱紈死後，任事者一反紈所經劃，「罷巡視大臣不設，中外搖手不敢言海禁事。浙中衞所四十一，戰船四百三十九，尺籍盡耗。紈招福淸捕盜船四十餘，分布海道，在台州海門衞者十有四，爲黃巖外障，副使丁湛盡散遣之，撤備弛禁。」船主豪右，唾手四起。[86]《江南經略》：

「近日多盜之由，實出本土窩主，招納爲奸，一有敗露，挈家投匿，殊難追躡。縱獲眞盜，亦無眞贓。或巧爲蜚語，動搖官司。或誣訴虛情，陷累原捕。或分賄糧塘里長，投遞保結。如近日沈墨、沈堅等，一方巨盜，屢犯不悛。皆向日糧塘里長保結而出脫者，他可知矣。」[87]是時王直、陳四盼、李大用、彭老生等大小數十股，大羣千人，小羣數百，乘巨艦爲水寨，分列近島。出入紛錯於蘇、杭間，近地人有自饋時鮮，獻子女者，官司視以目而莫敢禁[88]。三十年四月，科道董威、宿應參等以私販日熾，徒令勢宗擅權，利歸私門。先後上疏請寬海禁，盡許廣東、福建、浙江三省通市，榷貨征稅，事下三省地方官詳議可否以聞。兵部尚書趙錦覆奏以寬禁爲便，從之[89]，於是舶主豪右益自喜。然行未一年，遂起「壬子之變」。

嘉靖後期盜亂，以壬子（三十一年）爲轉變關頭。先是，朱紈嚴急禁海，私販者不得近岸，資給乏絕，又無以自歸，已有轉而爲盜者。海禁放寬後，勢家仍襲故技，操持玩弄，壬子之前，而亂形已具。禍亂發生的直接原因，乃由於處理福清捕盜船不當所觸發。《日本一鑑》：「浙江海道副使丁湛，傳示備倭各總官，凡福兵船勿復支給，任其歸去。福兵既歸，於路乏糧，刼掠到家。福建海道副使馮璋得聞前情，已到福兵，遂獲於獄。其未到者，聞風遁去之日本，此又益增賊寇也。」[90]三十一年四月，「漳、泉海賊勾引倭奴萬餘人，駕船千艘，自浙江舟山、象山等處登陸，流刼台、溫、寧、紹間，攻陷城寨，殺擄居民無數。」五月，攻破黃巖縣治，留城中縱掠七日始去[91]。

漳、泉海賊，蓋即所遺散福清捕盜船之逃去日本者所勾林碧川等（見後表）。福清捕盜船曾駐守此地，熟知利便險要。朱紈去後，海防一切罷廢，「其原設官船壞缺，又漫不料理。乃仍雇募漁船，以資哨守。兵非慣戰，船非專業，聞警輒逃，全不足恃。以致羣盜鼓行而入，攻燬縣治，若蹈無人之境。」92故導之由此登陸。黃巖破，朝野大震。七月，復命都御史王忬巡視浙江兼轄福、興、漳、泉提督軍務，銜命往治。而倭人搶刧既得利，遂亦結合寇掠。「數年之前，在倭奴之情，止知交易；在中國興販之徒，止於私通。邇來搶掠之利，大於交易，則倭奴之心已壞；勾引之利，勝於私通，則興販之奸益神。」93三十二年閏三月，王直以宿憾挾倭大擧入寇，大亂遂如火燎原，不可收拾。《實錄》：「汪直糾漳、廣羣盜勾集各島倭夷大擧入寇，連艦百餘艘，蔽海而至，南自台、寧、嘉、湖以及蘇、松至于淮北，濱海數千里，同時告警。」94於是沿海「小民迫於貪酷，苦於徭賦，困於饑寒，相率入海從之。兇徒、逸囚、罷吏、黠僧及衣冠失職書生，不得志羣不逞者，皆爲之奸細，爲之嚮導。人情忿恨不堪忍，弱者圖飽煖旦夕，強者奮臂欲洩其怒。於是王忤瘋、徐必欺、毛醢瘋之徒，皆我華人，金冠龍袍，稱王海島，攻城略邑，刼庫縱囚，遇文武官發憤斫殺，卽伏地叩頭乞餘生不聽。而其妻子宗族田廬金穀公然富厚，莫敢誰何，浙東大壞。」95

王忤瘋卽王五峰（王直），徐必欺卽徐碧溪，毛醢瘋卽毛海峰，當時擁衆寇掠及挾倭爲亂者，大者不下十餘股，茲將《籌海圖編》卷八〈寇掠分合始末圖譜〉所列系統摘其大者錄之於下：

金子老——屯雙嶼港（嘉靖十八年勾引番人交易）——合踪（十九年四月）——子老歸福建（二十一年後不復來）

李光頭——許棟合踪（二十二年）——分掠〔福建、浙江〕——就擒（二十七年四月都御史朱紈遣都指揮盧鏜破雙嶼港擒之）

雙嶼之寇，金子老倡之，李光頭以梟勇雄海上，子老引為羽翼。迨子老去，光頭獨留，而許棟、王直相繼而興者也。

許棟——巢雙嶼港——分掠——〔福建 浙江〕——敗走——就擒
（二十二年與李光頭合踪）（坐遺其徒）（不常）（二十七年四月）（六月與弟社武俱爲指揮吳川所擒）

此浙直倡禍之始，王直之故主也，初亦止勾引西番人交易，二十三年始通日本，而夷夏之釁門開矣。許棟滅，王直始盛。

王直——入雙嶼港——往日本——改屯列表——併陳思盼——分踪入寇——走泊馬蹟潭——
（二十三年入許棟踪爲司出納）（爲許棟領哨馬船隨貢使至日本交易）（二十七年，許棟爲都御史朱紈所破，直收其黨自爲船主）（三十一年）（因求開市不得掠浙東沿海）（三十二年閏三月列表爲俞大猷所破）

分掠——〔陷昌國 犯定海 攻海鹽 破乍浦 犯杭州 入南匯 犯嘉定 據吳淞〕——敗走白馬廟——往日本——屯松浦——就擒——伏誅
（馬蹟軍復爲參將湯克寬所破）（自此以後惟坐遣徒黨入寇而不自來）（三十七年八月欵定海要市總督胡公遣人誘入見而執之）（三十八年十二月奉詔斬于浙江省城市曹）

先是，日本非入貢不來互市，私市自二十三年始。許棟時亦止載貨往日本，未嘗引其人來也。許棟敗後，直始用倭人為羽翼。破昌國而倭人貪心大熾，入寇者遂絡繹矣。東南之亂，皆直致之也。自胡公誘致直，而海氛頓息，縱有來者，剿之亦易易矣

陳思盼——屯長塗——尋為王直所滅

鄧文俊、林碧川、沈南山——屯日本楊哥——入寇（三十一年四月）——攻仙遊寨——攻瑞安（五月）——入黃巖（五月）——霩衢——出洋（十一月）（三十二年四月）——巢柘林

歸日本（十月）——復巢柘林（三十三年正月）——分掠——〔松江、上海、金山、青村、嘉定／太倉、常熟、崑山、蘇州〕——復分掠（五月）——〔蘇州／杭州〕——敗于平望（六月浙直兵破之）——

回柘林——分掠（九月）——〔蕭山、臨山／瀝海、上虞〕——出海——林碧川就擒

沈南山就戮（三十三年）（鄧文俊已於三十二年四月前就擒于下馬洋）

林碧川、鄧文俊、沈南山皆海上巨寇也。三十一年浙直之禍林碧川實為之首，破黃巖得利，遂啓群盜貪心，三十三年蕭顯繼出。碧川與顯以次敗亡，而徐海、陳東又繼之，為浙直大患。

蕭顯——寇太倉（三十三年四月）——陷上海——巢柘林（分屯川沙）——破南匯——據南沙（八月）——攻嘉定（三十三年正月）——攻上海——敗走海（三月為盧鏜所敗）——鹽——就擒于慈谿。

直隸之禍，顯實首之，善戰多謀，王直亦憚而讓者也。

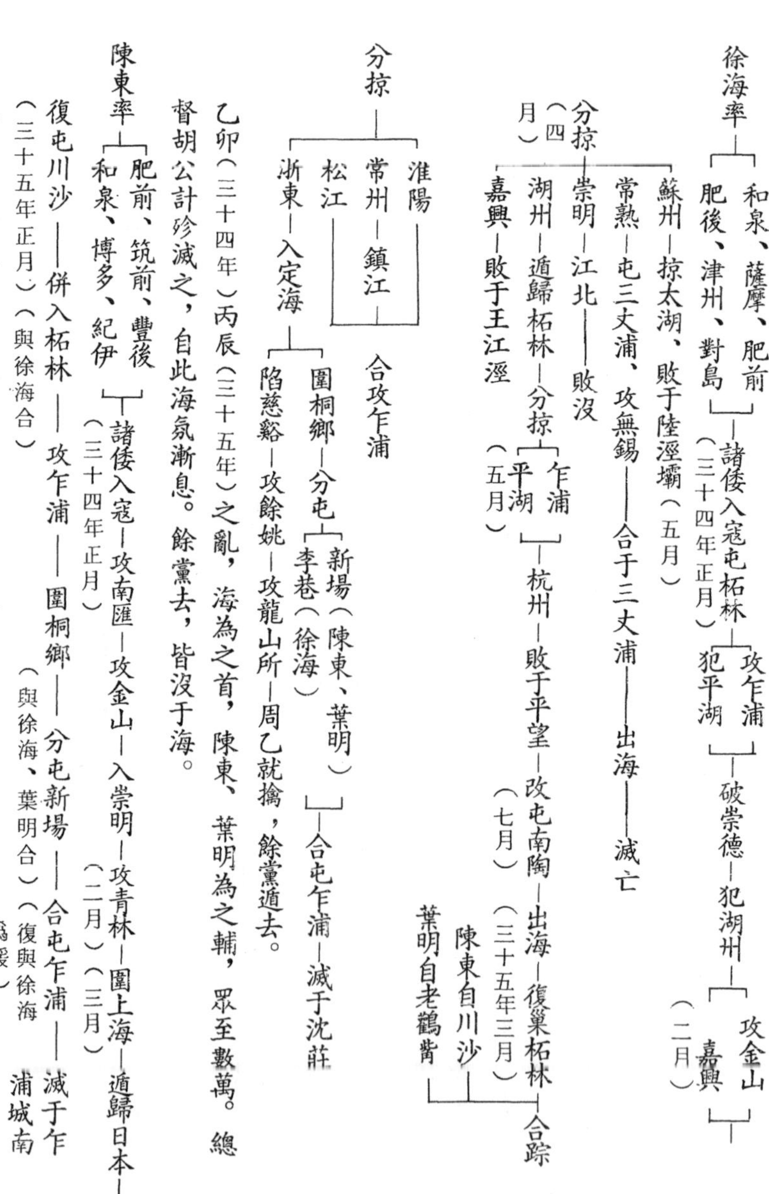

乙卯（三十四年）丙辰（三十五年）之亂，海為之首，陳東、葉明為之輔，眾至數萬。總督胡公計殄滅之，自此海氛漸息。餘黨去，皆沒于海。

此薩摩州君之弟掌書記酋也，其部下多薩摩人。

這些有的原爲海盜，純以刼掠爲事。有的原爲海商，轉而爲盜。三十三年前後，諸股渠帥多被誅服，惟王直、徐海等仍爲亂不已。而王直事蹟，尤爲突出。後僭號稱王，獨步海上。王直之挾倭爲亂，與徐海等不同。海等僅以刼掠爲利，仇殺洩憤。王直之爲亂，固亦憤恨所激，其最後目的，則在要脅官府，開港通市。王直自跳海行商，爲舶主稱霸海上，到公開叛亂，爲由私商轉變爲海盜鋌而走險的典型例子。其活動情形，轉變經過，不但代表着大多數海商蛻變爲海盜的態度，也說明了嘉靖年間寇亂的基本原因。茲特述王直事蹟於後。

〈海寇議後〉：「王直歙人，少落魄，有任俠氣，及壯多智略，善施與，以故人宗信之。一時惡少若葉宗滿、徐惟學、謝和、方廷助等皆樂與之遊。間嘗相謀曰：中國法度森嚴，動輒觸禁，孰與海外乎逍遙哉！」「嘉靖十九年，時海禁尚弛，直與葉宗滿等之廣東造巨艦，將帶硝黄絲綿等違禁物抵日本、暹羅、西洋等國，往來互市者五六年，致富不貲，夷人大信服之，稱爲五峰船主。」[96]《日本志》稱其不侵然諾，鄉中有繇役訟事，常爲主辦，諸惡少因倚爲囊橐[97]。是王直乃一任俠惡少，落魄遊民。嘉靖十九年前後，東南沿海，所在通番，王直等受此引誘，遂結合下海。《日本一鑑》：「王直的名鋥，即五鋒，以游方下海。於歲庚子（十九年），乃與許一、許二、許三、許四等誘引番夷來市浙海。」[98]初隨許氏兄弟，後乃獨立經營。其最初赴日時間不詳，木宮泰彥《中日交通史》云：「王直爲明之密商。」「輸出違禁貨物於呂宋、安南、暹羅、麻六甲等處，遂成巨富。後至日本平戶，在勝尾山東麓之印山寺故址，構中國式之房屋居之，其來日本年代不明。〈新豐寺年代記〉謂天文十一年（西曆一五四二、明嘉靖二十一年）明舶入平戶。時松浦郡雖富裕，而男女人數日減，欲雇人使用，頗感不便云。因女爲妓女，男則不畏死而入明爲盜賊也，蓋即王直來日時之事。此種推測若不誤，則彼來平戶時，爲天文十一年，其時日本商人頗倚信之，每賷貨物抵明，必以彼爲牙儈。」「〈南浦文集鐵砲記〉云：天文十二年（西曆一五四三）八月，葡萄牙人三人漂至種子島時，船中有明儒生五峰云，亦卽王直。」⑲

上引〈圖譜〉所記二十三年入許棟踪，爲司出納，蓋爲臨時合夥。時王直雖已爲船主，但勢力尚未如何突出壯大。二十七年夏，直與許棟再合泊雙嶼，朱紈破雙嶼，許棟逸去，王直遂收領其衆。時海上勢力以陳思盼爲最盛，三十年，陳思盼與另一船主王丹發生爭奪，直遂乘機併陳思盼部，於是突成獨覇之勢。〈海寇議〉：「有一王船主，領番船二十隻，陳思盼往迎之，約爲一夥，因起謀心，竟將王船主殺害，奪領其船。其黨不平，陽附思盼，將各船分布港口，以爲外護，而潛通五峰。五峰正疾思盼之壓己，而瀝港往來，又必經橫港，屢被邀賊，乃潛約慈谿積年通番柴德美發家丁數百人，又爲報之寧波府，白之海道，差官兵但爲之遙援。詢知其從船出掠未回，又俟其生日飲酒不備，內外合併殺之，盡奪其財，德美所得亦以萬計，擒其姪陳四並餘賊數十人送官。及各船餘黨回還，因無所依，悉歸五峰。後雖有一二新發番船，俱請五峰旗號，方敢海上行駛。朱都堂所取福清船義官吳美幹所領者，不盡還本省，一半亦從五峰。五峰之勢，於此益張，海上遂無二賊矣。此因其有隙而用賊攻賊，亦兵家之常，未爲失策。五峰以所部船多，乃令毛海峰、徐碧溪、徐元亮等分領之。因而往來海上，四散刼掠，番船出入，關無盤阻。而興販之徒，紛錯於蘇杭，公然無忌。近地人民，或餽時鮮，或餽酒米，或獻子女，絡繹不絕。近衞之官，有獻紅袍玉帶者。如把總張四維，因與柴德美交厚，而往來五峰數熟，近則拜伏叩頭，甘爲臣僕。爲其送貨，一呼卽往，自以爲榮，矜挾上下，順逆不分，良惡莫辨，法禁之壞，至此極矣。」

王直之併合陳思盼，爲浙、廣海商爭奪貿易地盤（陳思盼有記爲福建人，有記爲廣東人者），利益衝突。一方面亦爲立功要市，壟斷海上貿易。海上爭霸，亦如陸上逐鹿，故聯合官軍除之[100]。王直之興販本部，設於日本，利用貧苦倭人爲護衞，經營中國、日本、南洋間國際貿易。前引《中日交通史》同節：「〈大曲記〉云：松浦隆信，厚待外商，故有名五峰者，由中國至平戶津，在印山故址，營造唐式之屋居之。自是中國商船，往來不絕。且有南蠻黑船，亦來平戶津。故唐與南蠻之珍物，年年輸入不少。」《朝鮮李朝實錄》：「禮曹啓與倭人調久對馬島主所送來報賊變者也問答之辭……曰……有中原人稱五峰者，將領賊倭入寇大明矣。問曰：汝見五峰乎？曰：於平戶島見之，率三百餘人，乘一大船，常着段衣，大槩其類二千餘人。又問曰：彼因見擄而在彼乎？抑自投賊中乎？曰：始以買賣來日本，仍結賊倭來往作賊。」[101]

王直公然挾倭叛亂，蓋始於三十二年。初王直未得勢之前，海盜與倭寇勾結，已連年寇掠。王直在日本建立相當基礎後，一方面想清除競爭力量，獨佔海上貿易；一方面自思違禁私販外國，雖致富不貲，然流亡海外，不得歸還，終非長策。故擬以除盜立功，希望朝廷能寬宥其罪，允許公開通市，轉私販爲合法貿易。但幾次嘗試，皆歸失敗。海防官員利用王直剿除海盜之後，背信食言，且欲乘機襲之。王直察知官府「以賊滅賊」之計後，由失望而轉恨，遂鋌而與官兵公然相敵，決裂報復。《倭變事略》附王直於三十六年受撫後所上〈自明疏〉一篇，雖出於個人供白，不免自我辯護，掩飾誇張，然參證其他史料，所言尚大體可信。疏云：「帶罪犯人王直，即汪五峰，直隸徽州府歙縣民。奏爲陳悃報國以靖邊疆以弭羣兇事。竊臣直覓利商海，賣貨浙、福，與人同利，爲國捍邊，絕無勾引黨賊侵擾事情，此天地神人所共知者。夫何屢立微功，矇蔽不能上達，反罹籍沒家產，舉家竟坐無辜，臣心實有不甘。前此嘉靖二十九年，海賊盧七搶擄戰船，直犯杭州江頭西興壩堰，刦掠婦女財貨，復出馬蹟山港停泊。臣卽擒拿賊船一十三隻，殺賊千餘，生擒賊黨七名，被擄婦女二口，解送定海衞掌印指揮李壽，送巡按衙門。三十年，大夥賊首陳四在海，官兵不能拒敵，海道衙門委寧波府唐通判、張把總托臣剿獲。得陳四等一百六十名，被擄婦女一十二口，燒燬大船七隻，小船二十隻，解丁海道。三十一年，倭賊攻圍舟山所城，軍民告急，李海道差把總指揮張四維會臣救解，殺追倭船二隻。此皆赤心補報，諸司俱許錄功申奏。何反誣引罪臣，及於一家。不惟湮沒臣功，亦昧微忠多矣。連年倭賊犯邊，爲浙、直等處患，皆賊衆所擄奸民，反爲鄕導，刦掠滿載，致使來賊聞風倣效沓來，遂成中國大患。舊年四月，賊船大小千餘，盟誓復行深入，分途搶擄。幸我朝福德格天，海神默佑，反風阻滯，遂刦本國五島地方，縱燒廬舍，自相吞噬。但其間先得渡海者，已至中國地方。餘黨乘風順流海上，南侵琉球，北掠高麗，後歸聚本國菩蘼州者尚衆。此臣拊心刻骨，欲插翅上達愚衷，請爲使客遊說各國，自相禁治。適督察軍務侍郎趙、巡撫浙福都御史胡，差官蔣洲前來，賚文日本各諭，偶遇臣松浦，備道天恩至意。臣不勝感激，願得涓埃補報，卽欲歸國效勞，暴白心事。但日本雖統於一君，近來君弱臣強，不過徒存名號而已。其國尚有六十六國，互相雄長。往年山口主君強力霸服諸夷，凡事猶得專主。舊年四月，內與鄰國爭奪境界，墮計自刎。以沿海九州十有二島俱用遍歷曉諭，方得杜絕諸夷。使臣到日至今，已行五島松浦及肥前島博多等處十禁三四，今年夷船殆少至矣。仍恐菩蘼未散之賊，復返浙、直，急令養子毛海峰船送副使陳可願回國通報，使得預防。其馬蹟山前港兵船，更番巡哨截來，今春不容懈也。臣同正使蔣洲撫諭各國事畢方回。我浙直尚有餘賊，臣撫諭各島，必不敢仍前故犯。萬一不從，卽當徵兵剿滅。以夷攻夷，此臣之素志，事猶反掌也。如皇上仁慈恩宥，赦臣之罪，得效犬馬微勞馳驅，浙江定海外長塗等港，仍如廣中事例，通關納稅，又使不失貢期。宣諭諸島，其主各爲禁制，倭奴不得復爲跋扈，所謂不戰而屈人之兵者也，敢不捐軀報效，贖萬死之罪。」[102]

疏中所言督察軍務侍郎趙文華及都御史胡宗憲遣蔣洲赴日宣諭以後事，詳見下節。所云二十九年拿獲賊船事，《日本一鑑》：「比有盧七、沈九誘倭入寇，突犯錢塘，浙江海道副使丁湛檄王直等拏賊投獻，始容互市。王直脅倭即拏盧七等以獻。」[103]三十年拿獲陳四事，《實錄》：「（兵部尙書聶豹奏）臣聞王直本徽人，故與浙人徐惟學、李大用輩通番入海，既而悔之。嘉靖二十九年八月中，嘗爲官軍捕斬海寇陳嶼主等及餘黨二三百人，欲以自贖。而是時有司不急收之，遂貽今日大害。」[104]唐樞〈復胡梅林論處王直書〉：「王直行商海上，結合內地居民，始最親信，其於海上各商伴，亦各推服。嘉靖三十年，申白官府，自願除賊，陳思泮（陳思盼）被其擒殺有功。」「及當防禁愈嚴，內地人因生騙賴，其數不下幾萬。茲于舊恩怨，不肯忘情，相搆相傷。」[105]《實錄》所記即指此，並見《日本一鑑》。疏中所云唐通判，即唐時雍[106]。所云舊年四月，賊船大小千餘，盟誓復引深入，遇風阻滯，歸刼本國五島，及已渡海者乘風順流海上，侵掠琉球、朝鮮事，蓋即《朝鮮實錄》所記載：「十年（嘉靖三十四年）十二月丁酉：日本國西海路上松浦唐津太守源勝頓首……近歲我邦之盜賊到大明冒罪，誅衆人，奪珍產，其賊船不知員數。就中二十餘州之中，別有四州，此四州之賊黨於我邦亦往來之。商舟冒罪，自往古之事也。我大上亦難防焉，諒方外之徒也。然茲年春欲至大明賊船逮百艘，著到西海之五島，」「窺其強弱冒罪。其外之賊船，都合一千餘艘也。然無順風，如我州我島歸矣。其中四州之賊，七十餘船赴朝鮮，乃五島太守奏我王，我王大有忿怒，下鈞命曰：至海西之浦邊，一島一縣，及至一歧對馬調兵，議自朝鮮之歸帆，不遺一船，誅人民燒劫船者，爲大忠矣。近歲許大明之賊船有故。」「然冒朝鮮之罪過，是又似□王命廼誅戮彼賊黨者，爲大忠臣矣。兵軍承詔命，待歸帆如雲如霞好箇之時節。去七月下旬歸國船逢大風之難，或沉淪大洋海，或漂流諸島嶼，饑水饉糧。臣所守之唐津一船漂水七十餘人有之。三十餘人誅焉，三十餘人沒海，船乃燒破。臣軍士拔尤者十有餘之戰矣，惜哉！惜哉！」「臣唐津或於平戶島一船，或於大島一船，或於對馬島一船，都合一百餘人誅伐，其餘沉海中。」[107]

三十一年助官軍解舟山之圍所云之李海道，卽李文進[108]，又《日本一鑑》，「歲壬子（三十一年）日本之種島土官古市長門守聞島倭夷脅從唐人犯華者，誅首凡五人，惟王直等拏七倭賊以獻。」「（徐海）壬子誘稱市於列港，時（徐）銓與王直奉海道檄出港拏賊送官。而海船倭每潛出港劫掠接濟貨船，遭劫掠者到列港，復遇劫掠倭賊，陽若不之覺，陰則尾之，識爲海船之倭也，乃告王直。直曰：我等出港拏賊，豈知賊在港中耶？隨戒海。海怒，欲殺王直，而銓亦復戒，海乃止[109]」。當時倭人入寇者，亦非全爲中國人所驅使。時正值日本戰國時代，國內連年混戰，農村破產，社會解體，失志失業之徒，無以爲生，遂結合從事海盜生涯，向中國及朝鮮寇掠。《朝鮮實錄》：「對馬州太守平朝臣宗盛長書契：又傳日本國西戎從去十月到今春，賊于大明，競渡者數萬艘也。委聞西戎等竊議曰：從貴海赴于大明，則海路太近，先于貴海，可賊于大明云云。」「今春正月二十日，從日本傳來東夷西戎欲犯大明，蟻浮于西海者大小船數百隻也。密議曰：頃年賊于大明不敗，而去年初赴于朝鮮，敗軍對馬。」「今出奇計，先攻馬島，聚東夷西戎之勇者，日夜賊于朝鮮，那無勝理云。」[110]文中云東夷西戎，又云大明賊船，東夷西戎，蓋指純爲倭人。大明賊船，爲中國人所操縱驅使者。

王直既有悔罪自贖之意，官府亦有姑容互市諾言，故屢爲官軍拿賊獻報。不幸幾次事成之後，官府背信食言，皆受愚被欺。而王直與官府通謀行動，必引起同類所怨恨，其居於日本，又勢必與日人利益衝突鬪爭，所以在失望憤恨之餘，又益以海壖民負債賺騙，遂寇掠洩憤報復，<汪直傳>：「會五島夷爲亂，直有宿憾于夷，欲藉手以報，及以威攝諸夷，乃請于海防將官而剿之。」「而聲言宣力本朝，以要重賞。將官餽米百石，直以爲薄，大詬，投之海中。從此怨中國，頻入內地侵盜。」[111]《實錄》：「先貨賄貿易，直多司其質契，會海禁驟嚴，海壖民乘機局賺倭人貨數多，倭責償於直，直計無所出，且憤恨海壖民，因教使入寇。」[112]三十二年春，王十六、沈門、謝獠、曾堅等誘倭焚刼黃巖，參將俞大猷、湯克寬又欲令直拏賊投獻，而賊已去，乃議王直爲東南禍本，統兵擊之於列港。直突圍去，怨中國益深，且渺官軍易與[113]。三十二年閏三月，遂糾合倭人大舉入犯。

王直既決裂報復，僭號稱王，「緋袍玉帶，金頂五簷黃傘，頭目人等俱大帽袍帶，銀頂青傘，侍衞五十人，俱金甲銀盔，出鞘明刀，坐於定海操江亭數日，先稱淨海王，」「乃更造巨艦，聯舫方一百二十步，容二千人，木爲城，爲樓櫓四門，其上可馳馬往來。據居薩摩洲之松浦津，僭號曰京，自稱徽王，部署官屬，咸有名號。控制要害，而三十六島之夷，皆其指使，時時遣夷漢兵十餘道，流劫濱海郡縣，延袤數千里咸遭荼毒。」[114]

大亂既起，地方官以「用賊攻賊」而召大禍，不敢以實上聞，混言倭寇，以爲蒙騙卸責之計。而王直亦以日後得要脅脫罪之故，「每處殘破，必詭云某島夷所爲也。」於是上下掩飾，禍亂愈演愈熾。<海寇議>：「昔年太倉秦璠、王艮之亂，未嘗見於攻一城，殺一官，而撫按衙門卽以奏聞，請將出師，通行各省，緝捕親黨，剪其羽翼，而其勢始窮，束手就擒，地方遂寧。今此賊屠城掠邑，殺官戕吏，一至於此。而見今四散刧掠，不於餘姚，則於觀海。不於樂清，則於瑞安。往來塗毒生靈，無有虛日。而猶混言倭寇，不實上聞，果何待也？今既曰倭奴，酋長爲誰，是烏可隱也！其所刧掠地方，凡通番之家，皆不相犯，蓋以立信，故人皆競趨。而賊黨之在省者，紛紛不可復言。奸細如王五峰之眷屬，徐碧溪之子弟，亦且安住出入，眞若無人，況其他乎？而杭州秀才監生，俱往來厚爲內交。近日碧溪之子弟見爲人首告，拿獲在官，而又故縱。毛海峰鄞縣人，其父毛相乃黜退秀才，先因長子毛子明通番，逋欠貨物，以父往贄（質），而後以弟代之，頗有勇力，善使佛狼機，又善彈射，五峰因育爲子，托爲腹心，就稱海峰。父去子來，交馳番國。其兄縣學秀才，亦嘗看其弟銀兩財貨，不時差搬送至家。而其父母尚在，兄以科擧入場。且徐碧溪、毛海峰皆五峰部下賊首也，黃巖縣實徐碧溪同姪明山率領攻掠，又屠霩需，其惡不在五峰之下，族誅猶有餘辜，而待之若此，是爲無法。杭城歇各之家，明知海賊，貪其厚利，任其堆貨，爲之打點護送。如銅錢用以鑄銃，鉛以爲彈，硝以爲火藥，鐵以製刀鎗，皮以製甲，及布帛絲綿紬麻等物，大船裝送，關津略不譏盤。明送資賊，繼以酒米，非所謂授刄於敵，資糧於盜乎？此自古所未有也。」

六、王直受撫經過及被誅後餘黨寇亂情形

王直擾掠經過，不擬細述。先是，以王忬提軍剿辨，忬不能有所爲，乃代以李天寵。又命兵部尚書張經總督軍務，乃大徵兵四方，協力進剿。而官軍素愞怯，望風潰奔，朝野俱困。三十三年五月，兵部議上招撫辦法，「有能擒斬首惡王直者，授世襲指揮僉事。如直等悔罪率衆

來降，亦如之。其部下量授世襲千百戶等官，俱塡注備倭職事。」議上，從之115。而兵科都給事中王國楨等力爭不可，於是中旨又變。國楨等疏云：「比本兵議上禦倭方略，欲以重賞招降賊首王直等，臣竊疑之。臣聞勝國末海濱多警，東南巨寇有秩至漕運萬戶及行省參政者，且叛服不常，迄終無救。何者？其心不服，而爵祿不足以歆之也，故至今議者以招撫最爲誤國。殷鑒俱存，奈何復欲效之？四方羣盜，所在蠭起，皆幸朝廷不誅，無所創艾，就使部議得行，降一王直，未必不生一王直。」「使渠魁來歸，旣宥之，復賞以爵，是賞以勸惡，人誰不爲？」上以國楨言爲是，令總督張經一意勦賊，脅從願降者待以不死，賊首不赦116。時朝臣勦撫意見紛紜不一，是年六月，鄭曉復以「倭寇類多中國人，間有膂力膽氣謀略可用者，往往爲賊躧路踏白，設伏張疑，陸營水塞，據我險要。聲東擊西，知我虛實。以故數年之內，地方被其殘破，至今未得殄滅。緣此輩皆麤豪勇悍之徒，本無致身之階，又乏資身之策。苟無恒心，豈其喙息。欲求快意，必至鴟張。是忍棄故鄉，番從異類。倭奴藉華人爲耳目，華人藉倭奴爲爪牙，彼此依附，出沒海島，倏忽千里，莫可蹤跡。」請「許令歸降，送還故土。有能擒斬賊徒者，照例給賞，才力可用願報效者，用之別地立功贖罪，亦與敍遷。不然，恐數年後或有如盧循、孫恩、黃巢、王仙芝者，益至蔓延，難以撲滅矣。」117然對處置王直問題，仍無具體決策。

三十四年二月，工部侍郎趙文華奉命以祭海神察賊情出視江南。文華恃嚴嵩爲內援，所至顚倒功罪，恣睢黷貨。總督張經、浙江巡撫李天寵與文華忤，不相附。時胡宗憲巡按浙江，宗憲爲人多權術，喜功名，獨深結納，因相與力排經、天寵去，以而宗憲爲浙江巡撫。旣而官軍屢敗，浙東西諸州縣悉遭蹂躪，殺文武吏甚衆，二人始知事未易平。懼禍及己，又不得要領，遂廣詢已亂之策，密議招撫。《日本一鑑》：「歲己卯（三十四年），工部侍郎趙文華奏奉欽勅祭告東海神，切惟已禍，不得要領，故問通番之人。而通番輩告以必得王直，主通互市，則禍可息，故遣使招之。」[118]《徐海本末》：「公（胡宗憲）爲提督時，嘗與總督尚書趙公（文華）謀曰：國家因海上之寇數年於茲矣，諸倭乘潮出沒，將士所不得斥堠而戍者，人言王直以威信雄海上，無他罪狀，苟得誘而使之，或可陰携其黨也。按部題亦嘗有用間爲策者，於是乃遣辯士蔣洲、陳可願及故嘗與王直友善者數輩入海諭直。」[119]

議既定未上，適御史金淛、陶承學等又請立擒斬王直賞格。生擒而至者封伯爵，賞銀萬兩，授坐營坐府職銜管事，朝廷已報可[120]。故二人不敢明言以遣人招撫，乃以疏請有司以移諭日本詰以島人入寇之狀爲題，試探朝廷動向。疏入，亦報可。其「疏請以移諭日本禁戢部夷爲名，其實乃伺察直也。」先是，刑部主事郭仁，曾請依洪武傳諭三佛齊故事，勅令朝鮮轉諭日本。兵部以宣諭乃國體最宜愼重，倭寇方得志恣肆，非言語所能悔罪懷服。且猾夏之罪未懲，而綏以招服，非所以蓄威；糾引之黨未得，而責以歛戢，非所以崇體。議駁不允[121]。今得旨報可，知上意已有轉變。於是密相規劃，物色人選，得蔣洲、陳可願等，遂令銜命出海。

蔣洲、陳可願二人行狀事略，諸家記述甚多：《倭變事略》：「軍門以海寇居島，出沒無常，莫得虛實。有生員蔣洲者，犯法拘獄，釋而遣之。又以陳可願、蔡時宜、潘一儒等爲輔行。」《江南經略》：「時（三十二年四月）有蔡時宜、陳可願者，善談兵，通政司參議張公寰托、檢校袁本立荐之於公（操江都御史蔡克廉，時駐節太倉城中），公與語悅之。然二人無奇識，惟主堅守之議耳。士民疑爲奸細，謂鄞人通番，二人皆鄞人也，而操院用之，殆不可測。適王直之黨潛入城爲內應，爲有司所執，衆益疑二人爲賊黨。二人懼，隨公出城，州人共毆之，幾斃。拘囚拷鞫，坐獄三年後白。可願後歸鄞，立功之志愈銳。捧有司檄，充副使，與蔣洲同使日本。王直之就擒，實可願等游說之所致云。」⑫〈蔣陳二生傳〉：「自舉士重明經，而豪賢之士不能以他才見，或稍稍幸有見者，輒遭擯而不揚，人才不盡於世用，乃余于蔣、陳二生益慨云。蓋二生嘗使日本，立奇功海上。聞其名心念其人，當偉奇雄博，有口舌者。乃今所見二生，願恂恂不解亂說，貌謙而誠。傳有之：言忠信而行篤敬，行之蠻貊。豈謂蔣陳輩耶！然二生又衣褐游風塵也。蔣生名洲，字信之。陳生名可願，字敬修，皆鄞人也。弱冠同游學爲郡庠弟子員，舉明經，博觀天下書，有用世心。今天子二十九年，倭寇東南騷動，軍連摧敗，創罷日甚，公私益累，歲不得休息，重臣往往得罪。」「于時都御史胡宗憲又請得上命，命有日，人難之莫敢行者，則蔣生請行，又荐陳生行也。」⑬

〈蔣陳二生傳〉作者謂「余一日解后（邂逅）二生酒市中，從醉所見其紀行稿，稍爲次第其事。」行文着意，頗慨嘆不平。二人繫獄事，不知爲傳聞有誤，抑皆曾繫獄，而令立功自贖。〈一生傳〉又謂行至馬觜滙遇颶風，失壞應使等物，及小衢山遇寇，火藥大半消耗，蔣生念緩急惟己，回舟舟山，移書家人貰田產備具，官爲給劵記之。《國榷》言陳可願歸來，巡按御史周斯盛以其辱命言妄，逮之入獄⑭，蓋二人皆爲戴罪出使。

《實錄》言宗憲與直同鄉，習知其爲人，欲招致之⑮。此蓋卽諸家所記王直「任俠尚氣」，「不侵然諾」，豪放豁達，非桀驁無賴輩。且曾數度擬立功自贖，知可以大義親情利害說之。故洲等未行之先，首運用心理攻勢。先是，直母及妻子已收入金華獄中，宗憲俱迎之入杭。豐衣食，潔宅第，資給甚厚。至是乃令直母作書諭直，謂悉有其前罪，寬海禁，許東夷互市，遣洲等持書往說之⑯。同時並命積年通番海商與之貿易，從旁透露軍門意向，以緩其兵⑰。

三十四年八月，蔣洲、陳可願爲正副使，充市舶司員，攜與直素善者並率日人若干自定海出發。十一月抵五島，遇王直。三十五年四月，直令養子毛海峰送可願歸國，探試虛實。《實錄》：「及是，可願還，言初自定海開洋，爲颶風飄至日本國五島，遇王直、毛海峰等。言日本國亂，王與其相俱死，諸島夷不相統攝，須徧曉諭之，乃可杜其入犯。有薩摩州賊未奉諭先已過洋入寇矣。我輩昔坐通番禁嚴，以窮自絕，實非本心。誠令中國貰其前罪，通貢互市，願殺賊自效。遂留蔣洲傳諭各島，而以兵船護可願先還。」⑫

蔣、陳等五島見王直，直椎髻左衽，左右策擁，旌旗服色擬王者。雙方問答情形，明人記載，頗爲生動。謂洲等首致宗憲慰勞之意，偉其爲人，徐言何以爲盜，曉以大意，動以親情，說以利害。知直前此立功自贖被欺，心懷怨恨，力言宗憲爲直鄉人，推心置腹，任人不疑。拔直母妻獄中，館穀甚厚，誠能乘時立功，當悉宥前罪，保全骨肉，優予官爵，通市謀利。且夷情貪狡，一旦勢衰，或起而圖之，身死亦且累及老母妻子，不祥莫甚，委婉以探其意。初直欲犯金華，篡取母妻獄中。及聞洲等言，意遂動⑫。時前總督楊宜曾遣鄭舜功使日，請其王禁戢島人，准通貢互市，事如成功，予王直今後行動，將發生極其不利影響。而當時中國剿防軍備，經歷年整頓，亦頗有起色。「倭雖橫，往往遭損傷，有全島無一人歸者，其死者親屬，亦復咎直。」「外夷隨其頤指者，頗少變，而叛賈倚直爲淵藪者，多有離心。」中國沿海居民以焚掠慘酷，亦恨直甚深。王直既早有效順自歸之意，經蔣、陳等詳爲剖析，衡度內外情勢，今後歸趨，於是遂計議乘機內附⑬。

直意雖動，然鑒於前此官軍反覆賺騙，對蔣洲等所述宗憲態度，仍信疑參半。部下亦以未可冒昧前往，宜遣親信先往宣力，窺伺眞僞。於是直遂托言宣諭別國爲名，留蔣洲，而令毛海峰、葉宗滿、王汝賢等與陳可願回至寧波報命，觀望中國反應。

蔣洲留日，其行動皆爲王直所控制，恐自由活動，與己不利。《續善鄰國寶記·明副將蔣洲咨對洲（對馬）文》云：「大明副將蔣承奉欽差督察總制提督浙江等處軍務各衙門，爲近年以來，日本各島小民，假以買賣爲名，屢犯中國邊境，刦掠居民，奉旨議行浙江等處承宣布政使司轉行本職，親詣貴國面議。等因奉此，帶同義士蔣海、胡節志、李御、陳柱，自去年十一月十一日來至五島，由松浦、博多，已往豐後大友氏會議，即蒙遍行禁制各島賊徒，備有國文，撥船遣德陽首座等進表貢物，所有發行爾島禁賊御書見在，特行備記，就差通事吳四郎前往投遞。即當體貴國之政條，憤部民之橫行，分投遣人嚴加禁制，不許小民私出海洋，侵擾中國，俾邊境寧靜，釁隙不生，共享和平之福。」「否則奸商島民，扇構不已，黨類益繁，據海島窺隙竊發，恐非貴國之利。」「今特移文併知，非特爲中國也，惟深體而速行之。」[131] 咨文爲嘉靖三十五年十一月初三日，停留已一年，所行者僅初到時二三處而已。

初洲與可願奉命以宣諭日本爲名出使密招王直事，惟宗憲與文華知之。及可願還報接洽經過，知事已可成，然猶不敢自決，故以「奉命出疆，法當抵日本宣諭其王爲正。今偶直、海峰等于五島地方，即爲所說阻而旋，就中隱情，未可逆覩。」繼婉言「以臣臆度，大約有二：或懼傳諭國王與若輩不便，設難邀阻。或由懷戀故土，擬乘機立功。乞令本兵議其制馭所宜，俾臣等奉以行事。」要求朝廷表示明確態度。旋兵部議覆：「今使者未及見王，乃爲王直等所說而返，其云禁諭各夷不來入犯，似乎難保。且直等本爲我編氓，既稱效順立功，自當釋兵歸正。乃絕不言及，而第求開市通貢，隱若夷酋然，此其姦未易量也。宜令宗憲等振揚威武，嚴加隄備。仍移文曉諭直等，俾剿除舟山等處賊巢，以自明誠信。果海壖清蕩，朝廷自有非常恩賚。其互市通貢，始俟蔣洲囘日，夷情保無他變，然後議之。」疏入，報可[132]。

陳可願帶回王直條件，爲王直保證倭寇不來入犯，明廷開市通貢。故毛海峰等至後，宗憲遇之甚厚，諷令立功自明。海峰遂破倭舟山，再破之於瀝表。《實錄》：「倭寇自慈谿入海，泊魚山洋聽撫，賊毛海峰等助官軍追擊之，擒斬百八十人。」宗憲「奏賊首毛海峰自陳可願歸後，嘗一敗倭寇於舟山，再敗之於瀝表。又遣其黨說諭各島相率效順。中國方賴其力，乞加重賞。兵部議覆：兵法用間用餌，或招或撫，要在隨宜濟變，不從中制。今宗憲所請，當假以便宜，使之自擇利害而行，事寧奏請。詔可。」[133]斯時徐海勢力正盛，與陳東、葉麻等方連兵松江、瓜洲、上海、慈谿等地，宗憲令毛海峰除海，以察其歸順誠意。海峰以攻擊徐海，勢必引起一場惡戰，萬一兩敗俱傷，軍門態度轉變，將進退失據，不敢自決。托言須其父至方可濟事，乃留王汝賢等在軍門，自以招直爲名，與葉宗滿開洋去。宗憲亦思王直能親身出現，始得用謀，故卽縱之使歸。海峰至日後，備述所見情形，直度以事機已熟，除此巨患，所請當能如願。三十六年八月，遂先以蔣洲還。時山口都督源義長具咨送回所擄人口，豐後太守源義鎮亦遣僧德陽等具方物奉表謝罪，請頒勘合修貢[134]。十月，「王直、毛烈、葉宗滿同夷商千餘人泊岑港。毛烈自詣軍門乞降求市，宗憲令還俟後命。」[135]

「是時浙東西傷於倭暴，聞直等以倭船大至，則甚懼，競言其不便。巡按浙江御史王本固奏直等意未可測，納之恐招侮。于是朝議閧然，謂宗憲且釀東南大禍。而浙中文武將吏，亦陰持兩可。」[136]剿撫之議，相持不一。牽涉問題，亦相當複雜。唐樞復胡宗憲〈論處王直書〉，以順其請五利五慮，却其請四利四慮。歷敘盜寇前因後果，分析成敗得失，甚爲詳悉，書云：「順其請有五利：一曰方今海寇熾虐，殘害地方，財費靡極，公私俱困。久經四五年來，算無長策，賊未盡滅。王直自願招諭島倭，以夷攻夷，立功報效，坐令地方安堵，東南稅賦之場，復舊生理，似亦便宜良計，實爲利之大者。二曰切念華夷同體，有無相通，實理勢之所必然。中國與夷，各擅土產，故貿易難絕。利之所在，人必趨之。本朝立法，許其貢而禁其爲市。夫貢必持貨，與市兼行，蓋非所以絕之。律欵通番之禁，下海之禁，止以自治吾民，恐其遠出以生釁端。至其公同驗實，則延禮有銀，頓貯有庫，交貿有時，督主有提舉有市舶，歷歷可考。」「若其私相商販，又自來不絕。守臣不敢問，戍哨不能阻。蓋因浩蕩之區，勢難力抑，一向蒙蔽公法，相延百數十年。然人情安于睹記之便，內外傳襲，以爲生理之常。嘉靖六七年後，守臣奉公嚴禁，商道不通，商人失其生理，于是轉而爲寇。嘉靖二十年後，海禁愈嚴，賊夥愈盛。許棟、李光頭輩然後聲勢蔓延，禍與歲積。今日之事，造端命意，實係于此。夫商之事順而易舉，寇之事逆而難爲。惟其順易之路不容，故逆難之圖乃作。訪之公私輿論，轉移之智，實藏全活之仁。」「三曰開市必有常稅，向來海上市貨暗通，而利歸私室。若立收料，倍于廣福多甚。況今海上戍額，卽令事平，必欲如九邊故事，定立年例，以充餉費。舊時兩浙北起乍浦，南迄蒲門，縈紆二千里，衞所巡司各衙門兵卒，約有二十萬有奇，歲費五十萬有奇。各縣徵發，舊額已定，見今客兵大增，何以處給？且兵荒之餘，百姓貧苦，不忍加賦，若得海上□□□濟海上年例之用，則一舉兩得，戰守有賴，公私不困矣。四曰凡海上逐臭之夫，無處無之。惡少易動之情，亦無處無之。樵薪捕魚，逞俠射利者，原無定守。不得安于其業，則隨人碌碌，乃常情之所必至。使有力者既已從商，而無異心，則瑣瑣之輩，自能各安本業，無所效尤，以爲適從。故各年寇情，歷歷可指。壬子之寇，海商之爲寇也。癸丑之寇，各業益之而爲寇也。甲寅之寇，沙上之黠夫雲間之良戶復益而爲寇也。乙卯之寇，則重有異方之集矣。迹是而觀，能無治其始乎！五曰東南鄉兵孱弱，未易練成，所調各處驍悍之卒，前事有鑒，恐爲地方不測之變。」「又居民久疲，思息便宜一節，縱非經久可行，亦姑爲目前紓急計。」

「順其請有五慮：一曰今日之請，料其情實不虛。彼之才力，亦料其足以制握諸島。何也？彼稱倭王權弱，勢分島主。誠有是聞，誠不虛語。」「王直所與交者，不過數島人耳」，「但彼有妻子繫獄，乃其至情。又于開市，可以得利，規利而免禍，何不爲之？」「慮別島聞風而至，雖有原與王直所定規約，不肯聽依揮諭，則謙導、宋素卿之事，不能必其無也。但市之有訟，雖《周禮》亦有之。苟無大禍患，庸何泥耶！二曰古今異宜，從裔必因時多寡。」「其商船在海，重貨所挾，必有堅銳之隨。洪武十五年備倭指揮林賢，令陳得中邀劫入貢歸廷用資裝，致生大釁。人心滋僞，此事不能料其必無。」「三曰海中貨市，各有行商地面。浙中開市，廣省方物或皆利其徑便，相湧而至。或彼此不相容，或龐雜不善處，致有門庭之擾。但世無無爭之地，又開集列港，不爲我民害可矣。」「四曰自來下海船造于廣福陽山梅林港等處，事無泛出，」「居有定所。舊時通倭商有林同泉、王萬山、陳大公、曾老、陳思泮六七起，夥有定數。行之既久，射利日增，居流不一，致添地方警備，不追咎始事乎？」「五曰王直行商海上，結合內地居民，始最親信，其於海上諸商伴，亦各推服。嘉靖三十年申白官府，自願除賊，陳忠泮被其擒殺有功。然是時不肯身親出現，其深藏三窟，實非籠中之鳥。及當防禁愈嚴，內地人因生騙賴，其數不下幾萬，茲于舊恩怨不肯忘情，相搆相傷，慮亦有之。但情眞難昧，法在有歸，亦無不可處者。」

「却其請有四利：一曰不軌者殺無赦。王直之爲首惡，情迹未明，必待勘議的當。雖難卽定，但遙據鳴寃，不行投縛，似亦有要。以國家全盛之力，行擒可也，棄置可也，是爲國體之正。但事幾無定局，聖人無棄人，得失相較，不識孰多孰少？二曰海溟浩蕩，自古不能常靖。前代孫恩、裘甫、楊震龍、輔公祏、袁晁、方國珍、張郁、邵清等，氣燄昌斥，亦皆內地人自爲。」

「今則內外通連，公私擾甚。處以窮詰，以示將來，深爲本法。只事機未値，始徐圖之，或亦施行之序耳！三曰自賊起事至今，前後共得首級數千，見今松江等處巢穴所留，總不上一千之數。諸司奮厲，比前精神益倍。」「但思事根不究，雖一時暫安，而嗜利之徒，復生日後之患。此非集衆思，一人聰明有限，不能獨決耳！四曰：今日賊勢猖獗，凡敵王所愾，各知所奮。」今爲不得已之計，恐混亂見聞，致多議論，功未成而責已先歸，反不若一意絕之，且據中策。」

「却其請有四慮：一曰海上商情安肯自已。今浙市有禁，姑且迂道廣福。舍近易而從遠且難，日懷不便。如其絕望，必大肆奸猾，鼓動數島，增益松江等諸巢。二曰王直妻子在繫，又內險外飾，驅其立功，許其自全，以至仁待之，其肯自效，乃理勢所必有。失此機會，或直惡貫而斃，則在繫者不爲奇貨，承應者無此才力，雖欲爲此，又不可得。三曰本朝自天順以後，市舶權重，市者私行，雖公法蕩然，而海上晏然百年，此乃通商明驗。今之議者，若謂王直不當宥則可，若以市法永不當開，則恐非細思而詳考也。四曰去年賊勢猖獗，進兵不收全效，督察趙侍郎延訪羣情，故有蔣洲、陳可願之行，二人遠涉紆謀，略有次第。却之是棄二人而罔小醜，非所示信矣。」[137]

時所以相持不決者，王直首惡當赦與否外，主要關鍵在「通貢互市」問題。自洪武初年起，以倭患騷擾，沿海佈防，成、宣年間，限定日本貢船來往期限，船隻人員數目。然日本貢船並不嚴守此一約定，常與私商混雜而入。閉市停貢，本爲明廷用以羈縻控馭外國的主要策略。開禁閉市，事關今後海防安全至鉅。再者沿海良善居民無端橫遭荼毒，創痛恨甚，今招撫通市，意固難平，而歸降之後如何處置，亦一嚴重問題。俞大猷論王直不可招云：「至於招撫之說，尤非今日之良謀，是何也？蓋必大兵當前，賊力不支，輸誠示降。帝王仁義之師，志在平亂安民，從而哀憫生全之計。其自新改過，或令各復舊居，或令聽吾散置，使其決不能再聚爲患。間有兇性不移者，官府卽聲其罪擒而誅之。彼皆無所逃於此者，則吾力能制其死命，而操縱之權在我耳！今欲招之，是彼之力屈而求我乎？抑吾威不能伸而姑用恩以息之乎？」「往時亦有招賊來降者，彼其議招之際，許多非理之請，官府欲求事濟，只得屈法以從。既招之後，出入城郭街市，皆十五爲羣，佩刀自衞，以防人謀己。或強買民間貨物，或淫汚人家妻兒。官府之力不能禁之，卽欲設法禁之，又恐釀成大患，自取激變招撫之罪，姑隱忍以聽之。路傍之民嗟怨嗷嗷，皆曰賊在海上，其禍猶未甚。今某官受金若干，某官受金若干，而使賊在城郭之中，毒害我無辜之民。一時議招之官受謗既深，遂同陷罪戾，而不能自白，此卑職所目擊者也。且賊之所以願招，亦只一二爲首之人，在海日久，財本已厚，希圖招撫寧家，保其所有耳！賊從之所以信服其魁者，以其在海指揮劫掠得利也。今計每人所蓄，多不過三二十金，少不過二三金而已。使無事而坐食，不過數月而盡，豈有實心願同就撫乎？其中或係倭夷，或係浙、閩、廣散處之人，豈能舍所乘之舟，以從陸乎？或令娶妻作家於寧波乎？或令各回原籍乎？或既招之後，仍准照舊在船，能必其不復背去爲亂乎？」[138]

時王直泊岑港待命，宗憲以時不可失，力持招撫，然議者洶洶，亦恐王直萬一中變爲亂，將罹巨禍，乃歷陳兵備，邀王直入見，《實錄》：「直既至，覺情狀有異，乃先遣澂見宗憲，問曰：吾等奉招而來，將以息兵安邦，謂宜信使遠迓，而宴犒交至也。今兵陳儼然，卽販蔬小舟無一近島者，公其詒我乎！宗憲委曲諭以國禁固爾，誓心示無他，澂以爲信。已而夷目善妙等見總兵盧鏜於舟山，鏜誘使縛直等，直大疑畏。宗憲凡百說之，直終不信，曰：果不欺，可遣澂出，吾當入見耳！宗憲卽遣之。直黨仍要中國一官爲質，于是以指揮夏正往。」直佈署形勢既定，諭衆當謹備俞大猷，宗憲乃調大猷金山，易以盧鏜。直乃慷慨登舟，偕葉宗滿等入見宗憲。宗憲大喜，禮遇甚厚，直亦指誓自效139。

明人記王直受撫經過，場面之壯大，聲勢之煊赫，變化波折，高潮疊起。生動緊張局面，爲歷代受降所罕見。《倭變事略》謂直就撫後，「設供帳，供使令，命兩司更相宴之。直每出入，乘碧輿，居諸司首，無少遜避，自以爲榮。日縱飲青樓，軍門間移之觀兵，因盛陳軍容，以陰懾其心。」後雖入獄，「其衣食臥具，擬於職官。凡玩好之物，歌詠之什，罔不置之左右，以娛其心。少有不懌，醫進湯藥，以調護焉。」事雖不盡可信，但由其不憚筆墨，津津描述，可知當時人情轟動情況。

直既就撫，反對者仍洶洶不休，有謂宗憲受金銀數千萬，爲求通市貸死者，宗憲大懼。初宗憲以巡按御史結附趙文華得起而用事，而時又適趙文華得罪削籍（三十六年九月辛亥），驟失內援，故遂不敢堅持前議。一面令王直謁巡按御史王本固於杭州，本固遂以直屬吏140。一面具狀請旨，「請顯戮直等，正國法。姑准義長等貢市，永銷海患。或曲貸直死，充沿海戍卒，用繫番夷心，俾經營自贖。」「御史（王）本固闇（闇）於事機，力以爲未可。而江南人洶洶，言宗憲入直、善妙等金銀數十萬，爲求通市貸死。宗憲聞而大懼，疏既發，追還之，盡易其詞。言直等實海氛禍首，罪在不赦，今幸自來送死，實藉玄庇。臣當督率兵將殄滅餘黨，直等惟廟堂處分之。時直等三人來，留王滶、謝和在舟，本固復言諸奸逆意叵測，請嚴敕宗憲相機審處。務令罪人盡得，夷不爲變。于是嚴旨責宗憲擒剿。」141

「宗憲乃大集兵艦，環夷舟守之。夷挾貨無所售，既索直等不出，見兵船逼之益急，乃揚言責中國渝約，數出怨懟語，移舟據舟山爲固。」直入獄後，其黨知已違誓負約，大恨，遂支解夏正，入據岑港堅守。官軍屢攻之不能克，御史王本固、李瑚等復劾宗憲私誘王直，召侮啓釁，老師縱寇[142]。三十八年七月，再劾其養寇溫、台，掩敗飾功，詔下查勘。科道官羅嘉賓、龐尙鵬勘覆，中有「擁勁兵以自衞，惡聞警報之宵傳；罪將領以文奸，專冀本兵之內召。廉恥掃地，沉湎喪心。捧觴拜壽于軍前，而伏地歡呼，讚文華爲島夷之帝。携妓酣飲于堂上，而迎春宴客，視督府爲雜劇之場。萬金投欵權門，而醉發狂言，畢露其彌縫之巧。千里追回章奏，而旋更其情節，曲致其欺罔之私。納賄弄權，出犴獄之巨奸。」「喜通透夷情爲得策，啓軍門倭主之謠。指扣侵邊餉爲常規，有總督銀山之號。招藝流而厚加豢養，盈庭皆狗鼠之雄。假贊畫而陰爲利謀，入幕悉衣寇之盜。」等語[143]。宗憲甚恐，是年十一月遂亟讞上王直、葉宗滿等罪狀，乞明正典刑，以懲于後[144]。旋兵部會三法司議覆：王直背華勾夷，罪逆深重，着就彼處決梟示。葉宗滿、王汝賢既稱歸順報效，饒死，發邊衞永遠充軍。各犯妻子等七名押解赴京，給功臣家爲奴，財產入官[145]。是年冬十二月二十五日，誅王直於杭州官巷口。

「直臨刑，嘆曰：不意典刑茲土，死吾一人，恐苦兩浙百姓。遂伸頸受戮，若不勝其怨恨者。」直死，其黨果以恨爲所欺，且痛悔罪無途，結倭瘋狂報復。正氣堂集：「胡公自松江召盧帥入海洋誘之，而令兪帥盛陳兵備。直舟入，公（兪大猷）欲出擊之，胡公檄公曰：敢與盧帥爭功，兪帥論死。盧公竟誘直入見，則天子必欲殺直矣。不殺則違明詔，殺直則失信倭人。胡公恚曰：吾爲兪師所笑矣。有旨必欲盡殲來者，倭人怒曰：吾非若，若爲賊者招我來，許我互市，又以我貢也。竟不許我，而又殺我耶？天朝詔令何以信遠人哉！遂焚舟走柯梅，人殊死戰。」[146]先是，直下獄後，直黨已開始肆憤報復。至此遂結合新至倭人出走劫掠，明史：「遶年（三十八年）新倭大至，屢寇浙東三郡。其在岑港者徐移之柯梅，造新舟出海，宗憲不之追。十一月，賊揚帆南去，泊泉州之浯嶼，掠同安、惠安、南安諸縣。攻福寧州，破福安、寧德。明年四月，遂圍福州，經月不解。福清、永福諸城，皆被攻燬。蔓延於興化，奔突於漳州，其患盡移於福建。而潮、廣間亦紛紛以倭警聞矣。四十年，浙東、江北諸寇以次平，宗憲尋坐罪被逮。明年十一月，陷興化府，大殺掠，移據平海衛不去。初倭之犯浙江也，破州縣衛所城以百數，然未有破府城者，至是遠近震動。」[147]

直餘黨寇掠情形，不再細述。宗憲背約殺降及其影響，談遷論之云：「胡宗憲許王直以不死，其後異論洶洶，遂不敢堅請。假宥王直，便宜制海上，則岑港、柯梅之師可無經歲，而閩、廣、江北亦不至頓甲苦戰也。文吏持刀筆輕擬人後，疇能以度外行事，自蹈不測哉！王直以母故就死，無惑乎丘富、趙全輩之怙叛也。」[148]日本志：「彼（王直、徐海）皆豪舉困于州邑之跆藉，而跅弛邑鬱，無以耗其雄心。獨怪當事者奈何不令之爪牙邊鄙，而驅之耳目外夷也。宋臣鄭剛中議欲錄用瀕海諸豪，以資捍守。而高帝盡籍海上惡少爲伍長，嗟乎，深慮哉！」[149]明史記事本末：「胡宗憲曲意主撫，因剿成功。賄斬徐海，誘擒汪直。武安誘殺，李廣誅降，長致恨於封侯，空悲寃於賜劍。憲雖引刃，應無顏見二賊於地下也。」[150]宗憲態度之轉變，與世宗之御下策略，朝廷之政治鬪爭，嚴嵩父子權勢之消長，宗憲個人之性行操守，都有關係，牽涉問題，相當複雜。而宗憲日後之得罪亦由於此。其中原委，非短文所能畢事，故不論述。但由於個人政治鬪爭，恩怨相伐，而敗壞招撫之計，致令禍亂轉劇，復連綿十餘年始得稍定，實令人歎息。

敍述嘉靖年間私商、海盜、倭寇結合爲亂情形，至此而止。王直死後，其餘黨失敗逃亡日本者，走頭無路，遂參加豐臣秀吉侵掠朝鮮隊伍。明廷援助朝鮮，「前後七載，喪師數十萬，糜餉數百萬，中朝與朝鮮迄無勝算。至關白死，兵禍始休。」[151]東事平，建州努爾哈赤已乘機坐大，北疆從此多事，無安枕之日矣。而自直死後，任海事上不敢輕議招撫，諸跳海亡命者亦不敢輕信歸順自贖。凡違禁私販出入海上者，官府皆以海盜視之，嚴予剿除。彼等既不能存身立足，自新復業，則只有往來行剽，或奔命他邦，開闢生路。而尤命人抱恨者，日後當他們在南洋爲保衛含辛茹苦血淚所換得的利益，與西方侵入勢力生死存亡抗爭之時，中國不但願意與西人合力夾擊，對其三次屠殺中國僑民，亦以法外流逋，置而不問。十六世紀西方國家正支助私人海上活動，積極向外拓展，而國人在南洋斬棘被荊所開闢的成果，以得不到國家任何支援保護，遂遭人逐步掠奪以去。明代的海禁政策，不但召致嘉靖年間的大禍，「一夫作難，財用俱困，官廨廬舍，鞠爲煨燼。千隊貔貅，空填溝壑。既傷無辜之軀命，復捐有生之脂膏。」東南爲之魚爛者二十餘年。不獨關係於朱明王朝自身的興衰，對於國人海外經營的開拓，民族海上活動的發展，中外文化的交流，國際關係的瞭解，中國歷史的進展路程，都有極深遠的影響。

注釋

❶ 《吾學編》，〈四夷考〉上卷，日本條。

❷ 同上。《明史紀事本末》卷五五，沿海倭亂。明初海盜，方、張餘黨之外，有的本爲海商，元末天下大亂，商路被阻，遂結綜行剽。有的本爲海賊，與易統變亂之際遽失生理的沿海居民糾合劫掠，新朝建立後，仍流竄島嶼間。終洪武之世，沿海盜亂不絕。大股衆至數萬，舟以千計，僭假名號，焚掠官府，劫殺守令。此雖不至動搖新政權的穩定基礎，然已構成地方安全的嚴重威脅。

❸ 洪武《大明律》卷一五兵律三，私出外境條。《皇明世法錄》卷七五，違禁下海。

❹ 各國貢期，太祖時屢令遵守三年一聘古禮，不必煩數。東南各國，大抵一舟，百人。日本貢約始於永樂年間，船二艘，人二百。宣德時改爲人毋過三百，舶毋過三艘。琉球二年一至，止許百人，後增至一百五十人。

❺ 《禮部志稿》卷三五、三六、三八、九〇所記各國朝貢事項。《大明會典》卷一〇八，朝貢通例。卷一六四，市廛。會同館互市，一度曾僅限於宛平、大興兩縣舖戶。命縣官選送入館，後以雙方所欲買賣兩不相投，弘治十四年四月廢止。此等鋪戶蓋爲江南遷此者。成祖遷都北京時，曾徙江南、直隸富民三千戶以實京師，令充宛平、大興兩縣廂長。或因此特令貿易番貨以撫慰之。

❻ 卷八上，開互市辨。

❼ 明廷對待自西南至東北邊疆各部族，皆以官爵封敕，恩賞貿易，從中羈縻駕馭。東有馬市，西有茶市，通交易，給鹽米布贍諸酋豪，使各相峙而不相結，保塞不爲邊寇盜。

❽ 卷二五，市糴之令。

❾ 卷七五，職官四，市舶提擧司。卷八一，食貨五，市舶。

❿ 卷四三，汪鋐：〈題爲重邊防以蘇民命事疏〉。

⑪ 用蘇木、胡椒作爲特殊賞賜物品，洪武、永樂時此例甚多。見太祖、太宗實錄，不擧例。

⑫ 《明史》卷八二，食貨六，俸餉。後廣東地方卽以市舶司抽分所得，支付地方軍費。

⑬ 《殊域周咨錄》卷九佛郎機條下按語。〈西洋朝貢典錄序〉。

⑭ 《太宗實錄》卷二七，永樂二年二月辛酉條。

⑮ 貢舶至者，皆以使臣身份接待，賞賜宴勞，往返送迎，禮數甚厚。所帶貨物，往往優免關稅。自入港至出海，一切費用，皆由中國支付。船隻損壞，或代爲修理，或資給遣還。

⑯ 卷七五，閩海。

⑰ 同治九年重刊本（以下同）卷二〇，風俗，引萬曆府志。

⑱ 光緒刊本卷十四，賦役上。

⑲ 同治七年刊本《福建通志》（以下同）卷五五，風俗。

⑳ 同上。

㉑ 《天下郡國利病書》卷九三，福建三。《憲宗實錄》卷二一一，成化十六年十二月己未，巡按福建監察御史徐鏞奏疏。

㉒ 《福建通志》卷五五，〈風俗〉，引明鄭紀〈送萬廷器之仙遊序〉。

㉓ 卷二〇，風俗，引何喬遠閩書。

㉔ 《福建通志》卷五六，風俗。

㉕ 《武備志》卷二一四，海防六。

㉖ 卷二一四，海防六。

㉗ 卷二，〈海寇已寧比例陳情疏〉。《皇明經世文編》卷二〇七，錢薇：《承啓棠集》卷一，〈海上事宜議〉，〈與當道處倭議〉。

㉘ 《天下郡國利病書》卷九六，福建六，引〈郭造卿防閩山寇議〉。《四夷考》上卷，日本條。

㉙《明史》卷七，〈成祖本紀〉。

㉚卷七，〈餉稅考〉。

㉛《憲宗實錄》二七二，成化二十一年十一月辛酉條。《治世餘聞》下編卷一。

㉜卷九，〈獎賢文〉。《明史》卷三〇四，〈梁芳傳〉。卷一六一，〈陳選傳〉。

㉝卷八，暹羅條。

㉞《明史》卷三二二，〈日本傳〉。

㉟卷四，〈福建事宜〉。

㊱《世宗實錄》卷四二二、嘉靖三十四年五月壬寅條。《玄覽堂叢書續集》，〈倭奴遺事〉。

㊲《崇禎海澄縣志》卷一一，〈風俗〉。

㊳《福建通志》卷八六，〈海防〉，歷代守禦條。

㊴《皇明經世文編》卷二八〇，《馮養虛集》卷一，〈通番舶議〉。

㊵同上卷二六七、〈胡少保海防論〉卷三。

㊶同注㊴。

㊷《籌海圖編》卷十一，〈敍寇原〉。

㊸卷十八，〈倭志〉。

㊹卷五六，〈風俗〉。卷十七，〈城池〉。又卷八六，〈各縣衝要〉，「月港在縣西，南接南溪，北通海潮，形如月，故名。明嘉靖間於縣東北置安邊館，後議設縣治於月港，增建靖海館，以通判往來巡緝。隆慶五年，濱港爲縣城，而安邊館仍爲守禦處。」以私販巢穴，而發展成爲商業、政治中心。縣治設此，非獨爲便於巡緝鎭攝，亦見其對政治、經濟影響之大。

㊺《皇明經世文編》卷二〇五，朱中丞甓餘集卷一，雙嶼塡港工完事疏。

㊻《吾學編四夷考》上卷，日本條。《明史紀事本末》卷五五，沿海倭亂。

㊼ 明人紀載，皆謂是時給事中夏言奏倭亂起於市舶，禮部遂請罷之。然與史實不合。實錄嘉靖八年三月，兵部議覆裁革浙江提舉市舶太監一員，市舶事務併於鎮守太監兼理。是當時此議並未立即實行。《國榷》卷五三，言六年十月壬子裁革浙江市舶提舉，不知何所據。惟明廷堅持必待日本擒獻宗設及送還所掠人口後，乃允通貢互市，否則絕不與通，故亦形同關閉。

㊽ 《明史》卷三二二，〈日本傳〉。

㊾ 姚叔祥：《見只編》卷上。《皇明經世文編》卷四〇八，《張洪陽文集》卷一，〈論東倭事情揭帖〉。

㊿ 卷三〇八。

51 卷三二一。

52 卷四，〈福建事宜〉。王圻《續文獻通考》卷三一，〈市糴及市舶互市〉。

53 《皇明經世文編》卷四九一，徐文定公集卷四，海防迂說。

54 藤田豐八：《東西交涉史の研究》：〈葡萄牙人澳門占據に至るまで諸問題〉引文。

55 《窮河話海》卷六，〈流逋〉。

56 同上，海市。

57 卷十二，〈經略〉，開互市條。

58 卷五五，〈沿海倭亂〉。〈吾學編四夷考〉上卷，日本條。

59 《世宗實錄》卷三五〇，嘉靖二十八年七月壬申條。

60 《窮河話海》卷六。

61 《世宗實錄》卷三二四，嘉靖二十六年六月癸卯。卷三二五，同年七月丁巳條。

62 《明史紀事本末》五五，〈沿海倭亂〉。

63 《弇州史料後集》卷二五，象贊三，朱中丞（紈）贊。

64 《皇明經世文編》卷二〇五，朱中丞甓餘集卷一，閱視海防事疏。

65 同上，〈請明職掌以便遵行事疏〉。

66 《世宗實錄》卷三五〇，嘉靖二十八年七月壬申條。

67 同上卷三四六，嘉靖二十八年三月壬申，朱紈奏：「有爲匿名書投館中，稱天子命都御史起兵誅使臣，可先發府兵殺都御史。署府事推官張德熹知之，乃不以告臣。臣嘗斬賊張珠，珠，德熹叔也。凡執福賊死者，德熹皆殮之。」

68 《朱中丞甓餘集》卷二，〈捷報擒斬元兇蕩平巢穴以靖海道事疏〉。

69 《國榷》卷五九，嘉靖二十七年四月癸酉條。

70 《後集》卷三，〈湖廣按察副使沈公傳〉。

71 《朱中丞甓餘集》卷一，〈雙嶼塡港工完事疏〉。

72 《明史》卷二〇五，〈朱紈傳〉。

73 見注69。

74 《朱中丞甓餘集》卷一，〈議處夷賊以明典刑以消禍患事疏〉。

75 同上，哨報夷船事疏。又，《明史》卷二〇五〈朱紈傳〉。

76 《世宗實錄》卷三五〇，嘉靖二十八年七月壬申條。《明史紀事本末》卷五五，沿海倭亂。

77 《實錄》卷三三八，嘉靖二十七年七月甲戌條。《朱中丞甓餘集》卷一，〈海洋賊船出沒事疏〉。

78 《世宗實錄》卷三四七、嘉靖二十八年四月庚戌條。〈明史朱紈傳〉。

79 《世宗實錄》卷三四七，嘉靖二十八年四月庚戌條。《野獲編》，香山澳條。《明史》卷三二五，〈佛郎機傳〉。

80 同上卷三六三，嘉靖二十九年七月壬子條。《國榷》卷五九，同日。

81 《國榷》卷五九，嘉靖二十九年七月壬子條下引馮時可、林之盛、王世貞等評語。

82 《王享記》東南夷三。《明史考證攟逸》卷四〇引〈識大錄〉。

83 《東西交涉史の研究》，〈南海編〉：〈葡萄牙人澳門占據に至るまでの諸問題〉。代表開洋派者如林希元，見《皇明經世文編》卷一六五，《林次崖文集》卷四，〈與翁見愚別駕計處機夷書〉〈上巡按二司防倭揭帖〉。

84 《世宗實錄》卷三六三，嘉靖二十九年七月壬子條。

85 見注81。

86 《明史》卷二〇五，〈朱紈傳〉。朱紈招福清捕盜船，以海上耆民充捕盜，頗引起地方怨謗。見《廈門志》卷四，〈歷代建置〉。

87 卷七下，〈弭盜事宜〉，〈嘉靖壬寅答任復菴兵憲書〉。

88 《嘉靖東南平倭通錄》，〈海寇議〉。

89 皇明經世文編卷二八〇，〈馮養虛集〉卷一，〈通番船議〉。《明史紀事本末》卷五五，沿海倭亂。《日本一鑑》謂嘉靖二十九年，巡按廣東監察御史王紹元以鄉宦族通倭構訟，建議海利獨歸於宦豪，莫若屬於官府。議亦未行。

90 《日本一鑑窮河話海》卷六，〈流逋〉。

91 《世宗實錄》卷三八四，嘉靖三十一年四月丙子。五月戊戌條。

92 同上卷三八八，嘉靖三十一年七月己亥條。

93 《皇明經世文編》卷三〇八，劉帶川集卷五，答總督胡梅林剿撫倭夷書。

94 《世宗實錄》卷三九六，嘉靖三十二年閏三月甲戌條。

95 《吾學編四夷考》上卷，日本條。

96 《玄覽堂叢書續集》。《世宗實錄》卷四五三，嘉靖三十六年十一月己卯：「直本徽州大賈，狎于販海，爲商夷所信服，號汪五峰。」嘉靖《寧波府志》卷二二，〈海防〉：「徽歙姦民王直（即王五峰）徐惟學（即徐碧溪）先以鹽商折閱投入賊夥，繼而竄身倭國，招集夷商，聯舟而來，棲泊島嶼，與內地姦民交通貿易。

所記與諸家不同。明人記述王直事蹟者頗多，有爲作傳或述其初生時異兆者，可見當時人對王直之注意及對其看法態度。

97 《玄覽堂叢書續集》。

98 《窮河話海》卷六，流逋。

99 木宮泰彥中日交通史第十一章，明末之中日交通。陳捷譯本。

100 道光刊本《寧波府志》卷二三，〈劉隆傳〉。

101 《明宗實錄》卷二十，十一年（明嘉靖三十五年）四月乙丑條。

102 《勝朝遺事》本，卷四。

103 《窮河話海》卷六，〈流逋〉。

104 《世宗實錄》卷四一〇，嘉靖三十三年五月乙丑條。

105 《皇明經世文編》卷二七〇，〈禦倭雜著〉。《七修續稿》卷二，〈國事類〉，浙省倭寇始末略。

106 嘉靖《寧波府志》卷二，〈職官表〉。

107 《明宗實錄》卷十九。

108 見注106。

109 《窮河話海》卷六，流通。

110 《明宗實錄》卷二〇，十一年二月己未條。卷十八，十年三月乙卯條。

111 〈汪直傳〉。借月山房本。嘉靖《浙江通志經武志》謂田汝成所作。

112 《世宗實錄》卷四五三，嘉靖三十六年十一月乙卯條。

113 見注111，又《日本一鑑窮河話海》卷六，〈海市〉、〈流逋〉。《籌海圖編》卷六，〈直隸倭變記〉。龔十八之由私商轉而爲寇，亦由於此。江南經略卷三下：嘉靖三十一年七月，時有倭舶飄至崇明沙，饑且困，劇掠海濱。有巡檢詒之曰：棄爾兵則與爾船。賊投刀海中，擒獲三十餘人。自言船主龔十八，與倭通販，飄入朝鮮界，朝鮮人襲之，死戰脫，風便七日至此，本非爲寇。已而知官兵易走，乃有輕中國之意。

114 《海寇議》，〈汪直傳〉。

115 《世宗實錄》卷四一〇，三十三年五月丁巳條。

116 《世宗實錄》卷四一〇，嘉靖三十三年五月丁巳、乙丑條。

117 同上卷四一一，嘉靖三十三年六月庚辰條。《鄭端簡公奏議》卷二，〈乞收武勇亟議招撫以消賊黨疏〉。

118 《窮河話海》卷六，〈海市〉。《明史》卷二〇五，〈胡宗憲傳〉。

119 借月山房本。

120 《世宗實錄》卷四三五，嘉靖三十四年八月乙亥條。

121 同上卷四一三，嘉靖三十三年八月乙未條。

122 卷三下。

123 《玄覽堂叢書續集》。

124 《國榷》卷六二，嘉靖三十六年十一月乙卯條。

125 《世宗實錄》卷四五三，嘉靖三十六年十一月乙卯條。

126 同上。《明史》卷二〇五，〈胡宗憲傳〉。

127 《見只編》卷上。《日本一鑑窮河話海》卷六，〈海市〉。

128 《世宗實錄》卷四三四，嘉靖三十五年四月甲午條。

129 《名山藏》，〈王享記〉，日本條；《國榷》卷六一，三十五年三月辛巳、四月甲午條。

130 《明史》卷三二二，〈日本傳〉；《世宗實錄》卷四五〇，嘉靖三十六年八月甲辰。卷四五三，嘉靖三十六年十一月乙卯條。《日本一鑑窮河話海》卷六。〈汪直傳〉。

131 蔣洲留日，見前引王直自明疏，及注130《實錄》。

132 《世宗實錄》卷四三四，嘉靖三十五年四月甲午條。

133 同上卷四三五，三十五年五月乙亥。卷四三七，三十五年七月戊午條。

134 《世宗實錄》卷四五〇，三十五年八月甲辰。日本一鑑《窮河話海》卷六，〈海市〉。

135 《國榷》卷六二，嘉靖三十六年九月丁丑條。

136 《明世宗實錄》卷四五三，嘉靖三十六年十一月乙卯。

137 《皇明經世文編》卷二七〇，《禦倭雜著》。

138 《正氣堂集》卷五，〈議王直不可招〉。

139 《世宗實錄》卷四五三，嘉靖三十六年十一月乙卯條。《國榷》卷六二，同日。

140 《倭變事略》謂嘉靖三十七年正月二十五日。

141 《世宗實錄》卷四五三，嘉靖三十六年十一月乙卯條。《嘉靖東南平倭通錄》。有謂宗憲、王直、羅龍文皆徽人，宗憲令直以銀十萬兩托龍文餽嚴嵩父子，冀得指揮職銜。見皇明從信錄卷三一。世宗實錄卷五四四，嘉靖四十四年三月辛酉條。

142 《世宗實錄》卷四六五，嘉靖三十七年十月辛亥條。羅龍文曾參與胡宗憲誘降徐海事，見《倭變事略》引胡宗憲〈奏報蕩平徐海疏〉。

143 《世宗實錄》卷四七四，〈嘉靖〉三十八年七月戊子條。

144 同上卷四七八，嘉靖三十八年十一月丙申條。

145 《鄭端簡公奏議》卷三四，〈會題詳議賊犯王直等疏〉。

146 《功行錄》。

147 卷三二二，《日本傳》。

148 《國榷》卷六二，三十八年十一月丙申條。

149 《玄覽堂叢書續集》。

150 《明史》卷三二二，《日本傳》。

151 同上。

明代前期遼東的邊防

（洪武四年——正統十四年）

一、前　言

明代遼東的邊防，自其開拓經略至退縮崩潰的經過情形而言，大致可分爲三期。前期自洪武四年故元遼陽行省平章劉益內服，設立遼東衛指揮使司，明代統治力量開始進入遼東時起，至正統十四年「土木之變」，北疆國防情勢整個發生變化爲止，前後約八十年間。此期又可分爲自洪武四年至永樂廿二年開拓經略期與自洪熙元年至正統十四年維繫守成期兩個階段。洪武四年劉益之歸降，可說是自晉大興以後遼東不入職方者數百年復歸中國版圖。明軍自進駐遼東後，一方面招撫勞恤，克平反側；一方面增衞置戍，逐步前進經略。至洪武二十年盤據金山納哈出的勢力被清除後，明太祖復就已建之防務規模，審以當時情勢及未來戍守拓進計劃，將衞所軍備，重加佈署。並封皇子韓王松於開原，瀋王模於瀋陽，遼王植於廣寧，皆處鎖鑰咽喉重地，統率護衞精兵，坐鎭邊陲（韓、瀋二王洪武時並未之國，但可知明太祖的防務構想），與衞所兵交錯相列，以爲屏藩捍衞。在國家整個北疆國防上，並與自此以西之諸王國——大寧寧藩、北平燕藩、宣府谷藩、大同代藩、韋州慶藩，甘州肅藩，及所在各都司、行都司兵，各據形勢，首尾相應，使北防蒙古，東扼諸夷，呼吸連絡，緩急相維，構成完整之防務體系。

成祖即位，更傾力向外開拓，在位廿二年間，曾五伐蒙古，三次親越大漠。遼東方面，積極招撫女眞各部，並於黑龍江口特林（Tyr）地方設置奴兒干都指揮使司，以招撫庫頁島等地方。凡各族羣之受撫來歸者，皆依其部落大小，勢力強弱，分別置立羈縻衛、所、寨、站、地面等，頒勅給印，以都指揮、指揮、千百戶、鎭撫等職官諸酋帥，令仍其舊俗，各統所屬，以時朝貢。又置馬市於開原、廣寧，通市互易，給鹽米布贍諸部，官賞羈縻，使保塞不爲邊寇盜。其有願入居中國者，復於開原、遼陽置自在、安樂二州以安置之，亦各量授官職，任其耕獵住牧自便爲生。故其時各族羣皆頗願受約聽命，「有所征調，聞命即從，無敢違期。」❶

但這種情形，自成祖去世之後，即發生轉變。宣宗時雖繼承成祖遺烈，繼續向奴兒十地方遠出活動，然聲威氣勢，已非昔比。招撫使者，且常遭受邀截攻擊。更由於蒙古高原情勢的變化，敵人新起勢力的形成，兀良哈三衛與海西女眞亦受到影響，開始動亂擾邊。不過此時餘威猶在，尚足守成，不致爲大害。及至正統十四年英宗親征瓦剌發生「土木之變」，情形便突然不同了。原來自洪武、永樂年間對蒙古所採取的以攻爲守的主動態勢，至此已完全轉變爲被動的自衞地位。自此以後，不但北疆防線日益多事，遼東方面，亦動亂頻起，邊警日急。

自景泰元年至嘉靖末爲中期，約一百一十餘年。這一期由於「土木之變」的影響，使國家防務弱點盡行暴露，經年遭受北方敵人的進犯困擾。而河套地方失陷後，彼等更得自由牧放南侵，成爲明代北疆國防最爲危急嚴重時期。國家大量的財富人命，亦多消耗於此。雖然後來雙方建立和平關係，並開設馬市，通貢貿易，但安危之機，仍甚微妙。遼東西與東蒙古相接，蒙古方面的動靜，直接間接都予遼東局勢帶來甚大影響。尤其自正統以來，軍備廢弛，屯田破壞，士卒大量逃匿，邊伍空虛，亦給予敵人可乘之機。雖然屢經整頓，但牽於人事財力及國家內部種種問題，終不能恢復成祖時代的整嚴規模。而在另一方面，各族由於長期之發展活動，及通貢互市所獲重大經濟利益支助，已漸有勢力強大的集團形成，並發生強弱相淩，大小相併情事。一遇有狡黠強悍具有組織能力的酋豪出現，其能了解牧獵及農業兩種生活在軍事行動上的長短優劣，及中國邊防上的弱點，便乘時而起。不但破壞了原來各族羣間各自雄長，不相統屬的平衡局面，且往往誘脅各部，強行貢市，或驅衆入犯，殺擄刼掠。原來所謂離其黨而分之，護其羣而存之，析其部落以弱之，別其種類以間之，使勢不得統於一，相峙而不相結的分化羈縻政策，已不能自我掌握運用。通貢互市，本用以維護邊疆安定，約束各部的策略，而今反成爲彼等要脅市賞的手段。得利則朝，失利則寇，不僅邊防遭受無比的困擾，財政上亦成爲重大的負擔。其間固亦曾幾次出兵征討，想改變這種剿撫兩難的局勢，但由於種種因素的牽制（例如對南倭北虜的長年用兵等），都未能使軍事行動收到預期的效果。後之爲邊將者，且轉而利用強酋，以夷制夷，更刺激了諸部間侵伐兼併，擴張勢力的野心。及至少數強酋雄據一方，便更難加以制馭了。

後期自隆慶元年至崇禎十七年清兵入關爲止，前後約八十年。這一期又可以萬曆十一年清太祖努爾哈赤起兵爲界分爲兩個階段。前一階段，先是李成梁於隆慶三年出鎮遼東，時年富氣盛，銳意封拜，軍事經一番整頓後，亦大有起色。故師出多捷，所向有功，邊境一時頗安。已而位望益隆，子弟盡列崇階，僕隸輩亦多榮顯，乃貴極而驕，奢侈無度，軍貲馬價鹽課市賞，歲乾沒不貲。而其功又率在塞外，易爲緣飾。或敵人入內地，以堅壁清野爲詞，擁兵觀望；或掩敗爲功，殺良民冒級。於是邊事乃復日壞，至萬曆二十年，始以被劾解任去。在此期間，努爾哈赤已於萬曆十一年以復仇爲名起兵向尼堪外蘭進攻，侵掠隣境諸部。由成梁處理此事態度觀之，可知其早年心志銳氣，已不復存在，邊上情勢，亦已發生重大變化，遂使努爾哈赤得以乘機崛起其間。

成梁去職後，繼任者更不得人，十年之間，更易八帥。而原隨成梁立功諸將校，亦皆富貴貪逸，暮氣難振，又轉相掊克，因是士馬蕭耗，邊備益弛，各部遂相機蠭起。至萬曆二十九年，成梁受命再鎮遼東，時年已七十有六，老耄氣衰，無能所爲。復鎮八年，多以外市恩諸酋，內賄結權貴，委曲彌縫，期無大禍爲事，三十六年，成梁復被劾罷歸。加以是時稅監內官高淮爲虐，毒害地方，招納亡命，搜刮士民，誣陷長吏，笞辱官兵，致軍士譟變，邊民大譁，甚而有走投夷方者。而天子又置萬機不理，邊臣呼籲，漠然不聞。至是努爾哈赤已統一建州，收服鴨綠江部，滅長白山部，克哈達、輝發，數敗烏拉兵，漸成不可制之勢。此後經年攻戰，已無復邊防之可言。

當然，遼東邊防的開拓經略及其退縮崩潰，與國家整個情勢的變化，是內外相關的。尤其蒙古高原上動靜變化的影響，關係更爲密切。有關明代遼東方面的問題，中外學者雖然論述甚多，但對于明代遼東邊防政策及防務經略佈署來說，綜合論述者尚少❷，以下就此問題關于明初部分，述之於後。

二、明太祖時代遼東的經略情形與防務佈署

(一) 元末遼東的局勢

元代於遼東設有遼陽等處行中書省，統轄遼陽、廣寧府、大寧、瀋陽、開元、東寧、合蘭府水達達等七路及咸平一府，及其下所屬十二州、十縣。行中書省設丞相一員，統理所屬錢糧、甲兵、漕屯等一切軍國重事。下有平章、右丞、左丞、參知政事及諸司僚佐。路設總管府，有達魯花赤、總管、同知、治中、判官等。另外於各衝要地區設立元帥府、萬戶府等軍事機構，統之於兵部，以驛道與各路、府相連。主要驛站並設脫脫禾孫，掌司譏察，與諸司共同維持地方治安。七路中合蘭府水達達等路爲治理水達達及女眞族羣而設的，其地無市井城郭，各族皆逐水草爲居，以射獵爲業，元初曾置軍民萬戶府五，令各仍舊俗，隨俗而治❸。

元至順帝即位，由於朝政不綱，諸多廢弛，天下已呈動搖之勢。至正三年二月，遼陽吾者野人以誅求煩苛，乃起而爲亂。六年四月，吾者野人及水達達等爲捕海東青煩擾，一時皆叛❹。官軍征討，久不能定。由於連年用兵，騷擾侵害，因是遂有乘機僭號作難者。八年三月，水達達路鎖火奴詐稱大金子孫舉兵反，遼陽兀顏撥魯歡亦稱大金子孫受玉帝符文，聚衆作亂❺。

僭號作亂者雖很快即被平定，吾者野人及水達達等到至正十三年亦先後接受招撫，暫時安定下來，但隨之又發生高麗軍隊侵擾事件。高麗對元朝的高壓政策，本甚反感，至正十四年元廷又徵發高麗兵隨元軍討伐淮南紅軍，皆敗績而還。時高麗恭愍王在位，見大亂已起，元室日趨衰頹，遂思乘機脫離元朝控制。至正十六年五月，突將親元之大司徒奇轍（順帝第二后親兄）、太監權謙及慶陽府君盧頙以圖謀不軌罪殺戮，同時並乘元廷不備，突向遼東發動攻勢。一路攻鴨綠江以西，破義州至遼陽間婆娑府（九連城）、湯站（湯山城）、開州（鳳凰城）等地，一路進攻雙城總管府諸鎭。元廷大怒，聲言欲以大兵征討，乃謝罪修好，並歸還鴨綠江以外地❻。高麗入侵之事甫定，然至正十八年冬原來起自河南地方的紅軍餘黨關先生、破頭潘、沙劉二等又竄入焚掠。先是，自至正四年以後，由於黃河連年決口，大河南北，饑疫遍地，盜賊蠭起，人心惶惶思動。十一年夏，又征發河南及兩淮軍民二十萬治河，工役嚴急，所司肆虐，於是一夫揭竿，羣起應之。劉福通、徐壽輝、李二、彭大、趙均用、郭子興等相繼起於潁、蘄、徐、濠等地，衆各萬數，竝置將帥，殺吏侵略郡縣，其他擁兵據地，紛擾寇掠者甚衆，大亂如野火燎原，一發而不可收拾。關、潘等本劉福通一枝，至正十六年夏攻入汴梁後，分軍北上。十七年六月由河北入山西，十八年九月掠大同、興和塞外諸郡，十二月破上都（開平），乃東下轉略遼陽。時元軍重兵皆在關內，北方防務空虛，十九年正月，遼陽行省陷落，懿州路總管呂震、廣寧路總管郭嘉皆戰死。四月，復陷金、復、義等州。七月，元廷命國王囊加歹，中書平章政事佛家奴、也先不花、知樞密院事黑驢等統探馬赤軍合力進攻遼陽。關、潘等乃分軍兩枝遁走，一枝西返，二十年正月陷大寧路，八月破永平路，九月復犯上都。一枝南入高麗，連陷西京平壤、王都開城及附近諸州郡。後中計爲高麗軍所破，餘衆復返遼東，爲高家奴等合兵邀擊，破頭潘被擒，殘部西走，二十三年三月再犯上都，後降於元將孛羅帖木兒❼。

遼東連經幾次「內憂外患」大騷亂後，原有的行政建置，已經解體。更隨着元軍在中原戰事的節節潰敗，中央政府對遼東的情勢，已失去控制力量，於是地方長吏，遂各建軍自衞，漸形成獨立狀態。至正二十七年春，明太祖平定張士誠後，中原腹地，已大體平定，乃命徐達、常遇春等率師二十五萬由淮入河，大舉北伐。洪武元年（至正二十八年）二月，平定山東，進兵河南。四月，克潼關，轉師直擣大都（北平）。七月，入通州，順帝率后妃太子等倉皇夜奔上都。八月，大都陷落，河北之地悉平。當順帝北走之後，中央政府瓦解，遼東元將劉益、高家奴、也先不花、納哈出等遂成各自爲雄的局面。《遼東志》卷八〈雜志〉：「國初，太祖龍飛，剪除羣雄，掃清六合，大兵方下幽冀，元丞相也速以餘兵遁棲大寧，遼陽行省丞相也先不花駐兵開原，洪保保據遼陽，王哈剌不花團結民兵於復州，劉益亦以兵屯得利嬴城，高家奴聚平頂山，各置部衆，多至萬餘人，少不下數千，互相雄長，無所統屬。於是也先不花與高家奴、納哈出、劉益等合兵趨遼陽，洪保保拒而不納，諸軍攻破之，虜掠男女畜產，城爲一空。也先不花等遂執洪保保以歸，既而釋之。」

(二) 劉益之歸降與初步經營

自順帝北走之後，元軍在北方的勢力，大致分爲三部。一是中路順帝在上都集結的部隊，亦爲政權所在，精神領導中心；一是西路盤據在甘、陝一帶諸軍，以擴廓帖木兒爲統帥，可說是當時元軍作戰的主力；一是東路遼東諸將。形成三路對明局面。不過遼東諸將由於無共同統帥，行動不一，一時不足爲患。所以明軍自下大都後，乃集中力量以北進追擊元主，剷除其精神歸依中心，及西上攻取擴廓帖木兒消滅其作戰主力，爲作戰主要目標。洪武二年正月，明廷知陝、甘元將彼此列兵據地，皆思擴充個人勢力，內訌相仇，於是乃乘勝向陝西進兵。

當明軍向陝西進兵之時，順帝一面命駐守大寧方面的也速不花乘機進犯通州，一面命孔興、脫列伯等圍攻大同，東西策應，頗有收取北平，南擾中原之勢。明太祖乃急召西征副將軍常遇春自鳳翔回軍禦之。洪武二年六月，常遇春與李文忠統師九萬自北平入熱河，大敗也速不花於大寧、全寧等地。七月，破開平，順帝已先奔應昌，明軍追逐數百里而還❽。旋李文忠受命會徐達攻慶陽，師次太原，聞孔興等圍大同甚急，遂急襲破之❾。上都之攻陷，實爲意想不到之勝利，故當時有進言宜乘機向遼東用兵者。明太祖以「力不施於所緩」，取遼東非當時用兵作戰情勢所急，並未接受❿。仍照原定作戰計劃，於洪武三年正月，命大將軍徐達自潼關出西安，直搗定西，取擴廓帖木兒；李文忠自居庸關東出入沙漠，追擊元主。兩路大軍同時發動攻勢，使彼此自救，不暇應援。四月，徐達大破擴廓帖木兒於定西縣北沈兒峪，擴廓帖木兒與妻子數人奔和林，東路李文忠於五月下開平。先是四月二十八日元順帝已病卒應昌，太子愛猷識里達臘新立，內部多事，文忠諜知之，乃兼程疾進。五月十六日應昌陷落，愛猷識里達臘率數十騎北奔，文忠遣精騎追之，不及而還⓫。此次明軍西、北兩路大舉進攻，戰果皆甚輝煌，雖然沒有完全收到預期的戰果，但給予元軍的打擊是相當沉重的，在北疆國防上可謂亦已奠定了絕對優勢，至是始注意遼東問題。

當時遼東故元諸將中以納哈出的勢力最爲強盛。納哈出本元開國元勳木華黎之後，父祖以來世爲遼東鎭守重臣。至正十一年紅軍起事後，納哈出以萬戶鎭守太平。十五年六月明軍攻太平，兵敗被俘，明太祖以其爲元世臣子孫，待之甚厚，並釋令北歸⓬。時以父祖久鎭遼東關係，收集地方武力及元殘兵，駐於東遼河以北長春、農安一帶。其地廻山崇嶺，環水疊岡，據險扼要，退則可守，進則易攻。至正二十八年，遼陽行省丞相也速不花陞任中書左丞相，乃荐納哈出爲遼陽行省丞相。於是養精蓄銳，伺機南下。洪武二年春也速不花犯通州時，明太祖以正用兵陝西，燕、薊一帶防務甚爲空虛，恐遼東諸軍結合來犯，乃假遺書元主爲名，遣使至納哈出營。除於致元主書中歷述天命去留之機，人事成敗之道，旣已退出中國，當修德順天，效宋世南渡之後，保守其方，毋爲輕舉，自貽禍患之意外，並附書納哈出云：「將軍自江左釋還，不通音問者十有五年矣。近聞戍守遼陽，士馬強盛，可謂有志之士，甚爲之喜。玆因使通元君，道經營壘，望令人送達。」⓭書詞情意殷殷，不及其他。明太祖致元主書而託言令其轉達，事實上是說與納哈出聽的。納哈出曾爲明軍所俘，今如轉上此書，是必引起君臣間之嫌隙誤會。且無論納哈出是否轉達此書，都將在遼東諸雄間引起猜嫌疑忌，此舉可謂用心至細。納哈出得書後雖無何表示，但是年六月也速不花二次進犯通州時，亦無何行動。

明太祖以正忙於策劃對故元主力作戰，對遼東問題希望能招之來歸，以解除後側威脅。納哈出既無所表示，於是洪武三年五月再遣納哈出在太平被俘時負責照料其生活之故人斷事官黃儔（亦降明元將）以書招之，中云：「盧龍戍卒，登萊、浙東竝海舟師，咸欲奮迅，一造遼瀋。朕聞爾總其衆，不忍重擾，特命使者告以朕意。使還，略不得其要領，豈以遼海之遠，我師不能至歟？抑人謀不決，故首鼠兩端歟？不然，必以曩時來歸，未盡賓主之歡，謂朕不能虛懷耶？何相忘之深也。昔竇融以河西歸漢，功居諸將之右，朕獨不能爲遼東故人留意乎？茲遣人再往，從違彼此，明白以告。哲人知幾，毋貽後悔。」⑭納哈出得書仍不報。

此書爲五月廿九日，是月十五日李文忠已破應昌，當時蓋尚未得軍前捷報，故書中未言及俘獲買的里八剌事。是年九月，明太祖以愛猷識里達臘北奔之後，故元政權在漠南已無可立足，遼東諸軍定必軍心徬徨，士氣崩潰，遣使招之來歸，當是適當時機。納哈出既置之不理，於是乃由漢人將校着手。遂遣斷事官黃儔往諭蓋州劉益等，告以應昌之戰經過，並曰：「天運之去，昭然可知。……獨遼霫一隅，故臣遺老，不能見機審勢，高謀遠圖。而乃團結孤兵，盤桓鄉里，因循歲月，上不能輔君於危亡之時，下不能衞民於顚沛之日，進退狼狽，而猶徘徊顧望，如此欲何爲耶？……茲特遣人往諭，能審知天道，率衆來歸，官加擢用，民復舊業。」⑮

順帝之卒，應昌之破，嗣主北奔，嫡子被俘，給予故元軍士心理上的打擊是非常重大的。尤其是漢官將校，正如詔文所說，根本已失去了孤忠自守擁兵觀望的意義。而高麗方面態度之變化，更使其處境狼狽。先是，自至正十六年高麗與元之關係一度惡化後，尋又復好。當紅軍關、潘等騷擾遼東時，元遼東諸將以地方多事，中央政府正困於中原戰爭，支援爲難，故頗思結好高麗，取得援助。故自至正二十一年至二十八年間，高家奴、洪保保、於山帖木兒、王哈剌不花、納哈出等屢屢遣使通好高麗⑯。但至正二十八年（洪武元年）高麗恭愍王得知順帝已北走上都，情勢轉變，即集百僚議絕元通明。洪武二年四月，明廷遣符璽郎偰斯齎詔及金印誥文至，遂停止用元年號，奉明正朔，同時並向遼東元兵進攻。洪武三年正月，高麗軍踰黃草嶺、雪寒嶺，出江界渡鴨綠江，《高麗史》誇稱「東至皇城，北至東寧府，西至于海，南至鴨綠，爲之一空。」聲勢蓋爲不小。十一月，深入遼東，陷遼陽，擄平章金伯顏，並榜示招諭也先不花、納哈出等。後擬進兵金州、復州，以兵餉不繼而還⑰。恭愍王之進兵遼東，當然並不是有意助明收復，乃因其國久受元朝積威壓抑，屢遭凌辱，今見元朝瓦解，乘機報復洩憤，並思藉以擴張領土。高麗之軍事行動，使遼東故元諸將希求得到高麗支援的想法，完全破滅。所以洪武四年二月，劉益遂以遼東州郡地圖並籍其錢糧兵馬之數，遣右丞董遵、僉院楊賢奉表來降。明廷特於得利嬴城置遼東衞指揮使司，以劉益爲同知指揮事，命「固保遼民，以屛衞疆圉。」⑱

劉益、董遵、楊賢皆爲漢人，故詔書到日，首即內服，但內部隨亦發生變化，劉益因而被殺。《遼東志》卷八〈雜志〉，「初洪保保既得釋，復收所部兵，駐得利嬴城。至是，以爵賞不逮，怨益賣己，遂謀殺益，而奔開原。益軍驚亂，其部下前元侍郎房暠、右丞張良佐誅討洪保保不獲，悉捕其黨馬彥翬等斬之，衆遂定。」劉益死後，衆推張良佐權衞事。洪武四年六月，良佐遣人械送賊殺劉益逆黨平章八丹、知院僧兒等至京，並上前遼陽行省、山東行樞密院銀印各一，軍民大小衙門銅印八十五，及各官所授前元宣勅金牌等⑲。

劉益被殺事件，顯然是主張內服與主張親元及漢人與蒙古人間的衝突所造成的。先是，洪保保被也先不花等所擒被釋後，寄身於劉益，故劉益營中尚存有忠于元室力量，因而形成親明親元兩派之鬭爭。洪保保逃入納哈出營後，其他不願降明份子亦多結集於此。納哈出之勢力，乃更形強大。初劉益之降，僅限於金、復、海、蓋地方，洪保保遁走後，遼陽始屬遼東衞控制。因此即在張良佐等械送平章八丹等之同時，納哈出乃出兵圖謀恢復遼陽。當時明太祖以正準備次年北征軍事，希望能暫維現狀，於是復遣黃儔往說之，許以「若能遣使通舊日之問，貢獻良馬，姑容就彼順其水草，猶可自逞一方。」⑳以緩其兵。黃儔至納哈出營後，納哈出拘留不遣。七月，明廷乃開置定遼都衞，遣軍自海道赴遼，修城繕兵，佈署防務。《龍飛紀略》曰：「權指揮事張良佐、房暠上言，本衞地方遐遠，僻處海隅，肘腋之間，皆爲敵境。元臣平章高家奴固守遼陽山寨，知院哈剌張屯據瀋陽，古開元城則有元相不花之兵，金山則有太尉納哈出之衆，彼此相倚，互爲聲援。保保逃往其營，必有搆兵之釁，乞留斷事吳立鎭撫軍民。遂以良佐、暠俱爲指揮僉事，遣黃儔以書諭納哈出，反覆利害，甚爲切至。納哈出不從，乃置定遼都衞，以（馬）雲（葉）旺爲指揮使，吳泉、馮祥爲同知，王德爲僉事，總轄遼東諸衞軍馬。雲、旺於是由登萊渡海，頓兵金州，招降元參政葉廷秀，攻走高家奴，遂至遼城，繕兵屯田興學。……帝又慮遼東諸衞窺伺者多，乃命吳禎統舟師數萬戍之。」㉑

這是明軍正式進駐遼東之始，以前所置衞所，乃是以所降原有將校，定擬職名，駐守其地。馬雲等至遼東後，以初附之地，又新經變亂，反側者尚多，且防務城池，急需修治，輜重補給，積儲未充，於是乃令以守禦爲主，招撫勞徠，整軍自固。而主要的原因，是準備對擴廓帖木兒作戰。擴廓帖木兒自洪武三年四月大敗於沈兒峪後，逃奔和林，元主復任以事，收集殘部，整軍備戰。明太祖對此甚爲重視㉒，故急思於其新建勢力未充實以前，早日殲之。洪武五年正月，集諸臣議征伐方略。中書右丞相徐達願提兵十萬，永靖沙漠，明太祖以不可輕敵，須兵十五萬方可濟事。於是乃命徐達爲征虜大將軍，統中路出雁門關，趨和林。李文忠統東路由居庸關取應昌。馮勝統西路由金蘭進攻甘肅。各率軍五萬，同日進發。是役，擴廓帖木兒以明軍聲勢壓人，難與勁戰，乃誘之深入。初明中路軍先敗敵於野馬川，又勝之於土剌河。至嶺北雙方大會戰，明軍敗績，死者數萬人。斷頭山之戰，明軍亦敗。東路軍進攻至克魯倫河及阿爾珅河一帶，雙方搏戰慘烈，殺傷相當。惟西路軍全勝而歸。此次明軍以必勝之勢，大舉進攻，中、東兩路皆失利而還。經此戰後，明軍不敢輕議渡漠遠擊，乃命宿將重臣以歛兵修防守塞爲事。元軍乃轉向西北一帶連年進擾，直至擴廓帖木兒死後，始稍轉變㉓。

(三) 納哈出之侵擾與衛所之建置

當徐達等三路進兵期間，遼東明軍，一方面由靖海侯吳禎調配舟師積極輸糧遼東，督率各軍完城練兵，一方面令乘機向外活動，配合徐達等軍事行動，牽制遼東元軍，並向鐵嶺、開原地方突擊。洪武五年九月，吳禎遣人送所俘降之高家奴、知樞密院高大方、同僉高希古、張海馬、遼陽路總管高斌等至京。㉔同時納哈出亦向明軍發動反擊，乃於是年十一月，大舉進攻牛莊明軍糧秣補給基地，燒燬倉糧十餘萬石，明軍陷沒者五千餘人㉕。

納哈出這一次的攻勢，當不會小。時明軍一切補給，皆靠海上運輸，貯之牛家莊爲補給總站，戍守遼東的軍隊，亦不過三萬餘人㉖。納哈出之目的，乃在使明軍餉糧不給，遭受困斃。焚糧十餘萬石，軍士陷沒者五千餘人，幾乎使二三年來所經營的基礎發生動搖，因此吳禎亦被黜爲定遼衛指揮使，而以德慶侯廖永忠督運糧儲㉗。六年春，納哈出又乘勝進犯遼陽，所幸馬雲、葉旺等奮擊敗之，納哈出棄輜重逃奔開原㉘。

經此犯擾之後，明軍乃積極增置衛所，重新調整防務。洪武六年閏十一月癸酉，置定遼左衛於遼陽城之北，立所屬千戶所五，調山東防衛軍馬屯守。七年正月甲戌，置定遼右衛，以定遼都衛右千戶所青州軍士五千人並本衛軍七百九十四人屬之，並調中、後二所軍兵戍守金州。八年四月乙巳，置金州衛指揮使司。同年十一月癸丑，全國在外各處所設都衛改制為都指揮使司，定遼都衛改為遼東都指揮使司。並置定遼前衛指揮使司，以遼東衛為定遼後衛指揮使司。九年十月辛亥，改定遼後衛為蓋州衛，復置定遼後衛於遼陽城北㉙。

當明軍增衛置戍積極調整防務之時，納哈出對此步步相逼，當然不會坐視待困的，乃於洪武八年十二月向金州、蓋州大舉進攻。納哈出此次進攻，與高麗方面內部發生政變，當不無關係。㉚初攻蓋州，都指揮使馬雲探知納哈出將至，乃嚴兵城守，堅壁清野以待。納哈出見城中備禦嚴，乃越蓋州徑趨金州。時城工未完，其部將乃剌吾率數百騎直至城下挑戰，受傷被俘，士氣大挫。納哈出親督兵數戰不利，乃引兵退走，路過蓋州城南中伏，遂棄軍北奔㉛。洪武十年冬，經年餘整頓後，復發動攻勢，亦大敗而歸。羞憤之餘，遂殺前所拘使臣黃儔以洩恨㉜。

當納哈出兩次大敗之後，明軍並沒有乘勝向其老巢進兵，乃續出兵掃蕩附近各地，並東出向鴨綠江、佟家江及輝發河上游一帶經略。一方面為了切斷納哈出與高麗方面的聯絡㉝；一方面戒備高麗方面乘機擴張。《遼東志》卷五〈周鶚傳〉：「洪武九年（八年十二月事）納哈出犯金州，葉旺以鶚率精兵逆戰蓋州城南，大敗其衆。……尋又總率諸軍往東寧邀擊達賊，至胡失里吉，轉戰而前，斬獲千九百餘級，生獲渠帥數十，馬牛千三百餘。復與指揮徐玉招東寧安撫司等處，獲其頭目人民千九十餘口。未幾，葉旺招撫春臺等處，得人口孳畜甚衆。又總率諸軍征哨鴨綠江與東寧、黃城等地方，所獲人口馬牛無算。繼往東寧、那丹府、嘉州，前後招獲安撫使高濶出、副使劉顯並頭目人民四千五百五十，馬牛二百七十，及金銀牌銅印誥文。」㉟東寧府約在今輝發河上游以山城子爲中心附近一帶。那丹府亦稱納丹府，約在今輝發河下游那丹佛勒地方㉞。至洪武十九年七月，並開設東寧衞，《實錄》：「置東寧衞。初，遼東都指揮使司以遼陽、高麗、女直來歸官民每五丁以一丁編爲軍，立東寧、南京、南洋、草河，女直五千戶所分隸焉。至是，從左軍都督耿忠之請，改置東寧衞，立左、右、中、前、後五所，以漢軍屬中所，命定遼前衞指揮僉事芮恭領之。」㊱

納哈出兩次進攻大敗，及明軍四出掃蕩，對於遼東故元殘軍及女眞各部的影響是很大的。而更重要的，是洪武八年、十一年愛猷識里達臘與擴廓帖木兒兩個領導作戰的主要人物相繼去世後㊲，漠北王廷內部，又發生變化，更使故元校卒心理徬徨，士氣解體。所以自洪武十一年起，率部來歸者甚多。《實錄》：二十一年五月戊寅，故元樞密副使史家奴等四十一人來降。六月辛酉，降胡一百六口。十三年六月甲申，故元將士許撤思台等來降。十四年四月壬午，故元將校劉敬祖等三百三十二人來降。七月甲午，故元將校朮忽脫歡等四十四人來降獻馬。癸卯，故元將康孛牙失里等三十一人來降。十一月癸卯，故元遺民六十九人自納兒崖來歸於女直千戶所。十五年二月壬戌，故元鯨海千戶速哥帖木兒、木答哈千戶完者帖木兒、牙蘭千戶皀化自女眞來歸，言遼陽至佛出渾之地三千四百里，自佛出渾至斡朵憐一千里，斡朵憐至託溫萬戶府一百八十里，託溫至佛思木隘口一百八十里，佛思木至胡里改一百九十里，胡里改至樂浪古隘口一百七十里，樂浪古隘口至乞列憐一百九十里，自佛出渾至乞列憐皆舊所部之地，願往諭其民，使之來歸，詔許之。三月乙卯，故元將校金鐵馬等來降。四月辛丑，故元合羅城萬戶府校卒及鴨綠江東遺民凡二千六百八十六人來歸。六月甲午，故元治中李一只丹等三人來歸。八月辛丑，故元遺民一百四十八人自黃城來歸。十一月庚申，故元達魯花赤康徹里帖木兒等八百四十人來歸。丙戌，故元將校金孛羅帖木兒等八十七人來歸。十六年四月己亥，故元海西右丞阿魯灰遣人至遼東，願內附。九月戊申，故元將校劉普賢奴來降。十七年正月乙卯，故元將校士卒王脫歡不花等六十一人來降。四月己丑，故元將校王哈歹等來降。六月辛巳，兀者野人酋長王忽顏奇等十五人來歸。十八年九月甲申，故元奚關總管府水銀千戶所百戶女直高那日、失憐千戶女直捌禿、禿魯不花等來降[38]。

隨着歸附者日多，明軍亦步步向外拓展，在遼東半島完全收復後，於洪武十四年設立復州衞，[39]十九年八月，置瀋陽中衞與瀋陽左衞，調山東、河南校卒分戍其地[40]。至此遼東防務力量已增至十一萬二千餘人。先是，遼東軍士所需一切糧餉供給，皆賴海運轉輸。秋冬之時，風烈浪高，漕舟多遭覆溺漂沒，舟卒每聞有航海之行，與家人啼泣訣別，甚患苦之。洪武十五年，乃命各軍積極開置屯田，且耕且守，以減海運覆溺之患[41]。

㈣ 納哈出之征服與戰後之經略建置

初明軍對故元作戰計劃，一意想消滅漠北元廷，永靖沙漠。但自洪武五年大舉進攻失利後，知大軍渡漠窮追，殊非易事。不但輜重補給，相當困難；而軍士所需戰馬，亦相當缺乏。故乃改變戰略，以守為主。遣重臣宿將，練兵修防，沿邊備禦，不輕議開塞出擊，讀《明太祖本紀》可知自洪武五年以後戰略轉變的情形。同時在另一方面，由於擴廓帖木兒與愛猷識里達臘的先後去世，元廷失去主要領導作戰人物後，內部又正蘊釀着新的變化，所以北方戰爭，此後即趨於沉寂。但明軍在洪武八年及十年兩次大挫納哈出後，並沒有利用此一情勢向納哈出直接進攻的原因，一方面是知納哈出經兩次大敗，一時難再發動攻勢，故令遼東將士向鴨綠江一帶經略，屯田增戍，鞏固所得地區防務，招撫其他故元殘餘勢力及女眞各部，使其陷於孤立；一方面亦因忙於其他各地軍事行動。如洪武十年討吐番，平威茂蠻。十一年討五開蠻，征西番。十二年討洮州十八族番，松州蠻。十三年討亦集乃元將脫火赤，討廣東陽春蠻，十四年討浙東山寇，征雲南元梁王把匝剌瓦爾密。十五年討烏撒蠻，平廣東羣盜。十六年討龍泉山寇，十七年征西番。十八年討思州蠻㊷。不過在另一方面，也在爲征伐納哈出進行準備工作。當時熱河及遼西地方尙在故元勢力範圍，丞相驢兒駐兵應昌，與納哈出爲聲援，而大寧、全寧地方雖經幾次用兵，皆未平定。所以洪武十一年二月調湖廣都指揮使潘敬爲遼東都指揮使，乃於次年六月命都督僉事馬雲統兵征大寧㊸。十一月，大寧平，十三年三月，遂命燕王就藩北平㊹。是年十一月，驢兒部將乃兒不花等入永平大掠，指揮劉廣戰死㊺。十四年四月，乃命徐達等大舉征討，掃蕩大寧、全寧、西喇木倫河一帶，斬獲甚豐㊻。這些攻戰佈署，與命葉旺等向鴨綠江一帶經略，可以說都是斷納哈出左右臂的軍事行動。

明太祖決定對納哈出大舉作戰，在洪武十八年。時遼東故元將校遺民及女眞部來降者日多，這表示納哈出已陷於孤立狀態。而洪武十六年四月故元海西右丞阿魯灰又遣人內附，明太祖謂阿魯灰所據之地，「東有野人之隘，南有高麗之險，北接曠漠，惟西抵元營，道路險扼，孰不以爲可自固守之地。」㊼阿魯灰之內服，不但使納哈出西側失去屏障，而且遮斷與北元之聯絡，用兵時機，已經成熟，所以即在洪武十八年正月，開始作出征準備。是月詔以鈔給北平諸衞，令每軍二人買驢一頭備用。七月，長興侯耿炳文奏上簡閱陝西諸衞軍士戰馬之數。八月，命宋國公馮勝、潁國公傅友德、永昌侯藍玉等率京衞將士赴北平，會諸道兵操練。九月，詔北平都指揮使司發步騎五萬，山西、陝西二都司各三萬，從馮勝操練。十月，勅岷州、河州、鞏昌、西寧、臨洮諸衞軍官除已所乘馬外，餘悉送官，以聽調用[48]。同時以戰馬缺乏，遣人齎銀鈔綺段布疋赴貴州、烏撒、雲南、陝西及高麗等地四出購買[49]。

洪武十九年十一月己卯開始動員，命長興侯耿炳文率陝西都指揮使司延安等二十一衞及西安護衞官軍集結北平待命[50]。十二月辛亥，詔戶部出內庫鈔一百八十五萬七千五百錠散給北平、山東、山西、河南及迤北府州縣，令發民夫二十餘萬，運米一百二十三萬石，預送松亭關、大寧、會州、富峪四處[51]。二十年正月癸丑，遂命馮勝爲征虜大將軍，率潁國公傅友德、永昌侯藍玉、南雄侯趙庸、定遠侯王弼、東川侯胡海、武定侯郭英，前軍都督高暠及隨征曹國公李景隆、申國公鄧鎮、江陰侯吳良等統大軍二十萬出發[52]。洪武五年徐達等三路北征時，率軍不過十五萬，此次動員大軍二十萬，可知明太祖對納哈出力量的重視，與一舉殲滅的決心。

二月甲申（初三日），馮勝進至通州。三月辛亥（初一日），大軍出松亭關，築大寧、寬河、會州、富峪四城爲前進基地。五月庚午（二十一日），留兵五萬於大寧，乃直趨金山。六月己丑（十一日），一渡河守將高思八帖木兒、洪伯顏帖木兒等以其部降。丁酉（十九日），進駐金山之西，並於軍進前遣使諭之降。納哈出以獻馬爲名，遣人覘窺明軍兵勢。癸卯（二十五日），馮勝等師踰金山之北，納哈出部將觀童來降。丁未（二十九日），明軍於東北兩面完成攻擊佈署，納哈出見已無能爲力，乃出降[53]。

當納哈出至藍玉營約降之時，藍玉置酒相勞，席間發生齟齬，納哈出欲逃歸，被砍傷臂，其妻子及所部將士凡十餘萬在松花江北，聞納哈出被傷，遂驚潰，餘衆且來犯，馮勝遣觀童往諭之，其衆始降。八月丁丑（三十日），馮勝獻俘京師，並藉上所降官屬將校，計自王、國公、郡王、太尉、行省丞相，司徒、平章、左右丞，參政知院等以下至州縣等官及將校共三千三百餘人，金銀銅印一百顆，金銀虎符及牌面等一百二十五事，所部男女二十餘萬，牛羊馬駝等其數更多，輜重綿亙至百餘里[54]。可知納哈出勢力之盛[55]。蓋元主奔往漠北之後，不願降明份子，都爲納哈出所招容，亦可說明明太祖不願輕易對納哈出用兵的原因。納哈出降後，恐其部屬憚於南徙，發生騷亂，乃令就原地住牧。《實錄》：「大將軍馮勝捷奏至，上遣使勅諭勝等曰：劉鎮撫至，備言軍中事。納哈出入營，大軍既定，惟在處置得宜。其本管將士，省令各照原地方居住，順水草，以便放牧，擇膏腴之地，以便屯種。如北平、潮河川（古北口外）、大寧、金寧（遼河上游）、口南（居庸口南）、口北（宣化地方）舊居之人，立成衞分，與漢軍雜處。若瀋陽、崖頭（瀋陽西南）、閭山（廣寧南方）願居者，亦許與遼東軍參住，從便耕牧。務令人心安樂，不致失所。」[56]

納哈出降衆既令散處遼西及熱河一帶地方，爲了便於監視制馭，是年八月，乃於熱河地方置大寧衞，九月，改爲都司，治大寧[57]。

從洪武四年劉益投降後，可以看出當時明軍對遼東經略方向，是由山東渡海，自金州、復州、蓋平北上，然後沿遼河東岸向前推進。這當然是與依靠海上補給及遼河水運有關的。山海關外及遼西地方始終未進兵經略，直至納哈出投降及熱河地方已建立大寧都指揮使司並所屬各衞城後，始於洪武二十一年八月戊申開置義州衞，二十三年五月庚申開置廣寧衞，二十四年九月癸卯置廣寧左屯、中屯二衞，二十六年正月丁巳又置廣寧中、左、右、前、後五衞及右屯、前屯、後屯三衞[58]。遼西與熱河防務，始構成一氣。

納哈出知兵善戰[59]，當其雄據東遼河以北之時，西連元主，東通高麗，不獨使遼東明軍不能向遼瀋以北及遼西一帶經略進展，且軍士前後被殺掠者二萬餘人；而其對明軍出塞北伐更構成側面的重大威脅。納哈出之降，故元在遼東影響勢力已徹底崩潰，至是乃得向外推進開拓。洪武二十年十二月，開置三萬衛於松花江與牡丹江會流處的依蘭偏西地方[60]。先是，洪武十九年，曾有其地女眞人楊哈剌來朝，明廷授爲三萬衛百戶[61]，當時蓋僅爲空名，至納哈出平定後，乃開始經略此地，並置兀者野人、乞列迷、女直軍民府，以司來歸女眞族羣。二十一年二月，因其與當時內地所建衛所之聯繫，過於突出懸遠，糧餉難繼，乃退移開原。《實錄》：「徙置三萬衛于開元（開原）。先是，詔指揮僉事劉顯等至鐵嶺立站，招撫鴨綠江以東夷民，會指揮僉事侯史家奴領步騎二千抵斡朵里立衛，以糧餉難繼，奏請退師。還至開元，野人劉憐哈等集衆屯於溪塔子口邀擊官軍，顯等督軍奮殺百餘人敗之，撫安其餘衆，遂置衛於開元。」[62]鐵嶺衛的開設，亦在三萬衛移置開原的同時。《實錄》：「置鐵嶺衛指揮使司。先是，元將校拔金完哥率其部屬金千吉等來附，至是遣指揮僉事李文、高顯、鎭撫杜錫置衛於奉集縣，以撫安其衆。」[63]又前引〈周鶚傳〉：「二十一年，領軍鐵嶺，創立衛站。至黃城，招致江界萬戶金完奇等二千七百餘口。」黃城即今朝鮮滿浦對岸的洞溝，鐵嶺衛治最初擬設地點，並非奉集。依元代所轄疆域，鐵嶺衛應包括鴨綠江以南至朝鮮咸鏡道地，《明太祖實錄》：「命戶部咨高麗王，以鐵嶺北東西之地，舊屬開元，其土著軍民女直、韃靼、高麗人等，遼東統之。鐵嶺之南，舊屬高麗，人民悉聽本國管屬。疆境既正，各安其守，不得復有所侵越。」[64]故明太祖主依舊疆立衛。金毓黻《東北通史》云：「元代曾由開元路分置合蘭府水達達路，其南境至舊鐵嶺，本承金源東夏曷懶路之舊，而所謂舊鐵嶺，實在今朝鮮之東北境內，而非今遼寧省鐵嶺也。」「至鐵嶺尙在文州（今文川）之南，考金始置曷懶路，包今延吉及朝鮮咸與等地，東夏因之，元初改曷懶路爲合蘭府水達達路，以鐵嶺爲境之極，此《明統志》所以有鐵嶺接高麗界一語也。元末中國多故，棄鐵嶺不能守，高麗因而取之。明太祖究知故事，故依主舊疆，置鐵嶺衞，且命官兵前往。以高麗人爭之甚力，終不得立，且至於內徙。」「元人於朝鮮北境既以鐵嶺爲界，而於其西境復劃分十數州爲東寧路，其疆域之擴張，誠非明代以後可比矣。」65奉集置鐵嶺衞後，至洪武二十六年，復移於今地66。

《實錄》所說的劉顯，蓋卽周鶚前所招服的東寧地方故元安撫副使，以其熟悉當地情況及女眞族生活習慣，故令前往招撫。三萬衞的開設，爲洪武十一年來歸之故元樞密副使史家奴之功。由三萬衞與鐵嶺衞的開設（原擬衞治所在地），可以看出明太祖的經略規模，乃倣元朝遺制，以遼河爲直轄地區，而以三萬衞爲北向前進基地，經略松花江、牡丹江及迤北地方；以鐵嶺衞東向發展，經略長白山及鴨綠江流域一帶。三萬衞雖徙至開原，洪武二十八年曾遣兵向迤北經略。《明太祖實錄》卷二三六，洪武二十八年正月甲子條：「勅今上（成祖）發北平二都指揮使司並遼東都指揮司屬衞精銳騎兵七千，步兵一萬，命都指揮使周興爲總兵官，同右軍都督僉事宋晟、劉眞往三萬衞等處剿捕野人。」又卷二三九，洪武二十八年六月辛巳條：「總兵官都指揮周興等率師至開元，聞西陽哈在黑松林（西陽哈爲兀者女直大酋，洪武二十年十二月曾來降），使指揮莊德領舟師順腦溫江下忽剌溫戳盧口。時步軍亦進至忽剌江，分爲三道，宋晟率指揮錢忠、張玉、盧震軍，由西北同河至阿陽哈寨，劉眞率指揮房寬軍由松花江北岸東南戳盧口至蒙古山寨。指揮景誠、朱勝軍由中道忽剌溫江東北出銅佛寨、者迷河、黑松林等處。獲野人詢之，云西陽哈已於二月河凍時過松花江。眞等率兵由斡朵里追至甫答迷舊城，適天雨晝晦，不及而還。獲女直鎭撫管三並男女六百五十餘人，馬四百餘匹。」67周興等活動範圍，當在今哈爾濱以北，呼蘭、綏化、巴彥、海倫一帶。

洪武三十一年閏五月，又置瀋陽中屯衛及安東中屯衛[68]。自洪武四年設置遼東衛（後改為定遼後衛）起，計共設衛二十八。《大明一統志》、《遼東志》、〈明史地理志〉等言遼東都指揮使司領衛共二十五，蓋後來有所省廢變動。就《廣輿圖》所列遼東諸衛建置規模觀之，洪武年間已經奠定，後世雖有屯所臺堡等增建，只是防務汛地的更細密配置，主要佈署，並無何變動。《遼海志略》論明遼東諸衛建置形勢云：「遼東都指揮使，控馭戎貉，限隔海島。漢劉歆議孝武東伐朝鮮，起元菟樂浪，以斷匈奴之左臂者也。後漢之季，東陲日漸多事，及晉失其綱，慕容氏並有遼東，遂蠶食幽薊，為中原禍。蓋其地憑恃險遠，鹽鐵之饒，原隰之廣，足以自封，而招徠旁郡，驅率奚羯，乘間抵隙，不能無倒植之勢矣。自晉大興以後，遼東不入職方者幾數百年，隋常圖之，而不能有。唐雖得之，而不能守。五代梁貞明五年，契丹據有其他，漸營京邑，以侵擾中華。金人亦啓疆於此，用以滅遼弱宋。蒙古先取遼東西，而金源根本廢矣。後亦置省會於此，以彈壓東陲。明朝都燕，遼東實為肘腋重地。建置雄鎮，藩屏攸賴。開原三萬衛，控扼絕徼，翼戴鎮城，居全遼之上游，為東陲之險塞。鐵嶺衛控扼夷落，保障邊陲，山川環繞，迄為重地。瀋陽衛控扼荒徼，撫集邊民，遼陽之頭目，廣寧之唇齒也。海州衛襟帶遼陽，羽翼廣寧，控東西之孔道，當海運之咽喉，遼左重地也。蓋州衛控扼海島，翼帶鎮城，井邑駢列，稱為殷阜，論者以為遼東根柢，允矣。復州衛山海環峙，川原沃衍，亦遼左之奧區也。金州衛控臨海島，限隔中外，海中島嶼相望，皆可灣船避風，運道由此可直抵遼陽瀋鐵，以迄開原城西之老米灣，河東十四衛俱可無不給之虞。廣寧衛西控渝關，東翼遼鎮，憑依山海，隔絕戎奚，地大物博，屹然要會之地。義州衛山川環峙，迫處疆索，亦控馭之所也。廣寧前屯衛襟帶燕薊，控扼營平，當戎索之要衝，司雄關之鏁鑰，誠咽喉重地也⑲。」雖然這是後世論述，但可知當時諸衞佈列建置的形勢這些衞所的佈置規模，與地理環境的特殊條件，當時東北諸部族的分佈情形，及前代開拓經過，當然都有密切關係的。在廣建諸衞的同時，並開置驛站，以利運輸往來⑳。

此外，雖不屬遼東範圍，但與遼東防務有唇齒相依之關係者，為大寧都司的建置。洪武二十年納哈出勢力顛覆後，不但使遼東故元勢力徹底潰滅，使東蒙古的形勢，亦發生重大變化。先是，洪武十一年四月愛猷識里達臘卒後，脫古思帖木兒繼位，洪武二十年前後，游動於興安嶺與貝加爾湖之間。當洪武二十年六月馮勝於凱旋途中明太祖以其陣中多不法事，免其大將軍職，即於軍中拜右副將軍永昌侯藍玉為征虜大將軍，命轉師北征脫古思帖木兒㉑。同時並於是年八月置大寧衞。九月，改為都指揮使司，《實錄》，「置大寧都指揮使司及中、左、右三衞，會州、木楡、新城等衞悉隸之。以周興、吳汧為指揮使，調各衞二萬一千七百八十餘人守其城。」㉒二十一年七月更名為北平行都司，二十四年並封第十六子寧王權藩國於此。於是東和遼陽西和宣大聯依相望，為國防前線的重要據點。

(五) 塞上諸王國之封建整個國防之構想

明太祖為防止中央權臣篡逆，邊臣割據，並鞏固邊防，維護國家安全，乃廣封諸子，分藩建國，形勝之地，匪親勿居，星羅棋布，以為屏藩翼衞。所謂「衆建藩輔，所以廣磐石之安；大封土疆，所以眷親親之厚。」「諸王但錫以國，班以祿，不屬以封域，不煩以人民，兵衞有防，諸王得監郡國，郡國又統宗人。」㉓明太祖曾諭右軍都督府臣曰：「王府置護衞，又設都司，正為彼此防閑。都司乃朝廷方面，凡奉勅調兵，不啓王知，不得專行。有王令旨而無朝命，亦不許擅發。如有密旨不令王知，亦須詳審覆而行，國家體統如此。」[74]諸王在其封地建立王府，置官屬，冕服車旗邸第下皇帝一等，公侯大臣伏而拜謁，無敢鈞禮。每王府置親王護衛指揮使司，設三護衛，護衛甲士少者三千人，多者至萬九千人。然事實上實不止此數，黃彰健先生云：「明制，親王所統雖僅三護衛，及圍子手二千戶所，然軍衛有舍人餘丁，親王復可私募，復有上賜韃靼降人，故其兵數實不止一萬九千人；且護衛兵又多係精銳撥充，訓練有素，故其兵力實不可輕視。」[75]而扼邊諸王，兵力尤厚，如寧王府所部至有帶甲八萬，革車六千，秦、晉、燕三王的護衛特別經中央補充，兵力也特強。《祖訓》規定：「凡王國有守鎮兵，有護衛兵。其守鎮兵有常選指揮掌之（聽王令旨，凡百征進，若合于理，惟命是聽）。其護衛兵（係本國軍馬），從王調遣。如本國是險要之地，凡遇有警，不分緩急，本國及常選兵馬，並從王調遣。」「凡朝廷調兵，須有御寶文書與王，並有御寶文書與守鎮官。守鎮官既得御寶文書，又得王令旨，方許發兵。無王令旨，不得發兵。如朝廷止有御寶文書與守鎮官，而無御寶文書與王者，守鎮官急啓王知，王遣使馳赴京師，直至御前聞奏。如有巧言阻擋者，即是姦人，斬之勿惑。」[76]這規定是使親王成爲地方守軍和中央軍令機關的聯繫人，親王是皇帝在地方的軍權代表，平時以護衛軍監視地方，單獨可以應變，有事時可以指揮兩軍抵抗外來侵襲。而封於邊疆諸王，憑依尤重。不但爲防止中樞權臣篡逆及邊臣割據，且負有巡徼鎮邊，捍禦外敵重任。塞上諸王每年春秋勒兵巡邊，遠出塞外，校獵而還，謂之肅清沙漠。內中如晉、燕兩王屢次受命將兵出塞及築城屯田，大將軍宋國公馮勝、潁國公傅友德等皆受節制。軍中小事專決，大事方奏請中央。

明太祖所封諸子二十四王中於北疆國防要地自甘肅至遼東共十二人。計肅王楧，洪武十一年初封漢王，二十五年改封，二十六年就藩甘州。慶王㮵，洪武二十四年封，二十六年就國韋州（建文三年遷寧夏）。安王楹，洪武二十四年封（永樂六年始就藩平凉）。秦王樉，洪武三年封，十一年就藩西安。晉王棡，洪武三年封，十一年就藩太原。代王桂，洪武十一年初封豫王，二十五年改封後就藩大同。谷王橞，洪武二十四年封，二十八年就藩宣府。燕王棣（成祖），洪武三年封，十三年就藩北平。寧王權，洪武二十四年封，二十六年就藩大寧。遼王植，洪武十一年初封衞王，二十五年改封，二十六年就藩廣寧。瀋王模，洪武二十四年封，原封國瀋陽，洪武時未就藩，永樂六年始令就藩潞州。韓王松，洪武二十四年封，藩地開原，未就藩而卒。

就諸王封國所在地如再與〈明史地理志〉、〈兵志〉所載沿邊都指揮使司及行都司等衞所布列情形合而觀之，可以看出明太祖對整個北疆國防的構想。馬文升〈撫安東夷記〉云：「洪惟我太祖高皇帝應天眷命，奄有萬方，以西北密邇胡戎，乃設陝西行都司於甘州，山西行都司于大同，萬全行都司于宣府。又于喜峰口古惠州地設大寧都司，遼東遼陽設遼東都司。陝西寧夏即趙元昊所居地，設寧夏左等五衞。而遼之廣寧，尤爲北虜要衝，復設廣寧等五衞，與各都司並寧夏咸號重鎭焉。時則封肅王于甘州，慶王于寧夏，代王大同，谷王于宣府，寧王于大寧，遼王于廣寧，以藩屏王室，捍禦胡虜，凡有不廷，即命王子討之。」〈撫安東夷記〉未列秦、晉、燕、瀋、韓、安六王，秦、晉二王或以其稍近內地，不在塞上，燕王後繼大統，瀋、韓、安三王太祖時皆未之藩，而所列六王皆在國防第一線之故。

由上述諸王國之封建及就藩時間，與《實錄》所記自洪武元年起對北方故元勢力用兵經過情形觀之，可知諸王之分封與軍事進展情況是相配合而行的。北疆十二王中，封於遼東者三，此三王之封亦是與納哈出之平服及遼東諸衛的建置先後相續封建的。瀋、韓二王雖未就藩之國，但在受封的次年，已建置王府護衛[77]。

遼東都司諸衛與諸王國的建置，這是明太祖對整個北疆佈署上的主要一環，也是後來所謂九邊重鎮之一。《遼東志》云：「夫形勝雖天造地設，而成者人。遼地阻山帶河，跨據之雄，甲于諸鎮，至我朝經制爲詳。蓋北鄰朔漠，而遼海、三萬、鐵嶺、瀋陽統於開原，以遏其鋒。南枕滄溟，而金、復、海、蓋、旅順諸軍，聯屬海濱，以嚴守望。東西依鴨綠江長城爲固，而廣寧、遼陽各屯重兵以鎮，復以錦、義、寧遠、前屯六衛西翼廣寧，增遼陽、東山諸堡以扼東建。烽堠星聯，首發尾應，使西北諸夷不敢縱牧，東方贄琛聯絡道塗。」[78]

三、成宣時代的經略活動

(一)成祖時代東北各族群之招撫與奴兒干都司的建立

明太祖於洪武二十八年曾遣兵經略女眞各部，遠至斡朵里地方，但此後並未繼續行動。洪武三十一年閏五月去世後，皇孫惠帝即位，因削奪諸王權力，叔父燕王棣遂於次年（建文元年）七月舉兵反，即所謂「靖難之變」。至洪武三十五年（建文四年）六月，燕王入南京，即皇帝位，改元永樂，是爲成祖。在此內戰期間，雙方皆傾注全力於皇位之爭奪與保護，自無暇顧及邊防問題，當然更談不到向外經略了。尤其成祖爲了爭取戰爭的勝利，不惜撤取大寧一帶防務的兵力，於是三衛得乘機南下，進出其間。三十五年九月犯開原，並掠三萬衛，十一月又犯盤山，亦大掠人畜以去。是時左都督劉貞鎮守遼東，成祖但命其嚴兵守境，據城自保，愼勿輕舉出擊，以開邊釁⑲。至永樂元年，內部情勢已經穩定，始命保定侯孟善往代貞，開始向外經略。

成祖時代東北的經略活動，與太祖時代不同。太祖時主要成就在清除故元殘餘勢力，建立防務，鞏固統治力量基礎。成祖時則在積極向外經略，招徠女眞各部，羈縻制馭，使保塞而不爲邊患。這一方面是由於歷史條件的不同，一方面是由於個人性行作風的差異。明太祖可以說是一個現實主義者，所採取的是步步開展，穩健前進的策略。從明太祖起兵逐鹿天下及在位三十年間對邊境四隣的外交關係中，可以明顯的看出這種謹愼戒懼的態度。明成祖是一個雄武英略好大功愛遠務的人，在其征伐蒙古每次動員的軍隊數量與太祖時代出征人數比較及其親征途中屢次刻石記功的銘辭中，充分的表現出其喜功務遠的心理意識。明人對成祖五出大漠，三犂虜庭的功業，固多誇耀溢美之詞，而事實上這的確也是漢人天子親將拓邊足以自豪的壯舉。以往如漢武帝、唐太宗雖亦屢破北狄，揚威塞外，造成輝煌的績業，但這都是遣將遠征完成的。以漢人天子親渡大漠，可以說是只有成祖一人。當然，這與明成祖自洪武十三年就藩北平後，久在塞上，並屢次提兵遠出掃蕩，所鍛鍊成的不憚艱險的豪壯氣魄，用兵經驗，及對塞外情勢與東北諸族羣的聚落組織生活行動的深刻認識，都有莫大的關係。所以成祖即位後，即運用太祖時代所建下的基礎，配合其構想中的未將對蒙古的用兵計劃，而展開積極招徠羈縻的經略行動。

永樂元年，當派遣保定侯孟善代劉貞出鎭遼東的同時，便派遣使臣遠出向東北女眞各族羣進行招撫工作。凡受撫來歸者，皆就其部族所居，審其族羣勢力強弱大小，分別設立衞所城站地面等名目，依國家軍衞官階授其族長酋豪以都指揮、指揮、千戶、百戶、鎭撫等職，賜以勅印，賞以財物，令自相統屬，約束所部，以時朝貢而羈縻之。《實錄》：「上諭翰林學士胡廣等曰：朕非欲併其土地，蓋以此輩貪殘，自昔數爲邊患，勞動中國，至宋歲賂金幣，剝及下人膏血，卒爲大患。今既畏服來朝，則恩遇之，從所欲授一官，量給賜賚，捐小費以弭重患，亦不得不然。」[80]

最先受撫來歸者，爲泰寧、福餘、朵顏三衛（即所謂兀良哈三衛）。先是三衛於洪武二十二年來歸後，明太祖於西喇木倫河以北及洮兒河流域一帶，置立三衛，令各酋領其所部，一從本俗，順水草畜牧，俾遂其性以處之[81]。然尋又叛去，洪武二十四、五年曾兩次遣大軍深入征討。至「靖難」師起，乃乘機出入大寧一帶地。成祖即位後，復願內服，永樂元年五月，乃遣指揮蕭尙都等前往招迎。是年十一月，頭目哈兒兀歹等遣其部屬二百三十人來朝貢馬，詔依舊制置泰寧、福餘、朵顏三衛以安其衆[82]。二年四月，蕭尙都等自兀良哈還，頭目脫兒火察、哈兒兀歹等二百九十四人隨來貢馬，乃命脫兒火察爲左軍都督府都督僉事、哈兒兀歹爲都指揮同知，掌朵顏衛事。安出及土不申俱爲都指揮僉事，掌福餘衛事。忽剌班胡爲都指揮僉事，掌泰寧衛事。餘及所舉未至者總三百五十七人，各授指揮、千百戶等官[83]。

三衛設立後不久，是年（元年）十一月，女眞族巨酋阿哈出亦率部來朝，成祖特於鳳州（或作奉州、房州、坊州，輝發河上游山城子一帶）開設建州衛，以阿哈出爲指揮使，其餘各小酋亦皆授以千戶、百戶、鎭撫等職，使統率所屬，自便住牧[84]。

阿哈出本爲牡丹江與松花江合流處今依蘭地方的女眞族巨酋之一，元末明初之際，情勢混亂，率族人南向移動。先是，洪武十五年故元鯨海千戶速哥帖木兒與木答哈千戶完者帖木兒、牙蘭千戶皀化等來歸時，曾言願往其地招諭各族，詔許之，賜織金文綺，使之前往[85]。自此之後，女眞族雖亦屢有來歸者，然皆非大族酋豪。阿哈出爲女眞巨酋中自動來歸之第一人，故特爲置立建州衞，以安處其部，並命其進行招撫其他女眞各族羣。

建州衞的設立，這是明代自洪武以來，首先設立的女眞族羈縻衞。也是日後所謂建州三衞（建州衞、建州左衞、建州右衞）的濫觴。明人對遼東邊地以北以東的各族羣，皆籠統以女眞人稱之，並區分爲建州女眞、海西女眞、野人女眞三大集團。他們早期的活動範圍，建州女眞大約在長白山以北，牡丹江與松花江的合流處到綏芬河流域，及烏蘇里江支流穆稜河地方的毛憐衞，都屬於建州女眞的活動範圍。海西女眞在松花江大曲折後的南北兩岸，自扶餘至哈爾濱以東阿什河，以及呼蘭河流域一帶。野人女眞大約在今樺川、同江至黑龍江一帶地方。不過這只是一個大致的活動範圍，並沒有明確的疆界。建州衞自設立以後，其衞地遷徙變動情形，及左右二衞分設經過，中日學者論著已多，不再敍述。建州衞設立後的一個月，又設立兀者諸衞。《實錄》永樂元年十二月辛巳條：「忽剌溫等處女直野人頭目西陽哈、鎖失哈等來朝貢馬百三十匹，置兀者衞，以西陽哈爲指揮使，鎖失哈爲指揮同知，吉里納等六人爲指揮僉事，餘爲衞鎭撫、千戶、百戶、所鎭撫，賜誥印冠帶襲衣及鈔幣有差。」

忽剌溫在今哈爾濱北方呼蘭河流域一帶，西陽哈本此地有名之豪酋，洪武二十年十二月曾一度來歸，後不復通。洪武二十四年五月明將周興等曾率兵討之，今復受撫，對此等地方各族羣的影響甚大，所以自此之後，陸續來歸者甚多。成祖爲了便於制馭，乃分別設置衞所，使之竝立。如永樂二年二月設立兀者左衞，十月設立兀者右衞、兀者後衞、兀者托溫千戶所，三年三月設立兀者穩勉赤千戶所，八月設立兀者揆野千戶所[86]。此後陸續設立者尙多，不一一列舉。後兀者諸衞由於野人女眞的侵暴騷擾，南下移動入吉林南部至開原以北一帶地方，明人後稱之爲海西女眞。海西本亦爲元代地名，其所指區域，廣狹時有不同。元代廣義的海西，包括以松花江與伊通河合流處爲中心，西到嫩江口，東到瑚爾喀江口之間一帶廣大地區[87]。明代所指海西大致在今開原以北，吉林松花江以西地方。

兀者諸衞的開設，不但招服了此等地方的諸族羣，更重要的是開拓了由此前進經略的道路，得以此等歸服者爲嚮導，沿松花江繼續前進。永樂七年，招撫軍到達黑龍江下游，並於今亨滾河（Amgun）與黑龍江合流處對岸的特林（Tyr）地方設立奴兒干都司[88]。

先是，永樂二年二月此地野人頭目來朝時，已設立奴兒干衞[89]，並於永樂三年、四年兩度朝貢[90]。至永樂七年四月，奴兒干韃靼頭目忽剌冬奴等六十五人至，又置伏里其、乞勒尼二衞、敷答河千戶所，命忽剌冬奴等爲指揮、千百戶[91]。旋以其地位居衝要，可作爲招撫附近各部族之中心基地，乃於是年閏四月改爲奴兒干都指揮使司，《實錄》：「設奴兒干都指揮使司。初，頭目忽剌冬奴等來朝，已立衞，至是，復奏其地衝要，宜立元帥府，故置都司，以東寧衞指揮康旺爲都指揮同知，千戶王肇舟等爲都指揮僉事，統屬其衆，歲貢海青等物，仍設狗站遞送。」[92]同年六月，並置奴兒干都指揮使司經歷司經歷一員[93]。

《東夷考略》云：「永樂元年，遣行人邢樞，招諭奴兒干諸部，野人酋長來朝，因悉境附。九年春，遣中使治巨艦，勒水軍江上，召集諸酋豪，縻以官賞。於是康旺、佟答剌哈、王肇州、瑣勝哥四酋率衆降，始設奴兒干都司。」明人記載，多有謂設於永樂九年春者，蓋因是年春特遣中使臨其地，召集各族羣舉行授賜印勅儀式，並頒賞撫慰，宣布德意，〈勅修奴兒干永寧寺碑記〉云：

「……洪惟我朝統一以來，天下太平五十年矣。九夷八蠻，□山航海，駢肩接踵，稽顙於闕庭之下者，□莫枚舉。惟東北奴兒干國，道在三譯之表，其民曰吉列迷，及諸種野人雜居焉。皆□□慕化未能自至，況其地不生五穀，不產布帛，畜養惟狗，或野□□□□□□物□以捕魚為業，食肉而衣皮，如弓矢諸般衣食之艱，不勝為言。是以□法女直國□□□恐□□□矣，□□而未善。永樂九年春，特遣內官亦失哈等率官軍一千餘人，巨船二十五艘，復至其國，開設奴兒干都司□遼金時□□故業□□□□□□今日復見而□矣□上□朝□□都司□餘人□□印信□□衣服□□布鈔□□而□依土立與□收集□部人民，使之自相統屬。十年冬，□命中官亦失哈等載至其國□海西抵奴兒干及海外苦夷諸民，賜男婦以衣服器用，給以米穀，宴以酒食□□懽忻，無一人梗化不率者，□□□□擇地而建□，柔化斯民，使知敬順□□□相□之□，十一年秋，卜奴兒干西有站滿涇之左，山高而秀麗，先是已建觀音堂於其上，今造寺塑佛，形勢□雅，粲然可觀，國之老幼，遠近濟濟，爭趨□□……。」94

文中所說的苦夷諸民，即樺太島上的蝦夷（Ainu）人。明代於邊境所設的羈縻衛所甚多，而奴兒干都司在有明一代是獨一無二的羈縻衛都指揮使司。奴兒干都指揮使司的設立，蓋倣元代設立東征元帥府之遺意，欲以此作爲經營黑龍江下游一帶的指揮中心。《遼東志》卷九〈外夷衛所奴兒干都司條〉云：「奴兒干都司，先名遠三萬戶府，前代無考，元爲東征元帥府，國初累加招諭，永樂九年春，復遣中使率官軍駕巨船至其地，爵賚其人之來附者，設都司，都指揮三員，康旺、佟答剌哈、王肇舟以鎭撫之，間歲相沿領軍，比朝貢往來護送，率以爲常。」

奴兒干都司設立後，於永樂十年十月特置自遼東至奴兒干水陸城站四十五，以利往來[95]。十一年九月，復於其地建立永寧寺，並刻銘勒碑以記其事（見上引〈勅修永寧寺碑記〉）。碑文用漢、蒙古、女眞三種文字，文後署名者除參與其事的少數中國官吏外，其餘多爲異族酋豪領袖人物，（利用異族人物進行招撫活動，亦始於洪武時，如三萬衛之開設。）名字未經剝落可見者尚有四十餘人，其中並有酋豪等之母妻，及先已來降居住在自在州、安樂州及快活城地方的千戶百戶等。由寺碑署名人物的複雜，及所用三種不同的文字，可見當時成祖向外經略所組招撫軍之內容，及建寺時之盛況，同時也說明了成祖「以夷制夷」的招撫策略。俟後黑龍江下游的招撫工作，仍繼續沿此路線進行，爲了工作的便利開展，並於今吉林城西門外松花江北岸地方建立大造船廠，專門打造江上航行船隻。招撫軍一切所需補給及賞賜物品，皆預貯遼東都司，然後運至此處，啓航出發。主持其事者，雖有漢人官吏，然實際上多爲異族人物。（自永樂年間開始經營，至宣德時活動停止，主要人物爲內臣欽差都知監太監亦失哈與康旺、佟答剌哈、王肇舟等。亦失哈爲海西女直人，通曉各族情事。康旺本韃靼人，洪武間以父蔭爲三萬衛千戶。佟答剌哈爲女眞族巨酋。後康旺年老致仕，而由其子康福代之。王肇舟亦以老疾，以其子王貴代之。佟答剌哈以其侄佟勝代其事。皆以彼等熟諳土俗，便於行事而襲職。）[96]而以遼東官軍護衛往來。當奴兒干都司初設立之時，爲了穩固招撫基地，鎭壓反側，並由遼東都司遣軍三百名前往護印，駐守其地[97]。

明代自永樂元年開始向外經略活動，其所設羈縻衛所，《大明一統志》卷八九〈外夷女直條〉云：

「本朝悉境歸附，自開原迤北，因其部族所居，建置都司一，衛一百八十四，所二十，官其酋長為都督、都指揮、指揮、千百戶、鎮撫等職，給予印信，俾仍舊俗，各統所屬，以時朝貢。」

除衞所之外，尚有地面城站口河等名目凡五十八。⑱此一百八十四個衞中，《大明一統志》及《皇輿考》皆列有衞名及設置年代，其中成祖時設立者計一七九衞，正統年間設立者五衞。此一七九衞中見於《成祖實錄》者一七〇衞。二十個所見於實錄者十二個。除就其居地設置衞所城站地面等外，其有願居中國者，並設立安樂、自在二州以處之，亦量授官職，任其耕牧自便。《實錄》永樂六年四月乙酉條：「上謂兵部臣曰：朕即位以來，東北諸胡來朝者多願留居京師。以南方炎熱，特命於開原置快活、自在二城居之，俾部落自相統屬，各安生聚。」又五月甲寅條：「命于遼東自在、快活二城設自在、安樂二州，每州置知州一員，吏目一員。」⑲

是年六月乙酉，每州又添設同知、判官各一員。安樂州在開原城內，自在州於英宗正統八年移於遼陽城內⑳。

(二) 宣宗年間的經略情形

成祖雄武英邁，少長習兵，久居塞上，知邊陲形勢。由其六師屢出漠北，積極招撫女眞各族，及遷都北京的舉動觀之，可以看出其大軍數十萬一意北征與運用異族領袖經年遠出招撫，在戰略上配合運用兩面策應的關係。所以當時雖有持反對意見者，成祖不為所動，一直照原定計劃，積極進行。永樂二十二年七月成祖去世後，仁宗即位，恭謹仁厚，性近斂守，對外一切經略活動，遂皆令停止㉑。時奴兒干都司各部亦少至者。仁宗在位甚短，不及一年而卒。宣宗即位，始又恢復。

宣宗曾從成祖遠征朔北，馳騁沙場，英姿睿略，頗似乃祖，即位年僅二十八歲，正英年氣盛，豪壯敢爲之時，故即位後隨即恢復成祖時代的輝煌活動。仁宗於洪熙元年五月去世，六月宣宗即位，《實錄》記十一月勅遼東都司賜隨內官亦失哈等往奴兒干官軍一千五十人鈔[102]。當是宣宗即位以後所派遣的。十二月，奴兒干都司都指揮僉事佟答剌哈來朝。宣德元年七月，奴兒干都指揮僉事王肇舟子王貴亦來朝貢馬[103]。由於彼等來朝，於是奴兒干等處野人頭目亦復相繼朝貢，實錄宣德二年八月丙子條：「命奴兒干等處來朝野人女直頭目者得兀爲可令河衞指揮僉事，僨卜爲弗提衞指揮僉事，俱襲父職……。」[104]此外尚有禿都河等衞、考郎兀等衞、屯河等衞亦同時來朝[105]。宣宗甚喜，乃陞遼東都指揮同知康旺爲都指揮使，都指揮僉事王肇舟、佟答剌哈爲都指揮同知，以旺等累使奴兒干招諭，勞苦有功，並賜往奴兒干及招諭回還官軍鈔，千戶一百錠，百戶八十錠，旗軍四十錠，以爲激勵[106]。宣德三年春，復遣康旺等前往建司，《實錄》宣德三年正月庚寅條，「命都指揮康旺、王肇舟、佟答剌哈往奴兒干之地建奴兒干都指揮使司，並賜都司銀印一，經歷司銅印一。」又同月壬辰條：「遣內官亦失哈、都指揮金聲、白倫等齎勅及文綺表裏，往奴兒干都司及海西弗提等衞，賜勞頭目達達奴丑禿及野人哥只苦阿等，嘉其遣人朝貢也。」[107]

由上引《實錄》「建奴兒干都指揮使司」文意觀之，蓋奴兒干都司在成祖卒後已經荒廢，宣德三年復賜都司銀印令彼等前往重新建司。

奴兒干地方的經略活動，宣德四年十二月曾突命停止，《實錄》：「召內官亦失哈等還。初，命亦失哈等率官軍往奴兒干，先於松花江造船運糧，所費良重。上聞之，諭行在工部臣曰：造船不易，使遠方無益，徒以此煩擾軍民。遂勅總兵官都督巫凱，凡亦失哈所齎頒賜外夷段匹等物，悉於遼東官庫寄貯，命亦失哈等回京。」⑩⑧

「造船不易，徒以此煩擾軍民」，這只是表面上的理由，事實上是因爲海西諸衞發生問題。先是宣德三年八月，宣宗自將巡邊，九月次石門驛，聞兀良哈寇會州，乃親率精騎三千往討之，並遣將分路夾擊，兀良哈大敗，官軍窮搜其衆，斬獲甚多⑩⑨。宣宗之親討兀良哈，給予海西諸衞酋豪心理影響甚大，所以宣德四年春，乃聯合遣人入朝，窺探朝廷動向。《實錄》宣德四年二月甲午條：「亦馬剌、兀者、弗提、屯河等衞指揮亦里伴哥等遣人來朝奏言：昨大軍至兀良哈，諸衞皆恐怖，慮不自保。上慰諭之曰：天道福善禍淫，人君賞善罰惡，一體天心，豈有私哉。兀良哈有罪，則朝廷討之，豈肯濫及無罪。爾等但安分守法，即長享安樂，何用恐怖。皆賜賚遣還，仍降勅安撫其衆。」⑪⓪

諸衞遣人聯合來朝，可能是由宣宗征討兀良哈而意味着朝廷對諸部政策將有新的轉變，同時亦可看出成祖去世後，各部對明廷態度的轉變。雖經極力行釋撫慰，但仍不肯完全相信，因而時有寇邊舉動。是年九月，遼東總兵官都督巫凱奏海西野人女眞數有擾邊者，請發兵討之。宣宗不從，以彼等對朝廷撫慰之言尚信疑不定，故又特遣使勅諭之曰：

「爾等野人女直，受我皇祖太宗皇帝大恩，積有年矣。朕卽位以來，上體皇祖之心，加意撫綏，屢勅邊將毋肆侵擾，俾爾等安生樂業。有來朝者，皆量授官職，賜賚遣還，朝廷之恩厚矣。今聞尚有不知感激思報，屢寇邊境者，此愚之甚也。蓋其所得甚少，不知召禍甚大，非全身保家之計。今邊將屢請發兵剿捕，朕慮大軍一出，玉石難分，良善之人，必有受害者。玆特遣人齎勅諭爾，宜互相勸戒，約束部屬，各安爾土，朝貢往來，相通買賣，優游足給，豈不樂哉。若仍蹈前過，恣意為非，大軍之來，悔將無及。」⑪

亦失哈等被召回京，當由於此。至宣德五年秋，遼東軍備經過一番調整配屬後⑫，又遣使出發。不過這一次並沒有遣亦失哈等率官軍前往，只是奴兒干都指揮康旺等。《實錄》宣德五年八月庚午條：「勅遣都指揮康旺、王肇舟、佟答剌哈仍往奴兒干都司，撫恤軍民。又勅諭奴兒干、海東、囊阿里、吉列迷、恨古河、黑龍江、松華江、阿速江等處野人頭目哥奉阿、囊哈奴等，令皆受節制。」⑬

康旺等出發後，宣宗仍命加緊松花江上的造船工作，準備下一次招撫行動。是年十一月，以遼東總兵官奏虜窺邊掠抄，乃命停工。《實錄》宣德五年十一月庚戌條：「罷松花江造船之役。初命遼東運糧造船于松花江，將遣使往奴兒干之地招諭。至是，總兵官都督巫凱奏虜犯邊。上曰：虜覘知邊實，故來鈔掠。命悉罷之。」⑭

宣德七年夏又遣都指揮劉清赴松花江造船運糧⑮，八年春內官亦失哈等再至奴兒干地方，並重建永寧寺，所刻〈重建永寧寺〉碑文云：「宣德初，復遣太監亦失哈部衆再至，……七年，上命太監亦失哈同都指揮康政，率官軍二千，巨舡五十□至，民皆如故，獨永寧寺□□基址有焉。」碑文言「大明宣德八年癸丑歲季春朔日立」。主其事者爲欽差都知監太監亦失哈、御馬監左少監三金、內官范桂、遼東都司都指揮康政、指揮高勗、崔源及土官康福、王肇舟、佟勝等⑯，這大概是最後一次至其地，時原來主其事的康旺、佟答剌哈已先後以年老休致。宣德十年正月宣宗卒，英宗立，年方九歲，老臣三楊等當政，老成持重，不欲遠事勞費，遂解散經營活動，《實錄》宣德十年正月甲戌條：「勅遼東總兵官都督僉事巫凱及掌遼東都司都督僉事王眞、鎭守太監王彥、阮堯民、門副、楊宣等，凡採捕造船運糧等事，悉皆停止。凡帶去物件，悉於遼東官庫內寄收。其差去內外官員人等，俱令回京。官軍人等，各回衞所着役。爾等宜用心撫恤軍士，嚴加操練，備禦邊疆，以副朝廷委任之重。」⑰

是年十一月，太監亦失哈請求再出經營，朝廷以「將有限之財，供無厭之欲，殊非制馭外夷之良策。」不允。但勅遼東都司「作士氣，謹邊防，使有備無患，餘事不許擅行。」⑱此後即未見有關奴兒干地方經營活動之記載。

奴兒干地方經營活動的停止，一方面是由於造船運糧，軍民煩擾，造船軍士，大量逃亡，及造船官軍對當地女眞人的侵奪騷擾，引起各部的攻擊截殺。《實錄》宣德七年五月丙寅條：「以松花江造船軍士多未還，勅海西地面都指揮塔失納答、野人指揮頭目葛郎哥納等曰：比遣中官亦失哈等往奴兒干等處，令都指揮劉清領軍松花江造船運糧。今各官還朝，而軍士未還者五百餘人。朕以爾等歸心朝廷，野人女直亦遵法度，未必誘引藏匿。勅至，即爲尋究，遣人送遼東總兵官處，庶見爾等歸向之誠。」⑲又宣德十年四月辛酉條：「太監阮堯民、都指揮劉清等有罪下獄。初，堯民同清等督兵造漕舟于松花江，並捕海青，因與女直市，輒殺傷其人，女直銜之。堯民等徵回京，女直集部落沿途攻截，騎卒死者八九百人，鎭守遼東總兵官巫凱以聞，詔械堯民等下獄鞫之。」⑳

造船軍士的逃亡，女眞部的截殺叛亂，使松花江造船廠地方前進基地動亂不安。而一般元老重臣，本來即是反對遠出經略活動的，所以英宗即位，便主張解散一切經略準備。而另一個更重要的因素，是蒙古高原上情勢的變化。先是，韃靼阿魯台與瓦剌相互攻殺，累戰不休。宣德中阿魯台數爲瓦剌所敗，乃東走侵三衞地，因而與三衞發生戰爭，海西女眞亦因遭侵擾引起騷亂。宣德九年阿魯台爲瓦剌所殺後，瓦剌又藉口搜捕阿魯台餘黨爲名，擬控制三衞及女眞各部，於是局面漸呈混亂之勢。[121]當阿魯台被殺之時，明廷已警覺到未來可能發生的變化。曾諭邊臣曰：「瓦剌脫歡既殺阿魯台，必自得志，或來窺邊，不可不備，愼之愼之。」[122]關於韃靼與瓦剌之爭戰起伏對遼東的侵擾及對遼東整個局勢的影響，詳見後。

四、羈縻衞所與封貢貿易下的邊防政策

(一)羈縻衞所與封貢貿易的關係

明代對東北各族的經營，以成祖年間最爲輝煌振奮時期，也是發展的頂點[123]。宣宗時雖亦曾遣使屢出奴兒干地方，只不過是步伍乃祖遺烈，想維持永樂年間遠夷來廷的盛況而已。事實上不但成祖時代的聲威氣魄，已見消沉；國家的武力，亦已開始衰落。英宗即位，塞北情勢，風起雲急，遼東地方，亦邊報時聞。雖然尙不爲大患，但已發出各部不自安分的訊號。正統十四年七月，瓦剌誘脅諸部及建州、海西等分道大舉入寇，脫脫不花以兀良哈寇遼東，阿剌知院寇宣府，圍赤城，又別遣寇甘州。太監王振慫帝親征，結果造成「土木之變」，軍潰被俘，乘輿受辱。自是之後，國防弱點，盡暴之於敵，於是東西爲患，時貢時叛，漸陷於剿撫兩難困境。永樂年間東北晏然無事，羣夷朝闕的盛況，永不復見。

上章曾敍述凡各族羣受撫來歸者，成祖皆就其所居地區，族羣強弱大小，依照國家衞所組

織，分別授其酋豪都指揮、指揮、千戶、百戶、鎭撫等官。但這些衞所一如唐代的羈縻州，都是羈縻性質，所授官階，皆爲榮譽職銜，並無俸祿。頒給印記勅書，以便鈐束所部，及作爲朝貢往來的憑證。《黑龍江志稿》卷六二〈藝文志〉金石條記朵顏衞百戶印云：「明朵顏衞印，清嘉慶五年布特哈土人耕地得之，銅質，徑二寸，厚三分以強，直紐，大篆文曰『朵顏左千戶所百戶印』，背鐫洪武二十二年五月禮部造，及「顏字二號」字樣。」衞印材料質地及體積大小，或不相同，如奴兒干都指揮使司爲銀印，經歷司爲銅印，但形制當亦相似。成祖所以對東北女眞各族羣採積極招撫的政策，前引《殊域周咨錄》所記成祖對胡廣等的一段話，已言之甚明。其所以廣置衞所城站地面等，令各統所部，不相轄屬，乃爲了使其各自雄長，相峙而不相結，而得從中羈縻駕馭，《皇明經世文編》卷四五三〈楊宗伯（道賓）疏〉卷一〈論海建夷情〉云：「成祖文皇帝以分女直爲三，又析衞所地站爲二百六十二，而使之各自雄長，不相歸一者，謂中國之于夷狄，必離其黨而分之，護其羣而存之。未有縱其蠶食，任其漁獵，以養其成，而付之無可奈何者也。」《皇明經濟文錄》卷四三〈薊州編女直考〉：「我文皇帝神謀睿算，銷患于未萌，悉分而散之，使之力足以自立，勢足以相抗，各授以官職而不相統屬，各自通貢而不相糾合。」又卷三三《遼東編》〈遼東邊夷〉：「分其部落，則其弱易以制；別其種類，則其間易以役。使之人自爲雄，各相爲戰，所謂夷狄相攻，中國之利也。」

廣建衞所，各統所屬，俾仍舊俗，分別羈縻，這是因緣制宜，隨俗而治的政策。當然與東北各族羣的聚落組織情形與特殊的地理環境有密不可分的關係的。中國外患，一向來自北方，明興以前，蒙古、女眞都曾入據中國。一是來自蒙古高原，一是來自東北深處。而蒙古自古以來，歷代皆爲中國巨患。雖然在蒙古高原上由於自然地理環境上的種種特殊因素，民族興衰起伏甚頻，但常能結合成一個統一的力量，南下發動大規模的侵擾，造成嚴重威脅。而東北地方，由於崇山巨河，森林沼澤，密佈其間，族羣隔絕，不易結合。尤其經元朝統治之後，勢力更爲分散。所以明興之後，對蒙古殘餘勢力，屢次大舉深入追擊，成祖即位，遷都北京，並親自提兵出塞，必欲徹底擊潰之而後止。同時在另一方面，亦正由於成祖爲了國家的長治久安，遷都、北伐，傾全力與蒙古作戰，因此對東北各族才採取積極招撫政策。朵顏三衞的復置，開原、廣寧馬市的設立，官賞勞賚，待之甚厚，亦正爲了從中駕馭，使蒙古與女眞東西隔絕。

設置衞所城站，授予敕印官職，這只是羈縻體制上的形式，眞正能使其發生並立而不相結，各自雄長而勢不歸一，以便從中分化控制的作用的，主要是在於經濟上利益引誘。否則，只是一個空洞的榮譽虛銜，如沒有與其身切要的利害關係，是不會發生多大的效果的。所謂經濟上的利益引誘，便是由通貢與互市所得到的重大利益。這是明代以敕印官職爲形式，以經濟利益爲手段，所謂「朝廷或開市以掣其黨，或許貫鐵器以結其心，皆羈縻之義。」[124]連鎖式的羈縻衞所制度，也可以說是封貢貿易式的邊防政策。這一政策的運用，即凡各族羣聽命來歸者，一方面置立衞所城站等名目，頒賜敕印，授予官職，以鹽米布等贍諸酋豪；一方面許令朝貢，並於邊境開市互易，使其屬人得以換取生活上的必要物資。然後責以統制所屬，接受約束，更進而形成各族羣間彼此犄制，聽命看邊，不爲寇亂。而所賜敕書印記，便是他們得持以入京朝貢及在邊境上進行互市的憑證。敕書上記明所得人的部族衞所名稱，官爵職級，姓名年貌及頒發年月[125]。朝貢互市之際，即依敕書上所載身分地位之高下，而予以不同的待遇與賞賜。所以在成祖時對職位的授予，是相當愼重的，而各族羣酋長，對此亦相當重視。仁宗之時，尚能嚴守成祖定制。《明仁宗實錄》卷三下，永樂二十二年十月丙辰條：

「忽石門衛指揮沙籠加率頭目亦失哈等來朝，乞授亦失哈本衛指揮。上諭之曰：今一來朝，遽授指揮，有先帝時累累來朝，今尚為千百戶者，其心必不安矣。彼既不安，汝得此職，豈能自安？但永堅忠誠，不患無官職也。遂賜沙籠加及亦失哈等鈔幣有差，命禮部厚待之遣還。因謂尚書呂震曰：祖宗官職，當為祖宗惜之。震對曰：外夷人授之官，而非有俸祿之費，似亦可與。上曰：先帝所授外夷人官，亦非有俸祿，何為不輕授哉。吾重官職，以寵此徒，而又自輕之，可乎？且得一人而失衆人，亦不可也。」

正統之後，已不能守此原則，漸至有加封都督、將軍等名號者。此時東北邊防情勢，亦已發生變化。因此官職濫授，曲意市恩，而夷人對通貢互市，亦不視爲朝廷恩惠，反成爲勒索要脅的手段。

勅書頒給，有總勅，有分勅。總勅是頒給本族之全體者，止一件，由掌衛事酋長收領；分勅是給予個人，自酋長以下諸小酋，依地位高下而有不同。如《東夷考略》記海西勅書云：「蓋自永樂來給海西屬夷勅，由都督至百戶，凡九百九十九道，按勅驗馬入貢，兩關（南關、北關）酋領之，視強弱上下。」如父死而由其子侄繼承其位，必須先經過明廷認可。如《明世宗實錄》卷一四八，嘉靖十二年三月壬子條所記情形云：「兵部議上女直海西、建州、毛憐等衛夷人陞襲事例。一、女直夷人自都指揮有功討陞都督職事者，巡撫官譯審正身，及查勘功次無搶冒等弊，例應陞授，然後具由連人咨報。否則就彼省諭阻回，毋濫送以滋糜費。一、來貢夷人除正勅外，齎有年遠舊勅者，該邊巡撫譯審眞正明白，開寫何等舊勅，例應換給，從實具由連人咨報，以憑查議。其有那移搶奪不明情弊，徑自阻回。一、夷人奏稱授職二十五年之上，例應陞級者，巡撫官備查年數是否，及有無犯邊情弊，果係應陞，具由連人咨報，有礙者徑自阻回。一、各夷奏稱原授職勅書，或被搶及水火無存者，審係招撫之數，方行巡撫查勘咨結，議請定奪，不係招撫之年，不許一概奏擾。一、夷人併繳勅書，審果同衞同族，尊幼絕嗣，並勒書眞正，別無搶冒洗改情弊，即行該邊巡撫勘報，覆行辨驗，結查明白，不拘所繳勅書多寡，俱于原授職事上量陞一級。其或審有前弊，希圖陞職者，止與原授職事，其併繳勅書，譯令齎回，交還本夷收領。一、都督係重職，其子孫襲替，仍照舊例查勘奏請。一、夷人入關朝貢，必盤驗明白，方許放進。其勅書內有洗改詐僞字樣，即省諭阻回。守關人員朦朧驗放者，治罪如律。一、夷人奏有總勅，欲行分給襲替者，俱行巡按查勘，具由咨報，以憑奏請分給。」[126]

(二) 入京朝貢與京師會同館貿易

各夷得到勅書後，便可持此入京朝貢。貢期與人數及貢道，都有規定。《大明會典》卷一〇七東北夷海西、建州條：「建州衞、建州左衞、建州右衞、毛憐衞，每衞歲許一百人，建州寄住毛憐達子，歲十二人。其餘海西各衞，並站所地面，每處歲不過五人。其都督來朝，許另帶有進貢達子十五人同來。貢道由遼東開原城。近年定海西每貢一千人，建州五百人，歲以十月初驗放入關，十二月終止。如次年正月以後到邊者，邊臣奏請得旨，方准驗放。」這雖是後日規定，但亦可推察其早期情形。

野人女眞，以去中國甚遠，朝貢不常。朵顏、福餘、泰寧三衞歲以聖節及正旦（後改冬至）兩貢，每貢各衞百人，由喜峰口入。凡貢皆以勅書爲驗，依所指定貢路到達邊關後，經盤驗無誤，遂由當地有司派遣通事及軍兵車輛護送赴京。沿途食宿，以禮款待。至京後先安置會同館歇住，由禮部主客司派官依所呈貢單，檢驗貢品，然後擇定日期，呈貢頒賞。

所貢物品，東北各族爲馬、貂鼠皮、舍列孫皮、海青、兎鶻、黃鷹、河膠、殊角（海象牙）等。貢物進納之後，例有頒賞與賜宴。《大明會典》卷一一一給賜二外夷上：「東北夷女直進貢到京，都督每人賞綵段四表裏，折鈔絹二疋。都指揮每人綵段二表裏，絹四疋，折鈔絹一疋，各織金紵絲衣一套。指揮每人綵段一表裏，絹四疋，折鈔絹一疋，素紵絲衣一套。以上靴韈各一雙。千百戶鎭撫舍人頭目，每人折衣綵段一表裏，絹四疋，折鈔絹一疋。……嘉靖十年奏准，女直進貢賞賜，視勅書官職爲隆殺，其有洗改職銜者，將應得賞賜減一等。」「回賜進過馬，每匹綵段二表裏，折鈔絹一疋。貂鼠皮每四箇生絹一疋。零者每箇布一疋。」

給賞物品，有時亦有變動。賜宴席面，豐減亦常不同，《大明會典》卷一一四管待番夷土官筵宴條：「凡諸番國及四夷使臣土官人等進貢，例有欽賜筵宴一次二次。禮部預開筵宴日期，奏請大臣一員待宴，及行光祿寺備辦，於會同館管待，教坊司用樂，鴻臚寺令通事及鳴贊供事，儀制司領宴花人一枝。」「永樂元年，上卓按酒五般，果子五般，燒碟五般，茶食、湯三品，雙下大饅頭，羊肉飯，酒七鍾。中卓按酒果子各四般，湯二品，雙下饅頭，牛馬羊肉飯，酒五鍾。」

筵宴席面，愈後愈爲豐盛，飲食品目亦愈爲繁多。在會同館住留期間，一切飲食起居，皆由官員照顧。會同館猶如今日國家賓館。《禮部志稿》卷三十六：「國初，改南京公館爲會同館。永樂初，設會同館於北京，三年，併烏蠻驛入本館。正統六年，定爲南北二館，北館六所，南館三所，設大使一員，副使二員，內以副使一員分管南館。弘治中照舊添設禮部主客司主事一員，專以提督館務。」館內有夫役四百名，南館一百，北館三百，專造飯食。另有政府所派醫生，及差役、庫子、管守等人員，照料所帶貨物品，飼養所進禽獸[127]。當貢畢回還之時，官員伴送，沿途茶飯管待，亦各有次數。此外並有所謂常例下程及欽賜下程。《大明會典》卷一一五，番夷土官使臣下程條，常例下程：五日每正一名，猪肉二斤八兩，乾魚一斤四兩，酒一瓶，麵二斤，鹽醬各二兩，茶油各一兩，花椒二錢五分，燭每房五枝。若奉有優旨，不拘此例。欽賜下程：野人女眞都督下程一次，每一人鵞一隻，雞二隻，酒二瓶，米二斗，麵二斤，果子四色，及蔬菜厨料。當然這並不是固定的，但雖有損益，大致仍相同。

所謂朝貢，這是中國政府所要求的體制上的形式，以表示各夷受撫向化接受覊縻的關係。在各部族則認爲這是以貢行商，聽命受撫應享的權利。所以朝貢事實上無異是與朝廷進行貿易。帶來的土物，一部分算作是包茅之儀表示誠敬的禮品，政府以賞賜方式給予貨値。一部分政府認爲需要或不願售予民間者，出價購買。其餘不願收買的，於領賞完畢後，許在街上買賣三日或五日[128]。後以管理不便，容易滋事，乃移入會同館內，在政府官員監視下與商民兩平交易。《大明會典》卷一〇八朝貢通例：

> 「各處夷人朝貢領賞之後，許於會同館開市三日或五日，惟朝鮮、琉球不拘期限，俱主客司出給告示，於館門首張掛，禁戢收買史書及玄黃紫皂大花西番蓮段疋，並一應違禁品物。各鋪行人等，將物入館，兩平交易，染作布絹等項，立限交還，如賒買及故意拖欠，騙勒夷人久候不得起程，並私相交易者問罪，仍於館前枷號一箇月。若各夷故違，潛入人家交易者，私貨入官，未給賞者量為遞減，通行守邊官員，不許將曾經違犯夷人，起送赴京。凡會同館內外四隣軍民人等代替夷人收買違禁貨物者問罪，枷號一箇月，發邊衞充軍。」

> 「私將應禁軍器賣與夷人圖利者，比依將軍器出境，因而走泄事情者律，各斬，為首者仍

梟首示衆。」

「在京在外軍民人等，與朝貢夷人私通往來，投託管顧，撥置害人，因而透漏事情者，俱問發邊衛充軍。軍職有犯，調邊衛帶俸差操。通事並伴送人等係軍職者，照軍職例。係文職有贓者，革職為民。」

爲了避免雙方以價格高下引起爭執，及姦詐之徒巧取夷人財物，後乃由政府於開市日期，估定時價。市畢之後，即須起程歸還，禮兵二部各委官會同盤點行李，無夾帶違禁物品，方准起程。違禁物品主要是軍器、銅鐵器等。所以在會同館居住時，除於規定日期由通事帶領上街觀光外，平時不許擅自出入，以防私自交易及發生事端。在他們回程之時，所易貨物，政府派車夫軍兵送至邊境關上，然後自行帶回[129]。

(二) 邊關馬市貿易

京師會同館互市，因有貢期及入貢人數的規定，雖然往往額外來貢，人數亦常出定制，但畢竟是有限制的，所以主要的是邊關馬市貿易。遼東馬市，最初設於永樂三年，《明太宗實錄》卷四十，永樂三年三月癸卯條：

「上謂兵部臣曰：福餘衛指揮使喃不花等奏其部屬欲來貨馬，計兩月始達京師。今天氣向熱，虜人畏夏，可遣人往遼東諭保定侯孟善，令就廣寧、開原擇水草便處立市，俟馬至，官給其直，即遣歸。』

同上卷五二，永樂四年三月甲午條：

「設遼東開原、廣寧馬市二所。初外夷以馬鬻於邊，命有司善價易之。至是來者衆，故設二市，命千戶答納失里等主之。」

永樂三年立市，蓋爲臨時性質，後以來市者多，乃於次年正式設立馬市，並以韃官主之，以彼等熟悉馬之優劣，言語疏通，於評定等第高下之時，減少爭執。二市之位置，《全遼志》卷一〈山川志〉關梁條云：「永樂三年，立遼東開原、廣寧馬市。……其立市一於開原城南，以待海西女眞，一於開原城東，一於廣寧，以待朶顏三衞，各去城四十里。」又云：「女眞馬市，永樂初設開原城東屈換屯，成化間改設城南門外西，每歲海西夷人于此買賣。廣寧馬市，在團山堡，朶顏、泰寧二衞諸夷於此買賣。」廣寧馬市初在鐵山，徙於城西北三十里之團山在永樂十年四月，以其地多水草便於住牧[130]。馬市地點後有變動，並有增設，此不擬於本論論述[131]。

馬市的開設，一方面是使各部得以多餘之馬換取生活上的必要物資，而便於從中安撫羈縻，《明史》卷八一〈食貨志〉市舶司條：「明初，東有馬市，西有茶市，皆以馭邊省戍守費。」又《宣宗實錄》卷八四，宣德六年十一月乙亥條：「遼東總兵官都督僉事巫凱上廣寧馬市所市福餘衞韃官馬牛之數。上謂侍臣曰：朝廷非無馬牛而與之爲市。蓋以其服用之物，皆賴中國，若絕之，彼必有怨心。皇祖許其互市，亦是懷柔之仁。」事實上永樂初年在戰馬來說，是相當缺乏的。所以當時開設馬市，亦並非完全爲了懷柔，一方面也是爲了可以由此購買軍馬，充實自己的戰力，同時並可相對的削弱其叛亂力量。騎兵在當時的戰鬬力來說，正如今日之機械化部隊。攻戰之際，馬功居多。平原曠野，馳騁上下，無不從志。克敵進奔，所向無前，亦皆在馬力。歷來中國外患，多來自北方，而終無長策以制之。鼂錯曾云：匈奴地形技藝與中國異，上下山阪，出入溪澗，中國之馬弗與也。險道傾仄，且騎且射，中國之騎弗與也。五胡亂華，金人南侵，蒙元橫掃歐亞，原因固有多端，但撇開政治社會經濟等因素，如果單就軍事觀點而言，騎兵實在是決定雙方戰場勝負的重要力量。明代初年，戰馬甚爲缺乏。而又準備對蒙古用兵，所以明太祖在中原甫定之後，即亟亟籌劃馬政，於江淮地區設立牧監羣，令官民積極養馬。並遣人齎財貨四出購買。《弇州史料》卷八〈市馬考〉云：「高帝時南征北討，兵力有餘，唯以馬爲急，故分遣使臣，以財貨於四夷市馬。而降虜土目來朝，及正元萬壽之節，內外藩屏將帥，用馬爲幣，自是馬漸充實矣。」事實上到永樂後期，馬始充實。洪武三十年夏，明太祖曾諭塞上諸王曰：今爾等所守地方，不下六千里，急遽難爲聚會。每處軍馬，多者不過一二萬，而胡人之馬，計有十萬。其不出則已，設若南行，馬勢必盛。自非機智深密，晝夜熟算，孰能制之。」「倘遇胡馬十數萬寇邊，不宜與戰，或收入壁壘，或據山谷險隘之處，夾以步兵，深伏以待之。」近者人自塞上來，知爾兄弟統軍深入。古人論兵，貴乎知己知彼。」「以知己言之，我朝自遼東至于甘肅，東西六千餘里，可戰之馬，僅得十萬，京師、河南、山東三處，馬雖有之，若欲赴戰，猝難收集。苟事勢警急，北平、口外馬悉數不過二萬，若逢十萬之騎，雖古名將，亦難于野戰。所以必欲知己。算我馬數如是，縱有步軍，但可以夾馬以助聲勢。若欲追北擒寇，則不能矣。」「今吾馬數少，止可去城三、二十里，往來屯駐，遠斥堠，謹烽燧，設信砲，猝有警急，一時可知。胡人上馬動計十萬，兵勢全備。若欲折衝鏖戰，其孰可當。爾等不能深思熟慮，提兵遠行，不與敵遇，則僥倖耳[132]。」可見當時戰馬缺乏情形。所以成祖即位後，以準備對蒙古大舉用兵，對馬政措施，更爲注意。將所畜養馬匹數目，列爲國防最高機密，不令外知[133]。

由於當時需馬甚急，所以凡來市者，皆償價甚厚：《明太宗實錄》卷四十，永樂三年三月甲寅條：

「遼東都司奏，兀良哈等處韃靼以馬至遼東互市。命兵部定其直，上上等每馬絹八疋，布十二疋。上等每馬絹四疋，布六疋。中等每馬絹三疋，布五疋。下等每馬絹二疋，布四疋。駒絹一疋，布三疋。」

同上卷一九三，永樂十五年十月丁未條：

「遼東總兵官都督劉江奏，今歲兀良哈之地旱，泰寧衛指揮鎖喃等以馬千匹來易米。前此易米者其數不多，止用馬馱，今泰寧一衞用車三百輛運米，慮朶顏、福餘諸衞皆來，則無以給之。……而舊定馬價甚高，上上馬一匹米十五石，絹三疋，下者米八石，絹一疋，如悉依舊例，則邊儲空匱。宜令所司更議馬直，撙節糧儲，遞增布絹，中半市之。庶外夷蒙博施之恩，而邊儲無不給之患。」

是年十一月，兵部議定馬價，計上上馬每匹米五石，絹布各五疋。上馬米四石，絹布各四疋。中馬米三石，絹布各三疋。下馬米二石，絹布各二疋。駒米一石，布二疋[134]。

馬市最初開設之意，本爲官市，政府以絹布糧米預貯廣寧等倉庫，以備與各部族相易馬匹[135]。後亦許持他物入市，與中國商民交易。《明宣宗實錄》卷一一三，宣德九年十月丁巳條：

「行在兵部奏：朝廷於廣寧、開原等處立馬市，置官主之，以便外夷交易，無敢侵擾之者。凡馬到市，官買之餘，聽諸人爲市。近聞小人或以酒食衣服等物，邀於中途，或詐張事勢，巧爲誘脅，甚沮遠人向化之心，請揭榜禁約。從之。」

馬匹除官買之後，餘聽諸人爲市，蓋始於永樂晚年⑱。永樂二十二年，官馬已達一百七十三萬六千六百一十八匹⑰。畜養已多，故准私人購買，已漸由純粹官市馬匹轉變爲一般市場，不過仍是在規定的日期及官軍警戒下進行的。當時的互市情形，已無記載。《全遼志》曾記有成化年間互市禁令，雖爲後出史料，但仍可藉此推察早期概況。《全遼志》卷一〈山川志〉關梁條：「成化十四年十一月初四日，蒙兵部紅牌榜文爲禁約事。本部太子太保尙書余子俊等於奉天門欽奉聖旨，遼東開設馬市，許令海西、朵顏等三衞達子買賣，俾得有無相濟，各安生理，此係懷柔來遠之道。永樂、宣德間已嘗行之，兩有利益。但恐中間奸詐求賄之徒，妄生事端，阻壞邊務，橫啓邊釁，貽患將來，殊非細故，恁部裏便出榜曉諭，禁約馬市。開原每月初一日至初五日開一次，廣寧每月初一日至初五日，十六日至二十日開一次，聽巡撫官定委布按二司管糧官分投親臨監督，仍差撥官軍用心防護，省諭各夷，不許身帶弓箭器械，止將馬匹並土產物貨，赴役處委官驗放入境。開市本處，亦不許將有違禁物貨之人與彼交易。市畢，即日打發出境，不許通事並交易人等專一與夷欺侮，出入貪多馬價，及偷盜貨物。亦不許撥置夷人，指以失物爲由，符同詐騙，取財分用。敢有擅放夷人入境，及縱容官軍人等無貨者任意入市，有貨者在內過宿，窺取小利，透漏邊情者，許審問明白，俱發兩廣煙瘴地面充軍，遇赦並不原宥。或本處通事，俱不許有所求索，或因而受害，就彼查處。其鎭守總兵等官尤專心體察，並一應勢豪之家，俱不許私將貨物，假充家人伴當，時常在市，出名買賣，俾所司畏勢縱容，無法關防。如有，聽彼處巡按御史緝訪拏問，具招發遣，罪不輕貸。」⑱

開市之日，官軍佈防警戒，然後商民與夷人持貨入市互易⑲。由於商民可入市交易，及互市貨物品目的擴大，故有抽分。《全遼志》卷二〈賦役志〉馬市抽分條：「按馬市開原、撫順、廣寧三城俱有市，稅俱同。但市期無定額，故稅銀無定數，各因其買賣多寡，而爲抽分數目。」其抽分項目及稅率並有詳細規定[140]。

邊關互市，夷人謂之作大市。抽分所得，仍充爲撫賞之用。《遼東志》卷三〈兵食志〉邊略項下馬市與撫賞條云：

> 「大抵遼土諸夷環落，性多貪惏，故我以不戰為上兵，羈縻為奇計。朝貢互市，皆有撫賞外，有沿邊報事及近邊住牧換鹽米討酒食夷人。」「撫賞：海西朝京，都督每名牛一隻，大菓卓一張。都指揮每名羊一隻，大菓卓一張。供給：海西買賣，都督每名羊一隻，每日卓面三張，酒三壺。都指揮每名羊一隻，每日卓面一張，酒一壺。部落，每四名猪肉一斤，酒一壺。賞賜：傳報夷情夷人白中布二疋，卓面二張，酒二壺。撫賞三衛買賣達子，大頭兒每名襖子一件，鍋一口，靴襪一雙，青紅布三疋，米三斗，大菓卓面半張。零賞：三衛達子每名布一疋，米一斗，兀堵酥一雙，靴一雙，鍋一口，每四名菓卓一張。」

這大概也是正統以後的事。

無論京師會同館互市或邊關開市，對鐵器的買賣，是禁制甚嚴的。只許收買犂、鏵、鍋等。初規定每人可收買犂鏵一幅，鍋一口。後改爲五十人許買一鍋[141]。主要是防止毀碎融液，改鑄兵器。成化年間，海西、建州及三衛曾以「禁制市買，使男無鏵鏟，女無針剪」而入寇。弘治年間，乃定例許二年或三年買鍋、鏵一次[142]。

由上述京師或邊關貢市情形及《全遼志》、《遼東志》所記抽分內容，可以看出各族的生活狀況與貢市所發生的羈縻作用。這些史料，固然都是較晚的記載，但由永樂年間所記安樂、自在二州寄住韃官俸糧費用之浩大，及命各衛調兵運糧接濟毛憐、建州等諸衛，以致官軍自身供給不敷，邊儲難支的情形觀之[143]，可知早期對諸部互市賞賜勞給，是相當優厚的。又所開市場，亦不止開原、廣寧，撫順、清河、靉陽、寬奠等處，亦皆開市。此爲正統以後事，故不論述。

五、邊防的崩潰

(一) 軍備廢弛

使各族羣酋長聽命受撫，各統所屬，互相雄長，而不致糾合爲邊盜害，藉通貢互市經濟利益的引誘，「以掔其黨，以結其心」，本來即是一個消極遷就難以久恃的政策。但這一政策的有效運用，又必須有堅強的邊防武力，作爲後盾。也就是說當其內部發生衝突糾紛之時，可以有效的鎭壓仲裁；當其違命擾邊之時，可以給予決定性的懲處打擊。能怵之以威，而後示之以惠，德威相濟爲用，方得駕馭自如。否則，僅以惠結之，夷心貪惏無厭，國家財力將不勝負擔，終必發生所求不遂，而背恩相犯。正統以後的情況，正是如此。

成祖時由於國家武力正盛，邊備謹嚴，所以當時各部族不但聽命看邊，且「有所征調，聞命即從，無敢違期。」[144]成祖征伐蒙古，女眞人受命從征者不少，皆有戰功[145]。但至宣德後期，情形便不同了，邊境上已呈現蠢蠢欲動的不安態勢。宣宗對阿魯台與瓦剌相互仇殺致兀良哈三衛海西遭受侵害，而引起彼等欲興兵報復時的處理方法，及海西隱匿逃軍，違命不肯追還，擾邊擄掠，而不以大軍嚴予懲罰的態度，不但暴露了中朝遷就彌縫的弱點，同時也助長了各部窺伺要脅的心理。所以自此而後，原來操之在我的覊縻策略，漸入於曲意市恩的被動情況。而造成這種情形的主要原因，便是由於邊防武力的衰落，失去了執行這一政策的後盾力量。

造成邊防武力衰落的因素很多，這牽涉到整個國家的政治、經濟、社會及當地特殊地理條件等問題。而此形之於具體事實且最爲嚴重的，是軍士的大量逃亡，卒伍空虛，與屯田制度的破壞。故擬只就對此二者，加以簡單敍述。軍士的大量逃亡，在宣德後期，已相當嚴重。《明宣宗實錄》卷一〇七，宣德八年十一月庚午條：「巡按山東監察御史張聰言：遼東之地，南拒倭寇，東連高麗，北控胡虜，爲國家藩籬，兵政不可不修，備禦不可不嚴。邇年軍衞頭目，耽於宴安，忽於邊務，謹陳所宜四事。一曰軍士在戍者少，亡匿者多，皆因軍官貪虐所致。其山海守關之人，不惟失於盤詰，且有容縱之私。是以卒伍曠缺，邊衞空虛。……二曰各衞官旗畏避管事，往往託以公差操備招諭等項爲由，有將百戶所印令總小旗署掌，又別選小旗作管營名目，那移作弊，掊尅軍士，逼令亡匿。……三曰海州衞官軍，舊有定數，今閱教場全廢操練，守門者只二三人，守山海關者僅五六人。又南海口舊置官軍一百三十人，今存者惟老疾軍五人。比詢指揮使俞通等，皆稱各軍俱有差遣，苟且支吾。……」[146]

這種情形，愈後愈爲嚴重，到正統年間，甚至有一個百戶所止存一人者。《明英宗實錄》卷四七，正統三年十月辛未條：「巡按山東監察御史李純言遼東邊衞利病四事：一、遼東軍士，往往攜家屬潛從登州府運船及旅順等口渡船越海逃還原籍，而守把官軍受私故縱，乞嚴加禁約。一、並邊衞所軍士逃亡者多，甚至一百戶所原設旗軍一百十二人者，今止存一人。……一、各衞所官吏多受囑，將見伍精壯軍士詭稱逃亡疾廢，放免還鄉，却發册原籍，勾丁代役。……

一、定遼等二十五衞軍器多有損壞，自來皆令軍士修整，物力不逮，乞支官庫見錢修整。」⑭⑦

正統十四年瓦剌也先大擧入寇，並犯遼東，軍備廢弛情形，已完全暴露。〈于忠肅公奏議〉云：「在邊賊寇，經今日久，出沒不退，人馬或衆或寡，通路或東或西，來去自由。圍獵馳騁，如蹈無人之境，全無畏懼之心。蓋因總兵等官怯懦，不曾奮勇截殺，以致恣肆縱橫。且如今次各官雖奏躬親督令官軍按伏邊境，意在剿殺，尤恐虛張聲勢，實無此事。旣然各官親率大軍巡哨，必是軍勢振揚，賊寇知覺，緣何又將夜不收殺死？及至官軍出境，撞見趕鹿達賊三十餘人，而義州、錦州刼殺官軍奏內，開有一千五百員名，竟不能擒獲一賊，斬馘一級，貽笑邊方，益長賊志，莫此爲甚。兼且走回人口俱說稱達賊要往漢人地方遼東境內，搶擄興販，而烟火聲息，連日不絕。……及照遼東地方，今年自春以來，達賊犯邊，非止一次，墩堡被其挖掘，人畜被其殺虜。又兼各邊屯劄日久不退，如入無人之境，全無忌憚之心。」⑭⑧又《實錄》景泰三年八月丙戌兵部奏云：「軍有被虜脫歸者，言野人云：我輩不畏遼東軍馬，雖是二三人到其境上，亦不見官軍出敵。見今遼東寇邊者，乃建州、海西、兀良哈三衞賊。雖其所言未可盡信，然近年邊報絡繹不絕，蓋因總兵等官怯懦無謀，致賊輕侮。」⑭⑨《實錄》記正統十四年八月也先遣軍三萬向遼東進攻，一月之間，攻破驛堡屯寨八十處，擄去官員旗軍一萬三千餘人，馬六千餘匹，牛羊二萬餘隻，盔甲二千餘幅⑮⓪。景泰元年八月，虜賊入遼東境，總兵官左都督曹義、都指揮王祥、耿和等率軍與戰，追至連州，賊千餘人分三處各占山頭以拒官軍，義等齊進圍攻，僅斬首七級，生擒四人，獲馬十三匹。賊奔散出境，遺棄所擄男婦一千七百五十餘名，頭畜稱是⑮①。大軍進擊千餘賊虜，而終致脫歸，直是縱橫出入，恣意搶殺，如踏無人之境。當時軍備廢弛情形，由此可知。

軍士逃亡最爲嚴重的，是逃入虜方，引導內犯152。造成軍士大量逃亡的原因，固然甚多，而主要的一是由於待遇微薄，不能自存，差役過重，不堪負擔；一是由於軍官暴刻貪虐，非但不能善爲撫恤，且有意逼使逃亡，貪取財物。而遼東地方，冬季氣候祁寒，夏日又溽熱難當。加以土多未闢，地蕪穀貴，軍士已饑寒切身而不能堪，又外與諸夷相接，時有被掠殺傷性命之虞，於是遂相率逃亡。官軍待遇，《明史》卷八二〈食貨志〉六俸餉條云：

「洪武時，官俸全給米，間以錢鈔兼給，錢一千，鈔一貫，抵米一石。成祖卽位，令公侯伯皆全支米，文武官俸則米鈔兼支。官高者支米十之四、五，官卑者支米十之七、八，惟九品雜職吏典知印總小旗軍並全支米。其折鈔者每米一石，給鈔十貫。……仁宗立，官俸折鈔每石至二十五貫。宣德八年，禮部尚書胡濙掌戶部，議每石減十貫，而以十分為準，七分折絹，絹一匹抵鈔二百貫。……而卑官日用不贍矣。正統中五品以上米二鈔八，六品以下米三鈔七。時鈔價日賤，每石十五貫者，已漸增至二十五貫，而戶部尚書王佐復奏減為十五貫。成化二年，從戶部尚書馬昂請，又省五貫……七年，從戶部尚書楊鼎請，以甲字庫所積之布估給，布一疋當鈔二百貫。是時鈔法不行，一貫僅直錢二、三文，米一石折鈔十貫，僅直二、三十錢。而布直僅二、三百錢。布一疋折米二十石，則米一石僅直十四、五錢，自古官俸之薄，未有若此者。十六年，又令三梭布折米，每疋抵三十石。其後麤濶棉布亦抵三十石，梭布極細者猶直銀二兩，麤布僅直三、四錢而已。久之，定布一疋折銀三錢，於是官員俸給凡二：曰本色，曰折色。其本色有三：曰月米，曰折絹米，曰折銀米。月米不問官大小皆一石，折絹，絹一匹當銀六錢，折銀六錢五分當米一石。其折色有二：

曰本色鈔，曰絹布折鈔。本色鈔十貫折米一石，後增至二十貫。絹布折鈔，絹每疋折二十石，布一疋米十石，……武職府衞官，惟本色米折銀，例每石二錢五分，與文臣異，餘並同。……天下衞所軍士月糧，洪武中令京外衞馬軍月米支二石，步軍總旗一石五斗，小旗一石二斗，軍一石，城守者如數給，屯田者半之，民匠充軍者八斗，牧馬千戶所一石，民丁編軍操練者一石。」

不過這只是官方所定折給標準，與當時的物價，並不相附合的。自古以來待遇調整，從不能與物價上漲指數相併而行；何況自洪武二十五年所定百官俸祿，此後成爲永制，以至明亡，未曾調整。而明軍待遇自折給俸鈔之後，生活更苦（初只軍官有折銀折鈔，後軍士亦如此）。洪武八年初發寶鈔之時，官方規定每鈔一貫抵米一石，但由於社會上信銀信錢，而不信鈔，因此鈔值日益下跌，購買力日減。永樂元年改爲十貫一石，洪熙元年二十五貫一石，也就是說洪武、永樂兩朝已漲二十五倍。宣德四年米一石，綿布一疋，或絲一斤，都要五十貫，比洪武時漲五十倍。到宣德八年，絹一疋折鈔四百貫，布二百貫，比洪武時漲成三百三十倍。再以鈔與銀銅錢折合比例觀之，洪武九年定每鈔一貫，準錢千文，或銀一兩，折米一石。由於發行太多，收斂無法，至洪武二十三年，寶鈔在兩浙只値錢二百五十文。二十七年，兩浙、江西、閩、廣等地方一貫只值一百六十文。如果銅錢的購買力不變，而用鈔計算物價，漲了六倍。當時商民交易，多用金銀，鈔法阻滯不行。三十年白銀一兩，納糧時可折米四石，但用鈔則要二貫五百文折米一石，這表示銀對鈔漲成十倍。至英宗即位，放寬用銀的禁令後，朝野皆用銀，小者始用錢，惟折官俸用鈔，鈔法益壅不行，白銀取得了價值尺度和流通手段兩種基本的貨幣職能。

景泰三年，令京官俸給照時價給銀，五百貫鈔給銀一兩，政府承認寶鈔對白銀跌成五百分之一。此後更急轉直下，成化元年鈔一貫折錢四文，六年折錢二文。至孝宗弘治六年，官俸每銀一兩折鈔七百貫，當時錢七文折銀一分，則一貫僅合銅錢一文。嘉靖十四年鈔一千貫折銀四錢，白銀對鈔漲了二千五百倍。當時銅錢一千文折銀一兩四錢三分，所以鈔一千貫只值銅錢二百八十文，銅錢對鈔漲成三千五百七十倍。到嘉靖四十五年，五千貫才能折白銀一兩[153]。由上述自明初至嘉靖年間鈔值的跌落情形，可以想到官軍俸餉折鈔後的生活困苦狀況。《明英宗實錄》卷八，宣德十年八月己酉遼東總兵巫凱奏邊情八事中云：「一、官軍俸糧，每石折鈔一十五貫，資給不敷，請不拘常例，量益其數。一、官軍口糧，馬匹豆料，近因減省，食用不給，請依舊例，口糧月給五斗。」時鈔價與洪武九年所定對絹布的購買力已漲成三百三十倍。至正統四年，對無家屬在衛軍士遇出差瞭邊時增給口糧三斗，《實錄》：「增遼東瞭邊軍士口糧。時軍士無家屬在衛者止給口糧三斗，及差出守瞭，不復增給。巡撫遼東副都御史李濬言，此等軍士，別無家屬供給，遇差宜增給口糧三斗，庶不失所。比其回衛，仍舊支給。從之。」[154]這只是出差守望瞭邊時臨時增加的津貼，回衛之後，仍月支口糧三斗。俸糧由於折色給鈔，而鈔價日跌，到成化十三年時，若以銀計之，每石不過值銀一錢餘。《實錄》：「戶部議覆整飭邊備兵部右侍郎馬文升所奏事宜。一、足衣食以恤官軍：謂近年遼東衛所官軍折色俸鈔不足，間有關支，大半軟爛，千貫僅值銀一兩餘。若以月米計之，每石不過值銀一錢以上，不足養贍。又軍士歲例有冬衣布花之給，而海運不繼，妻子不免啼饑號寒。」[155]而此區區軍餉，亦並不能按時支給，往往拖欠數月。而軍官因待遇菲薄，遂貪尅軍士，或役使操作生產，以謀補給。軍士在此雙重逼迫之下，便只有相率逃亡。

軍士的大量逃亡，除待遇太低，生活太苦外，便是馬匹倒斃追賠之累。巡撫遼東都御史張鼐奏云：「遼東官軍馬匹倒死，其軍士有一年追買二、三匹者。蓋正軍領馬操備，餘丁各有差役，無他生理。故一遇馬死，多典賣房產，或子女，或妻室者。」156另外一個重大的因素，便是明廷往往將內地衞所軍犯，謫發遼東，或將軍民死罪囚犯，編戍此地。這些戴死罪流配戍邊的人，有的甚且遇赦不宥。他們到戍所後，守堡軍官，以其初來必挾有重貲，於是百般朘索，橫加凌虐，或逼使逃亡而得其財物。《明宣宗實錄》卷七三，宣德五年十二月丁亥條：「勅副總兵都督方政開平衞撫恤新軍。初，獨石置城堡，移開平衞於其中，而命政領兵守之，凡罪人應死者皆有死發本衞充軍。至是，勅政等曰：獨石新軍，初皆犯法當死，朕不忍殺之，故令充軍。近聞管軍者悉貪暴武人，謂其初來，必挾重貲，遂欲奪之。無則橫加虐害，多致逃竄死亡。……時遼東諸衞亦有宥死發充軍者，勅總兵官巫凱等亦如之。」又《英宗實錄》卷十一，宣德十年十一月庚午條：「行在刑科給事中陳樞奉勅往遼東選軍，還言……遞年抵罪充軍囚人，編發遼東者不下數千人，往往逃亡，每遇差官巡視，冒名應代。」

這些流配囚犯，有的本爲亡命無根之徒，在編發之初，即準備逃亡，所以改易籍貫，至衞即逃。比及勾追，地方有司根本無從查考157。

軍官待遇既如此微薄，遂不得不設法另謀養贍之道。而在邊衞地方唯一可求的辦法，是除了故縱或迫使軍士逃匿以便侵扣空額糧餉之外，便是在屯田上打主意。先是，遼東軍馬糧料，皆由海上輸給。洪武十五年，明太祖以漕舟往往遭風漂沒，輸卒溺斃，而且戍軍日漸增多，全賴海運，亦不能支，於是乃令各衞積極屯種。軍士八分屯種，二分戍邏。每軍限田五十畝，租十五石，以指揮千百戶爲田官，都指揮爲總督，歲夏秋二徵，以資官軍俸餉。自洪武至永樂，爲田二萬五千三百餘畝，糧七十一萬六十餘石。當時邊有積儲之饒，國無運餉之費，成績頗佳[158]。但至宣德以後，由於軍官及勢豪之侵佔，旗軍精壯富實者役占於私門，老弱貧難者疲困於征役，於是屯田制度，日漸破壞。《明英宗實錄》卷一〇八，正統八年九月戊寅條：「遼東極邊，地方廣濶，軍馬衆多，糧草俱憑屯種供給，近年都司衞所官往往占種膏腴，私役軍士，虛報子粒，軍士饑寒切身，因而逃避。亦有管軍官旗，倚恃勢強，欺虐良善，無所控訴。」

膏腴之地，多被鎭守、總兵、參將、都指揮、指揮等官占爲己業，役使軍夫耕種，收利肥己。其守城等項軍士，非但無力耕田，雖有餘力，亦無田可耕。又有隱占軍丁，私充使令，俱稱舍餘，不當差役，多者一家竟至二三百名。如遼東鎭守太監亦失哈，「收養義男家人，隱占軍餘佃戶，動數百計。」[159]

衞所屯田制度的破壞，一方面是由於勢家官豪侵佔，屯軍逃亡；一方面亦由於自宣德以後邊境多事，無法屯種，以致日漸廢弛。永樂十七年時，遼東二十五衞原額屯田共二萬一千一百七十一頃五十畝，歲得糧六十三萬五千一百四十五石。其時常操軍士一十九萬，以屯田軍士四萬二千供之，而供者又得自耕邊外地，所以邊餉足用[160]。後日漸敗壞，至景泰時，每年所得屯糧不過十八萬石，與永樂時比較，不過百分之二十六。而至成化時，幾乎已是名存實亡。戶部郎中毛泰曾奏云：「宣德以後，屯田之法雖日寖廢，軍士（屯田軍士）猶餘四萬五千四百，而糧亦視舊不減三分之一。近被邊方多事，屯田之法盡壞，巡撫官相繼興後，其數少增。又歲運銀十萬，兼開中淮浙鹽，所用尚乏。……今所存正軍惟一萬六千七百餘名，而歲徵糧止一十六萬七千九百石。又以荒歉蠲免，歲不足七八萬之數，較倣舊制，屯田之法，十不及一。故遼東三十二倉，通無兩月之儲。」[161]

遼東軍糧，在宣德末年已開始招商納糧中鹽辦法[162]。初因所定糧額與鹽引之折兌比例過重，商人利薄，趨之者少。後雖量減鹽一引應納糧之數，多招中納。而鹽商納米之際，又多賄賂有司，官商勾結，濫惡兼收，將陳腐入倉充數，以致邊儲虧損，軍士受害無以自存，遂而逃匿。

(二) 靖難之變大寧都司內徙的影響

明太祖晚年對北疆國防體系的佈署，在本文第一章中已約略言之。又《明史》卷九一〈兵志〉三邊防條云：

「元人北歸，屢謀興復。永樂遷都北平，三面近塞，正統以後，敵患日多，故終明之世，邊防甚重。東起鴨綠，西抵嘉峪，綿亘萬里，分地守禦。初設遼東、宣府、大同、延綏四鎮，繼設寧夏、甘肅、薊州三鎮。而太原總兵治偏頭，三邊制府駐固原，亦稱二鎮，是為九邊。初，洪武二年命大將軍徐達等備山西、北平邊，諭令各上方略。從淮安侯華雲龍言，自永平、薊州、密雲迤西二千餘里，關隘百二十有九，皆置戍守。於紫荊關及蘆花嶺設千戶所守禦，又詔山西都衞於雁門關太和嶺並武朔諸山谷間凡七十三隘，俱設戍兵。九年，勅燕山前後等十一衞，分兵守古北口、居庸關、喜峰口、松亭關，烽堠百九十六處，參用南北軍士。十五年，又於北平都司所轄關隘二百，以各衞卒守戍。詔諸王近塞者，每歲秋勒兵巡邊。……二十年，置北平行都司於大寧，其地在喜峰口外故遼西郡，遼之中京大定府也。西大同，東遼陽，南北平。馮勝之破納哈出，還師城之，因置都司及營州五屯衞，而封皇子權為寧王，調各衞兵往守。先是，李文忠等取元上都，設開平衞及興和等千戶所，東西各四驛，東接大寧，西接獨石。二十五年，又築東勝城於河州東受降城之東，設十六衞，與大同相望。自遼以西數千里，聲勢聯絡。建文元年，文帝起兵襲陷大寧，以寧王權及諸軍歸。及卽位，封寧王於江西，而改北平行都司為大寧都司，徙之保定，調營州五屯衞於順義、薊州、平谷、香河、三河，以大寧地畀兀良哈。自是遼東與宣大，聲援阻絕。又以東勝孤遠難守，調左衞於永平，右衞於遵化，而墟其地。」

大寧都司內徙事，明人多謂成祖以「靖難」師起，爲補充兵力，並免後顧之憂，乃誘奪寧王兵，並携三衞兵從征，後事定償其前勞，乃以大寧都司地之。《明史》卷一一七〈寧王權傳〉即承此說云：

「寧獻王權，太祖第十七子，洪武二十四年封，踰二年就藩大寧。大寧在喜峰口外，古會州地，東連遼左，西接宣府，為巨鎮，帶甲八萬，革車六千，所屬朶顏三衞騎兵，皆驍勇善戰。權數會諸王出塞，以善謀稱。燕王初起兵，與諸將議曰：『曩余巡塞上，見大寧諸軍慓悍。吾得大寧，斷遼東，取邊騎助戰，大事濟矣。』建文元年，朝議恐權與燕合，使人召權，權不至，坐削三護衞。其年九月，江陰侯吳高攻永平，燕王往救。高退，燕王遂自劉家口間道趨大寧，詭言窮蹙來求救。權邀燕王單騎入城，執手大慟，具言不得已起兵故，求代草表謝罪。居數日，欵洽不為備。北平銳卒伏城外，吏士稍稍入城，陰結三衞部長及諸戍卒。燕王辭去，權祖之郊，伏兵起，擁權行。三衞彍騎及諸戍卒一呼畢集，守將朱鑑不能禦，戰歿。王府妃妾世子皆隨入松亭關，歸北平，大寧城為空。」

這一幕戲劇化的行動，如將當時有關史料加以排比分析，可發現其中彼此矛盾，與事實多不相合；此與本文無關，不擬論述。至所謂寧府所屬朵顏三衞騎兵及陰結三衞部長事，更不可信。三衞於洪武二十二年設置後，旋即叛去，並不時擾邊，至永樂元年，始遣人招之來歸，復置三衞，此時何得受寧王節制？而且成祖在「靖難之變」洪武三十五年（建文四年）六月事定，九月遣人齎詔撫諭兀良哈大小頭目，十月即命兵部復大寧諸衞，《實錄》：「命兵部復設大寧、營州、興州三衞。凡各衞官軍先調遼東等處及在京并有坐事謫戍邊者，皆令復原衞屯田。令戶部尚書王鈍馳驛往北平，與新昌伯唐雲經度屯種。」(163)十一月，並「謂掌後軍都督府事雲陽伯陳旭等曰：東北胡虜數入邊境窺覷虛實，或徑至剽掠，其令武安侯（鄭亨）于千戶寨、灰嶺、慶州、神樹、西馬山、七渡河，皆設烟墩候望，有警即放炮，使屯守知備。仍令新昌伯以所領軍自小興州至大興州，東接牛嶺、會州、塔山、龍山諸處屯種，北勿出會州，西勿過千戶寨。」(164)是成祖對大寧防務的重要性，並未忽略。不過恢復大寧諸衞的計劃，並未成功。永樂元年三月，乃命將大寧都司移於保定。但亦未將此等地方給予三衞。至景泰初年，大寧猶爲空城。《熱河通志》對此辯證甚詳。（原文甚長，不具錄。見《欽定熱河通志》卷六三建置沿革九。）

而以成祖五伐蒙古，三次親統大軍渡漠遠擊的用兵態度觀之，當亦不會將此東連遼東西結宣府的國防要地割棄予人，自破防線，以貽後患。顧炎武謂大寧初設，未有人民，自燕府拔之而南，遂爲空城，成宣之世，尚爲甌脫(165)。葉向高謂「靖難」師定，此處既已荒廢，以權宜之計，都司乃暫移保定，徐圖恢復。其所著《四夷考》卷二〈朵顏三衞考〉文後論云：「兀良哈之爲中國利害甚明也。分閫建藩，高皇之慮遠矣。內徙于文皇，非得已也。干戈初戢，障塞尚虛，愛弟之請難裁，征伐之勞在念，權宜移置，姑待後圖，觀其次鳴鑾鎮，有滅殘虜守大寧之論，彼何嘗遽割以資夷哉！犁庭甫定，楡木變輿，雄謨莫究，遺憾可知。章皇寬河之役，威折奸萌，假令乘勝長驅，刈殘酋，復舊疆，善繼善述，誰曰不宜。顧上有雄略之主，下無謀遠之臣，後且並開平而失之，遂使要害藉於犬羊，而宣遼隔若胡越，禦戎之策，從玆絀焉。夫西河套而東大寧，失之皆我害也。然河套猶明知其奪於虜，而時圖恢復。乃大寧藉口於文皇，職方氏遂視若三衞之固有，無敢談及。故實莫稽，而傳訛日甚，可勝嘆哉！」

所謂「嗚鑾鎭有滅此殘虜守大寧之諭」，乃指永樂八年二月後第一次親征蒙古，二月二十一日至宣平時諭金幼孜等的一段話，金幼孜〈北征錄〉：「二十一日發宣府，晚至宣平，召幼孜等謂曰：今滅此殘虜，惟守開平、興和、寧夏、甘肅、大寧、遼東，則邊境可永無事矣。」三月初八日至鳴鑾戍，葉向高〈三衞考〉誤繫於此。「犁庭甫定，楡木變輿」，指永樂二十二年七月最後一次親征蒙古旋師途中，師次楡木川而崩。「愛弟之請難裁」，指寧王請藩國內徙。「征戍之勞在念」，蓋謂對「靖難」將士，勞苦已多，此時大寧已荒，不願遽令鎭戍塞外苦寒之地。遷都北京之後，又志在集中兵力，肅清沙漠，所以六師屢出，以致軍事倥傯，未遑復置，而楡木變輿。又《圖書編》謂大寧內徙之後，由於餉饋艱阻，因而未復，卷四五〈宣府總敍〉條云：

「……太祖之定都於金陵也，則以親享財賦之便故也。……成祖之都燕也，以親享兵馬之利故也。太祖據財賦而未嘗忘兵馬，則初年燕、遼、代、谷之封，割肌膚之愛，以膺捍禦之寄，而中山（徐達）、岐陽（李文忠）攻取經略，最久且備，夫亦以都遠而尤勅其防乎。成祖據兵馬而未嘗忘財賦，則平江（陳瑄）之經運，河濟之轉漕，殫竭羣策，悉賦江南，以雲集神都，夫亦以有兵而尤急其食乎！顧山後叢崖澗谷限隔，操戈之技非乏，而輸運之途難繼。當時開平之棄，大寧之移，雖聖算淵遠，有不可測，而餉饋艱阻，倘亦上疚宸衷，然未足以防萬年卜鼎之至計也。」

大寧防務的空廢，也許成祖是在「進攻是最佳的防禦」的戰略下，漠北蒙古王庭徹底擊潰之後，大患已除，然後再計議設防佈署。所以大寧在一度企圖恢復，遭遇困難，後又忙於策劃北征軍事，及限於其他因素，便擱置下來，沒有再進行復防工作。不過無論如何，大寧防務的空廢，致使北疆防線發生中斷，整個防務體系遭受破壞，所帶來的影響是相當嚴重的。寧王府與大寧都司，位於熱河丘陵，此處控扼蒙古高原與松遼平原的通道。或由今錫林郭勒盟地南下，或由多倫東行，均須經過遼河上游的林西，沿西遼河谷地入遼西[166]。所以寧王府與大寧都司的設立，在形勢上是以西翼宣府，東屏遼左，不但使蒙古與遼東各部隔絕，當時並用以監視三衞的。同時在對內來說，並爲燕、薊外線屏障。古北口與喜峰口皆爲熱、冀間長城要隘，清代時通往海拉爾的官道大路，均經由承德再經多倫北上。但大寧防務空廢之後，便不得不倚薊州爲重鎮，使原來的內線防務，變爲外線前哨，因而失去了東西聯屬南北控扼的作用。《圖書編》卷四四遼西區畫條云：「古遼西郡，即舊設大寧都司，內轄金川、全寧及大寧，和衆富庶，金源、惠和、武平、龍山等縣是也。契丹號爲中原，是故大同在西，燕在南，遼陽在東，大寧則在其中。其東南四十里爲松林，松林水出，是爲廣河，大山深谷，幅員千里，馬迂崇隆，迤逶亘京師之西。……我太祖驅逐胡元，于古會州之地設大寧都司及所屬營州等衞，以爲外藩籬，復命魏國公修山海關、喜峰口、古北口、黃花鎮、潮河川一帶，以爲內藩籬。永樂中搬回大寧，以地委朵顏三衞，而以內籬藩爲界。大寧既棄，則開元（平）與和不容不失，宣德中移守獨石、龍門，勢固然也。土木之變，獨石八城俱陷，所恃者一長安嶺橫亘虜衝耳。」

又〈遼東區畫〉條云：

「我朝建都燕地，不徒宣大與虜為隣，患在肘腋，而朶顏三衞，反在遼之內地，所恃薊鎮耳。山海關一線之路，萬一中阻，則咽喉既塞，彼遼陽一鎮，不特不足為京師之障，而束手無拯援之策矣。」

又《皇輿考九邊》卷九〈宣府〉條云：

「太宗文皇帝三犂虜庭，皆自開平興和萬全出入，嘗曰：滅此殘虜，惟守開平、興和、大寧、遼東、甘肅、寧夏，則邊境可永無事矣。後大寧既以與虜，興和亦廢，而開平失援難守。宣德中迺徙衞於獨石，棄地蓋三百里。土木之變，獨石八城皆破，雖旋收復，而宣府特重矣㊶。」

大寧空廢之後，三衞遂得踰西喇木倫河南下，因此老哈河以南，長城以北地區，得自由進出其間，使遼東西側防務，直接受到威脅。大寧西側的開平衞，亦因大寧之放棄，過於突出孤立，不能自存，宣德五年，遂不得不後移至獨石堡。三衞在成祖年間，由於大寧撤退後，失去對其監視控制力量，後乃陰附阿魯台，為其羽翼，勾結犯邊。永樂二十年，成祖征阿魯台還，曾遣師分道痛擊之。宣德三年，三衞掠永平山海關間，宣宗自將征討，亦斬獲甚衆。後又與阿魯台反目。及阿魯台為瓦剌脫歡所殺，又轉依附瓦剌也先，泰寧衞拙赤並以女妻之，陰為耳目，入貢輒易其名，且互用印文，假冒混入。正統六、七年間，並東合建州兵入犯山海關至錦州通道上之要地前屯地方。至此，明廷感到問題甚爲嚴重，乃議建立邊墻，以爲防阻。

很明顯的，在整個戰略上說來，如西喇木倫河與老哈河之喪失，卽朝陽一帶之喪失；朝陽一帶之喪失，遼河以西則難以自保。根據明太祖自遼東至大寧、開平防務的佈署，乃以此爲外線，而以山海關、居庸關爲內線。大寧的放棄，使原來的內線變成了國防前哨，不得不增強防禦設置。遼東邊墻的建立，最初是遼西及遼河流域，純爲防三衞而設。此計劃起於巡撫王翺，而由都指揮僉事畢恭任其事。正統七年冬，王翺以右僉都御史提督遼東軍務，到任後，乃躬出巡邊，相度地形，並擢用畢恭（時爲遼陽百戶），授以方略，經理自山海關至開原間的設防工作⑯。邊墻的構築，大概始於正統八年夏，構築工程，最初爲編木爲垣，掘土爲塹，其後於要衝地方改爲版築，並於適當距離，設置屯堡，建立墩台，置配兵額，警備守禦。《全遼志》卷二〈邊防志〉：「國初，畢恭守遼東，始踐山因河，編木爲垣。久之，乃易以版築，而墩台城塹，稍稍添置。」邊墻的位置，西起山海關，經寧遠、錦州、義州西方，橫斷醫巫閭山，至廣寧北白土廠附近。再由此東南走至遼河及三岔河，因阻於遼河，邊墻至此中斷，此爲遼西邊墻。然後由三岔河，沿渾河左岸，繞遼陽西境北行，過渾河，經瀋陽，由石佛寺越遼河，經鐵嶺之西，由中固出遼河右岸，過開原西方抵昌圖。此爲遼東邊墻。東西邊墻之間，因限於遼河，成一V字型。王翺與畢恭所築邊墻成此形式，而未由廣寧直結瀋陽，或由於其間爲泥濘沮洳地帶，交通不便。《遼東志》卷五〈巫凱傳〉云：「秋冬駐廣寧防胡，春夏駐金州防倭，道經古澤，泥淖難行。奏築長廣道，行者便之。」長廣道意義不明，蓋爲自廣寧東南經由三岔河之官道。所謂古澤，或爲自廣寧經盤山至三岔河中間以北之地（見後引李善奏疏）。邊墻中間成V字形，或擬利用此沮洳地帶，恃爲天塹。V字中間這一大塊地區，明人稱之爲遼河套[169]。當時王翺、畢恭所建邊墻，或由於交通關係，或限於客觀環境之一時應急手段，但將遼河套地帶置於邊墻之外後，則無異視爲棄地。此等地方水草豐美，正是良好游牧活動場所，因此三衞遂得入侵其地[170]。弘治時巡按御史李善奏疏云：

「切見遼東邊事疲敝，臣至遼陽、開原，詢及故老，皆云宣德年間，本鎮初無邊墻，時唯嚴瞭望，遠烽堠，海運直通遼陽、鐵嶺，以達開原，故開原城西有曰老米灣者。又舊行陸路，自廣寧直抵開原三百餘里。先年燒荒，東西兵馬會合棋盤山，東北至開原平頂山，中有顯州廢城，遼之中京，肥饒之地，不下萬頃。自畢恭立邊後，置之境外。邇來三衞夷人肆意南侵，漸入猪兒山、老虎林、遼河套等處，假牧潛行，伺隙入寇，邊方為害，甚于昔時。且沿邊地多平漫，土脈鹹鹵，遞年春秋徵夫四、五萬名，糧餉萬石，無益邊防，徒勞人力。初計所恃者，遼水為險也。夏旱水淺，虜騎可涉，冬寒冰凍，如履坦途。抄掠人畜，不敢耕牧。遂致田野荒蕪，邊儲虛耗，仰給京運。且今道路隔阻遼河，又兼盤山、牛莊低窪，天雨連綿，水輒泛溢，行旅阻隔。萬一開原有警，錦、義、廣寧之兵，何以應援？且遼東孤懸一方，番漢雜處，遼河失守，則遼陽不支；遼陽不支，畿輔之地豈能晏然也。臣慮及此，不能不為之寒心。」[171]

邊墻如此建築，事實上已將全遼分爲東西兩段，所以正統、景泰以後，遼河套既陷之於敵，原來所設總兵官駐節於河西廣寧，對河東方面已不足統攝，因此不得不於遼陽開設副總兵府。

《全遼志》：「我成祖建都於北京，遼東遂爲東北巨鎮，總兵建節廣寧，遙制一方。景泰多事，遼陽始據河爲邊。至天順設分守參將，尋改副總兵充任，開府於此。」[172]

明廷對遼東之開拓，大多依遼河沿岸佈防築城，爲根據地。邊墻既不能將遼河套包有在內，不但在防務上使遼東西之聯絡發生許多困難，而且整個遼河運路，亦暴露敵前，影響到遼東全局。所以這一邊墻的缺陷，在築成後不久，即屢有人指陳其失，請設法挽救。至憲宗成化十二年兵部侍郎馬文升受命整飭邊備時，乃建議於三岔河地方建立強大浮橋，使東西聯爲一體，有事得互爲應援。《明憲宗實錄》卷一六〇，成化十二年十二月甲午條：

「整飭邊備兵部右侍郎馬文升奏，遼東地方，三面受敵，故分兵三路，以備外侮。廣寧為中路，開原、遼陽為東路，前屯、寧遠、錦、義為西路，遇有警急，彼此應援。切見遼陽迤西一百六十里廣寧迤東二百里，有遼河一道，分界遼之東西，冰結則人馬可以通行，易于應援，或遇冰開，賊先據之，我兵雖有渡船，不能猝濟，彼此勢孤，誤事非小。正統十四年虜犯廣寧，遣兵據此，已有明驗。今請造大船十數，橫列河中，下聯鐵索，上加木板，以為浮橋，兩岸豎大木為柱，總繫其纜，遣兵護守，以便往來，設或有警，則東西聲勢相連，不致誤事。從之。」

但這仍是消極的彌補作用，成化二十三年，遼東都指揮使鄧鈺又提出遼河套凹入部分向前移動的建議云：「自永樂中罷海運後，築邊墻於遼河之內，自廣寧東抵開原七百餘里，若就遼河迤西徑抵廣寧，不過四百里，以七百里邊墩堡塞移守四百里，虜若入寇，彼此易於應援。」

並請降勅責諭朵顏三衛，遠離邊墻三、五百里駐牧，不如約者，聽邊將出兵勦伐。鄧鈺之建議，蓋以V字形邊墻，不但防線拉長，兵力分散，難於防守，且彼此隔阻，聲援不易。故建議將凹入部分向前方推出。旋兵部議覆，其言固皆有理，但邊墻築久，未可輕動。又勒令三衛遠離邊墻，恐引起邊釁，故所議亦未行[173]。後李善又復建議自廣寧畫一直線至開原西北，開復舊日通路，將邊墻向西方拓展。這一計劃如果實現，不但可以使防務縮短四百餘里，邊墻縮短九萬餘丈，墩台堡減少一百一十五座，瞭守官軍往來糧餉補給道里減三分之二，可以省節大量兵力集中防守，及國家每年爲修繕邊墻墩台營堡的龐大負擔；並可將今新民一帶全部及法庫地方大部分土地，劃入遼東內地，得山澤之利，舟楫之便，肥饒之田[174]。但亦未實行。

此外，在撫順東方尚有爲防禦建州所建的邊墻，以與本文所論主旨無關，不擬敍述。就上所述邊墻建築情形，我們可以看出大寧防務廢棄之後所帶來的嚴重問題。萬斯同《明史樂府》云：「虜入潰墻如平地，縱橫飽掠無所忌；虜退復興版築功，朝築暮築竟何利？」明軍既困於遼東西邊之防守，則東邊之外敵，自易會乘機而起。到「土木之變」以後，問題便更爲嚴重了。

此種情勢之造成，固然原因甚多，但大寧防務棄廢之後，使夷虜得以東西交通勾結，狼狽爲患，實爲影響遼東全局的重大因素。「東方初報墻功完，西方又傳虜犯邊。」後建州統一各部，興兵內犯，亦取道遼西，經由大寧故地迂迴而入。

(三) 蒙古高原情勢變化的影響

元自退出中國遁入漠北之後，外部屢受明軍攻擊，內部亦因之發生變化，漸形成東西兩個勢力。東蒙古即所謂韃靼部，西蒙古即所謂瓦剌部。雙方對峙，互爭霸權，時相攻殺。成祖即位後，一方面利用其分裂爭戰弱點，從中離間扶抑，使相互抗衡；一方面乘機用兵，進行個別攻擊。永樂六年冬瓦剌部遣人來朝貢馬並請求封勅，七年五月，遂封其三部長馬哈木爲順寧王、太平爲賢義王、把禿孛羅爲安樂王[175]。使團結對抗韃靼本雅失里、阿魯台勢力。是年六月，本雅失里與阿魯台以瓦剌結好於明，發兵西侵，爲馬哈木等合兵擊潰，損失甚爲慘重。《實錄》記七月間韃靼脫脫卜花王、把禿王以下國公、丞相、知院、都督等多人各率部至寧夏邊境來降，衆至數萬，牛羊駝馬十餘萬[177]。這些當是本雅失里、阿魯台所屬，因受瓦剌壓迫，而投降於明。當本雅失里、阿魯台敗於瓦剌之時，明成祖亦乘勢進攻。先是，永樂六年，阿魯台迎立本雅失里之後，成祖曾遣人諭以修好來歸，不聽。七年六月，復遣給事中郭驥齎詔往，驥至被殺。七月，乃命淇國公邱福爲征虜大將軍，率王聰、火眞、王忠，李遠統精騎十萬討之。進至臚朐河中伏，全軍覆沒，五將軍皆戰死[178]。成祖甚怒，八年二月，乃發大軍五十萬親征。《明史》卷三二七〈韃靼傳〉：

「帝自將五十萬衆出塞，本雅失里聞之懼，欲與阿魯台俱西。阿魯台不從，衆潰散，君臣始各為部。本雅失里西奔，阿魯台東奔，帝追及斡難河，本雅失里拒戰，帝麾兵奮擊，一呼敗之。本雅失里棄輜重孳畜以七騎遁。……班師至靜虜鎮，遇阿魯台，帝使諭之降，阿魯台欲來，衆不可，遂戰。帝率精騎大呼衝擊，矢下如注，阿魯台墜馬，遂大敗，追奔百餘里乃還。冬，阿魯台使來貢馬，帝納之。」

阿魯台連遭失敗，瓦剌乃乘機而起。永樂九年二月，馬哈木等遣使貢方物，且言「本雅失里、阿魯台敗走，此天亡之也。然此寇桀驁，使復得志，則爲邊害，西北諸國之使，不敢南嚮，願早圖之。」[179]永樂十年九月，馬哈木等攻殺來投依之本雅失里，而立本雅失里弟答里巴，漸倔強不受明廷約束。十一年七月，阿魯台復聲言願內附爲故主復仇，於是乃封爲和寧王。＜韃靼傳＞：

「越二年，本雅失里為瓦剌馬哈木等所殺。阿魯台已數入貢，帝俱厚報之，並還其向所俘同產兄妹二人。至是，奏馬哈木等弒其主，又擅立答里巴，願輸誠內附，請為故主復仇。天子義之，封為和寧王。」

十二年二月，成祖復親征瓦剌。《明史》卷三二八＜瓦剌傳＞：

「十年，馬哈木遂攻殺本雅失里。復上言獻故元傳國璽，慮阿魯台來邀，請中國除之。脫脫不花子在中國，請遣還。部屬多從戰有功勞，請加賞賚。又瓦剌士馬強，請予軍器。帝曰：瓦剌驕矣！然不足較。賚其使而遣之。明年，馬哈木留敕使不遣，復請以甘肅、寧夏歸附韃靼者多其所親，請給還。帝怒，命中官海童切責之。冬，馬哈木等擁兵飲馬河，將入犯，而揚言襲阿魯台。開平守將以聞，帝詔親征。」

這一次親征瓦剌，雖未收全勝之功，然給予瓦剌之打擊相當沉重。十三年正月，馬哈木等三酋聯合貢馬謝罪，且還前所留使臣。而阿魯台又乘瓦剌之危，復起而與瓦剌相抗。十三年冬，馬哈木向阿魯台進兵復仇，《實錄》永樂十三年十二月戊辰條：「瓦剌使者言，瓦剌馬哈木等慮阿魯台與中國和好，將爲己害，擬七月率衆至斡難河北，俟冬襲阿魯台。」[180] 戰爭蓋在十三、十四年冬春之際，馬哈木繞至阿魯台後方突襲，結果慘敗[181]。尋馬哈木亦卒[182]。

馬哈木死後，子脫懽襲立，瓦剌勢力受賢義、安樂兩王左右，一時對明又頗恭順[183]，永樂十五年冬，瓦剌爲報前仇，攻阿魯台，大敗之[184]。十七年冬，阿魯台復襲瓦剌，《實錄》永樂十七年十一月己酉條：

「指揮毛哈剌還自瓦剌言，阿魯台襲賢義王太平等大敗之。上曰：阿魯台黠虜，與瓦剌相讐久矣。朕嘗遣人諭太平等，令備之，不從朕言，遂至於此。於是遣千戶脫力秃古等往賜太平、把秃孛羅等綵幣表裏，且慰問之。」[185]

從這裏我們可以看出成祖對韃靼與瓦剌間爭霸鬭爭所用的策略，及所造成的邊防情勢。成祖征伐阿魯台，結果使瓦剌猖獗。征伐瓦剌，又造成阿魯台的勢力的復興，驕蹇不遜。《實錄》永樂十九年正月己巳條：「和寧王阿魯台遣都督脫脫木兒等貢馬。脫脫木兒等至邊境，要刼行旅，邊將以聞，請禁止之。上遣使賫勅諭阿魯台戒戢之。蓋虜自是驕蹇，朝貢不至。」[186] 二十年春大入興和，於是乃有二十年、二十一年、二十二年成祖連續親征阿魯台的軍事行動[187]。

成祖於最後一次親征阿魯台班師中途，卒於多倫西北榆木川。成祖死後，使北方的整個情勢發生變化。一是阿魯台的東侵兀良哈三衞，使遼西局勢動盪不安；一是瓦剌襲殺阿魯台後成獨霸之勢，結合三衞及女眞入犯。英宗親征，而造成「土木之變」，使北疆防務，急轉直下。初阿魯台屢思向遼東發展並控制兀良哈三衞。《實錄》正統十四年六月辛亥條云：「永樂初，……

虜酋阿魯台欲收女直吐蕃諸部，聽其約束，請朝廷集諸部長，刻金以盟。（黃）淮曰：胡人各自爲心，則力小易制。若併爲一，則大而難制矣。太宗以爲然，且曰：黃淮如立高岡，無遠不見。」⑱又永樂七年六月辛亥條：「本雅失里、阿魯台爲瓦剌所敗，今在臚朐河，欲驅敗散之卒，掩襲兀良哈諸衞，遂襲邊境。」⑱後兀良哈亦陰附阿魯台，並時來寇邊，《實錄》永樂九年十二月壬辰條：「遣指揮木答哈、阿升哥齎勅諭福餘、朵顏、泰寧三衞頭目……比者爾等爲本雅失里所脅，掠我邊卒。又遣苦烈兒等紿云市馬，實行窺伺。狡詐如此，罪奚可容。……如能悔過，即還所掠戍卒，仍納馬三千匹，贖前罪。不然，發兵誅叛，悔將難追。」⑲十年夏四月，三衞遣人納馬，贖虜掠邊卒之罪⑲。又十五年九月癸亥條：「勅遼東總兵官都督劉江及遼東都指揮使司曰：有自虜中還者，言虜歲凶乏食，欲肆掠各屯堡，其來必自大凌河，或廣寧、義州，宜令各衞愼固防守，毋爲所襲。」⑲十一月又勅劉江曰：「近指揮朵兒只還自兀良哈言，虜寇至邊，晝則潛伏，夜則出入烟墩下，守者皆不覺。果如此言，爲將不嚴之過。」⑲兀良哈三衞之叛服阿魯台，使其得以東西相結，問題當然是相當嚴重的。所以成祖在永樂二十年襲阿魯台還，曾遣師分道擊之。《明史》卷七〈成祖本紀〉三：「（二十年）七月……旋師，謂諸將曰：阿魯台敢悖違，恃兀良哈爲羽翼也，當還師翦之。簡步騎二萬，分五道並進。庚午，遇於屈裂兒河，帝親擊敗之，追奔三十里，斬部長數十人。辛未，狗河西，捕斬甚衆。甲戌，兀良哈餘黨詣軍門降。」

洪熙時，三衞仍一面入貢，一面零星掠邊。宣德初，漸南下至近塞游牧。《實錄》宣德三年正月丁未條：「邊將奏，兀良哈之人往往於灤河牧馬，請掩襲之。上曰：虜犯邊，當正其罪。今未有犯，姑遣人諭之。」⑲尋入寇永平、山海關間。適宣宗自將巡邊，乃親率精騎討之⑲。

至宣德六年後三衞復頗恭順，朝廷許其照舊互市貿易。實則此時蒙古高原情勢已發生變化。六年二月，阿魯台爲瓦剌脫懽所敗，三衞乃叛阿魯台，往掠之，爲阿魯台所敗。《實錄》宣德七年九月乙未條：「遼東總兵官都督巫凱奏，亦馬忽山等衞指揮木答兀等來報，福餘等三衞韃軍往掠阿魯台，爲阿魯台所敗，盡收其家口輜重牛馬田稼。三衞之人，奔往海西，或在遼東境外，招之不來，間有來者，語言譸張，已整飭軍馬備之。」[196]是年十一月，邊報阿魯台部衆東行攻兀良哈[197]。並侵海西，《實錄》宣德八年二月辛亥條：「兀者、肥河等衞奏，和寧王阿魯台部衆數經其地，恐其侵擾，欲以兵拒之。上曰：虜逐水草求活耳，拒之非是。遣勅諭之曰：朕嘗勅和寧王，令其戒飭部屬，毋擾隣境。爾亦宜約束部下，謹守地方。彼來擾則禦之，不擾亦勿侮之。」[198]同年三月戊寅條：「嘉河衞指揮乃剌禿等差指揮卜顏禿等來奏，和寧王阿魯台部屬徙於忽剌溫之地，迫近本境，恐其爲患，今以所部人民移居近邊，乞賜優容。」[199]阿魯台之行動，或爲追擊三衞逃往海西之人，也可能是在西方敗於瓦剌後，擬在東面女眞族發展勢力。宣德八年二月，阿魯台曾遣使自遼東入貢。朝廷以其往年皆自大同、宣府入境，今迂路從遼東入，或欲窺覘作亂，不可不慮，命守邊官嚴加戒備[200]。阿魯台之襲破三衞，並及海西女眞地，使遼東情勢，開始發生變化。

阿魯台之東侵，乃由於瓦剌勢力之壓迫。永樂十四年瓦剌馬哈木死後，其子脫懽嗣位。十六年四月明廷令襲父爵爲順寧王。初脫懽修兵雌伏不動，對明亦恭順奉貢。但至永樂二十年阿魯台爲成祖擊敗後，二十一年夏，乃突然向阿魯台所住地大舉進攻[201]。至宣德六年二月復大敗之。九年二月，阿魯台遂爲脫懽襲殺。《實錄》宣德九年十月乙卯條：「甘肅總兵官都督僉事劉廣奏：獲到虜寇言，今年二月，瓦剌脫脫不花王子率衆至哈海兀良之地，襲殺阿魯台妻子部屬，及掠其孳畜……。七月，脫歡復率衆襲殺阿魯台、失捏干，其部屬潰散。阿魯台所立阿台王子，止餘百人，遁往阿察禿之地。」202阿魯台滅亡後，脫懽窮搜其餘衆，阿台後逃至亦集乃（額濟納，寧夏西部），正統三年亦被瓦剌所攻殺。

正統四、五年間，脫懽死，子也先嗣位。也先較之脫懽，更爲桀驁。《明史》卷三二七〈韃靼傳〉：「瓦剌脫懽既擊殺阿魯台，悉收其部，兼併賢義、安樂二王之衆，欲自立爲可汗。衆不可，乃立脫脫不花，以阿魯台衆屬之，自爲丞相，陽推奉之，實不承其號令。脫懽死，子也先嗣，益桀驁自雄，諸部皆下之，脫脫不花具可汗名而已。」這時整個蒙古高原勢力，幾乎都入於其手，於是乃東西侵掠。以下只說其對兀良哈三衞及遼東的影響。

三衞當脫懽擊破阿魯台之時，即乘勢依附瓦剌，並與之聯合向阿魯台餘衆及阿台進攻，雙方交驩甚密。同時亦乘瓦剌勢力尚未十分鞏固之時，西上向山西、陝西邊境活動。正統二年秋，寇大同、延安等處，獨石守備楊洪擊敗之。同年十一月、十二月，三年正月，四年九月、十一月，屢向延安、綏德一帶進擾203。正統四、五年之交，復擾犯薊遼邊上。七年十月，並糾合野人女眞大犯廣寧前屯。《實錄》：「本年十月初五日，兀良哈達賊糾合野人女直共千餘人，自氈帽山入犯廣寧前屯等衞界，殺虜男婦一百八十人。」204九年春，復掠虜邊卒。於是乃命成國公朱勇、恭順侯吳克忠出喜峰口，興安伯徐亨出界嶺，都督馬亮出劉家口，都督陳懷出古北口，各將精兵萬人，四路討之205。三衞遭受重創，因之乃導瓦剌入寇。《實錄》正統九年七月庚午條：

「近得遼東總兵等官奏，兀良哈頭目俺出傳報，泰寧、朶顏頭目抽赤等部屢言被官軍擒殺人畜，欲收拾人馬犯邊。又言也先見差頭目在三衞，索取以先漫散人口，其情俱未可測。」

八月甲戌條：

「比使臣自瓦剌回邊，備言也先為人兇狡桀驁，信讒多疑，專行詭道。而兀良哈頭目拙赤等又在彼請兵，圖為報復。」206

又九月丁亥條：

「比得降虜言，北虜計議，待我使臣回日，即攜其家屬，於堆塔出晃忽兒槐地面潛住，分兵兩路入寇。脫脫不花王率兀良哈東侵，也先率哈密知院西入。」207

就在三衛勾引瓦剌擬共同內犯之同時，海西女眞因不堪三衛之侵擾壓迫，而與三衛發生戰爭。《實錄》正統九年九月壬寅條：「初，肥河衛都指揮別里格奏，兀良哈拘殺其使人。朝廷許其報復，別格里遂同嘔罕河衛都督你哈答等率衆至格魯坤迭連地，與兀良哈頭目拙赤、安出等戰，大敗之。遣指揮咬失以狀聞，上賜綵幣獎諭之。」208

初，明廷對海西女眞聯合攻擊三衛，頗爲支持，所以九年冬與十年春海西女眞兩次聯合向三衛進攻209。但十年秋海西復集兵辰州，準備撕殺之時210，明廷恐引起更大騷亂，海西勢力過於強大之後而不易制，因而又採取調停態度。《實錄》正統十年十月庚申條：

「勅諭福餘衛都指揮同知安出、都督指揮僉事歹都及大小管事頭目人等曰：今得爾等奏，女直頭目剌塔等引領人馬到爾地方，殺掠人畜家財，爾歹都率人馬追逐，奪回人口，今欲復率部屬往彼報讐。然去年冬剌塔等奏，被爾處部屬殺掠其人馬財物，累請擒治。朝廷諭彼令挨尋原賊，依俗賠償講和。爾兀良哈與女直，皆朝廷開設衛分，乃彼此交構報復，論法俱不可容。特念爾等遠人無知，悉置不問。自今各宜謹守法度，毋作非為，與隣境和睦，用圖永久。仍宜戒飭部屬，凡往來須遠離邊境，恐巡哨官軍一槩勦殺難辨，特諭知之。」

同時並諭女眞各部：

「勅諭兀者衛都督剌塔等，肥河衛都督僉事別里格等，嘔罕河衛都督僉事你哈答，及各野人女直衛分都指揮等官頭目曰：今得爾奏，去年被兀良哈達子刼掠爾女直人畜財物，近者爾往彼報復，得其達子人口，彼復追及爾等，將所得達子人口遣還，就遣人往彼，取原掠爾女直人口，遣人來奏。近者福餘衛都指揮安出等亦奏，欲復率部屬來爾處報讐。朕以爾野人女直各衛與兀良哈達子各衛，皆朝廷開設，皆當以奉公守法為心。乃互相報復，不知悔過，豈保全長久之道。已遣勅切責安出等，不許擅動人馬，敢有近邊者，悉聽官軍勦殺。然彼譎詐反復，素性不常，爾等宜整飭人馬隄備。如彼遠遁境外，爾亦不必窮追。朕以爾女直衛分忠順朝廷，始終無間，特諭知之。」[211]

三衛與海西之攻殺甫經安定，瓦剌又乘機向三衛侵犯，並向女眞族伸展勢力。正統十一年冬第一次向三衛進攻，泰寧衛掌衛事都督拙赤等被殺[212]，三衛受創頗重。《實錄》正統十二年正月庚辰條，兵部尚書鄺埜等奏：「瓦剌虜酋也先，自其父脫歡時，合併阿魯台，部落益以強大。而西北一帶戎夷，被其驅脅，無不服從。惟兀良哈三衞不服，也先又親率人馬，分道掩殺。自此北漠東西萬里，無敢與之抗者。」[213]《明史》〈三衞傳〉言：「瓦剌復分道截殺，建州亦出兵攻之，三衞大困。」十二年夏，瓦剌復攻三衞，《明史》卷三二八〈三衞傳〉：「瓦剌賽刊王復擊殺朶顏乃兒不花，大掠以去。也先繼至，朶顏、泰寧皆不支，乞降。福餘獨走避腦溫江（嫩江），三衞益衰。畏瓦剌強，不敢背。」又《實錄》正統十二年九月己酉：「勅提督遼東軍務右都御史王翺等曰：瓦剌朝貢使臣言，也先兵侵兀良哈，其泰寧、朶顏二衞已爲所脅，惟福餘人馬奔腦溫江，彼又欲待冰凍時追之，因往海西收捕女直。爾宜遙振軍聲，使虜聞風不敢近塞，斯爲全策。」[214]後明廷遣人招諭福餘衞至遼東境內散處居牧[215]。

瓦剌之擊破三衞，使海西女眞各部，大爲驚恐。明廷亦感覺到未來可能發生情勢的嚴重。正統十一年十一月曾諭吉河衞女眞頭目，以防其受瓦剌誘惑爲亂，《實錄》：

「勅諭吉河衞指揮速魯董哈男北赤納等曰：近得爾等奏言，聞迤北韃靼來搶各衞，爾野人女直欲收拾人馬隄備，具見爾等保守境土，忠敬朝廷之意。勅至，爾卽約束部屬，但有遠夷奸人到來蠱誘爾衆為非者，卽拒絕捕治。或來侵爾境，卽併力勦殺，斯為爾福。近觀兀良哈三衞，皆因其頭目與遠夷交通，致彼數數往來，察其動靜，今被刼掠人畜，實所自取。爾等宜深以為鑑，庶不貽爾禍。」[216]

十二年七月並諭女眞各部。《實錄》：

「勅諭海西野人女直衛分都督剌塔、別勒格、寧哈答，都指揮末朶斡、長安保及欲建州三衛都督李滿住、凡察、董山并各衛都指揮等官大小頭目曰：今兀良哈來朝言，瓦剌復欲侵劫兀良哈部屬及爾地方。且瓦剌居迤北之地，兀良哈居迤南之地，本不相侵犯。近年瓦剌謀取兀良哈，以結親為由，與其都督拙赤等交結。去歲為彼劫掠，拙赤等先死，其餘敗亡，往事可鑒。今此虜又欲謀爾野人女直，爾宜戒飭所屬頭目人民，但有虜寇來蠱誘者，即便擒拏送鎮守官，具奏處置。侵犯者即併力剿殺，無失建立功名，忠報朝廷之意。」[217]

瓦剌自擊潰三衞之後，亦確實在向女眞各部進行怵誘。女眞族曾受蒙古百餘年之統治，故頗想再將其置於自己控制之下，在塞外建立一個統一勢力。如果瓦剌這一個計劃實現，當然問題是非常嚴重的。正統十二年十月明廷曾勅提督遼東軍務右都御史王翺等云：「瓦剌也先以追捕仇人爲名，呑噬諸部，往者旣自北而西，又自西而東，今又東極海濱，以侵女直。女直自開國以來，役屬中國，一旦失之，是撤我遼海藩籬，唇亡齒寒，不可不慮。已勅女直衞分，俾知隄備。卿等亦宜嚴兵爲備，毋恃其不來，恃吾有以待之。毋恃其不攻，恃吾有所不可攻。不來不攻，尚須有恃，況其必來必攻者乎！卿等其愼之。」[218]而瓦剌向女眞各部積極進行恐嚇招誘工作，一時似頗爲成功。《實錄》正統十三年正月乙巳條：「勅諭建州等七十五衞所都督同知李滿住等及大小頭目人等曰：比聞北虜屢遣人來爾處怵誘，今若再來，爾等即明白說稱，爾野人女直係朝廷開設衞分，世受節制，不敢擅爲。若彼生事，爾即設法擒送遼東總兵官，奏來處治。朝廷論功行賞，必不吝惜。敢有輕聽所誘，私通夷虜，引寇爲患，必調軍馬剿殺不宥。」[219]是年十一月，海西等衞繳進瓦剌所與各衞招誘文書，《實錄》：

「勅諭兀者等衛都督等官剌塔、別里格等曰：近爾等進瓦剌與爾等文書，朕覽之，皆甘言誘語。且自古國家興廢，皆出天命。今虜乃以元成吉思薛禪可汗事誘爾。且元亡已百餘年，當其亡時，子孫奔竄草野，皆為人所害，今其稱為首領者，亦不過冒其名以脅部屬耳。其屬人尚皆不信服，況欲欺遠方之別類者乎！我祖宗受天明命，統御萬方，爾女直野人，皆自開國之初，設衛授官，頒給印信，管治人民。爾等世受國恩，聽朝廷節制，茲乃受虜文書，於理甚不當。況爾居東陲，虜居北地，相去甚遠，虜以文書遺爾，事必有因，論情固當究問。但念爾等素多忠謹，自以文書繳進，不隱其情，悉置不問。自今爾等宜嚴禁部屬，毋與虜往來。或虜侵犯爾境，爾等備禦不及，馳報遼東總兵等官，為爾量度應援，務使爾等不致失所，爾等其敬慎之。」(220)

雖然明廷極力解說撫慰，並提出安全保護，但接受瓦剌引誘而爲患者，仍有七十四衛之多，《實錄》正統十三年十二月癸丑條云：「上以泰寧等三衛並忽魯愛等七十四衛俱受瓦剌也先誑誘，屢爲邊患。遣勅七十二道分諭各衛管事都指揮等官及大小頭目人等，責其已往之失，勉其方來之忠。」(221)

當時瓦剌的招誘活動並遠及黑龍江地方諸部，《實錄》正統十三年十二月乙丑條：「勅黑龍江野人頭目土忽兒、孔加兀察、亦巴谷、土巴撤兒、得令哈等曰：亦文山衛指揮滿禿言，爾等不聽也先怵誘，願出力報效，足見忠順朝廷之意，朕甚嘉之。……蓋瓦剌本北虜散部之人，妄稱元後，僞立名號，爾等切勿招引，自取禍患。」(222)由上引史料，可知瓦剌在擊潰三衛後，爲遼東所帶來的騷動，及「土木之變」之前遼東的動盪情勢。

也先自得勢之後至正統十四年向明邊寇擾情形，非本文範圍，不擬敍述。這裏只說「土木之變」對遼東邊防的影響。正統十四年七月十一日，也先突遣兵分四路向明大舉入寇。《實錄》：「是日，虜寇分道刻期入寇，也先寇大同，至猫兒莊，右參將吳浩迎戰敗死。脫脫不花王寇遼東，阿剌知院寇宣府，圍赤城。又別遣人寇甘州，諸守將憑城拒守。報至，遂議親征。」㉓《遼東志》卷五〈王翺傳〉：「十四年八月內，北虜大舉犯京師，部落數萬寇廣寧。時翺聚兵教場，虜騎卒至，我軍遂潰。翺收散卒，堅壁固守，虜遂遁去。」《實錄》正統十四年九月乙酉條：「兵部言，遼東提督軍務左都御史王翺、總兵官都督曹義、鎭守太監亦失哈等奏報達賊三萬餘人入境，攻破驛堡屯莊八十處，擄去官員旗軍男婦一萬三千二百八十餘口，馬六千餘匹，牛羊二萬餘隻，盔甲二千餘副。」㉔

當時使遼東局勢，已整個陷入混亂狀態。《于忠肅公奏議》卷八〈兵部爲關隘事疏〉內奏稱：

「……審據高能等七員名，係遼東三萬等衛所鎮撫、總旗、舍人職役，內高係三萬衛千戶高宣弟，景泰元年九月間被賊搶去人數，其高能等俱係景泰元年十二月內蒙遼東總兵等官左都督曹義等差齎勅書，往海西等衛撫諭都指揮等官加哈等，令其歸順朝廷，將搶去邊上人畜退出。本月二十日到都指揮弗剌出寨內，當有脫脫人馬到來，將弗剌出等捉去，問說朝廷使臣在此，弗剌（出）等不肯承認。脫脫將弗剌出等剝去衣服，用皮條綑縛，弗剌出方纔說出高能等在寨，致被拘去。將各人所齎勅書開看，就將各人交與皮鬼馬黑麻等收領，令在營內，說我如今替朝廷收捕野人女直，你每就眼看收了時，差人送你每去。脫脫領人馬自松花江起，直抵腦溫江，將兀者等衛一帶頭目寨子，都傳箭與他，着他投順。中間投順了的，着車輛裝去，不肯投順的殺了，亦有走了的，寨子俱放火燒訖。有考郎衛都指揮加哈成、討溫衛指揮婁得的女兒都與了脫脫兒子做媳婦。脫脫到白馬兒大泊子去處，將都督剌塔、伯勒奇，都指揮三角兀及野人頭目約三四百人盡數都殺了。脫脫身上得了浮腫病症，又害脚氣，乘馬不得，只坐車回還。留下五千人馬在木里火落等處餧馬，要去收捕建州等衛都督李滿住、董山等。……又說脫脫不花今次收了野人女直等處大小人口約有四五萬，內精壯約有二萬。」

又同上〈兵部爲軍務事奏議〉引王翺奏稱：「今該原差指揮王武等回還呈稱，四月十三日到完者名河等處，尋見李滿住、董山、卜花禿念文書，各人商議要來。至十五日，忽報脫脫不花人馬見在罕里名河等處下營，相離一日路程，各人俱自收拾家小藏躲。有李滿住又說差千戶高完帖、董山差親弟董陽等隨後趕來回話，至今未到。」[225]

《朝鮮實錄》也有關于此事記載：文宗庚午年（景泰元年）十二月戊戌條：「通事金有禮回自遼東啓，臣前赴遼東，聽探聲息。王大人（王翺）曰：當今別無聲息，唯兵部侍郎趙燦（榮）賫領賞賜到也先處。也先謂燦曰：海西等處野人女直與高麗後門諸種野人等橫逆不服，予將領軍七萬征討剿殺，朝廷勿爲驚惑，以動大軍。」又元年（景泰二年）正月壬戌條：「通事金辛在遼東馳啓，臣到遼東謁王大人曰：聞脫脫圍遼東，欲向朝鮮，又聞脫脫兵已向東，故殿下使臣聽探聲息而來。大人曰：脫脫兵三萬於臘月二十四日開到海西，執兀剌吹殺之，其部落降者不殺，不順者皆殺之。指揮剌塔以下一二百逃奔黑龍江松林等處，建州李滿住聞脫脫王殺掠海西人，奔竄山林，脫脫不窮追，還于海西。今海西、建州等處一空，未聞向朝鮮也。所謂向東者，是建州衞也。」[226]

由於整個情勢混亂，因此女眞各部乘機起而搶掠。《實錄》景泰元年五月癸丑條：「勅朝鮮國王李珦曰：近得鎭守遼東總兵等官奏報，開原、瀋陽等處達賊入境，搶掠人畜，及攻圍撫順千戶所城池。審知各賊乃建州、海西野人女直頭目李滿住、凡察、董山、刺塔，爲北虜迫脅，領一萬五千餘人來寇。」[227]又二年十月乙酉條：「建州等衞女直都督李滿住、董山等自正統十四年以來，乘間竊掠邊境，遼東爲之困敝。」[228]四年正月壬午條：「勅弗提等衞都督常安奴并大小頭目人等，正統十四年，爾等誘引北虜，犯我遼東邊境，掠去人口。景泰元年，爾等又來開原等處犯邊，將山東一帶直抵遼陽等處男婦擄去。」[229]

《實錄》所記尙多，當時女眞諸部，有的受瓦剌恐嚇煽誘，協同爲亂，有的即乘機流動刼掠，數年始定。《殊域周咨錄》云：「正統十四年，北虜也先入寇，犯京師。脫脫不花王犯遼東，阿樂出犯陝西，各邊俱失利，而遼東被殺掠尤盛。故海西、建州夷人，所在皆起爲亂，遼東爲之弗靖者數年。兵部侍郞于謙上疏略曰：野人女直各種夷虜之人俱附遼東地方，近來相率投降者衆，朝廷許其自新，推以曠蕩之恩，宥其反側之罪，授以官職，嘉以賞勞。遼東總兵等官就於自在州并東寧等處城堡安插者，動以千數。此等之人，狼子野心，中難測度。即今醜類犯邊，我軍失利，遂起奸謀，結連內應，其貽後患慮，恐非關細故。……至景泰後，始克寧謐。而海西野人女直之有名者，率死於也先之亂，朝廷所賜璽書，盡爲也先所取，其子孫以無祖父授官璽書，不復承襲，歲遣使入貢，第名曰舍人。以致在道不得乘驛傳，錫宴不得預上席，賞賚視昔有薄，皆忿怨思亂。遼東人咸知之，而時未有以處之也。」[230]海西由於遭受瓦剌嚴重打擊，而日漸衰微，建州女眞乃乘勢而起，天順間董山之驕横難制，即由於此。

㈣ 强酋興起各族內部的變化

促成這一邊防政策崩潰動搖的另一因素，是强酋的興起，强弱兼併，維持平衡局面的破壞。各族羣由於所據自然環境的不同，生活憑藉條件不一，再加上對外接觸所受到的外部文化影響深淺的關係，因此逐漸造成了各族羣間發展的不平衡，及勢力强弱大小的差異。有的因處於優越有利的地位，進步較速，日漸壯大。如再逢有族中有狡黠强悍富有組織力的領袖人物出現，便很容易形成强酋支配一方的局面，原來各自雄長不相統屬的形勢便破壞了。不但附近的族羣受其指揮控制，而且常會挾衆抗命，鈔暴寇掠，或强求貢市，勒索恩賞。當然，這種情勢的出現，與當時邊防武力的强弱，是相並而起，有密切的關係的。在上節敍述蒙古高原情勢變化對遼東的影響時，已可以看出其中的起伏變化情形。當時明廷爲離散建州、海西受瓦剌的引誘煽惑，對各族多曲意籠絡，協同瓦剌犯邊叛亂者，皆遣使招之，厚遺撫慰。《實錄》：「建州、朶顏、野人女直、海西等衞，皆我迤東藩籬，赤斤蒙古、沙州等衞，則我迤西藩籬。昔太宗欲征瓦剌，必先遣使迤東迤西，厚加賞賚，以結其心。故我師之出，瓦剌遠遁。及正統已來，瓦剌漸强，東併諸夷，西結諸衞，以撤我之藩籬，所以屢爲邊患。今宜遣使厚賚金帛，撫慰迤東迤西諸衞，俾令去逆效順，革心向內，則也先必自生疑忌，然後選將益兵，據守邊地，則不爲其所窺矣。」㉛當時遣使四出招撫之記載頗多，來歸者皆優於安處㉜。然各族亦窺破明廷之此一弱點，及瓦剌對明廷所帶來的困擾。因之自此而後，不但要求增開邊市，而且入貢互市人數，越來越多，常數百而至。所以「土木之變」，不但是明代北疆國防從此邊警日急，困惑日增的開始；也是遼東女眞各族開始强弱相併，原來各統所屬平衡局面破壞的關鍵。所謂「離其黨而分之，護其羣而存之，別其種類以間之。」而不使之勢統於一的分化羈縻政策，已不能操之在我隨心運用了。

這種情勢的出現，如明廷對建州左衞董山（亦稱童倉）的問題，便是明顯的例子。董山的父親童猛哥帖木兒本爲建州左衞都指揮使，宣德八年十月住在朝鮮北部會寧附近的阿木河地方時[233]，遭兀狄哈楊木答兀攻擊，童猛哥帖木兒與長子權豆俱被殺害，董山亦被俘，而由童猛哥帖木兒異父同母弟凡察收集殘部，領左衞事。當戰爭之時，衞印失落，凡察乃奏請頒給新印。後董山自敵中逃回，而所失衞印亦出現，入董山之手，於是發生一衞兩印現象。時部族中又有以董山爲左衞嫡系，主張應由董山襲掌衞事者，於是叔侄相爭，各不相下。正統三年，明廷命董山繳回舊印，叔侄協同署事，董山不肯奉命。正統五年，二人同由朝鮮逃回遼東，依李滿住（李顯忠子，建州衞都指揮僉事）住於蘇子河（蘇克素護河）上流地方後，爭執更烈，形成對立之勢。明廷又命凡察繳回新印，凡察亦抗命不從。正統六年，再申追繳新印前諭，仍不肯行。明廷無可如何，七年，乃分設右衞，命董山收掌舊印，掌左衞事。凡察給予新印，掌右衞事。俱陞爲都督同知，所屬頭目人民，各從所願，分別管領，至此，問題始告解決[234]。

衞印之誰屬，因牽涉到此後子孫承襲，管轄族人權力，及朝貢互市之際所受接待禮數賞賜厚薄等權益問題，所以爭奪甚烈。而明廷處理此一問題，不但甚費周折，亦甚爲失策，輕率反覆，無異自墜威信，使頒布衞印政策所期求之控制作用，發生動搖，且啓日後豪強覬覦攘奪之心。董山自掌領左衞之後，遂以其雄桀之姿，用剛柔相濟，內外挾騙手段，雄長三衞，建州之勢，頓形強大。「土木之變」時，與諸衞協同刼掠，並乘機擴充勢力，後雖受撫，更爲驕蹇。因而屢事勒索，得利則朝，失利則寇。天順二年，明廷特陞其爲右都督，並開市撫順，以撫慰之。而是時董山並私事朝鮮，受其正憲大夫中樞院使制，游離兩間，明廷詰責，乃佯爲謝罪[235]。時董山頗爲囂張，每強行入貢通市，來則數百，或成千而至。宴賞勞費，供億浩繁，明廷不得已，乃加限制，天順八年，規定每衛止許百人，驗放入關，但事實上並不能認眞執行，至者一如往昔[236]。成化元年，董山入貢，除如例宴賞之外，並索給玉帶、蟒龍衣、金頂帽、銀器等物，然陽爲恭順，陰縱抄掠，且貢且寇。成化二年，大舉入犯，三年又入朝來貢，宴賞之際，桀驁無禮，座次漫罵。且各持佩刀，有一齊殺出，還匿妻子據險拒戰，及糾合海西、野人搶掠等語。於是朝臣多請誅之，並乘機興兵征剿。是時適虜酋毛里孩擁衆數萬東行，邊警甚急，明廷恐董山歸後與之結合，乃命遼東總兵官趙輔拘留董山於廣寧城中，諭令先遣家屬還告部落送回所掠人口，毋再犯邊，取山等至面前宣戒諭。言未畢，董山等即逞兇肆詈，刺傷通事，在驛夷人聞之，亦起而亂刺，當場被官軍格殺者二十餘人。於是明廷乃命提督軍務左都御史李秉與總兵官趙輔統軍征剿，並命朝鮮出兵於後側夾擊，旋誅董山[237]。

趙輔於戰後所作〈平夷賦〉謂「迺者守邊將吏，弗能制禦，以致猖狂莫遏。一歲間寇邊者九十七次，殺擄人民十餘萬。皇上震怒，乃興問辠之師。」[238]可見當時寇掠情勢之嚴重。是役明軍直搗其巢寨，凡察不知所終，李滿住爲朝鮮軍隊所殺，部族傷亡甚衆。觀〈平夷賦〉所記戰事經過情形，似乎建州三衛已被徹底擊潰，幾至全部殄滅者。然事實上聲勢雖盛，戰果與此相差甚遠。觀是年十一月李秉於退師時請嚴修邊備，以防餘賊復來寇擾，《實錄》所記事定後各衛來貢情形，及成化四年糾合朵顏三衛入寇開原等處[239]，可知其中多誇張之辭。當時班師，乃以大雪塞途，酷寒裂膚，而非全勝收軍。成化五年，建州左衛都指揮佟那和筍等請以董山子脫羅襲父職，明廷許之，授都指揮同知[240]。時建州三衛終以新創之後，且邊備防禦較嚴，故氣燄一時稍戢。然不久又復行抄掠。葉向高《四夷考》卷二〈女直考〉云：「明年（成化四年），築撫順、清河、靉陽諸堡，邊備日嚴，夷稍稍創，而朝廷亦欲羈縻之勿絕，復以董山子脫羅爲指揮，滿住、凡察皆得襲，諸從叛者視先世遞貶一官，諸夷復貢。然往往以報董山讎爲辭，患苦塞上。」

造成各族羣間內部混亂，強酋得以乘機而起的另一原因，是勅書的爭奪。勅書的頒給情形，前已言之。此如同册封誥命，子孫並得世襲。不但明廷以此承認其在本族中的身分地位，且可獲得朝貢互市之際的優待權利。因此各酋豪對之甚爲重視。但自「土木之變」以後，由於朵顏三衞及海西、建州等參與爲亂，各酋有的被殺，有的勅書喪失[241]。加以內部彼此攻伐，遷徙流動，勅書所載，與本人當時所居地區，已多漸不一致，因此勅書已發生混亂。而入貢互市之時，必持有勅書，方得依勅頒賞。於是引起搶奪、洗改、借買、假冒等情事。明廷雖屢次加以糾正禁止，但邊防武力既衰，威令不行，既不能徹底整治，諸酋入貢互市之際，邊關稍加嚴察，則往往頓出不遜，聚兵要脅。邊吏爲避禍省事，不敢從嚴盤驗，遂含混放入，因是勅書之搶奪日烈。至武宗正德之時，其混亂情形，已不可究詰。於是大部勅書，皆入於少數強酋之手，用以外索諸夷，內要厚賞。明廷既不能制，乃多遷就包容，希圖苟安。後且轉而利用強酋，威鎭諸夷。海西南關之興起，卽由於此。先是，塔山衞酋速黑忒居松花江上，距開原城四百餘里，爲迤北諸部入貢必經之地，人馬強盛，諸部畏服。嘉靖十年，自稱有襲殺開原城外山賊猛克功，乞討蟒衣玉帶金帶大帽等物，明廷予之，且徧示當時入貢在京諸夷，於是聲名始顯[242]。至其子王忠時，遂移居開原城邊外，以掌握參貂貢市之利，勢力日大，海西所有勅書，亦多入於其手，成支配一方之勢。馮瑗《開原圖說》卷下海西夷南關枝派圖云：

「瑗按，嘉（靖）隆（慶）間王台叔王忠，兵力强盛，東夷自海西、建州一百八十二衛，二十所，五十六站，皆聽約束。忠又甚恭順，一時開遼東邊，無一夷敢犯居民者，皆忠之力也。忠蓋金完顏氏正派，夷呼完顏為王，故其後世子孫以王為姓。忠自嘉靖初始從混同江上建寨於靖安堡邊外七十里，地名亦赤哈答，以便貢市。亦赤哈答在開原東南，故開原呼為南關也。……蓋海西等衛勅九百九十道，舊皆王忠所有。忠死無子，台以侄分六百九十九道，台出，忠子婿，分三百道（台出，塔魯木衛都督，為北關逞家奴、仰家奴之父。）」

又卷上靖安堡圖下邊塞條云：「高折枝曰：往夷長王忠初建寨於廣順關外，東夷諸種無不受其約束者，無論遠近各衛站，歲脩贄貢，惟忠爲政。即野人女直僻在江上，有來市易，靡不依忠爲居停主人。」

王忠死後，其侄王台又代之而起，《萬曆武功錄》卷十一〈歹商列傳〉：

「故事，兩關皆海西遺種，國初收為屬夷，給勅書凡九百九十道，南關凡六百九十九道，北關凡三百道，每一道驗馬一匹入貢。中間兩關互有强弱，故勅書亦因之多寡有異耳。初逞仰兵力强盛，以故北關勅書獨多。後王台盛，復大半歸南關，而北關纔得四之一耳。」

又《東夷考略》云：

「開厚孤懸，扼遼肩背，東建州，西恍惚太二夷，常謀窺中國，而台介東西二夷間，扞蔽令不得合，最忠順。因聽襲祖速里忒右都督，為之長，東陲晏然，耕牧三十年，台有力焉。」

王台即《滿洲實錄》所說即哈達國萬汗，《滿洲實錄》卷一：

「哈達國汗姓納喇，名萬，本呼倫族也，後因住哈達處，故名哈達，乃烏拉部徹徹木之子納齊卜祿第七代孫也。其祖克錫納都督被族人巴岱達爾漢所殺，萬遂逃住錫泊部綏哈城。其叔旺住外蘭，逃至哈達部為部長。後哈達部叛，旺住外蘭被殺，其子博爾坤殺父仇人，請兄萬汗為部長。萬於是遠者招徠，近者攻取，其勢愈盛，遂自稱哈達汗。彼時葉赫、烏拉、輝發及滿州所屬渾河部盡皆服之。凡有詞訟，悉聽處分，賄賂公行，是非顛倒，反曲為直，上既貪婪，下亦效尤。凡差遣人役，侵漁諸部。但見鷹犬可意者，莫不索取，得之，即於萬汗前譽之。稍不如意，即於萬汗前毀之。萬汗不察民隱，惟聽譖言，民不堪命，往往叛投葉赫。並先附諸部盡叛，國勢漸弱。」

又如福餘衞的恍惚太，《開原圖說》卷下福餘衞夷恍惚太等二營枝派圖云：「自恍惚太立寨混同江口，凡江東夷過江入市者，皆計貨稅之，間以兵渡江東掠，於是江東夷皆畏而服之。自混同江以東，黑龍江以西，數千里內，數十種夷，每家歲納貂皮一張，魚皮二張，以此稱富強，安心江上。」

這種情形事實上早已發生。起初是邊將為圖苟安免事，以夷制夷，市恩放縱，聽其兼併。

後則轉爲國家政策，忽而抑此，忽而扶彼。曲意籠絡，賴以維繫。南關北關之事，明廷周折其間，受盡勒索，終受其禍。蓋高低厚薄之間，旣難平衡；夷心貪惏無厭，一旦所求不遂，即反而相噬。而尤有要者，聽其兼併，支配一方，實無異爲諸夷「勢統於一」開拓基礎，自伏禍根。一旦有野心勃勃狡桀人物出現，對農業文化及草原文化之長短優劣都有瞭解，能取捨運用，因應時勢，大禍遂不可收拾。

遼東邊防的崩潰，除上述諸因素外，在其政策本身來說，即存在着難以經遠恃久的弱點。明代自洪武四年經略遼東起，對此廣大富庶地區，始終視爲一個軍區，除建立衛所等軍事設施外，並沒有建立如內地一般行政規制，而將有關行政事務，隸之於山東布政使司之下。亦未曾移民實邊，積極開發，尙不如元代建立行中書省地方政府組織。這樣便造成了在政教設施推行上的粗疏簡略，中央政府對邊地居民特殊生活環境所發生的特殊問題，特殊需要，及心理意識上的缺乏眞正瞭解，更進而由此造成邊民與中央政府情感上的隔閡疏遠，中原文化在邊境傳播上的阻抑，與影響拘束力的薄弱，忠誠意識的減退。一旦危機來臨，當他們覺得中央政府對他們冷漠，認爲不能給予確切保護時，便發生了所謂向背問題。例如萬曆後期遼事日急，遼人的大量逃入敵方，及所謂「以遼人守遼土」，「撫遼」「援遼」「平遼」用辭上的爭議，遼東人的反應，都可以看出當時人的心理意識，與彼此情感態度。而所謂衛所軍屯制度，其本身亦不是一個可以經久制遠的辦法，只可以在某一特定時間的特定條件之下，行之於一個相當時期。在歷史上固然可以看到軍屯辦法一時甚爲收效，但行之日久，軍不成軍，民不成民，原來已有的條件發生轉變，沒有不日趨崩潰的。而且明代的衛所屯田制度，對士氣戰力，更足以發生消磨減弱的影響。又通貢互市的羈縻策略，亦是遷就維持的消極辦法，只能在所有原來構成羈縻條件的保持不變情形下，可發生有效的控馭。正統以後的貢市，常數百而至，各族每年至者不下數千人，已形成被勒索的沉重負擔。而各族勢力，反因獲得經濟上的重大利益，由是日益壯大難制。又如遼東馬市，初以市惠利結及國家需馬孔亟，而高價相市，後則以國家已建立育馬規制，軍馬充足，又感市馬負擔過重，於是收買漸少，乃許商民與之互市，而有私市發生。各族因不能得到前此厚價恩賞，及商民騙勒撥弄，遂常發生藉口寇掠行動，邊境由是更爲多事。

注釋

❶《殊域周咨錄》卷二四，女直。

❷討論明初對遼東的經略情形最詳細者爲日人和田清氏，見所著《東亞史研究》（滿洲篇），〈明初の滿洲經略〉。

❸《元史》卷九一，〈百官志〉七。卷九九，〈兵志〉二。卷五九，〈地理志〉二。元代於遼東所設行政組織及其所轄疆域，詳見箭內亙氏：〈滿洲に於ける元の疆域〉。《滿洲歷史地理》第二卷。

❹元史卷四一，〈順帝本紀〉四：至正三年二月丁未，遼陽吾者野人叛。六年四月壬子，遼陽追捕海東青煩擾，吾者野人及水達達皆叛。丁卯，萬戶買住等討吾者野人遇害。五月丁亥，遣火兒忽答討吾者野人。七月丙戌，以遼陽吾者野人等未靖，命太保伯撒里爲遼陽行省左丞相鎭之。七年四月辛巳，以通政院使朵郎吉兒爲遼陽行省參知政事，討吾者野人。

❺同上，至正八年三月丁酉、辛酉條。

❻見本文頁三注❶。及川儀右衛門：《滿洲通史》第六章，元代の滿洲。

❼《新元史》卷二五、二六，《惠宗本紀》三、四。《庚申外史》。《高麗史》卷三九、四〇，〈恭愍世家〉二、三。及注❻。

❽《明史紀事本末》卷八，北伐中原。此役俘其宗王、慶王及平章鼎住等，凡得將士萬餘人，車萬輛，馬牛八萬餘。

❾同上卷九，略定秦晉。皇明詠化類編，開基卷三。脫列伯被俘，孔興敗走綏德，爲其部下斬之來降。

❿《明太祖實錄》卷六七，洪武五年九月丁未條。

⓫《明太祖實錄》，洪武三年三月戊午、四月丙寅，五月丁酉、辛丑條。《明史紀事本末》卷十，故元遺兵。

⑫ 明史卷一二五，〈徐達傳〉。卷一二六，〈李文忠傳〉。西路徐達軍俘擴廓帖木兒文武僚屬千八百六十五人，將士八萬四千五百餘人，馬一萬五千二百八十餘匹，駱駝驢贏雜畜亦稱是。北路李文忠軍獲愛猷識里達臘嫡子買的里八剌並爲后妃宮人諸王將相官屬數百人，宋、元玉璽金寶十五，及玉冊玉帶玉斧等六件，並駝馬牛羊甚衆。

⑬ 《明太祖實錄》卷三，乙未年（至正十五年）六月乙卯條。錢謙益：國初羣雄事略卷十一，納哈出傳。

⑭ 《明太祖實錄》上卷五二，洪武三年五月丁巳條。

⑮ 同上卷五六，洪武三年九月乙卯條。

⑯ 池內宏：〈高麗恭愍王朝の東寧府征伐に就いての考〉。東洋學報第八卷第二號。

⑰ 見注⑯。又〈高麗末に於ける明及び北元との關係〉㈠㈡。《史學雜誌》第二十九編第一、二號。

⑱ 《明太祖實錄》卷六一，洪武四年二月壬午條。

⑲ 《明太祖實錄》卷六六，洪武四年六月壬寅條。

⑳ 《明太祖實錄》卷六六，洪武四年六月庚戌條。

㉑ 辛亥年（洪武四年）七月條。《明太祖實錄》卷六七，洪武四年七月辛亥條。

㉒ 明太祖頗偉擴廓帖木兒善用兵之才，初屢遣書招之，皆置之不答。而對其在元主退出中國之後，以逋逃棄盡之勢，猶轉戰千里，屢挫不屈忠貞不二之精神，心甚敬之，亦甚忌之。《明史》卷一二四擴廓帖木兒傳云，太祖一日大會諸將問曰：「天下奇世男子誰也？對曰：常遇春將不過萬人，橫行無敵，眞奇男子。太祖笑曰：遇春雖人傑，吾得而臣之。吾不能臣王保保（擴廓帖木兒），其人眞奇男子也。」又《皇明通紀》卷三：「議征沙漠，上謂諸將曰：今天下一家尙有三事未了。其一、歷代傳國璽在胡未獲。其二、統兵王保保未擒。其三、前元太子不知音問。今遣汝等分道征之。」

㉓ 明史卷二，〈太祖本紀〉二。卷一二五，〈徐達傳〉。一二六，李文忠、湯和等傳。一二九，〈馮勝傳〉。

㉔ 王世貞《弇州史料》前集卷十九，〈徐中山世家〉，卷二十，〈歧陽王世家〉。《遼東志》卷五，馬雲、葉旺、徐玉等傳。《明太祖實錄》卷七四，洪武五年六月癸卯條。卷七六，洪武五年九月丁未條。又卷七八，洪武六年正月乙丑條：「賞太倉衞征進開元、金山等處回還軍士文綺白金銀米有差。」卷八六，洪武六年十一月乙卯條：「賜太倉等衞征進開元等處戰歿軍校楊春等十八戶麻布各十匹。」海運軍士亦參加進攻。

㉕ 《明太祖實錄》卷七六，洪武五年十一月壬申條。

㉖ 同上卷八。洪武六年三月甲寅條。

㉗ 同上卷七七，洪武五年十二月壬寅條。

㉘ 《遼東志》卷五，〈葉旺傳〉。

㉙ 《明太祖實錄》卷八六、八七、九九、一〇一、一一〇。

㉚ 高麗恭愍王自接受明朝封勅後，對明頗爲恭順。洪武七年九月，突爲權臣李仁任等所殺，擁立恭愍王養嗣權臣辛旽之子禑卽位。而當時明廷使臣蔡斌、林密等於是年四月赴高麗取所徵進馬，十一月回至鳳凰城地方，高麗護送使臣金義殺死蔡斌，囚林密，奪所進馬赴納哈出營。親元派勢力大爲抬頭。納哈出本久思與高麗恢復友好關係，乃乘機詰以立嗣事相脅，並請出兵合攻遼東。高麗雖未應，但至少是不會從旁牽制的。見前引〈高麗末に於ける明及び北元との關係〉。及川儀右衞門：《滿洲通史》第七章〈明代の滿洲〉。

㉛ 《明太祖實錄》卷一〇二，洪武八年十二月乙卯條。

㉜ 同上卷一一九，洪武十一年八月己巳條。

㉝ 見上頁注⑳。

㉞ 又〈陳玉傳〉：「又克達軍高鐵頭山寨，獲虜酋輜重。尋哨東寧，進攻蒲河，略地閭山、東寧、松山，擒獲僞千戶塔不歹、僉院乃兒卜花。」徐玉傳：「九年正月（八年十二月），納哈出犯金、蓋二州，玉率所部邀擊於三角山，達衆敗走，追至鴨綠江，擒達官忽林不花及獲其軍校百餘，馬牛輜重甚多。」

㉟ 池內宏：〈高麗辛禑朝に於ける鐵嶺問題〉。《東洋學報》第八卷第一號。

㊱ 《明太祖實錄》卷一七八，洪武十九年七月戊午條。《遼東志》卷一〈地理志〉，遼陽東寧衞條。

㊲ 同上卷一〇〇，洪武八年八月己酉條。卷一一八，洪武十一年四月辛未條。

㊳ 《明太祖實錄》卷一一八、一一九、一三二、一三七、一三八、一四〇、一四二、一四三、一四四、一四六、一四七、一四九、一五三、一五九、一六一、一六五、一七〇、一七五、一七八。

㊴ 《明史》卷四一，〈地理志〉二。

㊵ 《明太祖實錄》卷一七九，洪武十九年八月辛丑條。

㊶ 同上卷一三四，洪武十三年十二月戊午條。卷一四五，洪武十五年五月丁丑條。卷二五五，洪武三十年十月戊子條。

㊷ 明史卷二一，太祖本紀二、三。

㊸ 《明太祖實錄》卷一五二，洪武十二年六月丁卯條。

㊹ 同上卷一二七，洪武十二年十一月庚申條。卷一三〇，洪武十三年三月壬寅條。

㊺ 同上卷一三四，洪武十三年十一月丙午條。

㊻ 《明史紀事本末》卷十，十四年春正月戊子，元平章乃先不花等寇邊，命大將軍徐達、左右副將軍湯和、傅友德率師討之。夏四月，達率諸將出塞，友德爲前鋒，軍至北黃河，敵駭遁，友德選輕騎夜襲灰山，克之，擒其平章別里不花、太史文通等。沐英出古北口，獨當一面，擣高州、嵩州、全寧諸部，近驢朐河，獲知院李宣，幷其部衆而還。

㊼ 《明太祖實錄》卷一五三，洪武十六年四月己亥條。

㊽ 《明太祖實錄》卷一七〇，洪武十八年正月壬辰條。卷一七四，同年七月乙酉條，八月庚戌條。卷一七五，同年九月己巳條。卷一七六，同年十月乙卯條。

㊾ 同上卷一六八、一七〇、一七七、一七八、一七九。

50 同上卷一七九。

51 同上。松亭關（喜峰口）、大寧（黑城）、會州（平泉）、富峪（平泉之北）。

52 同上卷一八〇。

53 同上卷一八二。

54 《明太祖實錄》卷一八四。

55 同上卷一九九，洪武二十三年正月辛卯條，遣人招撫故元丞相咬住、太尉乃兒不花時云：「納哈出在遼東，前後殺掠守禦官軍二萬餘人。」

56 《明太祖實錄》卷一八二，洪武二十年閏六月甲戌條。是年閏六月馮勝等南旋時，師次長春東方飲馬河，因侵虐降俘，撫輯不當，及部降護送調遣失宜，致俘虜驚潰北奔，失數萬人。都督濮英率騎兵三千殿後，皆遇伏陷沒。見實錄是月庚申條。

57 《明太祖實錄》卷一八四，洪武二十年八月辛未條。九月癸未條。明史卷四〇，地理志一，北平行都指揮使司條。

58 同上卷一九三、二〇二、二一二、二二四。

59 見《明太祖實錄》卷四一，洪武二年四月乙亥，卷五二，洪武三年五月丁巳，卷六六，洪武四年六月庚戌等條致納哈出書。

60 同上卷一八七。

61 《朝鮮李朝太宗實錄》卷一三，七年三月己巳條。

62 《明太祖實錄》卷一八九，洪武二十一年三月辛丑條。又明史卷四一，〈地理志〉二：「三萬衛，元開元路，洪武初廢，二十年十二月置三萬衛於故城西，兼置兀者野人乞例迷女直軍民府。二十一年府罷，徙衛於開元城。」〈地理志〉所記元開元路頗爲合混，其詳細考證，見金毓黻東北通史上編卷六第十，元代與東北之關係——開元路之設置。

63 同上卷一八九，洪武二十一年三月辛丑條。

64 卷一八七，洪武二十年十二月壬申條。

65 卷六第十，元代與東北之關係——舊鐵嶺考。

66 《明太祖實錄》卷二二七，洪武二十六年四月壬午條。鐵嶺衛設置經過，詳見池內宏：〈高麗辛禑朝に於ける鐵嶺問題〉。《東洋學報》第八卷第一號。

67 西陽哈之初次來降，見明太祖實錄卷一八七，洪武二十年十二月癸亥條。

68 《明太祖實錄》卷二五七，洪武三十一年閏五月己卯條。

69 《遼海志略》卷六，〈遼東總敍〉。

70 《明太祖實錄》卷一二九，洪武二十一年七月甲午條。卷二三四，洪武二十七年九月庚申條。

71 《明史》卷一二九，〈馮勝傳〉。卷一三二，藍玉傳。

72 《明太祖實錄》卷一八四，洪武二十年八月辛未條。卷一八五，洪武二十年九月癸未條。

73 《皇明經世文編》卷八，〈葉居升奏疏〉，〈萬言書〉。《龍飛紀略》庚戌年條。

74 《明太祖實錄》卷二二一，洪武二十五年九月戊申條。

75 黃彰健：〈論皇明祖訓錄頒行年代並論明初封建諸王制度〉。《中央研究院歷史語言研究所集刊》第三十二本。

76 見注75黃文引《皇明祖訓錄》。

77 《明太祖實錄》卷二一七，洪武二十五年五月丁酉條。

78 卷一，〈地理志〉，形勝條。圖書編卷四四所記遼東形勢防務區畫各條。

79 《明太宗實錄》卷一三，洪武三十五年十月甲子條。卷一四，洪武三十五年十一月辛巳、甲申、己丑條。卷一七，永樂元年三月庚辰條。

80 《明太宗實錄》卷一一三，永樂九年二月甲辰條。

81 先是，洪武二十一年四月藍玉率大軍十五萬襲破脫古思帖木兒於貝爾湖，獲其次子地保奴及妃主王公以下數萬人。脫古思帖木兒逃奔和林，行至土剌河，爲其臣也速迭兒所襲，與太子天保奴俱被殺，其衆潰散。脫古思帖木兒死後，在東蒙古的勢力亦因之瓦解，其下多有降於明者。見明太祖實錄卷一八九，洪武二十一年三月壬午條。卷一九〇，二十一年四月癸丑條。卷一九四，二十一年十月丙午條。時遼王阿札失里等亦率衆來歸。乃特立三衛，以阿札失里爲泰寧衛指揮使，海撒男答溪爲福餘衛指揮同知，脫魯忽察兒爲朵顏衛指揮同知。見明太祖實錄卷一九六，洪武二十二年五月辛卯、癸巳條。

82 《明太宗實錄》卷二十下，永樂元年五月己未條。卷二五，永樂元年十一月丙子、辛卯條。

83 同上卷三〇，永樂二年四月己丑條。

84 同上卷二五，永樂元年十一月辛丑條。

85 《明太祖實錄》卷一四二，洪武十五年二月壬戌條。

86 《明太宗實錄》卷二六，永樂二年二月丙戌條。卷三一，永樂二年十月癸未、庚寅、辛未條。卷三四，永樂三年三月丁酉條。卷三七，永樂三年八月丙子條。

87 箭內亙：〈滿洲に於ける元の疆域〉。《滿洲歷史地理研究》第二卷第五篇。

88 曹廷杰：《西伯利東偏紀要》。又本文頁三注❶。

89 《明太宗實錄》卷二六，永樂二年二月癸酉條。

90 同上卷三四，永樂三年三月己亥、癸亥條。卷四四，永樂四年二月丙子條。

91 同上卷九十，永樂七年四月癸巳條。卷九十一，閏四月己酉條。

92 同上卷九十。

93 同上卷九十三，永樂七年六月己未條。

94 《黑龍江志稿》卷六二，〈藝文志〉金石條。

95 《明太宗實錄》卷一三三，永樂十年十月丁卯條。

96 《明宣宗實錄》卷八四，宣德六年十月乙未條。卷八〇，宣德六年六月癸丑條。卷一〇五，宣德八年閏八月己卯條。

97 《明太宗實錄》卷一五六，永樂十二年閏九月壬子條。

98 《大明統一志》卷八九，外夷女直條。《皇輿考》卷十，東北女直條。

99 《明太宗實錄》卷七十九。

100 《明英宗實錄》卷一〇二，正統八年三月甲戌條。全遼志卷一，圖考，遼陽鎮城圖、開原衛境圖。

101 《明仁宗實錄》卷一上，永樂二十二年七月丁巳條。

102 《明宣宗實錄》卷十一，洪熙元年十一月乙卯條。

103 同上卷十二，洪熙元年十二月乙亥條。卷十九，宣德元年七月壬寅條。

104 同上卷三〇。

105 同上卷三〇，宣德二年八月丁丑、戊寅條。

106 同上卷三一，宣德二年九月丁亥、壬寅條。

107 《明宣宗實錄》卷三五。

108 同上卷六〇，宣德四年十二月壬辰條。

109 《明史》卷九，〈宣宗本紀〉。

110 《明宣宗實錄》卷五一。

111 《明宣宗實錄》卷五八，宣德四年九月丙午條。

112 同上卷六二，宣德五年正月庚午條。卷六六，宣德五年五月乙巳條。

113 同上卷六九，宣德五年八月庚午條。

114 同上卷七二。

115 同上卷九〇，宣德七年五月丙寅條。

116 《黑龍江志稿》卷六二，〈藝文志〉金石條，〈明奴兒干永寧寺碑〉。

117 《明宣宗實錄》卷一一五。

118 《明英宗實錄》卷十一，宣德十年十一月己巳條。

119 《明宣宗實錄》卷九〇。所隱匿明之逃軍，有的並未送還。見《明宣宗實錄》卷九五，宣德七年九月甲申條。

120 《明英宗實錄》卷四。

121 《明史》卷三二七，韃靼傳。卷三二八，〈瓦剌傳〉、〈朶顏三衛傳〉。《明宣宗實錄》卷九五，宣德七年九月己未條。卷九九，宣德八年二月辛亥條。《明英宗實錄》卷二，宣德十年二月庚戌條。

122 《明宣宗實錄》卷一一二，宣德九年八月戊辰條。

123 明成祖曾計劃將遼東都指揮使司由遼陽移到開原，以便於向外經略。見《圖書編》卷四四，遼東區畫條。

124 《明憲宗實錄》卷一九五，成化十五年十月丁亥條。

125 《明世宗實錄》卷十，嘉靖元年正月壬申條。滿文老檔太祖朝卷七九（明萬曆三十八年）所記各衛勅書。

126 參閱《大明會典》卷一〇七，朝貢三，東北夷條。《武備志》卷二二八，四夷六，女直考。《殊域周咨錄》卷二四，女直條。

127 《欽定日下舊聞》卷六三，官署條。明孝宗實錄卷三五，弘治三年二月己亥條。大明會典卷一四五，兵部二八，驛傳一，會同館條。

128 《禮部志稿》卷三八。大明會典卷一〇八，禮部六六，朝貢通例條。

129 《禮部志稿》卷九，會議貢使禁約事宜。《西園聞見錄》卷五九兵部。《大明會典》卷一四八，兵部三一，驛傳四，應付通例條。

130 《明太宗實錄》卷一二七，永樂十年四月癸亥條。

131 楊成龍譯稻葉君山滿洲發達史第五章女眞貿易之經過。江島壽雄：〈遼東馬市における私市と所謂開原馬市〉。《九州大學東洋史論叢》（重松先生古稀紀念）。

132 《明太祖實錄》卷二五三，洪武三十年五月己巳及六月庚寅條。

133 《明英宗實錄》卷十六，正統元年四月壬戌條。

134 《明太宗實錄》卷一九三，永樂十五年十一月乙卯條。

135 《明英宗實錄》卷一二八，正統十年四月庚戌條：「先是，永樂、宣德間，工部及山東布政司造運青紅藍綠布絹紵絲衣，于廣寧等庫收貯，市易馬駝及賞賜野人。至是年久支用不盡，至有浥爛損壞者。」

136 《明仁宗實錄》卷七，洪熙元年二月辛丑條。

137 同上卷五下，永樂二十二年十二月乙丑條。

138 《遼東志》卷三，〈兵食志〉，邊略，馬市條。

139 私人互市情形，已不可考，嘉靖時僉事李貢〈廣寧馬市觀人交易詩〉云：「戍兵夜送夷人箭，為說年來邊守宴。天朝歲稔百物豐，乞與小夷相易變。元戎下令開邊關，還令奇兵謹隄援。纍纍椎髻捆載多，拗轆車聲急如傳。胡兒胡婦亦提攜，異裝異服徒驚眴。朝廷待夷舊有規，近城廿里開官廛。夷貨既入華貨隨，譯使相通作行眩。華得夷貨更生殖，夷得華貨即懽忭。內監中丞鎮是邦，連年烽火疲征戰。茲晨何幸不聞警，往事嘻噓今復見。共誇夷馴斯人福，載酒招呼騎相殿。寒威凜凜北風號，不顧驚沙撲人面。申嚴互市勿作僞，務使夷心有餘羨。羣酋羅列拜階前，仍出官錢供飲醼。令其醉飽裹餕餘，歸示部落誇恩眷。朝廷有道將領賢，保爾疆土朝赤縣。肉食酪漿如不充，常來市易吾不譴。狗鼠偸竊亦何為，徒速天威斃雷電。羣酋歌呼復稽首，長奉茲言作藩墊。監司記述日一觀，歸覓楮生呵凍硯。」見全遼志卷六，藝文志下。

140 見注138，抽分貨物條。〈全遼志〉卷二，賦役志，馬市抽分條。

141 《大明會典》卷一一一，給賜二，外夷上。

142 《明憲宗實錄》卷一五九，成化十二年十一月癸亥條。卷一七二，成化十三年十一月己丑條。卷一九五，成化十五年十月丁亥條。《明孝宗實錄》卷一九五，弘治十六年正月甲午條。卷二〇〇，弘治十六年六月甲辰條。

143 《明太宗實錄》卷一五三，永樂十二年七月丙子條。卷一九三，永樂十五年十月丁未條。

144 《殊域周咨錄》卷二四，女直條。

145 《明太宗實錄》卷一〇七，永樂八年八月乙卯條。卷一七一，永樂十三年十二月辛卯條。卷二三八，永樂十九年六月庚申條。葉向高《四夷考》女直條。《朝鮮李朝世宗實錄》卷二〇，五年（明永樂二十一年）六月癸酉條。

146 又《明宣宗實錄》卷二六，宣德二年三月丁未條。卷五八，宣德四年九月壬戌條。仁宗時有京衛軍官因調防赴遼東，而中途逃歸者。《明仁宗實錄》卷五，永樂二十二年十二月丁未條。

147 到孝宗弘治年間，各衛連軍冊簿籍都沒有了，因之逃亡更多。兵部尚書余子俊奏云：「遼東各衛軍冊無存，以致逃亡日多，姦弊百出。請於南京後湖稽考洪武、永樂間原冊，依式各謄一本，發各衛收貯執掌，照冊查理。」見《明孝宗實錄》卷二一，弘治元年十二月丁巳條。孝宗時對內政國防，都頗注意，屢加整頓。但弘治十六年時，見在軍數，僅及原額五分之二。《明孝宗實錄》卷一九五，弘治十六年正月甲午條：「遼東東聯海，西北接三衛，國初設二十五衛，原充官軍，填實行伍，因軍屯種，積聚倉糧。先年官軍十有九萬，近或逃回原籍，或潛匿東山，或爲勢豪隱占，見在止有七萬之數。」

148 卷二，景泰三年八月初六日，兵部爲走回人口事奏疏。景泰三年六月十五日，兵部爲烟火事奏疏。又卷八，景泰二年四、五月，兵部爲關隘事奏疏。景泰二年五月初六日，兵部爲軍務事奏疏。

149 《明英宗實錄》卷二一九，景泰三年八月丙戌條。

150 同上卷一八三，正統十四年九月乙酉條。又《遼東志》卷五〈王翺傳〉。

151 同上卷一九五，景泰元年八月戊寅條。

152 《明宣宗實錄》卷九〇，宣德七年五月丙寅條。又《英宗實錄》卷一〇三，正統八年四月庚戌條：「錦衣衛指揮僉事吳良奏：臣奉命使海西，見女直野人家多中國人，驅使耕作。詢之，有爲擄去者，有避差操罪犯逃竄者。」

153 彭信威：《中國貨幣史》第七章明代的貨幣。

154 《明英宗實錄》卷五八，正統四年八月庚寅條。

155 《明憲宗實錄》卷一六一，成化十三年正月丁未條。這種情形，自英宗年間，已甚嚴重。憲宗十九年軍士給銀二錢五分折糧一石，銀再折發鈔，到孝宗十五年，軍士月糧一石經此折給之後，僅可購得米二斗五升。

156 《明孝宗實錄》卷一九六，弘治十六年二月庚戌條。

157 《明宣宗實錄》卷一〇七，宣德八年十二月庚午條。

158 《明憲宗實錄》卷二四四，成化十九年九月戊申條。

159 《明英宗實錄》卷一八六，正統十四年十二月壬子條。

160 《明武宗實錄》卷三九，正德三年六月己卯條。

161 《明憲宗實錄》卷二四四，成化十九年九月戊申條。

162 《明英宗實錄》卷十一，宣德十年十一月庚午條。

163 《明太宗實錄》卷十三，洪武三十五年十月戊寅條。

164 同上卷十四，洪武三十五年十一月甲申條。

165 《昌平山水記》卷下。

166 按今哲里木盟、卓索克圖盟、昭烏達盟與察哈爾的錫林郭勒盟，本稱東四盟。除哲里木盟蒙旗散布在遼北、嫩江、吉林三省境內外，其餘兩盟旗，今皆分布在熱河境內。此處爲東四盟分布上的中間地區，足徵熱河丘陵與蒙古高原及松遼平原間關係的密切。

167 又見《殊域周咨錄》卷十八，北狄條。

168 稻葉岩吉：〈明代遼東の邊墻〉。《滿蒙歷史地理研究》第二卷第七篇。園田一龜：《明代建州女直史研究》第五章第一節，兀良哈の遼東侵寇。

169 《柳邊紀略》卷一。

170 《圖書編》卷四，遼東區畫條：自遼入我朝，除北自遼陽舊城南抵三岔河關，棄與朶顏三衞。《殊域周咨錄》卷二四，女直條。

171 《遼東志》卷七，藝文志。《明孝宗實錄》卷七二，弘治六年二月辛亥條。

172 《全遼志》卷五，藝文上，呼爲卿〈遼陽副總兵題名記〉。

173 《明憲宗實錄》卷二九二，成化二十三年七月丁未條。

174 見注171。

175 《明史》卷三二八，瓦剌傳。

176 《明太宗實錄》卷九三，永樂七年六月乙丑、丙寅條。

177 《明太宗實錄》卷九四，永樂七年七月丁亥、乙未條。

178 明史卷六，〈成祖本紀〉二。卷三二七，〈韃靼傳〉。

179 《明太宗實錄》卷一一三，永樂九年二月甲辰條。

180 《明太宗實錄》卷一七一。

181 同上卷一七四，永樂十四年三月壬寅條。

182 同上卷一七七，永樂十四年六月丁卯條。蓋陣前被殺。

183 同上卷一八七，永樂十五年四月乙丑條。

184 同上卷一九三，永樂十五年十月丁未條。

185 同上卷二一八，永樂十七年十一月己酉條。

186 同上卷二三三。

187 《明史》卷三二七，韃靼傳。

188 《明英宗實錄》卷一七九。

189 《明太宗實錄》卷九三。

⑲⓪ 同上卷一二三。
⑲① 同上卷一二七，永樂十年四月乙丑條。
⑲② 同上卷一九二。
⑲③ 同上卷一九四，永樂十五年十一月辛未條。
⑲④ 《明宣宗實錄》卷三五。
⑲⑤ 《明史》卷三二八，〈朵顏三衞傳〉。
⑲⑥ 《明宣宗實錄》卷九五。
⑲⑦ 同上卷九六，宣德七年十一月辛巳條。
⑲⑧ 同上卷九九。
⑲⑨ 同上卷一〇〇。
⑳⓪ 同上卷九九，宣德八年二月庚寅條。
⑳① 《明太宗實錄》卷二六三，永樂二十一年九月癸巳條：「虜中僞知院阿失帖木兒、古納台等率其妻子來降。備言阿魯台今夏爲瓦剌順寧王脫懽等所敗，俘其人口馬駝牛羊殆盡，部落潰散無所屬。」
⑳② 《明宣宗實錄》卷一一三。
⑳③ 《明英宗實錄》卷三二，正統二年七月丙辰條。卷三六，正統二年十一月己亥、辛丑條。卷三七，正統二年十二月乙亥、辛巳條。卷三八，正統三年正月丁酉、庚戌條。卷五九，正統四年九月丁未條。卷六一，正統四年十一月丁卯條。
⑳④ 同上卷九七，正統七年十月癸丑條。
⑳⑤ 《明史》卷三二八，朵顏三衞傳。
⑳⑥ 《明英宗實錄》卷一一八、一二〇。
⑳⑦ 同上卷一二一。

208 同上。

209 同上卷一二一，正統九年九月壬寅條。卷一二六，正統十年二月戊申、庚戌、乙卯條。

210 同上卷一三二，正統十年九月甲申條。

211 《明英宗實錄》卷一三四，正統十年十月庚申條。卷一三五，正統十年十月己丑條。

212 同上卷一四六，正統十一年十月乙巳、己未條。卷一五六，正統十二年七月庚戌條。卷一五四，正統十二年五月戊午條。卷一五七，正統十二年八月甲子條。

213 同上卷一四九，正統十二年正月庚辰條。

214 同上卷一五八。

215 同上卷一六三，正統十三年二月乙丑條。卷一六五，正統十三年四月丙子條。卷一六七，正統十三年六月庚辰條。

216 《明英宗實錄》卷一四七，正統十一年十一月己卯條。

217 同上卷一五六，正統十二年七月庚戌條。

218 同上卷一五九，正統十二年十月辛酉條。

219 同上卷一六二。

220 《明英宗實錄》卷一七二，正統十三年十一月庚寅條。

221 同上卷一七三。

222 同上。

223 同上卷一八〇，正統十四年七月己丑條。

224 《明英宗實錄》卷一八三。

225 見本文頁四六注❷。

226 《文宗實錄》卷五。

227 《明英宗實錄》卷一九二。又卷一九三，景泰元年六月癸未條。卷二〇一，景泰二年二月丁亥條。

228 同上卷二〇九。又卷二一四，景泰三年三月丁未條。卷二二四，景泰三年十二月辛卯條。

229 同上卷二二五。

230 卷二四，女直條。

231 《明英宗實錄》卷二〇五，景泰二年六月戊辰條。

232 此等記載甚多，故不細列舉。見《英宗實錄》卷一八六、一八七、一九八、二〇四、二〇五、二〇六、二〇七、二〇八、二〇九、二一一、二一二、二一三、二一四、二一五、二一六、二一七、二一八、二一九、二二〇、二二一、二二二、二二三、二二四、二二五。當時因來歸陞官者甚多，可見包含市恩情形。

233 童猛哥帖木兒本為三姓地方的女眞巨酋之一，當元末明初東北地方陷於混亂狀，居住其北面的野人南侵作亂時，率族人南遷，入朝鮮北部鏡城、慶源一帶，後移住會寧附近的阿木河。永樂三年入朝於明，授建州衛都指揮使，與阿哈出同住鳳州地方（阿哈出於永樂元年首先來歸，成祖特建建州衛以安綏其衆，以阿哈出領衛事，見頁二十五）。永樂十四年，以與李顯忠（即釋迦奴，阿哈出子）時起衝突，奏請分離設衛，明廷乃創建州左衛，使統其衆。永樂二十一年，以終不能同居一地，又感蒙古侵襲威脅，乃自鳳州遷回阿木河故地。其分離及遷徙情形，詳見園田一龜著明代建州女直史研究第二章：建州衛と同左衛の濫觴。

234 園田一龜：《明代建州女直史研究》，第二章第二節建州左衛初期の變動。第四章第四節〈建州右衛の分設〉。

235 見注234所引第五章第三節建州衛と朝鮮の復交，第四節明廷、朝鮮、建州を彈壓。

236 《明憲宗實錄》卷七，天順八年七月乙未條，十月乙巳條。卷一五，成化元年五月乙卯條。

237 《明憲宗實錄》卷四二，成化三年五月癸巳條。卷四四，成化三年七月甲子、庚辰、癸巳等條。卷四五，成化三年八月庚子條。卷四七，成化三年十月甲寅、壬戌等條。東夷考略女直通考。

238 《全遼志》卷六藝文下，趙輔〈平夷賦〉。

239 《明憲宗實錄》卷四八，成化三年十一月丁卯條。卷五二，成化四年三月辛巳條。

240 《明憲宗實錄》卷六九，成化五年七月乙巳條。

241 葉向高：《四夷考》卷二女直考。

242 《明世宗實錄》卷一二三，嘉靖十年三月甲辰條。

清人入關前的手工業

一、前　言

本文原分爲農業、手工業、商業三項；農業部分，已陸續發表，故文中凡涉及與農業有關問題，只約略提及。

女眞族因其分布的地區很廣，自然環境不同，歷史發展條件不一，所以各部間的經濟發展，也很不平衡。明朝初年，有的已進入較爲進步的農業生產，有的尚完全停留在低級的採集漁獵生活。明人記女眞人的生活狀況者雖多，惜皆零星籠統，語焉不詳。《遼東志》：

「夫遼阻山帶海，諸夷環徼而居。……自湯站抵開原，曰建州、毛憐、海西、野人、兀者，皆有室廬，而建州為最。開原北近松花江者曰山寨夷，亦海西種類。又北抵黑龍江曰江夷，俱有室廬，而江夷為最。……建州、毛憐則渤海大氏遺孽，樂住種，善緝紡，飲食服用，皆如華人。……海西山寨之夷曰熟女直，完顏後金之遺也。俗種耕稼，婦女以金珠為飾，倚山作寨。居黑龍江者曰生女直，其俗略同山寨。數與山寨讐殺，百十戰不休。」[1]

《皇明九邊考》：「自乞里迷去奴兒干三千餘里，一種曰女直野人，又一種曰北山野人，不事耕稼，唯以捕獵爲生。」❷《皇明四夷考》：「諸夷皆善射馳獵，好盜。建州尤善治生，其左右二衞最無賴。」❸其他各書所記，皆大體相同，且多輾轉抄襲，上列諸書凡文句或意義相同者未錄❹。這是自明興至中葉女眞人生活的概括記述，不但時間上有相當大的差異，地理環境上也造成相當大的區別。

明人分女眞人爲三部，建州、海西皆以地名，野人女眞，蓋以其文化程度粗野稱之。三部中以建州最爲進步，海西次之。建州女眞於元末明初以野人女眞侵暴，自原住地遷入朝鮮北部慶源、鏡城一帶後，朝鮮政府爲防彼等再南下刧掠騷擾，安定邊陲，乃以都萬戶、萬戶、護軍、司直等榮譽職銜官諸酋豪，給予田地、家舍、奴婢、種籽、耕牛、農具、衣物、食糧等，使各自耕種爲生而羈縻之❺。部族中並有與朝鮮人竝耕而食及彼此通婚者❻。後彼等入明朝貢受撫，明廷亦令於遼東沿邊住牧耕種❼。這對於建州女眞生活習慣的感染，生產技術的促進，文化水平的提高，經濟形態的轉變，都起着決定性的影響力量。野人女眞仍居故地，以地理環境關係，所以仍保持着原來的生活方式❽。

建州女眞之「飲食服用，皆如華人」，不但是爲盧瓊於嘉靖初年所見的情形❾，且亦非他們的文化水平已發展至如此的階段。這只是在接受明朝羈縻安撫的封貢貿易邊防政策下所造成的一時表面突出現象。「樂住種，善緝紡」亦非盡然，尙有時空因素，須加分別說明。

建州女眞居於朝鮮時雖已進入較爲進步的農耕生產，成爲採集漁獵農耕的混合經濟形態。但他們的農耕生產活動，並沒有即此順利的發展下去。有時且成逆轉，又回復到原來完全採集漁獵的生產活動上。這牽涉到許多因素，建州女眞之遷入朝鮮北部，本以野人女眞南侵，被迫不得不南下尋覓新的生存空間。其遷入朝鮮之後，朝鮮政府雖不能以強大武力驅逐彼等出境，但尚有可以阻抑其南下的力量。他們與朝鮮軍隊作戰的經驗，當會瞭解這一情勢。他們不但沒有統一的組織（當時最大的也不過三、五千人的集團），而且本身之間，也不時發生爭鬪，互相殺伐。所以當他們失去了已往豐富的狩獵採集場地，遷入這個新的適於耕種的土地上時，朝鮮政府又給予種種耕作上的便利，客觀環境的作用，使他們暫時定居下來從事農業生活。

促使他們走向農業生產活動的另外一個大的因素，是農耕奴隸勞動力的可以大量使用。奴隸在女眞人間很早已經存在[10]，俘掠的奴隸，大半是朝鮮和中國的農民。這些人既不善漁獵，從事家庭雜役，在他們簡陋的生活上也用不了這許多，最有利的用途，當然是用在農業生產上[11]。他們有可耕的土地，有農具農牛，又有爲其操作的勞力，這是他們願意接受農耕生活方式的一大原因。但在另一方面，也阻抑了他們自身在農業生產上的固根生長，及生產技術的發展前進，他們只是掠取奴隸生產的成果。

建州女眞雖已進入農業生產，但仍不肯長久的固定在一定的土地上，時時遷徙於朝鮮北部與明遼東地區之間。他們雖接受中國或朝鮮的羈縻，也不肯安分的聽命受撫，看邊住種。當他們覺得自己的力量已夠強大，或認爲受到不平的待遇，不能滿足其奢想的慾望，而又適逢防衛者的力量鬆懈薄弱時，便遊動犯邊，四處刼掠，以此進行更大的要脅勒索。假如防衛者的力量足以鎭壓，給以沉重打擊，便又回到故地，或遷到一個新的地方，受撫朝貢，暫時安定下來。這種經常遊離於中國與朝鮮之間叛服不常的行動，完全是爲了擇肥而噬。有時是爲了尋找新的生活天地，當他們發現更有利於目前的生活環境，如漁獵牧場，掠奪對象，便棄此就彼，族遷而去。始終不能像一顆種子落地就此固根生長。便阻礙了他們在農業上進一步的發展。

這種情形和他們的傳統生活習慣也有莫大關係。採集漁獵的生活，雖然不免有時相當艱苦，但如有豐富的可資採集漁獵的環境，生活資料是很容易取得的。而且在明朝和朝鮮的封貢貿易政策下，也很容易的可以換得生活上必要的物資。農耕生產，不但需要長期的勞動投資，收成也不一定完全可靠。天災蟲害，都可能使一年的辛勤化為烏有。這在過慣了採集漁獵生活，初期向農業生產轉變的人，一旦遭遇這種情形，是不可想像也無法忍受的。同時採集漁獵，結隊而行，成羣而出，呼嘯叫鬧的動態生活，較之長期沉悶的農耕生產，不但生動活潑，也正是他們生活的本色天性。尤其是掠奪與戰爭，既可以滿足物資要求的慾望，更為他們發洩雄風蠻氣的機會。所以如有新的狩獵環境或掠奪對象，常引誘他們回到原來的生活上去。

農耕生產工具的缺乏，也是使他們不願從事長期艱苦的農耕生產工作的一個原因。明朝與朝鮮安撫邊境上女眞人的辦法，是相當矛盾的。一方面給予農具犁鏵等鐵器（耕牛農具都可以有限制的換取），希望其能安定生產，不為邊患；一方面又恐其生活自足之後，無須依賴資助，不聽約束。及鐵器出口過多，彼等熔為兵器，增強叛亂力量。以此對鐵器輸出，懸為厲禁，即是農具，也限制極嚴⓬。而事實上他們之所以聽命羈縻，接受約束，也不是眞心向化，只是一時某種程度下的妥協，念念不忘發展自己的武力，常將得來的鍋鏵等熔為兵器。成化年間明廷禁市鐵器，建州、海西以「男無鏵鏟，女無針剪」而掀起一場大規模的叛亂⓭，可見其鐵器農具的缺乏，與殷切需要。鐵器農具的缺乏，當然會影響到生產技術的提高與收穫量的擴大，進而影響到他們不願完全依靠農業生產的心理。

另外一個重要的因素，是他們可以藉入貢通市之名，為採集狩獵得來的獸皮、人參、松子等土產，輕而易舉的換取更多的生活資料。《博物典彙》：「九邊虜俱不毛，唯建夷產珠及參與貂，最下赤松子。界鴨綠江而居，珠江出也。……取山澤魚鹽之產，易我中國之財，故酋日富。酋歲貢蜜，兼開蜜市。」⓮上述種種因素，都是使建州採集漁獵生產長期佔着重要地位，農業生產不能長足發展的重要原因。而這些影響農業生產不能進一步發展的因素，又轉而直接間接影響到建州女眞內部手工業與商業的發展。一直到清太祖努爾哈赤興起之後，情形方始改變，表現着飛躍的進步。但此時建州社會的內外條件，亦已大異於往昔。箇中因素，錯綜複雜，文中當相機分別敍述。

上文所說採集漁獵經濟在建州女眞社會長期佔着重要的地位，他們可以用獸皮、人參、松子、馬匹等，通過對外交換，換取農器傢俱鹽布等日常用品，而影響到建州手工業的充分發展，但這並不意味着他們沒有手工業的存在。製作鞍韉、盔甲、弓箭、刀槍及木類器具，毛皮加工等簡單手工業，都與他們的生活需要密切結合在一起，當然是會有的。「善緝紡」也說明了製衣手工業的發展情形。不過諸如冶煉鑄造，棉絲紡織，陶瓷製作，需要一定高度技術的手工業，都是努爾哈赤興起以後的事。

二、鐵器：加工、開礦、鑄造

關于金屬類器物的製造，在努爾哈赤興起之前，只是加工改造，尙沒有發展到自行採礦冶煉的技術⓯。他們所用的鐵器，是靠對明朝及朝鮮貿易得來，或以成品應用，或加工改造，《朝鮮實錄》：

「野人以唐牛角或以本土牛角自造弓，但其體視我國弓差大。大弦用皮，箭鏃貿大明鐵自造，其制與我國西甫子箭同。」⑯

「舊例，野人賜給不以器具，如鞍子粧飾，亦用豆錫，蓋不欲以兵器資敵，祖宗慮患之意深矣。大典內潛賣禁物如鐵物牛馬軍器之類，犯者罪死，法非不嚴也。近者邊郡守令慢不奉法，換易毛物，必於彼人，而惟鐵物是售。以衣服不緊之具，換軍國有用之器，固為不可，況以兵刃輸敵乎！傳聞野人舊無鐵箭，今則至有以鐵為甲者，其為害豈不明甚。」⑰

鐵器的應用，最早是用在武器上，此爲一般通例。「野人」是當時朝鮮對其北部女眞各部落的泛稱。起初他們的箭鏃用骨製成，謂之骨箭，「以熊脚骨久沉於血，則其堅如鐵，故用以爲鏃。」⑱「往時野人屈木爲鐙，削鹿角爲鏃，今聞鐙鏃皆用鐵。」⑲明宣德年間朝鮮發兵討伐建州李滿住，除俘獲人口牛馬外，已有大量腰刀、環刀、槍刃等，這些都是他們加工自造的⑳。由於鐵器的流出，女眞人熔爲兵器，朝鮮政府嚴禁鐵器出境，「兵曹啓：平安、咸吉道地連彼境，故鐵物買賣，已曾立法防禁。然無識之徒，竟謂防禁疏濶，如前買賣者間或有之。自今以後，兩道居民如炊飯鐵器、農器、兵器等鐵物與彼人買賣者，及知情故放者，以違禁下海律科罪。有能捕告者依此律文充實。野人京中往來所經各官各驛，及京中入接館中，皆定禁亂，嚴加糾察。從之。」㉑後歷朝亦屢申禁令，嚴防鐵器外流。

鐵禁雖嚴，然透過走私貿易，仍有大量鐵器流出。「國家責貢貂皮於五鎭，守令托以進上，誅求於民。而貂皮產於野人之地，故或以農器或以農牛換之，實是資敵，請除五鎭貂皮之貢。」㉒由於當時朝鮮朝野上下重視貂皮，相互誇耀，以女眞人最感需要最爲缺乏的鐵器換取，所以鐵器流出甚多，「臣聞諸（魚）有沼，興利人貿易貂鼠皮，北方鉅弊。國家雖減貂鼠皮之貢，而弊猶不祛者，俗尚奢侈，服飾必貂鼠皮，朝士階陞四品，則與三品相混，故必着貂皮耳掩。且毛裘宜於老者，而年少婦女，皆服貂裘，無此則羞與爲會。數十婦女之會，無一不服者。貂皮價高，謀利者雲集北道，市索無已，至以牛馬鐵物買之。野人箭鏃昔皆用骨，今則皆以鐵爲之。良有我國人用鐵換皮之故也。上問有沼果有以鐵換皮者乎！有沼曰：『往者穩城人有以二鋤易鼠皮二張者。』……上曰：『中國人亦以鐵貿於野人否？』有沼曰：『法嚴全未矣。』[23]」鐵物私自外流日多，所以女眞人的箭鏃已多爲鐵製，「野人之地本無鐵，以骨爲箭鏃，今所虜野人之矢，鐵鏃居半。臣訝而問之，則云六鎭所貢貂鼠皮，率皆貿於彼人，故以牛馬鐵易之。邊將亦受彼人毛皮而不以爲恠，請須嚴立法以禁之。」[24]

鐵器出境，在明朝止許犂鏵鍋剪等有限度的出口，或由會同館開市時購買，或於馬市上交易[25]。二者都有官方嚴密監視，出境並經詳細檢查。此即明朝封貢貿易下所謂「建州女直，叛服不常，朝廷或開市以掣其黨，或許買鐵器以結其心，皆羈縻之義」的邊防政策[26]。國人以鐵器私與交易或私運出境者，以通敵論罪。明廷對朵顏、福餘、泰寧三衞，以其較爲恭順，會同館交易時每人許收買犂鏵一幅，鍋一口[27]，建州則僅許五人十人共買一鍋[28]。不過禁令雖嚴，但以高價厚利之故，彼等仍可於入貢歸去時沿途私貿易買得鐵器，「（賈）恭又奏，韃子海西野人女眞歸自京師，道過邊境，輒以所得綵幣或駑馬市耕牛及銅鐵器皿。臣以耕牛邊人恃以爲生，而銅鐵器外夷所資以爲用，乞禁勿與市。上可其奏。」[29]成化十二年馬文升以鐵器流出過多，中請嚴禁，「比年朝鮮陪臣及建州、海西、朵顏三衞夷人入貢，軍民人等，輒以射弓材箭鏃與凡鐵器私相貿易，誠非中國之利，乞下所司禁約。且以行人帶領通事伴送，沿途防禁之事下禮部，請差行人，著爲例。兵部請榜諭京師並諸邊軍民，違者謫戍邊遠。會同館及沿邊伴送官吏人等有縱之者，槩治其罪。若夷人挾帶出關，事覺拘入官，給還原直，仍追究所鬻之人，從之。」㉚馬文升所奏防範鐵器出境辦法，對東北各部實爲嚴重打擊，所以在次年十一月即稱兵入犯，以武力抗議，「時海西虜酋糾建州三衛入寇靉陽，言往年受朝廷厚遇，今無故添一官人伴送我行，飲食之如犬豕，禁制我市買，使男無鏵鏟，女無針剪，因是入寇。」㉛

鐵器出境的嚴厲限制，不僅是影響到其農業生產，更重要的是斷絕了他們得以熔造用具及武器的來源，所以才藉口入寇。弘治年間，又重定鐵器換買辦法，「吏科給事中鄒文盛言……遼東先年因三衛內附，東夷效順，故於廣寧、開原奏立馬市交易。當時虜酋輸欵，時以馬易鹽米。彼得食用之物，我得攻戰之具。近賊虜狡黠，不以堪用馬匹貨賣，持以入市者惟榛松貂鼠，瘦弱牛馬而已。又有假此窺覘虛實者。中國圖利之徒，與之交結，甚至竊賣兵器，洩漏軍情，雖有監市分守等官，勢不能禁。竊聞虜所易鍋鏵，出關後盡毀碎融液，所得豆料，專以飼馬，其志可知。又聞犯邊之後，以所掠銅鐃等物，貨賣東夷諸酋。……當嚴飭監市等官，於夷人入關，止許易鹽米，不得私買鐵器豆料。舊例許五人十人共買一鍋，今立年限，或二年或三年許買鍋鏵一次。其進貢夷人回有買鍋鏵者，亦照此例。」㉜

鐵器銅器的輸入後熔煉加工，這說明了他們已有一定程度的金屬手工業技術。雖然還不能直接開礦冶煉，使他們在銅鐵器的使用上受到相當大的限制，但初步的加工製造技術已在逐步成長。有了加工技術，日後一旦發現鐵礦，冶煉製造，自易順利進展。前引《朝鮮實錄》：「洪允成以爲野人處亦有鑪冶匠。克培曰：野人不解煉鐵，但得正鐵改造耳」㉝。「唐人阿家化供言曰：俺年十四歲時，爲建州賊松古老等所搶，隨住其家。……同里而居者六家，而有冶匠弓人焉。」

㉞「弓矢皆強勁，設風爐造箭鏃皆淬之。」㉟已經有了鼓風爐。又「成憲府大司憲李恕長等上疏曰：平安道以鴨綠江爲界，野人之境，置鎭列戍，隄防有備。中朝之界，漫無障塞。……傳聞中朝一路，舊無鍮器，盥洗率用木造。今則所過站驛，多有鍮器。問之館人，答云鍮工見居近地爲此器。臣等竊恐本國逃賦之民潛徙而有此事也。」㊱鍮即黃銅，此時的手工業尚分散在各家之中，並未分業獨立發展。而且這些工匠，也大都是中國人或朝鮮人，這是明成化年間所見到的情形。

發展至努爾哈赤興起之時，情形已大不相同。不但分工生產，且已有專業之胡人工匠。萬曆二十三年朝鮮人河世國出使建州歸來報告謂：「老乙可赤（努爾哈赤）城周回八十餘里許，城門七處，無弓家石築胡家五百餘戶，城外六百餘戶。內城周回十里許，石築弓家樓閣五處則已造。……畫員二名，瓦匠三名，則天朝命送之人云。而時方燔瓦。……甲匠十六名，箭匠五十餘名，弓匠三十餘名，冶匠十五名，皆是胡人，無日不措矣。」㊲申忠一〈建州紀程〉所記（申忠一於萬曆二十三年十二月出使建州，二十四年正月歸），「小酋農幕，山端陡起處設木柵，上排造弓家十餘處」，「奴酋農幕，王致掌之云，峰上設木柵，上排弓家十餘處，柵內造家三座。」㊳此爲努爾哈赤居於舊老城時的手工業發展情形。

建州在入關前開礦冶煉最早的記載是明萬曆二十七年（努爾哈赤起兵後十六年，建元天命前十七年），《滿洲實錄》卷三：「（己亥年）三月，始炒鐵開金銀礦。」這是初步接觸到開礦冶煉的技術，當然還相當幼稚，談不到什麼大規模的有計劃的生產製造。這首次發現開採冶煉的人，是中國人，朝鮮人，或女眞人，及如何發現，如何開始，都沒有記載。發現地點，冶煉技術，也沒有說明。不過儘管數量上微不足道，技術上粗陋不堪，但這在建州社會發展史上，確是一件大事。以前，鐵的來源，必須仰仗自外輸入，在向明朝及朝鮮恭順聽命的羈縻下，或經過非法的走私貿易，得到極有限度的數量。而今可以自行冶煉，總算有了一定的來源。雖然一時不會有多大的影響，但這是一個轉變的開始。當時在建州統治者的心裏，一定是相當振奮愉快的，此後所需的只是技術工匠問題。所以當萬曆二十九年得到朝鮮的鐵匠時，對待俘虜的態度便完全不同了。以前俘獲的人多用爲奴隸，視如牛馬。此次則欣然接待，厚加給賜，遇之如賓。《朝鮮實錄》：「往年北道總兵與老土相戰時，北道人物被虜善手鐵匠，今在老酋城中。而昔則胡地素無鐵丸兵器斧鎌等物，以水鐵反鑄得用，極貴。一自鐵人入去之後，鐵物興產。以此老酋欣然接待，厚給雜物，牛馬亦給云。」[39]可見其心中是如何高興了。依時間及所記情形推測，萬曆二十七年「開始炒鐵開金銀礦」的人，也許就是這些被俘的朝鮮人。

「鐵物興產」，說明了自行開礦冶煉，及得到善手鐵匠後鐵器生產擴大及提高的情形，也刺激了努爾哈赤更進一步獲得鐵匠增加生產的要求，《滿文老檔》：「Lenggeri, Yecen, Detde 你們三人率一百人駐柴酒馬西，Yeodehe, Abutai 你們二人率一百人駐在白塔河。駐屯的地方嚴密探索。聽說有精煉鐵的人在新境外三十里的地方居住，爲了要把他們捕來，Lenggeri 你率五十人去捕，堅牢的縛了送來。」[40]

這些開礦冶煉的工匠，似乎大多是中國人或朝鮮人，並設有百總管理，有組織的生產。「石城煉精鐵百總 Jang Bing i 把毛文龍投送劄付書的人捕了送來，陞百總 Jang Bing i 爲千總，參加捕獲的鐵匠賞銀十兩。」[41]「石城精煉鐵參將 Wong Dz Deng……」[42]石城大概是當時的生產中心[43]。

努爾哈赤時代所見冶鐵史料很少，發展至太宗，規模始漸擴大。徐大禎奏云：

「管窖鐵炸牛彔章京徐大禎奉皇上勅諭，管窖鐵炸，初時八固山止撥窮丁四十名到洞，經今八載，並無逃竄，內尚多增。臣教習窖運，甫能得會，裝運者無有停積，打造者盡足國用，毫無悞事。後加老幼和尚四十名，不過背水背土，充數而已，開洞使钁，茫然無知。彼時止八固山使用鐵炸，近日天佑我國，蠻子蒙古投來者，搶來者，並新立營伍，一切鑄造，比往時勝十倍。又兼每年每名送鐵炸八百斤到工部，又夥種蘇子地四十日（晌），打油照洞，夫丁苦累難捱，屢向工部告差重苦，討添人夫。工部貝勒差大人看過數次，苦情盡知。奏過皇上加派人夫九十六名，俱是生意袖手之人，不惟不能赴工，且十人不及舊人之一，故因人少告添。今又遇換甲用炸之際，不意被戶部將舊人四十名調回赴堡，新人與和尚晝夜窖出，不足裝運，牛車人夫擁積無數。況鐵炸係我國第一緊要之事，一旦遲滯，不曰有悞國用，尚且躭延大事。在戶部不知窖運苦楚，在小民不能痛伸貽累，臣管理窖運人夫，禁受不過。……伏乞□□□舊人討回赴工，庶上足國用，下安小民。」[44]

這是專指窖鐵炸採砂情形說的。治煉鑄造，另有專局。關于鐵器鑄造，努爾哈赤時雖僅見鑄造農具犂刃、犂耳的記載[45]，其他用具如斧、鐮、鋤、鍬、钁等都會有的。《滿州實錄》中記載凡來歸附者皆給以田地、農具、耕牛、奴僕、使自理生計。鐵製農具數量，一定不少。製造技術，也大爲進步。《建州聞見錄》：「銀鐵革木，皆有其工，而惟鐵匠極巧。」[46]分工亦更爲明顯。《籌遼碩畫》：

「奴兒哈赤……寨在甯宮塔，內城高七丈……內城居其親戚，外城居其精悍卒伍。內外見居人家約三萬戶，北門外則鐵匠居之，專治鎧甲。南門外則弓人箭人居之，專治弧矢。東門外則有倉廒一區，共計一十八照，每照各七、八間，乃是貯穀之所。」㊼

銀鐵革木諸手工業中，惟「鐵匠極巧」，突出進步，這是受戰爭需要的影響。手工業與軍需工業結合在一起，所以雖行分工，但並不是獨立自由發展。在建州當時的社會組織下，是屬於汗或各旗下的，《滿文老檔》：「諸王直屬工匠，領催弓的主管人委任了。旗的工匠，領催牛彔甲的章京委任了。」㊽天命九年六月評定戰功：「汗城居住的甲士、哨探、門（衛）、工匠各二人分，鐵、瓦（匠）各三人分。」㊾鐵匠瓦匠的賞賜優於甲士及其他工匠，是受到相當重視的。

建州女眞製鐵手工業自努爾哈赤起表現着飛躍的進步，雖然是長期歷史發展的結果，但自其起兵之後，鐵器來源日少，尤其是明朝關閉市場，自明朝輸入鐵器，已完全斷絕。爲了對抗明朝，贏得戰爭，迫使建州不得不另謀出路。開礦炒鐵，不管是偶然的發現，或有意識的探測，但羅致工匠，分工製造，提高及擴大生產，確是有計劃的，有着強烈的推動的意識的。爲了戰爭，所以太宗年間鐵器製造的發展，也仍然是在軍器上。

太宗時代軍需工業最突出的發展是造礮。在對抗明朝的戰爭中，建州以驍勇善馳射，最利於野戰衝殺。然圍城攻堅，明軍有紅夷大礮，密集轟擊，爲建州嚴重弱點。天命十一年（明天啓六年）努爾哈赤圍寧遠，揮軍進薄，載盾穴城，矢石雨下不退。袁崇煥令閩兵發西洋巨礮，一發，傷數百人，翌日再攻再却。時朝鮮使臣適在崇煥營中；記當時情形云：

「我國譯官韓瑗隨命入朝，適見袁崇煥，崇煥悅之，請入其鎮。崇煥戰事節制雖不可知，而軍中甚靜。崇煥與三數幕僚閒談，及報賊至，崇煥乘轎至戰樓，又與瑗等談古論文，略無憂色。俄傾放一礮，聲動天地，瑗懼不能仰視。崇煥笑曰：『賊至矣。』乃開窓，見賊兵蔽野而進，城中了無人聲。是夜賊入外城，崇煥預空外城，為誘入之地。賊併力攻城，又放大礮，城上一時舉火，明燭天地，矢石俱下……須臾地礮大發，土石飛揚，火光之中，見胡人與胡馬無數，騰空亂墮，賊大挫而退。翌朝，見賊隊擁聚於大野之一邊，狀如一葉。崇煥遣一使備物謝曰：『老將久橫行天下，今日敗於小子，豈非數耶！』奴兒哈赤先已負傷，及是供禮物及名馬回謝，而約再戰之期，因懣恚而斃。」㊿

清人自己記載亦謂：「帝自二十五歲征伐以來，戰無不勝，攻無不克，惟寧遠一城不下，遂大懷忿恨而回。」51

寧遠之戰，努爾哈赤以百戰老將，敗於崇煥，負傷忿愧而歸，旋即殂落。此一戰役，崇煥以逸待勞，指揮有方，將士用命，奮勇殺敵，固爲致勝因素。然主要關鍵，乃決於明軍擁有紅夷大礮，對密集薄城之摧擊，發揮最大效力。崇煥於大敵當前，猶談古論文，略無懼色，實以握此利器，知必操勝算，而好整以暇待之。

太宗即位後，於天聰元年五月，率八旗兵再攻錦州、寧遠，明軍又以紅夷大礮摧之，失利敗歸。

寧錦之役，給予建州沉重打擊，也帶來嚴厲教訓。雖在此以前，亦已使用大礮，但都是得自明軍的土礮，《滿文老檔》：

「管四千漢人的官人出二百兵，一百兵準備大砲十門，長砲八十門，其他一百兵隨意照樣私用。管三千的出徵兵一百五十，準備大砲八門，長砲五十四門，內七十五人隨意私用使喚。管二千人的徵一百人，準備大砲五門，長砲四十門，內五十人隨意私用。女真管二千七百人的徵兵一百三十五人，其中六十七人使帶大砲六門，長砲四十五門，餘六十七人照樣私意使用。管一千七百人的徵兵八十五人，其中四十四人帶大砲四門，長砲三十六門，餘四十一人，照樣隨意私用。管一千人的徵兵五十人，其中二十五人準備大砲二門，長砲二十五門，餘二十五人照樣隨意私用。管五百人的徵兵二十五人，其中十人準備大砲一門，長砲八門，餘十五人照樣隨意私用。」[52]

其他散見者尚有數處，此種土礮與紅夷大礮性能，自是難以比擬。所以太宗即位之後，即亟謀仿製此種新式大礮，以對抗明軍。紅夷大礮（清諱夷字，後官書改夷爲衣）本由葡萄牙人輸入於明。先是於澳門向葡人定購，天啓二年二月，明廷命孫元化仿製。翌年三月成，封巨礮爲「安國全軍平遼靖虜將軍」，並遣官致祭[53]，自後明即用之守城攻敵。太宗常思有以抵禦之，乃命工製造（紅衣大礮流入建州不知何時，此當爲依樣品仿製，技術工匠，爲俘虜之漢人），天聰五年（明崇禎四年）五月鑄成。《太宗實錄》：「造紅衣大將軍礮成，鐫曰：『天佑助威大將軍，天聰五年孟春吉旦造。督造官：總兵官額駙佟養性。監造官：遊擊丁啓明、備禦祝世蔭。鑄匠：王天相、竇守位。鐵匠：劉計平』。先是，我國未備火器，造礮自此始。」[54]

是年十一月，即首用此礮破遼西于子章臺：

「己酉，遣官八員，率兵五百人及舊漢兵全軍，載紅衣礮六位，將軍礮五十四位，往攻于子章臺。……是臺峙立邊界，垣墻堅固，我軍攻三日，發紅衣大將軍礮擊壞臺垛，中礮死者五十七人，臺內明兵惶擾不能支，乃出降。是臺既下，其餘各臺聞風惴恐，近者歸降，遠者棄走。所遺粮糧充積，足供我士馬一月之餉。至紅衣大礮我國創造後，携載攻城自此始。若非用紅衣大礮擊攻，則于子章臺必不易克。此臺不克，則其餘各臺不逃不降，必且固守。各臺固守，則糧無由得，卽欲運自瀋陽，又路遠不易致。今因攻克于子章臺，而周圍百餘臺聞之，或逃或降，得以資我糧粮，士馬飽騰，以是久圍大凌河克成厥功者，皆因上創造紅衣大將軍礮故也。自此凡遇行軍，必携紅衣大將軍礮云。」[55]

此雖不免有歸美頌聖之意，然建州自紅衣大礮造成之後，其所發揮之威力，及對整個戰局之影響，關係是相當重大的。所云「先是我國未備火器」，蓋指未自造此等新式武器而言。建州命虜獲漢人仿製紅衣大礮，與明朝命孫元化仿製，相距不過八年，而此等摧陣攻堅於戰局上起着決定性作用的新式武器，明朝所恃以爲制虜長技者，建州已與共之，平分春色。次年，佟養性卽請擴大製造，並擴充砲兵，成立火器營。疏云：

「一曰增兵威：往時漢兵不用，因不用火器。夫火器南朝仗之以固守，我國火器既備，是奪彼長技。彼之兵既不能與我相敵抗，我火器又可以破彼之固守，何不增添兵力，多拏火器，以握全勝之勢。目今新編漢兵，馬步僅三千餘，兵力似少，火器不能多拏。況攻城火器，必須大號將軍等砲，方可有用。然大號火器拏少，又無濟于事。再思我國中各項漢人尚多，人人俱是皇上赤子，個個俱當出力報效，若果從公查出，照例編兵，派定火器，演成一股，有事出門，全拏火器，大張軍威。……如此一行，敵國聲聞，自然膽落，無堅不破，無城不取也。」

「一曰練火器：軍中長技，攻打城池，必須紅夷大將軍，緊要必用，其別號將軍砲次之。至於三眼鎗、佛朗機、鳥鎗等項，特城守之具耳。在兵丁喜其輕便好拏，攻城實不濟事。目今火器雖有大號將軍，然尚少，宜諭令金漢官員，各管地方有遺下各號大將軍砲，盡數查出送來，仍再多方鑄造，酌議收拾，方可有用。大砲百位不多，火藥數十萬猶少。我國如將火器練成一營，真無敵雄兵，以之威服天下有餘矣。」[56]

天聰七年（崇禎六年），以「王天相創鑄紅衣礮功，及金世昌繼造，不用蠟軐鑄成，俱陞備禦，授董成功千總。」[57]崇德七年（崇禎十五年），又鑄成神威大將軍礮，這些鑄造工匠，都是漢人。《實錄》：「命梅勒章京馬光輝、孟喬芳、率劉之源旗下楊名高，祖澤潤旗下李茂，佟圖賴旗下佟圖蔭，石廷柱旗下金玉和，吳守進旗下孫德盛，金礪旗下柯永盛，巴顏旗下高拱極，墨爾根侍衛李國翰旗下楊文魁，及鑄礮牛彔章京金世昌、王天相等，往錦州鑄神威大將軍礮。」[58]且有鑄礮牛彔章京專董其事。

當時製造此種新式大礮，所費甚貴。鮑承先曾奏說：「今聞又造大砲，汗連年鑄造大砲，並所得紅夷炮，儘可足用，又何必添造，不惟費民財力，亦且載運艱難。」[59]然「紅衣大礮乃萬人之敵」，「攻打城池，必須紅夷大將軍」，所費雖昂，故仍連年鑄造不已。

建州造礮技術的進展，礮火武力之增強，與孔有德、耿仲明的投降，實有重大關係。孔、耿二人本爲毛文龍部曲，崇禎二年（天聰三年）文龍爲袁崇煥所殺，以陳繼盛代領其衆，有德不服，與耿仲明、李九成等走登州，依登萊巡撫孫元化。四年大凌河城告急，元化遣有德等赴援，兵至吳橋譁變，陷登州據之，有德自稱都元帥。明發兵討之，遂於六年夏泛海降清。降前，孔、耿等致清太宗書云：「甲兵數萬，輕舟百餘，大礮火器俱全。有此武備，更與明汗同心協力，水陸並進，勢如破竹，天下又誰敢與汗爲敵乎！」[60]此固不免有誇張要降之意，但孫元化曾爲明朝製造西洋大礮之人，營中不但有此新式武器，也有不少製造工匠及熟練礮手，《清朝全史》：「孔有德圍萊州時，用孫元化所製之西洋大礮。此大礮在明國爲最新式軍器。孫元化奉命鑄造西洋礮，始於天啓二年。彼素奉西教，嘗於澳門招致西人，如登州、萊州兩役，葡萄牙人公沙的西勞（Consoles Texeira ）等陣亡者數名，受明廷諭祭。耶穌會之教士陸若漢（Joannes Rodrigues）負傷，得優奬。彼等西人，實在孫元化之下製造大礮者也。孔有德載此種新式大礮來歸，關係頗大。金國前此鑄造之紅衣礮，多爲捕虜漢人等所製作，比此固有精粗之殊。」[61]

先是，崇禎四年，公沙的西勞與陸若漢等曾率領在北京的葡軍礮隊入登州孫元化營助戰。登州淪陷，公沙的西勞以下死者十二人，受傷而幸逃脫者陸若漢以下十五人[62]。葡軍礮隊所携火器與中國工匠礮手，俱被孔、耿脅之投降。《明清史料》：「四王子（清太宗皇太極）說叫孔、耿二賊剃頭后來。……叫孔賊帶賊兵二三百名，見在遼陽。耿賊帶賊兵二三百名，在瀋陽造火藥。」[63]崇禎十四年（崇德六年）洪承疇所睹建州大礮及礮子謂：「惟虜賊見馬步官兵拒戰甚猛，遂用牛車推運紅夷大砲三十餘位，東西兩面向馬步營對打數百砲，各營拾有封口大砲子，重七、八斤上下，銅鐵皆有，赴職面驗，貯在松山庫者肆百餘顆。其末及拾驗者，不知凡幾。」

[64]湯若望亦謂：「近來購來西洋大銃，其精工堅利，命中致遠，猛烈無敵，更勝諸器百千萬倍，若可恃為天下後世鎮國之奇技矣。孰意我之奇技，悉為彼有。」「今之大敵，莫患於彼之人壯馬潑，箭利弓強，既已勝我多矣；且近來火器又與我相當。……如目前火器所貴西洋大銃，則敵不但有，而今且廣有之矣。我雖先得是銃，奈素未多備，且如許要地竟無備焉。」[65]孔、耿之降，皇太極不但賞賜優渥，且力排衆議，堅以最親愛禮節「抱見禮」迎見，可見此降關係之重要，與太宗內心之興奮了[66]。

當時所造大礮究有多少，沒法找出確切的數字。天聰五年七月命佟養性總管運輸之事時，「其隨營紅衣礮、大將軍礮四十位。」[67]是年攻于子章臺，「紅衣礮六位，將軍礮五十四位。」[68]共六十位。天聰七年七月祝世昌奏稱：「今算我國紅衣礮，新舊並船上旅順所得者三十多位。」[69]紅衣礮三十餘位中，孔、耿携降者約六、七位[70]，其餘紅衣礮也未必都是自造，有的是得自明軍的戰利品。如「以大凌河所獲大小火礮三千五百位，竝鳥鎗火藥鉛子，命總兵官額駙佟養性管理。」[71]不過並沒有指出礮的名稱。建州當時所用的大礮，除紅衣大礮、神威大將軍礮外，有大將軍、二將軍、三將軍、法熕礮（法亦作發）等[72]。鑄礮中心，有瀋陽、歸化、錦州等地[73]。

礮子的鑄造，已能大量生產。如松山之役，「癸丑四鼓，孔有德、耿仲明、尚可喜、馬光遠、石廷柱兵各移礮前進，五鼓舉礮……於是用紅衣礮攻至未時，城堞盡毀，止餘城垣……我軍是夜亦鳴礮達旦。……甲寅……上集諸將，復議攻城之策。皆謂必能攻克，但紅衣礮子火藥已用大半，宜遣人速取（此次用紅衣礮共二十九位）。……乙卯，上遣官八員，各率牛彔兵一名，齎勅往取礮子火藥。勅云……其漢軍所需礮子一萬，火藥萬觔，可作速運至。」[74]攻城已用礮子若干，瀋陽所貯礮子若干，數皆不詳。一次可動運一萬顆，其數已甚可觀。不過礮子製造，似尚不十分理想。「……數固山額眞石廷柱、馬光遠等罪，責之曰：爾等所鑄礮子，雜以惡鐵，中外鎔鍊不勻，以致方出礮口，輒即迸碎，玩誤軍機，莫此爲甚。」[75]

與造礮相伴的製造火藥，亦急速發展，此爲必然的結果。天命年間，已開始製造，《滿文老檔》：「八旗中的燒煤的 Yan Mandz, Sige Mandz. 把精煉放炮的黃色火藥送來了。給予二人千總的職位，並賞給衣服靴煖帽各一，銀各十兩。」[76]「漢人 Ji Dase 精煉的硫黃送來了，因此陞爲千總，並賞給緞子三匹，毛青布，翠藍布五疋，銀十兩，蟒緞衣服、煖帽、靴子等。」[77] Mandz（蠻子）是建州對明人的稱呼。俘虜的人本是做奴隸用的，以煉得硫黃火藥，陞官賞銀，並給予當時最爲缺乏的衣服布匹，及免除各項官差與兵役[78]，可見其對火藥的重視及鼓勵作用。這也正是天啓元年（天命六年）攻取瀋陽受到明朝礮火沉重打擊以後不久的事。

太宗時期，運送前方的火藥，動以萬觔計[79]。其造礮製藥，有專設的礮局、藥局。天聰六年三月馬光遠奏稱：「礮局、藥局，雖有地方，而無房屋，凡遇暴日寒天，匠役無處遮蓋，苦楚難當。合無每局造廠房十數間，以蔽風雨。庶匠役不致偷安，造作可得長便矣。」「火藥硝黃造作，雖有派就人夫，收藏務要得法，給散務要分明，造作不堪，罪在匠役，分發不明，罪在將官。計人計藥，多多備辦；或出或入，俱要節省。如硝黃交收，火藥分發，俱要本管將官呈報兵部衙門，記下數目，候年終必一類算，庶無費也。」[80]祝世昌亦奏稱：「查運新得硝黃，預辦火藥。夫大砲所用旣多，火藥亦得多備。見今兩藥局一箭局，加緊製造矣。第遼陽舊城淋硝硝丁有數，一年所淋硝斤有數，勢不能多得。我國用這許多大礮，則火藥當多多預辦。查得船上硝有三、四千斤，磺有四、五千斤，當速行兵部，計處運來，發局合造。新得旅順，量硝磺火藥亦多。再寫筆帖與貝勒，查其硝磺火藥有多少，量留一半本處備用，其餘盡數裝運前來製造。」[81]

鑄礮與製造礮子火藥雖然設有專局，但並未建造廠房。雖有專人負責，統轄於兵部、工部，但技術工匠，是由各家下分派的。除前引《明清史料》徐大禎奏疏外，又馬光遠奏疏：「造砲鐵匠，並造藥匠役，有各貝勒家下之人，有各官下新來之人，本身雖有田地，隻身無人耕種，時刻不離，顧此失彼，其苦楚與兵役大不相同。既要令他打造，必須厚加喫穿，此人方得安心効力矣。伏乞速議養贍之典。」[82]工匠夫役須自理生計，與農業尚未獨立分離，此與建州經濟組織，八旗制度，都有莫大關係，於本文結束時再爲說明。

建州鐵器手工業在努爾哈赤興起後劃時代的進展，一開始便是在戰爭的需要下激動起來的，所以與軍需工業結合在一起，最突出發展的是火器。其他非軍事性的用具製造，無形中都受到阻抑限制。太宗對農業生產頗爲重視，但農具如犂口鏵子，仍須由朝鮮輸入[83]。自紅衣大礮鑄成之後，以投降漢人編成直屬礮隊，並向朝鮮征索礮手[84]，每行軍作戰，必携之而往。攻城奪堡，先以礮火猛烈轟擊，而後甲兵攀登以進。隨着建州軍需工業的進展，雙方戰鬪力的轉變，也正是一個明顯的指標。紅衣大礮在幾次激烈的戰役中，都發生了勝負決定性的作用。

鑄砲之外，並曾鑄鐘，《太宗實錄》：「實勝寺工成，……鑄鐘重千觔，懸於寺內。」[85]鋼鐵亦已出現，《滿文老檔》：「牛莊的人甲二百領，弓矢二百，火箭一千，砲彈三千個，小的五斗，鋼鐵五十斤送來了。」[86]《太宗實錄》：「和碩墨爾根戴青貝勒多爾袞參奏達爾漢侍衞扈爾漢之子渾塔，前往旅順時云，我攜鋼鐵，祇送貝勒阿濟格，不送我本貝勒。」[87]鋼鐵似是很稀有之物，不知是否爲自鍊而成。

三、銀器：冶煉、鑄造

建州自行冶銀淘金，亦始於努爾哈赤時代，《滿文老檔》：「以三兩銀計算，淘金者六百人，一年收取金子三百兩，精煉銀子的一萬人，收取銀子三萬兩。」⑱「挖銀子的差役，送來了銀子九百三十兩，金子六兩七錢，曾兩次給糧食與這些挖銀的人，是不是都曾給過了？金子已經送來，給那些挖銀子以後才回來的人好了。給督促工作的石國柱六十兩，給八家監督的八人各五兩。問問差役們的糧食若是沒有給，要將革職問罪！」⑲銀匠：「處罰掌管Sǒto Beile財貨的Yamburu兄弟四人和銀匠二人合夥隱匿銀子的罪，Yamburu以其兄有功釋放，償還銀一半，其他五人各鞭二十三，並刺耳鼻。」⑳金銀器製造情形不詳，「如果有知道銲接金銀藥方法的人，要上奏呵！」㉑太宗時曾鑄塔及印信，《清鑑易知錄》：「上命備陳諸祭物，祀嘛哈噶喇佛。先是，孟庫地方送嘛哈噶喇佛至，命造銀塔一座，重五百兩，塗以金，藏其骸骨于塔中，置殿側禮祀之。」㉒鑄印，《實錄》：「凡各衙門通行文書，亦用印行，於是頒六部銀印各一。」㉓崇德三年十二月「鑄給理藩院印信」，大概也是銀印㉔。

四、貨幣鑄造

建州於太祖、太宗時均曾鑄造制錢，〈清文獻通考錢幣考〉：「太祖、太宗龍興東土，創制顯庸，即已鑄有錢文，以資民用。」「天命元年（萬曆四十四年）鑄天命通寶錢；丙辰（天命元年）春正月，諸貝勒等具表上太祖尊號曰「覆育列國英明皇帝」，建元天命。尋開局鑄錢二品，依古九府圜法制之。輪廓外周，錢面作字陽起。一爲國書滿文，一漢字曰「天命通寶」。其滿文一品錢質較大。」又云，「太祖己亥年（萬曆二十七年）二月，始命以滿洲語製爲國書，嗣後議開金銀礦及鐵冶。蓋五金之利，已由此肇興。逮建元天命以後，即以滿、漢字分鑄制錢。」天聰元年（天啓七年）鑄天聰通寶錢。時太宗文皇帝御極，改元天聰，亦鑄錢二品，一爲滿文，一漢字曰「天聰通寶」，大小各如舊制。」[95]此爲清太祖、太宗年間鑄錢之最詳細記載，其他如《大清會典》、〈清史稿食貨志〉等，皆語焉不詳。

李學智先生曾於《大陸雜誌》發表〈清太宗無圈點滿文大錢考〉一文，搜集各家圖錄記載並以己所藏清太宗大錢，參詳考證，謂《古今錢略》所收天命滿文錢面文字，爲「天命汗錢」，「日本奧平昌洪氏所輯《東亞錢志》一書，所收錄清太祖之滿文制錢，却有二品。……錢背無文，而另一錢背於穿上有一圓星，頗爲特出，且未見他書著錄。」又論《古今錢略》及《東亞錢志》所收天聰滿文大錢，即所謂「天聰通寶當十大錢，天聰年間所鑄，面背俱用滿文，面文譯曰「天聰通寶」，背文譯曰「十一兩」者云：從錢面之文字釋之，祇能讀謂「天聰之錢」，實無法釋爲「天聰通寶」四字。所自藏太宗滿文大錢一枚，「重二十五公分（25g.）直徑寬四・三公分（4.3cm,），中穿徑寬一・二公分（1.2cm），錢邊厚〇・二公分（0.2cm），錢色蒼然，質大而純，錢面有陽起之老滿文四字，錢背三字」，「蓋從此枚滿文大錢正反面之文字含義觀之：正面爲「汗的四錢」，而反面却又爲「十一兩」[96]。正反面值不同，一錢雙值原因，於文中亦曾論述。此爲太祖、太宗年間所鑄制錢情形。

太祖、太宗年間鑄錢均不多，故稍後即不多見。除通行地域僅限於遼東，使用範圍不廣外，其主要原因，受明遼東幣制以銀爲本位的影響。建州因襲明制，亦以銀爲主要交換媒介。天命十年五月停鑄制錢時云：「以有司奏銀子豐富，不必使銅，遂禁止鑄造。」[97]是太祖時鑄銅錢，以起兵之後，明朝銀子來源日少，貨幣缺乏，鑄錢僅爲輔幣權宜救濟之用。上文所言淘金煉銀，以六百人淘金，萬人煉銀，實亦由於此。雖然未必完全可靠，亦足見其規模之大。以銀子豐富而停止鑄錢，銀的出產量也一定不少。太宗時代鑄錢亦不多，或與當時製造火器及礮子有關。當時內部交換並不十分發達，且以銀爲本位，對外交易如朝鮮、蒙古，皆以銀爲準。銅的使用價值，在他們當時的經濟組織及生活狀況上，用爲交換媒介，或不如用爲製造火器及礮子更爲重要。時戰爭方酣，雙方皆以製造火器爲要務。尤以建州一般士兵生活所需資料，靠戰爭掠奪爲主要來源，贏得戰爭，即贏得生活物資。所以當時紅衣大礮的礮子，許多是用銅製的（清人入關前的史料中，淘金煉銀，開礦冶鐵，始終未見採銅冶煉的記載，所用的銅大概都是由明朝或朝鮮流入的，其數量當亦不多）。而太祖、太宗兩次鑄錢，都是始於建元即位之年，此亦不免有模仿中國新君即位，鑄貨紀元誌盛之意。然就此亦可窺知當時內外交換情形，及自然經濟崩潰，貨幣經濟發展之趨勢。

五、紡織

《大金國志》記女眞人男女冠服云：

「金俗好衣白，辮髮垂肩，與契丹異。垂金環，留顱後髮，繫以色絲。富人用珠金飾，婦人辮髮盤髻，亦無冠。自滅遼侵宋，漸有文飾。婦人或裹逍遙巾，或裹頭巾，隨其所好。至于衣服，尚如舊俗。土產無桑蠶，惟多織布，貴賤以布之粗細為別。又以化外不毛之地，非皮不可禦寒，所以無貧富皆服之。富人春夏多以紵絲綿紬為衫裳，亦間用細布。秋冬以貂鼠、青鼠、狐貉皮或作紵絲四袖。貧者春夏竝用布為衫裳，秋冬亦用牛、馬、猪、羊、貓、犬、魚、蛇之皮、或獐、鹿皮為衫袴。襪皆以皮。至婦人衣白大襖子，下如男子道服裳曰錦裙，去左右各闕二尺許，以鐵條為圈，裹以繡帛，上以單裙籠之。」[98]

朝鮮人於萬曆二十四年所見努爾哈赤的冬季服飾亦類是：「奴酋頭戴貂皮，上防耳掩，防上釘象毛，如拳許。又以銀造蓮花臺，臺上作人形，亦飾于象毛前。諸將所載亦一樣矣。身穿五彩龍文天益，上長至膝，下長至足，皆裁剪貂皮，以爲緣飾。諸將亦有穿龍文衣，緣飾則或以貂，或以豹，或以水獺，或以山鼠皮。護項以貂皮八九令造作。腰繫銀入絲金帶，佩帨巾、刀子、礪石、獐角一條等物。足納鹿皮兀刺鞋（《實錄》作靴），或黃色，或黑色。」[99]這是當時建州統治階級最華貴的服裝，一般部族員大約即是《大金國志》所記的情形。

衣服質料，冬則毛皮，夏爲麻布，這是受自然地理環境的影響。麻布一直佔着重要的地位。《建州聞見錄》：「女工所織，只有麻布。」《柳邊紀略》：「陳敬伊謂余言：我于順治十二年流寧古塔，尚無漢人。滿人富者緝麻爲寒衣，擣麻爲絮，貧者衣麅鹿皮，不知布帛，有之，自予始。予曾以疋布易稗子穀三石五斗。有撥什庫某得予一白布縫衣，元旦服之，人皆羨焉。」[100]前引《皇明四夷考》等書記建州「善緝紡」，當亦指緝麻紡織而言。

建州於努爾哈赤興起之後，曾養蠶植棉，紡織緞布。起初以毛皮、人參、松子等向明朝易換布緞及其他日常用品，後貢市停止，衣料來源斷絕，天命元年，開始種棉養蠶。《滿文老檔》：「這年，布告國中，開始養蠶繅絲，織綢緞，種棉織布。」[101]天命六年實行計丁授田，規定每丁給地六晌，以五晌種糧，一晌種棉[102]。其棉紡織情形不詳。紡織綢緞者，不但優予獎賞，並免除各項官差及兵役，以爲鼓勵。《老檔秘錄》：「派七十三人織蟒緞補子。其所織之蟒緞補子，上覽畢嘉獎曰：『織蟒緞補子於不產之處，乃至寶也。』遂令無妻之人盡給妻奴衣食，免其各項官差及當兵之役，就近養之。一年織蟒緞若干，多織則多賞，少織則少賞，視其所織而賞之。若有做金線火藥之人，亦至寶也，即賞其人與織蟒緞者同等。今即將織蟒緞之人派出，免其各項官差。」[103]又《滿文老檔》：「都堂說：G'ao Giya Jung 等因爲織蟒緞作金絲登用了，妻子奴隸衣服吃的東西都給了。又教給了田穀，燒的草木也都給了。又給了餘丁，第一等的各給五人，第二等的各給四人，第三等的各給三人。今後凡有能織蟒緞、緞子、作金絲、抄紙、細緻的好閃緞、碗皿，能做各種有用的東西，做出後經檢察若是眞實，也像 G'ao Giya Jung 一樣登用養育。」[104]

這些紡織綢緞棉布的工匠，都是漢人，《建州聞見錄》：「織綿刺繡，則唐人所爲也。」[105]女眞人則「女工所織，只有麻布。」織工外又有專製涼帽的工匠，「給 Sajin, Muggatu 的書，你們二人調查集合八旗諸王作涼帽的朝鮮工匠在一起，一旗各派一人爲主管，多多的製作涼帽。」[106]《老檔秘錄》：「因匠役舒魯呼製涼帽式樣甚佳，着賞給牛一。」[107]

太宗時代紡織情形，天聰七年九月遣英俄爾岱、伊孫齎書往朝鮮互市，併以扎爾達庫地方所獲朝鮮盜參二人，令之携往，書曰：

「貴國斷市，不過以我國無衣，因欲困我。我與貴國未市之前，豈曾赤身裸體耶？卽飛禽走獸，亦各自有羽毛。遼雖產棉，我國每仗天庇，順理行兵，常以有獲為固然，故不以紡織介意。亦每謂外國之物，豈可擬必，遂逼令紡織，經今五年餘矣。絹帛雖粗，勉強亦能織就。但因有妨織布之工，是以停止。我國紡織之事，向年與回麗官，皆所明知者。滿洲、蒙古因以搶掠為生……。」[108]

崇德七年八月：「賞織造匠役三十二人緞布有差。」[109]

「下令督織，已經五載」，是於天聰二年始正式有計劃的紡織。太祖時雖曾每丁授田六晌，規定一晌種棉，養蠶繅絲，鼓勵生產。但由於紡織工匠缺乏，及受戰爭的影響，所以並沒有繼續發展起來。太宗時情形亦復如此。同時在太宗時已經征服朝鮮，可以由朝鮮取得，自己生產，不但品質數量都不會理想，而且所費亦高。既能得之於朝鮮，當然會避難就易了。另外，也可以說是他們衣料的重要來源之一，是戰爭時搶掠及剝取敵人的衣服。《建州聞見錄》：「胡中衣服極貴，部落男女，殆無以掩體。近日則連有搶掠，是以服著頗鮮好云。戰場僵屍，無不赤脫，其貴衣服可知。」[110]太宗時代的軍事行動，有時完全是爲了「皇上軫念軍士貧乏，令其分往略地，並欲使之寬裕也。」的「放搶南朝」意念下發動的[111]，所以其「不以織布爲意耳」。

由於上述種種原因，所以建州紡織手工業，不能順利的發展起來，衣料始終是相當嚴重的問題。太宗訓誡多鐸時曾說：「昔太祖時，以人參與明人互市，明人不以貴美之物出售於我，止得粗惡片金紬綾緞疋。其時貝子大臣家人，有得明國私市好緞一疋者，阿敏阿格奏請將其人處死。所以華整之服，亦不可得，爾等豈不知之。今朕嗣位以來，勵精圖治，國勢日昌，地廣糧裕。又以價令各處互市，文繡錦綺無不具備，爾諸王貝子大臣所被服者非歟！往時亦嘗有此否也？朕之爲衆開市，豈屬無益，爾英俄爾岱、索尼等，不見昔日庫中餘布，尙無十疋之貯乎。……又太祖欲分給諸子紬緞各三櫝，恐致妄費，命貯於朕庫。」[112]天聰六年孫得功奏稱：「臣又思買布一節，各官叨蒙隆恩，易買段布，已霑皇恩，各官足用。昨蒙聖意准給各兵並壯丁，每丁買布止算銀五錢六分，買布不過幾尺，不足一衣，懇望汗恩准每丁買布一二疋，以足一衣之用。」[113]而就史料觀之，紡織工匠，也多是供貴族生產用的，是以平民用的「布疋忩貴」[114]。《八旗通志》：「順治元年題准，盛京地方今照舊織布，仍留養蠶屯十處。又定莊屯棉花發民間紡績，入八分宗室，各派匠役令官員領催，督課官屯人織布。」[115]順治以前當亦如此。

六、磁器

建州飲食器皿如盆盎椀盞之類，都是用木做的，此亦正適合他們生活上的需要。《柳邊紀略》：「自昔器皿如盆盎椀盞之類，皆刳木爲之，數年來多易以磁，惟水缸槽盆猶以木。」[116]《扈從東巡》附錄：「摩母羅，木椀也，如盂如鉢，釿痕麤備，薦食陳嘗，無貴賤咸需之。」「差非，木匙也，長四寸，銳上豐下，削木爲之，燎以火使曲，雜佩帶上，以代箸。」「服寺黑，木甑也，狀如盆，口廣二尺許，底差斂於口，稜其孔以引氣，置粟於中，蒸而始舂，非炊器也。」「石杭，木桶也，截大木空其中，以釀酒，以腊虀。」[117]偶然得一粗劣陶器，甚爲珍貴。「猛姑截，瓦罇也，高六、七寸，腹大如缶，口小如錢，短項而甃足，其質土，其聲木，產自高麗，此方珍之，以貯蘆酒。」[118]萬曆二十四年朝鮮人申忠一使建州，以所攜途中炊具送努爾哈赤兄弟，頗得其歡心，「臣以賚去盤纏銅爐口二，匙二十枚，箸二十雙，紙束魚物等言于馬臣曰：俺慮途中或有缺乏之事，將此等物賚來。今別無所用，欲奉于都督，此意如何？馬臣曰：不妨事。臣即令馬臣送于奴酋兄弟，奴酋兄弟皆受之，而多謝云。」⑪⑨在送者認為微末不成體統，在受者正視為難得之物。炊食用的金屬器磁器，是他們最缺乏的。所以當人明朝貢賜宴於光祿寺，監視稍疏，即趁機盜竊椀楪，「禮科都給事中胡清等奏：邇者累賜海西野人女直人等宴，光祿寺官員廚役人等怠惰偷閑，不行親督監視，以致夷人乘隙盜去椀楪等器五百八十三件。」⑫⓪太宗年間建州派赴朝鮮的貿易人員，依約由朝鮮政府設館招待食宿，當他們臨去時，「羣胡盡取舖陳及釜鼎等物以去，灣館蕭然一空。」⑫①

太祖時曾製造陶磁器，《滿文老檔》：「海州城屬下析木城村民所作的三千五百十個綠色椀、小瓶送來了。那日說：所說的眞珠金銀為寶，此有何可寶貴？寒冷時不能穿，饑餓時不能食。然而國家養賢，國人不能理解的事可以理解，不能做的事可以做，此等工匠，才眞是可寶貴的。今析木城地方製作的有綠釉的椀、盆、瓶送來了，這對國人都是有用的工作。那些製作瓷器的工匠，應如何賞與職務財貨，你們都堂、總兵官、道員、副將、遊擊，商量好了辦法來奏。」⑫②「析木城地方作綠色椀、小瓶、盆送來的人，做出了國人有用的東西，給予守備官職賞了銀二十兩。」⑫③這些工匠，也都是漢人。其後的發展情形如何，已無記載，不過確已是受到相當的重視。惟仍因限於工匠、原料，品質數量，都不會理想，所以直到康熙年間，遼東一帶的女眞人，仍多用木器。

七、造　船

建州本不善造船，太祖時最初所用的是獨木船（滿文曰Weihu），《滿文老檔》：「命每牛彔剳獨木船的各三人送來，六百人送到Ulgiyan河（兀爾簡河）源的密林，使造獨木船二百艘。」[124]後俘獲明軍及朝鮮的「刀船」（滿文曰Jaha），依式仿造[125]，但多不理想。太宗時以水上用兵之故，曾向朝鮮借船及水手云：「我軍尚未諳舟楫，爾國人操舟之善，更勝於明。如念兄弟之好，宜與堅大戰船，每船各撥給善操舟之人，如此，則前釁可釋。儻以敗舟拙工，苟且充數，我兵萬一有失，則結怨豈淺鮮哉。爾助明人，奚啻百次，已皆瀝血輸誠矣。今止助我一次，亦不可不輸誠，而致有疎玩也。」[126]朝鮮以「今征伐我父之國，豈可相助以船」，「卒不與」。此天聰五年五月間事。此時建州造船技術，尚甚落後，原因是無此工匠。黃昌等於天聰七年奏說：「我皇上當急急查漢官，用會水者操練金人，分船隻演隊伍，水兵水□□□□一時不可稍緩。若延緩多日，船隻風雨損壞，我國無此匠作。……」[127]天聰九年沈佩瑞於〈屯田造船疏〉中亦謂：

「蓋渡船運船，各有式樣不同。臣觀一向打造船隻，俱不得法，且不穩當，有悞大事。……我汗既欲圖成大事，不可惜小費，當照南船樣式打造，堅固牢實，以便運渡。其造船之法，臣雖不能盡知，大槩規矩，臣所素知，願效犬馬之勞，以報國家於萬一。況毛、耿二總兵營中，有慣使船之人，萬無一失者。此亦我國之急務，水陸兩便之權宜也。」[128]

先是，佟克申曾創造所謂「佟克申式」船，《實錄》：

「佟克申隨阿巴泰出征時，於庫勒訥林中造船八艘，即以所造船往征虎爾哈，克之而歸。又隨喀愷、鍾果對往海濱造船四艘，取瓦爾喀海中九島。因造船有功，賞人口四、馬一、牛一。征朝鮮時於渾河造船十六艘，於東京造船四艘，於牛莊造船十六艘。壬申年，又造船十艘……以創始造船於東京，賞銀二十兩。」[129]

佟克申式與沈佩瑞所說的南船（明朝船樣式）不同，佟式以輕便見長，所謂「飛船輕利」者，故不穩當，然頗利於攻擊衝陣。建州所用船隻，有佟克申式、明式和朝鮮式三種，《實錄》：「朕意欲造船先攻此島（朝鮮江華島）……使到之日，即揀選謹愼官二員，帶領每甲喇驍騎校一員，每牛彔甲上一名。每牛彔採取木植白身人一名，及八家各首領一名，再選造船工匠各五名，前來靉陽河邊，依佟克申式樣，造船十艘，依朝鮮式樣，造馬船十艘。可令和碩豫親王多鐸家人托木布路，察有向日曾與佟克申造船及知造朝鮮馬船之工匠，遣之前來。其監造官員，須於靉陽河邊，擇地方堅固，可達義州江者，令其駐彼營造。至於造船所需鐵匠，亦按數發來。」[130]此次共造佟克申式船八十艘。

佟克申成了製造此種輕便小船專家。建州仿造明式及朝鮮式的技術，亦相當進步。《實錄》：「我軍圍南漢時，朝鮮人遣兵將來援，其將士盡爲我軍所殺。朕又令於黑龍江海濱諸處，備飛船八十隻攻江華島，朝鮮以遼船百餘隻與我軍戰。我軍飛船輕利，旋轉便捷，朝鮮莫能敵，悉皆奔潰。並書告朝鮮國王云：爾國所恃者，不過舟與島耳，造舟行舟皆人也，人所能至，我軍豈不能至乎！」[131]頗有自得之意。建州造船技術的提高，當然與冶鐵工業的發展，也有密切的關係。

八、建州手工業組織

建州的手工業，當然不止上述幾項。然此爲自努爾哈赤興起後，或原已存在而表現着飛躍的進步，或方始萌芽成長者。其各色匠役，計有鐵匠、鑄匠、銀匠、矢匠、弓匠、鞍匠、船匠、磁匠、瓦匠、車匠、紡織工匠、火藥匠役等。本文開始時曾述及建州手工業所以受到影響而不能順利發展的原因，於拙作〈清太宗時代的農業生活〉一文中論太宗即位後建州歷史發展的內外因素云：「在外來說，建州自統一附近各部後，勢力急遽增長，對明要求的和平條欵，隨軍事行動的有利進展，也逐漸提高。雖然罷兵言和的局面，雙方都存有希望，但事實上已很難出現。明罷互市，以切斷建州的生活物資來源，爲打擊威脅。這固然使建州在經濟上受到嚴重的打擊，遭遇到相當的困苦；但在另一方面，也刺激了建州社會生產的加速進步。農業生產方面，太祖初則令各牛彔出丁出牛，墾種荒地；繼則於下瀋遼後計丁授田，派官督耕，糧食上謀自給的出路。手工業生產，以前所需物品，靠互市換取（部分得自入貢賞賜），以得之甚易而受到忽視，影響到自身正常的發展成長。今則種棉養蠶，繅絲紡織，煉銀冶鐵，獎勵陶作，在明朝關閉市場，不得不自力爲生的衝激力量下發展起來。當然，這一突然的急速發展，如只靠了建州本身當時的文化水平，雖有明朝關閉市場的嚴厲挑戰，仍不能如此突發前進的。俘虜或投降的漢人（部分朝鮮人）所帶來的生產知識和技術，實起着決定性的推動力量。」這是就外因通過內因彼此凝聚起來，所形成的建州自努爾哈赤興起後社會發展的衝刺力量說的。沒有內部已具備的潛在條件，外部的衝激不會起如此大的作用；沒有外部的衝激，內部已具備的潛在條件，也不會突然表現飛躍的前進。二者相依相成，交互爲用。不過就某一角度說，建州自控制遼瀋廣大地區後，尤其是太宗時代，那些手工業工匠，雖然大多數爲漢人，但他們有的本來世居在遼瀋地區，入於建州統治後，二者已結合一起。王鍾翰先生所說漢人的推動作用，已不能說是外來影響，而轉變成爲內在因素的話，是不錯的。

建州手工業，一般說來，雖已分工，但仍是農業副業。如前引馬光遠奏疏，造礮鐵匠造藥匠役，「雖有田地，隻身無人耕種，時刻不離，顧此失彼。請議速贍養之典。」《太宗實錄》：「凡行軍所獲人口，各披甲士均分，其從者不與。每旗執事匠役人等，合編爲五十戶，每戶給以牛一。」[132]每個人皆須自己耕種維持自己的生活，「軍士出則爲兵，入則爲農」，亦復如此。不過有的工匠，賞賜奴僕助其耕種生產。也有的特免其官差及兵役，己得專心從事生產的，但此例甚少。在建州旗制組織下，各色匠役大部分分散在各旗及貝勒貴族家下[133]。《籌遼碩畫》及《朝鮮實錄》所記工匠分區居住製作，此爲努爾哈赤未進入遼瀋地區以前情形，此時旗制尚未有具體規制，一切由其本人指揮統治，是以集中在一起。後旗制建立，各旗爲一獨立自足單位，故嗣後俘來工匠，多分予各旗。然終太祖之世，旗雖爲部勒國中軍民最大單位，但彼此界限尚不十分明顯。太宗即位後，所謂「旗分」「八家」者，始明顯劃分。一切權利義務，分享共攤，八家均等。如天聰八年行軍時，規定「每甲喇出工匠二名，每牛彔出鐵匠一名，钁五、鍬五、錛五、鏨二，每人隨帶鐮刀。」[134]崇德六年規定，「八家所屬每牛彔舊取辦事人四名，銀匠五名，今宜各退辦事人二名，銀匠四名。每牛彔止許留銀匠一名，鐵匠一名，辦事人二名。王貝勒等各令家下漢人學習匠役，待三年後，再將各牛彔匠役停止。每牛彔原鐵匠六名，王貝勒取一名，退去一名，止許四名。」[135]這些工匠除分配在各旗分中外，又有許多分散在建州貴族家中，「先是，正藍旗貝勒德格類奏言……根舒首告瓦克達與色勒阿格子額爾得妻及鑲黃旗俄莫克圖牛彔下吳巴泰妻通姦。……應奪瓦克達僕從滿洲一百五十八人，蒙古二十人，並漢僕人一百九十六人，……各色匠役人等三百四人，竝其家口，俱付戶部承政英俄爾岱、馬福塔、吳守進。內還其匠役人等一百八十六人。」[136]瓦克達為大貝勒代善第四子，並非管旗貝勒，尚如此之多，各貝勒家中，當更多過此數。所以造礮鐵匠造藥匠役，多貝勒家下之人。

但也有一部分工匠，既不屬各家各旗，且於農業中分離出來，專門從事手工業生產而再不是副業性質的，如「賞織造匠役三十二人緞布有差。」[137]「賞工部各色匠役四十五人奴僕牛隻。」[138]不過匠役屬於工部，雖從事專門生產，仍不是獨立性質。又《實錄》有「今後漢人匠役，不許造弓箭貨賣，違禁造賣者治罪。各牛彔人有造弓者，該管牛彔章京親驗，給角筋製造。令鞍匠造鞍，有造弓鞍不如式，及擅索工價，推諉不造者，送法司治罪。」[139]是已有出賣勞動力為生的手工業者出現。此已是崇德六年太宗晚年的事。

就建州手工業生產情形而言，各種工匠一方面是分隸在各旗各家；一方面又多集中在軍需手工業，附屬在軍事之下。既不能獨立生產，也不能自由製造。無論是屬於私家或工部，都不是自由手工業者，而是為國家或貴族服役的。這就阻礙了民生手工業的發展，如炊食用的鍋子，一直就感到缺乏。當然，集中在軍需工業生產也有其特定的歷史因素的。

附註：崇德八年為鑄紅夷砲並向朝鮮購鐵三萬斤，〈瀋陽狀啓〉癸未年十二月十二日條：「衙門出給銀子，使之貿納銅鐵事段，前日狀啓良中，大概馳啓為白有如乎。貿納譯官段，必以李馨長差定之意，來言已仍于。以此入達于世子前，依所言定送為白乎矣。馨長一人獨當，為難白乎等以，亦依鄭譯所言，馨長一時入來爲在譯官鄭忠一加定出送爲白乎旀。衙門所送銀子二千四百兩，鄭譯親自領來以給曰：「以此貿得銅鐵三萬斤爲乎矣。豆錫則價重云，不必專貿豆錫，或銅鐵、鍮鐵、紅銅、鐵、豆錫中，隨所得貿得，務滿三萬斤之數爲乎矣。此是紅夷砲所鑄之鐵，入送之後，一一撞破，若不合用，則當還出送。」須以精鍊之鐵，貿送之意，鄭譯再三說道爲白有去乙。臣等以銀子八分良中，銅鐵一斤難貿之意，縷縷爭卞爲白乎旀。且言此鐵非本國所產之物，當貿於釜山，決難如是多得云。鄭曰：「此鐵之貿於釜山，俺亦知之，而衙門所定之價，不敢任意低昻是如爲白遣。同處稱量，李馨長、鄭忠一處逢授後，先許出送爲白乎旀，同銅鐵從速貿得，正月內令李馨長親自領來入納衙門爲乎矣。若不及此期，則必生大事云云爲白齊。」

注釋

❶《遼東志》卷七藝文，引《盧瓊東戍見聞錄》。

❷魏煥：《皇明九邊考》卷六，〈遼東鎮邊夷考〉。

❸鄭曉：《皇明四夷考》卷上。女眞三部最早的分布大致爲：野人女眞約在今松花江與黑龍江合流處同江、樺川一帶。建州女眞在野人女眞以南，長白山北部，自牡丹江與松花江合流處到綏芬河流域，烏蘇里江支流穆凌河地方的毛憐衞也屬建州。海西女眞在今吉林扶餘縣北，松花江大曲折後的南岸及哈爾濱一帶地。但這也只是一個大致的活動範圍，很難指出明確的疆界。關于其遷徙移動情形，從略。

❹《明會典》，《名山藏》，《無夢園集》，《潛確類書》，《遼夷略》，《東夷考略》，《建州私志》，《建州考》，《全遼志》等書，所記女眞生活狀況，皆類似。

❺《朝鮮李朝世宗實錄》卷八〇，二十年正月癸丑條。此例頗多，散見《朝鮮李朝實錄》。本文所用《朝鮮實錄》爲日本東京大學出版明代滿蒙史料李朝實錄抄本，以下皆同。

❻同上。又卷八一，二十年六月辛巳，卷八二，二十年七月己丑等條。

❼東北諸胡入朝者多有留京師給予房屋食用等物，後於開原置快活、自在二城令居之，明太宗實錄卷五六，永樂六年四月乙酉條及散見太宗、宣宗、英宗實錄各條。

❽元史卷五五，地理志：「合蘭府水達達等路，土地廣濶，人民散居。元初，設軍民萬戶府五，鎮撫北邊。……各有司存，分領混同江南北之地。其居民皆水達達女眞之人，各仍舊俗，無市井城郭，逐水草爲居，以射獵爲業。故設官牧民，隨俗而治。」

❾盧瓊於明嘉靖六年謫戍撫順。見前引遼東志卷六人物、流寓條，明史卷二〇六馬錄傳下附盧瓊傳。鄭曉、魏煥俱嘉靖時人。

⑩《明太祖實錄》卷一七五，洪武十八年九月甲申：「女眞高日那、捌禿、禿魯不花三人詣遼東都指揮使司來歸，自言高日那乃故元奚關總管水銀千戶所百戶。捌禿、禿魯不花乃失憐千戶之部人也。皆爲野人所獲而奴之，不勝困苦。遼東樂土也，願居之，乞聖朝垂恩，得以琉璃珠弓絃錫鑞遺野人，則可贖八百餘家，俱入遼東。事聞，賜高日那等衣人一襲，琉璃珠五百索，錫五斤，弓絃十條」。可贖者八百餘家，可見其奴隸之多。建州女眞在朝鮮用奴隸耕種情形，見本書〈清人入關前的農業生活——太祖時代〉一文。建州女眞大量對外俘掠人口，約始於明憲宗成化年間，見《朝鮮實錄》及《明實錄》。

⑪用奴隸耕作，非獨建州，海西亦如此。《明英宗實錄》卷一〇三，正統八年四月庚戌：「錦衣衛指揮僉事吳良奏：臣奉命使海西，見女眞野人家多中國人驅使耕作」。

⑫《明孝宗實錄》卷六四，弘治五年六月丙午，卷一九五，弘治十六年正月甲午條。

⑬《明憲宗實錄》卷一七二，成化十三年十一月己丑條。

⑭黃道周：《博物典彙》卷二。〈四夷〉，〈奴酋〉。

⑮女眞人鐵器加工早已存在，《金史》卷一本紀一，世紀：「生女直舊無鐵，鄰國有以甲冑來售者，傾貲厚賈以與貿易。亦令昆弟族人皆售之。得鐵既多，因之以修弓矢，備器械，兵勢稍振」。朝鮮成宗實錄卷五〇，五年十二月乙巳：「野人之地亦產鐵，非盡無鐵鏃也」。又卷一五九，十四年十月戊寅：「野人趙伊時哈等八人辭，命都承旨李世佐賜酒，仍問……『汝衛甲冑，以何物爲之矣？』答曰：『以鐵爲之。』又問曰：『鐵產於何地？』答曰：『產於火剌溫地面。』又問曰：『有冶工乎？』答曰：『多有之。』」火剌溫即忽剌溫一名之異譯。火剌溫地面係指朝鮮以北，烏蘇里江以東，松花江黑龍江下游一帶。亦即《朝鮮實錄》中兀狄哈野人。唯僅此一見，不知是否可靠，或爲故意誇張之詞。朝鮮實錄中多言女眞人未曾產鐵。成宗十四年爲明成化十九年。女眞人用鐵，參閱《絕域紀略》，《吉林通志》卷三一。

⑯《朝鮮睿宗實錄》卷二，零年（成化四年）十一月癸亥條。

⑰《朝鮮成宗實錄》卷四八，五年（成化十年）八月丙午條。

⑱ 同上卷五〇，同年十二月己巳條。

⑲ 同上卷五二，六年（成化十一年）二月庚辰條。

⑳ 同上《世宗實錄》卷六〇，十五年（明宣德八年）五月乙未條。又《世祖實錄》卷四四，十三年（成化三年）十一月庚辰條。

㉑ 同上《世宗實錄》卷五九，十五年（宣德八年）三月乙亥條。朝鮮於太宗年間，許以水鐵售於女眞。《太宗實錄》卷一一，六年（明成祖四年）五月己亥：「命置貿易所於鏡城、慶源東北面。都巡問使朴信上言：鏡城，慶源地面，不禁出入，則有闌出之患；一於禁絕，則野人以不得鹽鐵，或生邊隙。乞於二郡置貿易所，令彼人得來互市。從之。唯鐵則只通水鐵」。

㉒ 《朝鮮成宗實錄》卷五二，六年（成化十一年）二月庚辰條。

㉓ 《朝鮮成宗實錄》卷五七，六年七月辛酉條。

㉔ 同上卷五〇，五年十二月乙巳條。以鍮鐵軍器弓劍鐵甲走私貿易，如《成宗實錄》卷一三五，十二年（成化十七年）十一月癸巳，卷一七三，十五年（成化二〇年）十二月庚申，卷一九二，十七年（成化二二年）六月癸卯等條。

㉕ 《明會典》卷一一一，禮部六九，給賜二，外夷上。《禮部志稿》卷三五、三六、三八，主客司職掌各條。

《全遼志》卷二，賦役，馬市抽分。

㉖ 《明憲宗實錄》卷一九五，成化十五年十月丁亥條。

㉗ 見注㉔，又《明孝宗實錄》卷一五九，弘治十三年二月乙亥，卷二〇〇，弘治十六年六月甲辰等條。

㉘ 《明孝宗實錄》卷一九五，弘治十六年正月甲午條。

㉙ 《明英宗實錄》卷五二，正統四年閏二月己丑條。

㉚ 《明憲宗實錄》卷一五九，成化十二年十一月癸亥，卷一六九，同年八月戊午條。

㉛ 同上卷一七二，成化十三年十一月己丑條。

㉜ 見注㉗。

㉝ 《朝鮮成宗實錄》卷五二，六年二月庚辰條。

㉞ 《朝鮮成宗實錄》卷五二，六年二月戊申條。

㉟ 同上卷二五五，二二年（明弘治四年）七月丁亥條。

㊱ 同上《成宗實錄》卷四八，五年（成化十年）十月庚午條。

㊲ 同上《宣祖實錄》卷六九，二八年（萬曆二三年）十一月丙午條。

㊳ 舊老城：申忠一書啓及圖錄，僞滿建國大學刊本。

㊴ 《朝鮮宣祖實錄》卷一三四，三十四年二月乙丑條。

㊵ 《滿文老檔》太祖四六，天命八年二月二十九日。東洋文庫本，以下均同。

㊶ 《滿文老檔》太祖四六，天命八年二月三十日。

㊷ 同上太祖五六，天命八年六月二十九日，又三〇，天命六年十二月十日。

㊸ 石城卽今安東之鳳凰城一帶。現仍產鐵，惟鐵質不佳，今銅甚多。

㊹ 《明清史料丙編》第一本頁三九，徐大禎奏本。鐵的生產量不詳。崇德四年二月攻松山，用紅衣大礮轟擊一晝夜後，又令瀋陽運礮子一萬枚。一枚重約七八斤，見《明清史料乙編》第四本頁三一〇，洪承疇揭帖。此可見其鐵的消耗量與儲藏量。當然也有從戰場拾回再生產的。

㊺ 《滿文老檔》太祖三九，天命七年三月十四日。

㊻ 李民寏：《建州聞見錄》。

㊼ 《籌遼碩畫》卷首，〈東夷奴兒哈赤考〉。

㊽ 《滿文老檔》太祖二七，天命六年九月十八日。

㊾ 同上太祖六二，天命九年六月（頁九一五—九一七）。

㊿ 但燾譯，稻葉君山著，《清朝全史》第一本頁一三八。《朝鮮仁祖實錄》卷一四，四年九月庚寅條。

51 《清太祖武皇帝弩兒哈奇實錄》卷四。《明熹宗實錄》卷六八，天啓六年二月甲戌：「兵部尚書王永光奏。……（正月）二十四、五兩日，虜衆五、六萬人，力攻寧遠，城中紅衣大砲及一應火器諸物，奮勇焚擊，傷虜數千，內有頭目數人，酋子一人。」

52 《滿文老檔》太祖三二，天命七年正月六日。此外如二六，天命六年九月一日。天聰三年入犯燕京及四年遵化、永平之戰，皆曾使用火礮。徐文定公集卷三西洋神器既見其益宜盡其用疏：「博詢土人，言滿桂之敗，敵亦用火攻、每一騾負二砲，如田單火牛之法，疾趨我營，以致敗衂。今又陷永平，建昌等處，所得砲位更多。惟用西術，乃能勝之。」清太宗實錄卷六，天聰四年正月戊子：「乃命八旗礮手兵，同赴村莊居住。」辛酉：「上諭八旗士卒，齊列礮衝擊，俟礮將盡，八旗蒙古兵進攻。」壬寅：「上以馬蘭峪既降復叛，自遵化令八旗列礮及藥箭攻城南北面。」這些大概都是土礮，與後來西洋大礮不同。

53 《學術季刊》二卷一期，方豪：〈明清間西洋機械工程學物理學與火器入華考略〉。

54 《清太宗實錄》卷八，天聰五年正月壬午條。《清太宗實錄稿》，天聰七年十月初十日：「丁啓明陞爲二等參將。原係明朝卑官，被我兵擒而養之。因善鑄紅夷砲，故授是職。」

55 同上卷十，天聰五年十月壬子條。朝鮮仁祖實錄卷四三，三十年四月壬戌條。

56 史料叢刊初編：天聰朝臣工奏議卷上，佟養性謹陳末議奏（天聰二年正月二十二日），下簡稱〈臣工奏議〉。

57 清太宗實錄卷一三，天聰七年三月庚寅條。清太宗實錄稿，天聰六年三月十九日，「是日，上以王天相剏鑄紅夷砲成，陞爲備禦。嗣後金世昌不掘土爲模而能鑄之，亦陞備禦，董成功擢爲千總。」

58 同上卷六二，崇德七年八月乙亥條。

59 臣工奏議卷中，鮑承先請安置船隻奏（天聰七年五月二十一日）。

60 前引清朝全史第一本頁五一。孔、耿投降事見清太宗實錄卷一四，天聰七年五月壬子、乙卯條。

61 《清朝全史》第一本頁五五。《徐文定公集》卷三，西洋神器既見其益宜盡其用疏：「臣竊見東事以來，可以克敵制勝者，獨有神威大砲一器而已。一見於寧遠之殲夷，再見於京都之固守，三見於涿州之阻截。所以然者，

62 爲其及遠命中也。所以及遠命中者，爲其物料眞，製作巧，藥性猛，法度精也。前引〈明淸間西洋機械工程學物理學與火器入華考略〉。參閱楊丙辰譯《湯若望傳》頁一四〇——一四一。
63 《崇禎長編》卷五四、五五、五八、六六。
64 《明淸史料甲編》第八本，監視登島太監魏相題本（崇禎六年十二月）。
65 同上乙編第四本，薊遼督師洪承疇揭帖（崇禎十四年五月十七日）。
66 湯若望著：《火攻挈要》卷上，概論火攻總原，審量敵情斟酌製器。
67 《清太宗實錄》卷一四，天聰七年六月癸亥條。
68 同上卷九，天聰五年七月庚寅條。
69 同上卷十，天聰五年十月己酉，參閱卷一，天聰八年五月甲辰條。
70 〈臣工奏議〉卷中，祝世昌請及時大舉奏（天聰七年七月二十二日）。又《太宗實錄》卷四五，崇德四年二月壬子條，記圍攻松山共用紅衣礮二十七位。
71 〈臣工奏議〉卷中，寧完我請收撫孔、耿辦法奏（天聰七年四月八日）。
72 《清太宗實錄》卷十，天聰五年十一月癸酉條。
73 《清太宗實錄》卷五六，崇德六年七月酉條。
74 同上卷四五，崇德四年三月壬申。卷五六，崇德六年七月丁酉。卷六二，崇德七年八月乙亥等條。
75 同上卷四五，崇德四年二月乙卯條。
76 《清太宗實錄》卷四七，崇德四年六月庚寅條。
77 《滿文老檔》太祖五三，天命八年六月五日。
78 同上太祖五五，天命八年六月十八日。
79 同上太祖四五，天命八年二月十一日。《滿洲老檔秘錄》上編：〈太祖賞機工條〉。以下簡稱《老檔秘錄》。
《清太宗實錄》卷九，天聰五年八月乙未，九月甲午等條及注74。

80 〈臣工奏議〉卷中，馬光遠請整飭總要奏（天聰七年三月二十一日）。

81 同上祝世昌請及時大舉奏（天聰七年七月二十二日）。

82 見注80。

83 《清太宗實錄》卷五一，崇德五年五月壬辰條。

84 《清太宗實錄》卷四六，崇德四年五月庚申。《朝鮮仁祖實錄》卷三五，十五年七月庚午。卷四二，十九年九月甲午。卷四五，二二年五月甲午等條。

85 《清太宗實錄》卷四三，崇德三年八月壬寅條。

86 《滿文老檔》太祖二四，天命六年七月十三日。

87 《清太宗實錄》卷二一，天聰八年十二月丙申條。

88 《滿文老檔》太祖四五，天命八年二月十日。遼東金銀礦，見明世宗實錄卷一三三，嘉靖十年十二月辛丑條。

89 同上太祖四八，天命八年四月三日。

90 同上太祖五二，天命八年五月三日。

91 同上太祖五〇，天命八年四月二十七日。

92 《清鑑易知錄》太宗卷五，天聰十年正月壬子條。

93 《清太宗實錄》卷一二，天聰六年八月癸酉條。

94 同上卷四五，崇德三年十二月丁酉條。《清太宗實錄稿》，天聰六年五月二十四日條。

95 《清文獻通考》卷一三錢幣考一。《山中聞見錄》卷四：（天啓三年十月）戊申，「……諜者往遼三日，拾天命大錢以歸。」

96 《大陸雜誌》二三卷四期。

97 《老檔秘錄》上編：〈禁鑄銅錢〉。《滿文老檔》太祖六五，天命十年五月二日。

98 《大金國志》卷三九，男女冠服。

99 舊老城：〈申忠一書啓及圖錄〉。《朝鮮宣祖實錄》卷七一，二十九年正月丁酉條。

100 《柳邊紀略》卷三。

101 《滿文老檔》太祖五，天命元年正月（頁六六）。

102 同上太祖二四，天命六年七月十四日。《老檔秘錄》上編：太祖諭計口授田條。

103 《老檔秘錄》上編：〈太祖賞織工〉。《滿文老檔》太祖四五，天命八年二月十一日。

104 《滿文老檔》太祖四八，天命八年三月二十五日。天命五年，自稱衣料無缺，除毛皮外，有棉，眞棉，葛布等。《滿文老檔》太祖一五頁（二二七）。

105 同上太祖一七，天命六年閏二月十六日。

106 《滿文老檔》太祖三四，天命七年正月三十日。

107 《老檔秘錄》上編：〈賞新製涼帽〉。《滿文老檔》太祖五，天命八年四月二十七日。

108 《清太宗實錄稿》，天聰七年九月十四日。參閱《太宗實錄》卷一五，天聰七年九月癸卯條。

109 同上卷六二，崇德七年八月丙午條。

110 戰場上無論活人死人衣服，一律剝裸，《東華錄》天聰五，天聰四年正月壬午；天聰六，天聰五年七月戊戌等條。

111 清太宗實錄卷六二，崇德七年九月壬申條。

112 清太宗實錄卷四六，崇德三年五月辛巳條。

113 〈臣工奏議〉卷上，孫得功請修補城垣姑待來春奏（天聰六年十月十三日）。

114 《明清史料乙編》第二本頁一一〇，「達子所住，皆高堂大廈，所衣皆裝花飾綉，且日逐男女二班扮戲。只是布忒貴，且參貂積之無用。」

115 《八旗通志》卷七六，土田志一五。

116 《柳邊紀略》四。

117 《扈從東巡日錄》附錄。

118 同注117。

119 《朝鮮宣祖實錄》卷七一，二十九年正月丁酉條。

120 《明英宗實錄》卷一一二，正統九年正月丁卯條。此雖非努爾哈赤時事，但可知其早期情形。

121 《朝鮮仁祖實錄》卷四一，十八年十二月丙寅條。

122 《滿文老檔》太祖二三，天命六年六月七日。《老檔秘錄》上編，太祖賞鄉人獻綠瓷。

123 《滿文老檔》太祖二三，天命六年六月八日。又三一，天命六年十二月二十六日。

124 《滿文老檔》太祖五，天命元年六月，七月十九日（頁七二）。

125 同上太祖二四，天命六年七月七日。二六，九月十日。三五，七年二月七日。

126 《清太宗實錄》卷九，天聰五年五月辛丑條。

127 〈臣工奏議〉卷中。黃昌等陳順天應人奏（天聰七年四月十二日）。

128 同上卷下：〈沈佩瑞屯田造船奏〉（天聰九年二月三日）。

129 《清太宗實錄》卷一五，天聰七年九月乙巳條。

130 《清太宗實錄》卷三三，崇德二年正月丙辰、甲子，卷三四，同年二月乙酉等條。

131 同上卷三七，崇德二年七月壬辰條。

132 《清太宗實錄》卷一二，天聰六年六月戊辰條。

133 爭奪俘獲工匠，《清太宗實錄》卷六，天聰四年四月戊午，卷三六，崇德二年六月甲子等條。

134 《清太宗實錄》卷一八，天聰八年五月丙申條。

135 同上卷五五，崇德六年四月甲子條。參閱卷七，天聰四年五月乙丑，卷三三，崇德二年正月丙辰等條。

136 同上卷二五，天聰九年九月壬申。參閱卷五七，崇德六年九月壬寅條。

137 同上卷六二，崇德七年八月丙午條。

138 同上卷三九，崇德二年九月己未條。

139 同上卷五五，崇德六年四月甲子條。

清人入關前的農業生活——太祖時代

明清國運之交替，薩爾滸一戰爲決定關鍵。明傾天下之力，盡徵宿將猛士及朝鮮葉赫軍隊，分道深入；建州亦竭舉國之師，與之相搏。明三路喪師，傷亡慘重，建州隨下開原、鐵嶺，進取瀋遼，遼事益不可爲。而在建州建國史上關係最大的，是此戰役後，建州得到了明人在遼東地區開墾的廣大農田，俘獲了更多的漢族農民，隨即積極的向農業生產推進，一方面解決了其部分的糧食問題，可以不完全仰賴互市換取，受敵方（明朝）的控制，一方面隨着農業生產的提高擴大，侵明的軍事潛力，亦較前加深加厚。太宗即位，仍持續這一政策，以本部族爲兵員，俘掠更多的農民農田，以農業支持其軍力，向明擴大叛亂。而尤其重要的，是使建州無論在經濟、社會各方面都起了急遽的轉變，由崩潰的氏族社會，向農業經濟封建社會的國家形態發展前進。在這不到三十年的過程裏，我們可以清楚的看到，農村副業的日益受到重視，手工業的萌芽滋長，採集漁獵經濟形態的轉變，商業市場的出現，自然經濟的動搖，貨幣經濟的抬頭，莊園的形成。這些，可以說都是以下遼瀋後積極推動農業生產爲契機而逐漸激起的。本文目的，旨在研討清人入關前社會演進狀況，如經濟生活、社會結構、政治組織，進而討論其由部族到國家，移祚易鼎的過程。以行文方便計，分別敍述。茲先言其經濟生活中的農業生活。

一、清太祖興起前建州女眞的農業生活情形

建州女眞開始走入農業生活，不自清太祖始，很早便進入採獵畜牧農業混雜交錯的生產組織。從明初收復遼東後中國與朝鮮方面的記述中，已看到其祖上與農業社會長期接觸，逐步向農業生活進展的跡象。但此時在遷徙無定的生活下，採獵畜牧，仍佔着重要的地位。農業生產，只是因時因地而宜。在遷徙於中國遼東或朝鮮北部有利於耕作的土地時，便部分的農耕。遇有較此更爲有利，如漁獵、掠奪或新的更好的土地時，便棄此而去。環境逆轉，又回故地，此時的農業生活，並不像一顆種子落地，就此固根生長。生活手段，是一方面採獵畜牧，收穫物除部分自用外，部分作爲商品，與明朝或朝鮮交換生活物資，如鹽、布之類，所謂互市入貢，便是在此種狀態下進行。另一方面便是自行耕作或利用擄來的漢人、朝鮮人爲其生產。

女眞建州衞從阿哈出起，到清太祖努爾哈赤止，中經幾次紛亂擾攘，又分出左右兩衞，雖其系統演傳，迄今未有定論，但逐步走入農業生活，却是共有的現象。這期間，如李滿住、猛哥帖木兒、凡察、童倉等，都曾往返於遼東與朝鮮北部之間❶。請勅受職，要求農器種子，從事農作。例如朝鮮李朝太祖實錄卷八，四年十二月癸卯條：

> 安邊以北，多為女直所占，國家政令不能及。睿宗遣將深入，克捷有功，建置城邑，然尋復失之，羈縻而已……如女直斡朶里豆漫夾溫猛哥帖木兒……等是也。上卽位，量授萬戶千戶之職，使李豆蘭招安。女直被髮之俗，盡襲冠帶，改禽獸行，習禮義之敎，與國

人相婚，服役納賦，無異編戶。且恥役於酋長，皆願為國民。

同上《世宗實錄》卷二十，五年四月乙亥條：

咸吉道兵馬都節制使馳報，今四月十四日，童（猛）哥帖木兒管下童家吾下等二十七名來告慶源府云：我指揮蒙聖旨許令還阿木河地面以居，指揮先令我曹率男女二百餘名，牛一百餘頭送還舊居耕農。仍使朝京請穀種口糧，且移鏡城、慶源官文我等帶來矣。猛哥帖木兒則隨後率正軍一千名，婦人小孩共六千二百五十名，今四月晦日出來。

女眞人在朝鮮居住農耕，由上述記載，知其受影響之深。耕作方法，當與朝鮮人不相上下。朝鮮政府以懷柔之故，雖云服役納賦，無異編戶，但仍與優待蠲減。其本國農民，且有將己田客籍女眞名下，希圖免賦者。同上卷一一四，二十八年十月癸卯條：

召右贊成金宗瑞、左參贊鄭苯謂曰：吾都里（斡朶里）女直等自我祖宗以來素嘗撫恤者也，其所耕田稅，與我民一體收納，則有違撫恤之義，縱不得全免，租稅當減半，然後庶幾安業以生。其何以處之？宗瑞等啓曰：大戶則三十結，中戶則二十結，小戶則十結，定數免稅為便。於是傳旨禮曹……曩者投化野人等請免租稅，第以懷綏之道，而從其請，特賜蠲減。然無知細民，圖免常稅，暗以其田客籍向化，田稅日減，後弊滋廣，不可不慮。依三年成法收租，十年後徭役等事，令有司申明舉行。

彼等於鴨綠江兩岸散居及遷徙來往情形，不屬本文範圍，茲不贅❷。至於其農耕生產，除自行耕作外，多爲擄掠漢人。意彼等此時旣住朝鮮境內，受職請封，農器籽糧，又請給於朝鮮王廷，或不便擄掠朝鮮人爲其耕作，引起彼此衝突。後來以朝鮮受命送還女眞所掠漢人，影響到其生產力，雙方失和，亦常發生擄掠情事。同上卷三十二，八年六月丁丑條：

> 童哥帖木兒謂李三哲曰：吾等曾居余下時艱難，管下人將牛馬衣服買得人物，逋入慶源、鏡城之境，則以楊木答兀管下人例論，專不送還。管下人心痛，欲擄慶源、龍城人物，以償所亡。
>
> 上護軍任孝信咸吉道輸軍糧于張童兒，頭目千戶李讓與孝信言，斡朶里指揮凡察云：聖旨內楊木答兀所擄唐人令刷還朝鮮，吾等交易使喚奴婢及作妾人等，逃至慶源、鏡城界者，悉送還中國，因此吾輩無使喚之人，故不得已將擄慶源、鏡城、甲山、閭延之人爲奴使喚矣。

此等被擄漢人、朝鮮人，雖云爲奴使喚，未明言用於農業生產上，但以彼等生活上使用奴僕的需要來說，當以用其所長，令其從事田畝工作，最爲經濟合算。所以凡察說「農忙時月，被奪轉解爲悶。」同上卷九十二，二十三年正月丙午條：

> 凡察與楊木答兀搶擄遼東、開原等處軍民為奴使喚，或作媳婦。所擄人等不勝艱苦，逃脫前來，本國隨到隨解，共計八百餘名。凡察與土官金得淵說道：我的使喚人口，雖係上國

之民，既已作妾為奴，如今農忙時月，被奪轉解，深以為悶。我當擄掠慶源人物，以報此讐。

對女真人在朝鮮居住時促進其向農業生產進展及提高其農業生產技術力量最大的，當是與朝鮮人并耕而食，觀摩學習，及與朝鮮人通婚，生活上的感染。同上卷八十四，二十一年二月丙寅條：

童倉等言於禮曹曰：我輩室盧在草野，深慮賊徒突入。且我輩今與會寧人幷耕而食，若會寧人奪我舊田，後雖與爭，亦無及矣。

同上卷八十，二十年正月癸丑條：

議政府據禮曹呈啓，向化女直時家老也叱大等，給衣服、笠、靴、糧耕、家舍、家財、鞍馬、奴婢，仍令娶公私婢嫁良夫所生女為妻。今後向化人有娶妻者，例給嫁良夫所生女，永為恆式。從之。

童倉則不以此爲滿意，「欲娶會寧良家女」，「如欲娶妻鏡城、吉州居人，擇其富饒有奴婢且姿色美好者妻之可也。」❸以上是朝鮮史料中建州女眞在清太祖興起前其祖上早期的農業生活情形。朝鮮在此一歷史階段的文物制度、經濟生活，與中國相近。而此種史料在明朝方面又不易多見，故不避贅煩，稍多徵引。實則所引用者，仍微乎其微，但由此已可看出建州女眞最後進入遼東地區，其所以易於接受中國農業文化的遠因。建州女眞游離於文化相近的兩人之間，遞事兩國，這是清太祖下明遼東後，駕輕就熟，可以向農業生產大踏步邁進，長期歷史培育成的推動力量。以下簡述居於中國境內時的農業生活情形。《明太祖實錄》卷一四四，洪武十五年四月丙午條：

詔旌表遼東高希鳳、裴鐵皮家。時故元臣名祖自定遼來歸，上問遼東風俗。名祖言：遼東地遐遠，民以獵為業，農作次之，素不知詩書。

此汎言遼東居民一般生活情形。當時遼東尚未完全底定，故元勢力仍在，諸種落多未內服。女眞率部來歸，設衞安撫，是永樂年間事。來歸後，或散居受豢養，或住於安樂、自在二州，或隨軍征伐，正統時始見從事農業的記載。英宗實錄卷三十九，正統三年三月戊寅條：

遣勅諭建州衛都指揮李滿住等曰：得奏知朝鮮人馬無故殺戮爾農民，爾亦率衆往彼，必欲屯城仇殺。

同上卷五十二，正統四年閏二月乙丑條：

……（賈）恭又奏，韃子海西野人女直歸自京師，道過邊境，輒以所得綵幣或鴛馬市耕牛及銅鐵器皿。臣以耕牛邊人所恃以為生，而銅鐵器外夷所資以為用，乞禁勿與市。上可其奏。

此時女眞受撫，爲明守邊，明廷亦願其從事農耕，以積軍儲。同上卷八十九，正統七年二月甲辰條：

勑凡察曰：……所言陞授官職，所缺耕牛農器，准令如舊更易使用。

同上卷三〇〇，天順三年二月庚午條：

禮部奏，建州等衛野人頭目乞於沿途買牛帶回耕種，以積軍儲。上從其請。

由於逐步向農業生產進展，已體味到農業生產力在彼等生活上所發生的作用力量，所以當明朝禁市鐵器時，便以不得農具，不能生產，要脅入寇。明憲宗實錄卷一七二，成化十三年十一月己丑條：

命都指揮同知崔勝為廣寧中路參將。時海西虜酋糾建州三衛寇靉陽，言往年受朝廷厚遇，今無故添一官人伴送我行，飲食如犬豕，禁制我市買，使男無鏵鏟，女無針剪，因是入寇。

此次大叛亂，便是成化十二年十一月以兵部侍郎馬文升言，比年朝鮮使臣及建州、海西、朵顏三衞夷人，於入貢時沿途與軍民人等私易鐵器箭鏃，命有司禁約引起。後亂事平定，汪直、陳鉞等以爭功讚文升在鎭禁易農器，故屢入寇。文升以所禁乃鐵器非農器辯，且因是下獄，女眞將鍋鏵盡毀融液，亦有事實❹。明朝在東北開設馬市，以待諸部，物品交換，當然絕不限於馬匹，且交換數量，亦逐漸增加，以貿遷有無來說，對於雙方都有好處。但對於經濟落後的女眞人，則好處更大。女眞人用他們極易取得的山野土產，如人參、松子、皮貨之類，換取明朝的鐵器、布帛、鹽、糧食等重要生活物資。而尤其值得注意的，是換取明朝的鐵器，無論是熔作武器，或用爲農具，鐵的輸入，加速了女眞社會的變化。明廷雖然爲防範諸族的戰鬥力長大，除農器外，其他鐵器嚴禁出境，但利之所在，走私輸出者，終不能戢止。由於農業生產的擴大，牛的需要加多，所以「開原以東至撫順設一關市，待建州等夷，問討衣段鍋牛，視爲異賞，今則指稱常例。」耕牛已成爲急切需要的生產工具了❺。

自洪武至宣德年間，明朝國力正盛，銳意開發遼東，雖「永樂末年，邊計漸弛，諸酋多叛去者，一歲犯邊至九十七次，殺死吏民十餘萬。」然「宣德初，復招降諸夷。」此後也先之亂，曾乘機入寇，但不爲大患，故明人記述女眞此時生活情形者頗少。自成化二年董山寇遼東被誅，女眞欲報山仇，建州、海西勾結內犯，邊警日急，始稍稍記述及之❻。其言清太祖起兵前建州生活情形者大致如下：遼東志卷七藝文志盧瓊東戍見聞錄：

> 建州、毛憐，則渤海大氏遺孽，樂住種，善緝紡，飲食服用，皆如華人。自長白山迤南，可拊而治也。海西山寨之夷曰熟女直，完顏後金之遺也，俗種耕稼，婦女以金珠為飾，倚

山作寨。居黑龍江者曰生女直，其俗略山寨。……諸夷皆善馳獵。女直、建州，多善治生，三衛則最無賴也❼。

明人的記述大多雷同重複，茲不繁引證。然而僅就明代所有材料觀之，清太祖父祖時代，反較早期呈逆轉現象，不如居於朝鮮時期。這情形，當係從猛哥帖木兒、凡察時代起，部族間長期鬥爭，生活不定。且自董山叛亂後，建州對明廷已不如從前恭順，兵端時起，生活動盪，都足以破壞農業的進展。到萬曆十一年李成梁圍攻王杲、阿台父子時，清太祖父祖被殺，隨起兵復仇。首征伐各部，後指戈向明。明、清歷史轉入一個新的階段，建州女眞的農業生活，亦隨此關係的轉變，展開一幅新的面目，這是建州歷史發展的內外情勢相迫使然，有其時代意義的，下節分別討論。

二、薩爾滸戰前建州女眞的農業生活情形

清太祖在薩爾滸戰役之前，除葉赫外，附近諸部，率皆征服，以赫圖阿拉爲中心，控制了起自開原以東，經小清河、薩爾滸、蘇子河、佟家江、鴨綠江直到長白山的廣大地區。這一地區，有山嶺，有盆地，有河谷，有平原。適於農業，適於畜牧，也適於漁獵。在經濟基礎上，較東方的森林民族，及西方的草原民族，都是雄厚的。而且南接朝鮮，西連遼東，非獨通商貿易上甚爲方便，且易於接受相隣兩地區農業文化的影響，在天然的地理環境上已佔着相當的優勢。雞林舊聞謂：「滿洲古多城郭射獵之民族，與蒙古逐水草遷徙者不同。故即吉林省中古城

之遺留於今者，不可勝數，猶有睥睨巍然，基址具在。或廢壘頹墻，僅存隱約，而什有八九，皆累土爲垣，若土人之相習名稱，如石頭城子，小城子，半拉城等類，留傳未改。而舊迹無存者，尤往往而是，可見近古時期其城尙存也。』這是定居生活歷史線索的暗示。清太祖興起後，曾先後在二道河子（舊老城）及赫圖阿拉建立城寨，太祖實錄謂六祖六處，各立城池，五城距赫圖阿拉遠者不過二十里，近者不過五、六里。作者曾就清太祖時代明清史料中所記東、北諸族所建城郭，有所謂石城鐵門，有所謂土城環寨者加以統計，不下四十餘座。此種住屋定居之風城郭建立之興起，當在明嘉靖晚期及萬曆初年，（以前所有城寨，據今存史料觀之，似皆荒廢）。明史卷三二七韃靼傳「時(丘富等在敵,招集亡命,居豐州,築城自衞。構宮殿,墾水田，號曰板升。板升，華言屋也。趙全教敵，益習攻戰事。俺答愛之甚，每入寇，必置酒全所問計。」「時丘富死，趙全在敵中益用事。尊俺答爲帝，治宮殿，期日上棟，忽大風，棟墜，傷數人。俺答懼，不敢復居。」山海紀聞海二謂「板升云者，被擄漢人久住虜中，沿邊耕種，名爲護邊，其實虜之細作，皆是此人。虜搶財物十與其二，謂之坐地分贜。夫此板升者，內食我撫賞看邊之物，外分達子搶漢人之財，彼居中而兩利之如是。」這是當時塞外沿邊部族受漢人影響定居農耕的共有現象。就清太祖在推動農業生產的措施上說，可分爲前後兩期。前者爲進入遼瀋地區以前，繼續舊有的傳統，採集，漁獵，農業的混合經濟，而農業由附屬地位逐漸向主要地位轉變。後者爲薩爾滸戰後，取開原，下鐵嶺，進入遼瀋地區，同時滅葉赫，扈倫四部亦盡歸於金，開始實行計口授田，大步邁向農業生產，益逐漸放棄採集漁獵，以之爲整軍經武或消遣行樂事。前者內外壓力較輕；其進行亦緩，後者則時勢所逼，故進行速度亦遽，幅度亦廣。先說第一期：

明萬曆二十三年（朝鮮宣祖二十八年，清太祖建元天命前二十年）十二月，朝鮮人申忠一受命出使建州，於舊老城（二道河子）會見清太祖努爾哈赤，歸來曾就其出使經過，所見所聞，報告朝廷。並作成圖錄兩份，標明山川道路，村落農幕，一進上，一自藏❽。其中與朝鮮實錄所載報告書，文字間有不同之處。其記當時建州農業生活情形，節錄如下。朝鮮李朝宣祖實錄卷七十一，二十九年正月丁酉條：

一、外城中胡家纔三百餘，內城中胡家百餘，外城底四面胡家四百餘。

二、糧餉，於各處部落例置屯田，使其部酋長掌治，耕穫因置其處，而臨時取用，不於城中積置云。

三、奴酋於大吉號越邊朴達嶺北邊，自上年欲置屯田云。

四、田地品膏，則粟一斗落種可穫八、九石，瘠則僅得一石云。秋收不卽輸入，埋置於田頭，至氷凍後輸入云。

一、家家皆畜雞猪鵝鴨羔羊之屬。

二、胡人皆逐水而居，故胡家多於川邊，少於山谷。

三、自北以西，至奴酋家所經處，無野不畊。至於山上，亦多開墾。蔓遮胡人童流水農幕，起畊僅二十餘日。

報告中屢言及中途所見胡人村落居住農幕情形。而尤以獐項以西至舊老城一帶，開闢田疇及於山上，就其所記及上年十一月平安道兵使邊應奎報告中所言建州女眞生活，參詳對照，可見其概況❾。

清太祖起兵之後，東征西討，忙於戰爭，當然無論在與明互市換取生活物資，及內部生產上都受到相當的影響。起初雖一再避免與明發生正面衝突，且曾斷斷續續的入京朝貢剖白，想沖淡明廷的疑慮，以維護互市，換取物品。但其統一各部的急速行動，終使明廷感到嚴重的威脅，破壞了明朝的分化孤立、以夷制夷的邊防政策（明廷對付東、北諸部族，有時亦採取培植一個強者，厚施多予，利誘籠絡，使其效順看邊）。尤其是清太祖，「女眞兵滿萬，天下不能敵」桀驁不馴的態度，更使明廷感到邊疆未來的危險性，所以自始即成爲無法妥協的情勢。清太祖在屢次請求言歸於好不成，最後感到絕望，始宣布七大恨，向明正式挑釁。在這一階段裏，爲解決生活問題，便設法和朝鮮建立關係，請求開市或上京貿易，購買食糧鹽布。而農具耕牛，更是急切想得到的。如朝鮮李朝宣祖實錄卷一六〇，三十六年三月辛未條：

> 至如老酋寨胡，續將駿馬來換耕牛，而為無朝廷指揮，不得擅許博易。

同上卷一六三，三十四年二月己丑條：

> 又告曰：北胡等本道水上移居者數多，而新接胡人，遭水災饑困，丁寧明春請乞救濟事及農器釜鼎，許貿易事，老酋使其麾下愁應沙定為差官，又與能通朝鮮言語沙巨持文書一時出來云。

以建州此時正與各部進行戰爭，駿馬當是十分需要的，何況建州兵士又非人人有馬可乘。

東北部族與明朝易馬，從不肯以良馬市易。今願以駿馬易耕牛，無論其比價如何，可見牛在建州的生活上是如何的重要了。

生產工具除缺乏牛外，便是缺乏農器。在此前兩年（萬曆二十七年），建州已開始了採礦煉鐵，但這只是初步接觸到開礦冶鐵的技術⑩，談不到什麼生產製造。所以當清太祖得到外來的鐵匠為其製造各種鐵器，使其生產可以提高擴大，感到無比的愉快：

（同上）又告曰：往年北道總兵與老土相戰時，北道人物被擄者善手鐵匠，今在老酋城中。而昔則胡地素無鐵丸，兵器斧鐮等物，以水鐵反鑄得用極貴。一自鐵人入去之後，鐵物興產。以此老酋欣然接待，厚給雜物，牛馬亦給云云。

隨着生活上的壓力，既已無野不耕，且及於山上，向外尋找可耕土地，是必然的步驟。同上卷七十六，三十九年六月庚申條：

上教政院曰：三水非但極為孤危，今有老乙加赤（努爾哈赤）茄波知近處耕種之言，將來之事，極為可慮。

又卷一〇〇，三十一年五月丙戌條：

奴兒哈赤動兵攻勦江邊居胡人三百餘家，又拏數百餘人來到三水郡禁耕地方屯住耕種。

同時並收取「藩胡」，「大概老酋以率去江外藩種爲言，分送文書於各鎭。以此見之，似非侵犯我邊之意，而亂兵越江𢷃突至，欲收取藩胡，作農留屯，以爲保縣城之計，其志不小，誠可憂慮⓫。」收取藩胡，是因爲藩胡已久事農耕，生產力強。藩胡在朝鮮北部耕種情形，朝鮮實錄中屢屢言之。另外便是擄掠漢人或朝鮮人。掠物爲生，俘人爲用，這是建州人的傳統習慣。是以朝鮮實錄中記載刷還其本國人民及漢人在建州逃往朝鮮事頗多。此外，並購買朝鮮人。此等買來人口，爲數既多，當然投入農業生產上去。否則，用爲家庭奴隸，在建州當時的經濟生活及糧食的壓力下是不適合的。同上卷一九〇，三十八年八月壬子條：

平安道兵使成允文啓曰……本月二十八日越邊有一彼人以我國言招呼……昔老酋直擣甫乙下鎭，……我亦擄往老城，服役於老酋之妹夫家。近日以稷田刈穫事，使送于灣遮部落……答則但曰：老酋與忽溫通信，今春忽溫賣我國人物于老城甚多云云。

雖如此，但由於征服及來歸者日多，而且又多是能戰而不善生產者。糧食發生問題，既不能取之於明，便只有取食於朝鮮解決⓬。

人口一天一天的增加，糧食問題亦隨之日益嚴重，時勢所迫，必須打開一條解決的出路。萬曆四十一年（太祖建元天命前二年），開始了積極向農業推動的序幕，令各牛彔出丁出牛，墾種荒地，並設立穀倉，以備凶歉。有關推進農業生產的各種辦法，亦相繼建立：滿文老檔太祖三，萬曆四十一年十二月：

是年，以徵收國人穀賦，國人艱難，開始每一牛彔出男丁十人，牛四頭，耕種空隙處的田地。從此不再徵收穀賦，而國人亦不苦了。穀物也豐收了，從此穀庫也充盈了。此時以前未有穀庫的設置。

萬曆四十三年，諸貝勒等以「北關老女」改適蒙古事，請出兵伐葉赫。太祖曰：「但我國素無積儲，雖得其人畜，何以為生。無論不足以養所得人畜，即本國人民，且匱乏矣。及是時先治其國，固修邊關，務農事，裕積儲」。遂不出兵[13]。而就在是年十二月，下令國中，開闢森林，屯田造倉，架橋掘壕，統計國中丁男數目，每三百人編一牛彔，設牛彔，代子，章京等職，村置撥什庫（Bosǒkū），並設立倉官書記，會計出入[14]。滿文老檔太祖四，萬曆四十三年十二月：

耕種空地，田穀收穫頗豐，倉庫充盈。遂設十六大人，八把克什，記錄庫穀的出納。

次年，開始養蠶種棉：《滿文老檔》太祖五，天命元年正月：

這年，布告國中，開始養蠶繅絲織綢緞，種棉織布。

先是，因爲耕地立界事與明發生爭執，雖其是非難明，但在建州肯定土地的農業價值上，是十分明顯，且有着歷史意義的。明神宗實錄卷四五五，萬曆三十七年二月辛巳條：

> 遼東巡按熊廷弼以勘明撫鎮棄地啗虜事聞。其略謂：撫臣趙楫、鎮臣李成梁棄與夷界者，寬奠等六城堡，延袤八百里，其概作逃民為韓宗功驅逐者，六萬四千餘衆。自清河之鴉鶻關以至一堵墻之盤嶺各墩棄，而七十里之邊失矣。自張其哈喇佃子棄，而八十里之邊失矣。自靉陽界起賽兒疙疸，迆東至横江一帶盡棄，而三百里之邊又失矣。此棄地之大略也。居民告墾，自萬曆十三年間已有之，二十八年間，復委官傳調夷人，公同踏勘，以居民現住為界。楫與成梁欲以此數萬人援招回之例，冒邀封蔭，遂假通事董國雲之口，以奴酋索地為名，驅迫人民渡江潛避。此驅回人口之大略也。奴酋既安坐而得數百里之疆，而知我之所急在貢也，曰必為我立碑，則許之立碑，必依我夷文，則許之刻夷文，必副將盟誓，則又許之，必立碑開原，則又許之。今其碑文有所謂你中國我外國，兩家一家者，種種悖謾。此界碑之大略也。

棄寬奠六堡是萬曆三十四年事，明史李成梁傳謂成梁以地孤懸難守，建議棄之，居民戀家室不肯遷，大軍驅迫，死者狼籍。此地棄後，六萬餘人散居耕種的農田，皆入於建州之手，給予建州農業發展上的助力是很大的。而清太祖自萬曆四十一年命令各牛彔出丁出牛普遍推行農耕後，也引起了明人的注意，警覺到其一旦自耕自給後的嚴重性。在是年四月薛三才曾上疏說：「羣驅耕牧，罄墾猛酋舊地，震驚我開原邊壘，此其志豈在一北關哉？無北關則無開原，無開原則無遼，無遼而山海一關誰與爲守？」這時建州亦逐步向明侵耕，「初則差男莽骨太帶領馬步夷人在于靖安堡、廣順關外地方，包寨周圍約四百丈，繼則侵入柴河、松山、白家沖等堡，撥夷人萬餘耕種。」⑮萬曆四十二年四月，山東巡撫史翟鳳翀更詳細分析建州努力推行農耕後將引起的嚴重後果謂：「至於分遣人牛臨邊駐種，此尤奴酋順逆強弱之一大關鍵，而我所以扼其吭而制之命者，道不出此，萬萬當急行驅除，而不可一日容者。蓋奴酋擅貂參海珠之利，蓄聚綦富，獨其地頗磽瘠，收成不厚，且當人畜繁庶之後，糧料不給，欲爲廣墾儲糧之計。于時近邊牧種，雖驅不退，開耕年廣于一年，人牛日多于一日。查上年宣諭驅逐，雖云柴河靖安二堡遵令不住，撫安、三岔住種年久，有撤新不撤舊之回文。今無論柴河復來住種，自悖甘結，明屬桀驁。以臣愚見，不論舊墾新墾，但係南關之地，則不當容建夷住種。不容其種有五利焉：一不得逼近內地，偵我虛實。二不得附近北關，肆其侵擾，三不使糧料充足，卒飽馬騰，而生戎心。四令其糧餉不敷，如遇饑荒，叩關乞哀，于撫順之市，暫准和糴，如四十一年故事，以彰我生養之德，而且稍稍散其蓄聚。五則市糴可多可少，可與可不與，相其順逆緩急，而我可操駕馭之機權。反是者奴收五利，我有五害。」⑯以此而有萬曆四十三年強行退地立碑事發生，東華錄天命一，乙卯（萬曆四十三年）四月：

> 明遣廣寧總兵張承蔭（明實錄爲廕）巡邊。承蔭還，遣通事董國蔭（明實錄梁本作雲）來曰：「汝所居界外地皆屬我，今立碑其地。其柴河、三岔、撫安三路之田，汝勿刈穫，其收邊民還汝國。」上曰：「吾累世田廬，一旦令吾棄之，是爾欲棄盟好，故為斯言耳。昔賢云：海水不溢，帝心不移。今既助葉赫，又令吾境內之民

所種禾黍勿刈穫而還，將帝心已移耶……」董國蔭曰：「此言太過矣。」遂去。自此明侵我疆土，於邊外數處立碑石為界。

清太祖無可奈何，自度尙無力與明公然挑釁，所以「今奴酋遵我約束，其文願照界鐫碑，惟討秋收將熟之禾，以後再不敢越種，隨行兩道待鐫碑後許之。即今將柴河、靖安、三岔界碑上鐫番字，書自四十三年春起，不許來種⑰。」立碑移界爭執，不細述。所當注意的，這不僅是疆界進退問題。在建州來說，清太祖既已剪除明朝守邊屬夷，與明失和，生活物資，知已不可完全仰賴於明，必須自行生產，解脫明朝對其糧食的控制。而在明朝，本以恭順受款互市，爲約束手段，今見其努力推行生產，已悟到將失去這一條鎖鍊的嚴重性，所以迫令退地，以爲扼制。此次建州退撫順、三岔、靖安等處土地，雖不能說是嚴重打擊，然是相當憤怒的。所以在天命三年（萬曆四十六年）伐明，告天誓師文中，列爲七大恨之一，「我部看邊之人，二百年來，俱在近邊住種。後明朝信北關誣言，輒發兵令我部遠退三十里，立碑占地，將房屋燒毀，□禾丟棄，使我部無居無食，人人待斃。」⑱明人取回其已耕田地，這無異是剝奪其生活資料來源。所以當明人殺其農人時，便亦以殺明農人爲報復。清太祖實錄卷五，天命三年九月丙戌條：

上因渾河、界凡河合流之嘉木湖地秋禾成，令納鄰、音德率四百人往收取之。諭曰：晝則督農夫刈穫，夜則宿於山谷險隘處，或南北東西，日易其地。地有受敵之虞，必謹慎提防。乙丑，明總兵李如柏遣兵夜掩至刈穫之所，殺七十人而去，我眾奔還……庚戌，我軍略地至撫順城北之會安堡，俘千人，戮三百人於撫順關，留一人，俾執書以遺於明曰……爾大國也，行此苟且盜襲之事，殺吾農夫百人，吾亦殺爾農夫千人，爾國能於城內耕種乎！

次年四月，並築城界凡，保衛農人。「上諭諸臣曰：今戰馬羸瘠，須牧以青草，俾之壯。宜於近邊之界屯田，築城界凡，設兵守禦，以禦農人。」⑲這一時期的農業生活情形，據籌遼碩畫卷首奴酋謂：「寨在寧宮塔，內城高七丈，雜築土石，或用木植橫築之……內城居其親戚，外城居其精悍卒伍。內外見居人家約二萬餘戶。北門外則鐵匠居之，專治鎧甲。南門外則弓人箭人居之，專造弧矢。東門外則有倉厫一區，共計一十八照，每照各七八間，乃是貯穀之所」。投降建州的朝鮮軍官李民寏記曰：「自奴酋及諸子，下至卒胡，皆有奴婢（互相買賣）農莊（將胡多至五十餘所），奴婢耕作，以輸其主。軍卒則但礪刀劍，無事於農畝，無結卜之役，租稅之收。」㉑

「結卜」是朝鮮此時之一種賦役（見圖書刊行會本高麗史第二卷七十八食貨一），山海紀聞海二謂「奴築包石城為新寨，又築一城于撫順關外十里，而即運我廢堡磚石以為之。且又鐵騎守于外，羣胡耕于內，而放牧出沒皆在我邊墻內也。」⑳

而清太祖告訴蒙古人的一段話，更明顯的意識到自己的生活方式，經濟基礎，與蒙古人不同，儼然自以為農業社會。滿文老檔太祖二十三，天命四年十月：

汝等蒙古國，飼養家畜，食其肉衣其皮過活，我國以耕田食穀過活，我等兩國非一國，乃語言不同的國家。

觀念上的清醒自覺，認識自己當前所處的經濟形態，對清太祖積極推進農業生產的關係，是很重大的。

三、薩爾滸戰後建州女眞的農業生活情形

天命四年（萬曆四十七年），薩爾滸大會戰，明師敗績。六年（天啓元年）遷都遼陽，控制了遼東以東地區廣大的土地，俘獲了衆多的漢民，人口驟形膨脹。這批漢人，既不能全數殺而去之，又不能令其歸還明國。而且携家帶眷，本以耕種爲生，必須令其回到原來生產的土地上，各安生業。建州本以掠奪爲生，今河東地區已入手中，關外除河西地區外，已無可掠物資，而與明戰爭，已成不可止之勢，兵員食糧，都須先作充足的準備。能戰者爲戰士，能耕者去生產，將國人分爲農戰兩部，以農養戰，以戰衞農，這是唯一最佳的出路。

當時建州的人口究有多少，找不出一個確切的數字。但就有關的資料加以分析統計，當在五十萬人左右。如朝鮮宣祖實錄卷七十三，二十九年三月甲申條：

初六日到路中，老乙可赤令明將八名領騎兵六、七千迎接道路，後兵馬如前。……初七日，距建州城三十里許，於老乙可赤農舍。老乙可赤兄弟領騎兵三、四千迎接……行二、三里，騎兵四、五千左右成列隨行。行到十五里，步兵萬數分左右立道旁者，至建州城而止。

此爲萬曆二十四年余希元所見建州軍隊人數情形。此時朝鮮一般報告謂建州可出兵九萬，如合以非戰鬥人員，及此後征服招降，天命三年毀撫順清河誇稱俘獲人畜三十萬，明人所記下遼瀋後虜民二十萬㉒，即以對折計之，亦近此數。黃道周博物典彙卷二十，四夷附奴酋：

> 原奴酋之寨在寧官塔舊址，二面臨河，一面阻山。其城係磚包砌重圍，奴居內城，隨住夷人三百餘家，皆親黨心腹。外城住夷約近萬餘家，皆是挑選精壯者。其遠近環寨散處之夷，約有數十萬之家。

寧官塔即寧古塔之音訛，數十萬之家，也許稍近誇張。滿文老檔、實錄等統計所得材料不繁備舉。下遼瀋後人口的突然膨脹，食糧的壓力驟增，必須衝出這一個嚴重的威脅，且進而從中取得支持戰爭的經濟力量，這便是清太祖的計口授田辦法。所以朝鮮軍隊投降後，亦即分別選擇爲農，投到生產上去。《光海君日記》卷一四二，乙未（萬曆四十七年）七月初八日：

> 體察副使張晚馳啓：被擄走回人口，各道都合一千四百餘人，而至今不絕。先是，（姜）弘立渡鴨江者精兵一萬三千餘人，投降之後，將士被廝殺殆盡，軍卒皆部分于農民（以守之），故逃還相繼。㉓

在沒有敍述實行計口授田之前，先略言遼東地方經明朝長期開發的成果。全遼志卷上，賦役志田賦條：

遼東都司定遼中等二十五衛永寧監額田三萬八千四百一十五頃三畝。額糧三十七萬七千七百八十九石七斗。額草三百五十三萬二千六百六十一束。

此書成於嘉靖四十四年，至天命六年（天啓元年），中經五十餘年，雖萬曆初年繼續開發寬奠六堡等地，然三十四年又棄之。且自清太祖起兵後，邊政日壞，屯政日弛。墾地只有減少，不會加多。熊廷弼在修復屯田疏中說：「至嘉靖間誌書所載，軍馬猶存七萬三百有奇，步軍三萬七千四百有奇，屯軍一萬八千六百有奇，鹽鐵軍二千七百有奇。而是時解給軍餉，除山東鈔布花外，部發年例止一十九萬八千有奇，今則五十六萬矣。兵額日減而糧餉倍增者何也……屯軍盡廢，而屯田日荒矣。」「披圖覽册，不覺泣下。通計前項地土，何啻二三萬頃，而遼瀋以東鴨綠江以西，臣不能更僕數也。惟金、復、海、蓋四衛，地無遺利，然多山坡沙磧，所收較薄，而拋荒者反皆腴土。緣在河西者，山居西而原疇居東，在河東者，山居東而原疇居西。河界其中，而虜夾處焉。以此腴土，盡行拋荒。每問居民，皆云此地種一日可收子粒八、九石。遼俗五畝爲一日，市斗六斗抵倉斗一石，是五畝地而可收十三四石也」㉔。如再比照原疏中所云嘉靖以前所墾田土情形，則拋荒屯田爲數更多。明人在遼東所開墾土地，在清太祖下遼瀋後，其中河西寧錦地區，包括廣寧、中屯、右屯、前屯等衛所轄土地，即全在明人手中，共計三千六百七十餘頃外，其餘三萬四千七百三十餘頃的廣大農田，可謂全入建州之手。肥沃的田園，勤懇的農民，面對着當前的經濟問題，開始了劃時代的計口授田政策。滿洲老檔秘錄上，天命六年七月云：

為計口授田事，諭曰：海州一帶有田十萬日，遼陽一帶有田二十萬日，共三十萬日，宜分給駐紮該處之軍士，以免閒廢。其該處人民之田，仍令其就地耕耘。遼陽諸貝勒大臣及素封之家荒棄田畝甚多，亦宜歸入三十萬日之內。二處之田如不敷分派，可以自松山堡及鐵嶺、懿路、蒲河、范河、歡托霍、瀋陽、撫順、東州、馬根丹、清河、孤山等處之田補之。若仍不敷，可令至邊外開墾。往者明國富戶，大都廣有田土，己不能遍耕，則佃諸人。所獲糧米，食之不盡，則以出售。至於貧人，家無寸土，缾無斗儲，一餐之糧，亦出自沽買。一旦財盡，必致流離失所。夫富者與其蓄有用之糧以致於朽爛，積有用之財徒行貯藏，何若散給貧人，以資贍養，既獲令名，又積福德也。自諭之後，本年所種之糧，准其各自收穫。嗣後每一男丁，給地六日，以五日種糧，一日種棉，按口均分。家有男丁，不得隱匿不報，致抱向隅之恨。乞丐僧人，皆給以田，務使盡力耕作，勿自暴自棄。其納賦之法，用古人徹井遺制，每男丁三人，合耕官田一日。又每男丁二十人，以一人充兵，一人應役。至如明國官吏，卽不聚斂民財，而以一參將遊擊之微，年亦入豆米五百石，麻麥藍靛，不在數內。每月木炭紙張菜蔬等費，又索取至十五金之銀。朕將此種虐政，概行禁止。執法行政，一秉至公。所有官員，皆由朕給以銀米，不准向民間勒索，免蹈明覆轍。

此文原作者譯自滿文老檔[25]。原文樸素囉嗦，譯文雖嫌文飾，（三人合耕官田一日，謂係用古人徹井遺制，此與建州社會財產制度有關，非如譯文之意），但尚不失原意，故取用之。

此處云取三十萬日分配駐防兵士，牽涉到清人入關前旗地發展情形，容後敍述。一日亦謂之一晌，黑龍江外記卷四云：「關外田土以晌計，一晌六畝餘，黑龍江亦然。然廣狹長短，大抵約略其數，非如關內以弓步丈量之準。」盛京通志：「按田皆計畝，奉天計日，故自州縣稽畝徵賦外，他皆以日論，因地宜也。一日可五六畝。」㉖是一日並無嚴格標準。以此計之，三十萬日當一百五十萬畝，或一百八十萬畝。依嘉靖年間所修遼東志及全遼志遼陽（定遼五衛）及海州額田為：

全遼志：定遼五衛：五〇〇、八三六畝。

海州衛：二四二、九八三畝。

遼東志：定遼五衛：五〇〇、八三六畝

海州衛：二三八、六八四畝。

就全遼志卷二賦役志序文觀之，「率田歸屯種，收其籽粒，而各軍餘丁，又每歲出緡以給公上之用。即間有科田起稅，如河濟之例。然總全鎮會之，屯種之田，十而八九矣。」上列額田，當係僅指軍屯而言。否則，所云三十萬日，如以每日五畝計之，亦將超出一倍，或原有軍屯民屯及拋荒田土接近此數，今一併計之。

建州下遼瀋後，山中聞見錄謂：建州盡徙諸堡屯民出寨，以其部落分屯開、鐵、遼、瀋，驅屯民男女二十萬北行。男子不得挾貲，婦女不得纏足，道死相聞。」「建州下令括民衣，富室留九襲，中人之家五，下戶三，聚寶貨於東教場，散給西人。」「驅漢人赴北城，屯民歸村堡，建州人乘勢刼奪，多裸體，婦女不勝辱自經相次。」「大殺在遼商賈五萬人，配給賀世賢妻室，籍遼民五人者出三人，其三人出二人隨營。」擄掠刼奪，係遼瀋初下之時。這是建州上下人等聚貨發財的唯一機會。正如建州聞見錄所說：「出兵時無不歡躍，其妻子亦極喜樂，惟以多得財物爲願。如軍卒家有奴四、五人，皆爭偕赴，專爲搶掠財貨故也。」建州兵士所以願戰敢戰者即在此。一直到太宗時代，定立出師律令，依功頒賞，始稍戢此風。然只是方式之改變，戰爭即爲擄掠。但燃藜室記述則又不同，「時賊分屯遼地，招集遼人，遼人或挈家還入。賊得遼之後，不殺一人，盡剃頭髮。如前農作。」此當爲局面稍定後的措施。

天命七年，建州入犯河西，正月下廣寧，二月取義州，明逐漸喪失河西土地。但清太祖並未於河西屯墾。以與明軍前鋒過於接近，且河西居民堅強抵抗，常於水中或食物內放置毒物，使建州大爲困擾，故即移其民於河東。右屯衞移金州、復州。義州一衞移蓋州，一衞移威寧營。廣寧一衞移奉集堡，其他三衞移瀋陽。錦州二衞移岫巖、析木城、青苔峪、甜水站等處耕種，由投降漢官編戶分田。此等移動，皆基於軍事上及政治上便於指揮統治，同時令旗兵分駐各地，一面屯種，一面警備，保護農作。滿文老檔太祖三十五，天命七年二月六日：

> 赴各地兵士，各於駐地一起合住，鑲藍旗駐白土廠，不鑲白、兩紅旗駐義州，兩黃、不鑲藍、鑲白旗駐錦州。各牛彔居於遼東的男丁合算一起，其三分之一駐守，餘三分之二男丁遼東耕田。精兵駐防，孤獨過活的男丁免送。駐防兵士的田和牛彔的田夾着耕種。你們牛彔的主人或因貪慾諂害他人，偏向不派遣的事情。假若偏向不派遣就是失職了。遣往兵士將馬匹留下，徒步負甲而去。一牛彔各一章京率領，踏勘田地。

……Fusi Efu（撫西額駙）Si uli Efu，愛塔三人各自到指定的地方指示辦法。遼東舊有的各官，率領廣寧新附的各官，一齊踏勘田地，給予家屋穀物。女真一旗各二遊擊，一牛彔各一千總共同進行踏勘，好好處產田家穀物的事。汝等自身雖苦，亦無可奈何的事，不要怠惰，勤勉任職。

朝鮮軍官目擊當時建州軍屯民墾的情形說：朝鮮李朝仁祖實錄卷七，二年（天命九年）十二月丙戌條：

遊擊朱尚元差人自虜中來言，夷兵三萬，漢兵四萬，屯駐蓋州、海州、遼陽、瀋陽、鐵嶺之間，南北四百里，東西二百里，漢人內耕，夷兵外衞。

清太祖下遼瀋後即實行計口授田，安撫遼民，非獨在經濟上解決了當前的大問題，在政治上亦發生了影響深遠的號召作用。遼東地方的人民，自日本豐臣秀吉進犯朝鮮，明派兵仕援，所謂「東征之役」起，已長期遭戰火的蹂躪，外受建州的侵掠，內又得不到國家有力的保護，流亡入關，生活無着，逃奔朝鮮，亦非善策。尤其自遼事起後，飽受官吏苛斂騷擾，中朝平遼援遼之論，心理上亦不無引起遼人的不平。熊廷弼記當時的情形說：

往虜故窮餓，又馬於冬春草枯時，瘦如柴立，故我猶得一間。近所掠人口，築板升居之，大酋以數千計，次千計，又次數百計，皆令種地納糧料，人馬得食，無日不可圖我。……

……每遇收斂，屯民畏入堡如入地獄，必泣曰：「與我入保盡為虜殺，曷若使我四散逃生者。」往往賄收斂官以脫去為幸……遼軍自東征以來，復遭高淮毒虐，離心離德，為日已久。今又驅饑寒之衆，置之鋒鏑之下，憤怨之極，勢且離叛，嘗密聞外人言：「向特怕虜殺我耳，今聞虜築板升以居我，推衣食以養我，歲種地不過粟一囊，草數束，別無差役以擾我。而又舊時虜去人口，有親戚朋友以看顧我，我與其死於饑餓作枵腹鬼，死於兵刃作斷頭鬼，而無寧隨虜去，猶可得一活命也。」不詳之語，以為常談，而近益甚，洶洶皇皇，莫保旦夕。

㉗

計口授田，生活已有着落，「輕徭薄賦」，更足以動遼人之心，這和多爾袞入關後首免三大餉，同樣的收到招徠窮苦衆生的作用。而不論門第，一掃明人富者刀俎，貧者魚肉的惡習，官吏搾取剝削的弊政，雖然是一時的引誘麻醉，日後「漢人受凌，往往落淚」，當時仍有許多遼人投到建州統治者的力量中去。而清太祖似亦頗明瞭當時遼人的處境，在進退維谷，生死兩難的夾擊下，以給予田家穀物，徭賦均平，引誘河西居民，並用投降漢官勸說來歸。滿文老檔太祖三十四，天命七年正月二十七日：

河西廣寧地方的人民，情願去尋求親戚的人，在尋求親戚所經的地方，你們來的人口數目，俱要書報都堂送來。凡是你們行經的地方，把田家穀物，都按人口供給。

同上太祖四，天命七年三月：

你們在山谷裏居住的漢人，快下山耕田，造屋居住。你們逃入山海關，誰給你們田耕家住食穀……你們如下山向英明汗投降，食糧耕田住家，都公平的處理，養育你們。不降的便要殺啊！

天命八年六月招誘Knwa Lan Ho地方人民，並將已分與女眞田十萬日給與來歸者，令此處女眞人北移沿遼河居住㉘。擄掠、強徙、招誘，爲清太祖當時最注重的事。當然，不願歸順被殺的也不少。依滿文老檔記載，當時墾田成果，除河西外，幾乎無田不耕。由於須重新分配田地及基於政治上的安全，遼人亦經過幾次大遷徙。分田辦法，由各村撥什庫，各路大人千總（Amban Ciyandzung），牛彔會合漢官共同踏勘，扯繩分給。駐屯軍隊及守堡兵士，皆於附近地面，且戍且耕。來歸的東北各部族酋長及漢人官階較高者，皆分賜田宅耕牛傢俱衣服奴僕，令其自理生計，蒙古兵士，除第一年由汗庫或令民間出穀養活外，此後即令於指定地面耕作。（但事實上並未能如此，蒙古人既不善農業生產，亦不肯生產）。田土名色，約可分爲四種，汗的王田（A lban），諸王、諸大臣（女眞、蒙古、漢官）的莊田，八旗及守堡軍士的屯耕田，女眞漢人分得的田地。汗的王田，由國人代耕，收入歸汗庫（國庫）。諸王、諸大臣都有大量的農奴，耕種他們的土地莊園。女眞漢人耕種分得的田地，收入歸自己所有。但漢人須養育共住的女眞人或支付其他部族的口糧，每人每月應取得的糧數，都有規定。Jusen（女眞）一詞常和N ikan（漢人）連用，義譯爲隸民或編氓，後稱爲諸申，意爲滿洲之奴才。所以天聰九年，太宗不許再稱其國爲諸申，改爲滿洲，與原來做爲部族名稱的含義已有轉變。N ikan則泛指南人、漢人、明人。女眞授田數目是否與漢人相同，亦每丁六日，以無可靠資料，不敢斷定，止見屢屢命令與漢人同耕並居共食，各自用自己的耕牛農具種植自己的土地，不可侵凌漢人的記載。至於莊田，雖見有某莊牛若干，男丁若干，但並無一定標準可資檢出其制度化的程度如何。旗田及守堡軍士屯種，康熙二十三年本盛京通志始有明確數字及八旗分配駐屯地區，此亦暫不討論，擬專寫八旗旗地發展過程，細爲分析。太祖時代，一切制度尚未系統建立，草創時期，諸事多因時因事制宜，隨意授受。

農民所負擔的徭役差賦，凡國中所需一切物資，都取之民間。清人入關前，本以旗的組織，統貫社會、經濟，政治、軍事一切活動，故一切力役賦課之徵，皆以丁男爲計算單位。就其農業生產來說，終太祖時代，仍維持其天命六年所定標準，《滿文老檔》二十九，天命六年十一月二十七日：

> 我從遼東來看看，各種各色的賦課（Alban），都不是以丁男計算，而是按照門戶負擔。依門戶計算，一門有四五十丁的，有百丁的，也有一門只有一二丁的。這樣依戶不依丁計算，富者丁多應擔負的財貨免了，貧者丁少的沒有財貨的常常當差事，我不行你們這樣的制度。我們原來的制度，諸王、諸大臣不取在下人的財物，貧者富者皆公平的依丁男計算。丁男二十人徵兵一人，徵兵應役者在汗城居住，有什麼事情令他們工作，恐怕使役他人，取其財貨。有急事十人中出一人當差，不急的事百人中出一人工作……你等明國的萬曆皇帝，政法不公，皇帝自己任用官官，取人財物，官人等也效法皇帝向民間索取。有財貨奸惡的人，財貨不取，逃避免了。正直的沒有財貨的人受苦。內裏明知而不問，又干涉境外別國的事，以是為非，以非為是，違天背理斷事，故將明國皇帝河東土地予我……

天予我的土地，如果我不依照上天所嘉許的方法處理，恐怕天也要責罰我的。所以樣樣公平的處理。汗所登進任用的人，汗所賞予常得的物可以取諸公家，不許私自取在下人的財貨。奉公守法的人，如以錯誤得罪，仍令在衙門任職。

他如耕種Alban田（滿文老檔所稱的三人合耕官田一日）需用的牛隻，軍隊所用的馬匹，建築房舍，修建道路等工役，亦二十取一，或十丁取一。Ulbon牛，Alban馬，由二十丁分養，合出糧草，無糧草者出銀給予飼養的人。就耕Alban田每年應納的賦課來說，太祖時代未見有額外徵收。滿文老檔太祖三十，天命六年十二月：

汗庫所收取的賦課（Alban），沒有增減的照舊例收取，其他漢人官吏們隨意私自零碎索取粳米、小麥、豆、胡麻、穀、菜、藍、筆紙等賦課，均令停止。如有女真漢人官吏等私自索取時可來告發。

類此「依舊例收取的各種賦課（Alban）」的記載，每年皆有，不細舉。惟清人此時將一切收取的東西，統稱之爲Alban。這包括除耕種汗田（Alban田）以外人民所交納的東西。穀米除官田外亦仍徵收，如滿文老檔太祖四十五，天命八年三月十六日：

下與都堂的書：「一牛彔男丁三百人取穀二百斛，一百斛送到瀋陽，把另一百斛送於海州方面的人，收入海州倉，遼東地方的人收入遼東倉……」女真官人告訴管下的漢人說：男丁三人所徵二斛穀內，一斛送入瀋陽倉，一斛送入遼東的人置於遼東倉，復州、蓋州方面的送入海州倉……。

隨着農業生產的增加，經濟日見好轉，已漸由自然經濟向貨幣經濟轉變。天命六年十二月，蓋州、復州徵收Alban草，無草者以銀代之。七年五月徵用馬匹，無馬者折銀五錢交納。後他物亦有折銀徵收，雖不是絕對的，但這已是在賦稅制度上向前跨進了一大步㉙。《滿文老檔》太祖四十五，天命八年二月十日：

都堂上了籌劃報告書：「一年一男應出的賦課，賦穀差銀，兵馬的軍食馬糧，總共三兩。以三兩計，淘金的六百丁，一年應取金三百兩，煉銀的一萬丁，應取銀三萬兩。……」

這裏只舉一個例子。至於生產管理，由各村撥什庫、牛彔、各路大人千總等督促耕耘、播種，收穫，另有專職人員於汗廷總理分配田宅，會計出入。滿文老檔太祖四十二，天命七年六月七日：

副將Munggatu 遊擊Munggu 遊擊Cergei遊擊Lison遊擊Susiu遊擊Afuni遊擊Donoi遊擊Kanda此八人管理庫穀記錄，分給登記新來人口，給與家田，移動等一類工作。

《滿文老檔》太祖十八，天命六年閏二月：

Suijan Uici 說謊奸惡，除去管兵遊擊的職務，另給田穀處理通判的職務。

耕種方法，語焉不詳，只留片斷。大致爲每屆耕種或收穫時節，由各路大人千總、牛彔、撥什庫章京及中央派赴各地督導的千總，督率工作；如無戰爭，軍士亦一體參加，軍民同作。農具等物由中央鑄製發給使用。穀禾刈獲後，打好風乾，簸去雜物穀梗，然後埋藏起來，或於田中，或於軒下，或囤藏。並使其通風，以防霉爛。收藏數量，詳細登記，上報汗廷[30]。耕作方法，女眞人仍用舊法。「田地不要倣漢人方法耕兩次，依我們的舊例，用手拔草，反覆地把土壟起來。倣漢人的方法耕兩次，田溝有硝浮起，恐怕根部的草便不能完全除盡。」滿洲歲時記謂以馬牛荷犁作壠，其壠幅廣濶[31]，爲提高生產，保護耕牛，保護田禾，都十分注意。其他工作，亦以不妨農時爲原則，各舉一例：滿文老檔太祖三十，天命六年十二月十六日：

汗下的書說：「把各牛彔的分養的牛，各牛彔給二牛殺食過年。」

滿文老檔太祖五十九，天命八年九月七日：

如有家畜跑入田中，將見到的次第捕來，捕到的不要剝取其衣服，帶到村中的章京（Janggin）那裏驗着，馬、牛、騾、驢等家畜各得賞銀一兩。

滿文老檔太祖四十六，天命八年三月一日：

都堂給漢人的書下了：產銀地方的人，在耕作期間想淘金採銀的人，先要上書報告……。

對農產品的管理，如動用多少，支給何人，付給數量，都必須於事先事後詳細上書報告㉜。同時對漢官人等隨意向民間「索取穀、草、小麥、胡麻、藍、筆紙等都一律禁止，由汗庫給銀代替。派遣出去的官人等，其所食肉肴，帶錢買食。」以保護耕農生活，使其得安心從事生產㉝。

但這並不即是以銀代俸。當時還沒有俸銀制度，各官吏都有其自己的農田，由農奴耕種。此種索取之物，想是各官吏在其管轄範圍內私自搾取。清太祖不但時時告誡官民人等努力田畝，自己並出巡視察耕作情形㉞，可見其對農業的重視。年產數量，未見專條記載，但由當時徵調車牛運糧情形，可間接推出其概況。滿文老檔太祖二十五，天命六年八月二十六日：

（原缺）給的東西，三千三百六斛。從四月到八月，遼東米穀給蒙古人漢人牛彔甲士共二萬五千五十六斛六升。舊Alban穀存一萬四千一百十一斛，遼東貸穀八百四十一斛，共一萬四千九百斛。

同上太祖三十八，天命七年三月七日：

Darkan Hiya 旗：車五百七十輛，穀八百三十斛。Abtai Nakcu 旗：車六百輛，穀八百二十斛。Tanggūtai age 旗：車三百七十二輛，穀四百九十斛。Barjin Hiya 旗：車三百八十輛，穀五百五斛。Muhaliyan 旗：車三百二輛，穀四百斛。Subahai 旗：車二百六十輛，穀三百八十斛。Donggo efu 旗：車二百六十輛，穀三百一十斛。Abtia age 旗：車六百五十輛，穀八百十五斛。總計車三千三百六十輛，穀四千五百十一斛到了牛莊。

動輒徵調幾千輛牛車搬運穀米，不止此一處，且有徵調萬輛者。在當時社會能一次徵調萬輛牛車，已是一個不小的數字了。運穀亦常幾萬斛或幾十萬斛。可見其積極推動農業的生產成果。

四、結論

上述的生產情形，但這並不即表示建州社會已家給人足，事實上生活仍是很苦的。由於漢人有的是俘掠而至，有的是強迫徙來，用爲農奴並受女眞人蒙古人的欺凌，生產是不會太積極的。清太祖雖爲了養雞取卵，一再諭令國人不得侵奪漢人，但迫害事件仍不斷發生。而且漢人依貧富分編分居，貧富階級的懸殊，仍然存在，富人及漢官又從中自相煎迫。禁止漢官向農民勒索，亦未發生多大效力。所以一般漢人的生活是相當可憐的。這都足以影響到貧苦農民的生產情緒。穀米價格，有時竟高到一升銀一兩，且常常發生糧荒。尤其是衣著一項，到太宗時代仍靠向朝鮮索取布匹，或經西方的蒙古人轉買，或依賴戰時剝取明人的衣服維持。當然，這也牽涉到紡織工業的問題。何況女眞人、蒙古人分得土地，應自行生產自給，但他們仍算是建州部族中的征服階級，不肯耕作（亦不善耕作），仰賴漢人給這和入關後旗民以特權分子，寄生於漢人的生活完全一樣。而事實上清太祖的農業政策，亦只是解決了部分的糧食問題，當時生活，也仍須靠掠奪補助。清太宗追述當時的情形說：「昔大小窮苦之人，聞與兵田獵，皆以爲美，且從人甚少，日則自己牧馬造飯，應則以馬屜鋪眠」可見其生活仍是相當窮苦。漢人的生活，一直要到太宗時代，國家一切設施稍有體制，始得到部分的解放。這仍是漢人以工作成績對建州的貢獻，才稍被重視換來的。

農業的推動，當然漢人有着決定性的力量，除田畝中的農民外，便是這批漢官，如佟養性，李永芳、劉愛塔之輩，都是負責漢民編戶分田督導耕種的有力人物，建州的功臣。尤其是劉愛塔的貢獻最大，難怪建州對他如此的重視了。與農業推動的同時，莊園亦相併發展，汗莊、王莊、官莊都與時建立，當然，這仍是蹈襲明人已有的舊跡，擴而大之。這些，如漢人的生活情形，地位的轉變，奴隸階級，莊園，種棉紡織，及本文開頭時所提出的自清太祖下遼瀋後積極推動農業所激起的各種轉變現象，在這一時期，都剛剛萌芽，成長成型，在太宗時代，留在論述太宗時代的農業生活及社會結構各章中分別說明。這一時期建州受推動農業生產對其飲食上的影響，可以用天命八年太祖給諸王的酒筵儀書作結。「酒宴時，桌上置麻花子饅頭一種，小麥饅頭二種，Solho饅頭一種，炸食饅頭一種，饅頭、細粉、果實，鵝鳥及雞及各種肉汁，大肉汁。」這是國中汗以下最高貴的筵席，仍不過如中國貧苦人家的打一次牙祭的簡陋。雖如此，但已可看出向農業生活方式進展的程度。當然，這並不是說建州女眞的經濟形態已脫離了採集漁獵，完全走入農業生活[35]。而無論如何，這一個開始，在建州建國史上是無比的重要的。

注釋

❶ 見日人園田一龜氏〈明代建州女直研究〉。和田清氏《東亞史研究》〈滿洲篇〉。

❷ 參閱《滿蒙歷史地理》第二卷第八篇：建州女直原地及遷住地。及注❶。

❸ 《朝鮮李朝世宗實錄》卷九〇，二十二年七月辛丑條。卷九十六，二十四年六月乙亥條。

❹ 《明憲宗實錄》卷一九五，成化十五年十月丁亥條。《孝宗實錄》卷一九五，弘治十六年正月甲午條。《皇明史竊》卷五十七馬文升傳。鄭曉吾學編四夷考上卷女直。

❺ 《明神宗實錄》卷四十六，萬曆四年正月丁未條。

❻ 海濱野史初輯《建州私志》上卷。

❼ 《英宗實錄》卷一〇三，正統八年四月庚戌條言，海西女直野人家多中國人驅使耕作，有被擄去的，有避差操罪犯逃往者。

❽ 舊老城（興京、二道河子）：韓國建國大學刊本。

❾ 《朝鮮李朝宣祖實錄》卷六十九，二十八年十一月戊子條。

❿ 《滿洲實錄》卷二，乙亥（萬曆二十七年）三月條。

⓫ 《朝鮮李朝宣祖實錄》卷二〇九，四十年三月乙酉條。

⓬ 此類材料頗多，見《朝鮮實錄》光海君日記各條。

⓭ 《滿洲實錄》卷四，乙卯（萬曆四十三年）六月條。

⓮ 《滿文老檔》太祖四，萬曆四十三年十二月。《黑龍江外記》卷三。

⓯ 《籌遼碩畫》卷首奴酋考。

⓰ 《明神宗實錄》卷五一九，萬曆四十二年四月丁酉條。

⑰《明神宗實錄》卷五二八，萬曆四十三年正月乙亥條。
⑱孟森《明清史論著集刊》：清太祖告天七大恨之眞本研究。
⑲《清太祖高皇帝實錄》卷六，天命四年四月丙辰條。
⑳《建州聞見錄》。
㉑參閱《朝鮮李朝實錄》〈光海君日記〉卷一三八，十一年三月二十五日條。
㉒《山中聞見錄》卷三。
㉓參閱《朝鮮實錄光海君日記》卷一三八，十一年三月二十五日條。
㉔《籌遼碩畫》卷一〈熊廷弼修復屯田疏〉。
㉕《滿文老檔》太祖二十四，天命六年七月條。
㉖《清朝續文獻通考》卷三〈田賦〉二謂，每晌有當弓地六畝十畝之不同。
㉗《籌遼碩畫》卷一〈熊廷弼務求戰守長策疏〉。
㉘《滿文老檔》太祖五十五，天命八年六月二十一日條。
㉙《滿文老檔》太祖四十，天命七年三月二十五日條。
㉚《滿文老檔》太祖二十四，天命六年七月十日條。太祖三十，天命六年十二月十日條。
㉛《滿文老檔》太祖五十二，天命八年五月二十二日條。金丸精哉《滿州歲時記》，四月壠、播種條。
㉜《滿文老檔》太祖五十四，天命八年六月十四日條。此例多，不備舉。
㉝《滿文老檔》太祖三十，天命六年十二月十八日條。
㉞《滿文老檔》太祖四十九，天命八年四月十六日十九日各條。
㉟《滿文老檔》太祖五十二，天命八年五月二十四日條。明清史料擇題頁四十六上戒飭。《清三朝實錄》卷六，崇德元年七月辛酉條。

清太宗時代的農業生活

一、引　言

前曾寫過一篇清太祖時代的農業生活，在《大陸雜誌》發表❶。當時本想就清人入關前的農業生活情形，自太祖到太宗併爲一篇，後以文章過長，始就時間上分爲太祖、太宗兩個階段，分別敍說。然事實上有些問題，太祖時代方見萌芽，成長定型，在太宗年間，如此劃分，是不十分恰當的。本篇爲續前之作，凡前文保留未曾論及的問題及疏略之處，皆補述於此。

天命十一年九月，太宗即位，農業生產活動，雖仍繼承太祖時的政策，積極推動。但在許多方面都起了變化。這與建州歷史的發展，有着密切的關係。在內來說：太祖去世，太宗繼承汗位爲部族領袖，其與各旗主間的關係，與太祖不同。太祖以創業領袖及家長之尊，統率子侄，開拓基業，一切軍政大權，都掌握在自己的手中，指揮統治，任何方面都不會發生問題的，太宗即位後的情勢便不同了。太宗的得位，主要的是代善父子挾兩旗之力的有力支持，在妥協的局面下出現的。東華錄說：代善長子岳托與三子薩哈廉告其父，「國不可一日無君，宜早定大計。四貝勒才德冠世，深契先帝聖心，衆皆悅服，當速繼大位。」代善遂與諸貝勒合辭上請。太宗以「皇考無立我爲君之命，若舍兄而嗣立，旣懼弗克善承先志，又懼不能上契天心；且統率羣臣，撫綏萬姓，其事綦難。辭至再三，自卯至申，衆堅請不已，然後從之。」❷自卯至申，大位始定，正說明了當時角逐汗位，諸貝勒羣雄並立而不相下的情勢，最後始獲得各方面的諒解同意。所以太宗在即位後的次日，又有「欲諸貝勒共循禮義，行正道，君臣交儆，」互相宣誓。太宗不得以「兄弟子姪微有過愆，遂削奪皇考所予戶口，或貶或誅，」諸貝勒「忠心事上，宣力國家，」「世世守之」的話❸。這當是太宗即位前「自卯至申」雙方談判妥協的大綱。事實上經過的詳情如何，是否即如此平靜，或有無其他細節條款，已無記載，不得而知。就天聰初年「大貝勒代善、阿敏、莽古爾泰，以兄行列坐左右，不令下坐，凡朝會之處悉如之，」及三大貝勒輪掌機務，按月分値的情形❹，蛛絲馬跡，仍可看出其中曲折。太宗即位後逐漸實行中央集權，兄弟叔侄間衝突疊起，因果相乘，互爲作用，當與此有莫大關係。直到多爾袞死後，事隔多年，尙有一番翻動。

太宗的得位旣由於實力妥協，名義上爲部族共主，事實上處處都受到相當的牽制，天聰年間，「雖有一汗之虛名，實無異整黃旗一貝勒也。」❺因此，衝突鬥爭，不時起伏。而造成這種情勢一個更大的內在因素，除上述原因外，是建州自進入明遼東地區後，客觀的環境上起了極大的變化，建州以一個氏族社會崩潰後的部落組織，佔領了一個封建制度行之已久的高度農業經濟社會，想加以有效的統治，以收到征服者的最大利益，必須改變其原來部族統治的組織方式，建立一套適合現實環境的制度，以符當前歷史發展形勢的要求。否則，只是征服與破壞，僅能滿足一時的掠奪慾而已。而建州本身，自太祖建元天命後的歷史發展，也正由部落社會向國家型態極速的轉變。部族領袖，需要一個像樣的政權規模，再不能「三分四陸，十羊九牧，」

必須「果決剛斷，生死予奪之權，一刻不許旁分。」[6]建立一個中央集權機構，運用體制組織的功能，約束各旗，使一切向制度化轉進。這樣，對內才可以從事各種設施，在統治地區攫取更大的利益；對外亦可以統一力量，向明朝發動更有力的鬥爭，維護已得的戰果，或作進一步更大的企圖。太祖在時，以本身地位的關係，督率子侄，既可獨斷而行，而內部政治、社會、經濟等問題尚不如此複雜，故尚能以原來部落組織統治的方式，稍加變通，適應當前的情勢。太宗即位後，血統上的身分地位，已不能如太祖一樣可以無條件的統治衆兄弟，外在的環境亦大非昔比，所以中央集權及制度化的要求，便顯得異常迫切。

同時太宗本人在得位之後，以處處受到掣肘，也想解除束縛，建立獨尊的政權；而被俘或投降的漢人，爲了自身的出路，更竭力從旁慫恿，教以模倣中國制度，乾綱獨斷，建立帝業，他們可以利用建州不諳政治組織的弱點，獻策媚主，求得官職，改善一點自身的處境。這一轉進，牽涉的問題既廣，當然是相當困難的。而必須審愼處理，作不致引起流血分裂的改革。使各旗的離心力逐漸向中央凝結，中央的控制力漸次伸張到各旗中去。雖如此，但仍引起了無數的衝突與鬥爭。阿敏的被幽死，莽古爾泰身後籍家，不過是在此歷史發展的衝激下兩個較爲明顯的事件而已。通觀天聰、崇德十七年的歷史演變，各方面都顯示着這一衝刺鬥爭；太宗時代的農業措施，當然也逃不出這一波瀾漩渦。

在外來說，建州自統一附近各部後，勢力急遽增長，對明要求的和平條款，隨軍事行動的有利進展，也逐漸提高。雖然罷兵言和的局面，雙方都存有希望，但事實上已很難出現。明罷互市，以切斷建州的生活物資來源，爲打擊威脅。這固然使建州在經濟上受到嚴重的打擊，遭遇相當的困苦，但在另一方面，也刺激了建州社會生產的加速進步。農業生產方面，太祖初則令各牛彔出丁出牛，墾種荒地；繼則於下瀋遼後計丁授田，派官督耕，糧食上謀自給的出路。手工業生產，以前所需物品，靠互市換取（部分得之入貢賞賜）。得之甚易而受到忽視，影響到自身正常的發展成長。今則種棉養蠶，繅絲紡織，煉銀冶鐵，獎勵陶作。在明朝關閉市場，不得不自力爲生的衝激力量下發展起來。當然，這一突然的急速發展，如只靠了建州本身當時的文化水準，雖有明朝閉市的嚴厲挑戰，仍不能如此突發前進的。俘擄或投降的漢人（部分朝鮮人）所帶來的生產知識和技術，實起着決定性的推動力量。所以太祖一面瘋狂的掠奪遼東的農民、農田、農作，使遼人無家可歸，無田可耕，造成社會混亂，以削弱明人的抵抗力量；同時一方面積極推動農業，努力生產。這可以說是以戰爭開展農業，以農業支持戰爭的策略。內可以解除糧食的威脅，外可以向明發動更大的進犯。魏象樞說：「我朝在盛京，以農業開國，然後以兵威取天下」的話是不錯的❼。

太祖所以積極向農業生產推動，這也是建州歷史發展的客觀環境所決定的。自太祖起兵後，在對內統一各部與對外犯明的戰爭中，俘獲了衆多的人口。人口的急遽膨脹，使本來即成爲嚴重壓力的糧食問題，更爲嚴重，則不能不考慮到這些人口的用途及生產方向問題。同時俘擄人口，本是爲了剝削奴役，也必須都投入到生產上去，以滿足其俘掠的目的。這些人既不能都用到狩獵、採集、與畜牧上，生活物資最需要的是糧食，俘獲的人口又以漢人爲最多，漢人最有利的使用價值，是農業生產。而且明朝既關閉市場，狩獵與採集來的物品，已失去了最大的主顧。萬曆三十七年熊廷弼故停互市，不許入貢者兩年，建州浥爛人參至十餘萬觔的教訓，太祖是無時忘懷的❽。當時建州已佔領了遼東廣大的地面，這些土地，自明朝開國以來，建立衞所，興辦軍屯，土地經長期開發，已經成熟，當地居民，又都是從事農業生產。土地、勞力都已具備，農具又能自己製造，耕牛也不缺乏，所以決定了其向農業生產推進的方向。

太祖這一農戰互倚爲用的政策，太宗即位後，執行的更爲積極。崇德年間幾次入關瘋狂的擄掠農民，直以多得人較得物更爲可喜，便是基於這一政策的強烈要求。由於佔領的土地日廣，俘掠的人口日多，使建州社會的人口，漢人數目超過了女眞人（包括其他部族）。這些漢人用於農業生產的結果，使建州在經濟型態上發生了極大的轉變，造成以農業爲主的經濟基礎。採集、漁獵、畜牧的生產活動雖仍繼續，但已由主要地位退到了附屬的地位上去。

生產既以農業爲主，農民又由掠奪而來，且無論官兵，都可部分占爲私有，或得自分俘，或得自賞賜，或得自買賣，農民成了代價最廉，收益最大的私有財產。而當時經濟活動既以農業生產獲利最厚，農民農田取得甚易，便進而導致勢家權貴對土地、人口的貪慾。占有兼併，隱匿壯丁，私有莊園，日益擴大。這些擁有廣大田園多數農民的權貴勢豪，又以其剩餘的人力及農業生產的收益，從事其他經濟活動，壟斷商業，控制糧價，放高利貸，開設當鋪，實行殘酷的剝削壓榨。一部分人積聚了大量的財富，奢侈逸樂；一部分則一無所有，饑寒爲盜。赤貧鉅畜，尖銳的向兩端發展。原來同爲部族中的自由民，有的成了領主，有的淪爲奴隸。非獨造成了建州本身社會階級的分化，同時也引起了許多社會問題。這是建州社會轉變的一大關鍵，也是太祖時代所沒有的現象。

建州依丁授田，一切賦課徭役，都以丁爲計算單位，占有大量的人丁，即占有大量的農田。大量的農田，造成大量財富的積聚（當然還有其他因素，但農業生產實爲主要因素），大量財富的積聚，生活優裕，沉湎酒色，消磨了驍健勇猛的銳氣，戰鬥力因之日益減退。而貧者至出兵作戰時無馬可乘，不能爭前掠奪，無利可圖，亦葸縮不願出征。這是太宗面對的最嚴厲的挑戰，以此而有種種的改革辦法。其屬農業範圍者，如編審壯丁，清丈田地，禁止無限制的擴大俘擄，不得非法佔有田地，派官督耕，解放奴隸，疏濬河渠，保護農稼，平抑糧價，嚴禁囤積，設置屯田，建立賦稅制度等，這不獨是中央集權的意圖，也是不得不急速解決的社會問題。

二、莊屯的發展

太宗時代農業生產組織的特色，是莊、屯組織。清人入關前的文獻中，稱莊稱屯，或莊屯、屯莊常泛稱運用。大約單稱莊時，指私人的農莊而言，稱屯或莊屯、屯莊時，指屯而言（屯的性質，後有說明。）莊的成立與組織，與西方的Manor不同，近於中國莊田、莊園的性質。先說莊，莊起於太祖時代。

莊在滿文中稱爲Takso（拖克索），註爲「耕種田地的人所住的屯莊」❾。建州在進入明遼東地區以前，已有這種生產組織的存在。楊吉砦傳：「萬曆十一年……奋借猛骨太那木塞兵，焚蹦孟格布祿所部室廬田稼殆盡……既復焚孟格布祿及其仲兄所分莊各十，岱善莊一，脅所屬百餘人去。」❿朝鮮人申忠一於萬曆二十三年出使建州所作建州紀程報告：「蔓遮川童流水農幕，起畊二十餘日，」「童時羅破農幕」，「阿斗農幕」，「童阿下農幕」，「小酋農幕，陡起處設木柵，上排弓家十餘處，」「奴酋農幕，王致掌之云。峯上設木柵，上排弓家十餘處，柵內造家三座。」就其所繪行程圖觀之，所記沿途「胡家」農幕，以八家到二十家者占最多數，每一個「酋胡」住地附近，都有幾處胡家聚居圍繞，或有「酋胡」的農幕⓫。這是萬曆二十三、四年（清太祖建元天命前二十年）左右，居於二道河子舊老城時的情形。

這些農幕，雖然在組織內容上缺乏可資解說的材料，但努爾哈赤及其弟舒蘭哈赤的農幕，已有專人掌治，且亦不止一處。從朝鮮史料中所見到的建州早期的農業生產活動情形，已大部分是用俘擄的漢人或朝鮮人耕作。太祖興起後瘋狂的擄掠遼東農民，漢人在建州農業生產活動中所起的主流作用，在清太祖時代的農業生活一文中，已有敍述。就莊（Takso）在建州文獻中的出現來說，滿文老檔中天命三年八月已有諸貝勒設莊的記載⑫。事實上各部族來歸後，其酋長例皆賜以田地、奴僕、農具、牛隻，使其自理生計，亦無異爲其私人的莊園。天命九年九月所記漢人十丁一家的數目，似亦不少⑬。且與次年漢人普遍編莊時，每莊十三丁七牛的組織形式，已很相像，不過將統治下的漢人完全編入莊的組織而言，則始於天命十年十月。茲先述其由分散耕居到編莊的歷史經過。爲行文方便計，私人農莊的發展，移入下節。

先是，太祖於天命六年七月，取遼陽、海州田三十萬日（晌），分給駐紮軍隊，漢人、女眞、蒙古人皆一律實行計口授田，並令女眞人與漢人同住同耕同食⑭。由於田地須重新劃分，住於此等地方的漢人，曾被迫遷徙，這完全是基於政治上軍事上的安全措施。此時太祖已進駐遼陽，軍士屯戍近郊，便於指揮統治。並可利用女眞人分別監視漢人生產，以保障旗人的生活，支持其軍事力量。

太祖實行計口授田的措施，尚含有一點社會改革的意義。這是基於建州社會一切權利義務依丁計算的傳統觀念而來的，授田時說：「往者明國富戶，大都廣有田土，己不能遍耕，則佃諸人，所穫糧米，食之不盡，則以之出售。至於貧人，家無寸土，缾無斗儲，一餐之糧，亦出自沽買。一旦財盡，必致流離失所。夫富者與其蓄有用之糧，以致朽爛，積有用之財，徒行貯藏，何若散給貧人，以資贍養，既獲令名，又積福德也。」⑮「我到遼東看看，各種各色的賦課，都不是以丁計算，而是按門戶負擔。依門戶計算，一門有四、五十丁的，有百丁的，也有一門止有一、二丁的。這樣依戶不依丁計算，富者丁多應負擔的財貨免了，貧者丁少的沒有財貨的常常當差。我不行你們這樣的制度，我們原來的制度，諸王、諸大臣不取在下者的財物，貧者富者，都公平的依丁男計算。」⑯這種私有財產制度所形成的土地集中、貧富懸殊的社會現象，與建州「元來我國人出兵征伐時，所得到的俘擄，自汗以下，持斧的人以上，都公平的各取其分」的氏族社會傳統，是完全不同的⑰。此時建州社會雖已有私有財產的出現，但尚未形成穩固的概念。尤其是土地的使用，仍保持氏族社會共有的傳統。太祖對遼東社會的認識，以一切罪惡，都由於土地集中，差徭依戶不依丁，貧富不均造成的。所以下瀋遼後，每丁給地六晌，五晌種糧，一晌種棉。乞丐僧人，都分給田地。凡受田者，每三人合種官田一晌。當然，太祖之實行計丁授田，與依丁計算便於征收賦課，戰亂之後人口流散，社會解體，田制紊亂，已不能依明朝舊規，及分田給女眞人等，都有莫大的關係。而且許多田地，本是明朝衞所軍屯遺留下來，業已無主，爲了地盡其用，人盡其力，也只有實行依丁授田的辦法⑱。

無論如何，計丁授田，差徭依丁不依戶，一方面可說是對遼東無家可歸的農民一種安撫的策略，一方面對遼東社會（就佔領地區而言）的土地問題，也是一大改革。同時使所有的人力土地都投入了生產上去。但這一措施，並沒有成功。這牽涉到民族情感，階級利益，建州文化條件等種種復雜的因素。雖然以征服者的壓力，仍無法克服所遭遇的困難。地主階級被剝奪了其固有特權，令與貧民一體受田，固然反對；即一般貧民，實行授田後也仍然是得不到眞正屬於自己的田地。雖然說是「每丁授田六晌，三丁合耕官田一晌，」近似十五取一的力役租稅，但就太宗實錄所記女眞壯丁的負擔來看⑲，這只是誘人的表面文章。漢人在「人爲刀俎，我爲魚肉」

的俘虜處境下，負擔決不止此，且一定是很重的。貧富負擔均等，對他們既沒有半點好處，所以對此也並不感到興趣。

同時以建州本身文化條件如此落後的程度，統治一個高度農業化的社會，想收到推動生產的最大成果，只靠其本身的力量與智慧，無論如何是辦不到的，必須利用投降的漢官（漢奸），做爲工具。這些人屈膝事敵，只知趁火打刧，爲自己身家性命謀。天命七年正月太祖諭衆漢官說：「朕命爾等將歸降之漢兵，皆遣還本土，爾等以爲如果遣還，嗣後俘獲敵兵何用？乃期期以爲不可。但爾等往新城愛哈之時，帶領數萬人，既不能充兵，又不願工作，千百人中，亦未有一工作之人，豈非因不遣還，而生怨艾之故乎！河東人數萬萬，爾等又受其財賄，不令治田，爾等以漢人之事，不勞朕干預辦理。讓之爾等，爾等又不願辦理。朕辦理之意，爾等又不依從，坐使國事廢弛，豈可長耶！或者爾等在河西商妥，不爲朕充兵工作，而故意遲誤，以愚朕耶！撫順額駙、西烏里額駙，身爲朕婿，情同半子，諸貝勒之宅院，未嘗積有草料，而爾等之宅院所積草料，盡免賦稅。夫草料其易見者也，至於金銀衣服，朕所賜者，何可數計？朕如是恩養，猶不知明白辦事，以圖報稱，一味受賄，誤國殃民。朕責爾無益，而今而後，不復信爾漢人矣。」⑳撫順額駙爲李永芳，西烏里額駙爲佟養性，都是太祖想籠絡驅使，假手處理漢人事務的爪牙。他們只是藉機擴充私人的財富，貪黷勒索，並和富家大戶勾結，狼狽爲奸，並沒有眞正依照計丁授田的辦法徹底辦理。這是實行計丁授田後的現象，同時也說明了建州社會中漢人人口數目的比重日高，所面臨的衝突矛盾，非常嚴重的問題。

太祖指出李永芳、佟養性二人，不過是覺得「身爲朕婿，情同半子，」感到特別失望而已。事實上那些受命管理分田督耕的大小漢奸，無不趁機搜括，乘危取利。漢官的剝削騷擾，固然很苦，分在女眞官吏管理下所受的迫害侵奪，更甚於漢官，他們畢竟也是被征服者，迫不得已，還有控訴的機會。如是女眞官吏，便只有委諸命運了。而最使漢人無法忍受的，是與女眞人同住同耕同食，而遭受的恣意凌虐㉑，長期歷史仇恨的發洩報復，「昔承平時，滿洲漢人貿易往來，漢官妻子及下人之妻子等，不令見滿洲人，且不使滿洲人立於其門，或至無故亂打，輕視欺壓。而漢人之小官及平人前往滿洲地方者，得任意徑入諸貝勒大臣之家，同席宴飮，盡禮款待。自得遼東後，漢人之廉恥亦掃地矣。」㉒太祖爲了政治上的安全及經濟上的剝削，令女眞人與漢人同住同耕同食，雖一再禁止女眞人不可凌虐漢人，但終亦無效。而其本人也因積恨之故，特別痛恨明朝紳衿，認爲「種種罪惡，皆在此輩。」㉓所以攻下一地區後，紳衿被察出者，多遭殺戮。以此，遼東紳衿在無可奈何之下，煽動起事，暗中反抗，明朝間諜，亦得以出沒其間，從事敵後工作。

這些都不是基本原因，授田政策所以失敗的最大阻力，是民族情感激起的普遍反抗，再加上上述的種種因素。漢人的起事逃亡，社會爲之騷亂，一遇建州出兵行獵，內部空虛，即發生動亂。給建州威脅最大的是放置毒物於水中或食物中，或以毒物飼過的猪、鴨、雞等賣給女眞人，使中毒死去。雖嚴密防範，終不能止。曠野之處，女眞人常遭殺害。迫使建州不得不嚴令規定行路不可過單，務結集十人以上，方許結夥同行，違者治罪，並特別規定漢人逃亡信號，以便警戒防衛㉔。漢人的反抗，使建州防不勝防，居無寧日，爲了安全上的措施，而有天命十年十月漢人普遍編莊的辦法。在清太祖時代的農業生活一文中，曾提到漢人大批投奔到建州的事，這是當時遼東人民在烽火連年，生死邊緣逼不得已的一時苟安投靠。如今，他們已覺悟到在異族統治下橫遭蹂躪的痛苦了，只有挺而反抗，求得解脫的機會。

天命十年十月三日，太祖下令分派總兵官以下，備禦以上各官到各村去，徹底將漢人加以「區別」（原註：區別即是殺）。女眞人家中及諸貝勒農莊上的漢人，亦一律查出，凡認爲思想行爲可疑者，概加殺戮。其餘每十三丁編爲一莊，牛七隻，莊設莊頭一人。莊頭到瀋住在牛彔章京鄰旁，二個莊頭合住一起，有任何事情，輪流督促所管莊丁辦理。並令女眞人不得干與。莊頭及十二丁的姓名，牛馬驢的毛色，皆詳細登記，交付各村章京，由章京交給派去編莊的官吏登記帶回㉕。這是當時編莊的辦法。

本來遼東漢人入於建州統治下後，曾分別依戶大小，編插散居，由漢官或女眞官吏督促耕種（也有分配給各家爲奴的）。這次編莊旣純爲了安全上便於控制而起，所以被殺者很多。尤其在鄉的紳衿官吏，雖然在敵人的勢力下，他們在社會上仍有相當的影響力量。太祖對此，深懷恐懼，必須消除他們在地方上的偶像作用，破壞原有的社會組織，始可以有效的統治。所以這次編莊時所說的「嚴加區別」，也可以說是針對他們而發，故查出後少倖免者。

經此殘酷的「區別」後未被殺戮的漢人，都被牢牢的鎖困在農莊上，或賜給私人爲奴。至於女眞人亦有被編莊的，天命九年已有記載，見下「私人莊園」一節。從本節開始時所說的農幕、農所，到天命十年編莊的經過，可以看出莊的發展情形。莊的組織形式，當是從明朝及朝鮮抄襲來的。所以稱莊爲Takso，管莊的人仍稱爲莊頭（Jangtu）㉖。以下說屯。

屯在滿文中稱爲Gasan（嘎深），它本來的含義是指女眞人在氏族社會時期氏族聚居的一個地區單位，如漢人的村寨。凌純聲先生在松花江下游的赫哲族（四）社會生活中說：「許多氏族聚居的地方，小者稱之爲屯，大者稱之爲城。屯赫哲族叫嘎深，屯有長稱嘎深達，由各氏族的姓長及族長選舉，管理一屯之事。屯之大者有人家三百餘戶，人口多至三千餘。」赫哲族與建州同爲南通古斯族，生活情形類似者頗多。朝鮮史料中記女眞居住情形說，「且彼人居非大都，而無城郭，或二十餘家，作屯聚居。」「彼等人言，吾們二三人許放還，則滿浦作賊事，當探某屯人所爲。」㉗又吉林外記卷三：「吉林本爲滿洲故里，蒙古漢軍，錯屯而居，亦皆習爲國語，近數十年流民漸多，屯居者已漸爲漢語。然滿洲聚居而處者，猶能無忘舊俗。至各屬城內商賈雲集，漢人十居八九，居官者四品以下，率皆移居近城三、二十里內，侵晨赴署辦事，申酉間仍復回屯。其四品以上職任較繁者，不得不移居城內，子孫遂多習漢語，惟賴讀書仕宦之家，防閑子弟無使入莊嶽之間，娶婦擇屯中女不解漢語者，以此傳家者，庶能還淳返樸，不改鄉音耳。」「庫雅喇伊徹滿洲率衆來投者，遂編其穆昆達爲世襲佐領，啊喇哈穆昆爲世襲驍騎校，率所屬來投者，遂編其嘎山達爲世襲佐領，法拉哈達爲世襲驍騎校……穆昆達漢語族長也，啊喇哈漢語副也。嘎山達鄉長也，法拉哈達里長也。」

嘎山嘎深同爲譯音，鄉長里長這是漢人就其聚居組織形式及其所負任務的意譯。吉林外記的史料在時間上雖嫌稍晚，但仍可看出屯的原來面目（嘎深在建州早期歷史的發展經過，不擬細述，在後來的文獻中稱之爲屯，當是受明朝屯所的影響而改用漢語）。至於用在農業生產單位上，如「收取藩胡，留屯作農，」㉘或稱「屯所」農耕者，朝鮮史料中屢有記載。這種原有的血緣的屯居組織，在建州進入明遼東地區後，也發生變化，即是利用明軍屯成的屯堡規模，及推展農業編組漢人分別聚居耕種（見後漢人編屯），形成了一種新的形態，屯的性質，已由氏族社會自然成長起來的村落組織，成了構成國家地方組織的基層單位。建州在入關前凡諸處酋長率衆來歸者，通例都委以官職，給予妻奴、牲畜、穀種、農具、田地農具等，令其自謀自給，這些酋長所屬的部衆編成牛彔時，土地仍然繼續下去。其後如牛彔遷移，牛彔下人必須居住於牛彔一定的地區。雖然牛彔允許集體遷移（或受命遷移），但禁止牛彔下人私離其牛彔，必須住在一起。這是建州旗制組織下的通例，女眞、蒙古、漢人皆如此㉙。居住的地方分成許多屯，在組織上雖有女眞、蒙古、漢軍屯的分別，性質上其爲一個行政區域單位，一個農業生產單位，一個軍事組訓單位，有的是一個手工業分工單位。有屯的地方往往有堡，以堡爲中心，四周散落着許多屯，以牛彔部勒管理，所以屯又是一個戍守單位㉚。這只是就屯與莊的區別大體而論。私人的莊園也有稱之爲屯的，但爲數極少。屯的組織，除將俘獲的漢人「編爲民戶」的屯外，與建州歷史的發展及八旗制度的形成，是相隨變化的。

三、莊田與屯地

建州在入關之前，尚無薪俸制度，官兵生活（此時無所謂文官，壯丁皆參加戰鬥），靠狩獵及戰爭掠獲的財物分取維持，「放搶南朝」，是他們生活物資的主要來源。佔領瀋遼地區後，掌握了廣大的農田與衆多的農民，諸貝勒設莊，官吏亦給與壯丁、田地，以代薪俸。一般自由民家庭，也都分得或多或少的田地、壯丁，農戰爲生。這裏所說的莊，包括汗莊、貝勒莊、官吏莊田，屯地是指建州自由民家庭漢人編爲民戶的田地說的。在沒有分別敍述之前，先略述其早期的耕種情形。

前引申忠一報告所記太祖居於舊老城時情形，農幕只限於有力的酋長。小酋爲太祖弟舒爾哈赤，阿斗爲太祖從弟阿敦，後爲鑲黃旗旗主，童時羅破爲舒爾哈赤之婿㉛。這時以俘獲的人口不多，其他各酋長尚不足以皆設立農莊，所以「糧餉，奴酋等各部落例置屯田，使其部酋長掌治畊穫，因置其部，而臨時取用，不於城中積置云。」㉜這其中也許有少數的俘獲奴隸。十年後的情形便不同了，籌遼碩畫卷一熊廷弼務求戰守長策疏中說：「往虜固窮餒，又馬於冬春草枯時，瘦如柴立，故我猶得一間。近所掠人口，築板升居之，大酋以數千計，次千計，又次數百計，皆令種地納糧，人馬得食，無日不可圖我。」這是萬曆三十六年前後熊廷弼巡按遼東時的情形。很明顯的，這個時期各酋所掠人口，各自役使，令其從事生產，供給自己部下的生活。雖然各酋的俘虜或以數千計、千計、數百計，但並不是屬於其個人的，仍是團體共取共用。萬曆四十七年（天命四年）朝鮮降將李民寏所見到的情形，又與此不同。「自酋奴及諸子，下至卒胡，皆有奴婢（原註：互相買賣）農莊（將胡多至五十餘所），奴婢耕作，以輸其主。軍卒則但礪刀劍，無事於農畝，無結卜之役，租稅之收。」㉝將胡當指相當高級的軍官而言，卒胡爲下級軍官，軍卒爲士兵。由上述史料觀之，可看出建州社會發展的情形。萬曆四十一年（建元天命前三年）令各牛彔出十丁四牛，墾種荒地㉞。四十三年（建元天命前一年）設官十六員，把克式八名，會計庫穀出入㉟。天命三年（萬曆四十六年）爲諸子姪設立農莊。此時彼等已長大成人，有的爲一旗統帥，可以獨自領兵作戰了。而且在內部組織上，已由以太祖爲主的部落聯盟，建立起完全以愛新覺羅一姓爲主的家族政權。私人莊田的設立，與八旗組織的發展，都有着密切的關係的。

汗莊：太祖以創業領袖及家長之尊統治族衆及各部族。天命六年實行計丁授田，三人合耕官田一晌，收入歸汗庫。天命十年編莊，除分給各官吏者外，餘爲汗及諸貝勒的農莊，其中汗莊究有多少，未見記載。這些汗莊，太祖去世之後，或由八家分占。太宗的農莊，有的是即位前爲貝勒時原有的農莊轉化而來，如「諸貝勒莊家八百人，由二大人納鄰音德率領」打穀㊱，

「在牛莊、海州以東，鞍山以西……一貝勒各置三莊。」㊲這是即位前的莊田，即位後稱爲汗莊。《瀋陽日記》：「……二十里有東州堡，其堡則汗農所也，幹農者主之矣。」㊳「止宿於十王寺前野……所住近處有汗農庄，禁一芥勿侵，有犯者數人，汗杖之云」㊴。有的是即位後分得田地人口成立的。依旗制組織，凡戰爭俘掠來的人口，佔領的土地，爲部族產業，也是八家產業㊵。征伐所費，八家均擔；戰爭所獲，亦八家平分。胡貢明曾奏說：「我國地窄人稀，貢賦極少，全賴兵馬出去搶些財物。若有得來，必同人（八）家平分之，得些人來，必八家平養之。譬如皇上出件皮襖，各家少不得也出件皮襖。皇上出張桌席，各家少不得也出張桌席。」「下次兵馬出去，若得銀八萬兩，八家每分七千兩，留三八二萬四千兩收入官庫。若得衣八千件，八家每分七百件，留三八二千四百件收之官庫。其八家應得的財物，即聽各貝勒自已使用。」㊶「且必狃着故習，賞不出之公家，罰必入之私室。有人必八家分養之，地土必八家分據之。即一人尺土，貝勒不容於皇上，皇上亦不容於貝勒。事事掣肘，雖有一汗之虛名，實無異整黃旗一貝勒也。」㊷所謂「狃着故習」，即均攤均分，這是太祖所定的制度。天命十一年六月，太祖曾特別訓誡諸子侄說：「昔我寧古塔貝勒及棟鄂、完顏、哈達、葉赫、烏拉、輝發、蒙古，但貪財貨，尙私曲不尙公直，昆弟自相爭奪戕害，以至於敗亡，不待我言，汝等豈無耳目，亦嘗聞人矣。吾以彼等爲前鑒，預定八家，但得一物，令八家均分之，勿私有所取。」㊸太祖這一段話，在時間上無異是一篇遺訓。而太宗的得位，既由於實力的妥協，在政治上已取得獨優的權利，經濟上自必須利益均等，以緩和內部的衝突不平。當然，征服者分取被征服者的土地人民財物，是一般的通例。不過在建州旗制的組織下，表現的更爲明顯強烈。

貝勒莊：貝勒是建州旗制組織中最高的貴族，他們的莊田究有多少，和太宗的農莊一樣找不出確切的數字。上引建州聞見錄謂「將胡多至五十餘所」，又天命三年八月一次即見到八百人，「得些人來，必八家平養之，地土必八家分據之」，一人尺土，互不相容。可知其農莊一定是很多的。當然，這也並不完全屬於貝勒私有，人口分養，地土分據，各自為擴充自己的勢力，旗下人的田地當亦包括在內。不過就下列二個例子，已可知其概況。天聰四年定阿敏罪狀時，「止給阿敏莊六所，園二所。」[44]九年議瓦克達罪狀說：「瓦克達姦人之婦，竊人之鷹，隱藏妓女，……應奪瓦克達僕從滿洲一百五十人，蒙古二十人，并漢人一百九十六人，馬二百九十二，駱駝十二，牛二十，羊三百二十，併庫中財物，及在外所屬滿洲、蒙古、漢人牛彔，俱給貝勒薩哈廉，……其應入官銀四千兩，莊二十三處，所有漢人一百九十九人，各色匠役人等三百四人，并其家口俱付戶部承政英俄爾岱，馬福塔，吳守進。內還其匠役人等一百八十六人。」[45]瓦克達是大貝勒代善第四子，並非管旗貝勒，其所有莊田、奴僕、匠役尚如此之多（匠役三百四人，並不包括其家口在內）。沒收其莊田二十三處後，又還其匠役一百八十六人，當然連同彼等家口也一併歸還。是瓦克達仍必須保有相當數量的莊田，相當數目的農民，始足以維持這些人的最低生活。瓦克達的農莊決不止二十三處，此不過應入官者而已。各旗貝勒的莊田，當然更多了。

建州的公主格格也有莊田，「大貝勒莽古爾泰女嫁喀喇沁部落喇斯喀布，貝勒阿巴泰女嫁布爾噶都代達爾漢，賜二格格莊田奴僕。」「公主下嫁濟農時，賜以開原地方，又編給滿洲牛彔。」[46]其莊田數目，當亦不少，如「免董鄂公主，固倫公主差役五十丁，和碩公主各四十丁，和碩格格各三十丁，多羅格格各二十丁，十丁。」[47]免丁是應享的特權，當時建州無食俸制度，無論宗室官吏，皆以丁代祿，依丁占田，高低隆殺，以丁數多少為準。「所獲地土，亦照官職功次，給以壯丁。」[48]因此，各級官吏，也都有或多或少的莊田。

官吏莊田：官吏莊田，（女眞，漢人及各部族），亦始於太祖時。「汗下的書說……諸貝勒……你們獲的馬二百頭，牛四百頭，給與從Urut （兀輪特）來的諸貝勒，獲來的漢人也給與Urut來的諸貝勒，爲他們設莊。」[49]「Enggeder Efu（恩格得爾額駙），Mangguldai（莽古爾岱）女眞七丁的莊各二，漢人十丁的莊各二，手下使喚的女眞男女每人五對，運水伐薪的漢人男女每人各五對。Nangnuk（囊努克），Manjusiri（滿珠習禮），Daicing Batma（巴特馬）女眞四丁的莊各一，漢人十丁的莊各一，Mendu Dagan（門都答哈）女眞三丁的莊一，漢人十丁的莊一。」[50]太宗時代賜莊田戶口的例子，多不勝舉，如「察哈爾國阿喇克綽忒部落……三貝勒……來歸……賜民四十戶及莊田奴僕牛羊……器用等物俱備。」[51]

天命十年編莊時，「總兵官以下，備禦以上，一備禦各與一莊」。這些都是建州的貴族[52]，他們的莊田雖不及旗主貝勒等，但也是很多的，前引瓦克達事便是一個明顯的例子。他們並且往往私立農莊，侵占田地。「孟阿圖原官副將，因多取田土，又以餘地分給漢官，及擇各處腴地，別立莊屯。」[53]「初，戶部取賽木哈牛彔下地三十晌，給與本旗安肫牛彔下獵戶濟賴。濟賴即其地築室居住。賽木哈懷怒，率人毀濟賴屋，並毆其家丁一人殞命。又賽木哈多占壯丁地五百晌。」[54]他們不但私置農莊，又將占耕不盡餘下來的土地私贈他人。濟賴不過是一個獵戶，尚有田三十晌。給與田地，當然也要給與爲其耕作的人。由此亦可見建州經濟組織的轉變，已有專門掌狩獵，供給貴族統治階級的生活需要及作爲商品生產的專業分工出現。賽木哈侵占壯丁田地多至五十晌，這不是一個偶然的例子，不過是被人告發而揭露出來。如依一丁田五晌計算，也隱占了一百個壯丁。

漢官雖受「滿官欺凌，往往落淚」，但他們是建州統治者必要的工具，所以也都占有或多或少的壯丁，或大或小的莊田。賜田情形，不再舉例。就他們的富厚及壯丁人數，亦可見其概況。如副將佟三於征皮島時以擅離本旗行走下營，又不加意收藏火藥，罰造官房五十七間，築城垣敵台一座及角樓一所贖罪55。天聰八年正月，漢官以負擔過重，請求減免。太宗諭衆漢官說：「我國家地土未廣，民力維艱，若從明國之例，按官給俸，則勢有不能。然蒙天眷佑，所獲財物，原照官職功次，加以賞賚。所獲地土，亦照官職功次，給以壯丁。從前分撥遼東人民時，滿漢一等功臣，占丁百名，其餘俱照功以次散給。如爾等照官職功次之言，果出於誠心，則滿漢官員之奴僕，俱宜多寡相均。乃爾漢官或有千丁者，或有八九百丁者，餘亦不下百丁56。」

太宗爲了建立中央集權制度，剝奪各旗主的權力，必須籠絡一批爪牙，爲其策劃驅使，所以逐漸登用漢官。漢官的處境較太祖時漸次受到優容，一般漢人的生活也隨着得到一點解放。這與建州社會、政治、經濟、軍事的發展，都有密不可分的關係。但他們的生活仍是相當苦的。這裏所要注意的，是漢官的壯丁數目與莊田的關係。漢官隱匿壯丁，當然也只能是漢人。漢人不善狩獵，又禁止出外貿易，只有用在農業生產上，所以他們的莊田，也一定相當可觀。其他如生員畫工等，也都有農莊，太宗實錄中常見賜人若干戶，牛驢幾隻的記載。賜給人戶牛驢，當然也連帶賜給田地57。

另外有所謂官莊，屬戶部管理。官莊大概是沒收犯罪者的莊田來的。雖正式記載僅一見58，其數目當亦不少，如瓦克達的二十三莊入官，及沒收佟整莊田59。這些入官的莊田，雖說由戶部管理，亦無異爲太宗所私有。這是太宗集中政權擴張自己實力的藉口。

造成莊田擴大的原因，留在「太宗的農業政策」一節中敍述，下說屯地。

屯地是指除上述的莊田而外，屬於一般人民所耕種的田地。建州的土地，皆爲國有，即各貝勒官吏莊田，亦不過只有使用權而已。所以田地沒有買賣，但可以轉移換給。屯地可分爲建州自由民家庭組成的屯及俘降的漢人及其他部族編爲民戶的田地兩類，先說旗下自由民的屯地。

建州以旗制部勒整個社會，以軍事組織統貫到社會、政治、經濟各方面上去，使戰鬥條件與生活條件結合爲一。旗下的戶口（自由民家族），是軍戶也是民戶。牛彔爲構成旗制的基本單位，亦爲統治旗下人民的基層行政組織。牛彔額眞負有分配本牛彔下土地財物，徵發及訓練壯丁，統理一切賦課差徭的責任。男子成丁，可以受田。披甲出征，便享有分取戰場俘來人口、物資的權利。這也是他們發財的唯一機會，而建州兵士之所以願戰敢戰者亦正在此。「我國之兵，非怯於鬥者，但使所得各飽其欲，則雖死不恤。稍不如意，遂無鬥志。」「敵者殺之，拒者俘之，降者編爲民戶，所俘各牛彔派數上獻。至於士兵所獲，不計多寡，聽其自取。若此，則人人貪得，不待驅迫，而賈勇爭先，兵勢大振矣。」[60]這些自由民家庭，他們既分有俘獲的人口，依丁數占有土地，所以每個家庭都有或多或少的田地，或多或少的壯丁爲其生產。「從前滿洲在盛京時，原有土地耕種，凡贍養家口，以及行軍之需，皆從此出[61]」。天聰七年七月，命滿洲各戶有漢人十丁者授綿甲一，就有一千五百八十戶[62]。當時兵士沒有軍餉，不恃官給錢糧爲生，其個人及家庭生活，即靠此維持。林起龍在更定八旗兵制疏中說：「臣聞兵在盛京，無餉而富。今在京師，有餉而窮，細究其故，蓋以盛京地方素稱沃野，一切柴草魚肉蔬菜，價値不昂。莊頭部落，曾無逃拐。是以人不以兵爲苦。」[63]聖武記卷一：「輿京城內居宗室勛戚，外城居宿衞親兵。此外遠近十餘萬戶，散處遼河東西，無事耕獵，有事征調，勝則分俘受賞，人自爲兵，人自爲饟，無養兵之費，故用無不給。」64

這些軍戶，在牛彔管理下編成許多屯居住，其生產成果，負有供納本旗下一切費用的義務。依旗制組織，旗下人民，除經特許者外，不許越旗私相往來，商品買賣，亦以本旗爲活動範圍65，旗也可以說是一個最大的經濟單位。旗民耕種的土地，依旗分及駐地的區別下，也即是旗地。各旗下土地的所有關係，並不屬於任何個人，只是供本旗人使用的。旗地除農田外，尚有供狩獵的山林獵場，其分配及變遷經過，不屬本文範圍，不論。就旗分來說，旗地雖有變更，這只是旗下人民隨旗移動，依丁受田及耕種情形，並不受此影響，不過又轉換一個地方而已66。

以上所說的是建州自由民家庭組成的屯。事實上這種屯並不是一個單純的農業生產單位，其性質上節已有說明。降人編成的屯，多是俘來或招降的戶口未經分撥私人名下而編屯居住者。此例頗多，如俘獲察哈爾多羅特部落「萬一千二百人，以蒙古、漢人四百名編爲民戶，餘俱爲奴。」67「上命以錦州、松山、杏山新降官屬兵丁，分給八旗之缺額者，其餘男子婦女幼稚共二千有奇，編發蓋州爲民。」58「賜陣獲守備藺某，百總韓自明貉裘帽韡等物，其攜來漢人編入戶口，共爲五十一屯。」69建州處理俘虜，大致分爲兩類。戰場直接俘獲者，由將士依分分取，爲私家奴隸；攻下一地區投降來歸者，編爲戶口，或賞賜未出征在家有功人員（當然亦非絕對如此）。這些戶口，編屯而居，依丁分給土地，並不屬於任何一旗，轄於中央，由戶部派官督理耕種，交納「官糧」。他們本是當作奴隸看待的，也是奴隸的身分。但成爲編戶，而有一定量的土地，也能有自己的一些財產，他們不是奴隸，而爲公家的農奴。如果他們編入壯丁後披甲出征，立有戰功，也可以像建州自由民一樣，享有分取戰利品的權利，身分也就由農奴中解放出來。後來漢軍旗的成立，便是由此等編戶及原來分在各旗下的壯丁與投降後未經分撥的漢軍分化出來的。這也是太宗建立中央集權鬥爭過程中的一大措施。

前面說過，莊是屬於私人的農業生產組織，屯是由氏族社會脫化出來的具有政治、經濟、軍事性的組織。但因爲降民編成的屯，也和私人農莊一樣，多爲農業生產性質，二者性質相近，故私人的莊也有稱爲屯的。如蒙古翼兵主帥拖克拖會以罪籍其家產，止留屯一所(70)，鑲白旗巴顏牛彔下外音圖訟其母歸外家時，「擕去家人四十九名，牲畜十一匹……屯中歲入家畜三十，棉花六百斤，園地歲入銀四十兩。」(71)但這種例子很少見，其稱屯當仍是指莊而言。

四、莊屯的組織

天命十年十月編莊時，一莊的組成是十三丁，七牛，田百晌。其中二十晌爲公課田，八十晌莊丁分種，維持自己的生活。與天命六年計丁授田時每丁田六晌的數目大致相同。這是指漢人編莊，而且是屬於公家的莊說的(72)。這次編莊，曾分給建州總兵官以下備禦以上每人一莊。太宗即位後令每備禦止留「八丁二牛，以備使令。」(73)其中五丁五牛收歸公家。這些收回的丁數，分屯別居，編爲「民戶」。私人農莊，一般情形大約是十丁左右，一丁田五晌，如「賜祁他特台吉莊屯四所，每所人十名，牛六頭。」(74)「以內院官石岱、塞冷、扈蘭代、塞稜、瑣諾木、畢禮克圖等家貧，各賞人十二名，牛二頭，地六十晌。」(75)不過這也是一個大致的規模，如前引崇德元年沒收佟整的莊時，止留二十丁一莊，牛十四，馬二驢二。瀋館錄卷三：「瀋陽乃是大野，西北行二十里則有山，翌日……即鐵嶺衞也，其東數日程乃建州衞也……所經之處，人民絕稀，間有諸王設莊，相距或十里或二十里。莊有大小，大不過數十家，小不滿八九家，而多是漢人及吾東被擄者，大半荒野，闢土不多。至於十六日、十七日所經之處，則土地多闢，莊居頗多，而皆漢人、東人或蒙種耳。」一莊可有數十家或八、九家，一家也未必只有一丁或二丁。耕種面積，既是「闢土不多」，當然也只有隨莊丁的勞動力而爲伸縮了。這些都是建州最高的貴族，一莊的田數，也不會受每丁五晌的通例限制。而這也許是由於地理環境特殊的關係，在「地土多闢，莊居頗多」的地方，或並不如此。

每莊設一莊頭，督促莊丁耕作，及從事其他勞役。至於女眞人編成的莊，有一莊七丁，四丁，三丁的，是否也有莊頭，未見記載。

屯的組織，不論是自由編成的屯，或降民編成的屯，一屯的戶口究有多少，記載不明。屯戶的田地，也是依一丁五晌分配[76]。屯的管理由牛彔額眞負責。「上諭各牛彔額眞曰：田疇廬舍，民生攸賴，勸農講武，國之大經。爾等宜各往該屯地，詳加體察，不可以部務推諉。若有二、三牛彔同居一堡者，著於各田地附近之處，大築牆垣，散建房屋以居之。遷移之時，宜聽其便。至於樹藝之法，窪地當種粱稗，高地隨地所宜種之，地瘠須加培壅，耕牛須善飼養。爾等俱一一嚴飭。如貧民無牛者，付有力之家代種。一切徭役，宜派有力者，勿得累及貧民。如此方稱牛彔額眞之職。若以貧民爲可虐，濫行役使，惟爾等子弟徇庇，免其差徭，則設爾牛彔額眞何益耶！至所居有卑溼者，宜令遷移。若憚於遷移，以致傷稼害畜，俱爾等牛彔額眞是問。方今疆土日闢，凡田地有不堪種者，儘可更換，許訴部臣換給。如給地之時，爾牛彔額眞、章京，自占近便沃壤，將遠瘠之地，分給貧人，許貧人陳訴。再爾等於該管之地，各宜督率所屬長幼，於春夏秋三時，勤於習射，朕不時遣部臣往察，如有不能射者，必治牛彔額眞之罪，此係我國制勝之技，何可不努力學習耶。」[77]

牛彔額眞爲管屯高級官員，另有管屯將備千總。「我國之管屯將備千總，並未見有陞遷降罰，豈非今日弊政而法弛之甚歟！如各旗所委屯官，合無易地而蒞任，更宜分別賢愚不肖，以憑黜陟。如果該管所轄屯堡，察其田野開闢，貨財攸聚，民知慕義而向上，則爲善於撫治，應擢不次之賞，以勸廉者；如果訪得貪婪無厭，惟知尅民而交結，則爲蠹國害民，當賜法外之誅，以儆不肖。」「委用閒官，以杜冒濫，如今之管屯管堡，俱乃委用無職之人，何如將免差指揮等官，責其經理乃職，抽取今之見任披甲，一可憚莊民之心，二可堵塞冒濫，三可以充實行伍，豈不愈于委用白丁，而公私兩得其便哉。」[78]

各屯堡有撥什庫。「諸貝勒大臣及諸貝勒下牧馬管屯人等有事往屯，各宜自備行糧，有擅取莊民牛羊鷄豚者罪之，章京撥什庫亦坐罪。」[79]他們一方面管理屯中一切財物出入，一方面督率屯民耕種，爲基層實際負責人員。「諭戶部曰：昨歲春寒，耕種失時，以致乏穀。今歲雖復春寒，然三陽伊始，農時不可失也。宜早勤播種，而加耘治焉……各屯撥什庫，無論遠近，皆宜勤督耕耘。若不時加督率，致廢農事者罪之。」[80]撥什庫亦稱領催，黑龍江外記卷三「領催，國語曰撥庫，轉爲撥什戶，佐領下會計書寫之兵。」[81]

前面說過，屯的性質在建州進入遼東地區後發生變化，新建的屯，「大築牆垣，散建房屋以居之。」其組織規模，未見記載。今舉入關後爲解決旗民生活建屯的例子，材料時間雖晚，仍可看出屯居的大致面貌。吉林外記卷十：「從前乾隆年間，我皇考高宗純皇帝軫念八旗人衆，分撥拉林地方，給與田畝，俾資墾種，迄今該旗人等，甚獲其利。今若仰循成憲，斟酌辦理：……先於吉林所屬無業閑散旗人內，令各旗共揀丁一千名，出結保送，作爲屯丁………隨往阿勒楚哈，拉林西北八十里之雙城子一（帶），東西約有一百三十餘里，南北約有七十里，地土平坦，俱屬沃野，可備移駐京旗閑散二三千戶之用。即在適中之地駐劄，派令各員週圍履丈分撥。通計四丁四牛之數，核算成屯。每旗設五屯，鑲黃、正黃二旗，每旗住屯丁一百二十八戶，計二十四戶者三屯，住二十八戶二屯。其正白、正紅、鑲白、鑲紅、正藍、鑲藍六旗，住二十四戶四屯，住二十八戶一屯，共屯丁一千名。每戶房基東西寬二十丈，南北長二十丈，屯丁寬用九丈，留十一丈以備將來移駐京旗蓋房之用。每屯房分三路，街一道，寬五丈；巷一條，寬三丈。除房基街巷外，每屯丁核給荒地三十六晌，按屯附近分撥。八旗四十屯適中街內，建蓋公所及協領左右翼官兵住房，仍在公所附近留建倉地基。計共用見方三十四丈。相度水道，刨挖井眼，並派員前往邊外採買耕牛，本年齊備，分給屯丁，先為運木割草，搭蓋窩棚，即以雙城子名為雙城堡。」這是有計劃有規制的設屯，太宗年間，當然不會如此秩然有序的。

五、莊屯的生產方式

太祖初起時，人少勢微，「無論長幼，窮困之際，皆以行兵出獵為喜。爾時僕從甚少，人各牧馬披鞍，自爨而食，如此艱辛。」[82]居於舊老城時，雖有奴隸，但為數亦尚不多。除太祖兄弟及有力酋長有農所外，餘俱由各酋長掌治畊穫。天命三年攻略撫順、東州、馬根丹、撫安堡、花豹衝、三岔兒堡、清河、一堵墻、鹻場等地。四年，破開原、鐵嶺，俘獲了衆多的人口，佔領了廣大的土地，所以「自奴酋及諸子，下至卒胡，皆有奴婢農莊，奴婢耕作，以輸其主。」這完全是奴隸生產方式。太祖曾訓諭說：「諸貝勒愛（Jusen）女眞，女眞愛諸貝勒，奴隸愛其主人，主人愛其奴隸。奴隸種的田穀與主人共同食用；主人出戰得來的財貨，和奴隸共同使用，狩獵獲得的肉與奴隸共食。昨庚中年（天命五年）努力種棉，織成布要給奴隸穿。如穿破爛的衣服被知道了，奪取其奴隸給與善養奴隸的人。」[83]天命六年四月下瀋陽、遼陽，計丁授田，三人合耕官田一晌，由奴隸生產轉爲力役地租，受田者爲公家的農奴。

這一轉變，是由於俘獲人口的突然大量增加，必須善爲安置這些戶口，且使其回到生產上去。計丁授田，可說是由搶掠分取人丁各自爲利的混亂狀態，進入建立規制，土地人民由中央統一支配的初步過程。土地收歸國有，諸貝勒及各部酋長官吏等設立農莊，女眞人也一體受田，不再聽各人以所獲人口多少，隨意占種。在政治上有了處理耕地的辦法，在經濟上也更能保障旗人的生活。天命十年編莊，也仍然是力役地租的農奴方式（未分與各官者）。

私人農莊，無論是太祖、太宗時代，都是奴隸生產制。「先是，漢人每十三丁編爲一莊，按滿官品級，分與爲奴。上即位，念漢人與滿洲同居，不能聊生，叛亡殆盡，深爲可惜。遂擇其可爲官員奴僕者，按品級每備禦給壯丁八名，牛二頭，餘處以別屯，編爲民戶。」[84]「陳大年……在四王子帳下發作莊農，今年奴將屯中糧米，盡行糶賣買馬，且乏食用，連年苦累不堪……。」[85]前引外音圖訟其母歸外家時，攜去家人四十九名，并沒後所買人二十五名。買來的人口，當然是奴隸。崇德年間，建州賣給朝鮮質子農所的人口，一名價銀十五、六兩（亦有強索價二十五、六兩或三十兩者），與當時牛一隻價相同[86]。當時人口大量逃亡，這些逃亡的人口，雖然不完全是農莊上的奴隸，但以建州的經濟發展情形觀之，無疑的農莊奴隸占最多數[87]。

莊頭是替主人管理莊上奴隸的頭長，莊主既常常出兵作戰，農莊生產，必委專人負責。這些莊頭大半是中國人或朝鮮人，他們自身固然也是奴隸，不過在奴隸生活中他們的地位是較優的。由於長時間的忠誠效力，得主人的信任施惠，故也准許他們有自己的家庭、財產，有的且甚爲殷實，「大凌河降人……須令滿漢賢能官員，先察漢民子女寡婦，酌量配給。餘察八貝勒下殷實莊頭有子女者，令其配給，如無子女，令收養爲子，爲之婚娶，免其耕作，有軍興則隸卒伍。」[88]崇德五年朝鮮質子歸國時，中途往來止宿於掌屯里（庄頭）楊姓、胡姓、毛姓等家中，這些莊頭都是因爲其家中房屋寬敞而止宿，也一定是相當殷實的[89]。

朝鮮實錄曾記當時建州的生產情形說：「遼瀋之民，將一年所收之穀，盡入於八高山之家，貧不能自給，豈有餘資可以貿穀乎！八高山所積之糧，皆在瀋陽。」[90]瀋陽狀啓：「今此四百日耕，則依我國規制，或半分或三分之一取之可也。」「此處之俗，本無此規，自我募耕，彼誰肯從，上年六百日耕農作之軍，亦患不足，秋穫甚少，實由於此。」[91]這是朝鮮王子質於建州時設立農所的情形。文中所云，乃欲依其本國租佃方式，募人耕種，故云「此處之俗，本無此規。」朝鮮質子的農所，是一個很好的奴隸生產實例，雖然組織規模上稍有差異，但性質是相同的。下爲簡單敍述以說明私人農莊的生產情形。

朝鮮王子於崇德二年入質於建州，其隨行者五百二十人，馬三百六十七匹。初，一切生活費用由建州供給：五年後，以其所費浩繁，且建州本身糧食亦不足自給，故令其設立農所，自理生計。雙方幾度磋商爭論後，建州以「連年凶歉，八固山供給爲難」，分兩次給地一千日耕。分散六處，爲六個屯所[92]：

柳千戶屯所：二百一日耕半。

鐵嶺屯所：一百九十日耕。

士乙古屯所：一百三十日耕半。
王富村屯所：一百三十六日耕半。
老家塞屯所：一百三十六日耕半。
沙阿堡屯所：一百二十四日耕。

以上六處共九百三十四日耕半，農所面積較建州一般私人農莊爲大，農軍（耕夫）共二百人，平均每所三十四人。耕夫與田地的比例，仍保持一丁五晌的通例。農軍本應由朝鮮調來，部分由八高山供給。但朝鮮既「諸般搪塞」，建州亦不願分給，所以大部分是由當地買來，開城即是當時最大的人口買賣市場[93]。

這些屯所中的男女，被鎖困在農田上耕作，他們是一無所有，衣服農具，都由屯中供給。「百結單衣，不可忍見」，「遼左早寒，呼寒凍傷」，其苦可知[94]。買來的人口，有的是建州俘掠的朝鮮人，由敵人踐踏下的俘虜轉化爲自己國人屯所上的奴隸。不管是中國人或朝鮮人，他們解脫枷鎖的機會，除去逃亡，便是被折磨而死，但逃亡仍然會被捕回[95]。

每一個屯所都有專人管理，稱爲屯監或莊頭[96]。朝鮮質子的屯所，很明顯的是一種奴隸生產方式。在這種生產方式之下，直接參加生產者既一無所得，當然工作情緒低落，生產成果受到很大的影響，「上年六百日耕所出皮穀，其農軍二百名皆自食」，「今此農作，已爲不貲……就令豐登，其所出固不足半年之用」。崇德七年是極豐收的一年，但「除留下許多農軍農牛所食及明春種子，則館中該用之數，甚爲零星」。這一年的收成爲：

老家塞屯所：各穀落種二十五石三斗，所出各穀九百三十二石四斗二升。屯監禁軍私賃田自備種子，各穀落種十斗，所出各穀三十二石。

士乙古屯所：各穀落種二十三石九斗，所出各穀八百五十七石。

王富村屯所：各穀落種二十三石二斗，所出各穀七百六十一石十三斗六升。

沙阿堡屯所：各穀落種二十四石十三斗，所出各穀七百三十六石。

四處共計「落種九十八石三斗，出穀三千三百十九石一斗八升。內各處明年種子、農軍、農牛太計除後，館中應用皮穀一千四百七十八石」97。

據瀋陽狀啓所記，朝鮮一石爲十五斗，四石等於建州一石，建州一斗等於明朝二斗。依此折合，朝鮮六斗等於建州一斗，三斗合明朝一斗。就上列落種數與收穫量觀之，最多者落種一斗可收三十六斗餘，最少者二十九斗餘。平均落種一斗，可收三十三斗餘。一日耕平均落種二·八斗，一斗收穫三十六斗，一日耕共收一〇〇·八斗，合明朝三三·六斗。這是特別豐收的一年，如次年（崇德八年）則相差甚遠。

次年除柳千戶、鐵嶺二屯所外，其餘四所與上年比較，以士乙古收成最多，平均每落種一斗，收穫二十六斗。王富村最少，平均落種一斗，收穫十六斗。上年老家塞及士乙古落種一斗收三十六斗，今年則老家塞不足十八斗，而士乙古地又最爲貧瘠。如以王富村爲標準，則士乙古應收五百三十六石，而多出二百七十九石，平均落種一斗多收十斗。所以文中說：「柳千戶段，受田雖多，今年新設之地，而屯監前參奉白如旭盡心開墾，出穀多至一千四百餘名……士乙古段受田最少，且極瘠薄之處，而屯監今番贖回爲在出身李遇春，竭力耕作，穀數多至八百餘石……上項兩人，似當有別樣論賞，以爲激勸之道」[98]。這明顯的說明了農軍在奴隸生產制下，無可奈何的怠工情形，多收成的穀數，是向農軍榨盡勞力得來的。同時由上年老家塞屯監禁軍私賃田自備種子的收成看，每落種一斗可收四十八斗，與公家收三十六斗比較，多收十斗。是奴隸生產與租佃方式相差頗多。所以朝鮮想依其本國之制，「或三分之一」取之。而「此處之俗，本無此規」，也說明了當時建州根本沒有租佃關係生產的存在。

以上是借朝鮮質子農所說明建州私人農莊上的生產方式。至於降民編成的屯（編戶，民戶），每丁受田五晌，向政府交納「官糧」。佟養性曾奏說：「……曰足糧。夫糧食關係民命，目今地少人多，無力者固計口授田，有力者又無地耕種。計所入官糧，每年尚不敷支給。況近日待哺者多，司農稱匱，倉無積粟。如值年歲大收，官府民間，儘足一年之用；年歲凶歉，各家餬口尚且不足，又何以濟人。」[99]所謂官糧，並不是租賦關係下的田租。土地既非屬於私人所有，且由政府派官督耕，他們只是公家的農奴。交納官糧，每丁每晌征收多少，無明文記載，領主對農奴的勞動力和勞動成果，本是可以恣意收奪，何況屯民本都是俘降來的。屯民除交納官糧外，尚須當差。「編丁全在戶部，戶部比看得法，而老幼應差不怨。況自古及今，未長十五歲者不當差，年至六十者不當差……但衆大人不問老者力衰頭白，亦不問老者生子多少，一概混編。至於三四個兒子，都是壯丁當差，而老子差事不去，民心服不服。兒子當差，孫子又當差，至於爺爺之差事還不去，民情苦不苦。」[100]當差即一切力役之征，「築城打關……修邊牆……派夫，打窰柴……打土磚……燒石灰……拉夫拉灰派夫。是人牛俱不得閒，而耕種又將何夫何丁。」[101]屯民勞力的征取，當然尚不止此。天聰八年正月，漢官以負擔過重上請，太宗遂述滿洲壯丁的負擔說：「滿洲兵三丁抽一……不但三丁抽一也，如每牛彔下守台淘鐵，及一切工匠、牧馬人、旗下聽事人役等，所出不下三十人，當差者凡十有四家。又每年耕種以給新附之人，每牛彔又出婦人三口。又耀州燒鹽，獵取禽獸，供應朝鮮使臣驛馬，修築邊境四城。出征行獵後，巡視邊牆，守貝勒門，及派兵防守巨流河，在在需人，皆惟每牛彔是問。又每牛彔設哨馬二匹，遇有倒斃，則均攤買補。遇征瓦爾喀時，又各餧馬二三匹從征。每牛彔復派護軍十名，兵丁二三名，往來馳使，差回又令餧養所乘馬匹。遇各國投誠人至，撥給滿洲現住屯堡房屋，令滿洲展界移居。又分給糧穀，令其舂米釀酒解納。每年獵取獸肉，分編新附之人。又發帑金於朝鮮貿易布疋，仍令滿洲負載運送。邊城滿洲，又有窖冰之役。每年迎新附之虎爾喀，於教場看守皮張，運送薪水。朝鮮、蒙古使至，駐瀋陽護軍甲喇額真各出一人運給水草。若夏月至，更有採給青草之役。又每年採參，併負往朝鮮貨賣……。」[102]這是女眞壯丁所負擔的徭役，漢人的負擔雖未說明，但依此推度，當更重於此，否則漢官是不敢中訴的。雖然說「實踰爾等三十餘項」，這不過是征服者的藉口而已。漢官本是爲其自身負擔過重而有此請求，一般屯民更可想而知了。

屯民在農奴生活狀態下，剝奪過重，當然會影響到其生產情緒，或得機逃亡，或入寺廟爲僧[103]。所以漢官曾提出改革辦法，「合無令民間有力者廣爲開墾，照畝起科。無力者牛具粟種，官爲之貸，歲田所入，什一取償，將見一年耕有三年之積，三年耕有九年之畜。」[104]「東南一帶，逃走者更無去路，地也寬廣，土地肥厚，舍之邊外，荒蕪無用；收之邊裏，耕種有益。即令有力之家，放心開墾，廣種薄收，或照地納稅，或十分取一，不幾年就積萬萬糧矣。」[105]此辦法不知曾否實行。（李光濤先生說曾見過天聰年間的糧册子，藏中央研究院社會研究所，今已不能看到，不知其內容如何。）

建州旗下的軍戶，壯丁出則爲兵，入則爲農，兵士歸家後先繕治兵器，然後治家業，耕種田地。「上以征討明國及朝鮮、察哈爾三者用兵何先……貝勒阿濟格奏言……今歲按兵不動者，爲耕種故耳。臣意待耕種畢，即可興師。至收穫之事，則婦人稚子亦可委也，何必留重兵以廢時日哉……和碩圖奏言……皇上在國，則令婦子往耕，皇上出征，則婦子收入舊城，止令男子哨探耕種。」[106]「上諭鎮守永平、遵化、灤州副將高鴻中，寧完我曰……明國小民，自謀生理，兵丁在外，別無家業，惟恃官給錢糧。我國出則爲兵，入則爲民，耕戰二事，未嘗偏廢。先還之兵，俱已各整器具、治家業、課耕田地、牧馬肥壯。俟耕種既畢，即令在家之人，經理收穫。伊等軍器繕完，朕即率之前往。」[107]就此而論。可謂農戰合一，兵農不分。不過所謂兵農不分，並不是全農皆兵，而是全兵皆農。太祖初時，人少勢微，無論耕戰，皆一體參加。後人數日多，旗下壯丁，並非都是兵士。天聰年間已三丁抽一，有正丁有餘丁。兵士歸家後首要的工作是繕治兵器，有暇方從事田畝工作。而且農業生產又是有時間性的，即使在家之時，亦未必即能生產，生產亦未必即有收穫。所以正丁出征，餘丁及婦孺在家耕作，來養活這些無坐餉的兵。（所謂正丁出征，餘丁生產，亦不盡然，有時全民出動，婦女也參加戰鬥。）[108]

六、太宗的農業措施

天聰、崇德年間，在建州歷史的發展上是一個由部落汗國到封建帝國的鑄型時期。太宗在位十七年，軍事上東服朝鮮，取得其經濟援助。西征蒙古，平定察哈爾諸部。去自己東西之敵，斷明朝左右助力。自天聰三年起，逼燕京，掠畿輔，破濟南，攻兗州，略山西州縣，鐵騎橫行河北、山東地。松山洪承疇降後，關外重鎭，除寧遠外無一存者，爲子孫奠定了問鼎中原的基礎。政治上設立六部，改定三院，制律例，開言路，編查壯丁，鼓勵農桑，崇尚節儉，禁抑貪暴，樹立帝國規模。統觀太宗一生事業，可分爲前後兩期。前期天聰，承太祖緒業，全力開拓疆域，掃清鄰境威脅，爲汗國發展時期。後期崇德，傾心整頓內部，定法立制，爲帝國奠基時期。十七年間，開創了清人二百餘年的天下，也影響到整個東亞的歷史。這裏只說其農業方面的措施。

前文曾提到太祖實行計丁授田及爲諸王貝勒、官吏設立農莊，使建州從各自占有奴隸任意占種耕地的混亂狀態，開始進入制度化的途徑。但爲了鼓勵部族員的勇於戰鬥，俘掠的人口財貨，仍多占爲私有，並沒有一定的嚴格的限制。由於隱匿壯丁，侵占田地，天聰年間土地已不敷分配，在建州的社會、經濟上形成嚴重的問題。解決之道，必須首先限制私人無限制的擴大俘虜，使占有丁數有一定的限度，然後依丁授田，才有條理，土地不致集中到少數人手中。

太宗即位後，在政治上是部族領袖，在旗制上是一旗之主，在財產上是八分中的一家。出兵作戰，分取財貨人口，支付國中費用，與其他旗分有同等的權利義務。這是造成各旗貝勒無限制擴大俘虜與占領耕地的基本原因。這種形勢的繼續發展，會造成離心力的成長，對太宗的領袖地位，亦潛伏着莫大的威脅。太宗的得位，本是由代善父子挾兩旗之力的支持在妥協局面下出現的。誰掌握了更多的人民土地，佔有優勢，誰便有取而代之的可能，太宗當然十分清楚這種情勢。天聰年間的磨擦衝突，便是明顯的事實。但太宗在即位之初，基礎未固，並沒有明顯的削奪諸貝勒的力量；只是在破壞統一，顏墮太祖遺業的藉口下，相機個別打擊，作爲集中政權的掩護。

天聰七年正月，馬國柱曾對此漫無限制的擴大俘虜，占領耕地提出建議，不必狃着故習，八家均分。「如云八家養人，是先汗舊例，行之已久，難以驟更。獨不思先汗在日，雖有分養之名，而予奪厚薄之權，實操於一己。今昔相比，果何如耶！況善繼人志者，謂之大孝。然益國之事，固不宜改，而僨事之規，豈可沿襲。使先汗當今日之局，亦必不肯狃故而仍舊也。汗既爲汗，凡益國便民之事，不妨擔當而行，小嫌小疑，何必避忌」[109]。天聰八年即劃一各旗丁數，以免任何一旗勢力的突出。「上以季思哈征瓦爾喀所俘人民，未經分撥，遣英俄爾岱、龍什、穆成格、與大貝勒代善及諸貝勒等會議。諭之曰：此俘獲之人，不必如前八分均分，當補壯丁不足之旗。八旗制設牛彔，一律定爲三十牛彔，如一旗於三十牛彔之外，餘者即行裁去，以補各旗三十牛彔之不足者。如有不滿三十牛彔旗分，擇年壯堪任牛彔之人，量能補授，統領所管壯丁，別居一堡，俟有俘獲，再行補足。朕意舊有人民，不必均分，新所俘獲，理應補旗中不足者。若八旗不令畫一，間有一旗多於別旗，其意欲何爲乎。」[110]

太宗實錄中常有八家及各官吏「分養」俘獲人口的記載。所謂「分養」，這是太宗的策略。當時土地已不敷分配，而又不願分與各家爲私人奴隸，所以分在各家寄養。「分養各家，不過就其土地，藉其看管。若夫養活恩典，決當出自朝廷，原不可全責之貝勒者。」[111]後又有寄養民間。「先是，大凌河之役，漢人歸降及俘獲甚衆，悉令民間分養。至是，定永遠安插之制。諭管戶部事貝勒德格類曰：大凌河漢人，可分隸副將下各五十名，參將下各十五名，遊擊下各十名，盡移居瀋陽，以國中婦女千口分配之。其餘令國中諸貝勒大臣各四五人，配以妻室，善撫養之。儻蒙天佑，大業克成，仍計口償還。否則，既爲伊等恩養，即付伊等使令可也。」[112]這樣，一方面可以減輕中央的負擔，一方面可以削弱各旗的私家力量。但正由於這些爲中央戶口，不屬於私人，所以常有被「耗盡」的事[113]。分在各家寄養，生活當然較為私人奴隸更苦。

私人農莊的侵占擴大，由於隱丁，出征俘來的人口，不據實報告，此外便是買來的人口。這些人口，除少數供家庭役使及其他生產雜作外，都用在農業生產上。因此，莊田也就隨壯丁的增加而擴大，侵占兼併。楊方興在條陳時政奏中說：「清查田地；糧不足用，皆因分田之不均也。上等肥饒之地，或被本管官占種，或被富豪家占種。餘剩薄地，分與貧民，名為五日，其實不過二、三日。又兼連年緣地薄民疲，糧從何來。前年新添壯丁，一壠地未得，令隨衆應差，此窮者益窮，富者益富。乞皇上親諭戶部，來歲分田，務要足五日之數，不論地之厚薄，務要貧富均分，不許管屯官與屯民在一處分地，而以防侵占也。官與官在一處，則勢力相敵；民與民在一處，則彼此無懼；若官民同種一處，猶羊伴虎也。」[114]高士俊也說：「……一曰恤窮民；夫民以衣食為生，衣食自田土出。而我皇上立法，每丁給田五日，一家衣食，凡百差徭，皆從此出，民間已苦不足。況繩扯分田，名雖五日，實止二三日，其該管將官千總，又將近堡肥田占種，窮民分得，俱係窵遠荒田。臣思將官既有應得田園，即不許在本堡中占種民田。且用民力民牛耕種收穫，甚為不便。」[115]

這種情形如不加以限制，不但利入私門，使公家力量相對削弱，且造成貧富懸殊，引起社會問題。所以一方面編審壯丁，清查田地；一方面規定各官吏免丁數目，為其應享權利。「上諭曰：今時值編審壯丁，凡總兵、副將、遊擊、備禦等官，俱宜自誓。牛彔額眞各察其牛彔壯丁，其已成丁無疑者，即於各屯完結。凡當沙汰老弱，及新編疑似幼丁，係瀋陽者赴瀋陽勘驗，係東京者赴鞍山勘驗。此次編審時，或有隱匿壯丁者，將壯丁入官，本主及牛彔額眞，撥什庫等俱坐以應得之罪。若牛彔額眞，撥什庫知情隱匿者，每丁罰銀五兩，仍坐以應得之罪……

凡諸貝勒包衣牛彔，或係置買人口及新成丁者，准與增入，毋得以在外牛彔下人入之……又固山額真，牛彔額真俱先令盟誓，凡貝勒家每牛彔止許四人供役，有溢額者察出，啓知貝勒退還。如貝勒不從，即告法司。若不行赴告，或本人告發，或旁人舉首，將所隱壯丁入官。若管旗諸貝勒俱屬知情，即撥與別旗。如諸貝勒中有不知情者，即撥與不知情之貝勒……」。116

關于各級官吏應占丁數，沒有詳細記載。「從前分撥遼東人民時，滿漢一等功臣占丁百名，其餘俱照功以次散給。」天聰八年正月漢官上書說：「我等向蒙聖恩，每一備禦免丁八名，止免其應輸官糧，其餘雜差，仍與各牛彔下堡民三百十五丁一例應付……望上垂憐，將所免八丁，准照官例當差，餘丁與民同例。」117漢官原有「千丁或八九百丁者，餘亦不下百丁」，其免除額外，皆交納官糧，負擔徭役。崇德元年定各級官吏免官糧徭役丁數。「先是，昂邦章京以下，撥什庫以上，俱照品級免其壯丁官糧。至修築城池及雜差，仍令應役。茲以上受尊號覃恩，自公昂邦章京以下，小撥什庫及一應在官人役，並兵丁以上，俱照品級免其壯丁差徭。」118其豁免人數，計一等公四十八丁，三等公四十丁，昂邦章京三十二丁，梅勒章京二十四丁，甲喇章京十六丁，牛彔章京八丁119。崇德三年九月又定無世職各官免丁條例120。其餘如董鄂公主，和碩格格，多羅格格，太祖庶妃所生諸子，六祖子孫，免丁五十、四十或三、二丁者不等121。皇親如國舅額駙阿布泰免丁百名122。

一方面限制私家無限制的擴大俘虜，一方面調整耕地，派官丈量田畝，「（蒙阿圖）初爲佐領，擢正白旗副都統，列十六大臣，以丈量土地有功，授總理糧餉大臣。」123對侵占田地者加以處罰，或撥與他人，如前孟阿圖、賽木哈的例子。

另外一個重大的措施，是逐步解放漢人。當然這不獨與農業生產有關，與建州整個歷史的發展都有重大的關係。所謂解放，並不是解放爲自由民，只是爲了防止漢人在私人奴隸下無盡折磨的大量逃亡，編爲屯戶，稍微改善他們的待遇，以漢官轄之，使得努力生產[124]。事實上逃亡並未因此而停止，只是稍微緩和下來。屯民的生活，雖然仍是很苦，但總有了自己的一些財產，生活資料，較私人農莊上奴隸生活稍好一點。

漢人拔出之後，另設專人管理。「勅諭額駙佟養性曰：凡漢人軍民一切事務，付爾總理，各官悉聽節制。如有不遵爾言者，勿徇情面，分別賢否以聞……。又諭諸漢官曰：凡漢人一切事務，悉命額駙佟養性總理，爾衆官不得違其節制。如有勢豪嫉妬，藐視不遵者，非僅藐視養性，是輕國體而玩法令也。」[125]這其中尚牽涉到許多別的問題，此處不論。管理漢人官員，並以各屯堡生聚多寡，時加考察，增丁者有賞，耗損者或鞭或黜或誅[126]。當然，這並不是眞心有愛於漢人，不過是養雞取卵，爲了減少逃亡，增加生產，充實其戰鬥力量而已。

俟後又將漢官從滿官家中陸續拔出者編漢軍旗。「初，爾等俱分隸滿洲大臣。所有馬匹，爾等不得乘，而滿洲官乘之；所有牲畜，爾等不得用，滿洲官強與價而買之。凡官員病故，其妻子皆給貝勒家爲奴。旣爲滿官所屬，雖有腴田，不獲耕種，終歲勤劬，米穀仍不足食，每至鬻僕典衣以自給，是以爾等潛通明國，書信往來，幾蹈赤族之禍。自楊文朋被訐事覺以來，朕姑宥爾等之罪，將爾等拔出滿洲大臣之家，另編爲一旗。從此爾等得乘所有之馬，得用所有之牲，妻子得免爲奴，擇腴地而耕之，米穀得以自給，當不似從前之典衣鬻僕矣。」[127]漢人編旗時，除分在女眞官吏家中的漢人外，其他女眞自由民家中的漢人也有許多被解放出來[128]。太宗這一措施，不管是出於其本人掌握更多人口的要求，或漢官的建議，在建州的政治、經濟、社會、軍事上都是影響深遠的事。否則，如完全以對待奴隸的方式對待他們，無論防範如何森嚴，總是要設法逃亡的。只有改變他們的處境，才能緩和下來。嗣後凡俘來人口，除依功次或有命分取外，多編爲民戶，給與田地牛隻，屯居耕種。

太宗對農業生產的情形，耕作方法的改進，都非常注意。時時訓誡管理農業官員，指導屯民，相地宜而植，勤督耕種。不許濫役民夫，致妨農時。此種言論，記載頗多。如天聰九年三月集諸官諭之曰：「朕昨出見民間耕種愆期，益因牛彔章京有事城工，欲先時告竣，故額外派夫，致誤耕作。築城固爲正務，然田地荒蕪，民食何賴。嗣後有濫役民夫，致妨農務者，該管牛彔章京，小撥什庫等，俱治罪。」[129]并嚴禁私入屯中，擾害屯民。「初，上聞正黃旗管漢民千總科斂民間財物，命拘訊之。供科斂財物是實，但非爲己身衣食之用，因本管官及筆帖式等至屯，供應不敷，故斂民間食物以餉之。……上御殿召集三大貝勒諸貝勒，八旗大臣及衆民等，因以治國養民之道諭諸臣曰：人臣以稱職爲先，國家以愛民爲務……至於奉差出使之人，定例各自備餱糧，毋許科取民間食物，違者罪之。近聞有違法妄行者，不可不嚴爲懲治。爾諸臣皆受朕恩，身居民上，衣食亦已豐裕。乃攫取貧民辛勤孳養之牲牢，以供口腹。貧民被此擾累，何所恃以爲生乎！逃亡背叛，職此之由。嗣後有需索食物者，除凡人照常處分外，若係管糧官筆帖式及巡台人等，似此虐民妄行，事發，不照常例治罪，定行處死。」[130]他如禁止擅取屯民柴薪，不許郊外放鷹，免踏農禾。各家所飼牛羊馬猪等，入人田者，罰銀并須償禾。太宗本人亦以身作則，凡行師出獵，夜宿郊野，不入屯堡，以免傷稼擾民。有犯令者，或鞭或穿耳以徇，皆嚴懲之[131]。

農業生產需要畜力，內部牛隻不足，常派人到朝鮮、蒙古等地買牛，並禁止殺牛食用。「上諭曰：馬騾以備馳驅，牛驢以資負載，羊豕牲畜，以供食用，各有所宜，非可以任情宰殺也。

嗣後自宮中暨諸貝勒以至小民，凡祭祀、筵宴及殯葬市賣，所用牛馬騾驢，永行禁止。如有違禁用者，被家人及屬員舉首，將首人離主，仍照所用之數，追給首人，牛彔額眞及章京失察者，罰鍰入官。惟國家大宴仍用牛，祭太祖列祖陵寢，照舊仍用大小牛隻。至於諸貝勒大臣有牧牛多者，亦須節用，毋得妄殺。自宮中及諸貝勒以至小民，凡祭祀、筵宴及殯葬市賣，止許用羊豖及雞鵝鴨等物……。」[132]

由於重視農業，所以中國「打春」的習俗，也模倣舉行。「早期，清人自城東門結架，以紙綵段造大屋，又作土人土牛，一如農夫沾體塗足，耕種播穀之狀，輿而曳之。其上書宜春雨順風調等字。戲子優人，皆着綵衣，各呈其才，擊鼓鳴錚，雜沓道路，祈祝隨行，即我國所謂假農作之類也。此則立春前習禮云云。」「夜半，大張假農作之戲於大衙門前，所陳雜儀，則一如昨日之狀。」[133]

糧穀的收支上，隨着政治組織的具有體制，也建立了一套制度。在太宗一代的文獻中常用「官糧」，未見「田賦」語詞。官糧當是屯民及官吏應免壯丁以外的丁男所向政府交納的穀物。至於諸貝勒下私人莊田的莊丁，當是不交納官糧的，所以常有八家助米事。「松錦所得之人，斷殺雖多，餘存者猶且三萬餘人………此處諸王等，各隨其力，或一千石或四、五百石之米，皆爲扶助。」[134]「但歸附旣多，糗糧宜備，茲八家貝勒已出糧四千石與之。」[135]這裏也指出了八家與太宗間的關係。前述擬給朝鮮質子農所千日耕時，便是由於各旗以不願負擔其生活費用，而共同撥地給與的。分撥壯丁田地，收支錢穀，都由戶部管理。「都察院承政祖可法、張存仁奏言：戶部掌司錢穀，職位匪輕，今見戶部無舊管、新收、開除、實在四柱之數，則收放多未詳明。又無年終考核之例，則侵冒難以清理。因而奸人起盜竊之心，同官無稽察之責，此韓大勳窺之已熟，所以敢於侵盜。……仍嚴勅戶部，速立舊管、新收、開除、實在文簿，年終再令公明官員稽察，庶倉庫無侵尅之弊矣。」[136] 倉庫設有管倉生員，司理出納 [137]。雖然在組織及考核稽察上仍嫌疏略，但總算有了一個規模。他如疏濬河渠，平抑糧價，開納粟之例，嚴沽酒之禁，都是值得注意的 [138]。

此外，並開設屯田。沈佩瑞在屯田疏中說：「竊思南朝所恃者，有山海阻隔，寧錦完固，兵餉充裕，所以得以固守之。而我國兵馬，威武奮揚，別無可慮，只慮軍餉或不敷耳。……近思得屯田一策，……是以敢在汗前上奏。我國兵馬不必窮兵於遠，徒勞無益。不如即在廣寧東西閭陽驛一帶，田地荒蕪久矣。今新編馬步兵丁五六萬，餘皆各屯拔選精壯農民，俱曉力耕者。軫此春節，酌議屯田之法。分撥八固山各牛彔，或定上中下戶三等，查得上戶有力者出具若干，中戶出牛具若干，下戶或公議合出牛具人工若干，先分派停妥，即各備犂鋤器具，再挑選有智謀才能勤謹肯辦事者，隨帶炒米乾糧，率領兵丁牛具黍豆種場前往，監督屯田，以力耕種。以閭陽驛為駐紮之所，再差勇將幾員，在十三站駐紮，立為營寨，安烽火，其馬兵或兩月三月換班輪流，週廻設防巡守。如有警馬步一齊攻戰，無事不分爾我，協力供耕。」[139] 崇德五年，又在義州屯田，且耕且戍。「內國史院學士羅碩等至自義州，奏報，我軍修城築室，俱已完備，義州東西四十里田地，皆已開墾。」[140] 此次派往屯田者為和碩鄭親王濟爾哈朗及多羅貝勒多鐸，太宗並親臨巡視 [141]。

義州屯田，各旗輪流擔任，兩月一換。屯田是屬於公家的，所以又稱為官田。「壁祿牛彔驍騎校雅薩，將義州官田內已秀之穀二百束，擅與鎮國將軍阿拜飼馬。戶部審實，議雅薩罪應死，阿拜未奉上命，動用官物，應革職，奪所屬人員，罰銀一百兩……。」[142]

在此需補述的，是太宗年間設立的屯，也是一個供應壯丁軍需的單位。馬光遠曾奏說：「兵有編就壯丁，不許私自更換，馬有買就壯馬，不許閑騎瘦損。如不平時稽查，臨時不能實用。如要調集查看，又恐有悞農業。合無每月責令各管屯赴屯查看一次，兵馬強壯如何，器械整飭如何，田地耕種如何。好的加意收拾，不好的即時更換，務要人馬精強，不許任意疲損，此便兵便農之實政也。」[143]所以對壯丁管理情形，特別注意。「時考察管轄漢民各官，以撫養之善否，戶口之繁減，分別優劣。甲喇章京殷廷輅，耗損甚多，詰其故，則稱俱在諸貝勒大臣及民人之家，已造漢人姓名及容留人姓名册籍，送於考察大臣。後復佯爲遺忘，更改一册，詭稱逃亡病故，與前册絕不相同。所司校對，知屬假造。事聞。上以其不善撫卹，既致民數耗損，且素行詭譎，遂誅之。」[144]「分別管理漢人官員，以各堡生聚多寡黜陟之。一等甲喇章京李思忠，原管壯丁六百一十五名，凡七年增丁一百一十三名，陞三等梅勒章京……廢官佟三，原管壯丁九百二十三名，凡五年增丁七十八名，生聚雖少，以其革職後能實心任事，優陞爲三等甲喇章京……三等梅勒章京李國翰，原管壯丁三百六十名，凡四年增丁二百四十三名，又曾輸捐糧米五十石以食貧民，雖值歉歲，仍生聚繁衍，陞爲二等梅勒章京。高鴻中原管壯丁六百七名，今減一百四十一名……各罰銀百兩。高拱極……俱革職爲民……金海塞……永與本貝勒爲奴。」[145]文中以壯丁增減而黜陟者頗多，不備錄。這些都是漢人編成的屯，所謂「編爲民戶」者。這裏不但透露了屯民的生活處境，同時也說明了建州在天聰年間的政治情形。殷廷輅所稱許多壯丁都在諸貝勒大臣及民人（當是女眞人）之家或爲事實[146]。

七、建州社會的轉變

建州社會轉變表現得最明顯的，是個體家庭的突出與階級的分化，二者又是有連帶關係的。從氏族家庭分化出來的個體家庭，有獨立的財產，過獨立的經濟生活，處處以個體家庭的利益爲前提，氏族團體的共同利益，反落於個體家庭之後。這種以個體家庭爲本位的形態出現，是氏族社會組織解體的指標。非獨使氏族社會組織下部族員榮辱禍福與共的情感日趨崩潰，即氏族社會中特別重視的復仇行動，亦已喪失。

這種分離解體的趨勢，在未進入明遼東地區很久以前，已在滋長發展，其基本原因，是由於財產的分化。就建州歷史的發展來說，有內外兩個因素，相互激盪而成。內在的因素，是建州進入農耕生活後，隨生產力的提高擴大，生產過程日漸走入個體化，部族中的強有力者，已有自己的農所農幕。加之與明朝及朝鮮的長期貿易往還，財產的累積，漸漸造成個人對私有財產的明確認識。外在的因素，是明朝分化離間的邊疆政策（朝鮮亦是如此），以封貢貿易的經濟利益，引誘部族中的強者，分別接受羈縻效忠。建州酋長爲爭奪衞印，取得部族中的領導地位及通商貿易上的特權，不惜互相殘殺，長年戰爭。這樣更加強了以個體家庭爲團結中心，氏族社會血緣的紐帶，從此崩斷。在太祖與起前的歷史裏，如六王子孫的各自爲謀，當外族來侵時，爲了保持自己的安全，維護自己家庭的利益，不但拒絕共同防守，對抗敵人；甚且投到外族的勢力下，或引誘敵人向自己的部族進攻，或爲了貪得金帛財物，不惜殺害自己手下無辜的族員。

不過這只是初期的發展，眞正以個體家庭爲本位的分化，是清太祖進入明遼東地區以後。由於不斷的戰爭，大量的掠奪人口物資，在前面說過，每個部族員出征，都可以分得戰利品，也屬於私人所有。掠奪使財富增加，使用奴隸又增加了財富的創造力。私有財產的成長分化，也隨之更爲加速與擴大。

在戰爭的掠奪過程中，氏族中的貴族與強有力者，使他們得到較多的俘虜與物資，掌握了大量的財富與人口，富厚的財產與衆多的人丁，又增加了他們的掠奪資本。「此番出征，王貝勒貝子公等家人，所獲金銀幣帛甚多；各固山官兵，所獲金銀幣帛甚少。」[147]所以每遇出征，各家往往盡量帶家人奴僕隨軍而往，趁機搶掠[148]。這樣輾轉相加，結果是富者益富，貧者益貧。一部分人擁有大量的牲畜、財物、人口，占有廣大的田園，一部分人則一無所有，貧不能自給，連出征掠奪的資本都沒有。「皇上軫念軍士貧乏，令其分往略地，並欲使之寬裕也。竊思往略之事，便於將領，而不便於士卒；便於富家，而不便於貧戶。將領從役頗衆，富家畜馬最強，是以所得必多。貧乏軍士，不過一身一騎，攜帶幾何？雖令往略，於士卒無益。」[149]「這番用兵，有賣牛典衣，買馬製裝，家私蕩然者。今若窮追於二千里之外，富人有馬者能前，貧人馬疲者落後。」[150]

貧民不但沒有出征掠奪的資本，分得的田地，有的亦無力耕種，「如貧民無牛者，付有力之家代種，」「其貧人田土，無力耕種者，宜令有力者助之。」[151]建州生產的糧食，本不足自給，經常靠朝鮮納米接濟。豐年尚可維持，歉收則「大約十家有一二家有些餘糧。」[152]而這些積穀之家，又乘機囤積居奇，控制糧食市場。「朕聞巨家富室有積儲者，多期望穀價騰貴以便乘時射利。此非憂國的善類，實貪吝之匪人也。此等匪人，自謂人莫己短，殊不知罪誰汝掩，必致敗露。向者因國賦不充，已令八家各輸藏穀，或散賑，或糶賣。今八家有糧者，無論多寡，盡令發賣，伊等何不念及於此。今後固倫公主，和碩公主，和碩格格，及官民富饒者，凡有藏穀，盡著發賣。若強伊等輸助，或不樂從，今令伊等得價貿易，而不聽從，是顯違國家之令，可乎。」153輸助損失了他們的利益，所以寧願埋置地下，以致朽爛，而得以高抬市價154。勸輸無效，只有令其「將穀難賣，可以取値，聽人借貸，可以取利。」155

富者乘時射利，貧者只有典當度日了，「當鋪每銀一兩，一月取利一錢，三月不取，即沒變賣，不知剝了多少人財，不知害了多少人家，誠不仁之甚矣。今行禁革，乃皇上軫念窮民之盛德也。但窮民所賴以通緩急者，全在當鋪，悉行禁革，是塞窮民緩急之路也。其富者便當鋪不開，亦無所損。惟彼窮民，借無借處，當無當門，不幾益增其困苦，而因饑寒起盜心乎！縱置斧鉞在前，必不能禁盜賊蜂起也。」156典當只能救一時之急，但不能解決根本問題，窮人在借無借處，當無可當之時，便只有鋌而走險，爲盜攘竊。「上召諸覺羅入內廷賜宴，衆以免丁謝恩。諭諸覺羅曰：朕欲各賜爾等衣服財物，奈以外國來歸新人賞賜不足，故未能均賜爾等。倘蒙天佑，有時充裕，豈僅如此相視哉。爾等雖貧，愼勿爲攘竊之事，若以此獲罪，殊爲可恥。縱貧乏難支，宜告之各旗各貝勒，貝勒無物相濟，即以告朕可也。」157

另一方面是勢家權貴的奢侈生活，他們不但有豐富的農產品，控制糧食市價，囤積居奇，並且乘人之危，放高利貸，盡情壓榨，又以其剩餘的資力，從事商業活動。建州的商業，亦完全和貴族結合在一起158。他們原先也和部族中其他人一樣，過着極貧乏的生活，可是由於種種利便，成了豐衣美食的暴發戶。財富突然的增長，生活也隨着急遽的腐化。以往驍勇雄健的戰鬥精神，已被物質上的享受所淹沒。「上御殿，集兩大貝勒、衆貝勒、八旗大臣、蒙古貝勒大臣、漢官等傳諭曰：爾等將士之意，得毋謂干戈未息，厲兵秣馬，無有已時，以從征勞瘁爲慮。……甚或因無官守，家業殷富，遂耽於逸樂，罔勤王事者，亟當悔罪自新，竭力赴義，毋自甘廢棄也。」159「上御崇政殿，召諸王貝勒大臣等近前，命和碩豫親王多鐸跪受戒諭。上諭曰：

……昔太祖時，以人參與明人互市，明人不以貴美之物出售於我，止得粗惡片金紬綾緞疋。其時貝子大臣家人，有得明國私市好緞一疋者，阿敦阿格奏情將其人處死。所以華整之服，亦不可得，爾等豈不知之。今朕嗣位以來，勵精圖治，國勢日昌，地廣糧裕。又以價令各處互市，文繡錦綺，無不具備，爾諸王貝子大臣所被服者非歟！往時亦嘗有此否也？朕之爲衆開市，豈屬無益。爾英俄爾岱、索尼等，不見昔日庫中餘布，尙無十疋之貯乎……今爾等不已臻富貴乎！……又太祖欲分給諸子紬緞各三櫝，恐致妄費，命貯於朕庫……朕所時加懲治者，惟臨陣敗走，及行獵不能約束整齊，與酗酒妄行三事耳……曩者時當無事，第見特書往明互市之人，猶相抱而泣送之。今有事征伐，爾兄睿親王與諸貝子大臣及出征將士，皆有遠行，朕雖避痘，猶出送之。爾乃假托避痘爲詞，竟不一送，私攜妓女，絃管歡歌。披優人之衣，學傅粉之態，以爲戲樂……朕念爾雖有過愆，實爲幼弟，欲令立功自贖，故率爾前往。爾非惟不能制勝贖罪，所率五百精銳護軍，遇八百敵兵，未發一矢，未衝一陣，遽爾敗走。以致人十名，馬三十四，俱遭陷沒。夫以我國之兵，千能當萬，百能當千，十能當百，未有不勝。爾領精兵五百，猝敗於敵兵八百人，可恥孰甚焉」[160]。年輕的一輩，已無乃祖乃父的驃悍之氣，「惟務出外遊行，閒居作樂」，「遇出兵行獵，或言妻子有疾，或以家事爲辭者多矣。不思勇往奮發，而惟耽戀室家，偷安習玩。」[161]他們所關心的，是自己財富的積聚，個人享樂，年長者注目於爲子孫置業[162]。生活是金銀盤盂匕箸，鞍轡以金玉爲飾，華服盛裝，歌兒舞女，飲宴作樂[163]。而貧者死後連一雙殯葬的靴子都沒有。「昨大海一死，臣甚傷嘆，此人爲國家受了多少窮苦，費了多少心力。屍回之日，家中無一雙靴子殯葬。」[164]

當時社會上流行的風氣，是酗酒、賭博、嫖妓、吃烟。「先是，上命戶部察滿洲蒙古十六旗下牛彔，各以人口牲畜註册，分別貧富具奏。至是，部臣奏覆。查出……海賽等四十八牛彔俱貧。上集諸王貝勒諸臣於篤恭殿諭曰：牛彔下人多有貧乏者，皆因牛彔章京及撥什庫等耽嗜飲酒，不辦理牛彔之事。晨醉則至暮不醒，夜醉則日中不起，荒惰棄業，職此之由。昔皇考太祖時，太祖素不飲酒，因而羣臣庶民，凜遵教訓，致太祖國勢振興，諸臣迄今殷富。皇叔貝勒嗜酒，其部下臣民俱效之，故皇叔之政漸衰，而部下之臣民漸貧。自正藍旗莽古爾泰，德格類在時，耽於麴蘗，其部下之臣及本旗下人，皆相習成風，以致敗亡。鑲紅旗王貝勒公等，亦惟酒是嗜，其部下本旗人共相倣效，故瓦爾喀什之族，年未老而先衰。鑲藍旗鄭親王先時嗜酒，一旗人皆效之，今鄭親王雖戒飲，而部下之人積習已久，不能禁止。似此沉湎廢事，致令牛彔貧窮者……」[165]。造酒米數，大小城堡及屯莊，每日不下數百石。故祖可法、張存仁請申嚴沽酒之禁，謂一年可省米數十萬石[166]。財富對他們另外一個大的腐蝕，便是嫖、賭。「只徒搶奪些婦女牲畜，隱藏些金銀布帛，不是在這裏賭，便是在那裏嫖。」「金漢官吏軍民，貪戀花酒，暗消財貨。」[167]

烟是由朝鮮傳過去的，稱爲丹白圭或丹薄圭（丹白圭當是日文タバコ〔Tabako〕的譯音），先是成品輸入，後則自行種植。「丹白圭原無益於國，亦無益於人，不知有何美味，而金漢官民共嗜之，不啻饑思食，渴思飲也。愈革愈吃，愈吃愈貴，何所底止也」。「丹薄圭一事，屢蒙我汗禁革，已經法處。各民中有無知愚民，匿賣匿吃，貴如金子，相換不同。」[168]屢次禁革，但以王貝勒等嗜之，終不能止，最後許各人自種自食，若出邊售賣，處死[169]。

建州社會的分化，造成兩個階級，一富一貧，尖銳的向兩極發展。而建州又初自草昧進入文明，一切都雜亂無章，沒有制度。「臣又見我國之中，平人有錢者，得戴貝勒大人之帽，得穿貝勒大人之衣，揚揚得意，街頭橫行。有等貧窮官員，餓殍其色，懸鶉其衣，路人見之，作踐凌轢，罵詈榜笞，同於乞丐，彼何用此官爵為耶！是豪傑之所由喪氣，而世俗之所由薄也。」⑰「達子所住，皆高堂大廈，所衣被皆裝花錦繡，且日逐男女二班扮戲。只是布疋忒貴，且參貂積之無用。」⑰王文奎曾對此提出建議：「正衣冠以辨等威。自古有國家者必嚴上下尊卑之別，非但以美觀聽，實馭世之大機權也。竊見我國官民，毫無分別。貧而富者，即氓隸而冠裳之飾上等，王侯清而貧者，即高官而服飾之混下同僕從。人但願私家以致富足矣，傷天害理，靡不可為，又何須夙夜盡公，以羨尊貴哉。」⑰這也許是漢官特別為自己的處境說的，但事實上女眞本部族人亦確是如此。所以有是年十二月「定服制以禁奢靡僭越」之命。「布令國中，自是月二十日為始，黑狐帽，五爪龍、明黃、杏黃、金黃等服，非上賜不得用。閒散侍衛護軍及諸貝勒下護衛以上，止許服段衣，餘衆均用布。又諭曰：國家服式之制，所以辨等威，定民志，俾朝野各有遵守。我國風俗醇樸，近者奢靡僭越之風，往往而有，不可不定為法制，昭示國中。且一段之值，可當十布，與其以一段成一衣，何如十布可得十衣。所以令衆用布者，非為段匹專供上用，實便於貧民也。凡婦人所服段布，各隨其夫。」⑰「各官叩蒙隆恩易買段布，已霑皇恩，各官足用。昨蒙聖意准給各兵並壯丁每丁買布止算銀五錢六分，買布不過幾尺，不足一衣。」⑰建州社會日趨奢靡，當然與戰爭搶掠關係頗大，而當時一般漢化的風氣，亦頗有影響。這牽涉的問題很廣，不作敍述。而階級分化與漢化影響最大的，莫過於戰鬥意志的消沉。一個低級文化的民族，侵入一個高級文化的社會，精神上不得低頭屈服。武力讓他們掠奪了大量的財富，大量的財富腐蝕了他們的武力。太宗對此看的很清楚，也深深的懷着警惕。所以一再諄諄誡諭，保持固有的生活傳統，力戒漢化，宣讀金世宗本紀以為警誡，並說：「先時儒臣巴克什達海，庫爾纏屢勸朕改滿洲衣冠，效漢人服飾制度，朕不從，輒以爲朕不納諫。朕試設爲比喻，如我等於此聚集，寬衣大袖，左佩矢，右挾弓，忽遇碩翁科羅巴圖魯勞薩挺身而入，我等能禦之乎！若廢騎射，寬衣大袖，待他人割肉而後食，與尚左手之人，何以異耶！朕發此言，實爲子孫萬世之計也。在朕豈有變更之理，恐日後子孫忘舊制，廢騎射，以效漢俗，故常切此慮耳！我國士卒，初有幾何！因嫻於騎射，所以野戰則克，攻城則取。天下人稱我兵曰『立則不動搖，進則不回顧，』威名震懾，莫與爭鋒。此番往征燕京出邊，我之軍威，竟爲爾八大臣所累矣。」[175]事實上漢化已成不可遏止的共同風尚，即太宗本人，也在向侈奢轉變，崇德六年九月宸妃死後喪事的大事鋪張，即爲明證。瀋陽日記說「送賻紙霜華紙一百卷，白錦紙一千卷，白紙二千卷，丹木二百斤。」「汗出北門城，至衙門完歛處，則設帳幕於野中，環簟作牆，造紙屋紙塔，以五色紙爲綵旛、綵錢、綵罇、綵花等，極其豐侈，費至萬金云。僧道巫覡雜沓，如祈祝之狀。」「僧道祈祝紙物諸樣，有加於前度，價費數萬金。新造堂宇門廊齋室，繚以高牆，工費亦鉅矣。」「見新造大屋纔蓋瓦，高牆廣庭，門廊齋室，工猶未卒。」[176]但漢化固然銷磨了建州的銳氣，而漢化也給建州帶來了一個二百多年的大帝國[177]。

八、結　論

敍述清太宗時代的農業生活，到此爲止，其中牽涉到的許多問題，仍有未曾論及者。尤其是最後一節「建州社會的轉變」，不只是與農業發展有關，如商業、手工業，八旗組織的基本精神，長期與明作戰的影響等，都是具有決定性的因素。只有留待分析建州入關前的社會結構時，再詳細敍述了。

注釋

❶《大陸雜誌》第二二卷九，十期。

❷《東華錄》天聰一，天命十一年八月庚戌。《燃藜室記述》謂太祖有立代善繼承汗位之意，《朝鮮實錄》亦有類此說法。《養吉齋叢錄》卷一記京師俗諺八鐵帽子王，皆世襲不降封。

❸《清太宗實錄》卷一，天命十一年九月辛未。

❹同上卷二，天聰元年正月己巳。卷五，天聰三年正月丁丑。

❺《史料叢刊初編》天聰朝臣工奏議（以下簡稱天聰朝臣工奏議）卷五，胡貢明五進狂瞽奏。

❻同上，胡貢明陳言圖報奏。天聰初年，太宗已不能如太祖之時。「牛彔下的人，每日早晨到牛彔主備禦衙門朝見，備禦率領共同朝見參將遊擊，參將遊擊率領共同朝見副將，副將率領共同朝見都堂、總兵官。都堂、總兵官率領，太陽照到各Hoso主諸王的衙門時朝見，然後各Hoso諸王，將各旗的諸王、諸大臣集合整列好了時，來向汗報告。」以絕對的權力統治各旗。滿文老檔太祖二八，天命六年十一月十日。

❼《寒松堂》全集卷二。

❽《武備志》卷二二八，〈四夷六女直考〉：「歲以貂、參互市，得金錢十餘萬。」「時不許入貢者二年矣，其人參浥爛五十餘萬觔，奴亦窘，乃聽勘。」

❾《清文鑑》十九，城郭類。

❿《清史稿》列傳十，〈楊吉砮傳〉。

⓫（興京二道河子）舊老城。偽滿建國大學刊本。《朝鮮李朝宣祖實錄》卷七十一，二十九（萬曆二十四年）年正月丁酉。又卷七三，二十九年三月甲申。《世宗實錄》卷九〇，二十二年八月乙丑。《中宗實錄》卷九七，三十七年二月癸未等條農幕、農所的記載。

⑫《滿文老檔》太祖七，天命三年八月十一日。

⑬同上太祖六一，天命九年正月二十一日。

⑭當時在外八旗牛彔以二百個計算，每牛彔三百人，則每人地五晌，正三十萬晌。這當然是一個巧合，事實上或不如此。牛彔二百個，見朝鮮李朝實錄光海君日記卷一六九，十三年九月戊申：「其兵有八部，二十五哨爲一部。」滿文老檔太祖二十七。天命六年九月十六日：「牛莊，海州以東，鞍山以西，二百牛彔……。」又太祖四五，天命八年二月十九日：「廣寧十三山山頂，每牛彔各出一人，共二百人……。」

⑮《滿洲老檔秘錄》上，太祖諭計口授田。原文見滿文老檔太祖二四，天命六年七月十四日。

⑯《滿文老檔》太祖二九，天命六年十一月二十九日。

⑰同上太祖三三，天命七年六月十五日。

⑱未實行計口授田以前，俘獲遼東農民，多交與漢官分配安插，督促耕種，此種材料散見於《滿文老檔》者頗多。

⑲《太宗實錄》卷一七，天聰八年正月癸卯。

⑳《滿洲老檔秘錄》上，太祖諭衆漢官。

㉑同上，太祖諭令滿漢人雜居。又《滿文老檔》太祖二九，天命六年十一月十九日、二十七日。此例頗多，散見太祖卷內。

㉒《滿洲老檔秘錄》上，跑冰戲下。原文見《滿文老檔》太祖六四，天命十年正月二日。

㉓《滿文老檔》太祖六六，天命十年十月三日。《東華錄》天聰四，天聰三年九月壬午。

㉔《滿洲老檔秘錄》上，查禁奸徒投毒諭，諭各肆主刻姓名於肆前。諭禁單身行路，太祖定各門信號，定夜報信號各條。又見滿文老檔太祖三二，天命六年六月七日。太祖四二，天命七年六月二十五日。太祖三十九，天命七年三月十一日。朝鮮李朝仁祖實錄卷七一，二年十二月丙戌。

㉕《滿文老檔》太祖六六，天命十年十月三日。

㉖同上。就上述太祖居於舊老城及建州早期的農所農幕，亦或與東北民族的「窩舍」發展有關，待考。

㉗《朝鮮李朝中宗實錄》卷六一，二十三年正月壬戌，四月壬戌。

㉘同上，《宣祖實錄》卷二〇九，四十年三月乙酉。

㉙《八旗通志》卷三三，旗分志。

㉚《太宗實錄》卷一三，天命七年正月庚子。卷五五，崇德六年三月辛丑。《明清史料乙編》第二本一一〇葉下。一七九葉上。〈天聰朝臣工奏議〉卷中，馬光遠請整飭總要奏。

㉛前引《舊老城》：寫定申忠一圖錄本文。《朝鮮李朝實錄》〈光海君日記〉卷一六九，辛酉（明天啓元年）年九月戊申。《滿文老檔》太祖六，天命三年四月十五日。

㉜同上，寫定申忠一圖錄本文。

㉝東方學報東京第十二册之二：〈清朝の入關前に於ける旗地の發展過程引建州聞見錄〉。結卜本爲朝鮮田制，後爲課稅單位。見《朝鮮李朝世宗實錄》卷七四，十八年九月甲午。李迺揚著韓國通史第三編八章二節李朝的田制。

㉞《滿文老檔》太祖三，萬曆四十一年十二月。

㉟同上太祖四，萬曆四十三年十二月。

㊱同上太祖七，天命三年八月十一日。

㊲同上太祖二七，天命九月十六日。太祖一八，天命六年閏二月十九日，諸貝勒於范河路置莊。

㊳（遼海叢書本）《瀋陽日記》，崇禎三年（天聰四年）四月。

㊴（滿蒙叢書本）《瀋陽日記獵行日記》，崇德六年十月十六日。

㊵凌純聲先生著松花江下游的赫哲族（四）社會生活二，政治和法律：財產有私人、家族、部落三種財產的分別。日用品以及漁獵的武器，個人有全權處理，爲私人財產。房屋、傢具、奴婢、牲畜等物，一家有全權處理，爲家族財產。城屯人民，一部落有全權處理，爲部落財產。部落財產以人民爲要。所以在他們的故事中，

征服了一屯或一城，常把全屯城的人民，悉數運到征服者的故鄉去。

㊶ 〈天聰朝臣工奏議〉卷上，胡貢明陽言圖報奏。參閱瀋館錄卷三頁十九。太宗實錄卷一七，天聰八年正月癸卯。

㊷ 同上，胡貢明五進狂瞽奏。

㊸ 《滿洲實錄》卷八，天命十一年六月二十四日。

㊹ 太宗實錄卷七八天聰四年六月乙卯。

㊺ 同上卷二五，天聰九年九月壬申。

㊻ 同上卷八，天聰五年正月庚寅及注㊺。

㊼ 同上卷五六，崇德六年七月乙亥。卷二四，天聰七年六月戊寅。

㊽ 同上卷一七，天命八年正月癸卯。

㊾ 《滿文老檔》太祖三七，天命七年二月二十五日。

㊿ 同上太祖六一，天命九年正月二十一日。這裏所用的女眞（Jusen）一詞，在含義上已非種族上的區別而言。在當時建州的社會結構下，他們可以說是低於貴族、甲士而又高於私人奴隸的第三階級。此牽涉到建州社會的發展過程及階級的分化，問題頗廣。此與太宗將女眞改爲滿洲，亦有關係。

51 《太宗實錄》卷三，天聰元年正月壬子。

52 同上卷一，天命十一年九月丁丑，滿文老檔太祖六六，天命十年十月三日。

53 《太宗實錄》卷八，天聰五年三月甲午。卷二，天聰八年九月壬申。

54 同上卷三五，崇德二年五月乙未。

55 同上卷九，天聰五年七月庚寅。參閱卷二四，天聰九年七月壬戌。

56 同上卷一七，天聰八年正月癸卯。

57 同上。又卷一五，天聰七年九月乙巳。卷一七，天聰八年二月乙丑。卷一九，天聰八年八月甲子。卷二二，天聰九年五月丙辰。卷二四，天聰九年八月乙酉。卷三〇，崇德元年六月庚子。此例頗多，上所舉者爲賜田情形不同的個例。

58 同上卷四五，崇德四年三月丁亥。

59 前引《東方學報》引《滿文老檔》太宗三二，崇德元年十月戊子。

60 《太宗實錄》卷一四，天聰七年六月戊寅。卷一二，天聰六年六月戊辰。

61 《清世祖實錄》卷三一，順治四年三月庚午。

62 《太宗實錄》卷一四，天聰七年七月辛卯。

63 《皇清奏議》卷八，林起龍更定八旗兵制疏。

64 前引《舊老城》申忠一報告：「動兵時則傳箭於各酋，各領其兵，軍器軍糧，使之自備。」又「煙台軍人並家口二戸入接，滿一年相遞，糧餉則計其人數，每朔奴酋備送云。」此或爲特殊例子，以其戍守煙台，不能耕種故。

65 《太宗實錄》卷五五，崇德六年三月辛丑。

66 《清文獻通考》卷一九七，兵考一。清通典卷六六，兵一。《清通志》卷六八，職官略五。太宗實錄卷二一，天聰八年十一月己巳。

67 《太宗實錄》卷四，天聰二年三月丁未。九月丁丑，乙卯。

68 同上卷六一，崇德七年七月乙巳。

69 同上卷四四，崇德三年十二月戊申。參閱卷一一，天聰六年正月癸丑。卷二三，天聰九年五月酉辰、乙丑、六月壬午等條。

70 同上卷二三，天聰九年五月丙辰。

71 前引《東方學報》引《太宗實錄》卷四五，崇德六年二月丙寅。

72 太祖天命十年編成的莊，除賜給各官吏者外，到太宗卽位後，已不見記載。或係爲八家分取，或分編成屯。

73 《太宗實錄》卷一，天命十一年九月丁丑。

74 同上卷二二，天聰九年正月癸酉。

75 同上卷四一，崇德三年五月甲戌。《寧古塔紀略》：「惟官莊之苦，至今仍舊，每一莊共十人，一人爲莊頭，九人爲莊丁。」是後來的官莊，仍爲承襲入關前的淵源而來。

76 同上卷二一，天聰八年十一月己巳：「以正藍旗戴葛爾撥給塞勒二屯，敖塔一屯，席白圖一屯田地浮於人丁，又令所撥給之人離本牛彔別位，革職。」此雖未說明一丁耕種田數，但天聰朝臣工奏議卷上楊方興條陳時政奏，高士俊謹陳末議奏皆言依法每丁給田五晌。

77 同上卷一三，天聰七年正月庚子。參閱卷二三，天聰九年三月戊辰，四月戊子。

78 天聰朝臣工奏議卷下，徐明遠謹陳六事奏。

79 《太宗實錄》卷一，天命十一年九月丙子。

80 同上卷三四，崇德二年三月癸丑。參閱卷五五，崇德六年三月辛丑。

81 參閱《寧古塔紀略》。

82 《清鑑易知錄》太宗卷六，崇德元年七月七日。（清鑑易知錄即清三朝實錄）

83 《滿文老檔》太祖一七，天命六年閏二月十六日。

84 《清鑑易知錄》太宗卷一，天命十一年九月丁丑。

85 《明清史料甲編》第八本，監視登島太監魏相題本。參閱乙編第一本，兵部題稿簿。第二本，兵部行御批寧錦監視高起潛題本。第三本，兵部抄出昌宜分監魏邦典題本。第四本，遼東巡撫葉廷桂塘報。第五本，遼東巡撫黎玉田塘報。

86 瀋陽狀啓，壬午年正月二十八日，三月三日。

87 《明清史料丙編》第一本，昂邦章京馬光遠奏疏。此散見太宗實錄者頗多，不細舉。

88 《太宗實錄》卷一一，天聰六年正月乙巳。

89 《瀋陽狀啓》：庚辰年二月十五日、十九日，四月二十九日，五月二日。

90 《朝鮮李朝仁宗實錄》卷四一，庚辰年十二月壬戌。

91 《瀋陽狀啓》：癸未年三月二日。

92 同上，辛巳年十二月十三日、二十三日。壬午年二月十九日、二十三日。癸未年二月二日。瀋陽日記：辛巳年十二月十二日、十四日。瀋館錄卷六，癸未年二月十八日。

93 《瀋陽狀啓》，壬午年正月二十八日、三月三日、七月十九日。癸未年三月二日。瀋陽日記：庚辰年二月十四日。《瀋館錄》：辛巳年十二月二十一日。

94 《瀋陽狀啓》：壬午年六月八日，八月十日。

95 同上，壬午年五月二十六日、三月二十九日。《瀋陽日記》：辛巳年二月十四日。

96 《瀋陽狀啓》：壬午年閏十一月二日。癸未年十二月十四日。

97 同上，壬午年四月九日，閏十一月二日。

98 同上，癸未年十二月十四日。

99 天聰朝臣工奏議卷上，佟養性謹陳末議奏。

100 同上卷中，扈應元條陳七事奏。

101 同上。參閱卷上胡貢明謹陳事宜奏。李棲鳳盡進忠言奏。馬光遠請整飭總要奏。

102 《太宗實錄》卷一七，天聰八年正月癸卯。

103 同上卷十，天聰五年十一月庚戌，逃亡人口記載頗多。卷十八，天聰十年四月庚辰所記卽達一千三百二十九人。

104 天聰朝臣工奏議卷上，佟養性謹陳末議奏。

105 同上卷中，扈應元條陳七事奏。

106 《太宗實錄》卷一四，天聰七年六月戊寅。

107 同上卷七，天聰四年五月壬辰。六月乙卯。

108 《明清史料乙編》第一本，兵部題行稿簿。第五本，兵部行抄出察辦勦虜事務吳履中題稿。
109 〈天聰朝臣工奏議〉卷中，馬國柱請更養人舊例及設言官奏。
110 《太宗實錄》卷二〇，天聰八年九月甲戌。
111 〈天聰朝臣工奏議〉卷上，胡貢明五進狂瞽奏。
112 《太宗實錄》卷一一，天聰六年二月丁酉。
113 同上卷二一，天聰八年十一月壬申，十二月庚戌。
114 〈天聰朝臣工奏議〉卷上，楊方興條陳時政奏。
115 同上，高士俊謹陳末議奏。
116 《太宗實錄》卷七，天聰四年十月辛酉。卷二二，天聰九年二月丁亥。
117 同上卷一七，天聰八年正月癸卯。
118 同上卷二九，崇德元年五月丁巳。
119 前引《東方學報》引《滿文老檔》太宗崇德卷一二，崇德元年五月丁巳。
120 《太宗實錄》卷四三，崇德三年九月丁丑。卷七，天聰四年七月戊子。卷一七，天聰八年正月癸卯，二月丁巳。
121 同上卷五六，崇德六年七月乙亥。
122 《世祖實錄》卷一，崇德八年八月乙亥。
123 《滿州名臣傳》卷二，蒙阿圖傳。
124 《清鑑易知錄》太宗卷一，天命十一年九月丁丑。
125 《太宗實錄》卷八，天聰五年正月乙未。
126 同上卷二一，天聰八年十一月壬申。卷二四，天聰九年九月癸酉。
127 同上卷十七，天聰八年正月癸卯。

128 同上卷一四，天聰七年七月辛卯。

129 同上卷二三，天聰九年三年戊辰。卷六一，崇德七年六月癸卯。

130 同上卷五，天聰三年二月戊子，庚戌。卷三，天聰元年六月戊午。

131 同上卷九，天聰五年六月辛亥，七月癸巳。卷一二，天聰六年十二月癸酉。卷二三，天聰九年六月辛丑、癸卯。卷二六，天聰九年十一月甲子。卷六一，崇德七年六月癸卯。

132 同上卷三，天聰元年九月甲子。

133 《瀋陽日記》，壬午年十二月十六、十七日。

134 《瀋陽狀啓》，壬午年三月二十九日。

135 《太宗實錄》卷一七，天聰八年正月乙卯。

136 同上卷四一，崇德三年四月丁未。

137 同上卷三〇，崇德元年六月庚子。

138 同上卷五八，崇德六年十一月戊寅。天聰朝臣工奏議卷中、劉學成請安內攘外奏。

139 天聰朝臣工奏議卷下，沈佩瑞屯田造船奏。又《太宗實錄》卷二二，天聰九年二月己丑。

140 《太宗實錄》卷五一，崇德五年四月丙寅。

141 同上卷四月乙未，五月庚辰、癸巳、乙未。

142 同上卷五三，崇德五年十二月己巳。

143 〈天聰朝臣工奏議〉卷中，馬光遠請整飭總要奏。

144 《太宗實錄》卷二一，天聰八年十一月壬申。

145 同上卷二四，天聰九年七月癸酉。

146 建州屯田，頗有元朝奧魯屯田的性質。王惲秋澗大全文集卷八六烏臺筆補中說：「向裏一切蒙古奧魯，亦編間民屯，使之雜耕，不惟調習水土，可使久居，且免每歲疲於奔命之役，四利也。不數年，根深勢固，使奧魯軍人倒營南下，近則雜兩淮之間，遠則抵大江之北，所謂長江之險，我與共之矣。」

147 《太宗實錄》卷六五，崇德八年六月乙卯。又卷三六，崇德二年六月癸亥。

148 同上卷二一，崇德元年十月戊寅。卷一六，天聰七年十一月戊申。參閱卷九，天聰五年七月庚辰。

149 同上卷六二，崇德七年九月壬申。

150 〈天聰朝臣工奏議〉卷上，寧完我等謹陳兵機奏。

151 《太宗實錄》卷三四，崇德七年四月辛卯。卷十三，天聰七年正月庚子。

152 〈天聰朝臣工奏議〉卷中，鮑承先陳糴糧辦法奏。參閱同卷羅綉錦請安服新人以便舊人奏。卷上孫應時直陳末議奏。

153 《太宗實錄》卷三四，崇德二年二月癸巳。參閱卷五八，崇德六年十一月戊寅。天聰朝臣工奏議卷中，孫得功陳丹薄圭事奏。

154 見注151。又卷一七，天聰八年正月乙卯。卷三一，崇德元年十月庚子。

155 同上卷三五，崇德二年閏四月庚子。天聰朝臣工奏議卷上，楊方興條陳時政奏。

156 天聰朝臣工奏議卷上，胡貢明陳言圖報奏。參閱高士俊謹陳末議奏。

157 《清鑒易知錄》太宗卷三，天聰八年五月癸巳。參閱太宗實錄卷一八，同日。卷一二，天聰六年十月癸未。

158 同上卷四五，崇德四年正月丁亥。卷五五，崇德六年三月戊寅、辛丑。卷四二，崇德三年六月壬申。

159 同上卷七，天聰四年九月戊戌。

160 同上卷四六，崇德三年五月辛巳。參閱卷五四，崇德六年二月乙未。

161 同上卷三十，崇德元年七月丁卯。參閱卷四七，崇德四年六月丁未。卷五四，崇德六年二月己未。

162 同上卷四六，崇德三年五月辛巳。參閱卷三四，崇德二年四月丁酉。卷六二，崇德七年九月癸酉。《滿洲名臣列傳》卷三，〈祁充格傳〉。

163 同上卷三一，崇德元年十月丁丑，參閱天聰朝臣工奏議卷上，王文奎條陳時事奏。《碑傳集》卷三，〈額亦都傳〉。

164 〈天聰朝臣工奏議〉卷上，李棲鳳盡進忠言奏。

165 《太宗實錄》卷五四，崇德六年二月己未。參閱卷六四，崇德八年四月丙申。

166 〈天聰朝臣工奏議〉卷上，扈應元條陳七事奏。又徐明遠謹陳六事奏。太宗實錄卷一一，天聰六年二月乙卯。卷五四，崇德六年二月己未。

167 〈天聰朝臣工奏議〉卷中，孫得功陳丹薄圭事奏。卷上，楊方興條陳時政奏。《明清史料甲編》第一本，戶部示諭稿。

168 同上。

169 《太宗實錄》卷二二，天聰八年十二月甲辰。卷五四，崇德六年二月戊申。

170 《明清史料甲編》第一本，天聰二年奏本。

171 同上乙編第二本，兵部行御批寧錦監視高起潛題稿。

172 〈天聰朝臣工奏議〉卷上，王文奎條陳時事奏。

173 《東華錄》天聰七，天聰六年十二月乙丑。

174 〈天聰朝臣工奏議〉卷上，孫得功請修補城垣姑待來春奏。

175 《太宗實錄》卷三二，崇德元年十一月癸丑。

176 〈瀋陽日記〉，辛巳年九月二十一日、十月十七日、二十六日、二十九日。太宗實錄卷五七，崇德六年九月庚寅。

177 太宗的漢化是有限度的，有取捨的，可以接受漢人的典章制度，但拒絕漢人的生活習慣，以保持其舊俗中勇敢驍健的精神。故對金世宗，「心往神馳」，「不勝歎賞」。

陳文石著

明清政治社會史論 下册

任紹廷題

臺灣學生書局印行

清太宗時代的重要政治措施

一、前言

天命十一年八月十一日清太祖努爾哈赤逝世，享年六十八歲。這個自廿五歲藉着爲祖復仇而奮跡崛起於諸部間的「無名常胡」，當其開始發展活動之時，「衆不過三十」，「帶甲僅十三人」，靠了自己「多知習兵」的軍事天才，「猜厲威暴」的統馭手段，與「信賞必罰」的嚴格紀律，乘「各部蜂起，皆稱王爭長，互相戰殺，甚且骨肉相殘，強凌弱，衆暴寡。」的紛擾局面，掌握諸部間的矛盾關係，及明朝邊政失修，防務廢弛的有利情勢，運用進退離合，剛柔濟變的策略，經過四十餘年的堅苦奮鬥，不但兼併族類，收合諸部，並擁有明遼東的大部土地，由一個建州衞都指揮僉事依靠朝貢市賞維持生活的明朝屬夷，進而自闢乾坤，立國建元，在西有察哈爾、蒙古，南有明朝帝國，東有朝鮮三方勢力的圍堵威脅下，建立起女眞族的第二個政權。

自努爾哈赤之乘機崛起至其逝世止四十餘年的歷史發展過程中每一階段的主觀客觀情勢，造成其成功的內外重要因素，不擬在這裡敍述。就其逝世時的情形來說，努爾哈赤爲其子孫留下了一個汗國基業，但也留下了政治、社會、經濟及對外戰爭上許多極其複雜嚴重的問題。這些問題如不能因應時勢調整處理，不但無法向外開拓，且將威脅到這個新興汗國的生存，當然更談不到未來的擴充發展了。這一艱鉅的任務，都落在繼承人皇太極的身上。以下先討論皇太極即位後內部政治方面的發展情形，至於社會問題，經濟問題，漢化問題，對外戰爭等，俟後將專文討論。

二、清太宗皇太極取得汗位繼承的經過

在沒有敍述皇太極的即位以前，先簡單說明清太祖本人對未來繼位問題的構想與中間變動情形；因爲這與皇太極的取得汗位繼承，日後兄弟間衝突摩擦，及即位後許多措施上所遭遇的困擾，都有着密切關係的。

㈠ 褚英之死與代善、皇太極間的爭寵鬥爭

努爾哈赤起兵之時，最初止有其兄弟及部分族人隨其行動，後很快的取得建州衞的支配權，由是勢力急遽發展，東征西討，侵伐兼倂。隨着部衆日多，據地日廣，而諸子侄亦日漸長成，於是乃建立起以兄弟子侄分統屬人掌握一切的家族核心政權。在其早年軍事行動中最得力的人物，一爲其弟舒爾哈齊（見後論阿敏與太宗的衝突一節），一爲長子褚英。褚英於明萬曆二十六年十九歲時，以隨同征東海安褚拉庫路有戰功，賜號洪巴圖魯，封貝勒。三十五年，又以與代善、舒爾哈齊往裴悠城收集新附人口，歸途大敗烏喇貝勒布占泰邀擊之兵，賜號阿爾哈圖土門（廣略之意）。所以滿文老檔記萬曆三十八年各重要人物敕書分配，褚英排在太祖之後的第

二位，居舒爾哈齊之前。所有勅書分配，共分三個 mukūn（可能不全），下有三十七 Tatan，勅書三百七十一道。每一 Tatan 一般爲十道勅書，每一勅書下說明原來是明朝於何時頒給何人，及現在由第幾 mukūn 第幾 Tatan 何人所享有❶。在此三七一道勅書中，第一 mukūn 第一至第四 Tatan 共四十道，爲「汗家的勅書」，屬太祖。第二 mukūn 第一、二、五、六 Tatan 四十道，屬褚英。第三 mukūn 第一、二、八 Tatan 二十五道，屬舒爾哈齊。其餘分配給太祖諸子侄與諸將，多少不同，名字亦多可考❷。勅書在當時是用以向明朝進行通貢互市，討取賞賜及交換生活資料的憑證。掌領勅書的多寡，表示着其身份地位與所享經濟利益的大小。褚英在 mukūn 排列的順序上居第二，亦可看出其所居地位。

褚英在太祖諸子中，不但年長，亦最爲驍勇。但自萬曆三十八年之後，即不見有關其事蹟之記載。而萬曆四十三年八月突記其死亡，年三十六歲。其死因，清史稿云：「褚英屢有功，上委以政，不恤衆，諸弟及羣臣愬於上，上寖疏之。褚英意不自得，焚表告天自訴，乃坐咀咒幽禁，是歲癸丑。越二年乙卯閏八月，死於禁所，年三十六。明人以爲諫上毋背明，忤旨被譴。褚英死之明年，太祖稱尊號。」❸《東華錄》康熙四十七年九月庚寅上諭云：「昔我太祖高皇帝時，因諸貝勒大臣訐告一案，置阿爾哈圖土門貝勒褚燕於法。」❹褚英之死，由於兄弟間之鬥爭，主要是可能其「執政」後將來可能爲繼承人的暗示。太祖在「委政」於褚英之時，即有「我以長子執政，就唯恐國人會發怨言」的話。也可知此是與傳統習慣不合的。所以褚英死後，由於此一暗示作用，演成代善與皇太極的衝突爭鬥。

褚英死後，太祖諸子中掌握兵權最重要的人物，一爲代善，一爲皇太極。代善爲褚英同母弟，太祖第二子，長皇太極九歲，與舒爾哈齊、褚英等屢出征，太祖嘉其勇，賜洪把圖魯封號。

八旗建立後，領兩紅旗。為人寬柔，能得衆心❺。皇太極「英勇超人」，「沈默寡言」，亦為太祖喜愛，令專管朝鮮事❻。二人位次相逼，由於褚英受命執政可能為繼承人的暗示，因而又引起彼此間的鬥爭。《滿洲老檔秘錄》記大福晉獲罪大歸故事即由此引起。故事云：天命五年三月，皇妃泰察告太祖，大福晉以酒食與大貝勒（代善）者二，大貝勒皆受而食之。與四貝勒（皇太極）者一，四貝勒受而未食。大福晉日必二三次遣人詣大貝勒家，又深夜私自外出二三次，似此跡近非禮。於是太祖命人查究，云大福晉以太祖曾言俟千秋萬歲之後，以大福晉及衆貝勒悉託諸大貝勒，所以傾心於大貝勒。於賜宴會議之際，大福晉必艷妝往來大貝勒之側。太祖聞言，不欲以曖昧事加大貝勒罪，乃假大福晉藏匿金帛，擅自授受，遣令大歸❼。大福晉即莽古泰爾、德格類的生母。這顯然是二人爭取繼承，並運用內部關係，相互鬥爭。

第二年，又有阿斗事件。朝鮮實錄：「蓋奴酋有子二十餘人，而將兵者六人。長子早亡，次貴盈哥（代善）次洪太主（皇太極）……貴盈哥特尋常一庸夫，洪太主雖英勇超人，內多猜忌，恃其父偏愛，潛懷弒兄之計。有阿斗者，酋之從弟也。勇而多智，超出諸將之右，前後戰勝，皆其功也。酋嘗密問曰：諸子中誰可以代我者？阿斗曰：知子莫如父，誰敢有言。酋曰：第言之。阿斗曰：智勇俱全，人皆稱道者可。酋曰：吾知汝意之所在也。蓋指洪太主也。貴盈哥聞此深啣之。後阿斗密謂貴盈哥曰：洪太主與亡可退（莽古爾泰？）阿之巨將欲圖汝，事機在迫，須備之。貴盈哥見其父而泣，酋恠問之，答以阿斗之言。酋即招三子問之，曰自言無此（語甚詳悉）。酋責問阿斗，以為交搆兩間，鎖杻（而）囚之密室，籍沒家貲。」又云：「傳曰：洪太主把兵權，則貴永介何處去乎！雖生存而如此云乎！」❽可見二人間的磨擦鬥爭情形。

(二) 四大貝勒輪值機務與太祖八家執政選汗的構想

由上述事件，可知清太祖爲繼承問題的困擾情形。這其中有傳統習慣的束縛，有現實情勢的要求，或者也有漢人文化的影響。朝鮮實錄記阿斗事在天命六年九月之下，得諸出使探訪夷情人歸來的報告，但未言發生的確實時間。不過就這年二月令代善等四大貝勒輪掌機務而觀之，可能是在二月以前。

四大貝勒輪掌機務事，太宗實錄云：「先是，天命六年二月，太祖命四大貝勒按月分直，國中一切機務，俱令直月貝勒掌理。及上即位，仍令三大貝勒分月掌理。」❾四大貝勒爲代善、莽古爾泰、阿敏、皇太極。令四大貝勒按月分值，大概是阿斗事件發生以後爲緩和彼此爭權鬥爭想到的辦法。

一年以後又有八家共理國政的訓示，可能也是由四大貝勒輪月理事所推衍成的想法。《武皇帝實錄》卷四，天命七年三月初三日，「八固山王問曰：上天所予之規模，何以底定？所賜之福祉，何以永承？帝曰：繼我而爲君者，毋令強勢之人爲之。此等人一爲國君，恐倚強恃勢，獲罪於天也。且一人之識見，能及衆人之智慮耶！爾八人可爲八固山王，如是同心幹國，可無失矣。八固山王爾等中有才德能受諫者，可繼我之位。若不納諫，不遵道，可更擇有德者立之。倘易位之時，如不心悅誠服而有難色者，似此不善之人，難任彼意也。」並提出八家共同幹國的具體辦法：「八王理國政時，或一王有得於心，所言有益於國家者，七王當會其意而發明之。如己無能，又不能贊他人之能，但默默無言，當選子弟中賢者易之。更置時如有難色，亦不可任彼意也。八王或有故而他適，當告知於衆，不可私往。若面君時，當聚衆共議國政，商國事，舉賢良，退讒佞，不可一二人至君前。」這一個統治型態的構想，可以說是一個合議政體，不僅諸旗主貝勒得合議推舉及罷免共同領袖，即八旗中任何一個旗主貝勒，如己既無能，又不能贊助他人之能，亦得選子弟中賢能者爲之。使每一旗都能有有才德者統領本旗，共幹國事，維護共同的利益。

太祖所定的八家幹國與共同選汗的辦法，與旗制的組織有密切的關係的。清太祖的政權，本來是由氏族社會的廢墟上建立起來的，後演變成家族政權與旗制組織。諸子侄既分領部衆，各有人戶，旗間地位，又平權並列，爲了維護這一體制，當然必須有一個能共同接受的領袖，領導協同相處。也可以說有了八旗制度的特殊組織，而後有八家幹國的合議政體；八家合議幹國的政體，以維繫八旗共事分權的組織。同時，在清人當時所處的環境來說，與明戰爭，已結不可解，無論是保持已得的利益，或與明和談建立新的相處關係，都必須有一個能幹的領袖，整飭力量，堅強的持續下去。清太祖想想自己年事已高，內部外部種種複雜問題，一旦去世，子孫如何繼業承家，維護這個剛剛新興的政權，的確是一個相當嚴重的問題。所以經過一連串的事件之後，認爲選汗也許是最妥善的辦法⑩。而且這又是北方民族舊有的習慣，對女眞人來說，在觀念上也是容易接受的。

爲了維持八家執政能勢力均衡，和睦相處，所以在天命十一年六月二十四日又訓諭諸貝勒曰：「昔我寧古塔諸貝勒及董鄂、王甲、哈達、烏喇、輝發、蒙古諸國，俱溺於貨財，輕忠直，尚貪邪，兄弟之間，爭貨財，互相戕害，以致敗亡。……朕鑒於此，令八家之中，遇有所獲，即衣食之類，必均分，毋私取焉。故預立規制，俾八家各得其平。……至諸貝勒於兄弟中，有過即當直諫，勿優容。若能力諫其過，乃可同心共處。」遂書此訓辭，賜諸貝勒。七月初五日，又諭諸貝勒曰：「爾八和碩貝勒，見人有不善，一人非之，衆亦同聲指責之，則不善者自知其非而順受矣。苟衆人不言，而一人獨非之，彼不善者必以爲此一人者，何獨厚責於我也，其惡我也。若責人者言或未當，衆人亦當諫之。衆諫，當即受，勿自慚，遂巧飾其非，而執辨不已焉。」⓫實錄在這一段話之後，又有訓諭諸子侄如何治理國家及統率屬衆的話。七月二十三日，感到不豫，赴清河溫泉休養。十三日後，病劇，還京，八月十一日卒於途中距瀋陽四十里外之靉雞堡。從時間上看，這一段訓言，可以說是太祖重申八家共同幹國的最後遺命了。

㈢ 皇太極取得汗位繼承的經過

皇太極的取得繼承，清、朝鮮、明三方史料有不同的記載。《太宗實錄》謂太祖卒後，代善子岳託與薩哈廉入告其父，國不可一日無君，事宜早定。皇太極才德素著，人心悅服，可繼大位。於是三人議定。次日，諸王羣臣集於公署，代善乃出示議定書詞於阿敏、莽古爾泰及諸貝勒等，皆曰可。而皇太極辭以太祖無令其繼立之命，況兄長俱在，不敢背倫而立。於是雙方推辭往返，自卯至申，而後從之。世祖實錄追論多爾袞罪狀時的詔書中有「自稱皇父攝政王，……又親到皇宮內院，以爲太宗文皇帝之位，原係奪立，以挾制皇上侍臣。」朝鮮方面的記載，謂太祖臨死時告代善云，多爾袞當立而年幼，汝可攝位，後傳於多爾袞。代善以爲嫌逼，遂立皇太極。又云臨死時命立世子代善，代善告皇太極曰，爾智勇勝於我，須代立。皇太極略不辭讓而立⓬。明實錄則謂代善與皇太極相爭不下⓭。

根據三方記載，其中可歸納爲五個問題：㈠皇太極之得位，非由於太祖遺命。㈡清太祖有意立多爾袞。㈢有意命代善繼承。㈣代善與皇太極互相爭立。㈤皇太極在各方妥協下取得繼承。

這五個問題中第一個問題，《實錄》已明白言之，無須討論。第二個問題，令多爾袞繼承。以清太祖的老謀深算，對代善與皇太極兩個最爲得力的兒子，尚不能擇立，在此四面受敵，又寧遠新敗，將來結果如何難以預料的嚴重情勢下，命年僅十五歲的幼子繼位，如何駕馭各旗，支撐此動盪危局，承擔掌握部族命運的重任？而多爾袞到天聰二年始爲管旗貝勒，如擬立多爾袞，當命其主管一旗⓮。在太祖時分配牛彔，多爾袞與兄弟阿濟格、多鐸相等，未見有特別優遇之處。如說依幼子繼承習慣，亦當立多鐸。太祖死後，其所領十五牛彔，阿濟格、多爾袞要求與多鐸均分。太宗以雖無太祖遺命，理宜分與幼子，所以悉數給予多鐸⓯。即以代善攝位，當亦會考慮到皇太極與代善間的衝突情形。至於多爾袞所說太宗原係奪立的話，也可以說是在諸貝勒議選繼承人之時，太宗爭之強，迫使代善退出爭逐。又關於諸貝勒逼使多爾袞生母殉葬事，謂乃應立多爾袞，太宗既已奪位，遂不得不使之殉葬，以除後患。然此亦未必即與太宗得位有關，妻妾殉葬，這是當時清人的習慣。夫死，生前相悅之妻或妾必有殉葬，而且是生前指定，不容辭，亦不容他人代替⓰。多爾袞母殉葬，武錄亦云爲太祖生前所定⓱。又有謂太宗即位後，對多爾袞之愛護扶植，信任重用，出於諸貝勒之上，或與此有關。實則多爾袞之得寵，一方面是由於其才智確非他人可比，一方面是太宗在籠絡兩白旗。否則，既奪其位，又極重用其人，豈不自貽後患。

第三個問題爲令代善繼位。如果太祖有意令代善繼位，應早有安排，前述代善與皇太極的爭鬥情形，生前尚不能定，臨終更不致遽而令其繼承。而代善也根本沒有被立爲世子，除朝鮮記載有命「世子」代善繼立的字樣以外，再找不出有關聯到代善爲「世子」身份的任何線索。李民寏《建州聞見錄》謂「奴死之後，則貴盈哥（代善）必代其父，胡中稱其寬柔，能得衆心云。」李民寏是薩爾滸之戰時朝鮮軍隊降人，天命五年七月放還。所謂必代其父，蓋得自胡中對代善印象與期待之傳聞。是年三月發生大福晉事件，李民寏尚未放歸，如代善已爲「世子」，則不必有此想像推測之說。

第四個問題，代善與皇太極的爭立，爲當時實情，這是由選汗而產生的。就上面所述二人在太祖時地位，也只有二人最有當選的可能，所以在代善與皇太極競爭未定之時，阿敏曾向皇太極提出交換條件。《實錄》記崇德四年八月論傅爾丹罪狀時云：「太祖皇帝晏駕哭臨時，鑲藍旗貝勒阿敏遣傅爾丹謂朕曰：我與諸貝勒議立爾爲主，爾即位後，使我出居外藩可也。朕聞之駭異，乃召饒餘貝勒阿巴泰與超品公額駙揚古利、額駙達爾哈，及楞額禮、納穆泰、索尼等六人至，諭以貝勒阿敏遣人告朕，有與諸貝勒議立爾爲主，當使我出居外藩之語。若令其出居外藩，則兩紅兩白正藍等旗，亦宜出居於外，朕統率何人，何以爲主乎？若從此言，是自弱其國也。皇考所遺基業，不圖恢廓，而反壞之，不祥莫大焉。爾等勿得妄言。朕又召鄭親王問曰：爾兄遣人來與朕言者，爾知之乎？鄭親王對曰：彼曾告於我，我以其言乖謬，力勸阻之，彼又反責我懦弱，我用是不復與聞。傅爾丹乃對其朋輩譏朕曰：爾等試觀我主迫於無奈，乃召鄭親王來，誘之以言耳！」⑱

第五個問題，是皇太極如何取得被選立。在代善與皇太極的爭立中，最後汗位落於皇太極之手，關鍵在於代善二子岳託與薩哈廉之勸說其父。這不是純出於推讓，而是基於經過父子三人對當時整個情勢分析後所做的決定。太祖又是在新遭一次從未有的大挫敗後去世，明人氣勢甚壯，而國內又貧困不堪，危疑震撼，人口逃亡，只有領導前進開拓，方能重振民心士氣。在這一方面來說，代善是不如皇太極的。皇太極傾向前進，代善主張保守。例如二人對朝鮮的態度即完全不同。朝鮮實錄：「奴酋子婿甚多，其爲將者三人。第三子洪太時（皇太極）常勸其父欲犯我國，其長子貴永介（代善）則每以四面受敵，讎怨甚多，則大非自保之理，極力主和，務要安全。非愛我也，實自愛也。」⑲《亂中雜錄續錄》：「酋與諸將會議我國之事，第三子曰：朝鮮與南朝同父子，而不欲相和，又無送禮，當盡速殺其將士（薩爾滸之戰俘降之朝鮮官兵），仍舉兵以擊之可也。長子貴永介即怒而起。酋呼問之，曰：與南朝相戰，不可不與朝鮮相和。陣之約（朝鮮軍隊投降時之約定）不可負也，盡殺將士，決不可爲。酋曰：當從汝言云。」⑳因爲一主和，一主戰，所以朝鮮政府想盡辦法，分別向代善、皇太極送禮，「揣摩其情，密密行間，使洪太主不得專管東事，則似足以款兵緩禍。」㉑

在駕馭諸將之權術方面，代善亦不如皇太極，朝鮮實錄說代善尋常一庸夫、寬柔，而皇太極則英勇超人。又如《仁祖實錄》：「上又問曰：汗（太宗）之容貌動止如何？（朴）籥曰：容貌則比諸將稍異，動止則戲嬉言笑，無異羣胡。飲食及賞物必手自與。每於宴飲，置酒器數十餘，呼愛將於床下，親酌而饋之。蓋收合雜種故，患不能一其心耳！」「右議政崔鳴吉回自瀋陽。上曰：卿見汗至再，其爲人何如？對曰：言甚浮雜，然未必不出於戲慢。」㉒又亂中雜錄：「臣等詳見，汗之爲人，跋扈之氣，現於顏面，而沈默寡言，動止亦重。議論之間，或似識理者之所言，眞是虜中之雄，而不可以禽獸視之。」㉓

同時根據太祖所定旗制組織，各有人戶，各有所屬，凡有所獲，平分共享，八家幹國，共議政事。繼位者如不納諫，不遵道，可易之另立。在此情形下，「汗」只是一個名義上的共同領袖，共同決議的執行人，並無何特別權益。

《實錄》云岳託與薩哈廉「相機」入告其父云云。蓋當時爭執不下，岳託與薩哈廉經過商議後，乃一同入見其父，分析內外情勢，太宗即位時祝文中有「今我諸兄弟子姪，以家國人民爲重，推我爲君。」的話，這當是父子們分析後的共同認識，所以經過一夜商議決定原則及附帶條件後，在第二天諸貝勒羣臣等集會共議繼位人選時，代善即首先出示其書（蓋即所擬原則與條件）於阿敏、莽古爾泰及衆貝勒等，表示願推立皇太極[24]。代善在身份與地位上本爲最可能爭取繼立的人物，今願放棄爭逐，當然在原則上會取得大家同意，「皆曰可」，於是達成第一步的協議。實錄又云皇太極推辭再三，自卯至申，不得已，方始從之。這是虛詞，實際上當是雙方經過一天對基本條件的折衷商討，始獲得最後協議。

當時究竟有些什麼條件，已無記載（如阿敏所提條件，只是後來追論別人罪狀時的偶然流露）。皇太極即位時雙方盟誓：皇太極在即位後不得「不敬兄長，不愛子弟，不行正道，明知非義之事而故爲之。兄弟子侄微有過愆，遂削奪皇考所予戶口，或貶或誅。」（依文義，後文當是如所行非是，即另行選立。）諸貝勒如「忠心事上，宣力國家」，所得戶口，「世世守之」。這固然是根據太祖所定八家共同幹國，及「但得一物，均分公用，毋得分外私取。」諸兄弟子侄中「縱有不善，天可滅之，勿令刑傷。」的訓言，但也可以說是雙方妥協的最高原則，對應享權利的基本保障。又如代善、阿敏、莽古爾泰三人與皇太極平坐共議國政，自也是條件之一，因爲這與太祖時四大貝勒輪值掌理國事是完全不同的。太祖時四大貝勒按月分值，是秉命理事，主權操於太祖之手，輪值是授權。而此時的四人共坐會議，這是多頭政體，不是皇太極一人可享有決定權的。

同時三大貝勒與諸小貝勒之間，亦分別相對盟誓。三大貝勒若不教養子弟，或加誣害，當囚孽而死。諸小貝勒若背父兄之訓，而不盡忠於上，搖亂國事，或懷邪慝，或行讒間，亦奪其壽算。這是對三大貝勒地位的尊重，也可說是對三大貝勒所加的管束衆小貝勒責任的約制。

三、清太宗即位後的政治措施

上面說明了清太宗取得繼承大位的經過情形，就太宗即位後所面臨的一個包括女眞、蒙古、漢人種族複雜的社會，由於民族情感所釀成的衝突仇視，征服者對被征服者的迫害蹂躪；生活方式、風俗習慣不同所造成的糾紛磨擦；以及社會上貧富懸殊，所引起的偸盜攘奪，動盪不安；更加以對外用兵，又勢不可止（無論是爲了解決人民生活，即使是想和談，也必須以戰尋和），必須整飭武備，全力進行戰爭等種種問題。這些，都不是一個「如此三分四陸，十羊九牧」，「賞不出公家，罰必入於私室，有人必八家平養之，地土必八家分據之。」「即一人尺土，貝勒不容於皇上，皇上亦不容於貝勒，事事掣肘，雖有一汗之虛名，實無異整黃旗一貝勒也。」[25]的政權所能應付的。必須「奮起剛毅之精神，拿出果決之手段，如其用人，如其養民，如其立法，如其收拾人心。」方可「打點規模，擴充先汗之基業。」[26]清太宗既是「英勇超人」，「虜中之雄」，對這一情勢及所引發的問題，當然會體認到的。所以在即位之後，即一步一步試探着處理這些問題。

要想處理這些問題，很明顯的，首先必須衝破多頭政體的束縛，建立一個強有力的中央政權，將八旗近似獨立狀態的權力，收歸到「汗」的手中，然後始能發號施令，推行新政。但這不是一件容易的事，太祖所定的八家共權的遺訓，旗制的組織，太宗即位時的妥協條件等，都是根本的阻力，處理不愼，不但將發生內鬨，甚至引起另選易位的問題。所以我們看到太宗在位十七年間，一切措施都在設法集中政權這一着力點上向前推進，也一直爲這些問題衝突盤旋，終且引起宗室流血事件，所幸者並未釀成變亂。下面分別討論清太宗時代的政治措施及所發生的影響。

㈠ 擴大旗下大臣組織、職權，使掌理各旗事務：

清太宗在卽位後的第八天，卽與諸貝勒商議設立各旗總管大臣、佐管大臣與調遣大臣。實錄云：「上以經理國務，與諸貝勒定議，設八大臣（人名略），八固山額眞，總理一切事務，凡議政處與諸貝勒偕坐共議之。出獵行師，各領本旗兵引，凡事皆聽稽查。又設十六大臣（人名略），佐理國政，審斷獄訟，不令出兵駐防。又設十六大臣（人名略），出兵駐防，以時調遣，所屬詞訟，仍令審理。」㉗旗下這些高階層官員的設立，亦並非太宗所新創，王氏東華錄：「初，太祖剏制八旗，每旗設總管大臣舊稱固山額眞，順治十七年改稱都統各一，佐管大臣舊稱梅勒額眞，亦稱梅勒章京，順治十七年改稱副都統各二見乙卯年㉘。」又《武皇帝實錄》天命八年正月初七日條：「傳諭曰：八固山設八臣輔之，以觀察其心，誰能於事不分人己，而俱質之公論，誰於涉己之事，不肯自任其非，而難於色，八臣當合一公論，非者卽以爲非。如不從所諍，卽奏之上知。一也。凡國事何以成，何以敗，當深爲籌畫。有堪輔政者，卽曰此人可使從政，卽舉之。有不堪任事者，卽曰此人不堪任事，卽退之。二也。」

八臣卽八旗固山額眞，此設於乙卯年（明萬曆四十三年）。這一年，清太祖曾將所有部衆加以大編組調整，釐定八旗制度，同時並建立最高幕僚組織與綜理一切軍民事務的機構。蔣氏東華錄：「又置理政聽訟大臣五人，札爾固齊十人佐理，五日一視朝，凡有聽斷，先經札爾固齊十人審問，然後言於五臣，五臣審問，言於衆貝勒，議定奏明。」㉙又王氏《東華錄》：「特設議政五大臣、理事十大臣。後或卽以總管一旗佐管一旗者兼之，不皆分授。」㉚清史稿列傳：「國初置五大臣，以理政聽訟，有征伐則帥師以出，蓋實兼將帥之重焉。」㉛又天聰朝臣工奏議云：「自古以來，有一代興旺之君，必有一代輔佐之臣。……先汗在日，有打剌哈蝦五大臣，敢作敢言，不看臉面，知有汗而不知有人，知爲國而不知爲家。是以先汗自數十人起手，做了

許多事業。」㉜

乙卯年的大編組調整，這是清人歷史發展上具有關鍵性的年代，不只是決定了清初以旗制部勒所有屬人的社會組織，同時也是爲了下一個重大行動步驟的準備。所以在第二年便建號改元，向明朝正式發動大規模的進攻，建立女眞人在中國史上的第二個政權。

五大臣與十札爾固齊（《武皇帝實錄》稱都堂），雖有總管一旗或佐管一旗者兼之，但它可以說是超於旗制的另一個組織。五大臣是太祖的最高幕僚，「凡軍國重務，皆命贊決。」㉝十札爾固齊的職掌，武錄與東華錄的記載似乎全在聽訟，其實不然。就太祖時曾任札爾固齊各人的事蹟觀之，都是才猷懋著文武兼資的人物，無事時在內理民，有事則率衆出征，權秩俱崇，並非僅限於詞訟之初審審判，而且亦非五大臣下的佐貳人員，二者各有其職掌範圍。如費英東於初設五大臣時列五臣之選，仍命其領札爾固齊如故。札爾固齊的設立，本遠早於五大臣，噶蓋任札爾固齊在萬曆二十一年以前，費英東在萬曆二十六年以前。蓋先時太祖所屬部衆不多，故以札爾固齊管理人民間的相互問題與爭議。後部衆日多，關係亦日益複雜，又有旗與旗間的問題。這些在以往本來是由太祖自己解決的，但到旗制釐定後，感到事實上的需要，所以又設立理國政大臣以資輔佐，同時並使十札爾固齊立於旗制之外，執行職務㉞。

由五大臣與十札爾固齊的設立，我們可以看出太祖的統屬系統與政權運用的最高形式。雖然建立了部勒屬民整齊劃一的旗制，分令子侄掌領，並使各享有相當的人戶及名份上的主屬關係，但這只是部勒國人的最大編組單位，對各旗指揮行動的一切權力，仍握在太祖自己的手中。不過從另外一方面看，八旗總管大臣、佐管大臣及五大臣、十札爾固齊等的設立，也表示着清太祖政權的內部構成關係。清太祖由一個家族而向外擴展，隨着征服日廣，部衆日多，當然需要建立完整的指揮領導體系。但在征伐擴展的過程中，對於參與鬥爭的較大族羣，不得不採取適應情勢的聯盟策略，給予這些領袖人物家族應有的權利。這從彼此的婚姻關係，牛彔組成型態，職位繼承，賞罰輕重等情形中，可以很清楚的看出來。同時將當時任命的這些高階層人物的來歷、家族、管領牛彔、及所佔人戶加以分析，更可以明顯的表示出他們的地位與分量。雖然隨着太祖諸子侄的長成，家族集權日益加強，如五大臣理政制度由於彼等的相繼去世，也無形取消了㉟。但天命八年正月諭八固山輔臣的話，無異是肯定的說明了他們在參與這個汗國政權中應有的地位。

上文說太宗即位後設立的各旗大臣是與諸貝勒共議而設立的，這可能是部份人選的補充變動與新增設十六調遣大臣的關係。雖然這是遵依太祖的舊制，但對太宗來說，却具有着新的意義與作用。太祖時雖然五大臣理政制度取消了（這與無此身分地位重要的人選也有關係），但並沒有取消十札爾固齊。太宗即位後能在八旗之外另有這麼一個組織，當然是十分重要也十分需要的。但此時太宗的情形與太祖不同，太祖是以創業領袖與家長之尊的地位領導子侄，統治這個汗國，而太宗却沒有這個有力的統治因素。雖然名義上他是共同領袖，但在旗分與八家關係上他只是一旗的貝勒，因此札爾固齊也就跟着取消了，而不得不在已存的制度上着眼，這便是加強太祖時旗下大臣的辦法。新設的八旗大臣（固山額眞）不但與貝勒偕坐議政，率本旗兵出師行獵，稽查旗下一切事務，並監察輔導本旗貝勒。貝勒有罪，如未規諫告發，須負有連帶責任㊱。本旗貝勒如有所陳請，亦須經由彼等轉達。他們是各旗下的最高副統帥，有點像漢代王國的相，也可以說是各旗下的最高政治指導員，所以太宗常說固山額眞即是一旗之主。雖然這些旗下大臣都是由本旗人充任，但須受中央指揮監督以執行職權。如旗下有違法犯紀，行事不當情事，繩以職責，自較透過貝勒便於控制，且減少了太宗與諸貝勒間直接衝突的可能。從另外一方面看，旗下大臣人數的增加，與職責的擴大，便是相對的使貝勒對本旗控制力量的減弱。

太宗在八固山額眞與十六佐管大臣之外，又增設了十六個調遣大臣，（事實上十六佐管大臣也常調遣出征，此例甚多，出征正是他們解決經濟問題的機會㊲。）這四十個旗下的高級官員，從他們所屬的家族姓氏分析，除去七人是宗室與覺羅之外，其餘分散在十五個姓族之中。這十五個姓族是：瓜爾佳氏五人、伊爾根覺羅氏四人，那木都魯氏四人，鈕祜祿氏三人，佟佳氏二人，納喇氏三人，董鄂氏二人，郭洛羅氏二人，完顏氏二人，兆佳氏二人。其餘戴佳氏、輝和氏、薩克達氏、虎爾哈氏各一人。這些都是當時較大、分佈地區較廣的族羣。有六個是後來所說的與皇室通婚的八大家，共計十八人。八個是五大臣的家屬，三個是扎爾固齊的家屬，五個有姻親關係。這其中沒有蒙古人，更沒有漢人。另一個現象是，正藍旗五人中四人是覺羅，一人是根伊爾覺羅氏。鑲白旗五人中三人是額亦都之子。正黃旗中二人是楊古利之弟，阿山兄弟同在正白旗。

這裡應當說明的，太宗的增加各旗大臣人數，固然是由於旗下事務日繁，事實發展上的需要，但也可說是擴大了各族姓的參政權力，給予愛新覺羅族姓以外人的更多參加政權的機會。清太祖的政權，本來是從氏族社會的廢墟上建立起來的，這些人物，多是部族酋長或其父兄早先率衆歸服，所以必須重用他們，提高他們的地位。對這些族姓來說，這是政權的開放。對太宗來說，這是使旗主的權力向中央凝結。因爲讓這些強有力的族姓參與政權的機會增多，即是鞏固及團結他們與中央的關係，也是太宗爲了進行中央集權所面臨的情勢的要求。

崇德二年四月，各旗又增加議政大臣，每旗三員，《實錄》：「命固山貝子尼堪、羅託、博洛等與議國政。每旗各設議政大臣三員，以鞏阿岱（各旗人名從略）等充任。上御翔鳳樓，集和碩親王、多羅親王、多羅貝勒、固山貝子、固山額眞、都察院承政及新設議政大臣諭之曰：向來議政大臣或出兵，或在家，有事諮商，人員甚少，倘遇各處差遣，則朕之左右及王貝勒之前，竟無議事之人矣。議政雖云乏人，而朕不輕令妄與會議者，以卑微之人，參議國家大政，勢必逢迎取悅。夫諂佞之輩，最悞國事，豈可輕用。今特加選擇，以爾等爲賢，置於議事之列。殫心事主，乃見忠誠。爲國宣力，方稱職業。爾等大要有三：迪啓主心。辦理事務，當以民生休戚爲念。遇貧乏窮迫之人，有懷必使上達，及各國新順之人，應加撫養。此三者，爾等在王貝勒前議事，皆當各爲其主言之。朕時切軫念者，亦惟此三事耳。爾等凡有欲奏之事，不可越爾固山額眞，如某事應施行，某事應入告，當先與固山額眞公議，然後奏聞。……爾等當存忠直之心爲國，愼毋怠忽，有負朝廷。」並特別強調「或有將各旗妄分彼此，明知本旗有悖亂之人，隱匿不言，及人言之，反加庇護者，尤朕心之深惡者也。八旗皆朝廷之人，但懾服奸宄，撫恤困窮，使之各安統轄，又何彼此之可分乎！」[38]

實際上除了貝子尼堪等三人外，尙有二十七人。每旗三人，應爲二十四人，多出三人，不知何故。這二十七人中除四人的姓族不詳外，宗室覺羅佔四個，其餘分佈在十一個姓族，仍不出太宗初即位時所設各旗大臣的十五個姓族的範圍。其中六姓是屬於所謂「八大家」的，十人是即位時所設大臣的家屬。不過也新增了三個姓氏，尤其是蒙古博爾濟吉特氏，這大概是因爲旗下蒙古人的關係。値得注意的是，雖然此時已有了蒙古軍旗與漢軍旗，但並沒有蒙古軍旗人與漢軍旗人擔任議政大臣。這也就是說，統治階層仍然都是滿人。

(二) 取消三大貝勒共坐議政制度

太祖所定八家幹國的合議制政體及太宗之得位經過，前已言之。而實際與太宗共執政權者，爲代善、阿敏、莽古爾泰三大貝勒。所以即位後不但仍承太祖時遺制，三大貝勒按月分值，掌理國中一切機務，凡朝會或接見外國使臣，三人並與太宗左右共坐。實錄：「上詣堂子拜天，還御殿，諸貝勒曁羣臣朝見，各按旗序行三跪九叩禮。大貝勒代善、二貝勒阿敏、三貝勒莽古爾泰以兄行命列坐上左右，不令下坐，凡朝會之處悉如之。」㊴遇有大事會議而行，或派人徵詢意見。如天命十一年十月，明袁崇煥以弔太祖喪爲名，遣人覘視內部情勢，並試探和議動向。太宗以答覆崇煥書事遣人赴三大貝勒家磋商㊵。

三大貝勒按月分值掌理機務，非但事情易生牴觸，而且對太宗來說，當然亦十分不便，然又不能公然取消。天聰三年正月，乃假託尊敬兄長，不願煩勞爲名，而以小貝勒代之。實錄：「上集諸貝勒、八大臣共議，因令八大臣傳諭三大貝勒，向因直月之故，一切機務，輒煩諸兄經理，多有未便，嗣後可令以下諸貝勒代之。儻有疏失，罪坐諸貝勒。三大貝勒皆稱善，遂以諸貝勒代理直月之事。」㊶冠冕堂皇的理由，而輕易地剝奪了三大貝勒直接左右政事的機會。文中言傳諭三大貝勒云云，顯然此次會議事先有所安排，三大貝勒並未參加，而以諸小貝勒及八大臣共議結果告知三人，迫使接受已成事實。所云以諸貝勒代之，此後始終未見有小貝勒值月的記載。縱使有之，當然也是受太宗指揮左右的。

取消三大貝勒值月辦法後，是年十月征明時，代善與莽古爾泰即與太宗在行軍途中因意見不合，發生固請班師不愉快事件。《實錄》：「上統大軍伐明，……向明境進發。辛未，大軍次喀喇沁之青城。大貝勒代善、莽古爾泰於途次私議，晚詣御幄，止諸貝勒大臣於外，不令入，密議班師。兩大貝勒既退，岳託、濟爾哈朗……衆貝勒入，至上前，見上嘿坐，意不懌。岳託奏曰：『上與兩貝勒何所議？請示臣等。今諸將皆集於外，待上諭旨。』上憮然曰：『可令諸將各歸帳，我謀既隳，又何待爲。』因命文臣將所發軍令，勿行宣布。岳託、濟爾哈朗曰：『臣等未識所以，請上明示。』上密諭之曰：『我已定策，而兩貝勒不從。謂我兵深入敵境，勞師襲遠。若不獲入明邊，則糧匱馬疲，何以爲歸計。而明人會各路兵環攻，則衆寡不敵。且我等既入邊口，倘明兵自後堵截，恐無歸路。以此爲辭，固執不從。伊等既見及此，初何緘默不言，使朕遠涉至此耶！衆志未孚，朕是以不懌耳。』岳託、濟爾哈朗衆貝勒勸上決議進取。於是令八固山額眞詣兩大貝勒所定議。……是夜子刻議定，上遂統大軍前進。」[42]

這可以說是二人對太宗剝奪其直接掌理機務權力的反應。而太宗對此形勢處理策略，乃是進一步設法取消共坐議政制度，根本削除其影響力量。

天聰四年，阿敏以永平敗歸被囚。天聰五年，莽古爾泰又因罪革大貝勒名號。至此僅留代善一人共坐。是年十二月，禮部承政李伯龍乃揣勢度時勢，上疏請定朝會班次儀制云：「我國行禮時，不辨官職大小，但視衮服之美者，即居前列。」於是命今年元旦朝賀，八旗諸貝勒，獨列一班行禮，外國來歸蒙古諸貝勒大臣行禮，次八旗文武官員，各照旗序行禮。」「又莽古爾泰貝勒，因其悖逆故，科罰贖罪，革大貝勒稱號。自朕即位以來，國中行禮時，曾與朕並坐，今不與坐，恐外國人聞見，不知彼過，乃議我爲不敬，彼年長于朕，仍令並坐何如。因命大海榜式等與大貝勒代善及諸貝勒議。方議時，代善言……上諭誠是，彼之過不足介懷，揆之于禮，即並坐亦善。」廢除共坐議政，這是對太祖所定共議國政制度的一大變更，所以當時諸貝勒贊成與不贊成者各半。後代善見情勢如此，乃「頃之又云：不特此也，竊思我等既戴皇上爲君，又與上並坐，恐滋國人之議，謂我等奉上居大位，又如三尊佛，與上並列而坐，甚非禮也。旣被人議，神必聞之。神明降譴，必減紀算。倘各量才力，順理而行，自求多福，斯神祐之矣。……自今以後，上南面居中坐，我與莽古爾泰侍坐上側，外國蒙古諸貝勒坐于我等之下，旣奉爲上而不示獨尊可乎。于是，諸貝勒皆曰善，議定以聞，上從之。」㊸於是自天聰六年元旦起，撤消共坐之制。「上即位以來，歷五年所，凡國人朝見，上與三大貝勒俱南面坐受。自是年更定，上始南面獨坐。」㊹

(三) 政治機構的設立

1. 文館——內三院

文館原稱筆帖赫包，漢語爲書房。天聰五年十二月甯完我疏云：「我國筆帖赫包之稱，於漢言爲書房。朝廷之上，豈有書房之理。官生雜處，名器未定，更易布置，止一矢口之勞，皇上何憚而不爲也。」㊺改稱文館，不知始於何時（後人修史所改？）。太祖時先後有龔正陸（亦作六）、馬臣、歪乃、大海、劉海等管理文墨書牘事宜，朝鮮實錄：「浙江紹興府會稽縣人龔正六，年少客於遼東，被搶在其處，有子姓羣妾，家產致萬金，老乙可赤號爲師傅，方教老乙可赤兒子書，而老乙可赤極其厚待。虜中識字者只有此人，而文理未盡通矣。」「馬臣，馬三非之子，老乙可赤副將也，年年通貢天朝，慣解華語。」「馬臣本名時下，佟羊才本名蘇屎，……歪乃本上國人來于奴酋處，掌文書，而文理不通。此外更無能文者，且無學習者。」又亂中雜錄云：「此間文書，遼人大海、劉海專掌，而短於文字，殊甚草草。兩海文筆至拙，回書中須用尋常文字，才可解見。」㊻是這個書辦幕僚的設置早已存在，不過此時可能沒有名稱。

天聰六年九月李棲鳳上疏謂：「臣得侍書房，已幾七年。」㊼大概是太宗即位以後，根據太祖原有設置，加以擴大。《太宗實錄》記天聰三年四月分爲兩値，「巴克什達海同筆帖式剛林、蘇開、顧爾瑪渾、托希戚等四人，繙譯漢字書籍。巴克什庫爾纏同筆帖式吳巴什、查素喀、胡球、詹霸等四人，記註本朝政事，以昭信史。」㊽這些多是滿人，實際上漢人在書房爲秀才者見於天聰朝臣工奏議的，尙有高士俊、王文奎、范文程、李棲鳳、鮑承先、甯完我、楊方興、馬國柱等。《實錄》所記八人，可能是依旗分分配，每旗一人。

雖然書房人數已如此之多，並有大榜式、小榜式、秀才等名目，但並無正式官制上的名色。稱爲書房，大概是時人依其工作性質的稱呼。天聰六年九月王文奎奏疏云：「今日之書房，雖無名色，而其實出納章奏，即南朝之通政司也。民間之利病，上下之血脈，政事之出入，君心之啓沃，皆係于此。自大海棄世，龍識革職以來，五榜什不通漢字，三漢官又無責成，秀才八、九人，閧然而來，羣然而散。遇有章奏，因無職守，上前者有招攬之嫌，退後者有謙避之美，彼此互推，動淹旬日。章奏之內，有言在事先，而及汗覽之日，又在事後，竟何益哉！日復一日，愈久愈弛。」㊾

漢人所說書房之重要性，這是有意誇張，事實上只是記註繙譯與收掌文書的八旗共同書記，談不上什麼「朝廷咽喉」機密重地，所以衆人「眼中無書房衆官」。大海一死，「書房事宜，竟無專責，其櫃子中所貯文書，人得亂動。」㊿

及至六部建立之後，曾有人建議倣六部之制，用貝勒一人主管書房事務。書房秀才楊方興奏云：「書房中當用貝勒。書房實六部之咽喉也，一切往來國書，暨官生奏章，俱在于斯，若無總理之人，未免互相推諉。臣遍觀金漢中無人當此大任，亦不敢當此大任，皆恐日久生嫌。臣想六部皆有貝勒，而書房獨無。乞皇上擇一老成通達政事的貝勒，在書房中總理，不必每日勞動他，恐褻貝勒之尊，或三、五日來一次，內則查點書房本稿，外則代伸六部事務。凡大小章奏，先與貝勒說過，該進上者進上，該發部者發部，庶書房官生有頭領，好用心做事。再各分執掌，總聽貝勒約束，方成個大規矩。」[51]

書房中設主管貝勒，太宗未接受，此蓋與太宗之中央集權計劃有關（太宗雖然可以取消四大貝勒共坐議政，但不能取消八旗貝勒議政權利），在當時書房雖然不被人重視，但太宗正在逐步擴大其權力，例如令彼等與諸貝勒共同議事[52]。處理正藍旗事件時，諸貝勒所上議處辦法與太宗心意不合，乃傳示己意於書房諸人，令擬妥原則後持與諸貝勒覆議[53]。書房如設立貝勒，在指揮運用上便不能如此方便。同時根據八家議政幹國制度，由貝勒一人主持書房，亦將引發許多問題。

時並有請依明制設立內閣者，令總裁六部之事，「凡八家固山，六部承政，有疑難大事，先赴閣公議，務要便國利民，方得奏請聖旨，裁奪施行。」[54]此雖未接受，但天聰十年三月，隨着即將來臨的稱帝改元，乃先將書房改為內三院，令籌備諸事。實錄記三院職掌，內國史院：職掌「記註起居詔令，收藏御製文字，凡用兵行政事宜，編纂史書，撰擬郊天告廟祝文，及陞殿宣讀慶賀表文，纂修歷代祖宗實錄，撰擬礦誌文，編纂一切機密文稿，及各官章奏，掌記官員陞降文册，撰擬功臣母妻誥命，印文，追贈諸貝勒册文。凡六部所辦事宜，可入史册者，選擇記載。一應鄰國遠方往來書札，俱編為史册。」內秘書院：職掌「撰與外國往來書札，掌錄各衙門奏疏，及辯冤詞狀，皇上勅諭，文武各官勅書，竝告祭文廟，諭祭文武各官文。」內弘文院：職掌「注釋歷代行事善惡，進講御前，侍講皇子，並教諸親王，頒行制度。」[55]

就三院職掌而言，這是倣明會典所載內閣與翰林院職掌雜揉而來的，最初所定職掌範圍，當然沒有這麼堂皇，後經修史者加以鋪敍。每院設有大學士，下有學士、承政、理事官、舉人、生員等。三院職司，既較書房爲擴大，而且亦成爲正式編制的機構。由於彼等得隨時「出入禁庭」，故隨着太宗集權的進展，凡臣下章奏，由其轉達，並與諸貝勒大臣共議國事，傳宣政令。而出使、招降等臨時派遣，亦多由彼等任之，所以漸成爲「喉舌」之司。三院官員，多拔自出身低微者充任，以漢人居多，成爲太宗推行中央政權的心腹策劃機構，凡事有關各旗而不便令貝勒等參加者，皆令彼等集議以聞，假手彼等以表示自己旨意。

2. 六部：

在太宗立法建制的設置中一件劃時代的大事，是正式在旗制之外設立了一套行政機構，這是由部落組織走入國家形式的一大進步。一方面是由於人口衆多，事務日繁，尤其是包括女眞人、漢人、蒙古人，不同的文化背景，不同的生活方式與風俗慣習，更需要建立一個統一的管理機構，設官理事，不能再像以前一樣，由各旗各自處理。這樣，不但行動不能劃一，易生牴觸，而且會造成旗與旗間的糾紛磨擦。一方面是太宗在其集權的策略中，也想在旗制之外另建立一套機構，統理八旗事務，以轉移八旗貝勒對本旗的控制力量。但想建立一套行政組織，自己文化上又無所憑藉之處，可以借用的規模整齊的制度，只有取自明朝。同時在人口中又以漢人佔大多數，問題亦最多，於是乃倣明朝中央政府組織的形式，設立六部。

六部設立於天聰五年七月，這也是投降的漢人所建議的。《實錄》：「（參將甯完我疏言）臣等公疏，請設六部，立諫臣，更館名，置通政，辨服制等事。疏經數上，而止立六部。……古今創業帝王，雖治術多方，法制詳備，猶不免日久弊生，況今官制未備，法度不周。……故創業帝王，慮國事無紀綱也，而置六部；慮六部有偏私也，而置六科；慮科臣阿黨，君心宜啓沃也，而置舘臣；慮下情上壅，君心受欺蔽也，而置通政。此數事皆相因相制，缺一不可者。」[56]這些漢人，以「分養」於各家，受盡欺虐凌辱，想在新官制設立後，滿人不諳政治組織，不明政治運用，勢必得利用此輩，為之籌策謀劃，希望藉此可以討取進身之階，改善一些自身的處境。而這些人中，又以遼東人居多，他們在明朝時即受到不平待遇，今既降服，家國盡失，所以鼓勵並協助滿人建立一個局面，組成一個政權規模，謀求出路。太宗本人，亦以即位之後，一切漫無法紀，建立制度，正好假此約束各旗。同時由於漢人日多，一方面可用以安撫；一方面建官立制，亦可彌補其對明朝草野自卑的心理。

關於六部的組織，《實錄》與《老檔》所記不同，今依李學智先生所譯《老檔》組織如下：

吏部	戶部	禮部	兵部	刑部	工部
和碩貝勒一 或臺吉一	和碩貝勒一 或臺吉一	和碩貝勒一 或臺吉一	和碩貝勒一 或臺吉一	和碩貝勒一 或臺吉一	和碩貝勒一 或臺吉一
承政四人 滿二 蒙一 漢一					
侍郎十四人 滿八 蒙四 漢二	侍郎十四人 滿八 蒙四 漢二	侍郎十四人 滿八 蒙四 漢二	侍郎十四人 滿八 蒙四 漢二	侍郎十四人 滿八 蒙四 漢二	侍郎十四人 滿八 蒙四 漢二
啓心郎四人 滿二 漢二	啓心郎四人 滿二 漢二	啓心郎四人 滿二 漢二	啓心郎四人 滿二 漢二	啓心郎四人 滿二 漢二	啓心郎四人 滿二 漢二
筆帖式十人 滿八 漢二	十八人 滿十六 漢二	十人 滿八 漢二	十八人 滿十六 漢二	十人 滿八 漢二	十人 滿八 漢二
	倉長十人 滿八 漢二				
	税課長十二人 滿八 漢四				
章京每牛彔一名	章京每牛彔一名	章京每牛彔一名	章京每牛彔一名	章京每牛彔一名	章京每牛彔一名
差人每旗一名	每札闌一名	每札闌一名	每札闌一名	每旗二名	每牛彔一名

據李學智先生譯文[57]，各部和碩貝勒或臺吉的稱呼，如「吏部的貝勒：管理固山（旗）的貝勒，稱為吏部的和碩貝勒。未管固山（旗）的臺吉，稱為吏部的臺吉。」就實錄所記，吏部為多爾袞，戶部為德格類，禮部為薩哈廉，兵部為岳託，刑部為濟爾哈朗，工部為阿巴泰[58]。這裡牽涉到當時各人的稱號問題（見李氏在文中對貝勒與臺吉的解釋）。又承政下一級《實錄》等多稱為參政，譯文作侍郎，恐不如實錄等書為是。在漢文材料中稱侍郎者僅一見，（臣工奏議李伯龍稱禮部侍郎）當時稱謂問題，滿漢之間，本不統一，亦不嚴格，李伯龍或以既依大明會典，自己所處地位如同侍郎，而如此自稱。而且在六部整個組織官稱上亦無一與明六部相同，其餘都是新創職稱，為何獨此一級稱為侍郎？又章京人數亦甚怪，即以每旗二十五個牛彔論，八旗二百個牛彔，六部即需一千二百個章京，每部二百個章京如何共集任事？檔文記載，蓋有脫漏不明之處。

六部公署建成在天聰六年八月，〈臣工奏議〉：「六部衙門修蓋已完，各部官員，尅日入衙升座，料理部務。」[59]同時並頒發各部印信，實錄：「工部大臣以六部工竣奏聞，上親往視之。……又命諸部貝勒於初入署時，率本部大臣赴闕領印，行三叩頭禮，還部，張鼓樂。承政、參政及闔部官員，於本部貝勒行一叩頭禮，左右分次序列坐。各部事宜，皆用印以行。其職掌條約，備錄之，榜於門外。凡各衙門通行文書，亦用印行。於是頒六部銀印各一。」[60]各部所經理諸事，每逢月之五日十日，彙集奏聞[61]。

各部職掌條約，今已不可考。戶部衙門匾額，後日猶存。《瀋故》：「盛京戶部衙門匾額，題大金天聰六年所立。撫近門（即大東門）磚額鐘樓上石碑，均大金年號，至今仍之。」[62]當時所設各部地址，見《盛京通志》卷十八公署條。

建議設立六部的漢官，多不學武夫，或生員秀才之類，對明朝典制深蘊，本不甚瞭解，皆非作法立制之才。僅知搬出《大明會典》，「凡事皆照《大明會典》行」，此與當時社會情形，多有不合。滿人氏族社會的傳統習慣，人己間的權利義務，公私觀念，所謂法的意識，與大明會典的法意精神根本不能相適應。例如高鴻中陳刑部事宜奏言罪罰標準與審判情形云：「各官犯事照前程議罰，不惟會典不載，即古制亦未之聞也。犯事有大小，定罪有輕重，但犯些微過誤者，照前程議罰，或官箴有玷者，亦照前程議罰，或職大職小，同犯一事者，俱照前程議罰，恐非創制之良好。凡職官犯罪，或定三四等，一等罪罰各幾石，折銀幾兩；二等罪罰各幾石，折銀幾兩。量犯罪大小，只可依等議罰，庶法罪兩平，人心貼服。若夫爭人一事，糧貴時，無糧者逐人惟恐不出，饑餓者投人惟恐不留。數年來其人尋找亦盡，近者聚訟盈庭，多借此爲騙局。……審事混擾，凡犯事人自有正身，如正身不到，審事官必不問理。見得我國中下人犯事，或牛彔或家主就來同審事官坐下，正犯未出一語，家主先講數遍，傍邊站立，紛紛濫說，均思暗中屬託公事者尚且有罪，況明明坐在一處講事，不係屬託，此係勢壓，而法紀安在。……金漢另審，先年金漢人同在一處審事，漢人多有耽延。自天聰二年設立漢官分審，未聞有偏私不公，而沉閣前件者。近日刑曹漢官二三人與金官同審，反致事體壅塞，不能速決。蓋因金官多漢官少，不得公同不審，以致前件延遲。」63

由於不能適應，所以「有吆喝於今日，而更張於明日者。」「每出己見，故事多猶豫，有做一頭，丢一頭，朝更夕改，有始無終，且必狃着故習。」而六部衙門雖設，仍然家國公私不分，貝勒等多在家中理事。《實錄》：「上召文舘滿漢儒臣及六部滿漢啓心郎等入內廷，命依次坐，諭啓心郎曰：……今聞各部貝勒多在私家理事，果爾，則設衙門何爲？此皆妄自尊大，而慢於政事也。……六部諸臣內，英俄爾岱為人執拗，待本旗人微有徇庇。朕思人有全德者少，彼能盡心部務，辦事明快，朕實嘉之。其餘各部大臣，不如彼之盡心辦事者甚多。」[64]更加以語言隔閡，漢滿衝突，其混亂情形可想而知。

天聰七年八月，甯完我請於六部承政下每人設通事一人，以負上下傳達之責。疏云：「我國六部之名，原是照蠻子家立的，其部中當舉事宜，金官原不知。漢官承政，當看《會典》上事體，某一宗我國行得，某一宗我國且行不得，某一宗可減，某一宗可增，參漢酌金，用心籌思，就今日規模，立個金典出來。每日教率金官，到汗前擔當講說，務使去因循之習，漸就中國之制，必如此，庶日後得了蠻子地方，不至手忙脚亂。然大明會典雖是好書，我國今日全照他行不得。他家天下二三百年，他家疆域橫亙萬里，他家財賦不可計數。況會典一書，自洪武到今，不知增減改易了幾番，何我今日不敢把會典打動他一字。他們必說律令之事，非聖人不可定，我等何人，擅敢更議。此大不通變之言。獨不思有一代君臣，必有一代制作。昔漢高繼暴秦而王，禮律未定，蕭何、叔孫通一個擔當造律，一個擔當制禮。他二人不過也是個人，平空的尚然造律制禮，我們拏着會典成法，反不能變通一毫，果何謂也？臣於三年前，不自揣庸愚，造我國行軍律一冊，見今存書房櫃中，大海說我國且行不得，是以未奏汗知。臣又想六部漢官開口就推不會金話，乞汗把國中會金話的漢人，會漢話的金人，挑選若干，把六部承政，一人與他一個通事。他若有話，徑帶通事奏行，再誤了事體，他又何辭。汗之左右，亦該常存兩個好通事，若有漢官進見，以便問難。」[65]

崇德三年七月，重定各衙門官制。實錄：「先是，六部、都察院、理藩院滿洲、蒙古、漢人承政，每衙門各三、四員，其餘皆為參政，官止二等。至是，范文程、希福、剛林等奏請，每衙門止宜設滿洲承政一員，以下酌設左右參政、理事、副理事、主事等官，共為五等。上可其奏。於是命吏部和碩親王更定八衙門官制。」[66]更定後的六部組織為：

部	管部貝勒	承政	參政	理事官	副理事官	啓心郎	主事
吏部	管部貝勒	承政一人	參政左二人 右二人	理事官四人	副理事官六人	啓心郎滿一 漢二	主事（辛者庫）二人
戶部	管部貝勒	承政一人	參政左二人 右四人	十人	十五人	啓心郎滿一 漢二	主事（辛者庫）二人
禮部	管部貝勒	承政一人	參政左二人 右三人	四人	七人	啓心郎滿一 漢二	主事（辛者庫）二人
兵部	管部貝勒	承政一人	參政左二人 右三人	十人	十六人	啓心郎滿一 漢二	主事（辛者庫）二人
刑部	管部貝勒	承政一人	參政左二人 右三人	六人	八人	啓心郎滿一 漢二	主事（辛者庫）二人
工部	管部貝勒	承政一人	參政左二人 右三人	八人	十人	啓心郎滿一 漢二	主事（辛者庫）二人

這一次改組，較前更為系統化，主事之下，當有筆帖式及其他差役。就人數而論，此次自承政至主事共一七九人，天聰五年初設六部時自承政至啓心郎共一三二人，編制擴大，參政一級人數減少，而增加理事官與副理事官，分職任事，都覺方便。承政一級，每部只設一人，都是滿人，已沒有漢人與蒙古人，表示政權向滿人手中更為集中，漢人與蒙古已不能參與高階層的決策。這是隨着改元稱帝而來的變化。啓心郎滿一、漢二，也表示着漢人在總人口中所佔的比重，及漢化的演進情形。其中沒有蒙古人，說明了所用的語言文字只有滿漢二種。另外一個現象

是，如將所有承政、參政三十七人的族姓加以統計，宗室與覺羅佔四人，漢人十人，納喇氏六人，蒙古博爾濟吉特氏五人，鈕祜祿氏三人，瓜爾佳氏二人，其餘伊爾根覺羅、舒穆祿、佟佳、輝和、他塔臘、覺爾察、莽努特諸氏各一人。如以滿、漢、蒙古劃分，滿人佔百分之五九強，漢人佔百分之二七強，蒙古佔百分之一三強。又滿人中納喇氏人數最多，以其爲太宗舅家。

3. 都察院

六部設立後，漢官又請置立臺諫言官，「凡國家政令之得失，百僚任事之忠佞，許其風聞，不時論劾。所言者實而可行，即宜擢賞；所言者詞雖涉虛，亦宜包容。」「國之有諫臣，猶人之有耳目也。人有耳目，則行走皆宜，舉動不差。國有諫官，則是非明白，欺詐難隱。」[67]這些人想把漢人的一套，完全搬來。不知滿人在上下之間，不像漢人王朝之隔閡懸遠，他們仍保持着舊傳統上下之間相接密切的習慣。所以太宗說：「何必立言官，我國人人得以進言。若立言官，是隘言路矣。」同時這與當時的政治結構是相關連的，也可以說在當時的情勢下不能允許有這麼一個機構出現，因而一直沒有接受。直到崇德元年，已經改元稱帝，中央集權已趨穩定，乃於是年五月設立都察院，《實錄》：「上諭都察院諸臣曰：爾等身任憲臣，職司諫諍，朕躬有過，或奢侈無度；或誤譴功臣；或逸樂遊畋，不理政務；或荒躭酒色，不勤國事；或廢棄忠良，信任姦佞；及陟有罪，黜有功，俱當直諫無隱。至於諸王貝勒大臣，如有荒廢職業，貪酒色，好逸樂，取民財物，奪民婦女，或朝會不敬，冠服違式，及欲適己意，託病偷安，而不朝參入署者，該禮部稽察。若禮部徇情容隱，爾等即應察奏。或六部斷事偏謬，及事未審結，誑奏已結者，爾等亦稽察奏聞。凡人在部控告，該部王及承政未經審結，又赴告於爾衙門者，爾等公議，當奏者奏，不當奏者公議逐之。明國陋規，都察院衙門，亦通行賄賂之所，爾等當互相防檢，有即據實奏聞。若以私讐誣劾，朕察出，定加以罪。其餘章奏，所言是，朕即從之；所言非，亦不加罪，必不令被劾者與爾面質也。爾等亦何憚而不直陳乎。至於無職庶人，禮節錯誤，不必指奏。我國初興，制度多未嫻習，爾等教誡而寬釋之可也。」[68]崇德三年改制時，設承政一人，總理院務，下有左、右參政各二，理事官六（滿、漢、蒙古各二人）[69]。

當六部設立之時，漢官並請設六科，以符合大明會典部科相維相制之組織。馬光遠請設六科奏云：「今國政初立，事多繁難，凡在下大小官民人等下情，有應在六部申訴者，有應在皇上陳奏者。六部有六部貝勒代爲轉奏，皇上有書房榜式代爲轉奏，可謂便當。臣近見各部事體，或壅或滯，無人稽察。書房事體，或推或諉，率多羈悞。因責任不專，六科不設之故也。伏乞皇上不必勞繁多費，止選老成練達六人，立爲六科，每科專理一部，註定前件文簿一本，……每月終或年終，各科稽查各部前件，如有羈遲欺弊等情，許本科據實查參，以聽朝廷處分。每日遇有陳奏皇上事情，各照各科代爲轉奏，不許似前推諉。」[70]

設立六科的建議，太宗並沒有接納，因爲各部已設有啓心郎，足以代替六科職權。啓心郎的職責，《實錄》：「工部大臣以六部衙門工竣奏聞，上親往視。還宮時，召六部啓心郎……六人諭之曰：朕以爾等爲啓心郎，爾等當顧名思義，克盡厥職。如各部貝勒凡有過失，爾等見之，即明言以啓迪其心，俾知改悔。若一時面從，及事已往而退有後言，斯最下之人所爲也。汝等先自治其身，身正而後可以言諫上。如不治其身，不勤部事，則自反尙多抱愧，何以取重於人？雖懇切言之，上必不聽，人亦不信也。」[71]「上召文舘滿漢儒臣及六部滿漢啓心郎等入內廷，命依次坐。諭啓心郎曰：自設立六部以來，惟吏、戶、兵三部，辦事妥協，不煩朕慮。禮、刑、工三部，辦事多有缺失。若因事未諳而錯誤，尙可寬宥。乃伊等竝不實心辦事，……

此皆貝勒才短，承政疏忽，啓心郎怠惰故耳。……向嘗誡諭爾等，啓心郎不得干預部事，但坐於各貝勒之後，倘有差謬，則啓其心。今聞各部貝勒多在私家理事，果爾，則設立衙門何爲？此皆妄自尊大，而慢於政事也。似此情事，爾等何不開導之。……其餘各部大臣，不如彼之盡心辦事者甚多，隨事啓迪，非爾等啓心郎之責而誰責乎？……如朕與諸貝勒，或不理國政，貪貨利，耽酒色，貽誤機務，爾等言之，朕若不聽，朕之過也。至爾等既任啓心郎之職，遇本部貝勒有過，言之不從，遂默而不言，可乎？當再三言之，終不見從，方可奏朕。」[72]

啓心郎除平時在部，如遇有本部領部務貝勒出征作戰時，本部啓心郎亦隨之前往，傳達朝廷命令，奏聞軍前戰報。故非獨隨侍貝勒之側，遇事建言啓迪，拾遺補闕性質，其主要作用，乃在伺察貝勒行事及部中一切活動，隨時奏聞。這是太宗的耳目，亦明代六科的職司。

另外有理藩院，原稱「蒙古衙門」，處理有關蒙古地方一切事務，崇德三年六月改稱理藩院[73]，其組織大體如都察院。

(四) 教育與科舉

1. 滿人貴族子弟教育

清太祖對其子弟之教育，已甚知注意。如前述之龔正六，一方面爲其處理文書，一方面教其兒子讀書。後並於八旗內遴選巴克什爲師傅，教育子弟。滿文老檔：「汗十一日下書說，命準脫、傅布赫依、薩哈廉、烏巴泰、雅興阿、科背、札海、渾岱，這八位巴克什出任八旗的師傅，把你們下面的學生，選入的子弟們，要好好的詳細的教授他們讀書。若能使他們通曉，就賜以功。選入的子弟若不勤勉求學不通曉書籍，則定以罪。選入的學生，若有不勤學的，你等師傅可告訴諸貝勒。任何事情都不要八師傅去管。」[74]「八旗教書的尼堪外郎(Nikan Wailan)，外郎各賞給了三兩銀子。」75

清太宗即位後，深深的感覺到舊有的一套傳統知識，已不足以應付新社會所面臨的問題，必須有所改變調整；六部等機構及一切政治上的措施，便是在此要求下出現的。但要想讓族人接受新的組織規範，遵守新的法制，灌輸新的觀念，必須先從教育着手。天聰五年七月曾諭諸將云：「自征明國以來，攻城野戰，所向必克，彼明國屢戰屢敗，勢同枯枝。而我常有懽心者，以彼雖不長於騎射，而於戰陳之時，曉習文武法律故也。」76這是在大凌河之戰軍前所發的感慨，於是乃令諸貝勒大臣教育子弟讀書。是年閏十一月，又集諸貝勒大臣諭之曰：「朕令諸貝勒大臣子弟讀書，所以使之習於學問，講明義理，忠君親上，實有賴焉。聞諸貝勒大臣有溺愛子弟，不令就學者，得毋謂我國雖不讀書，亦未嘗誤事與？獨不思昔我兵之棄灤州，皆由永平駐守貝勒失於救援，遂致永平、遵化、遷安等城，相繼而棄，豈非未嘗學問，不明義理之故乎！今我兵圍明大凌河城，經四越月，人皆相食，猶以死守，雖援兵盡敗，凌河已降，而錦州、松山、杏山猶不忍委棄而去者，豈非讀書明道理，爲朝廷盡忠之故乎！自今凡子弟十五歲以下，八歲以上者，俱令讀書。如有不願教子讀書者，自行啓奏。若爾等溺愛如此，朕亦不令爾身披甲出征，聽爾任意自適，於爾心安乎！其體朕意。」77實則太宗所看到的，不只是「讀書明理」，而是看到了二個文化價值觀念的不同。「忠君親上」，正是他在建立中央集權上所要求的，也是他推行漢化的原因之一。

令各貝勒大臣教育子弟，其最初方式可能是聽其自行延師施教，所以多未肯遵行。天聰六年，漢人建議正式設立官學，〈臣工奏議〉：「皇上諭金漢之人都要讀書，誠大有爲之作用也。但金人家不曾讀書，把讀書極好的事，反看作極苦的事，多有不願的。若要他自己請師教子，益發不願了。況不曉得尊禮師長之道理乎！以臣之見，當於八家各立官學，凡有子弟者，都要入學讀書，使無退縮之辭。然有好師傅，方教得出好子弟。當將一國秀才及新舊有才，而不曾作秀才的人，勅命一二有才學的，不拘新舊之官，從公嚴考，取其有才學可爲子弟訓導的，更查其德行可爲子弟樣子的，置教官學。順設養廉之典，供以衣食，使無內顧之憂；尊以禮貌，使其有授教之誠；崇以名分，使其有拘束之嚴。小則教其洒掃應對進退之節，大則教其子臣弟友禮義廉恥之道。誘掖獎勸，日漸月磨，二三年必將人人知書達禮，郁郁乎而成文物之邦矣。況考校乃歷代之大典，不行考校，則人不讀書，而眞才無上進之階。舉孝廉乃漢朝之美政，不舉孝廉，則人不好學，縱有才學，爲政必乖，伏乞皇上並法行之。」[78]

當時官學如何設立，不得而知。就黃昌、于躍龍言二人爲正廂二黃旗教書秀才的話觀之[79]，大概是依旗分每旗設立教書秀才若干人，在各旗內分別教授。至於學生是否依太宗所說八歲以上十五歲以下者都要讀書，教書秀才如何選拔，教授方式如何，考課如何，有無學規，都未見記載。不過就天聰八年四月第一次考試舉人情形，其所注意者，似在言語文字，分滿、漢、蒙古三種。至於教學成績，由於「金人家不曾讀書，把讀書看作極苦的事。」這是傳統生活習慣的約制，滿人難以接受，而當時又以軍功爲進退之階，所以滿人子弟不但不願入學，毋寧說對讀書是輕視的。另一方面，漢人秀才仍要編兵，當然教學也不會有好的成績。甯完我陳秀才編兵奏云：「聞秀才編兵，是貝勒與汗的見。夫南朝文武殊途之弊，所以令文人能武事，誠美意也。但編兵之名，遠近聞之，甚不好聽，恐壞汗建學取士之雅意。臣愚意待此番考過，除狀元進士若干人領官賞作養之外，剩下秀才，揀通文理知弓馬好些的，或十數個秀才內定一個，令他買馬錠甲製器械，大兵出門時，或隨汗營辦事，或與石總兵贊畫，必如此，在汗庶有利益，在秀才們亦肯學習弓馬。若照民一例編兵，入於漢營，隸之將官，無差無等，士心難甘，恐非汗作養秀才之初意也。」[80]

2. 開科與薦舉

清太祖本人甚恨明朝儒生，謂種種可惡，皆在此輩，所以凡被俘獲查出者，多遭殺戮。太宗即位後，由於環境情勢的不同，慢慢認識了這些人的利用價值，同時也想行「釣餌豪傑之至計」，因而對之漸加重視。天聰三年九月，首次舉行考試。《實錄》：「上諭曰：自古國家文武竝用，以武功勘禍亂，以文教佐太平。朕今欲振興文治，於生員考取其文藝明通者優獎之，以昭作人之典。諸貝勒府以下，及滿、漢、蒙古家所有生員，俱令考試。於九月初一日，命諸臣公同考核，各家主勿得阻撓。有考中者，仍以別丁償之。」「九月壬午朔，考試儒生。先是，乙丑年十月，太祖令察出明紳衿，盡行處死，謂種種可惡，皆在此輩，遂悉誅之。其時諸生隱匿得脫者約三百人。至是考核，分別優劣，得二百人。凡在皇上包衣下，八家貝勒等包衣下，及滿洲、蒙古各家爲奴者，盡皆拔出。一等者賞給緞二，二等、三等者賞給布二，俱免二丁差徭。」[81]

這一次考試漢人，實錄只說分爲一二三等，但未言給予何種名目，及如何任用。不過這些人都是從奴隸中拔取出來，可以自己生活了。至天聰七年，太宗又準備正式開科取士，考選狀元。當時曾有漢人反對，王文奎奏云：「古來成事業者，要求實用，不貴虛名。而欲求實用，以圖事功者，尤以必得人爲第一。頃聞開科取士之議，誠開創急着也。而考其實，則未有盡善者。臣請究言其故。蓋我國不乏衝鋒破敵，戰勝攻取之人。而但慮得人得士之後，馬上得之，不可以馬上守之。汗亦自料，果能以一己之耳目心思周治之乎？抑必求公足以服衆，廉足以持己，幹足以禦變，智足以燭機，眞有撫近懷遠之略者而分任之乎？汗更於金漢中合貴賤親疏內而屈指記之，能有幾人耶？覆轍不遠，是宜預籌。然則今日取士之意，汗果欲於此寥寥數人內，搜羅此等人物耶？抑果謂此等人誠不易得，取士之意，不過欲了前番考秀才之局面，且博此名以動鄰國之所觀耶？信若此，臣竊以爲誤矣。」[82]又扈應元奏稱：「我皇上思用文臣，所以興學校，考賢才……今聖諭復開科取士，考選狀元，眞明主尊賢之思哉！況狀元不易得，亦不易取也。如徒以文章策論取人，亦蹈先前之弊。如徒以弓箭勇力取人，亦非用人之眞。再要信他智識如此，謀略如彼，只都是些虛詞謊話。以愚生言之，不拘年老年少，要德行兼全，忠義兼備，有智有識，不貪財，不狥情，正直無私，即選取狀元，不姑費朝廷之盛典也。……如徒以苟且取士，以蒙古（？）塞責，並禮義不識，又安知有治世才能也。以此人而冒中狀元，不惟無益於本國，而反見笑於南朝矣。」[83]

開科取士，亦是漢人建議的。此時設立六部不久，模倣明制正在熱烈興頭，天聰七年又是明朝大比之年，因而有人建議太宗亦當開科取士。漢人中有的反對，所舉理由甚爲堂皇，但其實這裡面有新舊漢人間的鬥爭。另外贊成開科取士的，是想在滿人欺虐的處境中，通過考試，建立一個取得出身的標準，脫開種族關係，謀求平等的地位。甯完我曾上疏論考試方策云：「汗欲考試金、漢、蒙古，爲後日委用之資，思誠善也。但我國貪惰成風，以閉口縮頭爲高，以慷慨激烈爲戒，是以無論大人小人，都學成脅肩諂笑的態度，養就偷盜欺隱的心腸。似此惡俗，牢不可破，今一旦祇以筆舌取人，臣恐口然而心未然也。且一聞此示，多鄙薄譏誚，不肯來考。汗當于告示前先言往年入遼時用人之誤，並我國貪惰陋習，若賢才中有能實心爲國更張振刷者，吾其富貴尊顯之。後再敍考試條例，庶人人洗心滌慮，踴躍赴選也。既考中後，再詳察素行何如，以定高下……至于賞賜之物，宴饗之禮，汗當着急優厚，即糜費數千百金，其後日收效得力處，諒必勝凌河諸官萬萬也。然秀才入考不必言矣，即在六部中金漢大人並凌河將備等官，汗廷試時，悉令與考可也。一則汗得知此等人才調之有無高下，二則此等人亦從此科目出身，庶同貴此途，而不生冰炭也。若此間有不願與考者，是伊自暴自棄也，亦任之而已。」[84]

天聰八年三月，又專舉行一次漢人生員考試，分爲三等。一等十六人，二等三十一人，三等一百八十一人。並分別賞給銀兩有差[85]。四月，命考取舉人，科目分爲滿文、漢文、蒙古文三種，《實錄》：「初命禮部考取通滿洲、蒙古、漢書文義爲舉人，取中滿洲習滿書者，剛林、敦多惠。滿洲習漢書者，查布海、恩格德。漢人習滿書者，宜成格。漢人習漢書者，齊國儒、朱燦然、羅繡錦、梁正大、雷興、馬國柱、金柱、王來用。蒙古習蒙古書者，俄博特、石岱、蘇魯木。共十六人，俱賜爲舉人，各賜衣一襲，免四丁，宴於禮部。」[86]

這一次僅取了十六個舉人，大概是參加的人數甚少，而設立學校，亦不過二年有餘，尚無有資格可參加考試的人。其中更沒有一個貴族子弟，他們是不屑讀書，也不需依此進身的。崇德三年，舉行考試時，事前，張存仁、祖可法等以「禮部諭令生儒應試，滿洲、蒙古、漢人家僕，皆不准與試，此拘於倡優隸卒之例耳。」請依前制，「各家奴僕，皆宜准其考試，但當分定取中額數，除良家子弟中額若干名外，奴僕准額取十名。若得十名眞才，即以十名換出。」太宗大爲不快，諭曰：「前得遼東時，其民人抗拒者被戮，俘取者爲奴。朕因念此良民，在平常人家爲奴僕者甚多，殊爲可憫，故命諸王等以下，及民人之家，有以良民爲奴者，俱着察出，編爲民戶。又兩三次考試，將少通文義者，即拔爲儒生。今在各家充役之家人，間有一二生員，然非先時濫行占取者可比，皆攻城破敵之際，或經血戰而獲者有之，或因陣亡而賞給者亦有之。

即如克皮島時，滿洲官屬兵丁，效力死戰，不若爾漢人泛同賓客，坐視不顧。是以此次所得之人，皆以死戰擒獲，及因陣亡而賞給者。乃欲無故奪之，則彼奮力之勞，捐軀之義，何忍棄之。若另以人補給，所補者獨非人乎？無罪之人，強令為奴，亦屬可憫。爾等所奏，止知愛惜漢人，不知愛惜滿洲有功之人，與補給為奴之人也。」[87]

是年八月，「賜中試舉人羅碩、常鼐、胡球、阿際格畢禮克圖、王文奎、蘇弘祖、楊方興、曹京、張大任、于變龍等十名朝衣各一領，授半個牛彔章京品級，各免人丁四名。一等生員鄂漢克圖、滿闢等十五名，二等生員鏗特、碩代等二十八名，三等生員費齊、溫泰等十八名，各賜紬布，授護軍校品級，已入部者免二丁，未入部者免一丁。」[88]崇德六年六月，又命內三院大學士范文程、希福、剛林等於滿、漢、蒙古內考取生員舉人。共取舉人滿洲二人、漢人四人、蒙古一人。一等生員滿洲三人、漢人九人。二等生員滿洲三人、漢人十二人、蒙古一人。三等生員滿洲四人、漢人十三人、蒙古一人[89]。

開科取士，所取者僅舉人，始終沒有取狀元。中試者亦皆分別任用。尤其是漢人，他們在太宗集權的推進上，貢獻了甚大的力量，在漢化過程上也發揮了甚大的作用。但由太宗申斥張存仁等的話，也可以看出當時的漢化要求，利害衝突，種族猜疑等複雜問題。

考試之外，又有薦舉，天聰三年六月曾命：「滿、漢、蒙古中有謀略素裕，可俾益軍政者，各以所見入告，朕將擇而用之。」[90]天聰五年設立六部後，一方面需要大批幹部推行工作；一方面大凌河經苦戰攻下之後，許多漢人認為一個新的局面，已經展開，且可相機作更大的企圖。所以建議薦舉，儲備人才。王文奎請薦舉人才奏云：「然則開科固今日之急務，而實非掄才之完策也。為今之計，汗宜懇切出一明諭，不拘俗類，不限貴賤，不分新舊，令有才能者不妨自薦，有熟知者許令保舉。自薦者先擇智識之臣，委以從公掄選，而嚴申以挾私狥情之罰。保舉者不須避父子兄弟之嫌，但令書立保狀，記諸簿籍，異日考功按罪，約以寵辱俱同。……然人心難測，固有善始而不善終者，則許令保主預首，則無可被累之虞。然後親加省試，量才委用。……縱奴隸工商，片善必取。即顯官貴戚，纖惡必懲。眞心實意，以招來之。懸高爵原祿，以欣勸之。設嚴刑重罰，以驅縄之。……雖不能拔十得五，於百千中得數人，而已足爲衆法矣。行之期年，而風俗漸移，人心丕變。……此則名實俱全，而天下固無不可爲之事矣。」[91]

當時上疏請行薦舉的人甚多。薦舉例子，如甯完我薦舉金話人才奏：「汗前日分付，叫臣三人舉國中好人，並會金話的。臣想人才甚是難得，臣又不能徧知國中漢人，實不敢妄爲舉薦，若夫會金話堪驅使者或有也。看得延庚弟率太，會金話，識漢字，伶俐機便。金副將子把兎力蝦，會金話，識漢字，精神勤謹。此二人若有小事，可以獨使，若有大任，可以爲副。又看得大凌河都司陳錦，原係南朝武進士，聰明慷慨，筆下爽利，是亦可用。」[92]可以看出當時實行薦舉的情形。

甯完我提出陳錦之後，太宗隨即問以時事，以觀其才[93]。天聰九年二月，又令薦舉。《實錄》：「朕惟圖治以人才爲本，人臣以薦賢爲要。爾滿、漢、蒙古各官，果有深知灼見之人，即當悉行薦舉。所舉之人，無論舊歸新附，及已仕未仕，但有居心公正，克勝任使者，即呈送吏部。天下才全德備之人，實不多得，但能公忠任事者，其速行薦舉。」[94]命下之後，當時應命薦舉者兩部四五十人，所薦甚雜。范文程請嚴核保舉疏云：「頃者聖諭舉人，中外臣民，無不欣幸。然汗意以爲知漢人者仍須漢人，故欲漢人各舉所得，爲國家效用。誰意世俗之輩，竟藉此爲黨援之門，或以狙儈推其狙儈，或以遊民推其遊民。貪盃者即舉飲朋，好賭者即舉賭友。

又有意在朋比，故參一二優者於其中，以飾人耳目。甚或昵於親故，迫於囑託，明知其人非賢，不得不以過情之詞，謬爲誇許。獨不思皇上拊髀而思者謂何，今乃妄舉若此也。斯時即有一二公直之臣，欲有所舉，因見其濫舉如此，亦灰心而不肯前。即有一二忠正之士，欲應其舉，因見其雜濫如是，亦灰心而不應。遂將皇上一番收羅豪傑之美政，翻爲宵小倖進之階梯。目前皇上考選之時，須斟酌收用。……然欲精核其所舉之人，尤當並核其舉人之人。其舉主果然公正，則所舉之人，自不相遠。若素履有咎，舉主已弗端正，而所舉者豈得廉能耶。今我國舉人之法，雖不肯照古昔連坐，亦當少議懲罰，以爲妄比匪人，罔上欺君之戒。」[95]

當時以太宗屢令舉人，而人才缺乏，因此所舉甚濫。實則這其中尚有漢人本身間之爭媚銜突，互相攻訐。許世昌曾奏云：「爾者綸音下頒，博搜卓異，豈一國竟無才能，亦諸臣知而不舉？蓋緣冒嫉以惡者恒多，不啻口出者常少，在廷忠彥，且不能容，復望其別引才能，豈可得乎？臣愚以爲宜責諸臣，務必各舉所知賢良方正之士，彙送銓司，設科考試，務求行實，以備責用。庶朝堂獲眞實之才，而田野少遺珠之嘆矣。」[96]

3. 譯書與編修實錄

清太祖努爾哈赤喜聽三國演義。又其居於舊老城時，所居柵內有瓦屋三間，柱緣畫綵，左右壁畫人物，三間皆通虛無門戶，大概這是他的聚義廳。壁上所塗人物，或者即是三國演義上的人物故事。另外在其弟舒爾哈齊所居柵門上有一副對聯，兩行上下字跡已磨滅不清，僅各存中間「跡處青山」，「身居綠林」字樣，頗有草莽自得心理，亦見其受中國文化的感染情形。太宗本人，並「喜閱三國志傳」[97]，似較其父又稍進一層。天聰三年，令達海與剛林等翻譯漢文書籍，但未記所譯者爲何書。天聰五年，譯《武經》，只是摘要節譯。六部設立之後，初命一切都依大明會典行，又感到不能適合國情，想創立一個金典，於是一些漢人請翻譯講解四書、通鑑、武經、史略等書。王文奎奏云：「臣自入國以來，見上封事者多矣，而無一人勸汗勤學問者。……汗嘗喜閱三國志傳，臣謂此一隅一見，偏而不全。其帝王治平之道，微妙者載在四書，顯明者詳諸史籍。宜於八固山讀書之筆帖式內，選一二伶俐通文字者，更於秀才內選一二老成明察者，講解翻寫，日進四書兩段，通鑑一章。汗於聽政之暇，觀覽默會，日知月積，身體力行，作之不止，乃成君子。……汗無曰此難能也，而自畏自畫。更勿曰迺公從馬上得之，烏用此迂儒之常談也，而付之一哂。」[98] 甯完我亦奏云：「臣觀金史，乃我國始末，汗亦不可不知。但欲全全譯寫，十載難成，且非緊要有益之書。如要知止心修身齊家治國的道理，則有孝經學庸論孟等書。如要益聰明智識，選練戰功的機權，則有《三略六韜》，孫吳《素書》等書。如要知古來興廢的事跡，則有通鑑一書。此等書實爲最緊要大有益之書，汗與貝勒及國中大人所當習聞明知，身體力行者也。近來本章稀少，常耐、恩革太二人每每空閑無事，可將臣言上項諸書，令臣等遲擇，督令東拜、常耐等譯寫，不時進呈，汗宜靜覽深思，或有疑蔽不合之處，願同臣等講論。庶書中之美意良法，不得輕易放過，而汗之難處愁苦之事，亦不難迎刃而解矣。金史不必停止，仍令帶寫。」[99]

此一建議，太宗隨即接受。仇震奏云：「汗今好學，將書史盡皆譯寫金國字樣，誠天縱聰明。……但人君之學與衆人之學在章句者不同，須得其精要。……況國君機務甚多，精神有限，何能傍及煩史。昔唐太宗集古今書史，凡係君道國事者，編爲一册，名曰君鑑，日夜披覽，成貞觀之治，後世之法。今汗宜選漢人通經史者二三人，金人知字者三四人，將各經史通鑑擇其有俾君道者，集爲一部，日日講明，則一句可包十句，一章可幷十章。」[100] 天聰九年，太宗又命依節譯辦法編纂遼、宋、金、元四史。《實錄》：「上召集文舘臣諭之曰：朕覽漢文史書，殊多飾詞，雖全覽無益也。今宜於遼、宋、金、元四史內，擇其勤於求治而國祚昌隆；或所行悖逆，而統緒廢墜；與夫用兵行師之方略，以及佐理之忠良，亂國姦佞，有關政要者，彙纂繙譯成書，用備觀覽。至漢文正史之外，野史所載，如交戰幾合，遙施法術之語，皆係妄誕，此等書籍傳之國中，恐無知之人，信以爲眞，當停其翻譯。」101

太宗之注意遼、宋、金、元諸史，當然是有其特別用意的，想在其中尋找能解決其「難處愁苦之事」的方策。這些史書翻譯的範本，都是從朝鮮徵求來的102。又據李學智先生云：今所見譯本，宋、遼、金、元史、《通鑑》外，並有《唐書》及《唐六典》。

譯書之外，並記錄編纂日常行事。這一工作，太祖時已經開始。天聰六年以前，仍是滿文。天聰六年以後，開始編纂《太祖實錄》。楊方興奏云：「編修國史，從古及今，換了多少朝廷，身雖往而名尚在，以其有實錄故也。書之當代謂之實錄，傳之後世，謂之國史，此最緊要之事。我國雖有榜什在書房中日記，皆係金字，而無漢字。皇上即爲金漢主，豈所行之事，止可令金人知，不可令漢人知耶？遼、金、元三史，見在書房中，俱是漢字漢文，皇上何不做而行之。乞選實學博覽之儒，公同榜什，將金字翻成漢字，使金漢書共傳，使金漢人共知，千萬世後，知先汗創業之艱難，皇上續統之勞苦。凡仁心善政，一開卷朗然，誰敢埋沒也。」103天聰九年八月，張儉、張應魁等繪成太祖實錄圖八册，其圖解則滿、漢、蒙古文三體並書104。崇德元年十一月，太祖實錄成，滿、漢、蒙古文各一105。

(五) 軍制與軍令

清太祖起兵後，最初其軍隊部勒方法，乃令所歸服各族姓酋長依其原有統屬形式，接受指揮行動，並無統一軍制組織。萬曆二十三、四年居於赫圖阿拉時朝鮮使臣所見當時情形：「奴酋除遼東地方近處，其餘北、東、西三四日程內各部落酋長，聚居於城中。動兵時，則傳箭於諸酋，各領其兵，軍器、糧餉，使之自備。兵之多寡，則奴酋定數云。」「糧餉，奴酋等各部落例置屯田，使其部酋長掌治畊穫，因置其部，而臨時取用，不於城中積置云。」「溫火衛部酋長童姜求里之孫甫下下，奴酋妹夫也。奴酋聞遼東及蒙古聚兵之奇，使甫下下領兵千餘，一同守城，今則罷去。甫下下守城時所領坡山、時番、乷可、厚地、所樞、應古等六部落，皆屬溫火衛云。」「正月初四日，胡人百餘騎，各具兵器，裹糧數斗許，建旗出北門，乃烟臺及防備諸處擲奸事出去云。旗用青、黃、赤、白、黑，各付二幅，長二尺許。初五日亦如之。」又所記「奴酋諸將一百五十餘，小酋將四十餘，皆以各部酋長爲之，而率居於城中。」[106]朝鮮使臣並看到軍兵操演訓練情形，但未言其軍制組織。萬曆二十九年，始以牛彔爲基本組織單位。《武錄》云：「是年，太祖將所聚之衆，每三百人立一牛彔厄眞管屬。前此凡遇行師出獵，不論人之多寡，照依族寨而行。滿洲人出獵開圍之際，各出箭一枝，十人中立一總領，屬九人而行，各照方向，不許錯亂，此總領呼爲牛彔（華言大箭）厄眞（厄眞，華言主也。）於是，以牛彔厄眞爲官名。」[107]

族是血緣的，寨是地緣的，這說明了在氏族社會下出兵狩獵時的行動情形。十人編爲一組，各人出矢一，十矢領一長，稱爲牛彔，形成戰鬥出獵之際的最小行動單位。一方面須各隨其族黨屯寨而行，一方面又每人出箭一枝（上刻有個人名字），交一人管領，這是表示所參加各小單位的區別，及事後分別功過與佔取所得物品的證明。不過這種組織，可能只是臨時編組成的，戰鬥結束，或狩獵終了，即行解散。在平時社會上是不是固定的組織，是否也有發生其他的社會功能，未見記載。

萬曆二十九年以牛彔編組所有兵員，這是一件大事。牛彔是未來旗制發展的前奏，也始終是旗制最基本的組成單位。它的功能不只是軍事的，是全面的，每一個人都納入組織之下，生活行動，都由牛彔來管理。《實錄》說每一牛彔三百人，當然是三百個壯丁，不過這可能只是一個最高額的限制。在沒有編組以前，來歸諸族羣，以其酋長爲將，所統軍卒，當然多寡不一。這在作戰指揮配備上，由於沒有統一的組織，自是十分不便。此次編組，大概是將大小不同的族羣，以三百人做爲理想單位基準，加以分化或合併，並不是以壯丁爲單位而編組，仍然儘量保持原來的氏族團體。所以八旗通志所記各旗分牛彔的組成，有的一個族姓編成幾個牛彔，也有的合二個三個合成一個牛彔，輪流統管的。108

編組之後，不但有了統一的編制，也便於制定統率系統與官制。但由於出兵作戰，一切裝備給養，及平時生活，都需個人自理，所以凡出兵之際，許其自行搶掠，搶得人口物資，除本旗旗主貝勒等高級貴族佔取之後，餘下便是屬於自己的。這些俘獲人口，除平時令其勞動生產供使役之外，並可在出兵時帶其隨同搶掠。在另一方面，各牛彔下的壯丁，經過一個長時期後，自會發生多寡不同，所以不但個人間有貧富懸殊，牛彔間亦有人數多寡及貧富不勻現象，旗分上亦有貧富的差別。這不僅是社會問題，而且關係到旗與旗間的力量不一，因此有編審壯丁的辦法。一方面淘汰老弱，保持戰力，一方面使各旗保持平衡，勢勻力齊。

天聰四年十月，首次編審壯丁，《實錄》：「上諭曰：今値編審壯丁，凡總兵、副將、參將、遊擊、備禦等官，俱宜自誓。牛彔額眞，各察其牛彔壯丁，其已成丁無疑者，即於各屯完結。凡當淘汰老弱，及新編疑似幼丁，係瀋陽者赴瀋陽勘驗，係東京者赴鞍山勘驗。此次編審時，或有隱匿壯丁者，將壯丁入官，本主及牛彔額眞、撥什庫等，俱坐以應得之罪。若牛彔額眞、撥什庫知情隱匿者，每丁罰銀五兩，仍坐以應得之罪。其牛彔額眞之革職與否，應俟另議。凡諸貝勒包衣牛彔，或係置買人口，及新成丁者，准與增入，毋得以在外牛彔下人入之。如丙寅年九月初一以後，有將在外牛彔下人編入者，退還原牛彔。又固山額眞、牛彔額眞俱先令盟誓，凡貝勒家，每牛彔止許四人供役，有溢額者察出，啓知貝勒退還。如貝勒不從，即赴告法司。若不行赴告，或本人告發，或旁人舉首，將所隱匿壯丁入官。若管旗貝勒俱屬知情，即撥與別旗。如諸貝勒中有不知情者，即撥與不知情之貝勒。其不舉首之固山額眞，坐以應得之罪，除壯丁撥出外，仍照數賠償，給與原管牛彔。其包衣昂邦鞭一百，革職。牛彔額眞不告知固山額眞者，亦坐以應得之罪。」[109]天聰七年編審一次，崇德三年編審一次。崇德六年編審時，並命將各牛彔下人口牲畜註册，分別貧富具奏[110]。

壯丁編審之後，不但可以瞭解各旗丁壯人數，參加戰鬥與生產的成員，不致私家隱佔，便於分配負擔徭役攤派；同時也使戰鬥力保持新陳代謝作用，準確估計戰鬥潛力。另外一個更大的目的，是維持各旗力量的接近平衡，使不得漫無限制的發展。所以天聰八年征瓦爾喀所俘人民，即不令如前八旗均分。《實錄》：「上以季思哈征瓦爾喀所俘人民，未經分撥，遣英俄爾岱、龍什、穆成格與大貝勒代善、及諸貝勒等會議。諭之曰：『此俘獲之人，不必如前八旗均分，當補壯丁不足之旗分。八旗制設牛彔，一例定爲三十牛彔。如一旗於三十牛彔之外，餘者即行裁去，以補各旗三十牛彔之不足者。如有不滿三十牛彔旗分，擇年壯堪任牛彔之人，量能補授，統領所管壯丁，別居一堡，俟後有俘獲，再行補足。朕意舊有人民，不便均分，新所俘獲，理應撥補旗分中不足者。若八旗不令畫一，間有一旗多於別旗者，其意欲何爲乎？』於是……以所編戶口五百五十七丁，撥補不足旗分。」[111]

一方面劃一各旗牛彔編制，一方面改定兵種系統。先是，旗下雖有甲喇、牛彔等組織，及汗與諸貝勒之擺牙喇親兵，但各營伍並無名色，止以統兵將領姓名而稱爲某將領之兵，仍不脫部落組織舊習。天聰八年五月，始定新制。實錄：「上諭曰：朕仰蒙天眷，撫有滿洲、蒙古、漢人兵衆，前此騎、步、守、哨等兵，雖各有營伍，未分名色，故止以該管將領姓名，稱爲某將領之兵，今宜分辨名色，永爲定制。隨固山額眞行營馬兵，名爲騎兵，步兵爲步兵，護軍哨兵爲前鋒，駐守盛京礮兵爲守兵，閒駐兵爲援兵，外城守兵爲守邊兵，舊蒙古右營爲右翼兵，左營爲左翼兵，舊漢兵爲漢軍，元帥孔有德兵爲天祐兵，總兵官尚可喜兵爲天助兵。」[112]軍營名色的制定，在觀念上實爲一大進步。初以人名稱其軍，（這與當初牛彔的組成，及俘降漢人兵衆因時制宜有密切關係。）公私觀念混淆，視兵士爲將官所豢養，爲其私屬。軍營名色的規定，正表示着公私觀念與國家組織進一步的發展。

在另外一方面，是軍紀與軍令的制定。清太祖時，臨陣對敵，「每隊有押隊一人，佩朱箭，如有喧呼亂次，獨進獨退者，即以朱箭射之。戰畢，查驗背有朱痕者，不問輕重，（而）斬之。戰勝則收拾財富，遍分諸部，功多者倍一分。」「其受令攻城不克，與摧堅不陷者，領兵之頭目，輕則戮及本身，重則闔家鞭斬。十人臨陣，則以二人監之，持萬字銅斧於其後，稍有退怯回顧者，即以斧擊之。回軍而驗有斧痕者，死無贖。此其法令之嚴，無徇無縱。而又挑精銳者萬人，名伯言，華人之所謂親丁、死士，戰酣而後用之。」[113]這只是兩軍交戰時之軍法，其行軍出師，無所謂軍紀。對明戰爭，名爲放搶，以解決衣食問題，「軍情無大無小，都以蠻子家爲奇貨。」[114]「出兵之際，人皆習慣，俱欣然相語曰去搶西邊。漢人聞我動兵，亦曰來搶我矣。」[115]直到太宗時仍是如此。因爲俘獲人口財物，可各自佔用，故上下各自掠奪，爭取鬥毆，漫無紀律。有時甚且不顧全軍勝敗，戰友安危，止以個人多掠獲爲重。清太宗在大淩河戰役中，見明軍雖糧盡援絕，食人焚骸，猶堅守不降，深感法紀之重要。而投降漢人，亦利用太宗自以金人之後心理，說以「金人之與宋爭衡也，宋之江山，已奪其半，徽欽二帝，已被其擒，但獨恃強暴而不行仁義，故不能成一統之基業。元世祖繼金而起，即如皇上之賢明，故能滅宋而成一統也。」請「誡諭將士，無殺良民，無淫婦女，無擄財貨，無焚房舍。抗拒者加之以威，城破不殺降者，待之以恩，使安堵如故。如此則四方聞之，皆引領而願歸於皇上矣，又何虞大事之不可成哉！此無窮之富貴，不朽之基業」以動之⑯。故自天聰五年之後，每用兵行軍，皆集衆宣諭軍律，違律者於旋師後，分別懲治⑰。

關於八旗須協同作戰方面，天聰三年八月已有規定，「凡入八分貝勒等臨陣時，如七旗貝勒等俱已敗走，而一旗諸貝勒獨能迎戰，保全七旗者，即以敗走七旗下之七牛彔人員，給與迎戰諸貝勒。若七旗諸貝勒迎戰，而一旗諸貝勒俱敗者，則將敗走之貝勒削爵，幷以其所屬人員，悉分給七旗。如一旗內諸貝勒戰者半，敗者半，即以敗走之貝勒等所屬人員，給予迎戰諸貝勒。其迎戰諸貝勒，仍另行賞賚。若七旗未及戰，而一旗諸貝勒首先迎戰，亦按其功之大小，及所獲多寡行賞。或兩軍接戰，或追擊敵兵，若不加詳審，妄行衝突者，沒所乘馬匹，及所獲人口。」⑱

初，軍興征戰，太宗統率親征，行間不設統帥（太祖時亦如此）。如非親征，則由出征各貝勒軍前共議攻守進退。天聰五年三月，貝勒薩哈廉奏：「如遇大征伐，上親在行間，諸臣自悉遵方略。若另有遣發，宜選一賢能者爲之主帥，給以符節，畀以事權，一切機務，皆聽總理，仍限自某品官以下，有干軍令者，許以軍法從事。受命之人，如此委任，豈有妄殺無辜之理。

且其下所屬畏法從令，則免於法者亦衆矣。皇上若謂同品之中，獨用一人爲帥，恐衆心怨望。夫擇賢爲帥，豈奪此怨望之人應得之分以與之耶。爲帥而奏膚功，則其後所得之分，較前之所得者不啻數倍，衆心又何怨焉。……明國雖怯於戰鬥，而防禦甚固，由於官吏所轄地方，得便宜從事故也。」[119]此後每遇出征之時，即正式任命統兵主帥，受命以行。此亦一大轉變。

不過所云禁止搶掠之令，有時依律執行，有時不免掩耳盜鈴，表面文章。當時生活，本全賴兵馬出去，搶些財物，對明朝的軍事行動，有時完全是爲了「軫念軍士貧乏，令其分往略地，並欲使之寬裕也。」在「放搶南朝」的意念下發動的[120]。有時並故意大肆破壞，縱兵士姦淫擄掠，以爲要和手段，使明人遭受無比蹂躪痛苦，以表明兵連禍結，乃明方不肯和議所致。使明人歸怨君主，藉以「上聞朝廷」，促成和議。不過就作戰組織及指揮統帥上，確實已較前大有規制[121]。

(六) 貧富問題的處理

貧富懸殊，階級分化，這是當時相當嚴重的問題。這裏只敘述其對戰鬥力影響的情形，整個社會問題，將專文討論。

拙作〈清太宗時代的農業生活〉一文中，曾敘述清人入關前的社會轉變情形[122]。在長期的戰爭掠奪過程中，貴族與強有力者，掌握了大量的財富與人口，大量的財富與人口，又轉而增加了他們掠奪增值的資本。崇德八年六月攻明時，太宗諭諸貝子公等曰：「此番出征，各旗王、貝勒、貝子、公等家人，獲財物甚多，而各旗將士，所獲財物甚少。」[123]其實何止「此番」如此，每遇出征，各家皆盡量私挾家下人隨軍前往，趁機大肆搶掠[124]。如此輾轉相加，結果是形成富者益富，貧者益貧。一部分人擁有大量的牲畜、財物、人口，占有廣大的土地、莊園；一部分人則一無所有，貧困不能自給，連出征掠奪的資本都沒有。〈臣工奏議〉：「皇上軫念軍士貧乏，令其分往略地，並欲使之寬裕也。竊思往略之事，便於將領，而不便於士卒；便於富豪，而不便於貧戶。將領從役頗衆，富家畜馬最強，是以所得必多。貧乏軍士，不過一身一騎，攜帶幾何？雖令往略，於士卒無益。」「這番用兵，有賣牛典衣，買馬製裝，家私蕩然者。今若窮追於二千里之外，富人有馬者能前，貧人無馬者落後[125]。」

他們的生活，即是戰爭；財富的來源，依靠掠奪。貧者不但沒有出征掠奪的資本（士兵出征時所帶一切裝備，都由自理），即其本身所分得的一點田地，有的也無力耕種。所以常令貧人田土，無力耕種者，使有力之家助之，無牛者付有力之家代種[126]。當時清人所生產的糧食，本不足自給，如遇豐收之年，尚可維持一時，歉收則「十家有一二家有些餘糧。」[127]經常靠朝鮮納米接濟，不得已時，便興兵「放搶南朝」，解救一時的饑荒。而富貴積穀之家，又囤積居奇，坐擁多儲，控制糧食市場價格，必得市價騰貴，方肯出糶。《實錄》：「朕聞巨家富室有積儲者，多期望穀價騰貴，以便乘時射利，此非憂國善類，實貪吝之匪人也。……向者因國賦不充，已令八家各輸藏穀，或散賑，或糶賣。今八家有糧者，無論多寡，盡令發賣，伊等何不念及於此！今後固倫公主、和碩公主、和碩格格，及官民富饒者，凡有藏穀，盡著發賣。若強伊等輸助，或不樂從，今令伊等得價貿易，而不聽從，可乎！」[128]然而他們寧願將米穀埋置地下，以致朽爛，而高抬市價。實錄：「今歲偶值年饑，凡積穀之家，宜存任恤之心，遇本牛彔內有困乏者，將穀糶賣，可以取值，聽人借貸，可以取息。若不賣不借，埋置地中，以致朽爛，暴殄天物，漠視民生，豈可容於我國乎！此等情事，該管牛彔章京，宜時加稽察。」[129]

富者乘時射利，貧者便只有典當度日了。臣工奏議：「當舖每銀一兩，一月取利一錢，三月不取，即沒變賣，不知剝了多少人財，不知害了多少人家，誠不仁之甚矣。今行禁革，乃皇上軫念窮民之盛德也。但窮民所賴以通緩急者，全在當舖，悉行禁革，是塞窮民緩急之路也。其富者便當舖不開，亦無所損。惟彼窮民，借無借處，當無當門，不幾益增其困苦，而因饑寒起盜心乎！縱置斧鉞在前，必不能禁盜賊蜂起也。」⑬⓪「至於借銀一事，皇上原爲窮民，而窮民益不便，有衣物者當銀濟急，無則束手無措。望頒恩例，借一兩者息止若干，十兩者止若干，以至百兩者止若干，不許違禁取利，亦不許利上取利。違例者坐某罪，光棍誆騙者作某罪。庶財物通阜，貧富兩便。」⑬①典當只能解救一時之急，但不能解決根本問題。窮人到借無可借，當無可當之時，便只有鋌而爲盜攘竊，甚至宗室中人亦不例外。實錄：「上召諸覺羅入內廷賜宴，衆以免丁謝恩。諭諸覺羅曰：朕欲各賜爾等衣服財物，奈以外國來歸新人賞賜不足，故未能均賜爾等。倘蒙天佑，有時充裕，豈僅如此相視哉！爾等雖貧，愼勿爲攘竊之事，若以此獲罪，殊爲可恥。縱貧乏難支，宜告之各旗各貝勒，貝勒無物相濟，即以告朕可也。」⑬②

另一方面是勢家權貴生活的奢侈。他們有豐富的農產品，控制糧食價格，囤積居奇，乘人之危，高利盤剝，盡情壓榨。又以其剩餘的資力，從事商業活動。當時的商業，亦完全和貴族結合在一起。他們原先也和部族中其他人一樣，過着極貧乏的生活，可是由於種種的機會與便利，成了部族中的暴發戶。財富突然的增長，生活也隨着急遽的腐化。所關心者，只是自己的私有財產⑬③。不但有私人園墅，攜妓行酒作樂，部分貴族，「所住皆高堂大廈，所衣被皆裝花錦綉，且日逐男女二班扮戲。」⑬④所用器具，以金銀爲飾。《實錄》：「召羣臣集篤恭殿，傳諭曰：國家崇尚節儉，毋事華靡。凡鞍轡等物，不許以金爲飾，雖富家不少藏金，止許造盤盂匕箸。蓋此等之類，或至匱乏，尚可毀爲他用。若以之塗飾，則零星耗折，豈能復取而用之？

今後著永行禁止。至於陣獲緞帛，用之亦當節儉，愼勿以獲取之物，奢費無度，而忘其紡織之勞也。」[135]又云：「昔太祖時，我等聞明日出獵，即豫爲調鷹蹴毬，若不令往，泣請隨行。今之子弟，惟務出外遊行，閒居戲樂。在昔時無論長幼，爭相奮勵，皆以行兵出獵爲喜。爾時僕從甚少，人各牧馬按鞍，析薪自爨，如此艱辛，尚各爲主效力。國勢之隆，非由此勞瘁而致乎！今之子弟，遇行兵出獵，或言妻子有疾，或以家事爲辭者多矣。不思勇往奮發，而耽戀室家，偷安習玩，國勢能無衰乎！」[136]貴族強勢之家財貨積聚，爲子孫多置產業，逸樂自恣[137]，而貧者死後連一雙殯葬的靴子都沒有。臣工奏議：「昨日大海一死，臣甚傷嘆，此人爲國家受了多少窮苦，費了多少心力，屍回之日，家中無一雙靴子殯葬。」[138]

當時社會上最流行的風氣，是酗酒、吃烟、賭博、嫖妓。「只徒搶奪婦女牲畜，隱藏些金錦布帛，不是在那裏賭，就是來這裏嫖」，「貪戀花酒，暗消財貨。」[139]貧富兩端尖銳發展，階級分化，一方面造成內部矛盾日深，分解仇視，治安不寧，盜竊時起；一方面造成戰鬥力的衰退。

上層貴族階級的生活日趨奢靡，奢靡的生活，腐蝕了他們的武力。他們所追逐的，是生活放縱的一面，酒色徵逐，耽於逸樂，戰鬥意志的日趨消沉。這是一個低級文化的民族，一旦侵入一個高級文化的社會，面對着遠較其以往爲豐富的物質生活環境，而形成精神上不得不屈服的必然現象。武力讓他們掠奪了大量財富，大量財富腐蝕了其原有的尚武精神。《實錄》天聰九年七月壬戌，「上諭貝勒阿巴泰曰：爾常自謂手痛，似覺不耐勞苦，不知人身血脈，勞則無滯，爾等惟圖家居佚樂，身不涉郊原，手不習弓矢，忽爾行動，如何不痛？若能努力奮勵，日以騎射爲事，何痛之有？爾諸貝勒，各有統帥之責，若不親率士卒騎射，教演精勤，孰肯專心武事？平日既未嫺熟，一旦遇亂，何以禦之？試思丈夫之所重者，有過於騎射者乎！騎射之藝，精於勤而荒於嬉，不可不時加練習。夫飛騰之鷹，苟馴養之，亦能搏鳥。不能言之犬，苟馴養之，亦能逐獸。彼豈知圖名利而擊逐如是哉！乃馴養之所致也。爾諸貝勒，若能服勞奮力，不偷旦夕之安，恪勤政事，惠養人民，克敵制勝，削平諸國，斯不負先帝之志，能報養育之恩。既克全孝道，亦可謂爲國盡忠矣。」[140]崇德二年四月又云：「王貝勒等聚財積穀，畜養馬匹，豈止爲一身享用，要皆爲子孫計也。不知子孫果賢，雖無所遺，彼寧不能自立？子孫若愚，雖有所遺，豈能常守？徒自勞苦，爲他人積聚耳！」[141]生活腐化，尤以年輕一輩爲甚，《實錄》崇德四年五月辛巳：「上御崇政殿，召諸王貝勒大臣等近前，命和碩豫親王多鐸，跪受戒諭。上諭曰：爾等當聽朕言……朕以爾爲皇考幼子，惟親愛養育之而已，何嘗薄待於爾。推爾急欲還家之意，非以妓女爲戀乎？何邪縱之甚也！昔太祖時，以人參與明人互市，明人不以貴美之物，出售於我，止得粗惡片金紬綾緞疋。其時貝子大臣家人，有得明國私市好緞一疋者，阿敦阿哥奏請將其人處死。所以華整之服，亦不可得，爾等豈不知之？今朕嗣位以來，勵精圖治，國勢日昌，地廣糧裕，又以價令各處互市，文繡錦綺，無不備具，爾諸王貝子大臣，所被服者非歟？往時亦嘗有此否也？朕之爲衆開市，豈屬無益，爾英俄爾岱、索尼等，不見昔日庫中餘布，尚無十疋之貯乎？……今爾等已臻富貴，爾豫親王何所不足，而猶懷怨望也！從來臨陣退怯，及悖謬姦詐者，衆當共議而懲創之。……朕所時加懲治者，惟臨陣敗走，及行獵不能約束整齊，與酗酒妄行三事耳！其餘諸事，悉從寬宥，曷嘗多加嚴責耶？朕日望爾早日成立，故俾爾獨領一軍，庶幾贊成大業，無負朕撫育之恩。今爾所行不義，而反怨朕之正己律下，……誠不解其何心也。曩者當無時事，第見持書往明互市之人，猶相抱而泣送之。今有事征伐，爾兄睿親王與諸貝子大臣及出征將士，皆有遠行，朕雖避痘，猶出送之。爾乃假託避痘爲詞，竟不一送，私攜妓女，絃管歡歌，披優人之衣，學傅粉之態，以爲戲樂。爾既不一送，儻其人或有事故，尙得復見之耶！朕念爾雖有過愆，實爲幼弟，欲令立功自贖，故率爾前往，爾非惟不能制勝贖罪，所率五百精銳護軍，遇八百敵兵，未發一矢，未衝一陣，遽爾敗走，以致人十名，馬三十四，俱遭陷沒。夫以我國之兵，千能當萬，百能當千，十能當百，未有不勝。爾領精兵五百，猝敗於敵人八百人，可恥孰甚焉！」[142]戰鬥力的衰退及一般厭戰心理，普遍流於富厚之家。有的出征之時，詐稱年老，令家下人代披甲而行。有的以軍行勞苦，輒思遁走，或於兵丁更番回還時，與之潛歸。並公言古昔之制，兵者不得已而用之也，若恃強取勝，非義妄動，天必不佑。反對進行戰爭[143]。昔日爲掠奪生活物資，爭求出征。今則生活已臻富裕，以從征勞瘁爲慮，不願出戰[144]。

天聰後期以後清人戰鬥力的維持，一方面是靠了從黑龍江等地方所挖取新兵員及瓦爾喀、虎爾喀等生力軍加入戰鬥，一方面是新編的漢軍旗、蒙古軍旗。太宗爲了挽救此一頹勢，重振早期的尙武精神，取金世宗本紀宣示各王貝勒大臣等，以金爲戒，期能保持本俗。《實錄》：「上御翔鳳樓，集諸親王、郡王、貝勒、固山額眞、都察院官，命內弘文院大臣，讀大金世宗本紀。上諭衆曰：爾等審聽之，世宗者，蒙古漢人諸國，聲名顯著之賢君也。故當時後世，咸稱爲小堯舜。朕披覽此書，悉其梗概，殊覺心往神馳，耳目倍加明快，不勝歎賞。朕思金太祖、太宗，法度詳明，可垂久遠，至熙宗合喇及完顏亮之世盡廢之，耽於酒色，盤樂無度，效漢人之陋習。世宗即位，奮圖法祖，勤求治理，惟恐子孫仍效漢俗，預爲禁約，屢以無忘祖宗爲訓。衣服語言，悉遵舊制。時時練習騎射，以備武功。雖垂訓如此，後世之君，漸至懈廢，忘其騎射。至於哀宗，社稷傾危，國遂滅亡。乃知凡爲君者，耽於酒色，未有不亡者也。先時儒臣巴克什達海、庫爾纏，屢勸朕改滿洲衣冠，效漢人服飾制度，朕不從，輒以爲朕不納諫。朕試設爲比喻，如我等於此聚集，寬衣大袖，左佩矢，右挾弓，忽遇碩翁科羅巴圖魯勞薩，挺身突入，我等能禦之乎！若廢騎射，寬衣大袖，待他人割肉而後食，與尙左手之人，何以異耶！朕發此言，實爲子孫萬世之計也。在朕身豈有變更之理。恐日後子孫，忘舊制，廢騎射，以效漢俗，故常切此慮耳！我國士卒，初有幾何，因嫻於騎射，所以野戰則克，攻城則取，天下人稱我兵曰：立則不動搖，進則不回顧。威名震懾，莫與爭鋒。此番往征燕京出邊，我之軍威，竟爲爾八大臣所累矣。」[145]「昔金熙宗及金主亮廢其祖宗時衣冠儀度，循漢人之俗，遂服漢人衣冠，盡忘本國言語。迨至世宗，始復舊制衣冠。凡言語及騎射之事，時諭子孫勤加學習。如元王馬大郭，遇漢人訟事，則以漢語訊之，有女直人訟事，則以女直語訊之。世宗聞之，以其未忘女直之言，甚爲嘉許。此本國衣冠言語，不可輕變也。我國家以騎射爲業，今若不時親弓矢，惟耽宴樂，則田獵行陣之事，必致疏曠，武備何由而得習乎！蓋獵者演武之法，服制者立國之經。朕欲爾等時時不忘騎射，勤練士卒，凡出師田獵，許服便服，其餘俱令遵照國初之制，仍服朝衣。且諄諄訓諭者，非爲目前起見也。及朕之身，豈有習於漢俗之理。正欲爾等識之於心，轉相告誡，使後世子孫遵守，毋變棄祖宗之制耳！」[146]天聰八年四月，規定一切官制稱謂，悉由漢文改爲滿語，亦是此意。《實錄》：「上諭曰：朕聞國家承天創業，各有制度，不相沿襲，未有棄其國語，反習他國之語者。事不忘初，是以能垂之久遠，永世弗替也。蒙古諸貝子，自棄蒙古之語，名號俱學喇嘛，卒致國運衰微。今我國官名，俱因漢文，從其舊號。夫知其善而不能從，與知其非而不能省，俱未爲得也。朕纘承基業，豈可改我國之制，而聽從他國。嗣後我國官名，及城邑名，俱當易以滿語，勿仍襲總兵、副將、參將、遊擊、備禦等舊名。凡賞册書名，悉爲釐定，……毋得仍襲漢語舊名，俱照我國新定者稱之。若不遵新定之名，仍稱漢字舊名者，是不奉國法，恣行悖亂者也，察出決不輕恕。」[147]

同時並命各屯牛彔額眞，督率長幼，時習射擊，維持尙武精神。《實錄》：「爾等於該管之地，各宜督率所屬長幼，於春夏秋三時，勤於習射。朕不時遣部臣往察，如有不能射者，必治牛彔額眞之罪。此係我國制勝之技，何可不努力學習耶！」[148]各旗軍士並經常舉行演武校射。整飭教練，以挽頹風[149]。

對社會貧富懸殊與階級分化影響於戰鬥力衰退所採取之對策，除消極方面令各牛彔加強訓練，經常舉行演武校閱，嚴禁奢侈、酗酒、賭博、逸樂，以緩和對貧者的刺激外；積極方面的措施，如重新丈量所有田地，編審壯丁，調查戶口，使富者不得過分擴張佔倂，並強令給予貧苦者馬匹甲冑，以便隨征；並規定所俘掠物品應開報歸公之數，以便照分計功分配，使利益均霑，皆有所得。實錄崇德元年十月諭云：「向來定例，凡出兵所獲，一切珍重之物，應歸公者，即送該管固山額眞，隱藏者罪之。此外別有所得，方許入己。近聞諸人所得之物，不赴該管固山額眞牛彔處交納，竟自隱藏，反詡言此係我所得，此係我家人所得，意欲取媚，各圖私獻。如此之人，所獻者少，所隱者多，乃假公濟私，巧詐之謀也。況陣獲諸物，皆爲公家所應得，私受者固失大體，私進者亦由侵欺。今後凡有所得，送該管固山額眞，總收籍記，當加拜尹圖擇人收藏，敬謹歸公，方爲合理。」[150]

(七) 漢人問題與漢軍旗的編立

對處理漢人問題與漢軍旗的編立經過，此須專文討論，而且與當時的社會問題、漢化問題又有密不可分的關係，所以這裡只簡單的說明漢軍旗編立的時代意義與清太宗中央集權的關係。蒙古軍旗的編立，在社會問題與中央集權的意義上亦具有同樣性質，以已有人討論過蒙軍旗編立的情形，故亦從略。

清人在對明戰爭中，俘獲了大量的漢人。先是，凡在戰場由各人直接俘獲的人口，即爲私人奴僕。如係大批共同俘掠的人口，或分在各家寄養，供其使令，或令明朝降官統領，隨各旗居住，從事生產。清太祖在進入遼瀋地區後，以所俘人口衆多，即積極推行農戰政策，用漢官督率漢人從事農耕，並實行計口授田，令滿人與漢人同居同耕同食，一方面供給滿人生活，一方面便於監視控制。但由於民族意識，及滿人的恣意凌虐，所以漢人起事報復，時有所聞。或於食物暗中置毒，或於曠野偷襲殺害。尤其是出兵行獵之際，內部空虛，即乘機起事逃亡。清太祖爲了安全防範，乃於天命十年十月實行編莊辦法。將漢人每十三丁編爲一莊，（此次編莊時明朝紳衿被查出殺害者甚多）依照滿人官級，分給各家爲奴[151]。但漢人編莊，只是爲了便於集中管理，生活上並無何改善，由於不堪虐待，仍經常逃亡。尤其太祖逝世之時，國內惶恐不安，逃亡更爲嚴重。太宗即位後，爲了緩和這一情勢，乃令將分在滿官下的漢民，分屯別居。《實錄》：「上諭曰：『治國之要，莫先安民。我國中漢官漢民，從前有私欲潛逃，及令奸細往來者，事屬已往，雖舉首，槩置不論。嗣後惟已經在逃，而被緝獲者論死。其未行者，雖首告亦不論。』由是漢官漢民皆大悅，逃者皆止，姦細絕跡。」[152]又「先是，漢人每十三壯丁，編爲一莊，按滿官品級，分給爲奴。於是同處一屯，漢人每被侵擾，多至逃亡。上洞悉民隱，務俾安輯，乃按品級，每備禦只給壯丁八，牛二，以備使令。其餘漢人，分屯別居，編爲民戶，擇漢官清正者轄之。又凡有告訐，所告實，則按律治罪，誣者反坐。又禁止諸貝勒大臣屬下人等，私至漢官家，需索馬匹鷹犬，或勒買器用等物，及恣意行遊，違者罪之。由是漢人安堵，咸頌樂土云。」[153]咸頌樂土，爲修史者的溢美之詞。不過分屯別居後，並嚴禁科歛勒索，確實減少了騷擾侵害。當然，這不是純爲愛護漢人，也是爲了榨取勞力，使其努力生產的[154]。

天聰四年十月舉行全國壯丁總編審[155]，五年正月，乃命佟養性管理漢人一切事務。《實錄》：「乙未，勅諭額駙佟養性曰：凡漢人軍民一切事務，付爾總理，各官悉聽爾節制，如屬員有不遵爾言者，勿徇情面，分別賢否以聞。爾亦當殫厥忠忱，簡善絀惡，恤兵撫民，竭力供職。勿私庇親戚故舊，陵轢疏遠仇讐，致負朕委任之意。……又諭諸漢官曰：凡漢人軍民一切事務，悉命額駙佟養性總理，爾衆官不得違其節制。如有勢豪嫉妒，藐視不遵者，非僅藐視養性，是輕國體而玩法令也。似此媢嫉之流，必罹禍譴。如能恪遵約束，不違節制，非僅敬養性，是重國體而欽法令也。」[156]

所有漢人一切軍民事務，統交由佟養性管理，這是編組漢軍的第一步。清人在長期戰爭中，部族兵員已感到缺乏，亟須補充。尤其是清人此時已開始鑄造紅衣大砲，重視火器之作戰性能。這些漢人有的本爲原來使用火器的，因此感到有將彼等編組一枝砲兵的需要。而且許多漢人令其分散在各旗之內，亦增長了各旗的力量。爲了統一漢人的管理，減少逃亡，編組新軍，充實戰力，所以一方面令佟養性總管漢人，一方面挑選能施放火器者，成立直屬砲隊。天聰五年三月，太宗首次檢閱新編漢軍。實錄：「上出閱新編漢兵，命守戰各兵，分列兩翼，使驗放火礮鳥鎗。以器械精良，操演嫻熟，出帑金大賚軍士。」[157]這是所有漢人一切軍民事務交佟養性管理後的第二個月。

礮隊編成之後，是年八月即攜之攻大凌河城，發揮極大效用[158]。六年正月太宗幸北演武場閱兵，「額駙佟養性率所統漢兵，擐甲冑，執器械，列於兩傍，置鉛子於紅衣將軍礮內，樹的，演試之。」太宗見其軍容整肅，甚喜，且以出征大凌河時，能遵方略，有克捷功，命分賞銀兩布疋有差，並設大宴宴之[159]。

此時所編漢兵，概僅限於持火器者。《臣工奏議》：「往時漢兵不用，因不用火器。夫火器南朝仗之以固守，我國火器既備，是我奪其長技。彼之兵既不能與我相敵抗，我火器又可以破彼之固守，何不增添兵力，多拏火器，以握全勝之勢。目今新編漢兵，馬步僅三千餘，兵力似少，火器不能多拏。況攻城火器，必須大號將軍等砲，方可有用。然大號火器，拏少又無濟于事。再思我國中各項漢人尚多，人人俱是皇上赤子，個個俱當出力報效，若果從公查出，照例編兵，派定火器，演成一股。有事出門，全拏火器，大張軍威；無事歸農，各安生理。一則不廢民業，一則又添兵勢。」[160]

礮隊的建立與開始自鑄紅衣大礮，這是清人歷史發展上的一件大事[161]。清太宗在開始將漢人編組成軍時，即不令分屬於各旗之下，當然這與初時火器不多，須集中使用有關。在明清戰爭中，清人以驍勇善馳射，最利於野戰衝殺。然圍城攻堅，明軍有紅夷大礮，密集轟擊，為其嚴重弱點。天命十一年寧遠之戰，努爾哈赤以百戰老將，敗於袁崇煥，負傷忿愧而歸，旋即殂落。是役，崇煥以逸待勞，指揮有方，將士用命，奮勇抗戰，固為致勝因素。然主要關鍵，乃在於明軍擁有最新最有力的武器紅夷大礮。天聰元年五月，太宗率八旗再攻寧遠、錦州，思報前仇，以振軍威，又遭明軍大礮轟擊，失利敗歸。故常思能得此種武器，與明對抗。天聰五年五月自鑄紅衣大砲成（當時奏疏，稱紅夷大礮），命佟養性率漢兵操練演放。後大凌河俘獲砲手及大小火礮三千五百位，竝鳥鎗等亦交佟養性統轄[162]。當時所有紅衣大礮約三十餘座，及鳥鎗、三眼鎗、百子銃、佛郎機、二將軍、三將軍、發熕炮等火器。並設硝磺局、藥局，專責製造炮子[163]。砲手除漢人外，也有向朝鮮征索來的[164]。每行軍作戰，必攜礮隊前往。攻城奪堡，先以礮火猛烈轟擊，而後甲兵攀登以進。紅衣大礮在幾次激烈的戰役中，都發生了勝負決定性的作用。

漢軍旗在天聰七年正月時稱一旗。《實錄》：「滿洲八旗，蒙古二旗，舊漢兵一旗，各牛彔額眞等，歷任年久無過者，各依品級，賞緞有差。」[165]舊漢軍是指天聰五年大凌河戰役前所俘降漢人而編成軍的。天聰六年以後常有新人舊人、新官舊官的分別，即由於此。是年七月，又命「滿洲各戶有漢人十丁者，授綿甲一，共一千五百八十戶，命舊漢軍額眞馬光遠等統之，分補舊甲喇之缺額者。」[166]八月，孔有德、耿仲明來降，仍令各統原軍，旗纛用皂色，馬匹俱用印烙，將本管官銜，併馬主姓名，書滿洲字牌繫之[167]。天聰八年三月又規定孔耿等旗色云：「旗纛乃三軍眼目，不可不加分別，若用他色，恐與八旗舊纛相同。爾等之纛，當以白鑲皂，爾所屬營兵之纛，亦以白鑲皂。如此，則采章有別，不致與八旗相淆。至於飾畫之處，任從爾便。」[168]是年五月，復定軍營名色。「舊漢軍爲漢軍，元帥孔有德兵爲天祐兵，總兵官尙可喜兵爲天助兵。」[169]舊漢軍即石廷柱、馬光遠所統率者。

崇德二年七月，「分漢軍爲兩旗，以昂邦章京石廷柱爲左翼一旗固山額眞，昂邦章京馬光遠爲右翼一旗固山額眞，照滿洲例，編壯丁爲牛彔。」[170]四年六月，又「分二旗官屬兵丁爲四旗，每旗設牛彔十八員，固山額眞一員，梅勒章京二員，甲喇章京四員。……初兩旗纛色皆用元青，至是改馬光遠纛以元青鑲黃，石廷柱纛以元青鑲白，王世選纛以元青鑲紅，巴顏纛純用元青。」[171]七年六月，復分編爲八旗，以祖澤潤、劉之源、吳守進、金礪、佟圖賴、石廷柱、巴顏、李國翰等八人爲固山額眞[172]。

漢軍旗編定後在明清戰爭中所發生的影響，正如太宗所云：「朕幸承天眷，以我兵之半，往征明國，遂能破其關隘，克其城池，皆因撫綏各國，俾傾心歸順，勢大力強之所致。若止恃舊日之兵，豈能致此乎！」[173]編組漢軍，這固然是在處理國內漢人（尤以孔、耿等集體率部投降後的安置處理），及戰爭需要上的必要措施。但依八旗規制，應分屬八家之下，不應獨立成一系統。而太宗令其自成一系，無形中卻因此掌握了更多更得用的實力。蒙古軍旗的編立，其動機亦是如此。這都嚴重的損害到八家應有的權利。但漢軍旗與蒙古軍旗的分別獨立編置，使不與滿洲軍旗混和，不但易於管理統治，減少許多彼此間的衝突摩擦，也是清太宗得以安定內部，集中力量向外發展所以成功的重要因素之一。

關於漢人處境，自編組砲隊時起，因已納入戰鬥系統，故亦隨之稍微好轉。尤其是大凌河攻下之後，鑒於明軍之死命抵抗，故對所俘人口，爲了收撫安輯，使得爲後日之用，其所受待遇亦較前所俘降者爲優。實錄：「管兵部事貝勒岳託奏言，先是克遼東廣寧，其漢人拒命者誅之，後復戮永平灤州漢人，以是人懷疑懼，縱極力撫諭，人亦不信。今天與我以大凌河漢人，正欲使天下皆知我國之善養人也。臣愚以爲若能善撫此衆，嗣後歸順者必多。且更宣明前事，以告於衆，則人皆信服矣。善養之道，當先予家室。凡一品官，以諸貝勒女妻之。二品官，以國中大臣女妻之。其大臣之女，仍出公帑以給其需。若諸貝勒大臣女有欺陵其夫者，咎在父母，犯即治罪，則安敢復逞。儻邀天眷，奄有其地，仍各給還家產，以養其生，彼必忻然悅服。如謂歸順之人，原有妻室，諸貝勒大臣不宜以女與之，此實不然。彼既離其家室，孤踪至此，諸貝勒大臣以女與之，豈不有名。且使其婦翁衣食與共，雖故土亦可忘也。即有一二異心而逃者，決不爲怨我之詞矣。若不加撫養，將操何術以取天下乎！又各官宜令諸貝勒人給莊一區，此外復令每牛彔各取漢人男婦二名，牛一頭，即編爲屯，共爲二屯。其出人口耕牛之家，仍令該牛彔以官値償之。復察各牛彔下寡婦，配給各官從人。至於明之士兵，從前棄鄉土，離妻子，窮年累月，戍守各城，一苦也；畏我兵誅戮，又一苦也。此等無業之人，不能治生，或資軍糧以自給，若有身家之人，豈猶戀此軍餉乎！今旣慕義歸降，須令滿漢賢能官員，先察漢民子女寡婦，酌量配給，餘察八貝勒下殷實莊頭有女子者，令其給配。如無女子，令收養爲子，爲之婚娶，免其耕作，有軍輿，則隸戎伍。其餘更令殷實商賈，分給婚配，一一區處，仍各賜以衣服，毋致一人失所。如此則人心歸附，而大業可成矣。疏入，上嘉納之。」(174)

待遇雖然已見改善，但仍是不能與征服者平等相處的。《實錄》：「是日，衆漢官赴管戶部事貝勒德格類訴稱：我等向蒙聖恩，每一備禦免丁八名，止免其應輸官糧，其餘雜差，仍與各牛彔下堡民三十五丁一例應付。竊思我等本身，照官例贍養新人，較民例更重，所免八丁，復與民例一體當差，本身又任部務，所有差徭，從何措辦，徭役似覺重科。況生員、外郎，尚有免丁，望上垂憐，將所免八丁，准照官例當差，餘丁與民同例。德格類奏聞，上遣巴克什龍什、希福，察訊差役重科之由。奏稱所訴皆虛，惟前此買婦女，配給新人，衆皆一體出價，未經給還，衆遂藉以爲詞耳！上命將原價發還，諭管禮部事貝勒薩哈廉曰：此輩忘却得遼東時所受苦累，而爲此誑言耳！若不申諭，使之豁然曉暢，則此些少之費，動爲口實矣。於是薩哈廉奉上命，集衆官於內廷，傳諭曰：爾衆漢官所訴差徭繁重，可謂直言無隱，若非實不得已，豈肯迫切陳訴。然朕意亦不可隱而不言，當從公論之。朕意以爲爾等苦累，較前亦稍休息矣。初，爾等俱分隸滿洲大臣，所有馬匹，爾等不得乘，而滿洲官乘之；所有牲畜，爾等不得用，滿洲官強與價而買之。凡官員病故，其妻子皆給貝勒家爲奴，既爲滿官所屬，雖有腴田，不獲耕種，終歲勤劬，米穀仍不足食，每至鬻僕典衣以自給。是以爾等潛通明國，書信往來，幾蹈赤族之禍。自楊文朋被訐事覺以來，朕姑宥爾等之罪，將爾等拔出滿洲大臣之家，另編爲一旗。從此爾等得乘所有之馬，得用所畜之牲，妻子得免爲奴，擇腴地而耕之，米穀得以自給，當不似從前之典衣鬻僕矣。爾等以小事來訴，無不聽理，所控雖虛，亦不重處，是皆朕格外加恩，甚於待滿洲者也。至於困苦之事，間亦有之，然試取滿洲之功與爾等較之，果孰難孰易乎！滿洲竭力爲國，有經百戰者，有經四五十戰者，爾等曾經幾戰乎？朕遇爾等，稍有微勞，即因而擢用，加恩過於滿洲。」[175]加恩過於滿洲，這是征服者自以爲是的片面說辭，但如前述開科考試，登用漢官，也都可說是部分解放的措施。不過漢官雖被拔出滿洲大臣之家，其在社會上地位仍受滿人凌辱。《實錄》：「至於服制一節，皇上陶鎔滿漢之第一要務。滿洲國人，語言既同，貴賤自別。若夫漢官，祇因未諳滿語，嘗被訕笑，或致凌辱，至傷心墮淚者有之。皇上遇漢官，每溫慰懇至，而國人反陵轢作踐，將何以示一體而招徠遠人耶！宜急分辨服制，造設腰牌，此最簡易，關係最大者，皇上勿再忽之也。」[176]甚或「路人見之，作踐陵轢，罵言榜笞，同於乞丐。」[177]所以漢官一再請求分辨服色體制，造設腰牌，希望在制度上能減少凌虐難堪。這種衝突作踐，一是由於長期歷史仇恨的報復心理。「昔承平時，滿洲漢人貿易往來，漢官妻子及下人之妻子等，不令見滿洲人，且不使立於其門，或至無故亂打，輕視欺壓。而漢人之小官及平人前往滿洲地方者，得任意徑入諸貝勒大臣之家，同席宴飲，盡禮款待。自得遼東後，漢人之廉恥亦掃地矣。」[178]此外也有因爲彼等建議太宗立法建制的反感因素。

太宗本人因利用此輩進行爲其策劃建立中央集權制度，而拔擢任用，但亦心懷疑忌，不完全相信。〈臣工奏議〉云：「且豪傑或不見用於南朝，其僮僕衣食足樂生平，一時難於鼓舞。其在我國者，不是沒飯吃，便是沒衣穿，若少加鼓舞，莫不興起而樂爲用。若大加鼓舞，即便赴湯投火，而莫不樂爲致身捨生矣。此誠用力少而收功多者，皇上何樂而不爲也。……今我皇上非不英明而傑出者，何於人也欲用之而不能言之，是何歟？然不過以金漢之分耳。殊不知信則吳越爲一家，不信則一家成吳越。聞豫讓曰：誠能以國士待我，我將以國士報之。況君正則臣直，只要皇上能推誠致信，而以手足視臣，臣將盡忠竭節而以腹心視皇上矣。……古云：疑人莫用，用人莫疑。若疑而用之，在皇上或爲籠絡用人，殊不知虛情假意，稺子難欺，況豪傑乎！勢必至於上下相疑，彼此混帳，莫說不能成事，且必至於敗事。且今日不能信之漢人，異日焉能信之於金人乎！此臣所謂不信則一家成吳越者，何皇上不思之甚也。」[179]

漢人人數的日益膨脹，雖可驅之爲用，然亦使太宗深具戒心。祝世昌以諫諍不可將俘獲敵人之妻女爲娼伎，竟因此得罪：「先是，禮部承政甲喇章京祝世昌條奏，俘獲敵人之妻，不可令爲娼伎一疏，奉旨切責。至是命固山額眞石廷柱、馬光遠及諸漢官會訊世昌，此疏與誰共議。供云：我自爲之，文有不順者，啓心郎孫應時曾爲改正。甲喇章京姜新、馬光先亦觀之，二人咸稱善，欲列名，我不允，因自行陳奏。問姜新、馬光先，供云我等觀之稱善，然並無列名之說。問孫應時，供云改正是實。又問世昌，汝弟世蔭曾知此事否？供云吾弟實不知，世蔭亦堅供不承。於是諸漢官遂公議世昌身在本朝，其心猶在明國，護庇漢人，與姦細無異。祝世蔭既係同居，豈有不知之理，均應論死，籍其家。孫應時爲啓心郎，反代爲改正，實係世昌同謀，亦應論死。姜新、馬光先見疏不勸止，反稱善，俱應革職，各罰銀一百兩，姜新並解部任。奏聞，上命免祝世昌、祝世蔭死，發邊外席北地方安置。姜新以招撫大凌河時，往來通使有功，免罪，解部任。馬光先有建昌歸順功，亦免罪。孫應時依議正法。」⑱並以此大發雷霆，斥責都察院漢官：「爾等果盡心爲國，凡有見聞，當秉公入告，實力舉行，則委任爾等，庶爲有益。若禮部承政祝世昌，狥庇漢人，奏請禁止陣獲良人婦女，賣與樂戶爲娼之疏，甚爲悖謬，朕豈肯令陣獲良人之子女爲娼乎！……觀祝世昌身雖在此，心之所嚮，猶在明也。祝世昌果係忠臣，彼明國以大元田劉張三姓功臣之裔爲樂戶，即當奏請禁止，何竟無一言耶！若滿洲官庇護滿洲，蒙古庇護蒙古，漢官庇護漢人，彼此不和，乃人臣之大戒。……今滿洲蒙古漢人，彼此和好，豈不爲善乎！……祝世昌沽名請禁，心迹顯然。爾等聞祝世昌之言，絕不參奏，是爾等之失也。」⑱這完全是藉題發揮，不過後來見屢次要求與明和議，都不得成功，內部問題，又日益複雜，正需此輩爲之策劃，以此鬆一陣，緊一陣，仍多方籠絡驅使。

以上各節，只是對太宗政治上重要措施的簡要敍述。此外如制定朝會規儀，名分稱謂，冠服等第形式，官吏任用、陞降、考績辦法，功臣襲封條例，刑名條款，功罪賞罰標準，奴僕離主條例，牧馬放鷹及田獵禁令，喪葬、婚嫁、祭祀禮制，改革風俗等，這些都與前述各項措施密切關連，也可以說是在那些重大措施下所產生的細目環節。當然，從法制的基礎上說，都顯得粗疏簡略。但就當時的環境而言，不同的種族，不同的文化，不同的生活習慣，也只有在此不同的前提下抽取可以共同接受的原則，制定一種可以通行適應的廣泛的行爲規範。而這種現象的造成，又與旗制組織，有密切的關係。前面已經說過，旗制的構成，是從氏族社會的廢墟上建立起來的。當各族羣來歸之時，其內部生活，開始都各按照自己舊有的習慣，由各族羣領袖領導管理。後想建立統一指揮管理系統，當然對此有加以調整統一的必要。而此統一與調整的目的，本爲使各個構成份子族羣之間，彼此能保持良好關係，心志齊一，共同行動。因此便不能不顧及原來固有的因素，與結合條件。所以當以牛彔爲旗制的編組單位之時，牛彔的構成，儘量保持其血緣關係與地緣關係。牛彔的領導人物由本牛彔的族羣中產生，並對本族羣保有廣泛的支配力量，便是由此形成的。而旗制組織之所以維持氏族社會的內部構造形式，其原因亦即在此。故所謂立法，縱然在觀念上已有新法令的意識，也只是將不同的習慣折衷損益，所湊成的廣泛性原則。不過，儘管如此，法令的制定，官制的建置，確亦發揮了其應有的功用。朝鮮使臣報告云：「然紀綱立，而法令嚴，此所以維持至今也。」[182]

但從另外一方面看，就清太宗種種政治措施的前進方向，着力重點，法制的精神，及內容成分而言，可以說是進行漢化。清人入關後，可以很快的接受中國制度，順水推舟，統治中國二百餘年之久，這一個先頭接合工作，無疑的是奠定在太宗時代。當然，建州女直受漢化的影響，早已開始。明實錄嘉靖十九年大學士翟鑾會奏言，「臣奉命巡行九邊，見遼東海西夷，室居田食，建官置衞，頗同中國。而中國待之異等，行有餼穀，居有賞賚，勢雖羈縻，實成藩屏。故厚夷所以厚中國也。」[183] 女眞人自明初移居於中國與朝鮮邊境後，由於通貢互市，經常往來，已漸接受中國文化的影響[184]。尤其邊民與彼等雜處交接，感染更大。文化邊界與政治邊界本不是一致的，往往是犬牙交錯，重疊相映。《山海紀聞》〈海一〉云：「夫均遼人也，惟撫順、清河之人，始而與奴接兄弟，既而與奴通婚媾，故撫順一失，清河旋陷，二城之人，至今爲奴用事，殘酷狡黠，甚於奴。揆厥原由，因開市年久，夷夏防疏，故其人陷于犬羊而恬不知恥。奴亦熟稔情好，而任用無疑。」漢化問題，所牽範圍甚廣，並且須與入關後的漢化情形，一併檢討，方能說明其演進過程，及所激發的問題，所遭遇的困擾，與所發生的影響。但就其早期正式的，有意的推行漢化來說，不能不說是始於太宗年間。雖然太宗本人在採擇推行的過程中，不免心懷矛盾，時生戒懼，而影響到前進的幅度與速度，但大的方向未變（此亦歷史發展條件與當時情勢的要求）。後多爾袞率兵入關，能利用漢奸，因應制宜，輕移明祚。個人機智，固不失爲一大因素，但主要者，乃在太宗時代所累積的知識經驗，已做好了先頭接合工作。

四、太宗與諸貝勒間的衝突鬥爭

從上述種種措施中，可以看出太宗即位後的歷史發展方向，由八家分權走向中央集權，由部落汗國走向封建帝國。這是清人歷史發展上極其重要的階段，也是入關後得以統治中國，女眞族在中國史上建立第二個政權的寶貴經驗。但這些措施，在當時人來說，都違背了太祖當初所定八旗幹國的原則，嚴重的侵害了八家應享的權益。所以隨着這些措施的進展，也激起了太宗與諸貝勒間的衝突鬥爭，這可以說是雙方爲變更舊制與維護權益所促成的。以下只簡述幾個嚴重的事例。

㈠ 與阿敏間的衝突

太宗即位後第一個發生衝突的，是鑲藍旗貝勒阿敏。阿敏與太宗的衝突，可以說是其父舒爾哈齊與努爾哈赤兄弟間衝突的繼續，延長到下一代，所以應該從其父與太祖之衝突說起。

明萬曆十一年努爾哈赤起兵後，當時本族人爲了本身的利益，不但不肯相助合作，有的甚至不惜與外族勾結，夾擊偷襲，必欲殺之而後快。處此內外相逼的情勢下，清太祖所倚以爲助共相患難的，爲其同母弟舒爾哈齊與異母弟穆爾哈齊。穆爾哈齊事跡，記載甚少，蓋其人庸碌尋常，無甚突出處。而舒爾哈齊據一般記載，謂其與兄努爾哈赤多智習兵，信賞必罰，兼併族類，野心勃勃，不但以驍勇雄部落中，且有戰功，能得衆心。於是隨着軍事勝利的進展，所部勢力日益壯大，終與其兄成爲二雄竝立之勢[185]。

萬曆十七年，努爾哈赤受明勅封爲建州衛都督僉事，明廷承認其對建州衛之支配權，傳統的三衞分立形勢因之消滅。時努爾哈赤在內稱王，舒爾哈齊稱「船將」[185]。萬曆二十三年，明加努爾哈赤龍虎將軍封號。是年八月，舒爾哈齊亦赴明入貢[187]。雖未記其官職，但亦未必已受封無疑。當時二人的勢力分配，據朝鮮政府所派探訪夷情特使河世國於是年十一月自努爾哈赤所居地赫圖阿拉歸來報告所見兄弟二人情形云：「老乙可赤（努爾哈赤）兄弟所住家舍則蓋瓦，各以十坐分爲木柵，各造大門，別設樓閣三處，皆爲蓋瓦。……老乙可赤麾下萬餘名，小乙可赤（舒爾哈齊）麾下五千餘名，常在城中，老乙可赤戰馬則七百餘匹，小乙可赤戰馬四百餘匹。」[188]第二年正月，另一使臣申忠一亦出使歸來，並上所著建州紀程圖記，謂「奴酋諸將一百五十餘，小酋將四十餘，皆以各部酋長爲之，而率居於城中。」宴待時，「奴酋兄弟妻及諸將妻皆立於南壁炕下，奴酋兄弟則於南行東隅地上，向西北坐黑漆椅子，諸將皆立於奴酋後。」三天後，舒爾哈齊亦遣人來請，云「軍官不但爲兄而來，我亦當接待。」朝鮮使臣入建州之後，首進見努爾哈赤，次即進見舒爾哈齊，對二人俱有饋送，二人亦皆有回贈，只是多少不同。兄弟二人所有一切服飾，俱是一樣。舒爾哈齊並云：「日後你僉事若有送禮，則不可高下於我兄弟云。」時蒙古送來戰馬百匹，橐駝十頭。予努爾哈赤馬六十匹，駝六頭。舒爾哈齊馬四十匹，駝四頭[189]。

這是萬曆二十三、四年朝鮮使臣「目睹」二人的權勢地位情形。兵員分配，大約是五與三之比。萬曆二十五年五月，明實錄記「建州衛都督指揮奴兒哈赤等一百員名進方物。」七月，

「建州等衛夷人都督指揮速兒哈赤（舒爾哈齊）等一百員名赴京朝貢。」[190]至三十六年十二月，兄弟二人又先後分別入貢，《實錄》記頒給建州等衛女直夷人奴兒哈赤、兀勅等三百五十七名，頒給建州右等衛女直夷人速兒哈赤等一百四十名貢賞如例[191]。二人入貢，前後相距僅十九天。而尤其值得注意的，是舒爾哈齊此次以建州右衛名義入貢。右衛復設年月，未見記載。但就東夷考略云，萬曆二十九年八月，禮部以海（西）建（州）貢夷沿途騷擾，議照朵顏三衛例，量減員數，定期減車。速兒哈赤上言「驛遞刁勒，所賞襖袋濫惡，願得折價。」的話觀之，大約右衛復設在是年三月以後，此可能與李成梁之復出鎮遼東有關。

李成梁自隆慶三年出鎮遼東，萬曆十九年被劾罷職，二十九年三月，復出任邊寄，再鎮遼東。新官上任，照例要求有所表現，如到任後令努爾哈赤使哈達復國，努爾哈赤不但允許，並還忍氣吞聲親到北京朝貢[192]。則成梁感到努爾哈赤的力量日益膨脹，爲了便於控制駕馭，令其依傳統的三衞形式，復開右衞，使其弟舒爾哈齊掌之，自是自然順理之事。此雖沒有直接史料記載，但與東夷考略所記時間，頗相吻合。所以到萬曆三十六年六月成梁再度被劾解任後，三十七年即發生兄弟二人公開破裂事件[193]。

另一個因素，可能是出於舒爾哈齊的要求。在萬曆二十三、四年朝鮮使臣到建州時，舒爾哈齊已儼然以二頭目的姿態接待朝鮮使臣。建州自明正統年間以來，一直是保持三衞並立的形式，當舒爾哈齊自覺勢力壯大，爲了獲得對明貢市上的重大利益，自會想到依傳統規制，希望獨領一衞，非但可獲通貢互市之利[194]，並可提高自己的身份地位，所以後來部族中以「二都督」稱之。

上面簡單的說明了舒爾哈齊的勢力成長壯大經過情形。同樣的，在成長壯大的過程中，由於兄弟間權勢利益的爭奪，太祖本人性情的猜厲貪刻[195]，也造成了兄弟間的衝突鬥爭。

二人間的衝突，在萬曆二十七年征哈達時已經開始[196]。至萬曆三十五年，裴悠城長策穆特黑苦烏喇侵虐，願來附。太祖命舒爾哈齊與代善、褚英等往迎，歸途烏喇貝勒布占泰發兵萬人邀擊，褚英、代善力戰，舒爾哈齊率五百人止山下觀望，常書與納齊布亦別將百人從之。師還之後，太祖論常書、納齊布罪當死，舒爾哈齊爭之強，云「殺二人與殺我同」。於是乃罰常書百金，奪納齊布屬人。自是之後，太祖乃不遣舒爾哈齊將兵出征[197]。

舒爾哈齊既不得將兵，居恒鬱鬱，乃謀率衆出走。籌遼碩畫：「數日內偵得建夷情形，或二、三百一營，或一、二百一聚，俱散布猛酋舊寨，叩之則云：我都督與二都督速兒哈赤近日不睦，恐二都督走投北關，令我們在此防範。……旬日前職聞奴酋因修自己寨城，怪速酋部下不赴工。問其故，則云二都督將欲另居一城也。奴酋怒甚，將速酋之中軍並其心腹三、四夷立炮烙死，仍拘繫速酋如囚。」[198]此即實錄等所說萬曆三十七年舒爾哈齊出奔黑扯木事件。滿洲老檔秘錄云：「貝勒舒爾哈齊者，上之同母弟也。上篤念手足之誼，遇之優厚，服御玩好，悉與宸居，然猶不自厭足，臨陣退縮，時有怨言。上乃責之曰：『第之所以資生，一絲一縷，罔不出自國人，即罔不出自我，而弟反有怨我之意何也？』舒爾哈齊終不悟。出語人曰：『大丈夫豈惜一死，而以資生所羈束我哉！』遂出奔他部居焉。上怒，三月十三日，籍收舒爾哈齊家產，殺族子阿薩布，焚殺蒙古大臣烏勒昆，使舒爾哈齊離羣索居，俾知愧悔。舒爾哈齊愧悔來歸，上以所籍收之產返之。然舒爾哈齊仍懷觖望。越二年，辛亥（萬曆三十九年）八月十九日，遂抑鬱而卒，年四十有八。」[199]

從上述自萬曆十七年清太祖努爾哈赤受明之勅封爲建州衞都督僉事，兄弟二人勢力相併成長，到三十五年收集裴悠城地方居民時兄弟二人公開衝突，三十六年李成梁解任去，三十七年發生舒爾哈齊出奔黑扯木事件，三十八年老檔所記分配各人勅書，舒爾哈齊與其子札薩克圖仍各佔有相當份數[200]，三十九年舒爾哈齊死，四十年、四十一年乃積極向烏喇用兵，卒亡其國，四十二、三年間太祖將內部加以整編部署，建立八旗統屬制度，四十四年，建元立號，四十六年，遂以七大恨誓師向明正式進攻。尤其是自三十六年至四十四年這一階段的發展變化，我們可以看出清太祖由兄弟合力向外征伐兼併，形成二雄竝立，終至不能相容，其中所存在的種種矛盾因素，鬥爭發展經過，及清太祖在萬曆四十二、三年代其對遼東整個情勢的認識，本身地位的自覺，與今後發展方向所作的決定。所以舒爾哈齊的死，不但是二百年來舊有建州三衞歷史的結束，也是開始走向一個新的歷史階段的重要關鍵。

清太祖將內部重新加以編組，建立起八旗制度之後，仍令舒爾哈齊之子阿敏統領一旗，這表示着舒爾哈齊的舊有力量，仍然存在。阿敏所領爲鑲藍旗，可能只是原來舒爾哈齊舊屬之一部份。旗下屬民與旗主間的關係，比其與中央共主（汗）的關係，是更爲直接更爲密切的。當時以對外戰爭及維持生活，所以屬下成員，不但是戰爭時的武力，也是採集、狩獵、掠奪、供給旗主生活資料及使役勞動力的來源。旗制建立後，「汗」仍必須有其所有的旗分牛彔，原因亦即在此。這種關係，不但形成了旗主與旗民雙方的主屬地位，也結成了上下彼此間濃厚情感。所以太祖仍令阿敏統領一旗，愛養「同於己出，俾得與聞國政，爲和碩大貝勒。」

阿敏掌領鑲藍旗後，由於太祖爲創業領袖，家長之尊，且馭下甚嚴，所以一直很恭順。但到太祖一死，情形便發生變化。

阿敏與太宗的衝突，從太宗即位之時起，即已開始。天命十一年十月，代善、阿敏率德格類等往征蒙古喀爾喀扎魯特部時，阿敏親信與代善在軍前發生衝突。實錄云：「是役也，大貝勒阿敏親黨，行事變常，語言乖異，有誰畏誰，誰奈誰何等語。比遣使奏捷於上，語侵代善，欲相詬詈，代善容忍，以善言解之，方遣使以克敵奏聞。」[201]此雖然是阿敏親信的發作，亦無異是代表着阿敏的態度。但這一場形將在軍前激發的風暴，由於代善的容忍退讓，總算平靜下去。阿敏親信對代善的攻擊，在另一方面來看，也可說是向太宗而發。太宗以初行即位，內部尚不穩定，故未做任何表示，然亦不無故意視為紅旗與鑲藍旗或二大貝勒間之衝突，有意讓其發展下去，以利用其矛盾關係的心理。此後太宗與阿敏間的摩擦，一直繼續下去，直到天聰四年，太宗始採取行動。

四年五月，阿敏由永平敗歸，太宗乃藉此機會，向阿敏清算，命諸貝勒大臣及文武各官軍士等集闕下，揭發其所有過愆十六項：㈠嗾使其父移居黑扯木地，太祖坐以擅自行動之罪，後經宥之，並命為和碩大貝勒，與聞國政。太宗即位，仍以三大貝勒之禮待之，而忘恩背德。㈡天聰元年征朝鮮時，已與朝鮮軍隊在黃州進行和議。阿敏指揮自專，必欲到王京，又誘唆杜度與己同行，心懷異志。㈢所俘朝鮮婦女，既已沒入內廷，猶遣人請索，常在外觖望，坐次有不樂之色，悖行無忌。㈣自以遭受欺凌，言語乖異。且與背約棄信禁不與通之土謝圖額駙奧巴往還，匿其來使，不呈其書上覽，私結外交。㈤貪圖牲畜，與蒙古貝勒擅通婚姻，違背凡諸貝勒大臣子女婚姻必奏聞之旨。㈥八旗既移居已定，而擅離汛地，越所分地界，過黑扯木地開墾，欲乘間移住於此，遂其異志。㈦告人夢被皇考箠楚，有黃蛇護身，謂此即我之神也。心懷不軌，形之寤寐。㈧上出征時，留守國中，屢次出獵，私自造箭，不思急公，惟耽逸樂。㈨出師貝勒還，出迎無款曲之言，令留守大臣坐於兩側，己中坐受禮，儼若國君。㈩鎮守永平，請與弟濟爾哈朗同行，謂若彼不從，當以箭射之，吾殺吾弟，將奈我何。滅倫狂悖。(十一)入永平時，以鎮守諸貝勒率滿漢官止張一蓋來迎，怒而麾之，妄自尊大。(十二)深恨永平城中漢人，因上撫卹降民而不殺，時時怨謗，又告士兵當令飽欲而歸，以己所行爲是，人所行爲非，譬己訕上。(十三)掠榛子鎮降民牲畜財物，驅降民給八家爲奴。故意擾害漢人，墮壞基業。(十四)怙非文過，懟怨君上。(十五)逼娶喀喇沁部二女。(十六)明兵圍攻灤州，堅不肯救，聽其城陷兵敗。委他旗於敵，止率本旗兵回。退兵時盡屠永平、遷安官民，以俘獲人口財帛牲畜爲重，盡載以歸。以我兵爲輕，竟置不顧。且不聽正言，止與其子洪科退及部下等私相定義，遽然而返[202]。

所謂十六大罪，就當時清人整個社會情形比較分析，有的是不足構成罪狀的。如爭奪被俘婦女，搶掠財物，分取降人，貪財通婚等，又何止阿敏如此？搶人掠物，一直用爲對外用兵鼓舞官兵勇往直前解決生活資料的主要手段。入永平時阿敏以迎接時止張一蓋，怒而入城。阿敏時爲共議國政的三大貝勒之一，其體制亦自應有異，何況漢官參遊尚張一蓋。迎接出征貝勒還國禮節，阿敏既以議政大貝勒留守國中，以身份地位而言，亦不爲過舉。私自造箭，各旗本皆有自己匠役，供給本旗兵器軍需。攻朝鮮時，阿敏主張至朝鮮王京近地議和，岳託以重兵在外，慮明與蒙古乘機進攻，主張早日結束戰爭，只是對和議時機與當時情況判斷的不同。何況太宗本有「愼勿如取廣寧時，不進山海關，以致後悔。」「凡事當相機圖之」的指示。阿敏的野心，不過是「吾常慕明國皇帝及朝鮮國王所居城郭宮殿，無因得見，今既至此，何不一見而歸乎！」[203]想開開眼界而已。至於阿敏懟怨訕謗，當爲事實，但由此也可以看出平時雙方衝突摩擦不能相容的情形。所以阿敏有「我何故生而爲人？不若爲山木，否則生高阜處而爲石。山木之屬，雖供人伐取爲薪，大石之上，雖不免禽獸之溲渤，比之於我，猶爲愈也。」的話。

十六罪中的最後一項，是永平敗歸，以軍法而論，固有難逭之罪，但事實亦非盡如實錄所言。當時清人初次入關，孤軍遠守，軍心士氣，都不無惶恐不安心理。阿敏在出發時必欲偕其弟同行，殆亦有此感覺，必要時可策應保全。此次戰役，明人力戰反攻，收復失土，稱爲遵永大捷。阿敏度不可守，爲保全實力，遂倉促撤退。天聰六年十二月談大受請赦阿敏罪時曾言：「先年二貝勒失悞軍機，或者彼時天分尙未至，故天意默默使之來也。但念保全大兵回來，希圖後功，雖一時悞犯，情有可原。」❷⓪❹可見當時阿敏所以倉促退回的原因。（此次遠守永平等地，這是清人第一次試圖在關內建立據點，而此次失敗後，亦再不敢嘗試。）

阿敏得罪，由於永平敗歸，永平之敗，只是十六罪狀之一，其餘都是羅織以往積怨，且從太宗即位前算起。阿敏在八旗中，本屬另外一枝，自其父以來即有不協和的離心意識，阿敏本人又「夙性褊狹，與人一有嫌隙，即不相容。」❷⓪❺其與諸貝勒的關係，亦非融洽。如天命十一年征蒙古扎魯特部時其部下與代善的衝突，天聰元年征朝鮮時煽誘杜度與其共同行動，棄永平時獨保全本旗而還，都說明了阿敏平時的心理。尤其是阿敏曾嗾使其父移黑扯木，太宗即位時提出出居外藩的交換條件，後又擅離汛地，越所分地界等行動❷⓪❻，都表示着阿敏的離心力與對太宗共主權力的漠視。所以在阿敏十六罪狀中，每條結語下所特別強調並有意向此牽連的可歸納爲：㈠嗾使離間，㈡私結外交，㈢擅自行動，㈣止顧本旗，㈤自大僭恣，㈥心懷異志等罪名。

太宗雖然內心決意剷除阿敏這一不協和力量，但基於旗制組織，及即位時的誓言，不能獨斷處置，乃令諸貝勒公議制裁。於是「衆貝勒大臣等議當誅之。太宗命從寬幽禁。奪其所屬人口奴僕財物牲畜，及洪科退所屬人口奴僕牲畜，俱給貝勒濟爾哈朗。止給阿敏莊六所，園一所，滿洲、蒙古、漢人共二十名，馬二十四。」❷⓪❼

阿敏雖遭幽囚，但其所統之鑲藍旗仍給其弟濟爾哈朗統領，保持原來系統。濟爾哈朗於接管鑲藍旗後，曾率弟篇古及阿敏子艾度禮、顧爾瑪洪等共同盟誓云：「我父兄所行有過，自罹罪戾。若我等以有罪之父兄為是，而或生異心，天必譴之，奪其紀算，使之夭折。若有人譖毀我等，願上與諸貝勒審察而詳處之。」[208]不論宣誓是出於自願或被迫，對鑲藍旗下的人來說，這是心理上一個嚴重的脅制，使他們的言行必須特別恭謹小心。

天聰六年十二月及七年五月，曾兩次有人請赦阿敏之罪，可惜兄弟，念天倫為重，安可以一念之差，而辱終身名節，望乞憐赦出，許戴罪圖功[209]。太宗始終不允。崇德五年十一月，阿敏遂卒於幽所[210]。

(二) 與莽古爾泰間之衝突

莽古爾泰長太宗五歲，領正藍旗，與太宗積釁細節，不擬細述。二人直接衝突，發生在天聰五年八月大淩河戰役軍前。《實錄》：「是日，上出營，登城西之山岡，坐觀形勢。……大貝勒莽古爾泰奏於上曰：昨日之戰，我屬下將領被傷者多，我旗護軍有隨阿山出哨者，有附額駙達爾哈營者，可取還否？上曰：朕聞爾所部兵，凡有差遣，每致遲誤。莽古爾泰曰：我部衆凡有差遣，每倍於人，何嘗違誤。上曰：果爾，是告者誣矣，朕當為爾究之。若告者誣，則置告者於法。告者實，則不聽差遣者亦置於法。言畢，上不懌而起，將乘馬，莽古爾泰曰：皇上宜從公開諭，奈何獨與我為難？我止以推崇皇上，是以一切承順，乃意猶未釋，而欲殺我耶！遂舉佩刀之柄前向，頻摩視之。其同母弟貝勒德格類曰：爾舉動大悖，誰能容汝。拳毆之。莽古爾泰怒詈曰：爾何為毆我？手出佩刀五寸許。德格類推之出。」[211]

當莽古爾泰與太宗衝突之時，諸侍衞默然旁觀，太宗怒甚，責之曰：「彼露刃欲犯朕，爾等奈何不拔刀趨立朕前耶！」由此事觀之，可知不僅莽古爾泰心中無太宗爲一尊之意，即衆侍衛亦無此體認，此亦可說明當時人對太宗地位之認識。否則，職司侍衛，當不會坐視無所舉動的。

此次衝突，幸德格類適時而至，太宗亦沉著應付，未釀成大變。是年十月，諸貝勒等議莽古爾泰罪，革去大貝勒名號，降居諸貝勒之列，奪五牛彔屬員，並罰銀一萬兩入官。定議時，太宗以「以朕之故治罪，不預議。」[212]實則所罰尚有分內漢民及供役漢人莊屯。惟數月後，又將此悉還之[213]。天聰六年十二月，莽古爾泰遂以暴疾卒[214]。

莽古爾泰卒後三年，天聰九年十月，其弟德格類亦以暴疾卒[215]。十二月，遂發生冷僧機與瑣諾木告發莽古濟與莽古爾泰等謀逆事件。云莽古爾泰生前與其女弟莽古濟及莽古濟之夫敖漢部瑣諾木杜稜，與貝勒德格類、屯布祿、愛巴禮、冷僧機等對佛跪焚誓詞，言「我莽古爾泰已結怨於皇上，爾等助我，事濟之後，如視爾等不如我身者，天其鑒之。」瑣諾木及其妻莽古濟誓云：「我等陽事皇上，而陰助爾，如不踐言，天其鑒之。」[216]共謀不軌。

莽古濟即哈達公主，亦作莽古姬。武皇帝實錄云己亥年（明萬曆二十七年）征哈達，生擒孟革卜鹵（《清史稿》爲孟格布祿），哈達亡。太祖欲以女莽姑姬與孟革卜鹵爲妻，放還其國。孟革卜鹵與太祖左右女私通，又與剛蓋謀欲篡位，事洩，俱伏誅。辛丑年（萬曆二十九年），將莽姑姬與孟革卜鹵子吳兒戶代（《清史稿》爲吳爾古代）爲妻。萬曆帝責令吳兒戶代復國，太祖不得已，乃令吳兒戶代帶其人而還。後哈達國饑，太祖復將其收回。至天命末年，吳兒戶代卒，天聰元年十二月，乃嫁敖漢部瑣諾木杜稜[217]。

清人在當時與各部族通婚，本帶有政治作用，以聯合外族力量。吳兒古代歸服太祖之後，其所有人衆，仍歸其管領。所以滿文老檔記萬曆三十八年勅書分配情形，吳爾古代領有三十道。後哈達公主嫁給瑣諾木杜稜，天聰九年九月，哈達公主與太宗發生衝突時，議奪其滿洲牛彔及開原地方，並其夫所帶蒙古屬人，可見其特出地位[218]。哈達公主與太宗間本一直不快，如崇德元年議豪格罪時云：「上曾諭豪格曰：爾爲妻所惑，恐被鴆毒，爾外家人，不可輕信，宜愼防之。後上出獵，瑣諾木妻從開原遣人送米肉至，奏上曰：乞令皇上庖人造用。觀此言，若豪格不向外家人言，瑣諾木妻何由知之。」[219]

告密事發，太宗乃命諸貝勒大臣等研審。於是定義莽古濟、瑣諾木陰蓄異謀，應寸磔。莽古爾泰及德格類妻子與屯布祿、愛巴禮應闔門論死。冷僧機以自首免罪。莽古爾泰等之人口財產俱入官。但奏上之後，太宗頗不以爲然，曰：「莽古爾泰等人口財產入官之議，殊覺未當。設若兇逆狡計得逞，則朕之所有，將盡歸於彼。今彼逆謀敗露，國有常刑，人口家產，自應歸朕。但念諸貝勒同心佐理，似應與諸貝勒均分。至於冷僧機，若不首告，其謀何由而知。今以冷僧機爲無功，何以勸後。且瑣諾木若不再首，則我等亦必不信冷僧機之言。似不應槪予重刑，漫無分別也。」於是乃以其事諭令文館滿漢諸儒臣，從新研議。旋諸人奏上：㈠莽古濟應伏誅。㈡兩貝勒妻子皆應論斬。若欲寬宥，亦須幽禁終身。㈢首告者予賞，冷僧機宜敍其功。㈣屯布祿、愛巴禮族誅。㈤莽古爾泰等人口財產，宜全歸於上。於是誅莽古濟，屯布祿、愛巴禮並其親友兄弟子姪俱磔於市。冷僧機授爲三等梅勒章京，以屯布祿及愛巴禮家產與之，並給以勅書，令永免傜役，世襲罔替。莽古爾泰子額必倫曾言「我父在大淩河露刄時，我若在，必加刄皇上，我亦與我父同死矣。」的話，先時爲其兄光袞首告，至是亦被殺。這裡牽涉到莽古爾泰之死，及額必倫既被兄告發，何以太宗先時隱其事而不告於衆貝勒的問題，實錄說莽古爾泰不能言而死，其中不無疑問。

大誅戮之後，將莽古爾泰六子及德格類子俱降爲庶人，屬下人口財產入官，賜給豪格八牛彔屬人，阿巴泰三牛彔屬人，其餘田眥財產牲畜等物，量給衆人。以正藍旗附入太宗旗分，編爲二旗。後籍莽古爾泰家，復獲所造木牌印十六枚，其文皆曰『金國皇帝之印』，於是携至大廷，召諸貝勒大臣及庶民俱至，以其叛逆實狀曉諭之(220)。

正藍旗既已附入太宗旗分，太宗並將莽古爾泰及德格類妻室命各貝勒分納之。《清鑑易知錄》：「初，滿洲一族妻室，如伯叔母及嫂等俱無嫁娶之禁。上以一姓之內，而娶其諸父昆弟妻，亂倫殊甚，嘗禁止之。至是，以莽古爾泰、德格類二貝勒既行謀亂，即爲仇敵，與諸貝勒商酌，貝勒有願娶者，令娶其妻。于是，將莽古爾泰二妻，豪格貝勒納其一，岳託貝勒納其一。德格類貝勒妻，阿濟格貝勒納之。」(221)

事後年餘，莽古爾泰子光袞，又以圖謀不軌罪名被殺。《實錄》云：「先是，貝勒莽古爾泰子光袞，藏有五爪蟒緞一匹，其妻令獻於上，不從。乃言吾豈久居於此者乎！……又聞多羅貝勒豪格房垣爲雷所擊，笑謂其妻曰：吾久居此者，正欲得吾之仇人，親見其若何耳。昔屯朱戶不善逃，故歸而自縊。吾逃時，豈屯朱戶比耶。當至祖家莊屯，掠取爲資生計耳。又云：因吾等正藍旗殷富，所以奪去。無論醒醉，常出是言。爲其妻首告。」於是刑部審實，光袞被誅，光袞母率諸子擇一人主持家事，經管生計(222)。至此莽古爾泰這一枝的力量，遂完全消滅。

就上引史料看，可知正藍旗與太宗的衝突情形，與太宗必欲清除之決心。但莽古爾泰等行動不能說是「謀逆」，依據太祖所定八家共同幹國，有才德能受諫者方可繼位，如不納諫，不遵道，可擇而立之的訓言。太宗即位後，三大貝勒與太宗共坐議政，當然難免彼此不發生意見衝突。如天聰三年取消共同坐議政辦法，四年，阿敏得罪被囚，五年，莽古爾泰發生衝突，革去其大貝勒名號。這些都使莽古爾泰感到太宗破壞共執國政的原則，自身權力地位的遭受剝奪。所以可能是秘密準備發動一次政變，強迫太宗退位。實錄記莽古爾泰中暴疾，不能言而卒。又云正藍旗貝勒嗜酒，致全旗效之。是否因爲與太宗發生衝突，情緒不安，借酒澆愁，而致酒精中毒？莽古爾泰卒後，未云正藍旗由何人統掌（當由德格類），德格類卒後，亦未見正藍旗由何人繼承，而在其卒後二個月即發生告密事，可知這中間有一段醞釀變化。如果再將九月二十五日代善與哈達公主俱得罪，太宗以另立新君爲要脅而大事發作，革代善大貝勒名號，處分其子瓦克達（見後），並奪哈達公主所屬滿洲牛彔及開原地方其夫所帶蒙古屬衆。十月初二日，德格類又以暴疾不能言而卒㉓。十二月初五日即有人告密，而告密又在太宗出獵之時。這一連串事件，似是都有安排的。是否即在德格類卒後，趁正藍旗掌管無人的機會，使人告密，以謀逆而興大獄，徹底消滅這一勢力？所以冷僧機不但免罪，且以首告功陞官，永免徭役，世襲罔替。至十二月二十一日，太宗將莽古爾泰等陰謀事祭告太祖，隨即改號稱帝。

又朝鮮實錄於仁祖十四年（崇德元年）有一段記載，內云：「北兵使李沆馳啓曰：騎胡三人到會寧，與裔胡密語曰：近來瀋陽有變，方爲兵部尚書者謀逆，與諸大將結黨，其中有一大將妻，即汗之女也，潛告其父，搜得文書，斬殺大小將官百餘人云。」㉔

兵部尚書即岳託，所謂「其中有一大將妻即汗之女也」，或爲瑣諾木杜稜弟之子班第？屠戮三酋，斬殺大小將官百餘人，蓋即額必倫、屯布祿、愛巴禮及其親友兄弟子姪等。太宗實錄亦言當太宗將謀逆事告訴諸貝勒時，諸貝勒皆甚氣憤，「及告岳託，岳託變色曰：德格類焉有此事！必妄言也。或者詞連我耶？絕無忿意。」㉕岳託與正藍旗本頗爲接近，如大凌河莽古爾泰與太宗發生衝突時，岳託不但旁觀，並爲莽古爾泰不平，故岳託或知此事。不過《實錄》未見處分岳託記載，而且當豪格以哈達公主爲其父仇人而殺其妻時，（哈達公主二女，長嫁岳託，次嫁豪格）岳託亦想殺其妻，太宗遣人止之。後岳託與豪格並各納莽古爾泰妻一。太宗未深究此事，反撫慰之，蓋當時本意止在消滅正藍旗，且誅殺已多，而岳託又爲首先擁戴取得大位功臣，同時在此事之前，代善又剛剛受到責處，如再牽連，是必引起兩紅旗之不安。但此後不久，岳託亦以他事得罪，翻舊案，宗室流血[226]。

(三) 與代善父子間的衝突：

阿敏與莽古爾泰兩個大貝勒相繼排除之後，鬥爭便轉向代善。二人衝突的公開爆發，在天聰九年九月，導因起於代善邀宴哈達公主。先是，是年二月，太宗命多爾袞、岳託等率兵往征察哈爾，七月，林丹汗子額爾克孔果額哲遣人上書願舉衆歸附，隨即送察哈爾汗大福金囊囊太后至。太宗告代善此乃察哈爾國有名大福金，宜娶之。言數次，代善以其無牲畜財帛，不從，欲娶另一大福金蘇泰太后（額哲之母）。太宗以與諸貝勒定議將蘇泰太后許濟爾哈朗，僵持月餘，太宗乃娶囊囊太后，故雙方甚爲不快[227]。九月，太宗率代善等迎出征軍於陽石木河。時諸貝勒多有娶察哈爾福金者，豪格亦娶伯奇福金。哈達公主聞之，以吾女尚在，豪格何得又娶一妻，甚怨望[228]。當時代善以子尼堪、塞祜有病，率本旗人員自行出獵，遠離駐營。哈達公主亦以豪格娶伯奇福金事不快，遂先行還家，路經代善營時，代善親迎入帳宴之。太宗聞之大怒，「乃遣人詣代善及薩哈廉，詰之曰：爾自率本旗人任意行止，又將怨朕之哈達公主邀至營中，設宴餽物，復送之歸，是誠何心？」言畢，不諭知衆貝勒，遂先還盛京，謁堂子，入宮，閉大內門，不許諸貝勒大臣進見，亦不理事[229]。

第三天，召集諸貝勒大臣等宣示代善輕肆諸罪，主要者：㈠大貝勒昔從征明燕京時，違衆欲還。及征察哈爾時，又堅持欲回。朕方銳志前進，而彼輒欲退歸。㈡所俘人民，令彼加意恩養，彼既不從，反以爲怨。㈢於賞功罰罪之時，輒偏護本旗。朕所愛者而彼惡之，朕所惡者而彼愛之，有意離間。㈣朕今歲託言巡遊，欲探諸貝勒出師音耗，方以勝敗爲憂，而大貝勒借名捕鯉，大肆漁獵，以致戰馬疲瘦。㈤大貝勒諸子借名放鷹，輒擅取民間牲畜。㈥察哈爾汗妻蘇泰太后，乃濟爾哈朗妻妹，欲娶之，已與諸貝勒定議，而大貝勒獨違衆論，強欲娶之。㈦以囊囊太后貧，拒命不娶。㈧昔征大同，殺蒙古降人。㈨額駙畢喇習者分給大貝勒贍養，奪其下愛塔乘馬財物，以致其不能自存而逃亡。㈩哈達公主自太祖在時，專以暴戾讒譖爲事，大貝勒與彼原不相睦，因其怨朕之故，遂邀至營中宴之。

並云：「自古有以來，有強力而爲君者，有幼沖而爲君者，有爲衆所擁戴而爲君者，皆君也。既已爲君，則制令統於所尊，豈可輕重其間乎！」「爾等悖亂如此，朕將杜門而居，爾等別舉一強有力者爲君，朕引分自守足矣。」厲辭諭畢，遂入宮，復閉朝門[230]。

其實所說輕肆之處，主要的是㈠代善在對外用兵上與太宗的態度不一。代善謹愼持重，主張安全自保；太宗志在銳進，主張向外開拓。例如太祖時二人對朝鮮問題，即所持態度不同。太宗時主管朝鮮事，常勸太祖東搶，解決經濟問題，並去背後根本之憂。代善則極力主和[231]。㈡哈達公主問題（哈達公主事見前）。哈達公主有相當勢力，且與代善頗爲和好，正藍旗與兩紅旗間關係亦頗密，代善與莽古爾泰又同爲議政大貝勒。自天聰三年取消三大貝勒分月輪值機務之辦法後，四年，阿敏得罪幽禁。五年，莽古爾泰削除大貝勒爵。六年，取消共坐議事制度。凡此，皆使其感到權力的日益剝奪及遭受個別打擊的威脅。而哈達公主二女，一嫁岳託，一嫁豪格，豪格又與岳託頗爲接近。豪格之娶伯奇福金，未始不是太宗有意使彼此關係發生變化。清人自太祖起兵後與各部族的婚姻關係，都含有政治意義。各貝勒娶得外部歸降來的貴族妻女，不只是帶來了牲畜財帛，而且是帶來了一組政治上的力量，所以代善欲娶額哲之母蘇泰太后，而不願娶囊囊太后。

這一次太宗居然以「另選強有力者爲君」而大肆發作，當然是覺得一尊之勢已經穩固，而故作姿態。與莽古爾泰衝突之時，何不作此表示？於是諸貝勒大臣、八固山額眞，及六部承政共同擬上對代善等處分，遂革代善大貝勒名號，罰雕鞍馬十，甲冑十副，銀萬兩，仍罰馬九匹與九貝勒。罰薩哈廉雕鞍馬五匹，空馬五匹，銀二千兩。岳託亦以庇護哈達公主及往征察哈爾時，代其父奏請先還，罰銀千兩，雕鞍馬五匹。代善另一子瓦克達，亦以通姦、竊人之鷹、守永平時潛携妓女歸還等罪，奪其滿、漢、蒙古僕從三七四人，馬、牛、羊、駱駝六四五隻，幷庫中財物，及在外所屬滿洲、蒙古、漢人牛彔，俱給貝勒薩哈廉。瓦克達夫婦止給侍妾竝現在衣服，隨薩哈廉居住行動。其應入官銀四千兩，莊田二十三處，所有漢人一九九人，各色匠役人等一一八人，竝其家口，俱付戶部承政英俄爾岱、馬福塔、吳守進等㉜。

代善降於諸貝勒之列，原來的三大貝勒頭銜，已無一存在。但這只是對代善打擊的開始。是年十月，代善又爲其下訐告，以將公斷入官屬員，私自斷理，受到責備㉝。崇德二年六月論攻朝鮮及皮島功罪，代善又以多選護衞，擅令家下人行動，違禁以米餵馬等罪遭受嚴厲指責。並云往都爾鼻一帶地方田獵歸還時，因見圍場中斷，令希爾良滕起取斷圍者之箭，彼徇情不取，朕怒，親鞭之。岳託乃謂巴布賴曰：爾可以鞭與吾父責瓦克達，兄禮親王默然不言，鞭瓦克達三次，由泥淖中徒步回營，豈非有不悅國法之意而生瞋怒乎！後一日來見朕，自牽其馬，自携坐褥。夫一旗之侍衞，豈盡無人，何所迫而爲此？豈彼以爲敬也？非敬也？乃其中有不快而然也？陽爲恭敬，陰懷異心[34]。崇德三年八月，吏部遣官追緝逃人，時鑲藍旗與鑲黃旗該值，部中以所派鑲藍旗海塞懦弱，遂別選次班正紅旗伊希達代之。伊希達告代善此非本旗班次，代善乃遣人謂阿拜阿格不應遣我旗之人，代別旗班次。多爾袞聞言，遂於會議處告於諸王貝勒、大臣等共議：「凡差遣官員，材力可否，原聽該部酌量舉用。今不遵該部僉派，豈將另立一部耶！禮親王代善應罰銀五千兩，奪五牛彔屬員，伊希達在王前讒間，應論死。」太宗以代善年邁妄言，姑宥其罪，伊希達處死[35]。

其他零碎事件，涉及代善而遭指斥者尚多，由此我們可以看出太宗有意直接間接對代善的打擊情形。而尤其重要的，是令有司議罪後，又口口聲聲說是敬禮兄長，曲法宥之，玩弄折辱。同時也可以看出多爾袞之日漸得勢，兩白旗、鑲藍旗與兩黃旗的結合情形。

岳託爲首先與其弟薩哈廉勸其父擁立太宗繼承大位的有力人物，爲人料事明敏，自負豪氣，富將才，主管兵部事，對太宗即位後建立軍令，組訓兵員，其功甚大[36]。故初時太宗對其亦頗優遇。但自莽古濟等事件發生後不久，岳託亦開始遭受清算。崇德元年八月議其罪狀時云：㈠在大凌河時，正藍旗貝勒莽古爾泰於御前露刃，岳託奏曰：藍旗貝勒獨坐而哭，殊可憫，不知皇上與彼有何怨恨。㈡又欲市恩於哨卒，先告以有賞，而後於上前奏請。㈢鄭親王下綽通馳馬致斃，岳託問曰：殆被傷而死耶。若鄭親王以爲是傷則是矣。即以被傷而死奏聞。一則於上疑鄭親王偏護私人，一則欲鄭親王見惡於上。㈣碩託自灤州逃回獲罪，奪其奴僕戶口，岳託奏上欲還之。㈤碩託緣事殺家中婦人以滅口，法司奪其在外牛彔二戶人，及三牛彔人。岳託令啓心郎穆成格奏請，還其子女之乳母。㈥嘗謂固山額眞納穆泰曰：肅親王曾對我云：我凡有所言，宜成格爲奸細，爾凡所有言，穆成格爲奸細，輒陳奏於上。復以其言告德格類及鄭親王，欲離間皇上父子。並欲外求黨與。於是革去岳託親王爵號，降爲多羅貝勒，幽禁，並罰銀一千兩[237]。

岳託之得罪，事甚突然，未言直接原因，但事在莽古濟事件之後不久，與此當不無關係，或太宗託辭而報前怨。

崇德二年八月，舉行演武校射時，岳託遂與太宗當面發生衝突。《實錄》云，太宗赴演武場主持校射，分左右兩翼相校。岳託居右翼，太宗命其先射。岳託言不能執弓，太宗謂可徐引射之，否則恐他翼諸王貝勒、貝子等不從。諭之再三，岳託始起射。及引弓，墮地五次，遂以所執弓向諸蒙古擲之（時蒙古部落以宸妃誕生皇子，進獻馬駝，亦在校場觀射）。於是諸王、貝子、大臣等會審，以岳託素志驕傲，妄自尊大，應論死。太宗不聽，令解兵部任，降爲貝子，罰銀五千兩，暫令不得出門[238]。此次岳託以兵部貝勒統右翼諸軍參加，本應首先領導起射，而竟三諭乃起，五次墮弓於地，並將弓擲向蒙古，可知其憤怒之情，有意當衆公然表示。此事之發生，適在代善遭受嚴詞譴責後一個月，而其時太宗又爲宸妃生子，頒詔大赦，文武羣臣及蒙古表賀祝獻，各官以此晉級加爵者甚多，岳託或以此觸及自太宗即位以來，連續打擊阿敏、莽古爾泰，力行中央集權，最後又一直向紅旗進逼。宸妃生子後大赦慶賀，儼然是大位傳子形式，於是不顧一切後果，公開挑釁。

㈣ 與杜度間的衝突

杜度得罪，在崇德五年十二月，爲其下胣泰等所首告，謂杜度常口出怨言云：㈠往年征遵化，攻朝鮮，征濟南，皆有戰功，置而不問。㈡岳託雖被首告，猶封郡王，羅洛宏並襲其父岳託貝勒爵。我無罪有功之人，止因不饋敬希爾艮故，遂不論功，反而加罪。無非在紅旗故耳。

㈢賜諸王衣服時，貝子尼堪、羅託尚有，獨我見遺，後方補給。㈣濟爾哈朗敍功册內，以常常念君之故，遂封親王。我且待時，惟天公斷。㈤以東珠緞匹送固倫公主時，言此與征賦稅何異。㈥過朝鮮國王諸子門前時，大言曰：謂天無知，何爲祭天。謂神無知，何爲祀神。此等怨恨言語，無論在家在外，常出諸口。

於是諸王大臣等議上杜度罪，罰銀一萬兩。原告等（與杜度爲姑舅之親）斷出，帶一牛彔滿洲人丁，又加五十人，往隨豪格[239]。

杜度爲褚英之子，太宗即位後，未能掌握一旗而令隨於別旗，自悒悒不平。其所言有功不賞，無非爲我在紅旗故耳；濟爾哈朗不過以常常念君之故遂得封親王；送固倫公主物品，無異賦稅；及不敬希爾艮而得罪的話，都是值得注意的。不但說明了太宗與紅旗間的鬥爭情形，也說明了鄭親王濟爾哈朗與太宗相結的關係，及太宗死後濟爾哈朗與多爾袞左右輔政的原因。希爾艮爲正黃旗人，姓覺爾察氏，爲太宗未即位前時護衞，後陞至護軍參領。由杜度饋送希爾艮事，亦可看出太宗集權情形與周圍人的權勢。

崇德七年六月，杜度去世。十月，以其「福金與其子杜爾祜、穆爾祜、特爾祜每哭時，輒言貝勒實未獲罪，皇上從未遣人來弔。凡貝勒以下等官，身後尚蒙賜祭，何獨遺我。似此苦衷，其誰知之。杜爾祜又語馬克扎云：因縱人往塔山，遂歸罪於我。罰則我不得免，賞則不及我，何欺陵之甚。又言將伊圖撥與尼堪貝子，實朝廷過舉。」於是革去公爵，出宗室籍，傳諭諸王貝勒等，以後俱不許稱公及宗室[240]。

由上述太宗與諸貝勒間的衝突，可以看出主要對象是三大貝勒，而且首阿敏，次莽古爾泰，最後爲代善，這是有其特殊原因與用意的。從這些衝突所指出的罪狀事件中，可知當時所存在的問題，太宗所以推行中央集權的原因，各旗的反應態度，與所遭受的困擾。天聰、崇德十七年的歷史，可以說無時不在衝突鬥爭之中，終且演成宗族間的流血悲劇。但這並不是純由於個人間的關係，而是歷史發展形勢所造成的。所指罪狀事件，不過是表面理由，眞正關鍵，並不在此。也可以說是由八旗分權，共同執政，走向中央集權，政歸一尊；由部落社會的汗國走向封建政治組織轉變中所發生的現象。但事實上太宗的中央集權，並沒有成功，仍然是旗制與政府兩套重疊的組織。此中原因，一是由於太宗沒有太祖創業領袖家長之尊的地位，及缺乏剛決果斷的魄力，威猛不如其父。胡貢明曾奏云：「臣聞先汗果斷剛決，用人任事，有不測之恩威，有必信之賞罰。見一好人，行一好事，雖至微至賤，即便一時使富使貴。見人不好，不做好事，雖至戚至親，即便一時奪職奪家。生死予奪之權，一刻不許旁分，眞天人也。所以人人惕勵，莫不用命，不十數年，而便收遼業。第多疑過殺，不知收拾人心，而天即以遼土限之耳。……夫先汗之用恩用威，正是創基立業之大手段也。……奈何凡事都狃於故習，反把這個善政偏偏撇過了也。……凡有罪而不能殺，凡有禁而不能嚴，其用威則不足也。恩勝於威，或用之於守成則可。今當創業之時，竊爲皇上不取。又想皇上爲故習狃着，不知礙了多少手脚，不知誤了多少設施。」[241] 一是其得位來自妥協，八家權益，必須保持，行動措施，不能一依己意，予奪自由。所以凡兵馬出去搶些財物，「若有得來，必同八家平分之；得些人來，必分八家平養之。譬如皇上出件皮襖，各家少不得也出件皮襖；皇上出張桌席，各家也少不得出張桌席。」[242] 雖有人建議「汗既爲汗，凡益國便民之事，不妨擔當而行，小嫌小疑，何必避忌。」但終不能「奮然一行」。法制雖定，亦不能徹底執行。如實錄於崇德三年七月，「命內弘文院大學士希福、內國史院大學士剛林、學士羅碩傳諭和碩親王、多羅郡王、多羅貝勒、固山貝子及羣臣曰：

國家創制顯庸，臣民共爲遵守，而宗族姻戚，尤宜奉公守法，以爲之倡。今和碩親王、多羅郡王、多羅貝勒、固山貝子、固倫公主、和碩公主、和碩格格、多羅格格、固山格格、固倫額駙、多羅額駙、固山額駙等，等級名號，皆有定制，昭然不紊，乃竟不遵成憲，僭忒妄行，皆由禮部不嚴加稽察，任其苟且悠忽之故。凡國家制度，汝等見有不可行之處，即當於創行之初，直諫以爲不可行。否則指陳其不可行處，奏請改正。如所言果當，朕自聽納。乃既不出此，而自和碩親王、多羅郡王、多羅貝勒、固山貝子等本身以下，竟不遵行定例。方受朕誡諭時，皆俯首稱是，乃久則忘之何耶！昔爾等請朕上尊號時，朕深知爾等所行如此，是以固辭不受，謂國中有嫉妬不良之人，難以化誨。彼時爾等皆毅然身任，以爲斷無此事。於是始從爾等所請，隨創立制度，以辨等威。乃三年以來，竟不遵循。古語云：國有慶，忌者嫉之；國有禍，逆者幸之。今爾等或見國中有慶，則神沮色變，見國中有禍，則心悅色喜，是與忌且逆者無異矣。昔金太祖、太宗兄弟同心，克成大統。今朕當創業之時，爾等何故皆不同心體國，恪守典常耶！自後若再不遵行定制，則法令不彰，紀綱蔑棄，一切典禮册籍，皆可毀而不留。即朕御前儀仗諸物，亦何必陳設耶！爾等宜痛自改悔，勿至彼時謂朕所見之未廣也。」[243]

又如議代善罪時曾言：「爾等悖亂如此，朕將杜門而居，爾等別舉一強有力者爲君，朕引分自守足矣。」[244]議岳託等罪時云，「大定帝嘗曰：諸王內或有過愆，我不隱匿而言之，彼且以我爲苛察；若知而不言，默以容之，彼將益肆其巧詐矣。遇此等事，實難區處。今朕亦然，見人之過而言之無隱，則或以朕爲苛察；若知其過而不言，則又非公正之道。……爾諸王貝勒、貝子、大臣等，若不各加勤勉，朕一身宵衣旰食，亦復何爲？朕將安居獨處一二月，以靜觀爾等，爾等雖在大清門外懇求，朕必不汝聽也。」[245]這些都說明了太宗的得位、處境與各旗間的關係，彼此衝突鬥爭的原因。

以上各節所述，只是就太宗即位後在政治方面的措施舉其較重大者。而這些舉措雖然說是政治方面的，實則與本文開始所說的社會問題、經濟問題、漢化問題，都不可分的。

注釋

❶ 見廣祿、李學智：〈老滿文原檔與滿文老檔之比較研究〉頁一三八。中國東亞學術研究計劃委員會年報第四期抽印本。民國五十四年六月，臺北。

❷ 代善與舒爾哈齊同一mukūn，領有第二、四、七、八Tatan 勅書四十道。札薩克圖與其父舒爾哈齊亦在同一mukūn，領第五Tatan 勅書十道。武爾古岱哈達孟格布祿子，妻太祖女莽古濟（哈達公主）。萬曆二十七年清太祖滅哈達，二十九年明令復其國，後復滅之。當時亦享有勅書三十道。另外一個現象是，太祖等得力人物，如五大臣額亦都、何和里、費英東、安費揚古、扈爾漢等都在太祖的第一mukūn。其他人物，根據八旗滿洲氏族通譜亦多可考。

❸ 《清史稿》列傳三，〈廣略貝勒褚英傳〉。明人記載：〈東夷考略建州女直考〉，《山中聞見錄》卷一建州一，於萬曆四十一年三月條下敍述清太祖侵奪南北關事時云：「長子洪把兎兒，一語罷兵，隨奪其兵柄，因之獄。」《博物典彙》卷二，建州女直：「長子數諫酋勿殺弟，且勿負中國，奴亦囚之。」

❹ 王氏《東華錄》卷八二。所謂諸貝勒大臣訐告事，萬曆四十一年《滿文老檔》記之甚詳。謂太祖以其為長子而委以國政，因褚英心胸褊狹，與諸弟及五大臣交惡，為彼等聯合訐告，於是太祖乃奪其職權，並收其所有戶口財產與諸弟平分。這一年秋天征烏喇時，未令其隨行，並派其同母弟代善留在城中看守監視。見陳捷先：《滿洲叢考》(七)〈清初繼嗣探微〉頁八一，《臺灣大學文史叢刊》。

❺ 李民寏《柵中日錄》《建州聞見錄》，陳捷先《滿洲叢考》(七)〈清初繼嗣探微〉頁八五引。又頁八一譯引滿文老檔於萬曆四十一年太祖囚褚英時一段記載內云：「我因為你同母生的兄弟二人年紀比較大些，所以多給你們國人五千戶，牧羣八百頭，銀子一萬兩，勅書八十道；而給我愛妻所生的其他諸幼子，在人口、勅書以及其他物品方面都較你們為差。」褚英同母弟為代善。

❻ 朝鮮李朝實錄光海君日記卷一六九，辛酉年（天命六年）九月初九日條。

❼ 《滿洲老檔秘錄》上編，〈大福晉獲罪大歸條〉，天命五年三月。

❽ 《朝鮮李朝實錄》〈光海君日記〉卷一六九，辛酉（天命六年）九月初十日條。又十七日條。又《武皇帝實錄》於天命六年正月十二日有太祖與代善、阿敏諸子侄等對天焚香祝禱的記載云：「吾子孫中縱有不善者，天可滅之，勿令刑傷，以開殺戮之端。……」此段記載，前後無其他直接事件可以相聯，或與阿斗事件有關，並念及以前除弟殺子事而感發。

❾ 《太宗實錄》卷五，天聰三年正月丁丑條。

❿ 清太祖對選立的辦法，頗爲傾心。天命八年五月並致書科爾沁奧巴台吉及其衆貝勒，勸彼等選汗治國。《滿文老檔》：「三十日與科爾沁的奧巴台吉及其衆貝勒送的書說：……你們科爾沁，先前內部弟兄間爲了爭奪財物牲畜而生亂，很苦吧！……你們還是在你們之內選一人出來作汗，衆人聯合起來，那樣察哈爾、喀爾喀想要侵犯你們就不可能了。……如果選出了某人作汗以後，若有不合適處，亦可以將其罷免。」見本文注❶，廣祿、李學智〈老滿文原檔與滿文老檔之比較研究〉頁一〇一。

⓫ 《太祖高皇帝實錄》卷十，天命十一年六月乙未條、七月乙亥條。

⓬ 內藤虎次郎《讀史叢錄》，〈清朝初期の繼嗣問題〉引《燃藜室記述日月錄》。

⓭ 《明熹宗實錄》卷七一，天啓六年九月丁酉、戊戌條。

⓮ 《太宗實錄》卷四，天聰二年三月庚寅，阿濟格以事革固山貝勒任，以多爾袞代之。

⓯ 同上卷四六，崇德四年五月辛巳條：「昔太祖分撥牛彔與諸子時，給武英郡王十五牛彔，睿親王十五牛彔，給爾十五牛彔，太祖亦自留十五牛彔。及太祖升遐，武英郡王、睿親王言，太祖十五牛彔，我三人宜各分其五。朕以爲太祖雖無遺命，理宜分與幼子，故不允其請，悉以與爾。」

⓰ 莽古爾泰死後，其大福金及一妾殉葬。見太宗實錄卷十二，天聰六年十二月乙丑條。又寧古塔志：「男子死，必有一妾殉，當殉者即於生前定之，不容辭，亦不容僭也。當殉不哭，艷粧而坐於炕上，主婦率其下拜而

享之。及時，以弓弦扣環而殞。倘不肯殉，則羣起而縊之。」

⑰ 《國朝史料零拾》卷一：「太祖時，墨爾根王（即多爾袞）生母與阿巴泰夫婦欲陷太宗，所行諸惡事，臣等盡知。」阿巴泰爲多爾袞母舅，並尚公主。見《世祖實錄》卷一，崇德八年八月乙亥條。又《太宗實錄》卷四，天聰二年六月庚寅條：「上以國舅阿布泰譏惡，諭諸貝勒勿與結婚姻。」

⑱ 《太宗實錄》卷四八，崇德四年八月辛亥條。

⑲ 《朝鮮實錄》〈光海君日記〉卷一四七，己未年（天命四年）十二月十七日條。又卷一六八，辛酉年（天命六年）八月二十八日條：「此賊之於我國，貴永介主和，洪太主主戰，和戰異議，所見相左。」

⑳ 《續錄》頁四八，光海君己未年六月初三日條。頁五二，同年十一月條。

㉑ 〈朝鮮李朝實錄光海君日記〉卷一六八，辛酉年八月二十八日條。卷一六九，同年九月初九日條，又補註云：「洪太主卽酋第三子，每有東搶之意，其兄貴盈介止之。」

㉒ 《朝鮮李朝仁祖實錄》卷二五，九年閏十一月壬戌條。同上卷三六，十六年三月己巳條。又卷三七，十六年八月甲午條：「上曰：汗之爲人何如？（朴）魯曰：和易近人，無悍暴之舉，且能敦睦於兄弟矣。」

㉓ 續錄頁八九，仁祖戊辰（清太宗天聰二年）九月初三日條。

㉔ 代善之封爲禮親王，可能是與此有關。但就上文所述，代善之放棄爭逐，是經過父子三人詳細分析過內外情勢的，這不是純然退讓。否則以代善與皇太極二人間的早年鬥爭如此，太祖逝世後，豈肯甘願放棄機會？此事以岳託與薩哈廉爲關鍵人物，所以太宗對二人都甚爲優容。天聰五年設立六部後，令岳託主兵部事，薩哈廉主禮部事。

㉕ 〈天聰朝臣工奏議〉上，胡貢明〈五進狂瞽奏〉，天聰六年九月。〈陳言圖報奏〉，天聰六年正月二十九日。

㉖ 〈天聰朝臣工奏議〉，胡貢明〈謹陳事宜奏〉，天聰六年九月二十七日。

㉗ 《太宗實錄》卷一，天命十一年九月丁丑條。

㉘ 天聰一，天命十一年九月丁丑條。

㉙ 卷一，《太祖高皇帝實錄》卷四，繫於是年十一月下。

㉚ 天命一，乙卯年（萬曆四十三年）十一月條。

㉛ 〈列傳〉十二論贊。

㉜ 卷上，甯完我〈謹陳時事奏〉，天聰六年十二月二十日。又胡貢明五進狂瞽奏天，天聰六年九月。

㉝ 《嘯亭雜錄》卷二，五大臣條。

㉞ 鄭天挺《清史探微》（三）〈釋札爾固齊〉條。

㉟ 五大臣除費英東外，其餘皆在天命年間先後去世。扈爾漢卒於三年，額亦都卒於六年，安費揚古卒於七年，何和里卒於九年。八旗滿洲氏族通譜又有四大臣的記載，惟止見一二人，亦不詳設立年月。

㊱ 如鑲黃旗大臣額駙達爾哈，當阿巴泰獲罪時，以其「有傳導之責，不能勸諫其過，反以其言奏上，因解固山額眞任。」《太宗實錄》卷三，天聰元年十二月辛丑條。

㊲ 固山額眞亦審理詞訟，如太宗實錄卷五十，崇德五年閏正月癸未條：「諭各固山額眞曰：今遣爾等往各處地方，稽察窮民，審理冤獄。爾等須各親至分屬屯堡，巡行料理，毋使民間冤抑，不得上聞。」

㊳ 《太宗實錄》卷三四，崇德二年四月丁酉條。

㊴ 《太宗實錄》卷二，天聰元年正月己巳條。

㊵ 同上卷一，天命十一年十二月戊辰條。

㊶ 同上卷五，天聰三年正月丁丑條。

㊷ 《太宗實錄》卷五，天聰三年十月辛未條。

㊸ 《太宗實錄》卷十，天聰五年十二月丙申條。又《清朝實錄》太宗卷二，同日條。

㊹ 同上卷十一，天聰六年正月己亥條。

㊺ 《太宗實錄》卷十，天聰五年十二月壬辰條。

㊻ 《朝鮮李朝宣祖實錄》卷七〇，二十八年十二月癸卯條。卷七一，二十九年正月丁酉條。卷一二七，三十三年

七月戊午條。《亂中雜錄續錄》頁四一，光海己未年。

47 〈天聰朝臣工奏議〉卷上，李棲鳳〈盡進忠言奏〉，天聰六年九月。

48 〈太宗實錄〉卷五，天聰三年四月丙戌條。

49 《天聰朝臣工奏議》卷上，王文奎〈條陳時宜奏〉，天聰六年九月。

50 同上，〈李棲鳳請示書房事宜奏〉，天聰六年十一月。

51 同上，楊方興〈條陳時政奏〉，天聰六年十一月十八日。

52 《太宗實錄》卷十四，天聰七年五月丁酉條。

53 同上，卷二六，天聰九年十二月辛巳條。

54 〈天聰朝臣工奏議〉卷上，馬光遠〈敬獻愚忠奏〉，天聰六年十一月二十八日。

55 《太宗實錄》卷二八，天聰十年三月辛亥條。

56 《太宗實錄》卷十，天聰五年十二月壬辰條。

57 見本文注❶，廣祿、李學智：〈老滿文原檔與滿文老檔之比較研究〉附錄：〈淸太宗初設六部考實〉。

58 《太宗實錄》卷九，天聰五年七月戊寅條。

59 〈天聰朝臣工奏議〉卷上，孫應時〈直陳末議奏〉，天聰六年八月。

60 《太宗實錄》卷十二，天聰六年八月癸酉條。

61 同上卷二一，天聰八年十二月甲辰條。

62 卷一，戶部匾額條。又《陪京雜述》古蹟條：戶部在德盛門內大街路東。吏、禮、兵、刑、工匾額俱立書，惟戶部橫書二字，並繫大金天聰六年仲秋建立。

63 〈天聰朝臣工奏議〉卷上，高鴻中陳刑部事宜奏，天聰六年正月。

64 《太宗實錄》卷一六，天聰七年十月己巳條。

65 〈天聰朝臣工奏議〉卷中，甯完我請變通大明會典設六部通事奏，天聰七年八月初九日。

66 《太宗實錄》卷四二，崇德三年七月丙戌條。

67 〈天聰朝臣工奏議〉卷下，徐明遠〈條陳時事奏〉，天聰八年二月二十二日。許士昌〈敬陳四事奏〉，天聰九年二月初四日。仇震條陳五事奏，天聰九年三月二十一日。卷中，扈應元〈條陳七事奏〉，天聰七年十二月廿二日。

68 《太宗實錄》卷二九，崇德元年五月丁巳條。

69 同上卷四二，崇德三年七月丙戌條。

70 〈天聰朝臣工奏議〉卷上，馬光遠〈請設六科奏〉，天聰六年十一月廿九日。

71 《太宗實錄》卷十二，天聰六年八月癸酉條。

72 《太宗實錄》卷十六，天聰七年十月己巳條。

73 同上卷四二，崇德三年七月丙戌條。

74 《滿文老檔》太祖二四，天命六年七月十一日條。

75 同上三一，天命六年十二月三十日條。

76 《太宗實錄》卷九，天聰五年七月庚子條。

77 同上卷十，天聰五年閏十一月庚子條。

78 〈天聰朝臣工奏議〉卷上，胡貢明〈陳言圖報奏〉，天聰六年正月二十九日。

79 〈天聰朝臣工奏議〉卷中，黃昌等陳順天應人奏，天聰七年四月十二日。

80 同上卷下，甯完我陳秀才編兵奏，天聰八年二月十九日。

81 《太宗實錄》卷五，天聰三年八月乙亥條、九月壬午條。

82 〈天聰朝臣工奏議〉卷中，王文奎〈請薦舉人才奏〉，天聰七年七月二十二日。

83 同上，扈應元〈條陳七事奏〉，天聰七年十二月二十二日。

84 〈天聰朝臣工奏議〉卷中，甯完我陳考試事宜奏，天聰七年七月二十二日。

85 《太宗實錄》卷一八，天聰八年三月壬子條。

86 同上，天聰八年四月辛巳條。

87 《太宗實錄》卷四十，崇德三年正月己卯條。

88 同上，卷四三，崇德三年八月戊申條。

89 同上，卷五六，崇德六年六月辛亥條。

90 《太宗實錄》卷五，天聰三年六月乙丑條。

91 〈天聰朝臣工奏議〉卷中，王文奎〈請薦舉人才奏〉，天聰七年七月二十二日。

92 同上，卷下，甯完我〈薦舉金話人才奏〉，天聰九年正月。又卷下，朱延慶薦舉人才奏，天聰八年十二月二十一日。

93 同上，陳錦請攻北京及甄別人才奏，天聰九年正月二十五日。

94 《太宗實錄》卷二二，天聰九年二月壬午條。

95 〈天聰朝臣工奏議〉卷下，范文程請嚴核保舉奏、甯完我〈請舉主功罪連坐奏〉，天聰九年二月十六日。

96 〈天聰朝臣工奏議〉卷下，許世昌〈敬陳四事奏〉，天聰九年二月初四日。《太宗實錄》卷二二，天聰九年二月乙未、己亥條。

97 李光濤師：〈清太宗與三國演義〉、《中央研究院歷史語言研究所集刊》第十二本。

98 〈天聰朝臣工奏議〉卷上，王文奎〈條陳付宜奏〉，天聰六年九月。

99 〈天聰朝臣工奏議〉卷中，甯完我〈請譯四書五經通鑑奏〉，天聰七年七月初一日。

100 同上卷下，仇震〈條陳五事奏〉，天聰九年三月二十一日。

101 《太宗實錄》卷二三，天聰九年五月乙巳條。

102 《朝鮮李朝仁祖實錄》卷一九，六年十二月庚寅、壬辰條。卷二一，七年九月甲戌條。

103 〈天聰朝臣工奏議〉卷上，楊方興〈條陳時政奏〉，天聰六年十一月二十八日。

104 《太宗實錄》卷二四，天聰九年八月乙酉條。

105 同上卷三二，崇德元年十一月乙卯條。

106 《朝鮮李朝宣祖實錄》卷六九，二十八年十一月戊子條。卷七一，二十九年正月丁酉條。

107 《武皇帝實錄》卷二，辛丑年（明萬曆二十九年）。

108 拙著〈滿洲八旗牛彔的構成〉，本書五二五至五五〇頁。

109 《太宗實錄》卷七，天聰四年十月辛酉條。

110 《太宗實錄》卷一四，天聰七年七月辛卯條。卷四十，崇德三年正月甲申條。卷五四，崇德六年一月己未條。

111 《太宗實錄》卷二〇，天聰八年九月甲戌條。

112 同上，卷一八，天聰八年五月庚寅條。

113 《山海紀聞》，〈海一〉，紀奴情。

114 〈天聰朝臣工奏議〉卷上，甯完我謹陳管見奏，天聰六年六月初五日。

115 同上，王文奎〈條陳時事奏〉，天聰六年八月。

116 同上卷下，馬光遠〈請施仁布義奏〉，天聰八年三月十五日。

117 如《太宗實錄》卷十九，天聰八年六月辛酉條。卷四三，崇德三年八月癸丑條。

118 太宗實錄卷五，天聰三年八月庚午條。

119 太宗實錄卷八，天聰五年三月乙亥條。

120 〈天聰朝臣工奏議〉，胡貢明〈陳言圖報表〉，天聰六年正月廿九日。又太宗實錄卷六二，崇德七年九月壬申條。

121 《太宗實錄》卷二六，天聰九年十二月丁酉，張存仁奏今後行軍之法，指出行軍應注意事項，此與制定軍律，當亦有相當關係。

122 本書第三六三至四二〇頁。

123 《太宗實錄》卷六五，崇德八年六月己卯條。

124 此例甚多，如同上卷三一，崇德元年十月戊寅條。卷三六，崇德二年六月癸亥條。

125 〈天聰朝臣工奏議〉卷上，甯完我等謹陳兵機奏，天聰六年四月二十四日。又《太宗實錄》卷六二，崇德七年九月壬申條。

126 《太宗實錄》卷十三，天聰七年正月庚子條。卷三四，崇德二年四月辛卯條。

127 〈天聰朝臣工奏議〉卷中，鮑承先〈陳糴糧辦法奏〉，天聰七年四月十二日。羅繡錦〈請安服新人以便舊人奏〉，天聰七年四月十三日。孫得功陳丹薄圭事奏，天聰七年四月十□日。又卷上，孫應時直陳末議奏，天聰六年八月。

128 《太宗實錄》卷三四，崇德二年二月癸巳條。卷三一，崇德元年十月庚子條。卷五八，崇德六年十一月戊寅條。

129 《太宗實錄》卷三四，崇德二年四月辛卯條。

130 〈天聰朝臣工奏議〉卷上，胡貢明陳言圖報奏，天聰六年正月二十九日。

131 〈天聰朝臣工奏議〉，高士俊〈謹陳末議奏〉，天聰六年正月二十九日。

132 《清鑑易知錄》卷三，天聰八年五月癸巳條。參閱《太宗實錄》卷一八，同年五月癸巳條。卷一二，天聰六年十月癸未條。卷四二，崇德三年六月壬申條。

133 《太宗實錄》卷二一，天聰八年十二月丙午條。卷二二，天聰九年二月戊子條。卷二四，天聰九年七月壬戌條。卷三五，崇德二年五月乙未條。

134 《明清史料乙編》第二本，〈兵部行御批寧遠監視太監高起潛題稿〉。

135 《太宗實錄》卷三一，崇德元年十月丁丑條。又卷六五，崇德八年七月戊戌條。

136 《太宗實錄》卷三〇，崇德元年八月丁卯條。

137 同上卷四六，崇德三年五月辛巳條。卷三四，崇德二年四月丁酉條。卷六二，崇德七年九月癸酉條。並《滿洲名臣列傳》卷三，〈祁充格傳〉。

138 〈天聰朝臣工奏議〉卷上，李棲鳳〈盡進忠言奏〉，天聰六年九月。

139 同上卷中，扈應元條陳七事奏，天聰七年十二月二十二日。卷上，楊方興〈條陳時政奏〉，天聰六年十一月二十八日。卷下，徐明遠〈謹陳六事奏〉，天聰八年三月十五日。太宗實錄卷一一，天聰六年二月乙卯。卷六四，崇德六年二月戊申、己未條。

140 《太宗實錄》卷二四。

141 同上卷三四，崇德二年四月丁酉條。

142 《太宗實錄》卷四六，崇德二年五月辛巳條。

143 《太宗實錄》卷三〇，崇德元年八月乙亥條。卷三二，崇德元年十一月甲辰條。

144 同上卷五五，崇德六年四月甲子條。卷六二，崇德七年九月己巳條。卷六三，崇德七年十月辛丑條。卷六四，崇德八年四月甲戌條。卷六五，崇德八年六月己卯條，七月辛丑條。

145 《太宗實錄》卷三二，崇德元年十一月癸丑條。

146 《太宗實錄》卷三四，崇德二年四月丁酉條。元王馬大郭〈金史世宗本紀〉爲原王麻達葛。

147 同上卷一八，天聰八年四月辛酉條。

148 《太宗實錄》卷一三，天聰七年正月庚子條。

149 此例甚多，不勝舉，見《太宗實錄》卷一五、一六、一八、二八、三七、三八、四〇。

150 《太宗實錄》卷三一，崇德元年十月戊寅條。又卷六五，崇德八年六月己卯條。

151 拙著〈清人入關前的農業生活——太祖時代〉，本書第三二五至三六二頁。

152 《太宗實錄》卷一，天命十一年九月甲戌條。

153 同上卷一，天命十一年九月丁丑條。

154 同上卷五，天聰三年二月戊子、丙申條。

155 同上卷七，天聰四年十月辛酉條。

156 《太宗實錄》卷八，天聰五年正月乙未條。

157 《太宗實錄》卷八，天聰五年三月丁亥條。

158 同上卷九，天聰五年八月戊申、癸丑、甲寅條，九月戊戌條。卷十，同年十月壬子條。

159 同上卷十一，天聰六年正月癸亥條。

160 〈天聰朝臣工奏議〉卷上，佟養性〈謹陳末議奏〉天聰六年二月二十二日。

161 拙著〈清人入關前的手工業〉，本書第二八一至三二四頁。

162 《太宗實錄》卷十，天聰五年十一月癸酉條。〈天聰朝臣工奏議〉卷中，馬光遠〈請整飭總要奏〉。

163 〈天聰朝臣工奏議〉卷中，祝世昌〈請及時大舉奏〉，天聰七年七月十二日。丁文盛等〈謹陳愚見奏〉，天聰七年正月二十日。又卷上，佟養性〈謹陳末議奏〉，天聰六年正月二十二日。當時所有火器情形，見注61，拙著〈清人入關前的手工業〉。

164 《太宗實錄》卷四六，崇德四年五月庚申條。《朝鮮李朝仁祖實錄》卷三五，十五年七月庚午。卷四二。十九年九月甲午。卷四五，二十二年五月甲午等條。

165 同上卷三，天聰七年正月甲辰條。

166 同上卷一四，天聰七年七月辛卯條。

167 《太宗實錄》卷一五，天聰七年八月丁亥條。

168 同上卷一八，天聰八年三月甲辰條。《明清史料乙編》第六本，葉五二六，「孔有德、祖大壽差來毛四張副將二營達子，一營是竈旗紅月心，營名係烏金朝哈。一營是紅旗，營名稱暗裡哈朝哈。」蔣氏東華錄天聰八年三月辛卯條。「命孔有德、耿仲明之纛以白厢皂，尚可喜之纛于皂旂中用白圓心爲飾。」

169 《太宗實錄》卷一八，天聰八年五月庚寅條。

⑰⓪ 同上卷三七，崇德二年七月乙未條。

⑰① 同上卷四七，崇德四年六月丙申條。

⑰② 同上卷六一，崇德七年六月甲辰，七月壬申條。

⑰③ 同上卷六五，崇德八年六月己卯條。

⑰④ 《文錄》卷十一，天聰六年正月癸丑條。

⑰⑤ 《文錄》卷十七，天聰八年正月癸卯條。

⑰⑥ 同上卷十，天聰五年十二月壬辰條。

⑰⑦ 《明清史料甲編》第一本葉四八，天聰二年奏本。

⑰⑧ 《老檔秘錄》上，跑冰戲下。原文見老檔太祖卷內。

⑰⑨ 〈天聰朝臣工奏議〉上，胡貢明〈五進狂瞽奏〉，天聰六年九月。

⑱⓪ 《太宗實錄》卷四十三，崇德三年八月甲午條。

⑱① 《太宗實錄》卷四十二，崇德三年六月丁丑條。

⑱② 《朝鮮李朝仁祖實錄》卷三六，十六年二月甲辰條。

⑱③ 《明世宗實錄》卷二一三，嘉靖十九年二月丁卯條。

⑱④ 見本文注㉛。

⑱⑤ 《皇明經世文編》卷四五三，楊宗伯（道賓）疏卷一，海建二酋違貢。黃道周《博物典彙》卷二〇，〈四夷〉，奴酋條。李民寏《建州聞見錄》。（陳捷先：〈清太祖推刃胞弟考〉，《滿洲叢考》引文，《國立臺灣大學文史叢刊》。）

⑱⑤ 《朝鮮李朝宣祖實錄》卷二三，二十二年七月丁卯條。

⑱⑦ 日本京都大學《明代滿蒙史料明實錄抄滿洲篇》第四本〈神宗實錄〉頁一八九。

⑱⑥ 《朝鮮李朝宣祖實錄》卷六九，二十八年十一月戊子條。

⑱ 同上卷七一，二十九年正月丁酉條。

⑲ 《明神宗實錄》卷三一〇，萬曆二十五年五月甲辰條。卷三一二，二十五年七月戊戌條。

⑲ 同上卷四五三，萬曆三十六年十二月乙卯、甲戌條。

⑲ 黃彰健先生：〈奴兒哈赤所建國號考〉，《中央研究院歷史語言研究所集刊》第三十七本下冊。

⑲ 李成梁再鎮遼東，年已七十六歲，老耄力衰，無當年銳氣，新官上任，固亦要求表現，重整聲望。實則邊備已非二十年前情勢，故復出之後，多以撫結彌縫，期無大禍爲事。宋一韓劾成梁疏云：「建酋與成梁誼同父子，敎之和則和，敎之反則反，誅成梁而建酋自不敢動。」明神宗實錄卷四六二，萬曆三十七年九月壬午條。又李奇珍劾成梁子如栢云：「如栢曾納奴弟素兒哈赤女爲妾，見生第三子。至今彼中有奴酋女婿作鎮守，未知遼東落誰手之謠，當速械繫，以洩公憤。」《明神宗實錄》卷五八二，萬曆四十七年五月癸未條。

⑲ 與明朝通貢互市是他們獲得鹽、米、布等生活必要資料的主要手段，持以貢市交換的物產是東珠、人參、貂皮等。《籌遼碩畫》云：「東珠紫貂，天下之厚利也。」「奴酋歲市貂參，利不下數萬，此中國所爲操餌，以制馭建酋者也。」「建酋受國家豢養之恩，二百餘年，不爲不久；歲得國家貂參之利，金錢數萬，不爲不多。」「擅我貂參之利，以成其富。」見卷二，張濤〈東北虜情議〉。卷三，薛三才〈黠奴計陷孤城疏〉。汪可受〈酌調薊保援兵疏〉。卷四，范濟世〈酋謀不測國計萬全疏。

⑲ 《籌遼碩畫》卷二，張濤屬夷家事互構揭：「奴酋貪刻無比，一貂、一雉、一兎、一珠、一參，部落諸酋私攘私市者殊死，而奴只一人專其利。其視財物無取，好惡與共者異矣。奴之妻子弟姪，恒遭劍矢，崇城密護，夜恒數徙，其視簡易忠厚，堅培本榦，內理腹心，以希呼吸通關，緩急禦侮者異矣。」又李民寏《建州聞見錄》：「奴酋爲人猜厲威暴，雖其妻子及素親愛者，少有所忤，即加殺害。」鴛淵一〈舒爾哈齊の死〉引文，《史林》第十七卷第三號。

⑲ 萬曆二十七年九月征哈達時，舒爾哈齊自請爲先鋒。及至哈達，舒爾哈齊按兵不戰。太祖令向後，即欲前

197 進，而舒爾哈齊兵阻路，太祖乃繞城而行，城上發矢，軍士中傷者甚多。見《滿洲實錄》卷三。舒爾哈齊按兵不戰，可能是因為與布占泰彼此結親關係。布占泰曾以妹妻舒爾哈齊，又娶舒爾哈齊二女，彼此為翁婿郎舅。這一次事件發生後，太祖感覺到舒爾哈齊勢力之漸不可制，同時也警覺到可能發生的後果。第二年再征烏喇，乃命褚英與阿敏率兵前往。

198 卷一，熊廷弼建夷反側邊吏安綏疏。

199 卷一，〈太祖責弟條〉。《朝鮮李朝實錄》〈光海君日記〉卷二一，元年十月十三日條。

200 見本文注❶注❷。

201 《太宗實錄》卷一，天命十一年十月甲子條。

202 《太宗實錄》卷七，天聰四年六月乙卯條。

203 《太宗實錄》卷二，天聰四年五月辛巳條。

204 天聰朝臣工奏議卷上，談大受〈請宥過睦族奏〉，天聰六年十二月。

205 《滿洲老檔秘錄》，〈阿敏與介桑古不睦條〉，天命五年九月。

206 八旗移居見《太宗實錄》卷一，天命十一年九月丙子條。

207 《太宗實錄》卷七，天聰四年六月乙卯條。

208 同上，天聰四年九月戊戌條。

209 〈天聰朝臣工奏議〉卷上，談大受〈請宥過睦族奏〉。卷中，（失名）請重彝倫以重國本奏。

210 《太宗實錄》卷五三，崇德五年十一月癸巳條。

211 《太宗實錄》卷九，天聰五年八月甲寅條。

212 同上卷十，天聰五年十月癸亥條。

213 同上卷十一，天聰六年二月丁酉條。

214 同上卷十二，天聰六年十二月乙丑條。

㉑⑤ 同上卷二十五，天聰九年十月己卯（初二日）。
㉑⑥ 同上卷二六，天聰九年十二月辛巳條。
㉑⑦ 《太宗實錄》卷二，天聰元年十二月乙卯條。
㉑⑧ 同上卷二五，天聰九年九月壬辰條。
㉑⑨ 卷三十，崇德元年八月辛巳條。
㉒⓪ 《太宗實錄》卷二六，天聰九年十二月辛巳條。
㉒① 《清鑑易知錄》卷五，天聰九年十二月辛巳條。
㉒② 《太宗實錄》卷三六，崇德二年六月癸卯條。
㉒③ 《太宗實錄》卷二五，天聰九年十月乙卯條。
㉒④ 《朝鮮李朝仁祖實錄》卷三二，十四年四月戊子條。
㉒⑤ 《太宗實錄》卷二六，天聰九年十二月辛巳條。
㉒⑥ 崇德元年八月辛巳岳託得罪時，諸貝勒大臣議應處死，太宗曰：朕若傷殘爾等，將誰與共之乎！《太宗實錄》卷三〇。
㉒⑦ 《清鑑易知錄》卷五，天聰九年七月戊辰條。
㉒⑧ 《太宗實錄》卷二五，天聰九年九月戊午、辛酉條。
㉒⑨ 同上，庚午、壬申條。《清朝實錄》卷五，天聰九年九月辛未條。
㉓⓪ 《太宗實錄》卷二五，天聰九年九月壬申條。
㉓① 見本文注⑲⑳㉑。
㉓② 《太宗實錄》卷二五，天聰九年九月庚午、壬申條。
㉓③ 同上，天聰九年十月丙午條。
㉓④ 同上卷三六，崇德二年六月甲子條。卷三七，崇德二年七月辛未、癸酉條。

㉟ 同上卷四三，崇德三年八月辛丑條。

236 〈天聰朝臣工奏議〉卷中，扈應元〈條陳七事奏〉，天聰七年十二月二十二日。

237 《太宗實錄》卷三〇，崇德元年八月辛巳條。時豪格亦以與岳託同謀罪，革親王爵，降多羅貝勒。《朝鮮李朝仁祖實錄》卷三三，十四年（崇德元年）九月甲辰條：「黃（孫茂）監軍送揭帖曰……近聞奴賊屠戮三酋，仍欲並殺大酋子孫，此正天心厭亂，使逆奴同室操戈，自相魚肉之秋，用間莫便於此時。」或與此事有關。

238 《太宗實錄》卷三八，崇德二年八月癸丑條。又朝鮮仁祖實錄卷三六，十六年（崇德三年）二月甲辰條。「左議政崔鳴吉回自瀋陽……上曰：彼中情形，於卿所見如何？對曰：客多主小，其勢危矣。然紀綱立而法令嚴，此所以維持至今也。聞長子不肖，故以上年所生子有立嗣之意云。自古國本未定，而未有不亂者也。上曰：厥子眞豚犬。而所謂要土（岳託）者，自負豪氣云。然則或不然自中之亂也。」

239 《太宗實錄》卷五三，崇德五年十二月己酉條。

240 《太宗實錄》卷六一，崇德七年六月乙巳條。卷六三，崇德七年七月丙寅條。

241 〈天聰朝臣工奏議〉卷上，胡貢明〈陳言圖報奏〉，天聰六年正月二十九日。又卷中，馬國柱〈請更養人舊例及設言官奏〉，天聰七年正月十九日。

242 見注㊶胡貢明〈陳圖言圖報奏〉。又〈五進狂瞽奏〉，天聰六年九月。又朝鮮《備邊司謄錄》仁祖十二年（天聰八年）十一月十三日條：「傳曰：所送節果減數之言是耶。問啓弗傳教矣。問于備邊司，則因羅德憲所言，禮單入去之後，八高山例爲均一分之。如有餘不足之數，則片片分割，渠等頗爲嗟嘆云。」

243 《太宗實錄》卷四二，崇德三年七月壬戌條。

244 《太宗實錄》卷二五，天聰九年九月壬申條。

245 《太宗實錄》卷四八，崇德四年八月辛亥條。崇德改元之後，各旗固山額眞集中篤恭殿理事。實錄卷三四，崇德二年四月辛卯條：「命吏部和碩睿親王多爾袞……集羣臣於篤恭殿，宣諭曰：固山額眞者，乃該旗之主也，汝等豈非以齋戒故，不至大清門歟！但不集篤恭殿理事，乃託言勞苦，各在家安居，何爲也？」各旗貝勒另有議事公署，《東北文獻零拾》卷六〈八旗制度〉條云：「天聰十年四月，改元崇德。定宮殿名，大殿爲篤恭殿，正殿爲崇政殿。是篤恭殿卽後之大政殿，而與崇政殿同時命名者也。朝鮮人《瀋館錄》稱大殿曰大衙門，卽指篤恭殿。今瀋陽大政殿左右列署各四，卽爲八固山議政治事之所。前門之左右又各有一署，制小於八署，當不與於八固山之列，合之爲十署，俗稱十王亭是也。此十署應與大殿同時建置，在崇德前不能別有十署。」

滿洲八旗牛彔的構成

一、前　言

清太祖努爾哈赤自明萬曆十一年以父祖遺甲十三副起兵攻尼堪外蘭，隨着軍事勝利的進展，征服日多，人口急遽膨脹。起初以「出兵校獵，不論人數多寡，各隨族黨屯寨而行」的舊習，部勒卒伍，教戰用兵。後以「生齒日繁，諸國歸服人衆」，內部分子，日益複雜，於是乃釐定戶籍，編設牛彔，建立旗制，由四旗擴編爲八旗。至太宗時，又分別建立漢軍旗及蒙古軍旗。清文獻通考云：「其制以旗統人，即以旗統兵。蓋凡隸于旗者，皆可以爲兵，非如前代有僉派召募充補之煩，而後收兵之用也。」❶以旗統人，即以旗統兵，這是通考將旗制認爲兵制組織的看法。實則旗制乃是以軍事組織的法則部勒整個社會一切生活行動，軍事民事混然不分的特殊制度。旗制的功能，不僅在清人建國過程中，發揮了融和異族分子的最大容受性，削減了相當程度的內部衝突紛亂；同時在簡單有力的組織下，由於指揮行動上的運用靈活，亦得以所向有功，終致削平各部，屋明社稷。

然在旗制運用上得以發揮如此功能者，實有賴於構成旗制主體的牛彔組織。牛彔的編成，除漢人外，絕大部分是就各族羣的血緣及地緣關係編成的。這是一個自舊有氏族社會組織蛻化出來，加以制度化而適應當前歷史發展情勢的產物。它在旗制組織下的功能，不僅是一個用以統屬兵員，教戰訓練，戰鬥用兵的最基層的軍事組織單位，也是一個用以部勒屬人一切生活行動，具有政治、社會、經濟、教化諸功能的基本單位。因此，我們如能對牛彔的構成及其功能能得到深入的瞭解，不但可以具體的解說旗制在清人建國過程中的根本意義與作用，對清人入關前的社會形態，及入關後雖然客觀環境已完全不同，而仍極力設法維護旗制的內在原因，也會有進一步的認識。

牛彔在其構成分子及服役性質上說，有外牛彔（亦稱在外牛彔）與內牛彔（亦稱在內牛彔）之分。外牛彔爲服役於國家的公家牛彔，內牛彔是屬於私家僕役性質的包衣牛彔。按八旗組織，凡隸屬旗籍的，皆編入牛彔，大部分服役於國，小部分給使於本旗貝勒王公大臣之家❷。服役於國的公家牛彔，後來名爲旗分佐領；給使於私家的即所謂包衣，編入包衣佐領（皇帝亦有包衣佐領）。包衣佐領分子的來源，有的是戰場俘虜，有的是罪犯及其子孫，有的是分撥賞賜，有的是依分佔取（入關後又有所謂投充人戶），與旗分佐領之構成分子來源不同。凡隸籍包衣的，原則上既不必服國家的公役，所以他們的居住、生活、婚姻嫁娶全無個人自由，必須聽命於本主。而且其奴籍是子孫相續的，非得其主人的特許，或政府以特殊原因勒令放出、撥換，是不能脫離的。不過這只是對其主子而言，在另一方面，他們又有自己的官階，自己的財產，自己的奴僕❸。本文之目的，擬以牛彔分子之構成，進而說明牛彔組織與當時社會組織之關係，包衣牛彔分子的組成及其性質既與公家牛彔不同，故暫不討論。同時在時間上所討論的範圍，亦以入關之前爲主。入關後新增的牛彔，除少數爲新征服編成者外，大多數是由入關前編立的牛彔下滋生人丁編成的。雖然這些由滋生人丁編成的牛彔，在姓族上與母體牛彔相同，牛彔的承管人亦多由母體牛彔原承管人家族內依房分管領承襲，但構成性質，與入關前所編立者，並不相同。所以這些入關後新編立的牛彔，只作爲參證補充，亦不在本文討論範圍之內。

二、清太祖興起前東北的女眞族群

在沒有敍述牛彔的編立之前，先說明當時東北地區女眞族羣的情形。關于其社會組織詳細狀況，作者將以「清人入關前社會文化之研究」爲題，深入分析，這裏只能做一個概括的敍述。女眞人當時的族羣很多，分布範圍很廣。明代分女眞人爲建州、海西、野人三大部分。他們較早的分布是：野人女眞大約在今松花江與黑龍江合流處的同江、樺川一帶地方；建州女眞在長白山北部，野人女眞以南，自牡丹江與松花江合流處到綏芬河流域。烏蘇里江支流穆稜河地方的毛憐衞，也屬於建州女眞。海西女眞在今吉林扶餘縣北，松花江大曲折後的南岸，以及哈爾濱以東阿什河流域一帶。後各部逐漸南下移動，海西女眞占據吉林以南地方，建州女眞入朝鮮北部的慶源、鏡城，散落至遼東渾河一帶地區，野人女眞遷入海西及建州故地。不過這也只是一個大致的活動範圍，並沒有明確的疆界。

明初洪武年間，東北地區政府統治權實際所能及的範圍，僅至於開原、鐵嶺、海、蓋一帶地方，設置衞所，駐兵戍守。永樂時北向發展，至黑龍江邊，並建立奴兒干都司，以經營邊遠地區。皇明四夷考女直條：「女直，古肅愼氏，在混同江東。東瀕海，西接兀良哈，南隣朝鮮，北至奴兒干。……元設諸府路，領混同江南北水達達及女直人。明興，遣人招諭。永樂九年春，置馬市開原城，通交易，稍給鹽米布贍諸酋豪，使保塞不爲邊寇盜。」又置衞所三百八十二，官諸小酋爲指揮、千(戶)百戶，鎭撫。又有地面五十八，站七、寨一，皆令三歲朝貢，官賞羈縻之。又四酋率衆降，始設奴兒干都司，以四酋爲都指揮，賜勅印。於是東旺、佟答喇哈、王肇州、瑣勝哥遣將將水軍，駕巨艦至江上，召集諸酋豪，餌以官賞。

衞所地站數目，各書所記不同。全遼志記設衞二三二，所二二，城站寨等九十四。遼東志計衞三四一，所二三，城站寨等九十五。此蓋以前後時間不同，而有置廢變動。招徠各部，依其族羣大小強弱，設立衞所城站，官諸酋豪，並許通市朝貢，這是明代用以分化懷柔，使安邊保塞的封貢貿易邊防政策。皇明經世文編卷四八〇熊經略集卷一，答友人書云：「僕生長南陬，不識夷情。第考按國初區畫東胡，置衞三百有奇，分其部落以弱之，別其種類以間之，使之人自爲雄，而不使之勢統於一者何也？夷狄合則強，分則弱，此祖宗立法深意也。」又同書卷四五三，楊宗伯奏疏：「成祖文皇帝所以分女直爲三，又析衞所地站爲二百六十二，而使其自相雄長，不相歸一者，正謂中國之于夷狄，必離其黨而分之，護其羣而存之。未有縱其蠶食，任其漁獵，以養其成而付之無可奈何者也。」明代即以控制各族羣用貂皮、人參、松子等特產向中國換取鹽米布等生活必要資料的辦法，「俾各仍舊俗，各統所屬。」而從中分化羈縻。

由於各族羣所處地理環境不同，所以彼此的文化水平，進步程度，高低亦頗不一致。遼東志卷七藝文志，盧瓊東戍見聞錄云：「夫遼阻山帶海，諸夷環徼而居，自寧前東抵開原，曰三衞，逐水草，無恆居，部落以千計，而朵顏爲最。自湯站抵開原，曰建州、毛憐、海西、野人、兀者，皆有室廬，而建州爲最。開原北近松花江者曰山寨夷，亦海西種類。又北抵黑龍江曰江夷，俱有室廬，而江夷爲最。三衞夷契丹阿保機遺孽也。……建州、毛憐則渤海大氏遺孽，樂住種，善緝紡，飲食服用，皆如華人。自長白山迤南，可拊而治也。海西山寨之夷曰熟女直，完顏後金之遺也。俗種耕稼，婦女以金珠爲飾，倚山作寨。居黑龍江者曰生女直，其俗略同山寨。數與山寨讐報，百數十戰不休，近砦酋與和，難平其曲直，以馬牛羊段云。諸夷皆善馳獵，女直建州多喜治生，三衞則最無賴也。江夷之外曰阿合妻得，諸種自相雄長矣，唯國家設六邊以馭胡。」有的已開始進入相當進步的農耕生活，有的尙停留在低度的漁獵採集階段。其中建州最爲進步，亦以受中國及朝鮮文化影響最深之故[4]。

明人記當時各部族活動情形，多注意其政治情況，對其社會組織狀態，鮮有記述。但由後人所記之間接材料，大致亦可推論。如清代所謂的新滿洲（伊徹滿洲），蓋屬於明人所說的野人女眞。吉林外記卷三：「滿洲有佛、伊徹之分。國語舊曰佛，新曰伊徹。國朝定鼎以前編入旗者爲佛滿洲。佛滿洲內有貝國恩、布特哈之分，貝國恩國語戶也，布特哈虞獵也。國初協領佐領由京補放子孫遺居立戶於此，謂之貝國恩。舊在白山一帶虞獵爲生者謂之布特哈。伊徹滿洲內又有庫雅喇之分，庫雅喇非一部一姓，有即以庫雅喇爲姓者，有庫雅喇人而別姓者，其居多在寧古塔以東，定鼎後入旗。」「佛滿洲之異於伊徹滿洲者，先世隨同太祖、太宗撥亂反正，立有戰功。總之，佛與伊徹、庫雅喇皆滿洲也。」「庫雅喇、伊徹滿洲率族衆來投者，遂編其穆昆達爲世襲佐領，阿喇哈穆昆達爲世襲驍騎校。率所屬來投者，遂編其嘎山達爲世襲佐領，法拉哈達爲世襲驍騎校。」「穆昆達漢語族長也，阿喇哈漢語副也。嘎山達鄉長也，法喇哈達里長也。故伊徹滿洲佐領下同姓者居多，不似佛滿洲佐領下姓氏繁多也。」

穆昆與嘎山，一爲血緣的，一爲地緣的。此與民國十九年凌純聲先生調查松花江下游的赫哲族的社會組織，亦正相同。凌先生在所著松花江下游的赫哲族（四）社會生活（一）氏族條說：

氏族爲赫哲社會的基本組織。在松花江下游的赫哲族，尚有七個氏族，他們稱氏族和滿洲人一樣，有兩個名稱，（一）哈拉，（二）木昆。哈拉與木昆的分別是：一個哈拉可有一個或許多的木昆，而一個木昆却祇有一個哈拉。早先祇有哈拉，因後氏族人口繁殖而遷移至他處，成一新氏族組織，叫做木昆，漢人的同姓不同宗，猶赫哲人的同哈拉而不同木昆。同一哈拉或木昆的人，崇拜同一祖先，守同一的族規，並不得結婚，每氏族有一姓長，赫哲語哈拉達，或族長木昆達，由族人公舉，大抵德高望重者當選，有財勢的或有神術的薩滿亦常有當選的。姓長或族長總理一姓族的司法、行政等事宜。許多氏族聚居的地方，小者稱之爲屯，大者爲城。赫哲語叫嘎深；屯有長稱爲嘎深達，由各氏族的姓長及族長選舉，管理一屯之事。

在清太宗實錄裏，常常看到派兵略取東北邊遠地帶各「屯」壯丁或收編各「屯」人戶的記載，收取人數，以「屯」爲計算單位。屯亦即嘎山或嘎深，在《滿文老檔》中皆稱爲Gnsen。又Shirokogoroff在其所著滿洲的社會組織(Social Organization of the Manchus)中也說：「滿洲氏族（Clan）是一羣認爲共同出自一個男系的男性祖先，並有共同血緣關係的人所組成的。有共同的族神和一系列的禁忌。本氏族員間不能通婚，行外婚制。」其在解釋哈拉與木昆的關係演變及木昆發生的原因和組織功能時又說：現在每一個哈拉，都有它的專有名稱。但由於如此大的單位，難以召開氏族會議，氏族員間的緊密結合，無法維持，正常功能受到阻礙，而使氏族外婚，宗教活動，及其他一般社會功能，不能由此控制管理。因此，生活條件上的需要，迫使滿洲人對於原來的社會制度，不得不加以修正。這種情形的發生，可能是由於滿洲向外發展，無休止的戰爭和軍事殖民所造成的。當他們軍事殖民到現在所住的土地上時，並不是以原來的社會組織單位（Clan），而是包含着不同的氏族。在此情形之下，無法考慮到原來的社會組織，所以內部原有組織制度，便漸漸的失去了。但又爲了想保持原來的形式，所以建立了一個新的氏族組織，或者可以說是一個亞氏族——木昆。這一個新的氏族組織，仍擁有相當程度的哈拉的功能，但較哈拉具有更大的地區從屬性。以舊有的名詞加上了一個新的東西，所以滿洲氏族一詞的含義，成爲哈拉木昆。木昆除了與哈拉連在一起外，沒有專有的名稱，離開了哈拉是不能存在的。

「滿洲的社會組織」一書，並記述木昆大會，選舉木昆達及木昆達的當選條件、職務、任期，處理木昆事務等。雖然所記爲由吉林遷到瑷琿地方的滿洲人，且中間可能已發生許多變化，但仍可看出早期女眞族的氏族組織狀況。又就八旗滿洲氏旗通譜所記滿洲姓氏，亦可推知其原爲氏族社會的情形。依滿洲氏族通譜，所載共六百四十三個姓氏。卷首體例條內並說明纂輯原則，一、姓氏下總書地名，地名下各敍其得姓緣由，及分支派別。二、滿洲內始立姓始歸順之人，其所居地名可考者，俱逐一開載姓氏、旗分、官爵，以備族姓之源。三、纂輯姓氏，俱按原籍地名分類，如瓜爾佳氏，有居蘇完者，則標出蘇完字樣，居葉赫者則標葉赫字樣。四、滿洲內有賜姓者，詳書賜姓原由，仍附書本姓內，以昭世系。五、滿洲八旗內有同姓不同宗者，有本屬同姓同宗，而其支族別爲一姓者，於本姓內詳晰註明，以嚴族姓之辨。通譜所記六四三個姓氏中，僅董鄂氏這一個姓族住在同一個地區。得姓緣由，有的因山而得，有的因河而得，有的因特殊原因而得，有的隨意取姓，有的來源不詳，有的根本忘記自己姓氏及祖居地者。有的族屬甚繁，一姓之中，其支族散居各地，如覺羅氏，「內有伊爾根覺羅、舒舒覺羅、西林覺羅、通顏覺羅、阿顏覺羅、呼倫覺羅、察喇覺羅等。其氏族蕃衍，各散處於穆溪、葉赫、嘉木湖、興堪、薩爾虎、呼訥赫、雅爾湖、烏喇、瓦爾喀、松花江、阿庫里、佛阿喇、哈達、汪秦及各地方。」❺覺羅實即是哈拉，伊爾根、舒舒等都是木昆的名字。伊爾根覺羅，亦即前述的哈拉木昆。淸皇室愛新覺羅，應該也是屬於這一個覺羅哈拉的。「愛新」本「金」之意，淸太祖將自己姓氏之上冠以愛新，蓋爲表示系出金之後裔，意謂金之覺羅，以高抬族系，非尋常之覺羅可比。淸通志卷一氏族略一：「按愛斯覺羅氏，國語以金爲愛新，覺羅乃姓也。」「宗室覺羅之外，有民覺羅，其族屬之衆者，冠以地名，如伊爾根、舒舒、西林、通顏之類。散處者上加民字，以不同於國姓也。」「有非宗族而賜姓者，如扈爾漢姓佟佳氏，從其父一扈喇虎率屬來歸，賜姓覺羅是也。」❻愛新覺羅乃成爲國姓，爲家族之專稱。

不過通譜所記的姓與族，二者的關係未必都是一致的，上引通志氏族略：「迨皇上御極之初，軫念族姓日繁，不有成書，將無以知世德所自。爰命廷臣編輯八旗氏族通譜，表以地，系以名，官階勳績，與八旗列傳相爲表裏。於是名爲世系，昭然可考。今以通譜所載，考諸往史，滿洲氏族見於金史者什之三，蒙古氏族見於元史者什之一。蓋閱世既遠，以姓爲氏者或數典未忘，而以地爲氏者往往混淆莫辨。故通譜於瓜爾佳氏載某與某同族凡二十餘條，於納喇氏著別族之有三，於佟佳氏聯漢軍而爲一。」氏族略所云某氏原爲金之舊姓，後以爲氏者，姓即哈拉，氏即木昆。又有改姓者，如蒙鄂囉氏，本爲伊爾根覺羅氏，後以人口蕃衍，分居東西二寨，西寨改爲蒙鄂囉氏。此即氏族通譜所謂本屬同姓同宗而其支族別爲一姓者。

造成姓與族的關係不能一致的混亂情形，如前述由於分化、戰爭、遷徙、改姓及後來的賜姓等種種因素，這些都足以使新形成的木昆，因年代久遠，居地隔離，與原屬哈拉間的關係發生脫節混亂，所以竟有忘其祖居地及姓氏者。此外爲冒用漢姓，及稱名不舉姓的習慣，也是造成混亂的原因，養吉齋叢錄卷一：「凡公私文牘，稱名不舉姓，人則以其名之第一字稱之，若姓然。其命名或用滿語，或用漢文。用漢文准用二字，不准用三字，以其與漢語混也。」「漢軍或繫姓或不繫姓，祖孫父子無一定。」這種稱名不舉姓，隨名姓的稱呼，因為在氏族社會組織之下，同一個姓族血緣關係相同的人居住一起，氏族員間根本沒有稱姓的必要。所以《滿洲的社會組織》記璦琿地方的人如果在某一地方相遇彼此不相識時，往往會有下面的問答：「你屬於那一個哈拉？我是覺羅哈拉的人。從什麼地方來？從 A igun（璦琿）來的。好的，我們是同一個哈拉木昆的人。」如此問答，已經說明了彼此的血緣與地緣關係。但如果分居散處，年代久遠，便容易發生姓與族間的脫節混亂情形。

就以上的簡單敍述，我們可以肯定女眞人早期的社會組織是氏族社會。不過由於時間的演變，地理環境的不同，及所接觸外來文化影響各異，多已發生變化，故各族羣的文化水平亦不一致。尤其居住於中國及朝鮮近邊一帶的族羣，不但原有組織已大部崩潰破壞，而且有與異族分子聯合混住一起的。此與中國明朝的邊防政策，實有莫大關係。朝鮮實錄魯山君日記卷一三，乙亥（三年，明景泰六年）三月調查吾都里各族羣的報告，便是一個明顯的例子。一方面說明了氏族社會崩潰過程中由血族社會向地域社會推移，族羣構成人員間的地位分化，及原有組織情形；一方面可以看出氏族社會的殘存形骸，及封建色彩滲入的影子。

三、牛彔的編立

牛彔最初編立的時間，有關記載皆謂始於辛丑年（明萬曆二十九年，清太祖努爾哈赤起兵後的十八年），武皇帝實錄卷一：「是年（辛丑年），太祖將所聚之衆，每三百人立牛彔厄眞管屬。前此凡遇行師出獵，不論人數多寡，照依族寨而行。滿洲人出獵開圍之際，各出箭一枝，十人中立一總領，屬九人而行。各照方向，不許錯亂。此總領呼爲牛祿華言大箭厄眞厄眞，華言主也。於是以牛祿厄眞爲官名。」蔣氏東華錄卷一：「辛丑年，復編三百人爲一牛彔，每牛彔設額眞一。先是，滿洲出兵校獵，各隨族黨屯寨而行，每人出一矢，十矢領以一長，稱爲牛彔。是年以徠服者衆，編三百人爲一牛彔，其長稱牛彔額眞。」

牛彔一詞在所有記載中出現最早的爲武皇帝實錄甲申年（明萬曆十二年）九月，記太祖攻瓮哥落人時，被其人鵝兒古尼、老科射中傷甚，累次昏迷。後攻克其城，二人被俘，衆欲殺之，太祖曰：「二人射我，乃鋒鏑之下，各爲其主，孰不欲勝？吾今釋而用之，後或遇敵，彼豈不爲我用命哉！」乃「賜以牛祿之爵屬三百人，厚養之。」賜以牛彔之「爵」，「屬三百人」，顯爲後日修實錄時就已成牛彔規制所加補註。清太祖於萬曆十一年以遺甲十三副起兵，甲申年攻哲陳部時，馬步兵僅五百，令其屬三百人，自不可能。萬曆二十四年，朝鮮使臣申忠一自建州歸來報告當時所見建州軍事情形云：「糧餉，奴酋（努爾哈赤）等各處部落，例置屯田，使其部長掌治畊獲，因置其部，而臨時取用，不於城中積置云。」「奴酋除遼東地方近處，其餘北東南三四日程內各部落酋長，聚居於城中，動兵時，則傳箭於諸酋，各領其兵。軍器軍糧，使之自備，兵之多寡，則奴酋定數云。」「正月初四日，胡人百餘騎，各具兵器，裹糧數斗許，建旗出北門，乃烟台及防備諸處擲奸事出去云。旗用青、黃、赤、白、黑，各付二幅，長二尺許。初五日亦如之。」「奴酋諸將一百五十餘名，小酋（太祖弟舒爾哈齊）四十餘名，皆以各部酋長爲之，而率居於城中。」「內城之內又設木柵，柵內奴酋居之。」「外城中胡家纔三百餘，內城中胡家百餘，外城底四面胡家四百餘。」「內城中親近族類居之，外城中諸將及族黨居之。外城底居生者皆軍人云。」[7]尚未見有牛彔組織的記載。而所見當時調遣軍隊情形，百餘騎而以青、黃、赤、白、黑旗幟各二幅，分爲十個單位，每單位亦止十人上下，仍是依傳統習慣而行。所不同的，只是以不同顏色的旗幟，作爲單位行動標識。依照後來的牛彔組織，雖以丁額計算，但包括戶籍在內。牛彔下的人戶必居住一起，兵士於無事之時，在家耕作，修繕兵器，不得離開本牛彔所居地。申忠一的報告，顯然是未編立牛彔前的情形。

就武皇帝實錄及蔣氏東華錄所言，先是於出兵校獵之際，各隨族黨屯寨而行，十矢領一長，稱爲牛彔。至辛丑年，始以徠服者衆，復編三百人爲一牛彔。是牛彔一詞爲滿洲人之原有名稱。牛彔本爲大箭之意，於戰陣狩獵之時，總十人而行，爲參加人員所組成的最小行動單位。一方面使各隨其族黨屯寨行動，不致錯亂；一方面令各出箭一枝（箭上刻有個人名字），用以表示參加單位區別，並爲事畢行賞懲處及分配所獲物品根據[8]。這種組織，蓋只是遇有必要時的臨時組合，戰鬥或狩獵終了，即行解散，並非於平時社會中的固定組織。清太祖於起兵之後，仍以此舊習，部勒軍卒。以其本爲舊習，又組織甚小，故並未特別記載。至辛丑年，隨着軍事向外進展，征服者衆，人口日多，戰爭規模，亦日益擴大。由於指揮統治上的需要，故重新編組，使其制度化，並編審戶籍，將所有人戶，皆置於牛彔組織之下。所以大清會典事例云：「至是，遂以（牛彔額眞）名官。尋復定戶籍，分爲四旗。」[9]牛彔的編設正如旗制的建立，乃隨客觀環境發展，就原有基礎及實際經驗而形成的。清太祖於天命十一年六月乙亥訓諭諸貝勒大臣的一段話，亦正可說明其中意義：「推爾等之意，以爲國人衆多，稽察難遍。不知一國之中，以八旗分隸之，則爲數少矣。每旗下以五甲喇而分隸之，則又少矣。每甲喇下以五牛彔而更分隸之，則又更少矣。自牛彔額眞以至什長，遞相稽察，各於所屬之人，自膳夫牧卒，以及奴僕，靡非詳加曉諭，有惡必懲，則盜竊姦宄，自何而生哉！」⑩

四、牛彔的構成分子

大清會典、通典及會典事例等書將牛彔類別分爲世襲、公中，並有所謂勳舊、優異、合管、互管、滋生等名目，此正說明了牛彔構成分子來源，及最初編成之形式。通典卷三十一職官九：「佐領之制，有世襲、有公中。世襲佐領有四等，國初各部落長率其屬來歸，授之佐領，以統其衆，爰及苗裔者，曰勳舊佐領。其率衆歸誠，功在旂常，得賜戶口者，曰優異世管佐領。其僅同兄弟族里來歸，因授之以職，奕葉相承者，曰世管佐領。其戶少丁稀，合編佐領，兩三姓迭爲是官者，曰互管佐領。皆以應襲者引見除授。公中佐領則以八旗戶口蕃衍，於康熙十三年以各佐領撥出餘丁，增編佐領，使旗員統之，有缺則以本旗不兼部務之大臣世爵及五品以上文武官員內簡選除授焉。」又會典卷八十五：「凡佐領之別有二，曰世管佐領，（凡因祖父宣力所得佐領，及伊祖父帶來之人編爲佐領，或初編佐領即令承管，積有數輩者，皆爲世管佐領。）曰公中佐領。（凡無根由佐領，初編時即非一姓承管者，爲公中佐領。）世管則有勳舊（國初功臣帶來之人，編爲佐領，或因賜戶口，皆爲勳舊佐領。）有優異（立佐領之人著有勞績，或承管之人著有勞績，作爲優異世管佐領。）若兄弟若族人之合管者（兄弟同帶來之人編爲佐領，及族人合編之佐領，皆令其世管。）互管者（原立佐領之人，有親子孫而讓與親兄弟子孫、親伯叔子孫、親伯叔祖子孫、曾伯叔祖子孫，及遠族人均有分者，謂之互管。）滋生者（因丁多分編者爲滋生佐領。又有將半分佐領二，合編整佐領一，現滋生爲二者亦如之。）皆覈其次數，與其房族之親疏而延以世（承管佐領，選擬正陪各一人，暨有分支派內每支揀選一人列名。其出缺者係長房，以出缺之子孫擬正，別房管過之子孫擬陪。其餘無論曾否管過，通行揀選列名……。）原管者選其才（原管佐領，經異姓管理數次後，原管之子孫復得管理者，其員缺仍於立佐領之子孫內揀選管理……。）無族譜者準以世，不及五世者爲公中（無根由佐領，一家承管五世以上者，作爲族中承管佐領。其員缺照世管佐領之例揀選……。）數姓之互管者亦如之（數姓互管之佐領缺出，如有一姓承管五世以上者，即於其族人內不論有無官職揀選數人……。）世管不得人則代管（世管佐領內，如有因庸劣衰老奏請革退，其本族內無應管之人，而其佐領係伊祖父宣力所得不便革除者，於本旗官員內，揀選才具明晰之人，令其代管……。）出京則署焉（世管佐領出差，其族中有佐領者，令佐領兼署。如無佐領，以族中應署之員署理……。）凡公中佐領，本佐領大臣官員皆與選，班列爵之等，誥勅以世守之。襲則以其子若孫，與其近族，無則除。凡襲爵皆與俸，不及歲者半之。」

八旗通志旗分志滿洲牛彔項下，對各牛彔編立緣起、組成分子、最初承管人、遞襲經過、中間變化情形、皆有簡略記述。計鑲黃旗所屬世管佐領六十九個，公中佐領十七個，兼管佐領一個。屬於國初（入關以前）編立者三十一個，其中開始編立即世襲者二十五個，非世襲者五個，初由本族管理後改爲世襲者一個。正黃旗所屬勳舊佐領十五個，世管佐領五十六個，公中佐領二十一個，番子佐領一個。屬於國初編設者二十七個，其中開始編立即世襲者二十個，非世襲者六個，後改爲他族世襲者一個。正白旗所屬佐領八十六個（其種類不詳），屬於國初編立者三十九個，其中開始編立即世襲者三十七個，非世襲者二個。正紅旗所屬勳舊佐領八個，世管佐領五十二個，公中佐領十三個，公中改爲族襲者一個。屬於國初編立者二十九個，其中開始編立即世襲者二十三個，非世襲六個。鑲白旗所屬勳舊佐領九個，世管佐領六十一個，公中佐領九個，續改族中承襲者五個。屬於國初編立者三十七個，其中開始編立即世襲者三十三個，非世襲者四個。鑲紅旗所屬勳舊佐領二個，世管佐領六十四個，公中佐領十個，互管佐領一個，族中承襲者一個，由公中改爲世管者四個，改族襲者三個。屬於國初編立者三十三個，其中開始編立即世襲者三十二個，非世襲者一個。正藍旗所屬勳舊佐領十八個，優異佐領五個，世管佐領四十四個，族中承襲佐領六個，兩族互管佐領一個，公中佐領九個，半分佐領一個。屬於國初編立者三十六個，其中開始編立即世襲者二十六個，非世襲者十個。鑲藍旗所屬勳舊佐領二個，世管佐領六十六個，族襲佐領二個，公中佐領十七個，半分佐領一個。屬於國初編立者三十三個，其中開始編立即世襲者三十二個，非世襲者一個。

通計八旗滿洲佐領，屬於國初編立者共二六五個（不包括包衣佐領在內）。作者曾將此二六五個佐領，以(1)組成分子，(2)所屬地區，(3)編立緣由，(4)承管人姓族，(5)承管人與本佐領分子之血緣地緣關係，(6)承襲情形六項，列表分析。凡旗分志所記不詳者，參照八旗滿洲氏族通譜及滿名臣列傳等書，互相考校印證。滿洲牛彔編立根由及承管情形，至雍正年間，由於入關以前，一切尚在草昧狀況，制度疏略，沒有詳細之檔籍記錄，年月既久，難免不發生混亂，所以當時頗多爭訟。世宗雖屢令清查整理，但爭端仍多。高宗即位，乃令人呈報家譜世牒，敍明最初來歸經過，祖上承管世代，並參證實錄及有關檔案，重行審定。八旗通志卷一滿洲佐領緣起云：「乾隆元年三月，奉旨八旗株林佐領下人等，互相爭訟不息。皇考降旨內閣，查明實錄，定爲舊管、世管，曉諭八旗。此內倘有別故不服者，將其原因指出。雍正九年，已降旨曉諭，今已數年，鑲黃旗滿洲佐領查奏，則別旗亦有似此者，亦未可定。今若不斷定，日後爭訟不息。

着總理事務王大臣等查辦，永著爲例，定議具奏。是年十二月，總理事務莊親王允祿等奏，……臣等查得從前八旗人等爲佐領爭訟不息，因世宗憲皇帝降旨交八旗大臣等會議，派出都統鄂善等四人，將實錄與部檔查對，將八旗三百餘佐領，分析定爲舊管、世管具奏。後奉旨交大學士尹泰等復查實錄無圈點檔內情由俱合，或有株林字樣，或曾經得賞者，奉旨作爲舊管，一百四十八個佐領作爲舊管佐領。其餘一百五十七個佐領，情由雖亦俱全，並無得賞字樣者，俱定爲世管佐領具奏。世宗憲皇帝猶恐衆心或未愜服，降旨詢問。是時或有該旗將佐領下人等齊集詢問者，或亦有該旗雖將佐領甲喇所出之結給看，俱各順從者，並未按名親視詢問該佐領下人等，是以伊等未能仰喻聖意，至今爭訟不息。今特降諭旨，查八旗人等姓名，原造入根由，作書永垂。臣等擬交八旗大臣等，將舊管、世管佐領原立根由，詳細臚列，所有佐領人等，俱聲明係何處之人，如何入此佐領，並將姓名開寫。該旗大臣親按佐領，將所有官兵以至幼丁，全行曉諭。若俱遵從，不起爭端，各於名下書押具結後，該旗會總具奏。其押結檔案，一分存貯旗庫，一分咨送兵部，存貯查核。此後如有爭訟者，該旗即查明，作速辦理具奏。……此次查定之後，如再有爭訟之人，將該都統併佐領所存之結，與佐領根源檔案，持出爲證，照例治罪。如此則八旗佐領之事，可以確定，而爭訟之事，亦可永息。……三年十月奉旨，從前八旗承襲世職官員佐領時，並無家譜，皆由管旗大臣揀選奏放。嗣恐管旗大臣辦理偏私，雖添家譜，而或有將不應與挑之人挑選，而於應挑選之人反爲裁減。且於佐領根源，亦多不明晰。八旗佐領根源若不詳查酌定，日後必致爭訟不息，因屢降諭旨，交王大臣等詳細查辦。今覽八旗議定進呈家譜，其勳舊佐領，係功臣等帶來奴僕，或因奮勉賞予奴僕，作爲佐領。故雖將始立佐領人員子孫挑選，無論曾否管過佐領，概予有分。其始立佐領人員之親弟兄，雖曾管過佐領，而其子孫亦不應有分。其世管佐領，或因其將所屬一處之人帶來，作爲佐領，令其管理。或初立佐領時，即管佐領。後因陸續管理數世，遂作爲世管佐領。又有另色佐領者。今惟將始管佐領人員之子孫，作爲應得之正分，其續管佐領人員之子孫，視其佐領根源，分其支派之遠近，量其管領數次之多寡，有定爲正分應得者，有定爲擬陪擬備者。……再所繪家譜，只將有分人員繪入，無分人員裁減。無論有分與否，概行繪入家譜，將其事故，註寫於旁，所辦均未詳細。……八旗陸續查來世管佐領五百九十缺，遞管世管佐領十四缺，共世管佐領六百有四缺，詳臣此等佐領根源，當日始立佐領時，或係將所屬之人帶來者，或係將其親戚與同處之人合併帶來者，或係只就一戶之人立爲佐領者，或因始立佐領時即令伊等祖先管理，續管雖曾有異姓之人，而後仍歸本家管理者，遂作爲世管佐領。」

牛彔管理的承襲，因爲牽涉到族望、家世、任官、名位、權益等問題，所以頗多爭訟。爲爭訟的主要關鍵，亦正說明了牛彔的編立根源、構成分子、結合形態。就作者將國初編立的二六五個牛彔以上述六項標準列表分析的結果，大致可分爲六類：

A牛彔組成分子與牛彔最初管理人在地緣、血緣關係上一致的，即國初各族羣酋長率其家屬族人部衆來歸，或被征服招降，仍令自爲一個團體，而編爲牛彔，令其本人或本家族人管理，他們原住一地同一姓族者，共九十七個。

B牛彔下組成分子與管領牛彔人同屬一地，但彼此在血緣姓族關係上不明而待考者，計三十六個。不過這些牛彔就旗分志所言雍正、乾隆年間審定牛彔管理情形觀之，同屬一個姓族有血緣關係，當是不成問題的。

C牛彔組成分子之地緣關係已知，即由某一個單獨地區人戶編成牛彔，但牛彔管理人與本牛彔分子地緣上並不一致，或管理人之所屬地區、姓族不詳者，三十七個。

D牛彔管理人所屬地區、姓族已知，而牛彔組成分子地區來源不詳，因而不能確知其與管理人之地緣、血緣關係者，八十一個（其中包括宗室及覺羅牛彔在內。旗分志言國初編立十個覺羅牛彔，在牛彔編設來源上止云國初編設，地域不詳，而由覺羅某人管理者，此十個牛彔之地緣、血緣關係當屬一致的，應屬A項內。）

E牛彔組成分子與牛彔管理人之地緣、血緣關係確知其不一致者，十一個。

F牛彔分子，所屬地區已知，合兩個以上姓族人丁組成，而由其中較大姓族人管理者四個。

在此二六五個牛彔中，有三十九個於國初編立時原爲半個牛彔，有的後以人丁滋多，編爲整牛彔。有的以本地方續有人丁來歸，編爲整牛彔。有的將其他半個牛彔併而爲一。有的原編立時即將本族人分編爲兩半個，後以人丁減少，復合爲一個，令兩姓互管。有的將新丁（來源不詳）增入，編爲整牛彔。但此並不影響牛彔計算單位，故仍以整牛彔計算。

就上所分析，A、B兩項可合而爲一，計一三四個。若將D項十個覺羅計算在內，共一四四個。如以牛彔之組織地區爲標準，A、B、C、E、F五項共計一八五個，其中一八一個是由單一地區人戶編成，四個是由兩三個地區人戶混合編成。如將十個覺羅牛彔也計算在內，則共爲一九五個。其餘爲只云「國初編立」，組成分子來源不詳者。所以就上所分析顯示，最初牛彔編成之原則，無論其爲自動率屬來歸，或由於征服招降，大都就其原有部族，依血緣地緣關係編爲牛彔，而不使分散。因此，有的率數百戶來歸，編成牛彔，使其人統之。有的率數十戶來歸，亦編成牛彔，使其人統之。有的率千餘人來歸，編成牛彔，使其人統之。有的率數十人來歸，亦編成牛彔，使其人統之。有的以人數衆多，編爲數個牛彔，令其兄弟子姪等分別管領。有的以人少編爲半個牛彔，後以本族人續有來歸，或人丁滋多，而改編爲整牛彔。有的編爲兩個半牛彔，後合而爲一。有的是二個家族或不同姓族的人合編成一個牛彔，使各管一半或互相輪管。有的合不同姓族的零星人戶混編爲一，令其中姓族較大者輪流管理⑪。

當然，也有自某地俘來人戶而分編入各牛彔下的，如太宗實錄卷二十，天聰八年九月甲戌保：「上以季思哈征瓦爾喀所俘人民，未經分撥，遣英俄爾岱、龍什、穆成格，與大貝勒代善及諸貝勒等會議。諭之曰：此俘獲之人，不必如前八分均分，當補壯丁不足之旗。八旗制設牛彔，一例定爲三十牛彔。如一旗於三十牛彔之外，餘者即行裁去，以補各旗三十牛彔之不足者。如有不滿三十牛彔旗分，擇年壯堪任牛彔之人，量能補授，統領所管壯丁，別居一堡。俟後有俘獲，再行補足。朕意舊有人民，不便均分，新所俘獲，理應撥補旗分中不足者。若八旗不令畫一，間有一旗多於別旗者，其意欲何爲乎？代善等皆曰：如此分撥最當，重分舊人，似屬未便。今後俘獲之人，自應分補不足旗分。於是英俄爾岱等還奏，上命戶部和碩貝勒德格類、兵部和碩貝勒岳託會同分撥。二貝勒於戶部，揀選婦人五口、女子五口、貂裘四類、貂皮百、猞狸猻皮五，供應內庭。上曰：察哈爾新附蒙古甚衆，八家費用甚繁，朕止留一人，餘皆發還，分給八貝勒可也。二貝勒復固請曰：蒙古雖有供應，但皇上統爲撫養，較之臣等費用更多。即分給八家，其何能徧。上終不納，命以無夫之婦，及皮張等物，八家均分，以所編戶口五百五十七丁，撥補不足旗分。」八旗通志卷一：「崇德五年七月，以索海、薩穆什喀所獲新滿洲壯丁二千七百九人，婦女幼小二千九百六十四口，共五千六百七十三人，均隸八旗，編爲牛彔。」「又以薩爾糾、英古德征庫爾喀部落時所獲新滿洲壯丁四十二人，充補各旗披甲之缺額者。」又如天聰朝臣工奏議卷上，胡貢明陳以濟里、喀桂所獲四十三人，亦補各旗披甲之缺額者。

言圖報奏及五進狂瞽奏：「有人必八家分養之，地土必八家分據之。即一人尺土，貝勒不容於皇上，皇上亦不容於貝勒。」「兵馬出去搶些財物，若有得來，必同八家平分之；得些人來，必分八家平養之。」

不過這也只是在當時旗制與八家關係下，爲了保持各旗勢力的均衡，權利義務的均等。所以不但所得人地，八家平均分配，費用負擔，亦八家平攤。「皇上出件皮襖，各家少不得也出件皮襖。皇上出張桌席，各家少不得也出張桌席。」[12]朝鮮致送物品，「禮單入去後，八高山例爲均一分之，如有餘不足之數，則片片分割。」[13]但各旗所分得人戶，除爲私人使役者外，編入牛彔之後，大抵上仍以所屬姓族爲準，撥入與其同姓族之牛彔下。牛彔下的人數，雖然出兵服役皆以壯丁爲計算標準，但牛彔下的戶口人數，並沒有一定的數目，各牛彔也並不一致（見前）。事實上也沒有辦法令其一致，只能在壯丁數目上有一個最高額的限制。因此後來某一牛彔由於滋生人丁日多，而超過所定牛彔應有壯丁最高額限制而合於最低額之標準時，即將滋生人丁另編一個牛彔。這一個新編牛彔的管領人，也仍然由其母體牛彔管領人家族中揀選承管。除非由於某種特殊情形，改爲公中牛彔，或係不同牛彔的滋生人丁混合編成，很少有別外族姓人受命管理。在另一方面，若牛彔承管人，情願將承襲權利讓與本家族內未管佐領之子孫者，亦可讓分。八旗通志旗分志一：「但立佐領人員之子孫，均係一祖之後裔，念和睦友愛之誼，情願讓與未管佐領人員之子孫之處，經辦理佐領根源王大臣、八旗王大臣，不泯其和睦，照依讓分之處議奏。」而准其讓分。世襲名器，可以讓渡，此亦說明由於牛彔最初構成之性質，及其在旗制組織下所保留之獨特權益。

又作者曾就國初所編設二六五個牛彔中其構成分子之地區來源可考者，分析各旗牛彔之地區分布。計共七十九個地區單位，其中有些地區人戶所編成的牛彔，差不多每旗都有，如葉赫、哈達、董鄂、蘇完、烏喇、瓦爾喀等地方。有的則某些地區人戶所組成的牛彔，只在某一旗內出現，並不見於其他旗內。這種情形，可能是（一）某地征服後，所俘人戶衆多，可以編爲數個牛彔，分撥八旗或幾個旗分之內。（二）甲地征服後，將其人戶編爲牛彔，撥給A旗。乙地征服後將其人戶編爲牛彔，撥入B旗（來歸者亦如此）。（三）將原散在各牛彔下地區姓族相同的人戶，撥出編爲牛彔，仍在本旗。大清會典事例卷五四三，言天命元年始編置滿洲牛彔，或與此有關。清太祖編三百人爲一牛彔，蓋亦此時加以編審，規定每牛彔最高額數。牛彔地區的分布狀況，亦正說明了牛彔的編成，是以姓族地區爲原則，儘量維持其血緣及地緣上的一致性。太祖時代，雖有八旗之分，但並不像太宗時代人口土地必八家平分。各旗牛彔數，自始便不是同一增長的。這種多少不均的情形，到太宗天聰八年九月，始加限制，使各旗維持均衡發展。而即如甲地區人戶編爲牛彔入於A旗，乙地區人戶編成牛彔入B旗，也仍然不違背八旗人口均分原則。

五、牛彔的構成與當時社會組織的關係

由上述牛彔的構成，可以知道與當時的社會組織是有密切關係的。聖武記云：「大清國之興也，肇有金遼部落，繼兼有元裔之蒙古，繼兼有朝鮮，又繼有明之關外。金遼語言相同之國也，蒙古語言居處不同，而衣冠騎射同之國也。至朝鮮及明，則語言衣冠皆不同，故我太祖太宗用兵次第，亦因之先後。」「夫草昧之初，以一城一旅敵中原，必先樹羽翼于同部。故得朝

鮮人十，不若得蒙古人一；得蒙古人十，不若得滿洲部落人一。族類同，則語言同，水土同，衣冠居處同，城郭土著射獵習俗同。故命文臣依國語製國書，不用蒙古漢字。而蒙古漢軍各編旗籍，不入滿洲八旗。所以齊風氣，一心志，固基業，規模宏窈矣。」聖武記雖然沒有說明各依其族黨屯寨編爲牛彔的情形，但由其射獵習俗相同，編爲不同旗別，亦正如牛彔之編成，依姓族居地，血緣或地緣關係編成一個牛彔，以其語言同、水土同、衣冠居處同、習俗同，而便於統治管理。所以征服或來歸者皆就原有戶口，編爲牛彔。如清史稿列傳十三巴篤理傳：「巴篤理世居佟佳，以地爲氏。天命初，與其弟蒙阿圖來歸。太祖命編所屬爲二牛彔，使兄弟分領其衆。隸滿洲正白旗。」又卷十四康果禮傳：「康果禮先世居那木都魯，以地爲氏。歲庚戌，太祖命額亦都將千人徇東海渥集部，降那木都魯、綏芬、寧古塔、尼馬察四路。康果禮時爲綏芬路屯長，與其弟喀克都里及其屯長明安圖巴顏、泰松阿、伊勒占、蘇爾休、明安圖巴顏子哈哈納綽和諾、泰松阿子葉克舒等凡十九輩，率壯丁千餘來歸。太祖爲設宴，賚以金幣，分其衆爲六牛彔，以康果禮、喀克都里、伊勒占、蘇爾休、哈哈納綽和諾世領牛彔額眞。」

牛彔的編成，旣以保持各族羣原有的血緣地緣關係爲原則，牛彔額眞仍由各族羣的族長姓長擔任，且多爲子孫承襲，所以牛彔額眞仍以氏族制下族羣首長收族率屬的地位，統轄其衆。諸如編審壯丁，稽核戶口；釐治田土，督課耕種；講武教戰，繕造軍器；教化屬人，維持風俗道德；稽查奸宄，審理輕微民刑案件；婚嫁喪葬，照顧其生活等。這僅是入關以前見於實錄記載者，約略歸納。入關以後，由於客觀環境的轉變，其職責範圍，亦因之相應擴大，可以說舉凡牛彔下人任何巨細事件，生活行動，上自國家軍政、民政、司法、教養、工務、農獵，下至生子、開戶、繼嗣、婚嫁、買賣奴僕、私人債務、外出掃墓，都需要經由牛彔額眞呈轉處理⑭。

又在旗制組織之下，我們看到一切活動，皆以維持八旗之權利義務均衡原則。這固然是爲了八旗的勢力均等，使每一旗不致因爲有較多發展機會而過分擴張，或因不能獲得同等機會而削弱。然在另一方面觀察，與牛彔之構成，實亦有莫大之關係。當清太祖起兵之時，雖由於當時「各部蜂起，皆稱王爭長，互相戰殺。甚且骨肉相殘，強凌弱，衆暴寡。」「能恩威並行，順者以德服，逆者以兵臨，於是削平諸部後，攻克明國遼東諸城。」⓯趁機崛起其間，以一城一旅，卒成大業。然得以團結各族而致勝之主要因素，乃由於牛彔組織在旗制下的容受性的。八旗行動，皆以牛彔爲計算單位，固然牛彔是旗制下的基層組織，其主要關鍵乃在維持各族羣當時來歸編成牛彔時承諾的權利義務，如嘉木湖寨主噶善，治河寨主常書、楊書等來歸時，「告太祖曰，念吾等先衆來歸，毋視爲編氓，望待之如骨肉手足。遂以此對天盟誓。」⓰常書兄弟，仍分領其衆，爲牛彔額眞。

就上所述，我們可以說牛彔的構成是由氏族社會的廢墟上建立起來的，但爲了指揮行動上的需要，自須加以統一與調整，制定組織制度。但歷史的發展，是漸進的。嚴格劃一的規範，自不可能，所謂統一與調整，實際上也只是在各族羣的習俗中，抽取其相同部分而可通行的原則所湊成，使牛彔在旗制的總體下，得以保持良好關係，齊風氣，一心志，集中力量，向外拓展。因此我們看到清太祖、太宗年間的一切政治設施，法令制度，都是粗略的、雜亂的。「做一頭，丟一頭，朝更夕改，有始無終。」「爲故習狃着，不知礙了多少手脚，不知誤了多少設施。」清太宗擬採取明朝制度，認爲大明會典是好的，令「凡事都照明會典行」，結果引起更多衝突紛亂⓱，原因即是各族羣仍保有相當廣泛的支配力量。我們由建州政權建立後的組成分子，新起貴族，及太宗逝世後的繼嗣問題，都可以明顯的看出其左右政治動向的作用。

不過，這種情勢，隨着歷史的進展，制度作用的日漸強化，各族羣的支配力量，亦隨之日益削弱沒落。由於組織的官僚化，原來牛彔的管理者，都成爲大大小小管理兵民的官。牛彔構成分子原來氏族員的身分，也轉變爲八旗軍士的一員了。這便是清太祖努爾哈赤自萬曆十一年起兵攻尼堪外蘭，四出征服，招降輯撫，由族羣聯合，到建立以自己家族爲中心的政權，用自己兄弟子姪掌握兵權、政權、旗權，統一新興滿洲，逐步形成封建政權的紐帶。亦爲八旗制度，內部帶有濃厚的氏族社會色彩，外部套着專制政權組織形態，成爲一個特殊制度的原因。

注釋

❶《清文獻通考》卷一七九，兵考一。

❷《碑傳集》卷五，〈宏毅公額亦都家傳〉：「初設佐領之制，詔以公所俘獲者，益以賞給戶口，爲三佐領。隸公家，俾無預上役，爲公私屬，供田虞幷採人蔘備藥物以奉公。」私家奴僕也有攜帶從征的，但此爲隨軍服侍其主，並爲了戰場掠奪，於在法律上應服兵役者不同。

❸參閱《清史探微》第三篇清代包衣制與宦官。

❹見拙著〈清人入關前的農業生活〉。本書第三二五至三六二頁。

❺《滿洲八旗氏族通譜》卷十二。

❻賜氏者如吳拜本姓瓜爾佳氏，納木泰本姓舒穆祿氏，扈爾漢本姓佟佳氏，卓納本姓納喇氏，滿平阿本姓兆佳氏，皆賜姓爲覺羅氏，見清通志氏族略十。

❼《朝鮮李朝宣祖實錄》卷七一，二十九年正月丁酉條。

❽《清太宗實錄》卷六一，崇德七年六月癸卯條。用兵傳箭，爲其舊習，三朝北盟會編卷三：其（女眞）法律吏治，別無文字，刻木爲契，謂之刻字，賦斂調度，皆刻箭爲號。

❾卷五四三，兵部，官制。

❿《太祖高皇帝實錄》卷十。

⓫詳見〈八旗滿洲氏族通譜名人小傳〉。

⓬見上引胡貢明〈陳言圖報奏〉。

⓭《備邊司謄錄》第四冊，頁三〇七。韓國國史編纂委員會影印本。

⓮見《八旗通志》、《清會典》、《戶部則例》等書。

⑮《聖武記》卷一，〈開國龍興記〉一。

⑯《滿洲實錄》卷一。

⑰〈天聰朝臣工奏議〉卷上，胡貢明〈陳言圖報奏〉，〈謹陳事宜奏〉。

滿洲八旗的户口名色

一、編審人丁

滿洲的旗制組織，是一個最大的獨立自足的戰鬥體，也是一個部勒屬人最大的組織單位。它的功能，不只是軍事性的，是統貫旗人生活、政治、經濟、社會等全面性的。因爲它的建立是在全面動員的戰爭行動中，所以也就決定了它的特性——一切設計爲了適應戰鬥❶。

旗制組成的基本單位是牛彔。牛彔建立於明萬曆二十九年，是由滿洲人狩獵組織蛻化而來的。武皇帝實錄：「是年（辛丑），太祖將所聚之衆，每三百人立一牛祿厄眞管屬。前此，凡遇行師出獵，不論人之多寡，照依族寨而行。滿洲人出獵開圍之際，各出箭一枝，十人中立一總領，屬九人而行，各照方向，不許錯亂。此總領呼爲牛祿（華言大箭）厄眞（華言主也）。於是以牛祿厄眞爲官名。」❷可知牛彔的形成，是以適應戰鬥需要的形勢，結合了氏族社會遺留下來的族黨（血緣）屯寨（地緣）兩要素，而構成滿族社會的新組織。在滿族社會發展史上，這是一件非常重大的變動❸。這一個新的組織體制，保存了氏族社會舊有的特質，也貫注了新的要求與精神。它不但使族人的生活條件與戰鬥條件結合爲一，更能適合當前歷史發展的情勢；

也使旗制保持了吸收不同族羣的高度容納性，滿足了軍事組織中統一性的要求。它是以氏族社會的族羣為基礎，而以可以投入戰鬥的成員——壯丁，為一切權利義務分派調度的計算標準❹。

牛彔編丁的額數，前後曾有變動。上引武皇帝實錄是三百人立一牛彔，會典事例將三百人改為三百壯丁❺。八旗通志在天聰四年以前的編丁記載中，「每佐領（牛彔）編壯丁二百名。」❻康熙十三年規定「每佐領編壯丁一百三、四十名，餘丁彙集另編佐領。」❼清會典說是「編佐領以均其戶籍：各佐領編壯丁一百五十人為率。」❽編組牛彔壯丁數目的計算方法及前後變動的意義，不想在這裡敍述。但旗中兵員編制及挑補派差，是以牛彔組成丁數為配屬標準的。所以清會典又說：「稽戶丁之册，以定兵額。」凡滿洲、蒙古兵曰親軍（每佐頗下二人），曰前鋒（每佐領下二人），曰護軍（每佐領下十七人），曰鳥槍護軍（每佐領下六人），曰礮甲（每佐領下一人），皆別為營。步軍則合滿洲、蒙古、漢軍而隸於統領（滿洲、蒙古每佐領下領催二人，步甲十八人），其隸驍騎營者曰馬甲（滿洲、蒙古每佐領下馬甲二十人），以都統專轄。設匠役以治其軍器，皆有額。額外曰隨甲，各以官之等撥焉。」❾因此，就必須充分掌握丁的資料，才能對戰鬥力的估計、權利義務的分配、挑補納差的調度、以及八旗並各牛彔力量的均衡❿、作最佳的安排與控制。

編查八旗人丁，尚有「清理戶口，整頓名分」的意義⓫。這包括兩層作用：一是清除行為卑賤犯罪旗人的旗籍。清會典：「犯罪應刺字者，即予削除旗籍。逃亡在外受雇傭工，及被獲發遣在配，怙惡不悛者亦如之。凡削除本身旗籍，其子孫仍入丁册。犯行竊計贓逾貫行同積匪者，並子孫削除旗籍。」⓬一是清查家奴，使不得以賤冒良，竄入正戶戶籍。如旗人抱養民間子弟指稱歸宗，私入旗檔。另戶旗人抱養家人之子為嗣，民人之子隨母改嫁於另戶旗人，或家人之子隨母改嫁於另戶旗人，民人之子隨母改嫁旗下家人，或家人抱養民人之子爲嗣等，皆在戶丁檔冊上分別開載列明，以免混亂旗籍，侵奪另戶正身旗人挑差食糧的機會。

編審丁冊，必先有可資依據的資料。資料來源，《清會典》：「以編審之法，周知丁壯之數。凡生子女則告於有司，三年乃編審焉。」⑬旗人生育子女呈報有司登記的情形，在關外時方式不詳。入關後是「大臣官員以下至閒散人等，凡屬正身另戶，生有子女，俱令於滿月時即告知族長，呈報佐領註冊，每年一次，令各佐領查明，已故之數銷案。至十歲時，具結呈報參領，鈐蓋關防，保送至都統處註冊，已故者查明銷案。」在京在外，都是一樣。如有隱匿不報，或將非本身所生子女揑報親生註冊，查出將參領、佐領、族長等及隱匿者揑報者一併治罪。外任旗員，除本人治罪外，各地方官並負連帶責任⑭。

人丁資料，「凡八旗之檔，戶繫於佐領，丁繫於戶。」「八旗人丁，每三年編審一次，令各佐領稽察。已成丁者，增入丁冊。其老弱幼丁，不應入冊。」⑮所見編丁最早的記載是天聰四年十月，由「各牛彔額眞各查其所屬壯丁，其已成丁無疑者，即於各屯完結。凡當沙汰老弱，新編疑似壯丁，係瀋陽者赴瀋陽勘驗，係東京者赴鞍山勘驗。」⑯並命各級官員自誓，如有隱匿，願坐罪受罰。此次編查，不只是爲了瞭解各旗壯丁人數，使私家不得隱佔，得以準確估計戰力，及便於分配差役攤派等負擔；同時也爲了掌握各旗壯丁缺額撥補資料，維持各旗力量接近平衡。由於八旗俘來人口，皆平均分配，已造成旗下牛彔多寡不一，旗間勢力不均情況。故清查控制，使不得漫無限制的發展。

三年一編，成丁者即記入丁冊。認定成丁的年齡標準，前後曾有不同。未入關前，年滿十五足歲後即編入丁冊。天聰七年十二月扈應元條陳七事奏：「編壯丁全在戶部，戶部比看得法，而老幼應差不怨。況自古未長十五歲者不當差，年至六十歲者亦不當差。」[17]成丁年齡即兵役開始年齡，所以清太宗在天聰五年閏十月設學教育子弟，凡十五歲以下，八歲以上者，俱令讀書。入關後，雍正七年副都統高應翽奏稱：「定例，八旗壯丁，三年一次編審。請嗣後凡世管佐領、公中佐領下之另戶壯丁，無論在京在屯，自十五歲以上，令該管官將花名與本人查對明白註册。」[18]是至雍正七年，仍以滿十五歲爲成丁年齡。

當時除滿十五歲的年齡標準外，尚有身材高低的標準。《寧古塔記略》：「每於三年後將軍出示，無論滿漢，其未成丁者，俱到衙門比試，名曰比棍。以木二根高如古尺五尺，上橫短木，立於將軍前，照册點名，於木棍下走過，適如棍長者即註册，披甲派差食糧。……辛酉（康熙二十年）三月，予於比棍已合式，將派差矣，予父言於將軍乃止。」[19]以身高五尺爲度，亦見於會典事例雍正五年例文[20]。此即金德純《旗軍志》所謂以五尺之表，度人如表，能勝騎射，充壯丁入籍，有甲卒缺出，即以充選。

乾隆四年規定「遇比丁之年，將至十八歲以上者，覈明入册。」六年，復以「八旗編丁，有以身及五尺造入丁册者，有年至十八歲造入丁册者，事不畫一。今酌定及身五尺，皆造入丁册，以杜規避隱漏之弊。」放棄十八歲年齡標準。至乾隆四十一年，始確定「八旗壯丁，統以十六歲造入丁册。」[21]

編查時除適齡壯丁編查入册之外，幼丁之食俸餉者，亦造入丁册。此有兩種情形：一是未及壯丁年齡的養育兵[22]。一是官員子弟有職任未及分立戶口年齡而已分戶者，亦以另戶分造，載入丁册[23]。

壯丁編審不只是編查另戶正身旗人，亦包括戶下家役奴僕。造册格式，會典事例：「凡身及五尺者皆入册，已故者開除。各佐領造戶口清册二本，一咨戶部，一存該旗。其戶口册內，開載一戶某人，係官開明某官某人，無官者開載閑散某人，上書父兄官職名氏，旁書子弟及兄弟之子，並戶下人丁若干。」「或在籍，或他往，皆備書之。」戶下家奴人丁，亦各開具花名，核明送交戶部。各省駐防官兵，以及外任文武各官子弟家屬，由戶部行文各該將軍、督撫，查明造册咨送[24]。

丁册戶口名色，不止另戶、戶下兩種，尚有所謂開戶及另記檔案名目。清文獻通考：「(乾隆)六年，復定八旗造丁册之例。凡編審，各佐領下已成丁，及未成丁已食餉之人，皆造人丁册，分別正身、開戶、戶下，於各名下開寫三代履歷。其戶下人祖父或係契買，或係盛京帶來，或係帶地投充，或係乾隆元年以前白契所買，分別註明。正戶之子弟，均作正身分造，餘俱照舊例。」[25]以下分別說明各種戶口名色的性質。

二、戶口名色

(一)正戶：另戶也叫做正戶，可說是旗人清白之家[26]。在戶籍劃分的意義上，他們是征服階級的骨架，寄託著保衞部族王朝的核心力量。他們從所建立的政權吸取營養，分享種種特權優遇；部族王朝也靠他們維繫生命，要求提供必要的服務。因此在這種關係圈外的人，不但沒有享受圈內人某種權利的機會，也沒有圈內人某種服務資格。在原則上說，旗下每一個正戶家庭，都享有當差食糧，官學讀書，應試出仕，承襲受廕，及接受圈地(國初)，撥配房屋，承買入官房地人口，接受賞貸救濟，輔導生活，傷殘老弱孤寡享受贍養照顧的機會與權利。當然，這並不是說內部沒有階級的分劃。相反的，自清太祖興兵之日起，內部階級的分化，已隨著征服的進展日益滋長，封建色彩，日益濃厚。階級的存在，自然會造成權利義務機會的不能均等。但在戶籍上說，除皇室以外，凡身家清白的族人，都是正戶正身旗人，地位是平等的。這牽涉到旗下成員與旗制組織的基本構成關係等問題，本文不擬分析旗人應有的權利與義務，所以只說明戶籍名色上的性質爲止。

㈡開戶：開戶是正戶正身旗人戶下的奴僕，開立戶口。旗下奴僕並不限於漢人，也有滿人。開戶有兩種含義：一是指出旗爲民，復籍立戶。一是指從原主戶下開出，載入旗檔，但不得出旗爲民。由戶下奴僕成爲開戶，屬於上述開戶定義第一種範圍的：

1. 軍功開戶：軍功開戶是由於奴僕隨同主人出征陣亡，自己的子弟可以從原主戶下開出爲民。《高宗實錄》：「若有官員奴僕陣亡，將伊子弟准其開戶爲民。如係兵丁奴僕，著酌賞伊主身價，亦准爲民。」㉗滿洲人自關外時起，每出兵作戰，從統帥到士兵，多攜帶或多或少的家奴壯丁，跟隨行間。一方面是服侍主人照料馬匹等雜役；一方面是爲主人搶掠搬運財貨。雖然不是戰鬥員，但必要時也直接參加戰鬥。奴僕陣亡，同屬爲國捐軀，昭忠祠祭祀，列名於兵丁之次㉘。所以令子弟解除奴籍，出旗開戶，恢復自由民的身份，以示激勵。又因奴僕無論由血戰所得，或因功賞賜，或出自價買，都付出了一定的代價。雖然在部族政權上說，旗人作戰，即是保衞部族政權；保衞部族政權，即是保衞自己的利益。放出陣亡家奴子弟以鼓勵奴僕効命疆場，與個人的利害關係本是一致的。但爲顧念兵丁生活，仍由政府支給被開戶爲民者的身價，作爲對本主的補償。

2. 絕戶家人開戶：戶已絕而家奴尚存，不但主家已成絕戶，而且同族也沒有人存在時，可開戶或爲民。《會典事例》：（乾隆四年議准）絕戶家人，本主尚有同族人等，即編入族人戶下。無族人可歸，不論家下陳人，契買奴僕，均准於本佐領下開戶，責令看守伊主墳墓。年力精壯者，准於本佐領下選拔步軍。如內有乾隆元年以後白契所買之人，情願贖身爲民者，准其贖身，身價照絕戶財產入官例辦理。」[49]前者是原主及其族人戶籍不存，無所附麗，故令其在原主所屬佐領下開立戶口，看守主子墳墓。後者是因爲乾隆元年以後白契賣身。白契賣身與紅契賣身不同，紅契賣身是主僕之分一定，則終身不能更易，世世子孫，永遠服役。白契賣身，可以贖身復籍爲民。由上引白契賣身絕戶家人贖身的事例，也說明了一件事實，即旗人奴僕，不只是屬於個人的財產，在旗人利益與部族政權共存的意義上說，也是共有的財產。所以雖然主家及族人已絕，仍不肯令其無代價的解除奴籍，必須付出當初身價，用來支付照顧其他的旗人。

家奴由父兄跟役陣亡開戶爲民，及絕戶家人贖身復籍，屬於奴僕恢復自由途徑的討論範圍，與本文所要討論的旗下戶口名色無多大關係，故不再敍述。以下所說明的，是只能在原主或佐領下開戶，而不能出旗爲民，即前述定義的第二種情形[50]。

1.作戰首先登城者：會典事例：「國初定，八旗戶下壯丁首先登城者，准其開戶，並將胞兄弟嫡伯叔帶出，仍賞給原主身價銀。」[51]

2.丁册內有名，並已在原主戶下挑驗步兵等缺者：乾隆三年六月，議政大臣尹泰等議覆正紅旗副都統趙國政條奏八旗家奴開戶疏稱：「近年丁册內有本身姓名，及照戶部所奏，繼續置買入册者，除在戶下挑驗步兵等缺，養贍孤寡外，亦許放出爲民，不准在佐領下另立一戶。查既入丁册，不准贖身，但果否効力年久，既不准開入旗檔，又不准放出爲民，則不獲霑伊主之恩，殊爲可憫。」於是規定：「盛京帶來奴僕，原屬滿洲、蒙古，直省本無籍貫，帶地投充人等，雖有籍貫，年遠難以稽查，均准開戶，不得放出爲民。」㉜四年復定：「國初俘獲之人，年分已遠，與投充之人迷失籍貫者無別。至遠年印契所買奴僕內，有盛京帶來及帶地投充之人，原係旗人轉相售賣，雖有籍貫，無從稽考，均應開戶，不准爲民。」㉝

在奴僕恢復民籍條件上，必須在部在旗及原設籍地方政府存有自民人轉爲滿人家下奴僕的檔案可查，遇有施恩放出，始可回籍爲民。否則，解除累世家奴的機會，便只有如前所述父兄跟役陣亡，子弟放出爲民，或開入旗檔在原主或佐領下開戶了。事實上明末清初大戰亂之後，版籍散失甚多，當初投充賣身時，根本沒有想到要完成將來復籍時必要的手續。因此，許多人都失去了「獲霑天恩」的機會，而滿洲統治者在骨子裡非到萬不得已，也不肯讓奴僕出旗爲民的。

3. 効力年久，本主情願准令開戶：會典事例：「乾隆四年議准：八旗戶下家人開戶，向由各該旗聲明本主念其世代出力，情願准其開戶者，該參領、佐領、族長、族人列名具保咨部，無論何項人等，詳查上次丁册有名，並册內註係陳人者，即准開戶。」㉞

4. 已放出爲民，尚未入籍，歸旗作爲開戶：乾隆四年規定，凡在乾隆元年以前放出爲民之戶，尚未入籍，或入籍在乾隆元年以後之戶，皆令歸旗，作爲原主名下開戶㉟。

5. 藉名設法贖身，私入民籍，其主已得身價，或尚未議結，無論係自備身價贖身，或親戚代爲贖身，皆歸原主佐領下作爲開戶㊱。

第五項也是乾隆四年規定的。乾隆十二年，對此復有更訂。是年七月戶部奏稱：「八旗戶下家奴，有借名設法贖身，私入民籍，以及旗民兩間者，例應歸旗，入於原主佐領下作爲開戶。

此等戶口，雖歸於原主佐領之下，但係佐領下之開戶，而非原主名下之開戶，既無本主拘管，而披甲當差等事，又有各佐領下另戶，伊等不能挑補差使，閑散無事，必致漸成游惰。伏查先經議政大臣等會同八旗大臣所定條款內，有乾隆元年以前放出爲民之戶，果經伊主情願放出，入籍年久者，准其爲民。如乾隆元年以後始入民籍者，伊主念其勤勞，情願放出者，應令歸旗，作爲原主名下開戶等語。是勤勞願放出之僕，例應歸旗者，尚入於原主戶下。今借名設法爲民之戶，查出反歸入於佐領下作爲開戶，而不歸原主，似屬輕重不均。」因議准「此項借名設法爲民之僕，除從前已經議結之案，毋庸置議外，嗣後凡此等案件，或被首告，或經察出，查明曾報部旗，伊主得過身價者，應令歸旗，入於原主名下，作爲開戶，不准歸本佐領下。如未經報明部旗，無論伊主曾否得過身價，俱令歸旗，仍作爲原主戶下家奴，不准歸入佐領作爲開戶。」㊲

由此可知，開戶有在原主戶下開戶及原主佐領下開戶的分別。在原主戶下開戶，只是從原主戶籍內戶下家人的地位開出，另立一戶，仍附在原主戶籍之下，並不是獨自成爲另戶，原來的主僕名分關係，仍部分保留，因此行動也仍受所繫戶長的拘管。至於在佐領下開戶，已脫出原主戶籍，與原主不再存有主僕名分關係，不再受原主的控制，地位自然也較在原主名下開戶爲優。此外，並規定「若有實在用價契買，隨又交價贖身者，均應在買主佐領下作爲開戶。如經開戶壯丁給價買出者，伊等（開戶壯丁）原非另戶正身，其名下不便復有開戶之人，仍應歸原主佐領下作爲開戶。」㊳這裡也說明了開戶人與原主的關係及其在旗下的地位。

6.養子義子開戶：養子義子開戶，與家奴開戶性質稍有不同。養子義子開戶因爲牽涉到旗籍與財產繼承的問題，所以對滿洲人抱養子嗣，非常注意。規定「八旗無嗣之人，如有同宗及遠近族人，昭穆相當，可繼爲嗣者，該旗參領、佐領呈報都統咨部，准繼爲嗣。不得過繼異姓，以亂宗支。若無同宗可繼，除戶下家奴民間子弟，雖與另戶旗人分屬至親，不准承繼外，其有另戶親屬情願過繼者，取具兩姓族長並該參領、佐領印甘各結咨部，准其繼立。」㊴是不但不得以戶下家奴及民間子弟爲嗣，即使撫養而不入嗣，亦不得繼承家產。因此，養子義子成年之後，令其分產分戶，別記檔案，以免日後爲承嗣承產問題，紛爭互控㊵。

養子義子因爲可能是戶下家奴，在身份上固然無獨立人格，即所養爲民間子弟亦不能和正身旗人相比。因此即使開戶之後，仍須在本佐領之內，不得越佐領認戶，以防年久之後，竄亂戶籍。會典事例：「八旗開戶義子人等，不得越佐領認戶，仍留本佐領下當差。如有越佐領認戶，自稱另戶與原主無涉者，該旗都統即拏交刑部從重治罪。」㊶用以固定原來的身份地位以免紊亂戶籍，宗支不清，影響到支食錢糧，混冒居官㊷，及家產繼承等問題。同時也爲了保持征服階級的尊嚴，及內部血統的純潔。所以另戶旗人之子如給予另記檔案人、開戶人、戶下家奴或民間撫養者，也不准歸宗㊸。

㈢戶下：是指家下奴僕造在本主戶籍之下，亦爲戶下家奴之簡稱。清會典：「凡戶之別，曰另戶，曰戶下。」於戶下註云：「家奴或係契買，或係從盛京帶來，或係帶地投充，或係乾隆元年以前白契所買之人，俱於本名下註明，編入另戶本人戶下。」㊹實際除家下奴僕以戶下名色造報外，「家人之子，隨母改嫁與另戶，以及民間之子隨母改嫁與戶下家人者，統以戶下造報。」俱交與該旗參領、佐領、族長確查具結，呈明都統存案。如已成丁，遇編審壯丁之年，各於丁册本名下註明，咨報戶部查覈㊺。

三、開戶後的身分地位

家奴開戶後，有的從原主戶籍下開出立戶，有的在佐領下立戶開檔，所以有時也叫做另記檔案，意即正戶之外另行記檔。（詳見下節）其身分地位，與原來亦有不同。不過畢竟身上已染有奴僕汚籍，「與正身旗人有間」，因而介於正戶與戶下之間㊻。為清晰明瞭起見，可就旗下普通滿洲正戶旗人服役當差最消極的義務（在開戶人看起來也許是權利）作為標準，看開戶人被限定的地位與開戶的性質。普通正戶旗人可挑補當差的範圍：

㈠領催：每佐領下五人。（掌登記檔册，支發官兵俸餉。漸次錄用，可膺官職。）於正戶馬甲、閑散壯丁內挑取。

㈡前鋒：每佐領下二人。

正戶馬甲、執事人、養育兵閑散內挑取。

㈢護軍：每佐領下十七人。

正戶馬甲、執事人、養育兵、披甲閑散內挑取。

㈣馬甲：每佐領下二十人。（隸驍騎營，都統管轄，其優者可選領催。）

正戶閑散、養育兵、披甲等內挑取。

※如正戶不敷，開戶人亦可挑取㊼。

㈤步甲：每佐領下十八人。

正戶願當步甲者挑取。

※開戶及印契、白契所買家人亦可挑補。

(六)養育兵：餘丁幼丁之可教者，其額數不按佐領分配。

正戶餘丁及奉旨作爲正戶十歲以上者挑補。

(七)弓匠：每佐領一人。

正戶馬甲、養育兵、閑散內挑補。

(八)鐵匠：每佐領一人。

※開戶人及印契、白契所買家人內挑補[48]。

開戶人不能挑選領催、前鋒護軍及養育兵。領催掌管佐領內文書册籍，出納俸餉錢糧，且可陞任職官，職級雖低，然地位重要。前鋒與護軍，都屬侍衞軍範圍。會典：「前鋒隸前鋒統領上三旗親軍，及由下五旗公中佐領下附入上三旗當差者，俱隸領侍衞內大臣。下五旗王公府屬下親軍，則執事於各王公門上。護軍隸護軍統領。」[49]統領與前鋒統領，兵制俱列在禁衞兵門[50]，自非正戶正身旗人充任不可[51]。養育兵完全是寓教於賑的救濟性質[52]，當然亦以正戶爲主，開戶人是輪不到的。弓匠具有專門技術，每佐領一人，照馬甲支領錢糧。弓匠族長照領催例支給，故開戶人亦無被挑取資格[53]。

開戶之後，可以挑充步甲、鐵匠，錢糧少而差事苦的缺，可以借支庫項銀兩[54]，也可以置買田地，開墾荒田，爲自己的財產，出旗時並可將田產帶出。《戶部則例》：「八旗另記檔案養子開戶人等出旗爲民，其原有老園及置典置買各旗地，俱令報明官贖，不准隨帶出旗。若自置民地及開墾地畝，准其隨帶。」[55]

家奴開戶之後，亦可成爲另記檔案人戶，距離解放爲民的機會更進了一步，所以私行開戶是絕對禁止的。《中樞政考》：「旗人將家僕不呈明該旗私行開爲另戶者，係官議處，係平人鞭責。失於查出之該管佐領、驍騎校，各照例覈議。如家主未經放出，佐領受賄私行開戶者，參革，交刑部治罪。」[56]開戶人雖然在名義上已經不是家奴，可以享受到較戶下人不同的待遇，但因爲其曾隸賤籍，所以犯罪後仍是以旗下家奴相看的。上諭內閣：「旗下開戶之人與奴僕輩應行發遣者，給與披甲之人爲奴。蓋爲此等之人，原由奴僕開戶而爲正戶，而所犯之罪，又復卑汚下賤，如偷盜之類，固不得與正身之另戶同列。」[57]

家奴開戶之後，在旗下的地位與前不同，權利義務，自也隨之發生轉變，此須專文分析，所以不在此敍述了。

四、另記檔案

這裡需要補述的，是另記檔案人戶。另記檔案也叫做「別載册籍」[58]。是因爲特殊原因，另行記檔，即所謂「另戶另記檔案」[59]。其戶籍地位高於開戶，因此常混造在正身正戶册內。另記檔案的原因，八旗則例：「八旗開戶養子因出兵陣亡，及軍功列爲一等、二等，奉旨著爲另戶者，另記檔案。」又「國初投充俘掠入旗之人，後經開戶；及民人之子旗人抱養爲嗣，併因親入旗；或本係良民，隨母改嫁，入於他人戶下；或係旗奴開戶，及旗奴過繼與另戶爲嗣，已造入另戶檔內，後經遵旨自行首明者，亦另記檔案。」[60]事實上另記檔案之原因，並不止此。「雍正七年六月，鑲藍旗滿洲都統綽奇等將伊該旗佐領富泰徇隱開檔之人及養子等令當護軍之處參奏。奉上諭：佐領下滿洲少者，恐廢佐領，將戶下滿洲及家生子開檔人載入另戶滿洲內，令當前鋒、護軍者，其情尚可原宥。倘佐領下滿洲本多，而佐領知而作弊，將養爲子嗣之漢人載入滿洲册內，令當前鋒、護軍，則理宜治罪。爾等將富泰佐領下滿洲之數，詳查具奏。再八旗現今開檔人及養子當前鋒、護軍者甚多，若輩即與滿洲等矣。其中亦有人去得，漢仗好，效力行間，得歷官職者，或佐領懼罪不報，而伊等又恐黜退，隱忍不首，必且令刁惡之人，敢生訛詐控告等事。著交八旗大臣等將朕此旨曉諭各旗佐領，有將開檔及養子挑爲前鋒、護軍者，各將緣由報明。其間開檔養子，亦令從實自首，並不革退伊等之前鋒、護軍。如有人去得行走好者，亦於應陞之缺列名。既經開檔，即係另戶。惟另記檔案，俾得明晰，則可免後日控告之端矣。」[61]

所謂「既經開檔，即係另戶。」是「另戶另記檔案」的另戶，並不是如前面所說的正身正戶的另戶[62]。

另記檔案的原因，是因爲這些人不但早已竄入正戶檔籍之內，且已食糧挑差，充任前鋒、護軍。前鋒與護軍都屬禁衞軍，並可補放護軍校、驍騎校，協理牛彔內事務，陞任章京[63]。爲了保持旗籍純正，族系宗支不紊，所以接受已成事實，令凡非正身另戶旗人而混入另戶之內者，各自將身分來歷首出，別記册籍，已有職位仍予保留，但加限定，使永遠不得再行陞遷。

雍正十二年七月，八旗都統等復以前次清查時所有開戶、過繼養子人等內已至前鋒、護軍、領催者，俱已另行記檔。彼等子孫已入另戶檔內者，於時亦皆自行首出。但因當時並未至前鋒、護軍、領催，所以不准彼等另記檔案。此等人既已與其父兄一例行查，亦應將伊等註入另記檔案之內。於是乃令各旗將此等人分析族支，編次支脈，按其輩數，註明係何人之子，何人之孫，造册二份，一存旗，一送戶部，永遠備查。嗣後如復夤緣串通冒入滿洲旗檔，除治罪外，仍記入開戶養子之內[64]。

這是原則性的規定，另行記檔之後，如「軍前行走出衆，著有勞績，或漢仗好，人去得，辦事好，有品行，仍可由各該旗大臣預將緣由聲明奏聞，帶領引見，補授官職。」65不過這是特例天恩，官職陞轉，也有一定的限制。

另記檔案，可說是戶籍上的問題人戶。除上述原因外，凡「根底不清，旗民兩無可考。」66或「八旗另戶，從前撫養之子並隨母改嫁者，或跟隨外任，或在鄉居住，未及呈報，因未造入丁册，或因丁册無名，不准自首者。總屬戶口不清之人，未便任其脫落，令各旗查明分析彙奏，別行註册。」及「民間子弟，自幼隨母改嫁於另戶旗人者，照戶口不清之例，別行註册。」67又「旗人義子，必該佐領具保，實係自襁褓撫養成丁以繼其後者，准其另記檔案。」68因為另記檔案人戶是根底不清有問題的戶口，所以禁止與宗室聯姻。並將伊等本身與子孫，造具清册三份，鈐用各該旗印信，一存該旗，一咨戶部，一呈宗人府存案，以備查考69。

五、開戶家奴轉成另戶或放入民籍

戶下家奴成為開戶或成為另記檔案人戶之後，不但可以享受到上述較家奴為優的待遇，而且可以得到放出為民的恩澤。自己距離恢復自由民身分的機會近了一步，同時也為直系親屬帶來了可以隨同解除奴籍的希望。會典事例：「凡八旗另記檔案養子開戶內，有現食錢糧未經出旗之人，或因在軍營著有勞績，或因技藝出衆，蒙恩作為另戶者，父母子孫及親兄弟，俱准作另戶。」70

轉成另戶機會最多的是隨征立有軍功。每次戰役終了，兵部即根據出征統帥所報隨征有戰功之另檔開戶人戶，請旨作爲另戶。如雍正十一年從征人內有分檔開戶人充當領催披甲者，照「家選兵丁前往軍營效力，凱旋日將伊等妻子俱出本主之家，編爲另戶」之例辦理。又如乾隆六年，將隨征頭等開檔披甲索爾賓、碩包二名，二等開檔披甲金色等三十六名俱爲另戶(71)。

乾隆二十一年並許漢人另記檔案及開戶人等出旗，恢復民籍。實錄：「八旗另記檔案之人，原係開戶家奴冒入另戶後，經自行首明，及旗人抱養民人爲子者。至開戶家奴，則均係旗人世僕，因効力年久，伊主情願令其出戶。現在各旗及外省駐防內似此者頗多，凡一切差使，必先儘另戶正身挑選之後，方准將伊等挑補。而伊等欲自行謀生，則又以身隸旗籍，不能自由。現今八旗戶口日繁，與其拘於成例，致生計日益艱窘，不若聽從其便，俾得各自爲謀。著加恩將現今在京八旗、在外駐防內另記檔案及養子開戶人等，俱准出旗爲民。其情願入籍何處，各聽其便。所有本身田產，並許其帶往。此番辦理之後，隔數年似此查辦一次之處，候朕酌量降旨。」(72)

乾隆二十四年規定，「開戶人等，如係累代出力家奴，經本主呈明令其開戶，及根底不清，旗民兩無可考，應另記檔案者，此項人丁，本無過犯，應准收入民籍。」(73)因此，乾隆以後所修中樞政考，開戶已成爲奴僕出旗爲民的條件之一。「凡盛京帶來奴僕，併帶地投充奴僕，以及俘獲人等，已准開戶者，俱准出旗爲民。其印契所買奴僕內有從盛京帶來，及帶地投充人等，已經准其開戶，亦准出旗爲民。」(74)

六、開戶及另記檔人戶居官陞轉的限制

開戶本非正身旗人，另記檔案亦因非另戶旗人冒入另戶檔案之內，不但挑補錢糧，且身任職官，侵佔旗人機會，爲避免將來混淆難清，所以接受既成事實，辨名定分，別載册籍。並特規定限制陞轉條例，以杜不肖上司之措勒索詐，及希圖僥倖，妄行鑽營之弊[75]。乾隆六年，正白旗漢軍都統怡親王弘曉奏，駐防杭州開戶生員王廷嶢呈請援例考試，禮部等部議覆：「嗣後八旗遠年開戶人等，除從前奉有諭旨，准其考試之舉貢生員，仍准其考試外，其從前契買家奴，將本身及子孫考試之處，永遠禁止。至投充、養育、俘掠人等，雖本係良民，既經開戶，但未開戶以前，曾在伊主家身供役使，今若准令考試，究於名分有乖，應將本身及子孫考試之處，永遠禁止。又八旗另記檔案人戶，來由不一，惟另戶抱養民人，本係良民，應准考試。及從前奉旨准其居官考試者，原係恩加本身，仍准其居官考試外，其有奉旨後考中舉監生員，兼捐納貢監者，仍留頂帶終身。所有一切另記檔案人戶，將伊等及子孫考試之處，亦概行禁止。」永爲定例[76]。

由此可知，同是另記檔案人戶，其原來的身分如何，關係是很大的。以上是對參加考試的限制。乾隆十五年，另記檔案人巴達克圖等任職主事被查出議革，高宗以八旗此等人員尚多，令徹底查明，造册分送吏、戶、兵三部，以備日後查對。復念遽行革退，必致失業，故令現任文武官員，俱仍留任，惟停其陞轉[77]。至廿一年規定出旗爲民辦法時，復以八旗另記檔案及開戶人等貧富不齊，生計亦異，定年裁汰，恐屆期尚有未能出旗謀生者。因議定凡在京准出旗之人，文武官係署任者不准實授本任，俟出缺後裁改，屆應陞應調之期，交吏兵部議奏，以漢缺用；外任及綠營各員，非旗缺，即改民籍，出旗爲民；捐納候缺者並進士舉貢生監，均即改隸[78]。

二十二年二月，吏部兵部議上出旗後考試錄用原則：㈠如有特著勞績，賢能出衆之員，在內之文職，許該堂官保題漢缺；武職許都統、步軍統領保題；在外之文武各官許督撫將軍保題，均候旨辦理。㈡現任文武官，係旗缺者，出缺後不准再補。係候補漢缺者，但准補用，補後停其陞轉。㈢一應舉貢生員，照乾隆六年題准之例，如原係另戶抱養民人爲子者，准歸入民籍應試；如本係家奴開戶另記檔案者，止准本人頂帶終身，不得再行考試。此項人等既經出旗爲民，其子孫各照該籍民人例，一體辦理[79]。

七、結論

在整理上述滿洲八旗戶口的材料中，發現了一個重要的事實，即在外駐防八旗軍隊中開戶記檔人挑補馬甲的人數日漸加多。本來挑補馬甲是滿洲人的權利，也是他們的責任。但慢慢的被開戶記檔人「侵佔」了。如乾隆六年二月諭署福州將軍策楞云：「各旗開戶人等，定例不准挑取馬甲。先將另戶壯丁挑補，其另戶中有年未及壯，一二年後可以造就者，亦准挑補。再有不敷，方於開檔分戶人等內酌量選用，此通行之例也。查福州四鎮，並未照例遵行。緣閩省披甲之開戶、戶下人等，通計二百餘戶，迄今將及百年，伊等父子兄弟互相傳頂，家口重大，惟藉甲糧養贍，漢仗弓馬，與另戶無異。且伊等祖父有原係作官來閩，並在閩曾經出仕者，若缺出裁汰，俟另戶不敷始行挑取，必致失所。況原來之一百四十餘戶，駐防日久，滋生繁衍，現在家口至一千七百餘口之多，伊主在京在杭，無可依倚，非京旗隨主豢養家奴可比，實有不得不挑之勢。」[80]

這種情形，不止福州四鎮，外省駐防者都是如此。開戶人挑補馬甲，起於順、康年間，雍正時曾加禁止，並一再清查。乾隆年間，曾有計劃的令出旗為民，或令挑補綠營兵丁，以便「勻出錢糧，可養正身。」但突然出旗，適應甚難，謀生不易，頓成失業，所以復轉與官員勾結，仍舊回旗冒食錢糧。乾隆二十七年五月，發現一旗中有三百餘人出旗後復回旗挑補馬甲或拜唐阿者[81]。

造成開戶及戶下人挑補馬甲當差的原因，如正身旗人逃避當差，私脫戶籍者多[82]；兵丁逃亡，應補壯丁不足[83]；旗人乏嗣，抱養民間子弟等。其中牽涉問題甚廣，清理不易，在此尚不能提出具體結論。

在滿族建立政權的過程中，旗制證明在人人納入戰鬥，一切支援戰鬥的要求下，是一個效率極高的組織。這個高度效率的造成，無疑的以掌握精確的人丁資料，為重要因素之一。而精確人丁資料的掌握，是以認眞編審登記為前提的。但隨着帝國的建立，慢慢發生變化，雖然在形式上仍然維持三年編審一次的制度，而事實上已公式化了。如乾隆六年查出「盛京內務府未入旗檔人丁約六、七千人，毫無管束[84]」，可見其荒廢不實情形。而更重要的是編審時「佐領等官，視為泛常，隨意去留。」[85]隨意去留所代表的意義，除去紙上作業，捏造數字，名實不符外；便是勾結舞弊，侵蝕公項，冒食錢糧，毀壞體制。雍正乾隆年間，屢次清查，且有的不得不令作為另戶，以接受不法事實。在一個一切以丁為計算標準的組織來說，如果將丁的編審視同具文，任意去留，「闔旗通同舞弊，罔上行私。」[86]其後果是可想而知了。

稿成之後，承李學智、管東貴兩兄看過，並提供修正意見，謹此致謝。又結語中註太多，管兄建議移入第三節敍述，改動費事，所以仍從其舊了。

注釋

❶ 入關以前，無日不在戰爭狀態下，一切設計，自然都爲了滿足戰爭的要求。入關後，帝國建立，原來對立的戰爭主體也已經消滅了。但這個帝國是一個征服王朝，征服者與被征服者的心理對立狀態，政治上的緊張氣氛，很難化除。爲了保持政權安全，就必須保持高度警覺，握緊自己階級內部的武力，以便隨時採取行動。所以八旗在入關以後，歷史的條件已經轉變了，但它原來的功能組織並未因此而變更，編丁披甲當差以鎮戍內外，多方豢養旗人以培養後備隊伍。雖然這個要求，由於種種因素，越來越落空，到後來如何照顧旗人生活，反而成了首要的嚴重課題。

❷ 卷一。牛彔的組織，首爲適應戰爭需要，後乃以此定戶籍。見注❸。

❸ 參見，「滿洲八旗牛彔的構成」，本書第五二五至五五〇頁。

❹ 當初牛彔建立時，是以族寨爲骨架，所以儘可能的保存原來族羣的完整。這是清太祖由遺甲十三副發展成八旗制度及其所以成功的原因。因爲牽涉到牛彔的承襲管理的問題，所以對每個牛彔的來歷，承管歷史，特別重視。就旗的組成來說，旗是牛彔的合成體，由牛彔到旗，是直接的。所以旗下一切調派取予，都以牛彔爲計算標準。

❺ 欽定大清會典事例（以下簡稱會典事例）卷一一三，〈八旗都統，戶口，編審丁冊〉。

❻ 八旗通志卷三一，〈八旗戶籍，編審丁冊〉。

❼ 光緒大清會典（以下簡稱會典）卷八六，〈八旗都統〉。

❽ 同上，卷八四，〈八旗都統〉。

❾ 見注❼。

❿ 編丁亦爲使丁壯負擔納差均等。淸高宗實錄卷一五三，乾隆六年十月丙辰，「戶部右侍郎阿里袞奏，盛京

內務府三佐領下有未入旗檔人丁約六、七千人，毫無管束。緣三佐領下入冊納差共三千八百餘丁，每歲每丁應納差者，或鹽一千觔，或靛三百觔，或魚二百八十觔。又有入官人丁，每一丁交銀二兩至三兩不等。至比丁之年，入冊一丁，即添差一分，如有逃避，仍在本族中包墊完納。此等人丁，並無錢糧，因畏避入丁添差，皆隱匿不報，閱年已久。請敕交盛京內務府三旗佐領等，詳悉清查，造入丁冊。」又會典卷八四，八旗都統：「凡戶之別……遷移則均其數。」其下註云：「佐領內如有越旗移置，閒散多寡不一，每五年或十年，都統、副都統將丁數均齊。如遇領催、馬甲等缺，即於均齊旗分內挑補。駐防分四旗者，即於四旗內均齊；分八旗者，即於八旗內均齊。」各旗各佐領人戶保持接近均衡狀態，此從太宗時已經注意，並有計劃的調整與控制。見太宗實錄卷一八，天聰八年五月庚寅條。

⑪ 八旗通志卷三一。

⑫ 會典卷八四，〈八旗都統〉，會典事例卷七四三，〈刑部，名例律，徒流遷徙地方。〉

⑬ 同上。又天咫偶聞卷十。

⑭ 八旗通志卷三一，〈八旗戶籍，編審丁冊〉。雍正七年十一月。戶部則例，卷二，〈戶口，外任旗員生子不報。〉

⑮ 會典卷二一，〈戶口〉。八旗通志卷三一，〈八旗戶籍，編審丁冊〉。

⑯ 太宗實錄卷七，天聰四年十月辛酉條。在關外時有記載的，計天聰四年一次，天聰七年一次，崇德三年一次，崇德六年一次。

⑰ 羅振玉，史料叢刊初編，天聰朝臣工奏議卷中，扈應元〈條陳七事奏〉。

⑱ 八旗通志卷三一，〈八旗戶籍，編審丁冊〉。

⑲ 吳振臣著。商務叢書集成本。

⑳ 會典事例卷一一一三，〈八旗都統，戶口，編審丁冊〉。

㉑ 同上。

㉒ 養育兵的設立，是因爲「承平既久，滿洲戶口蕃盛，餘丁繁多，或有丁多之佐領，因護軍、驍騎校皆有定額，其不得充伍之閑散滿洲，至有窘迫不能養其妻子者。如何施恩俾得生計之處，再四籌畫，並無長策。欲增編佐領，恐正餉不敷。若不給以錢糧，俾爲贍養，何以聊生。既不能養其家口，何由造就以成其材。」於是各旗規定若干名，訓練藝業，給以錢糧，於本佐領下另戶餘丁十歲以上者挑補，如人數不敷，將九歲以下餘丁挑補。會典事例卷一一二一，〈八旗都統，兵制，挑補養育兵〉。會典卷八六。

㉓ 八旗通志卷三一，〈八旗戶籍，編審丁冊〉，「國初定旗員子姪俟十八歲登記部檔後，方許分居。」順治十七年題准，「凡官員子弟有職任者，不拘定限歲數，准其分戶。」史語所藏滿洲世家通譜中所記皆男性，名下註明年歲職任，無職任者註明閑散。滿洲人有職任後，不拘限定歲數，即可分居分戶。此與中國社會自唐宋以來對祖父母父母在子孫別立戶籍分異財產者有罰，及社會上鼓勵同居共財的觀念不同。雖然清律有「祖父母在，子孫別籍異財者杖一百」的規定，（祖父母、父母告乃坐）似是不適於滿人，此亦是由於特殊條件要求。

㉔ 會典事例卷一一一三，〈八旗都統，戶口，編審丁冊〉。

㉕ 卷二〇，〈戶口考㈡，八旗戶口〉。開戶名詞之現出，會典事例卷一五五，〈戶部，戶口，分析戶丁〉條云：「（乾隆四年）又議准，八旗造報丁冊內，有向開正戶一戶，後經造爲開戶人等，或係隨母改適，或寄入親屬戶內，原係別立一戶，迨後被人欺壓，造入戶下，作爲開戶，原非戶下家人可比。」

㉖ 東華錄光緒十七年十月癸丑條。

㉗ 卷六〇八，乾隆二五年三月庚戌條。

㉘ 會典事例卷一一一三，〈八旗都統，戶口，分析戶口〉。

㉙ 同上。又戶部則例卷二，〈戶口二，軍功跟役出戶〉。

㉚ 家奴開戶而不爲民的情形，在入關之前已經存在。世祖實錄卷六〇，順治八年九月甲申，「諭戶部，盛京癸酉年（天聰七年）定例，凡係本家奴僕，開戶另造者，許其編入。其係各戶長同造一戶者，許其編出。

今有以盛京戶口冊內另戶之人，稱原係伊家奴僕具告者，毋准。其冊內本同戶，乃告稱非伊家奴僕者，亦毋得開出。」

31 卷一一一三，〈八旗都統，戶口，分析戶口〉。

32 高宗實錄卷七〇，乾隆三年六月丙申條。

33 見注31。

34 卷一一一三，〈八旗都統，戶口，分析戶口〉。八旗通志卷三一，〈八旗戶籍，買賣人口〉。

35 同上。又高宗實錄卷一一八，乾隆五年六月甲戌條。

36 見注34。

37 八旗通志卷一，〈八旗戶籍，買賣人口〉。高宗實錄卷二九四，乾隆一二年七月癸卯條。

38 八旗通志卷三，〈八旗戶籍，買賣人口〉。此亦乾隆四年定。會典事例卷七五二，〈刑部，戶律戶役，人戶以籍爲定〉條言，此定於乾隆五年，乾隆二十四年戶部奏准將開戶爲民例刪除。

39 會典事例一一一五，〈八旗都統，戶口，旗人撫養嗣子〉。

40 同上，然仍常發生互控事件。聖祖實錄卷二五六，康熙五十二年十月庚辰：「八旗出征舊人，有將擄獲之人爲養子，分產開戶者。傳至子孫輩，或因勒詐不遂，稱爲祖父家奴，混行控告。」大清律例會通新纂卷二八，〈刑律訴訟，干犯名義〉條，「八旗有將家人爲養子分戶開戶之人年久，値原主之子孫庸懦或至絕嗣，伊等自稱原爲養子，或謊稱近族兄，反行欺壓，希圖占產爭告者，審明係官革職，枷號一個月，鞭八十；平人枷號三個月，鞭一百，將養子分戶開戶之檔銷毀，仍給與原主子孫爲奴。」、

41 卷一一一三，〈八旗都統，戶口，分析戶口〉，雍正二年覆准。

42 高宗實錄卷一三五，乾隆六年正月辛卯，「開檔養子，本不應居官並當前鋒、護軍等差，但革去職銜差使治罪，已足蔽辜。」

43 會典卷二一，戶部，廣東清吏司。

㊹ 同上卷八四，〈八旗都統〉。

㊺ 會典事例卷七五二，〈刑部，戶律戶役，人戶以籍爲定〉。中樞政考卷一六，〈戶口，旗人歸宗〉。八旗則例卷三，〈戶口，旗人歸宗〉。

㊻ 開戶人有的原來並非奴僕，見注㉕。

㊼ 開戶人亦指滿洲人之爲開戶者而言。上諭旗務議覆及諭行旗務奏議雍正元年九月廿六日：「查八旗挑選馬甲，俱於滿洲內視其能騎射者挑取。如缺少滿洲，於開檔滿洲戶下滿洲家人舊人內選挑取。」

㊽ 此爲會典卷八六所記情形。又注一雍正十二年五月十六日奉准：「將不能騎射清語蒙古語之開檔戶下人等內，視其年力精壯者，挑爲鐵匠，不准挑取別項差役，令其永遠學習行走。」

㊾ 會典卷八六，〈八旗都統〉。

㊿ 清文獻通考卷一九七，〈兵考㈠〉。

(51) 護軍、披甲，俱係正身。大清律例會通新纂卷三九，督捕則例卷上，〈呈報逃人〉。

(52) 見注㉒。

(53) 清高宗實錄卷九四，乾隆四年六月癸未，軍機大臣議覆：「外省駐防，順治康熙年間，開戶人等子孫，念伊祖父曾經出力，仍准挑補馬甲。雍正年間開戶者不准。查前議准趙國政條奏，八旗馬甲額兵，應挑取正戶，開戶者不准充當。又兵部議准將軍王常奏，右衛駐防，另戶人少，開戶人多，兵額准於分戶內選充。查八旗兵額定制，止許另戶充補。」

(54) 高宗實錄卷五〇六，乾隆二一年二月丙子條。

(55) 卷一〇，〈田賦〉。

(56) 卷一六，〈戶口，私行開戶〉。

(57) 雍正六年四月廿八日。

(58) 清文獻通考卷二〇，〈戶口考㈡，八旗戶口〉。

59 高宗實錄卷一一八，乾隆五年六月甲戌條。

60 卷三，〈開戶養子另記檔〉。

61 八旗通志卷三一，〈八旗戶籍，另檔人戶〉。會典事例卷一一一三，〈八旗都統，戶口，分析戶口〉。又旗下婦女逃走及病迷走失，無論投回拏獲，回旗後均另記檔案。會典事例卷一五五，〈戶部，戶口，分析人丁〉。

62 會典卷八四，〈八旗都統〉，所說「戶下之開戶，亦爲另戶，」亦即此意。另記檔案的原因，高宗實錄卷一一八，乾隆五年六月甲戌條記之甚詳。

63 聖祖實錄卷一一四，康熙二三年正月壬辰條。

64 上諭旗務議覆及諭行旗務奏議，雍正十二年七月廿五日。

65 八旗通志卷三一，〈八旗戶籍，另檔人戶〉。

66 會典事例卷七五二，〈刑部，戶律戶役，人戶以籍爲定〉。

67 會典事例卷一一一三，〈八旗都統，戶口，分析戶口〉。乾隆四年議准。

68 同上卷七五三，〈刑部，戶律戶役，立嫡子違法〉。原註云：此條係乾隆三年定。嘉慶六年，因乾隆五十三年業將旗人乞養異姓爲嗣，分別擬罪，明著例文。

69 八旗則例卷三，〈戶口，開戶養子另行記檔〉。另戶兵丁之必須參加秀女挑選。見卷七〈挑選秀女〉。

70 卷一一一四，〈八旗都統，戶口，分析戶口(二)〉。

71 世宗實錄卷一三〇，雍正十一年四月庚辰條。高宗實錄卷一四七，乾隆六年七月戊寅條。

72 高宗實錄卷五〇六，乾隆二十一年二月庚子條。

73 會典事例卷七五二，〈刑部，戶律戶役，人戶以籍爲定〉。

74 卷十六，〈戶口，家奴開戶爲民〉。

75 世宗實錄卷二九四，雍正十二年七月癸卯條。

⑯ 高宗實錄卷一五〇，乾隆六年九月甲戌條。欽定學政全書卷六六，〈旗學事例〉。

⑰ 八旗通志卷三一，〈八旗戶籍，另檔人戶〉。

⑱ 高宗實錄卷五〇六，乾隆二十一年二月庚子條。

⑲ 同上，卷五三二，乾隆二十二年二月壬申條。

⑳ 高宗實錄卷一三七，乾隆六年二月壬戌條。外省駐防開戶人挑取馬甲的例子甚多，如注㊸，及《高宗實錄》卷一四五，乾隆六年六月丁已條。

㉑ 高宗實錄卷六六三，乾隆二十七年閏五月戊戌條。又卷六六七，乾隆二十七年九月庚寅，陝西巡撫鄂弼奏：「乾隆二十一、二十五兩年，淸查各旗分應行出旗爲民戶口，至今六年間，出缺裁汰官兵二百五十餘員名，尙未裁汰者，一千二百五十餘員名。且彼時幼丁，俱成壯丁，仍住滿洲城度日者，共有一千七百九十九名，旗人實多重累。查綏遠城右衛駐兵，有往綠營食糧之例。請將西安現應出旗之壯丁挑驗，於省城督撫標及近省之提鎭各營，步守兵缺出，與綠營餘丁間補。至現在當差尙未出缺裁汰之官兵，應照原議，俟壯丁挑往補完日，陸續移往。」得旨：「甚好，如所議行。」

㉒ 淸文獻通考卷一九七，〈刑考〉。

㉓ 會典事例卷八五五，〈刑部，督捕例，另戶旗人逃走〉。又卷七四三，「刑部，名例律，徒流遷徙地方」。

㉔ 高宗實錄卷一五三，乾隆六年十月丙辰條。

㉕ 八旗通志卷三一，〈八旗戶籍，編審丁册〉。

㉖ 高宗實錄卷六六三，乾隆二十七年閏五月戊戌條。

清初的奴僕買賣

本文所說的奴僕買賣，是指清初滿人買賣奴僕的情形說的。

明代政治，自中葉之後，日益敗壞，原來存在於社會經濟上的種種矛盾問題，因之亦日益加深擴大，而尤以江南地區爲甚。當時仕宦富厚之家蓄奴有多至數千口者，便是矛盾鋒面的尖刻暴露。這些受人驅使的奴僕，本多安分守己的升斗小民，由於統治階層的侵奪壓迫，從正常生活中被擠落下來，淪爲人奴。雖然他們在權勢的控制壓搾下，受盡虐待，受盡侮辱，但他們掙脫枷鎖謀求自由的決心，永遠在等待着適當的機會。一旦統治階層腐爛瓦解，控制系統崩潰了，他們便會揭竿而起，爲自身爲家族爲後代子孫爭求自由。明清易統之際，江南大規模的奴變，便是這樣發生的。奴變由湖北蔓延到江浙一帶，一呼千應，奴僕各至主家索取鬻身文契，或數千相聚，縛主數罪，游行城鄉。亦頗有乘機推刃，焚刼洩恨報復者，可說是中國歷史上前所未有的壯舉。雖然因爲缺乏組織，不能統一行動，而被分別壓服了，但江南縉紳之家得此教訓，一時頗以蓄奴爲戒。

這次奴變雖然給了蓄奴之家嚴重打擊，使受到教訓，但並沒有使蓄奴的惡習由此打破。到滿清政權奠定後，這些舊官僚地主又成了新政權的統治工具，爲新主效命所得的報酬，主要的便是積聚財產的方便和役使奴僕的權利，蓄奴之風，又漸復活。因此，明末奴變，只是使蓄奴之風，在江南地區稍微緩和了一個時期。

蓄奴惡習沒有因爲奴變而中止，固然由於政治上社會上經濟上造成蓄奴的種種矛盾仍然存在。而滿清以外族入主中國，實亦爲使蓄奴之風復振的重要因素。起初是滿洲旗人之家廣蓄奴僕，繼則漢人仕宦富室亦漸效尤。到乾隆中葉之後，此風始稍稍轉變。宣統元年，明令禁止蓄養僕婢，才算在法律形式上明白的結束了幾千年的罪惡傳統。

滿清入關後大量役使奴僕而使蓄奴之風復盛的原因，需要簡單的說明一下。其一是他們在關外時已有使用奴僕生產的經驗，入關時並帶進了大量的奴僕。其二是在入關後進行的戰爭中又俘擄了許多人口。其三是當時社會上存在着大量在生死邊緣掙扎的流民。其四是滿清統治者爲保障征服階級的利益，給予旗人得以控有奴僕的種種有利措施。而這些因素又都環繞在一個中心主題之下，即安定旗人生活，保障階級利益，維護八旗戰力，以鞏固部族政權。

在安定旗人生活的種種措施中最重要的一項是圈地政策。圈地，《清世祖實錄》說是「我朝建都燕京，期於久遠，凡近京各州縣人民無主荒田，及明國皇親駙馬公侯伯太監等死於寇亂者無主荒田甚多，爾等概行清查。若本主尚存，或本主已死而子弟存者，量口給與，其餘田地，盡行分給東來諸王勳臣兵丁等人。此非利其土地，良以東來諸王勳臣兵丁等人無處安置，故不得不如此區畫。」❶說是圈佔無主荒地，只有部分是事實，實際是奪取民田。目的是「東兵未有恒產」，故「圈地以代餉」「爲養贍之基」，「幫兵買馬之費」，「用以豢養旗僕，永遠不納官租。」所以不但荒田被圈佔了，近畿五百里內的民田，也利用「撥補」，「圈兌」「撫易」等名目被奪去了❷。

圈地的實際內容，不想在這裏敍述。但清人對圈地政策的選擇與決定，有順便簡單說明的必要。當多爾袞率兵入關輕易的佔據北京建立起部族政權後，也立刻面臨到一個嚴重的問題——以一個尚在農耕牧獵採集混合生產經濟文化落後的少數民族，突然進入一個土地廣大，人口居於絕對多數，高度農業生產，文化差距與已相當懸殊的異族社會後，如何能儘快的樹立統治基礎，進行成功的佔有與統治。明朝的中央政權瓦解了，但不是說一個政權瓦解了另一個政權便可以安然接替。當時西南兩面都在為保國衞家進行着堅強的抵抗，新政權的安定，必須傾力前進，求得全面的徹底勝利。這不比皇太極時代，放搶南朝，來去可以自由。當時西進南下的激烈戰爭，已使後方感到兵力空虛，而京都又盛傳清兵將如以往入關一樣，屠盡老壯，止留孩赤，焚刼東去。因此愛國志士，藉機起事；飢寒羣衆，也乘機為變。京師內外，一夕數警，根本不固，已動搖到前方的軍事行動。在面臨着如此的情勢下，滿清統治者乃採取斷然措施，將關外旗人，悉數移入關內，與八旗軍隊分別駐在京師及畿輔地區。一方面表示着這個新朝將不再東返的決心；一方面也用以「居重馭輕」，鎭懾人心，阻嚇動亂❸。

關外滿洲將士家屬悉數移到京師，固然可以佔據形勢，發生鎭壓力量，但同時也帶來了新的問題。這些人的生活如何維持？並如何使之長居久安下來？他們是以征服者的心理兩肩擔着一口奉命入關的。在關外的時候，生活相當貧苦，奉命內移，夢想着可以享受征服者取予隨意坐享其成的生活。而滿洲的部族政權，本來是建立在八旗武力上的，政權的利益與八旗族人的利益血肉不可相分。保障政權，必先維護八旗武力；維護八旗武力，須先安定將士的家庭生活。因而提出了圈地與投充政策，王以下官員兵丁以上，莫不授以土地，俾聚室家，長子孫，務崇根本，自畿輔至各省駐防，俱有規劃。

投充問題，非本文範圍，故不討論。（圈地與投充，二者是一個政策的兩面，有其不可分的連帶關係。圈地是爲東來官兵分配土地，投充是爲官兵提供生產勞力。又本文的投充，是指清初具有一定的特殊意義說的。當然，投充的形成、類別、性質、牽涉的問題相當複雜，但爲給旗人提供生產勞力，因而廣開投充之路，實爲主要動機。）但以選擇圈地來保障旗人生活，自亦受存在條件的影響。就當時主觀條件來說：㈠滿洲人傾族來到了一個高度農業生產的社會，當然最好在征服的土地上紮根生存，滋養保衞自己的力量。㈡在關外時他們已踏進了農耕生活，有使用奴僕生產的經驗。㈢不但帶來了舊有的農田上生產的奴僕，而且可以得到更多驅使農業生產的人口。㈣當時滿洲人還沒有建立俸餉制度，不但家庭生活，作戰的馬匹裝備，都需要自理；而爲了安全上的種種理由，又不許旗人出外經商及其他經濟活動。因此最穩定的收入，當然是農業生產。（無論交與奴僕耕種，或資佃收取租息。）就客觀條件說；一是當時確有一些無主荒地，依傳統習慣是應收歸皇室所有的，在滿洲來說，即是屬於八旗。分享得來的土地人民財物，本來一直是他們出兵作戰的共同觀念。二是當時社會上在長期戰亂破壞後，存在着大量失業失所的人口，使之走入生產，方不致轉成亂源，威脅新政權的穩定。因此乃採取了圈地政策，辨方位，給田宅，爲東兵立恒產，以厚植八旗根本，穩固其統治基礎的經濟條件。

圈地，是爲保障旗人生活提供生產的田地，但旗人必須住在京師，而且他們是不能也不願在農田上耕種的，那就必須有可供驅使耕種生產的勞力。最廉價的勞力當然是來自奴僕，因此爲了配合圈地政策，又特爲滿人開了可以取得大量奴僕的辦法——接受投充與買賣人口。

滿洲人從皇帝到士兵，都有屬於個人或多或少的奴僕。入關後奴僕的來源，除帶進來的奴僕外，主要的便是戰爭俘掠、接受投充與人口買賣。戰爭俘掠，雖然在入關後的戰爭中並沒有停止，但畢竟有了限制，不能像以前一樣盡力而爲，而且也並不是每個人都有此機會。所以，主要的來源便是投充與買賣。「國初旗下家奴，於賞給投充之外，半由契買，故定例有分別紅白契之專條。」❹這裏所說的賞賜，包含兩層意義：一是指平常所說的特賞恩賜；一是指依分佔取俘掠人口。至於投充，雖然也是取得奴僕的主要來源之一，但也像戰時俘掠一樣，受到時空特定因素的限制。特定的時空因素，可以造成大量化、普遍性與突出的型態，但條件轉變，便也隨之消失了。而政治、經濟、社會制度的不合理，經常存在的人爲災禍與自然災害，使人從正常生活中被逼落下來，成爲赤貧不得不依附他人爲生，或賣身賣兒女妻子活命，却是經常持久存在的。所以清高宗命地方發生災祲時，不但可以公開買賣人口，而且認爲這正是軫惜加恩災黎之道❺。因此人口買賣在過去的中國社會裏，只是某一時間內量的大小，沒有不存在的時候。當然，這並不是說人口買賣沒有特定時空因素。順治初年的人口買賣，即也像投充一樣，具有大量化、普遍性與突出的型態。又如切問齋文鈔記康熙卅、卅一年間陝西地方大災荒人口被賣情形云：「方今西安之民，十分論，饑餓瘟疫死者十二、三，逃亡及賣入滿洲者十六、七。」「賣入本省外省富商滿洲者亦不下十餘萬。」❻這當然是有特定的因素的。

清初人口買賣，據大清會典事例：「國初定，旗下買賣人口，赴各城鎮市交易，若越至他旗市被執者，身價二分入官，一分給拏獲之人。又定，有將人父子兄弟夫婦分賣者，所賣之人均入官。順治五年覆准：投充人即係奴僕，願賣者聽。十年題准：八旗買賣人口，均令該旗領催註册以備稽查。民人令親鄰中證立契，赴本管衙門掛號鈐印，即免輸稅。如不註册無印契者，即治以私買私賣之罪。十八年覆准：旗丁赴市買賣人口，註册時，該翼覆明給以印照。」❼由於人口買賣有了一定市場，大量交易，自然會產生出一套使買賣容易進行及防止爭端的規定。政府明白宣佈交易規則，便說明買賣人口成了政府的政策。因而出現了專門經紀人口買賣的

「牙子」，及專門到各地拐誘略販人口，組織幫口，開設碼頭，以販人爲業的奸徒❽。由此，也可以想像到大批人口像牛馬一樣的被聚在市場上，鳩形鵠面，插草待估的悲慘情況。

當時人口買賣並不止於市場公開交易，私行買賣亦甚活躍。因爲私相買賣常發生轉賣後原主新主間所有權的爭執，及逼買訛詐情事，所以規定不但買賣要在市場進行，而且必須存券立契，掛號鈐印，領取所有權狀。由於買賣盛行交易量大，政府也開始收稅。大清會典事例：「康熙二年題准：八旗買賣人口，兩家赴市，納稅註册，會領催保結列名。若係漢人，令五城司坊官驗有該管印票准買。」❾康熙八年並規定買人必本管官用印，若用別旗及隔屬官印者治罪。十一年又定，凡在順治十年買人未用印信，當時中證明白，或無中證文契，本人自稱賣身是實者，皆斷與原主。順治十一年以後所買人口，雖有中證而未曾用印者，斷出爲民。十五年復規定，人口買賣必須正印官用印❿。立法之意，乃因當時不赴市納稅註册領取印照甚多，及謊開籍貫賣身，或將他人之名謊作己名賣身者。且依照法令，凡領有印照奴僕逃走，可遞逃牌⓫，以「逃人法」追捕，用保障旗人利益。註册寫檔，保存資料較多，追緝容易。因此，不依法登記，即以斷出爲民，剝奪其權益作爲強制登記寫檔辦法。二十六年復定在京旗下官兵買人，於大、宛兩縣五城兵馬司用印⓬。二十七年嚴禁人販子在市販賣，如有仍前販賣者，所賣之人及價銀一併入官，人販子處絞。其牙子若帶到伊家轉賣，或留在別處出賣者，不分旗下民人，俱發寧古塔給窮披甲兵丁爲奴。若不曾帶到伊家，及留在別處，止從中說合者，免其治罪。該佐領驍騎校小領催五城司坊若不行嚴查禁止，官員俱交部議處，領催鞭八十⓭。乾隆四十 年復定八旗官兵人等買用奴僕，止令其報明本管佐領，於契內鈐用關防，赴左右兩翼驗明，加給印照，歲底由兩翼監督，將名口身價數目，造册送部備查，不必由司坊官驗報⓮。簡化了買賣手續，這與當時旗下奴僕進行的出旗爲民運動，及爲救濟旗人生活代爲贖回典賣田地，借俸餉以買人口，給予耕種資本，使經理生產以維生計的措施都有關係的。

以上是在京旗人買賣人口的情形。至在外駐防旗人官兵買人爲奴，康熙十八年規定凡旗人買僕，必由用印衙門呈報戶部，由戶部轉行督撫，令地方官曉諭里甲⑮。曉諭里甲，是使里甲知道此等人戶已脫出民籍，成了特種人戶不再負擔國家賦役差徭。二十一年規定，除直省駐防各官及提鎮以下等官，不許買本省之民外，駐防兵丁可以買人。賣身人須親至地方官處取具親供存案，契內書明「情願」字樣，用印鈐蓋，申報戶部⑯。令賣身人親到地方官處取具親供存案，是因爲常有強買人口，串通人口牙子假造賣身文契逼人賣身案件。二十六年復定，賣身人不但要有親供存案，並需有保人存證。流移之民賣身者，在何處賣身，即由該地方官用印。如故意勒措不行用印，交部議處⑰。地方官不願爲流移之人賣身用印，因爲日後如果賣身人逃亡，原用印地方官員負有追捕歸案責任。而追捕不到，責處甚嚴。同時並諭駐防滿洲漢軍將軍以下官員兵丁本省買人，如有不容行查原籍，勒令地方官用印者，著該督撫指名題參，嚴加議處⑱。由此亦可知滿洲特殊階級在地方上買人不向當地政府申明備案的情形。雍正六年，曾一度禁止在外駐防兵丁收買奴僕，理由是：「此內多有匪類，往往自恃旗人，生事不法。」「既爲兵丁，理應隨時隨地，勤苦習勞，方能日漸壯勇。豈可忘其職分所在，多置使令之人，以求便安之理。兵丁所恃以爲生者，惟在糧餉，僕役既多，所費衣食亦廣，一人所得糧餉，何能豢養多人？計兵丁僕役男婦，不過數人已足，多買人口，徒費產業，何益之有？且果係良民，豈肯入旗爲奴。其入旗爲奴者，或在地方被事，欲圖報復；或賭博飲酒，懶惰無賴，不務本業，貧難度日，聊圖餬口；或係大盜懼捕；或爲人命逃避，希圖藏身。此等之人，兵丁何能得其力乎？況將犯法爲盜之人，買爲奴僕，一經發覺，必貽累己身。此皆兵丁愚昧無知，貪圖價賤，妄思多得奴僕。」故持行文各省將軍副都統，通行曉諭，嚴禁兵丁收買民人爲奴⑲。諭文中言入旗爲奴者多非良民，自亦有部分事實；但就乾隆年間旗下奴僕爲爭取獨立自由生活的出旗運動觀之，可知所賣者畢竟多是知道人格自愛的良善人民。清世宗此諭文所代表的眞正意義，如從其爲挽救當時旗人生活的腐爛，精神的頹廢，體能的衰弱，貧困狀況日益加深等問題，因而大力整頓旗務，恢復八旗武力上着眼，也許可以得到更多的瞭解。（當然清世宗的整頓八旗，在其集權政策上也有一定的意義。而八旗官兵家譜的混亂，造成承襲的糾紛，也是重要原因。）而駐防兵士常爲在京家屬買人，自也有使世宗頒發此諭的一定作用。

乾隆年間，又恢復駐防兵丁可以買人，但不得過二人，違者計口論罪⑳。後官員亦可買人，惟不得過四名。中樞政考：「駐防各官，如果無家人使用，准呈明該管官，由該管官查明屬實，出具保結，該管大臣咨明地方官，查係民人情願賣給者，始准收買，仍不得過四名。」㉑未說明此例訂定年月。

當時買賣人口另一個凸出的現象，是出差官員回京時買人，或自用或餽贈上司親友。用新買來奴僕餽贈送禮，也成了時髦的風氣。康熙八年曾經下令禁止㉒，但並沒有收到預期的效果。乾隆年間規定，除委派差使由驛站行走之人不得買人携帶外，未使用馳驛官員，可以沿途買人，亦未限制數目。大清會典事例：「（乾隆）五十三年諭：地方遇有災祲，無業貧民賣售子女。」「若概行禁止，則災黎貧乏不能自存，又無以養贍其子女，必致歸於餓斃，豈軫惜災黎之道。自不若聽其賣鬻，則貧民既可得有身價，藉以存活，而其子女有人養育，亦不致於凍餒之患，豈非一舉兩得，又何必強爲禁止耶？但民人子女，或就近賣與地方民戶，及過往客商，固所不禁，即各省赴京引見官員，沿途價買携帶，亦尚屬可行。至如有新疆押解人犯，及照料回子，護送哈薩克使人，並押送官物之官員人等，俱係由驛站行走，理宜簡便，若沿途買帶子女，則揀擇看視，說合講價，既不免等候需時，而買定後沿途携帶，又需多用車輛夫馬，必致擾累驛站，貽誤差使。且此等買帶子女之人，未必盡係自行買用，或爲人代買，或復行販賣，更易滋別項情弊。」「嗣後著督撫等，遇有災祲地方貧民賣鬻子女者，除本地民戶，過往客商，及並未馳驛官員，各聽其便，毋庸禁止外，其有派委差使由驛行走之人，俱應禁止民人，不得私行售賣，並隨時查察此等官員。」㉓所以禁止的原因，是因爲揀擇看視，說合講價，貽誤行程，多用車馬，擾累驛站，否則便不會禁止了。

奴僕買賣的價格，當然是受到性別、年齡、健康狀況、使用價値等條件影響，也受時間空間及供求關係的左右的。在順治初年兵亂饑年，餓莩塞途的處境下，許多父母將子女或丈夫將妻子賣給滿洲人家爲奴。當時也只有滿洲統治階級才敢收買人口，也只有他們有力量收買人口。一個人的出賣，條件好的，有的也可以賣到二、三十兩銀子，有的甚至幾千文或幾百文便可以買到一個少婦㉔，所以沒有一定的價格。不過就政府所定入官人口作價也可從旁推測大致情形。大清會典事例：「各旗入官人口變價，自十歲以上至六十歲，每口作價一十兩。六十一歲以上，每口五兩。九歲以下幼子，按其年幾歲，作價幾兩。未滿周歲，免其作價。」這是乾隆二十八年議准的㉕。戶部則例所載入官人口作價數目，亦與此相同。大蓋是不分旗人民人，入官人口作價標準俱是一樣㉖。

律例條文，剛性甚強，初定之時，或與當時實際情況比較接近。日久之後，則往往出入甚大。如律定契買家奴及戶下陳人將女私聘與人已成婚者，追身價銀四十兩給本主㉗。這可說是如果當初賣身時沒有寫明身價數目，官方所定的贖身官價。滿清統治者爲了保護自己旗人的利益，本不願輕易讓奴僕贖身出旗，四十兩也許較一般市場爲高，但亦不妨視爲推測尺度。又儒林外史、兒女英雄傳、紅樓夢中所記買賣身價有一、二十兩者，有幾十兩者，雖然時間不同，也可以做爲推測的參考。

關於買賣的形式，分爲紅契白契兩種。紅契便是如上所述，在市場公開買賣，經過立契上稅，用印入檔，領有印照等手續，也叫做印契㉘。買賣時經所管地方官署證明，用印給照，登記旗檔與戶部檔，這是非常重要的。因爲將來有機會恢復民籍，便以此作爲根據。如果旗檔和戶部檔都有記錄，而原籍地方官廳沒有檔案可查，要恢復民籍，便只有靠皇帝的特恩了。白契是只有買賣雙方立有文契，沒有向政府納稅，也沒有經過所屬官署用印註册，私人間的契約行爲。紅契買賣與白契買賣雖然在契約成立後，對買主來說，政府同樣承認其主僕名分，人身隸屬關係，依法享有對奴僕教令、懲戒、役使、轉賣、餽贈、配婚、放出等權利，不聽約束時，政府並代實行懲處。因「一經契買，則終身服役，飲食衣服，皆仰之於主人，其恩義重，故其名分亦重。」㉙對賣身者來說，同樣的失去了國家公民的資格，納入賤民階級，失去了法律上應享的某些權利及應得的保障，而且有些權利至少要延及到第四代身上，但紅契與白契還是有相當區別的。

第一是紅契買賣在京必須到五城司坊及大、宛兩縣鈐印登記，在外須於各州縣用印存案。登記立案之後，即從原籍戶口檔上開豁戶籍，在未復籍前不再負擔對國家的一切賦稅徭役㉚。而白契則未見如何規定㉛。

第二是紅契所買奴僕逃亡，可以投遞逃牌，通令全國緝捕。拏獲之後，依逃亡情形及次數，鞭枷刺面，或交與原主領回，或發極邊給駐防窮披甲兵丁爲奴，永不得還。而白契賣身人逃走，處罰較輕。如康熙二十二年定，凡本年十月以前白契所買之人初次逃走者，鞭八十，斷與原主。十月以後逃走者，責三十板，暫交伊主，俟交還身價之日，放出爲民。但有時白契逃走，也依紅契逃走辦理。如康熙三十三年議准，凡康熙二十二年十月以前白契所買之人首次逃走，即令遞逃牌刺字，照紅契逃走處罰。四十三年又規定，凡康熙四十二年以前白契所買之人，俱作紅契。四十二年以後白契所買之人，許其贖身。如有逃亡，不得投遞逃牌。雍正元年又改變辦法，自康熙四十三年至六十一年白契所買之人，仍照康熙四十二年以前所買人俱作紅契辦理[32]。

第三是受侵犯時所受保護不同。雖然紅契與白契兩者都沒有控訴家長權（謀反大逆等除外）及保衛貞操的權利，但與家長發生相侵犯時，白契所買如未及三年而受到家長侵犯時，依雇工人科斷，紅契則依奴婢本律，雖然事實上仍多依紅契辦理。刑案滙覽：「世宗憲皇帝洞悉習俗恃主僕之分，草菅人命之害，定有紅契白契之分。若白契所買奴婢，止以雇工人論，故殺者絞。」「查定例內旗人故殺白契所買並典當之人，俱照故殺雇工人律擬絞監候，若毆打死者照律治罪等語。是紅契則爲家奴，白契即同雇工。毆殺故殺，迥然各別。但歷來成案，惟家主致死白契所買家人，則照雇工人科斷。而白契所買婢女，則照紅契定擬者，蓋因旗民價買婢女，契內必係寫明「任憑婚配」或「聽任隨房使用」等字樣，原非暫時典賣者可比。且條例開載止稱白契所買之人及白契所買家奴，並無載明白契所買婢女作何擬議之條。況旗人所買婢女，自來俱不印契，民人亦多不印契者，此內外問刑衙門於致死婢女之案，俱照紅契定擬之根由，並非意爲開脫也。然立法務期無偏，而章程須歸一致。家奴既有紅契白契之分，則婢女與家奴事同一例，亦應分晰申明，以便遵守。應請嗣後凡旗民立契價買婢女，俱照價買家人例，將原立文契送官鈐印。旗人止令買主帶同原賣及中保人等呈明該管佐領，查詢登記檔案，先用圖記，交買主自赴稅課所驗印。其所買之人，既有中保承管，毋庸帶同婦女出官，以免紛擾。民人仍照契買家人例，寫立文契，報明本地方官鈐蓋印信。至旗人有契買民間婢女者，在京令具報五城大宛兩縣，在外令具報該地方官，查明用印立案。尙旗民情願用白契價買者，仍從其便。但遇有毆殺故殺之案，問刑衙門，務須驗訊紅契白契，分別科斷。」㉝這是說白契賣身尙未超過三年，但如已超過三年則依奴婢本律論。大清會典事例：「其家長殺傷白契所買恩養年久，配有室家者，以殺傷論。若甫經契買，未配有室家者，以殺傷雇工人論。」「凡家主將紅契所買奴婢及白契典買恩養已久奴僕之妻妾行占奪或圖姦不遂，因將奴僕毒毆致死或其妻致死，審明確有實據及本主自認不諱者，即將伊主不分官員平人發黑龍江當差。若所殺奴婢係白契所買恩養未久者，應照故殺雇工人律絞監候。」㉞律文是說被侵犯時對侵犯之家長處分輕重而言，但如侵犯家長時，則不分年限久暫，紅契白契，一律依奴婢本律治罪。又婢女已配給本家奴僕，則不論年限，依奴婢本律科斷。這是妻隨夫貴，亦隨夫而賤來的㉟。至奴僕如犯徒流罪，紅契折枷，「白契賣身旗奴，並未過檔，不能折枷，照民例充配。」

第四是解放復籍的途徑不同：白契賣身可有贖身爲民的機會：康熙五十三年規定，凡在康熙四十三年以前白契所買者，俱斷與原主；四十三年以後者，准照原價贖身爲民。雍正元年復定白契買人例，凡康熙四十三年起至康熙六十一年止，白契所買之人，俱不許贖身。如有逃亡，准遞逃牌；雍正元年以後，白契所買單身及帶有妻室子女之人，若給原價，俱准贖身。但若買主已配給妻室，則不准贖㊱。

贖身條例，亦常有變動，如雍正十三年規定，凡雍正十三年定例以前白契所買之人，即同印契，一概不准贖身。乾隆三年又定，凡在乾隆元年以前白契所買之人，俱作爲紅契；元年以後白契所買之人未入丁册者，方准贖出爲民。乾隆二十五年對白契贖身條件，又加限制：「凡八旗白契所買家奴，如本主不能養贍，或念有微勞，情願令其贖身者，仍准贖身外，如本主不願，概不准贖。其有酗酒干犯拐帶逃走等情，俱照紅契家人，一例治罪。如有鑽營勢力，倚強贖身者，仍照定例辦理㊲。」

白契賣身雖然有贖身的機會，但平常贖身，亦多限制。原因是白契經三年之後，即視爲紅契㊳。而政府爲保護旗人權利，又常自由規定自某時以前白契者作爲紅契論，並限定贖身條件㊴，以減少贖身機會。而即使自己有錢可以贖身，除了本旗戶部都有檔案可稽，州縣地方有册籍可據外，還得要家主念其勤勞，情願令其贖身爲民。家主情願令其贖身，這大概不出兩種情形：奴僕本身因年齡或健康關係，已失去使用價値；或家主貧困，「不能養贍」，正需要錢用。不然「養育年久，或婢女招配，生有子息，俱係家奴，世世子孫，永遠服役。」㊵依照紅契辦理了。

不過白契除贖身之外，也有放出的機會，戶部則例：「八旗戶下家人，不論遠年舊僕，及乾隆元年以前印白契所買奴僕，實係本主念其數輩出力，勤勞年久，情願放出爲民者，呈明本旗，查明並無鑽營情弊，造册取結咨部，核對丁册名姓相符，轉行地方官收入民籍。」㊶

紅契賣身，並無繳價贖身之例㊷。自賣身之日起，奴籍世襲，子孫永遠服役。除非經過特許，或服役三代以後，是不可能像白契賣身一樣享受到贖身的機會的。八旗通志：「（康熙）二十一年覆准：旗下用印所買之人，及舊奴僕內有年老疾病各主情願准贖者，呈明都統，移送戶部，令其贖出爲民。若將年壯舊人借稱贖出者，照買賣例治罪。」㊸這可能是一個特旨紅契贖身的例子，所以乾隆三年六月大學士尹泰等奉旨議處八旗家奴開戶事云：「查旣入丁册，不准贖身。但果否效力年久，旣不准開入旗檔，又不准放出爲民，則不獲霑伊主之恩，殊爲可憫。臣等酌議，倣照康熙二十一年用印契所買之人准令贖身爲民之例，將乾隆元年以前白契者准作印契，仍在伊主戶下挑取馬甲等缺外，應俟三輩後，著有勞績，本主情願放出，准其爲民。並元年以後白契之人未入丁册者，仍照例准贖身爲民。」㊹一般情形，是經過三代以後，才有贖身的機會。大清會典事例：「遠年印契所買奴僕中，如內有實係民人印契賣與旗人，契內尚有籍貫可查，照乾隆元年以前白契所買家人之例，三輩後准其爲民；仍將伊等祖父姓名，一體造册，咨送戶部查覈。」㊺因此，紅契賣身後，贖身的機會不如白契多。至於放出往往是根據一定的條件，經過一定的手續，在本主戶下開戶，成爲開戶家奴，或在佐領下開戶，成爲開戶壯丁。開戶後成爲另立檔案人戶，便可獲得較多的放出機會。即使不能放出，在旗下的地位，也已有所不同，可以享受到正身另戶旗人所享受的某部分權利與待遇。（也可以成爲正身另戶，如果原來是旗人的話。）由紅契到開戶，牽涉的問題很廣。又如放出與贖身出旗爲民後將來子孫應試出仕的限制，對舊主的殘存關係等，都不相同。本文要討論的，只是概略的說明紅契與白契的區別，所以不再多加敍述。

以上只是簡單的說明清朝初年滿洲人買賣奴僕的情形，也只限於買賣行爲這一件事實上。買賣後的使用途徑，奴僕的生活，主僕關係，滿洲人大量使用奴僕在他們生活上所發生的影響，帶來的社會問題，都沒有涉及。至於當時滿洲人每個家庭蓄奴數目，雖然沒有確切的資料可供統計分析，但就片斷記載，亦可見其大概。如順治十一年林起龍所上請更定八旗兵制疏中云：「今滿洲一人出征，部落（奴僕家人）有帶六、七人者，有帶三、四人者。」㊻順治年間一件檔案記載，廂黃旗陳泰固山額兒格兔牛彔下六家逃人一〇八口，平均每家有十三、四口[47]。又康熙四十一年御史劉子章請節制外官僕從，疏言各省官員赴任者，携帶奴婢多至數百人，衣食之費，皆取於所屬官民，爲累不少，請嚴加裁汰，制爲定數。吏部議覆：凡外任官員所帶奴僕，督撫限五十人，藩臬限四十人，道府限卅人，同知、通判限廿人，州同、縣丞以下限十人。所帶僕婦、女婢，亦不得過此數。至旗員任邊疆之事，非漢官可比。旗下督撫家口，不得過五百名。其司道以下等官，視漢官所帶家口，准加一倍[48]。

蓄奴多寡，當然是依各個家庭狀況的差異而不同的，親王貴族豪富之家，養幾百個奴僕，在清初是極尋常的事。即至中葉，如和珅家產被籍，入官奴僕男六百零六名，女六百口[49]。紅樓夢中賈家榮寧兩府，亦各有三、四百人。至於一般兵丁，在外駐防的法定可以買二名，披甲窮丁，政府也常賜給奴僕。可以說至少一個滿洲窮兵，也會有奴僕二名。

在本文開始時曾經說明，滿清統治者爲了保障旗人生活，維護八旗武力，鞏固部族政權，所以圈地爲東來官兵置恒產，廣開投充買賣人口之門，以提供耕種牧馬諸役的勞力。因此對奴僕的逃亡、追捕、處罰是相當嚴厲的，並特設督捕衙門專司其事。奴僕逃亡，在清初政治社會上成了最凸出的問題。「逃人」也成了公私文書中特定名詞，具特殊的政治意義。當時奴僕逃亡之多，追捕法令之嚴，窩主鄰佑里甲地方官員牽連受害之酷，眞是被枷流戍之民，相繼於道；寃號哀哭之聲，遍於全國，今日讀之，仍令人酸鼻。滿清統治者所以如此嚴酷的理由，是「血戰所得人口（意即征服所得），以供種地牧馬諸役，而逃亡日衆。」「是以立法不可不嚴。法不嚴則窩者無忌，逃者愈多，驅使何人？養生何賴？」因而不但對奴僕逃亡，追捕嚴急，即滿洲人家如奴僕逃亡不即投遞逃牌，使政府得以早日追捕，也要受嚴厲處分。又如贖身放出，雖定有條文，也不是主家可以隨意的，必經政府許可。奴僕不但是個人的財產，也是八旗的財產，嚴厲追捕逃人，不許擅自放出奴僕，都是在嚴防財產的流失，保障部族的利益。因為旗人生活，八旗武力，部族政權是三位一體，彼此互為支撑力的。所以不但特為設立公開奴僕買賣的市場，而且可以指俸餉認買入官人口。戶部則例：「八旗官兵指俸餉認買入官人口，價銀拾兩至叁拾兩者，定限一年扣完。叁拾兩至陸拾兩者，定限二年扣完。六十兩以上者，定限三年扣完。」㊿

注釋

❶《清世祖實錄》卷一，順治元年十二月丁丑條。

❷參閱劉家駒〈清朝初期的八旗圈地〉。《國立臺灣大學文史叢刊》之八，民國五十八年三月，臺北。

❸《清世祖實錄》卷五，順治元年六月甲戌條。卷八，元年九月壬辰條。

❹《大清法規大全》，〈法律部〉卷一，憲政編查館會奏彙案會議禁革買賣人口舊習酌擬辦法摺。

❺《清高宗實錄》卷一三〇三，乾隆五十三年四月辛酉條。

❻陸燿，《切問齋文鈔》卷十九，荒政，李中孚與布撫臺書。

❼卷一一一六，八旗都統，戶口，旗人買賣奴僕。

❽中央研究院歷史語言研究所藏清內閣大庫檔案：$\frac{2291}{049.4}$、$\frac{2620}{049.4}$、$\frac{2289}{049.4}$、$\frac{2330}{049.4}$

❾《大清會典事例》，卷一一一六，八旗都統，戶口，旗人買賣奴僕。

❿同上。又卷一五六，戶部，戶口，旗人買賣奴僕。

⓫同上。卷八五七，刑部，督捕例，謊開籍貫賣身。

⓬同上。卷八五七，刑部，督捕例，旗人契買民人。

⓭同上。

⓮同上。卷一五六，戶部，戶口，旗人買賣奴僕。

⓯見注❾。

⓰同上。

⑰《大清會典事例》，卷八五七，刑部，督捕例，旗人契買民人。

⑱同上。

⑲見注⑨。

⑳同上。

㉑卷一六，戶口，駐防官兵買人。

㉒見注⑨。

㉓卷一五六，戶部，戶口，出差官員駐防官兵買僕。

㉔見注⑧檔案 $\frac{0096}{281.14}$、$\frac{2413}{049.3}$、$\frac{2202}{049.6}$、$\frac{2417}{049.6}$、$\frac{2418}{049.6}$、$\frac{2419}{049.6}$、$\frac{2290}{049.42}$

㉕卷一五六，戶部，戶口，旗人買賣奴僕。

㉖戶部則例，卷四，入官人口作價。

㉗大清律例，卷二六，刑律鬥毆下，奴婢毆家長。

㉘元朝時已有立券投稅紅契買賣，見陶宗儀《輟耕錄》。

㉙刑案滙覽卷三九，刑律鬥毆，奴婢毆家長，安徽司審擬車夫李二踢傷舊主案。

㉚《大清會典事例》卷八五七，刑部，督捕例，開除丁糧。

㉛同上，白契所買之人逃走。

㉜見注㉙，刑部侍郎張口條奏。

㉝同上卷八一〇，刑部，刑律鬥毆，奴婢毆家長。

㉞同上。

㉟《大清律例會通新纂》卷七，戶律戶役，人戶以籍爲定。

㊱《大清會典事例》卷七五二，刑部，戶律戶役，人戶以籍爲定。卷八五七，刑部，督捕例，白契賣身人逃走。

㊲同上。

㊳刑案滙覽卷三九，刑律鬥毆，奴婢毆家長，嘉慶七年奉天司說帖。道光六年說帖。

㊴見注❼、❿、⓫、㊲。

㊵見注㊲。

㊶戶部則例卷一，戶口，奴僕。

㊷見注㉟。

㊸卷三一，旗分志，八旗戶籍，買賣奴婢。

㊹《清高宗實錄》卷七〇，乾隆三年六月丙申條。

㊺見注㊲。

㊻皇清奏議卷八，林起龍：更定八旗兵制疏。

㊼參閱劉家駒：〈順治年間的逃人問題〉。《慶祝李濟先生七十歲論文集》（下），清華學報社印行，民國五十六年一月，臺北。

㊽《清聖祖實錄》卷二〇八，康熙四一年閏六月甲午條。《皇朝經世文編》卷一六，吏政，劉子章：節僕從以省擾累疏。

㊾《清人說薈》，〈殛珅誌略〉，查抄和珅家產清單。

㊿《戶部則例》卷二，戶口，認買入官人口。

清代的筆帖式

一、巴克什與筆帖式

聽雨叢談：「筆帖式爲文臣儲材之地，是以將相大僚，多由此途歷階。」❶清史稿：「筆帖式爲滿員進身之階，國初大學士達海、額爾多尼諸人，並起家武臣，以諳練圖書，特恩賜號巴克什，即後之筆帖式也。」❷清通志：「本朝諸司衙門，各置滿洲、蒙古、漢軍筆帖式，以繙譯清漢章奏文牘。蓋即金元女直令史譯史，蒙古筆且齊之職，而其原實沿歷代令史遺制。特是唐、宋用人頗輕，而今筆帖式登用之廣，遷擢之優，固非前代僅稱雜流者所可比也。」❸

筆帖式 Bithesi亦寫作筆特赫式，筆特和式。聽雨叢談：「清語稱筆帖式曰筆特赫式，大學士曰筆特赫達，（讀平聲，原註。）稱翰林院曰筆特赫衙門，蓋皆文學之稱也。天命年，文館大學士俱加巴克什之號。天聰五年七月諭曰：「文臣稱巴克什者，俱停止，均稱筆帖式。如本賜名巴克什者，仍其名。此筆帖式設官之制也。」❹太祖時並無文館名稱，也沒有什麼大學士官職。太祖時代辦理文書幕僚情形，稍後說明。筆帖式一詞，初見於太宗天聰三年二月❺。

同年四月，筆帖式與巴克什見於同一處記載。太宗實錄：「上命儒臣分爲兩直，巴克什達海同筆帖式剛林、蘇開、顧爾馬渾、托布戚等四人，繙譯漢字書籍；巴克什庫爾纏同筆帖式吳巴什、查素喀、胡球、詹霸等四人，記注本朝政事，以昭信史。初，太祖製國書，因心肇造，備列規範。上躬秉聖明之姿，復樂觀古來典籍。故分命滿漢儒臣，繙譯記注。」❻

巴克什 Baksi 或作巴克式、榜式、榜什、把什、榜識、幫識，清語本爲對文儒諳悉事體或讀書通文墨者的稱號❼。太祖時如碩色、希福父子以通滿、蒙文字，俱賜號巴克什。額爾德尼兼通蒙、漢文，賜號巴克什。達海通滿、漢文義，賜號巴克什。武納格通蒙、漢文，賜號巴克什❽。又如天命六年命巴克什準脫、傅布赫依、薩哈廉、烏巴泰、雅興阿、科背、札海、渾岱八人爲八旗師傅，教導所選子弟讀書❾，都是以讀書通文字而得此號。

這些讀書通達文字的人，在當時社會情況下，是物稀爲貴的，自然會受到重視。所以在努爾哈赤建立政權的過程中，便成了辦理文墨的書記人員。隨侍身邊，類似後來所美化的「文學侍從」人員了。

早期爲太祖辦理文墨的，先後有龔正六、歪乃、馬臣等人。朝鮮實錄：「浙江紹興府會稽縣人龔正六，年少客於遼東，被擄在其處，有子姓羣妾，家產致萬金，老乙可赤號爲師傅，方教老乙可赤兒子書。而老乙可赤極其厚待，虜中識字者只有此人，而文理未盡通矣。」「馬臣，馬三非之子，老乙可赤副將也。年年通貢天朝，慣解華語。」「歪乃本上國人來于奴酋處，掌文書，而文理不通。此外更無能文者，且無學習者。」❿這是建元天命前二十年左右的情形。其後本族人雖有了不少巴克什，通曉滿、漢文或蒙古文的人，但通曉的程度並不高。亂中雜錄：「此間文書，遼人大海、劉海專掌，而短于文字，殊甚草草。兩海文墨至拙，回書中須用尋常文字，才可解見。」⓫大海即達海，實錄說他「九歲讀漢書，通曉滿、漢文義。自太祖以來，凡與明國及朝鮮往來書翰，皆出其手。」「其平日所譯漢書，有刑部會典、素書、三略、萬寶全書，俱成帙。」⓬亂中雜錄所記為天命四年時達海文墨程度，實錄所言當是其日後進步情形，但也有不少誇張。

天聰五年七月，改巴克什為筆帖式，如本賜名為巴克什者，仍保留原來稱號。在沒有討論筆帖式在滿人參與政治活動上之用意及其功能之前，先簡述太宗即位後文墨幕僚機構情形。

太宗即位後，由於內外事務日繁，乃將太祖時的文墨幕僚擴大。前引天聰三年四月實錄所記止是繙譯漢籍與記注政事人員已有八人。又天聰五年十二月甯完我疏云：「我國筆帖赫包之稱，於漢言為書房。朝廷之上，豈有書房之理？官生雜處，名器未定。」⓭於漢言為書房，是當時此文墨幕僚機構，滿語稱為筆帖赫包，漢語則未明定稱謂。漢官比附其義，稱之為書房。天聰六年九月王文奎復奏云：「今日之書房，雖無名色，而其實出納章奏，即南朝之通政司也。民間之利病，上下之血脈，政事之出入，君心之啓沃，皆係于此。自大海棄世，龍識革職以來，五榜什不通漢字，三漢官又無責成，秀才八、九人，閧然而來，羣然而散。」⓮此時榜式、漢官、秀才已有十八、九人之多⓯。

筆帖赫包—書房，（以下為方便用「書房」），比之為明代通政司，「一切往來國書，暨官生章奏，俱在於斯。」⓰可見其職務性質，及其在當時政權組織中所處的地位。但此時滿人的文化水準尚處在文字創立不久的低落階段，而且又是政權奮起與明朝進行鬥爭日事爭戰的尚武時期，書牘文事，不受重視，衆人「眼中無書房衆官」。所以大海一死，「書房事宜，竟無專責，其櫃子中所貯文書，人得亂動。」⓱「遇有章奏，因無職守，彼此互推，動淹旬月。」⓲

天聰朝臣工奏議自天聰六年正月至八年正月，前後二十五個月漢官上疏一直用書房字樣。所記在書房工作的漢人有高士俊、王文奎、李棲鳳、楊方興、馬國柱、范文程、甯完我、鮑承先、江雲深、孫應時、張文衡、羅綉錦、朱延慶等十三人⑲。共收錄奏疏九十七篇，其中四十二篇爲此十三人所上。前五人上疏時稱書房秀才某某，後八人有僅書官銜姓名某某者，有官銜下加書房臣某某者，有先寫書房下書官銜姓名某某者，有寫相公某某者。清史稿云：「太祖時儒臣未置官署。天聰三年，命諸儒臣分兩直，譯曰文館，亦曰書房，置官署矣。而尙未有專官，諸儒臣皆授參將、遊擊，號榜式。未授官者曰秀才，亦曰相公。」⑳

書房中漢人雖多，但只是辦理漢字文書，或接受詢問，條陳意見，眞正負責的是滿人。臣工奏議中提到這些文墨滿人時，稱爲榜什、筆帖式。他們的主要工作是紀錄當時政事活動，轉達官民人等不經六部直接上奏的案件，繙譯漢、蒙文章奏典籍，保管檔案。

紀錄政事活動，翻譯章奏，保管檔案，當時是不讓漢人參與的。楊方興條陳時政奏云：「我國雖有榜什，在書房中日記，皆係金字，而無漢字。皇上既爲金、漢主，豈所行之事，止可令金人知，不可令漢人知耶。」㉑又王文奎條陳時宜奏：「至若翻譯之筆帖式，在書房之通文墨者，止恩國泰一人。事繁人少，多至稽延。宜擇一二，以助不遠。制立號簿，注限日期。要使大事不過五，小事不過十。」㉒又馬光遠請設六科奏：「今國政初立，事多繁難，凡在下大小官民人等下情，有應在六部伸訴者，有應在皇上陳奏者。六部有六部貝勒代爲轉奏，皇上有書房榜什代爲轉奏，可謂便當。臣近見各部事體，或壅或滯，無人稽察。書房事體，或推或諉，率多羈悞。」㉓漢人不能參與，滿人又不喜讀書，通達滿漢文字的少，所以有人建議早日訓練小榜什。王舜恭陳末議奏：「小榜什宜急選用。向年臣瀆聖聽，說人才當預養，恐大海棄世，書房中不免一時乏才。不意果年餘而大海云亡。……我國之小榜什，老成持重者雖少，而聰明伶俐者亦多。汗當盡搜國中識漢字者，考其識見才調，置之書房，出入禁庭。再當揀選實學秀才，朝夕講論，每月考其學問進益，嚴其賞罰，察看他家私貧富，勿令他愁衣愁食。如此激勵，二三年間，必有成才者。今日之小榜什，可為後日之大榜什矣。」㉔

這裡所說的小榜什，當是「八固山讀書之筆帖式」㉕。所謂大榜什，蓋即指如大海、龍識、庫爾纏等當時滿人高級知識分子文墨侍從之流而言。

由上引臣工奏議史料觀之，雖然實錄天聰五年七月有巴克什稱號限定使用的記載，但當時一切都在初創雜亂，「做一頭丟一頭」，沒有一個「金典」㉖，沒有一定的制度，所以稱謂既不劃一，使用亦不嚴格。

以上是書房時代榜什、筆帖式的情形。書房何時改稱文館，史料不詳㉗。王氏東華錄記天聰三年四月命儒臣分為兩直任繙譯記注時，有「名曰文館」四字，但太宗實錄及蔣氏東華錄皆無文館二字。文館稱謂，蔣氏東華錄見於天聰五年正月。實錄見於三年十一月㉘。又實錄天聰五年十二月甯完我疏中有「臣等公疏，請設六部，立諫臣，更館名，置通政。」「我國筆帖赫包之稱，於漢言為書房。朝廷之上，豈有書房之理。官生雜處，名器未定，更易布置，止一矢口之勞，皇上何憚而不為也。」「今遊擊范文程又補刑曹，諒臣亦不得久居文館矣。」㉙書房文館本為一物，而前後用語不一。前引臣工奏議到天聰八年正月仍用書房字樣。而且「筆帖赫包之稱，于漢言為書房。」只是比附相稱，非明定稱謂。如此時已改為文館，當不會仍用書房稱呼。或原疏中本皆稱為書房，修實錄時改為文館，此處漏而未改？文館後演變為內三院，而臣工奏議中漢人建言，亦每以此相比。如「我朝枚卜之學，實有未行，不過曰書房，豈堂堂立國之體裁。」[30]「今我國設立六部，設立書房。」[31]「書房實六部之咽喉也。」[32]「六部設而總裁無人，未免各是其事。書房立而經理不專，未免互相推諉。」「乞皇上早選清正練達二三臣，立爲總裁。於皇上大門迤裏，蓋建內閣三間，令各總裁每日黎明入閣。凡八家固山，六部承政，有疑難大事，先赴內閣公議，務要便國利民，方得奏請。」[33]這說明了當時這個機構的地位性質與職能功用，但稱爲書房，而不稱爲文館。

由於說明巴克什與筆帖式的演變關係，而涉及書房與文館。本文非討論由書房到文館，由文館到內三院，由內三院到內閣間的演變關係及其職務性質，所以不再多加申敍。而巴克什自天聰五年七月起，已正式規定爲加給文儒者的一個稱號，如同對武勇者加給巴圖魯的稱號一樣。事實上清史稿中所記有巴克什稱號者，如達海、碩色、希福、額爾德尼、尼堪、武納格等都是在太祖時代得到的，太宗時沒有一人得此稱號者。范文程得巴克什稱號在順治元年入關之後，可能是漢人中唯一得到此稱號者[34]。剛林得到巴克什稱號在順治五年[35]。以後即再沒有人得此稱號，這也說明了滿人的漢化進展情形[36]。

筆帖式稱謂已見於天聰三年二月實錄。天聰五年七月設立六部建立政府官制時，一方面限定了巴克什稱號的使用，一方面劃定了筆帖式的職階地位。當時六部的體系是：貝勒—承政—侍郎—啓心郎—筆帖式—章京—差人。各部所設「辦理文書」的筆帖式，名額多寡不一。六部總共七六名，其中滿人六四名，漢人十二名[37]。

當時不止書房、六部有筆帖式，各旗下都有這種辦理文書人員。因爲史料不足，而本文重點是在討論入關後筆帖式一職在所謂滿漢共治運用下的特殊功能，所以入關前的情形，便不再多討論了。

二、入關後的筆帖式

清人入關後，爲了進行統治上的需要，及旗人共享政權利益，所以讓旗人直接參加政府，以便控制官僚組織及監視其運作活動。因此在中央政府各機構中都有旗人分配㊳，用以制衡漢人力量。筆帖式其職雖微，但因其職位分佈性廣，參預者衆並在基層，所以發揮的監視制衡功能也較大。當時章奏皆譯滿文以進，內外文移亦多滿文。此輩中間傳譯人員，自然是不可少。北游錄：「筆帖式，專習國書，盛京各衙門，外而督撫並有之。京官滿漢各從本書，然滿官先得旨施行，迨漢官奉旨，則事且早定矣。漢疏呈至院內，仍譯滿書以進。下內院漢人者票擬滿疏呈御，即得旨以內院滿人者任之。其大事經諸王大臣處分既定，下內院或更譯漢書，以示諸臣。」㊴嘯亭雜錄：「國初海內甫定，督撫多以漢人充之，凡文移用國書者皆不識，每省乃委內院筆帖式數人，代寫清文字書。後內三院改爲內閣、翰林院、繙書房等署，而督撫衙門筆帖式仍沿舊銜，未及更正云。」㊵將軍、都統、織造、關鹽等衙門都有筆帖式額缺，掌理清字繙譯文案。旗員之外任者，定例得携帶筆帖式從行㊶。

由於材料的限制，本文所及範圍只限於中央政府文職機構。筆帖式依其工作性質，有繙譯筆帖式，繕本筆帖式，貼寫筆帖式。顧名思義，可知其職。亦有程度上的分別，考試時，「識滿漢字者試繙譯，止識漢字者試繕寫。」㊷「各部繕本筆帖式，戶部貼寫筆帖式，皆以滿洲、蒙古、蒙軍應考筆帖式之人，由部奏派考取，以次補用，三年期滿除筆帖式。」㊸又依其品級分，有有品筆帖式與無品筆帖式。無品筆帖式又有效力、無品、無頂帶等稱呼，皆未入流㊹。

有品級筆帖式，初時品級甚高。聽雨叢談：「國初都瀋陽時，未備文學翰林之職，凡制誥簿籍，皆筆帖式司之。其階級有五品、六品、七品、八品、九品，分別比於學士編檢。至雍正年間，各部院尚有六品筆帖式。今惟內府、理藩院有六品委署主事，即六品筆帖式之遺意也。」㊺五品筆帖式，未見具體記載。所云分別比於學士編檢，蓋指由文館到改為內三院官制未定時的情形㊻。入關之後，初有六、七、八品筆帖式㊼，後改為七、八、九品。皆無正從之分㊽。

筆帖式之出身，有任子，有捐納，有議敍，有考試等途徑。而各機構以其性質不同，取才亦各有限定。一般為經由考試。《會典》：「滿洲、蒙古、漢軍筆帖式，以文舉人、武舉人、貢生、監生、文生員、繙譯生員、武生、官學生、覺羅學生、義學生，由部奏派大臣考試，分別等第擬取，進呈欽定。交部註册，入月選以次除。」㊾

這裡需要補充說明的，是繙譯生員、官學生等出身資格。清代官人之法，出身分正途異途，以正仕籍。會典記任官出身之途，分為進士、舉人、貢生、廕生、監生、生員、官學生、吏八項。其中為了維護種族利益，保障旗人機會，進士分文進士、滿洲蒙古繙譯進士。舉人分文舉人、滿洲蒙古繙譯舉人，漢軍武舉。生員分文生員、滿洲蒙古繙譯生員、漢軍武生。官學生分八旗官學生、義學生、覺羅學生、算學生。此外，無出身者，滿洲、蒙古、漢軍曰閒散，漢曰俊秀。又滿人拜唐阿、親軍、護軍、前鋒、領催、馬甲等如就文職，其出身皆視同閒散㊿。

文進士與文舉人出身者皆謂之科甲出身，與恩、拔、副、歲、優貢生，恩、優監生，廕生為正途，餘為異途。異途出身如經過保舉，亦同正途。惟旗人可免保舉，皆得同正途出身[51]。是旗人在入仕出身途徑上，已較漢人為廣。異途並免保舉，陞遷更處優越地位。

由上所述，旗人凡文武繙譯舉人、貢生、監生、文武繙譯生員、官義學生、驍騎、閒散、親軍、領催，以及庫使，皆可參與筆帖式考試。入選者，舉貢以七品用，生監以八品用，官義學生、驍騎、閒散等，以九品用[52]。

考取筆帖式，依清廷政權與旗制關係，名額照旗分平均分配。試題極爲簡單，僅繙譯一道。通過考試者，註册序班，按旗分缺選用。如無缺額，依班候補[53]。此外取得筆帖式機會較多者，是先充無品筆帖式，效力期滿議敍改正[54]。又庫使由滿洲官學生考取補用者，三年期滿，亦可除筆帖式[55]。其次爲捐納，尤其自咸豐年間，以軍興餉絀，特開籌餉事例，寬籌章程，捐例繁多，後更無復限制，旗人捐數十金，即可得筆帖式[56]。至於由任廕而爲筆帖式者，其例亦多，不再舉例敍述。無品筆帖式之取得，康熙時本不需經過考試，生員、官學生皆可於吏部註册，聽候補用[57]。乾隆年間，始規定無品筆帖式俱由官學生考用，然不能與有品筆帖式一體論俸陞轉[58]。

另外一個途徑需要說明的，是由除班、補班、改班而爲筆帖式。除班：各學教習，三年期滿，滿洲監生充者除筆帖式。廢員充者，如原係小京官，知縣以下官，三年投八品銜，再三年除筆帖式。補班：部院小京官，滿洲降至八品者，其應降用光祿寺典簿、鴻臚寺主簿者，如無本項應得之缺，光祿寺典簿准改補七品筆帖式，鴻臚寺主簿准改用八品筆帖式。降至九品者，以九品筆帖式用。改班：滿洲文進士即用知縣，願改京職者，改筆帖式。外任親年七十五歲以上，願改京職者，州同、知縣改七品筆帖式。其餘佐雜按出身改八、九品筆帖式[59]。

清人入關之後，在各機構都定有滿缺筆帖式名額[60]，除了在關外時的傳統經驗，及處理工作上的實際需要外，當然在種族利益上，政權安定上，還有其更深一層的意義。筆帖式在順治、康熙年間，滿清統治者由於族人文化水準尙低，所以稍通文墨者即受到特別重視，也特別爲其安排便於陞轉機會與途徑。聽雨叢談：「我朝事法三代，國初八旗科目之制，或學或停，不甚專重。筆帖式、中書可轉編修，部郎可升翰林學士。如尼滿由筆帖式授編修，洊至尚書。傅達禮以郎中授內院讀學，遷翰林侍讀學士，擢掌院學士。齊蘇勒由官學生出身，尹泰筆帖式出身，均歷官翰林侍讀、侍講、國子祭酒。凡此致身者，不勝枚舉。自余束髮以來，今四十餘年，不由科目而歷翰林者，未之得聞，不識改自何始。」[61]又云：「雍正年，筆帖式仍轉翰林編修等官。今則職視丞簿，惟內升主事，外補府貳而已。惟滿洲進士、舉人出身之筆帖式，可轉贊善，猶存舊時體制。」[62]聽雨叢談成書在咸豐末年[63]，筆帖式之地位，由於滿人漢化加深，清朝政權整個統治情勢及統治成員結構的轉變，已遠非昔比。但其爲旗人進身重要途徑之一，並未改變。進身入政之後，雖由於科擧之發展，不由科目不得入翰林，但其遷轉途徑仍然甚廣。且旗人得文武互轉之妙用，活動天地，依然廣濶。

清制，各部院衙門文牘處理，司官掌定稿說堂，筆帖式專管繙譯，廳官司文書收發[64]。而筆帖式實係學習歷練，「將來陞用堂司官之人。」[65]清稗類鈔：「部有檔房，一部之關鍵也。以司員爲總辦，幫辦有堂主事，有筆帖式。筆帖式之分，曰委署主事，曰掌稿，曰繕摺，曰牌子，所以供筆札，司收掌，任奔走。而實則學習部務，以備司員之選，分胥吏之權也。故列一等者，不三年，洊至員外郎、郎中而掌印矣。」[66]「且微員中之似無足重輕，而關係極重者，莫如筆帖式。雖堂官不甚重視，司官亦羞與爲伍，彼亦自儕於書吏輿儓之列。然三年大計，保列一等，不數年，題升郎官，掌印鑰矣。又不數年，外任監司太守矣。」[67]司官羞與爲伍，彼亦自儕書吏，這是清代晚期情形，在早期並非如此。聽雨叢談：「國初筆帖式亦奉皇華之役。道光初年，僅存有賚頒制誥之差，今亦停矣。康熙四年，奉上諭曰：朕前遣侍衞至鐵索橋掛匾，還京回奏，彼處督撫餽銀六千兩。夫一侍衞而費用至此，則凡部院司員、筆帖式等差遣往來，又不知如何矣。揆度當日情形，筆帖式一官，卑於侍衞，其權要聲勢，應重於侍衞矣。」[68]

聲勢擾人，固由於部族政權氣燄正盛，而且又是征服階級內通達兩方文字傳譯人員。但另一方面也是滿清最高統治者視筆帖式爲培養堂司官幹部，因之特受重視。雍正五年，並規定嗣後補用筆帖式，須帶領引見[69]。所以儘管筆帖式到清代晚期自輕人卑，但並不妨礙其所受到的遷轉保障。光緒年間盛昱奏云：「八旗之人，不及漢人仟佰分之一；八旗之京官，乃多於漢人數倍，荒陋貪鄙，動爲人笑。筆帖式旗官之初階也，近者不由學而由捐。黃口乳臭，目不知書，伺候堂官，有同奴隸，寖而升司官，放道府，甚且長封疆，長臺閣。」並言「內患之所由起，外侮之所由來，孰非由此輩階之厲哉！」[70]

旗人所造成的國家內患外侮的責任，此爲另一問題，不予討論。問題關鍵，並不在筆帖式本身條件爲何，而在滿人以「筆帖式爲滿員進身之階」的特權。清史稿選擧志云：「滿人入官，或以科目，或以任子，或以捐納、議敍，亦同漢人。其獨異者，惟筆帖式。京師各部院，盛京五部，外省將軍、都統、副都統各署，俱設筆帖式額缺。」[71]科目、任子、捐納、議敍都有公之於衆的客觀標準，爲袒護旗人利益，縱可上下其手，但畢竟有所限制，因之乃不得不另開獨異之途。前述任官之法旗人出身及取得筆帖式途徑時，已見其機會途徑較漢人、蒙古、漢軍之多之廣，異途出身不需經過保擧得視同正途，在陞遷上所佔優勢。而進身之後，又受缺分保障，清史稿：「六部主事，額設百四十缺，滿蒙缺八十五，補官較易，筆帖式擢補主事，或不數年，輒致通顯。」[72]依會典統計，六部主事共一五一缺。其中滿缺七八個，蒙古缺六個，漢軍缺七個，漢缺五九個。筆帖式除陞補滿缺外，並可借補蒙古缺、漢軍缺或漢缺。其主要可陞補缺分，見於會典者有詹事府贊善，六部堂主事、主事、銀庫主事，理藩院主事，太僕寺等衙門主事，都察院經歷，大理寺丞，光祿寺署正，太僕寺蒙古主事，六部、理藩院漢軍堂主事，人理寺漢軍寺丞、漢寺丞，通政司知事、經歷，大理寺評事，太常博士，部、院、寺司務，鴻臚寺主簿，中書科中書，太常寺漢軍博士等[73]。

筆帖式名額，依光緒會典統計，軍機處、六部、理藩院、都察院、通政使司、大理寺、翰林院、詹事府、國子監、太常寺、太僕寺、光祿寺、鴻臚寺、欽天監、奏事處、鑾儀衞、宗人府、內務府共計筆帖式額缺一五五〇個。除去奏事處、鑾儀衞、宗人府、內務府後，仍有缺額一〇五九個。其中缺額雖有滿、蒙、漢軍之分，但以滿人佔絕對多數。即以上述自軍機處至欽天監一〇五九個缺額來說，計滿缺七二九個，蒙古缺八五個，漢軍缺八七個。另族別不清缺分一五八個，其中亦以滿缺爲多。如都察院十五道筆帖式三十二缺，會典未言其族別，清史稿言康熙、雍正年間滿洲五十一人，漢軍七人。光緒三十三年，定滿、蒙、漢軍共酌留三十人。比例仍以滿人佔絕對多數。

筆帖式只是滿員進身之階，爲保障族人政權利益，清朝統治者又將文官缺分分成幾個類別。會典：「凡內外官之缺，有宗室缺，有滿洲缺，有蒙古缺，有漢軍缺，有內務府包衣缺，有漢缺、。凡宗室京堂而上，得用滿洲缺，蒙古亦如之，內務府包衣亦如之。漢軍司官而上，得用漢缺。京堂而上，得兼用滿洲缺。凡外官，蒙古得用滿洲缺。滿洲、蒙古、漢軍、包衣皆得用漢缺。滿洲、蒙古無微員，宗室無外任。」[74]旗人既有保障缺額，而「滿缺外，漢缺亦得補用。其有終養回旗，得授京秩。」[75]再加上「八旗仕進之階，不泥一轍，大臣故不判其文武，下至食餉彎弓之士，亦有文職之徑。」[76]入仕之後，陞遷自較漢人爲易。清稗類鈔：「滿員升遷，較捷於漢，以缺多而人少也。承平時，循例升官，八旗中以鄂文恭公爾達爲最速。文恭於雍正癸卯，猶一筆帖式也。旋授吏部主事。至庚戌，已擢廣東巡撫。由微員至疆臣，食俸僅六載耳。」[77]鄂爾達八年之中由筆帖式而至二品大員，固爲特出例子。但滿人缺多，補官較易，因之或不數年，輒至通顯。茲就清史列傳、清史、清史稿統計滿人任官情形，以說明筆帖式一職在滿人政治活動中所佔地位。

以清史列傳、清史、清史稿，就清人入關後始入仕者，共得滿人任文職者三〇五人，其出身如下：

出身	人數	比率
進士	84	27.5 %
繙譯進士	6	2 %
舉人	25	8.2 %
繙譯舉人	7	2.3 %
貢生	3	1 %
廕生	16	5.3 %
監生	12	3.9 %
生員	5	1.6 %
文生員	8	2.6 %
繙譯生員	5	1.6 %
官學生	17	5.6 %
襲世職	12	3.9 %
閒散	6	2 %
不詳	99	32.5 %

另不見於上列諸書而見於八旗通志者，計出身進士者一人，繙譯舉人二人，舉人二人，官學生四人，閒散、廕生、襲世職各一人，出身不詳者四三人。

此三〇五人中，初仕即爲筆帖式者六八人，由他官陞遷爲筆帖式者三人。其出身：

出身	人數	比率
進士	2	2.8%
舉人	6	8.5%
繙譯舉人	3	4.2%
貢生	3	4.2%
廕生	2	2.8%
監生	5	7%
生員	2	2.8%
繙譯生員	4	5.6%
文生員	1	1.4%
官學生	3	4.2%
閒散	1	1.4%
不詳	39	54.9%

值得注意的，是七一人中有三九人出身不詳，佔百分之五四・九。如將閒散也計算在內，則佔百分之五六・三。清人入關之後，高唱滿漢一體，國家用人惟才，不設意見，不分畛域。又亟亟恢復科舉考試，以籠絡人心。滿漢取士，並示公平。而事實上滿人雖有種種優待保障，仍不能與漢人競爭。即專爲旗人開拓入仕途徑所設的繙譯科目，滿人赴者亦不踴躍。一方面是社會上對此不加重視，滿人心理亦受此影響；一方面是他們覺得自己屬於征服階級，部族領袖——帝國最高統治者應爲他們安排分享政權利益的機會。而開科滿漢取士，實亦爲滿清政權帶來難以調和的矛盾。因爲既然考試取才，必須共同競爭。不論滿漢相爭，滿人自己相爭，都必須努力讀書，這無異是鼓勵族人加速進行漢化，驅使族人追求漢人生活情調。在中國過去傳統社會中，士大夫階級，有其自己的一套生活方式。這一套生活方式中的一個主要特點是輕視勞力活動，輕視武職武人。這與滿清統治者希望族人保持淳樸風習，保持戰鬥力量，以保持政權

的需要是極端矛盾的。滿清統治者要求族人子弟讀書態度是，不必尋章摘句，摹擬帖括。然必熟讀史漢經籍，以爲根柢，諸子百家，以爲應變。再加以閱歷，習以掌故。出爲幹濟之用，國家文武之材[78]。而事實上科舉盛行，整個社會以功名爲榮的刺激下，既然苦讀詩書，自要應試求名。同時滿清統治者爲了培育族人幹濟之才，使掌握政治機構，也特設學校，支助費用，鼓勵讀書，因此便陷入自我矛盾的困境。爲了解救族人漢化日深侵蝕政權安全的困局，爲了照應族人分享政權而不必通過考試的要求，於是乃有旗員出身，不拘文武，可以互遷，仕進之階，不泥一轍等種種方便之門。不但品秩高者可以文武互用，即親軍、護軍、馬甲都可以爲筆帖式，踏階而進，文武互用了。更有所謂改班之法，一等侍衛可改三品京堂，二等侍衛改四品京堂，輕車都尉、參領、三等侍衛改郎中，騎都尉、副參領、四等侍衛改員外郎，藍翎侍衛、雲騎尉改主事，前鋒校、護軍校、驍騎校改主事及七品小京官[79]。下至無品級給役執事的柏唐阿也可改筆帖式。至於太常寺贊禮郎，「由舉貢、生監、官學生選取者，京察卓異，內外兼用。由武職領催、馬甲、護軍選充者，只洊京職。其歷階而卿相者，實有其人。」眞是「十年窗下苦，不及一聲嚎。」[80]

關於清廷統治機構的特點，將另有專文討論，下表七一個由筆帖式仕進者其最高官品如下：

品級	人數
1a	18
1b	21
2a	14
2b	12
3a	2
3b	
4a	
4b	4

如依其出身分析其最高品位。其情形爲：

出身	品級	人數
進士	1a	1
	1b	1
舉人	1b	2
	2a	1
	2b	2
	4b	1
繙譯舉人	1a	1
	2a	1
	2b	1
貢生	1a	1
	2b	1
	3a	1
廕生	1b	2
監生	1a	1
	1b	3
	2b	1
生員	1b	1
	2a	1
文生員	1b	1
繙譯生員	1a	1
	2a	1
	2b	1
官學生	1a	1
	2b	2
閒散	1b	1
不詳	1a	12
	1b	9
	2a	10
	2b	5
	4b	3

筆帖式官至一品者三九人，出身不詳者二一人，接近百分之五四。官至二品者二六人，出身不詳者十五人，佔百分之五七・五。如以所統計之三〇五人比較，官至一品者共一九二人，初仕爲筆帖式至一品者三九人，佔百分之二〇強，百分比不能算不高。如再以筆帖式出身不詳者比較，亦佔百分之一〇・九。充分說明了滿清統治者爲了保持政權及族人政治權益的運用情形。

又依其初爲筆帖式年代統計，其分佈如下：

時間	人數
順治	3
康熙	14
雍正	11
乾隆	21
嘉慶	6
道光	8
咸豐	3
同治	1
光緒	4
宣統	0

雍正一朝只有十三年，而佔十一人。康熙、乾隆年代相差一年，而人數爲三與二之比。雖然此爲有傳記人物，不能概括全部滿人入仕情形。但就前面出身統計中，出身不詳者三十九人，其中康熙朝十二人，雍正朝七人，乾隆朝十人，也可以推知康、雍、乾三朝進行種族思想檢查及政權種族本位的情形。又自乾隆而後人數日少，固不足據以論斷滿人人材零落，但就前引盛昱之疏互相推證，亦不無消息。

旗員出身不泥一轍，又可文武互用。所以陞遷上種種規定，對滿人來說，使少受到限制了，又清人曾爲大學士者九〇人，其中初爲筆帖式而陞遷至大學士者一五人。如依年代劃分，計順治年間一人，康熙年間五人，雍正年間三人，乾隆年間一人，嘉慶年間二人，道光年間一人，光緒年間二人。

此外就七一個筆帖式所屬旗分看。計：

旗別	正黃	鑲黃	正白	鑲白	正紅	鑲紅	正藍	鑲藍
人數	17	9	12	4	3	8	6	12

正黃、鑲黃、正白爲上三旗，屬於天予，其餘爲下五旗。上三旗三八人，下五旗三三人。上三旗人數多於下五旗，此不獨筆帖式之情形如此，在所統計三〇五人中，上三旗一七六人，下五旗一三八人，亦是上三旗多於下五旗。此固可能受到出身等因素的影響，但入仕後上三旗下五旗陞遷機會的不同，關係更爲重要。由此亦可看出旗制之間表面說是維持權利義務的平等

均衡，而實際上是有着高下遠近的差異，否則便無所謂抬旗了。又如就所屬姓氏分析，除愛新覺羅外，所謂「八大家」與其他姓氏個別比較，八大家所佔比例亦高。此與上述上三旗與下五旗人數分佈不均一樣，內中因素甚多，所牽範圍甚廣，屬於旗制與政權關係的內部問題，這裡不加分析。

注釋

❶ 卷一，〈筆帖式〉條。
❷ 職官一，宗人府。
❸ 卷六四，職官略一。
❹ 卷一，筆帖式條。《清文獻通考》，順治十五年七月改定各官署滿漢名稱，翰林院。
❺ 《太宗實錄》卷五，天聰三年二月戊子。
❻ 卷五，天聰三年四月丙戌。蔣氏東華錄與實錄同。
❼ 《聽雨叢談》卷八，巴克什。巴克什亦作榜式。乃清語文儒諳悉事體之稱。范文程、甯完我官大學士時，皆有榜式之名，有如武臣之巴圖魯也。筆帖式今清語作筆特和式，亦不稱巴克什矣。又按國初文臣皆呼為巴克什。
❽ 〈清史稿列傳〉中賜巴克什名號者，除尼堪外皆言其通滿漢文或滿蒙文義。賜號巴克什不限於文儒書生，蒙古正白旗武納格以通蒙漢文賜巴克什號，而為有名大將。
❾ 太祖二四，天命六年七月十一日。
❿ 《朝鮮李朝宣祖實錄》卷七〇，二十八年十二月癸卯。卷七一，二十九年正月丁酉。卷一二七，三十三年七月戊午條。
⓫ 續錄頁四一，光海己未年（明萬曆四十七年）。
⓬ 《清太宗實錄》卷十二，天聰六年七月庚戌。
⓭ 《太宗實錄》卷十，天聰五年十二月壬辰。按王氏《東華錄》及《清鑑易知錄》筆帖赫包為筆帖黑色，應是。
⓮ 《天聰朝臣工奏議》卷上，天聰六年九月，王文奎條陳時事奏。

⑮達海卒於天聰六年七月，龍識亦在同月革職，距王文奎上此疏時不到兩月。
⑯《天聰朝臣工奏議》卷上，天聰六年十一月二十八日，楊方興條陳時政奏。
⑰《天聰朝臣工奏議》卷上，天聰六年十一月二十一日，李棲鳳請示書房事宜奏。
⑱同上，王文奎條陳時宜奏，天聰六年九月。
⑲當時入值文館的漢人，尚有馬鳴佩、雷興、羅繪錦等人，見清史稿列傳二十六。
⑳〈清史稿列傳〉十九傳論。
㉑見注⑯。
㉒見注⑱。
㉓《天聰朝臣工奏議》卷上，天聰六年十一月二十九日，馬光遠請設六科奏。
㉔同上，王舜恭陳末議奏，天聰六年九月二十四日。
㉕見注⑱。
㉖《天聰朝臣工奏議》卷上，天聰六年九月，胡貢明五進狂瞽奏。卷中，天聰七年八月九日，甯完我請變通大明會典設六部通事奏。
㉗《大清會典事例》卷十一，內閣建置內三院沿革，云文館設於天聰三年。清史稿職官志一，內閣，云天聰二年建文館。
㉘《太宗實錄》卷五，天聰三年十一月壬辰。
㉙《太宗實錄》卷十，天聰五年十二月壬辰。
㉚《天聰朝臣工奏議》卷下，天聰七年二月四日，許世昌〈敬陳四事奏〉。
㉛同上，卷中，天聰七年十二月二十二日，扈應元〈條陳七事奏〉。
㉜同上，卷上，天聰六年十一月二十八日，楊方興〈條陳時政奏〉。
㉝同上，天聰六年十一月二十八日，馬光遠〈敬獻愚忠奏〉。

㉞ 范文程瀋陽人，居撫順。曾祖鏓爲明正德年間進士，官至兵部尙書，明史有傳。文程與兄文寀爲瀋陽縣學生員，天命三年，清太祖下撫順，兄弟俱降。清太宗卽位，召文程值文館，凡取明國，討朝鮮，定蒙古，文程皆參謀議。崇德元年改文館爲內三院，文程爲內秘書院大學士，進世職二等甲喇章京。順治元年，論定鼎功，進一等阿思哈尼哈番，加拖沙喇哈番，賜號巴克什。〈清史稿列傳〉十九本傳。

㉟ 〈清史稿列傳〉三二，〈剛林傳〉。

㊱ 鄭天挺《清史探微》十二釋巴克什，「凡賜號的，最初皆繫於本人原名之下，其後亦改爲原名之上。太祖武皇帝實錄於太祖建號時稱『厄兒得尼榜識接表』，《東華錄》作『巴克什額爾德尼接表』；實錄於天命三年取撫順後至明邊時稱，『乃遣厄兒得溺榜識令二王停兵』，東華錄作『乃遣巴克什額爾德尼令兩貝勒勿進兵。』是其證。」按武皇帝實錄亦有寫在人名之上者，如己亥年，「太祖欲以蒙古字編成國語，榜識厄兒得溺、剛蓋對曰……」倒是清鑑易知錄榜識俱寫在人名之下。如有官職，其順序則爲官職、人名、榜識。如記達海之死，寫作「遊擊大海榜式卒」。

㊲ 李光濤、李學智，《明清檔案存眞選輯》（上集），《中央研究院歷史語言研究所專刊》三十八之二。

㊳ 各機構中惟內閣無筆帖式。內閣有繙本之貼寫中書，於考試繙譯筆帖式內揀選補用。

㊴ 《北游錄》，紀聞下。

㊵ 卷八，內院筆帖式。

㊶ 《永憲錄》卷二，雍正元年四月乙卯。于山奏牘卷七，請帶郞筆帖式疏。李文襄奏疏卷十，請設專員審理逃人疏。

㊷ 《清文獻通考》卷四七，選擧二。

㊸ 《大清會典》卷七，吏部文選司。

㊹ 《古今圖書集成》卷五七，官制彙考，皇清一，吏部：又初設他赤哈哈番、筆帖式哈番。後改設六品、七品、八品，無頂帶筆帖式，各部院衙門同。無頂帶筆帖式未入流。

㊺ 卷一，筆帖式。
㊻ 清代官私記載以文館、內三院、內閣是一個發展系統。天聰十年文館更名為國史、秘書，弘文內三院。始亦沿承政名，後各置大學士。順治元年設翰林院，七年併隸內三院。十五年內三院更名內閣，別置翰林院。十八年復三院舊制，翰林院仍省入三院。康熙九年改內三院為內閣，始定設翰林院。所以敍述入關前巴克什及筆帖式之職務，有時視之為內閣，有時視之為翰林院。
㊼ 《羅雪堂全集四編》，內弘文院職官錄，六品筆帖式甚多。
㊽ 會典將中外大小正雜流土之文官，分為九品十八級，每級之下皆註有相當之官職。筆帖式雖有七、八、九品之分，然不在此序列之內，而列於「凡官不繫以正從者，則以品為差。」項下。
㊾ 《大清會典》卷七，吏部文選司。
㊿ 同上。
51 同上。
52 〈清史稿選舉志〉五。
53 皇朝掌故彙編卷三，銓選。高宗實錄卷二三，乾隆元年七月辛酉。
54 清文獻通考卷七七，職官一。
55 大清會典卷七，吏部文選司。
56 舊京瑣記卷三，潮流。
57 清文獻通考卷四七，選舉二。
58 清高宗實錄卷三〇，乾隆元年十月丁酉。
59 大清會典卷七，吏部文選司。
60 只有內閣是例外。見注㊳。
61 聽雨叢談卷一，滿洲翰林不必科目。

62 同上，筆帖式。

63 見聽雨叢談前言。

64 清文獻通考卷七七，職官一。

65 上諭內閣，雍正五年七月初三日。

66 爵秩類，六部。

67 同上，筆帖式。

68 卷一，筆帖式。

69 上諭內閣，雍正五年七月初三日。

70 清朝續文獻通考卷九五，學校二。

71 清史稿選舉志五。

72 同上。

73 大清會典卷七，吏部文選司。

74 同上。

75 清史稿選舉志五，任官。

76 聽雨叢談卷一，軍士錄用文職。

77 爵秩類，鄂文恭由筆帖式至巡撫僅六年條。應爲八年。鄂彌達見清史卷二一四本傳。

78 聽雨叢談卷十二，世祿之家不應考試。

79 大清會典卷七，吏部文選司。

80 聽雨叢談卷十一，贊禮郎。

清代的侍衛

一

《清通典》卷三一，職官九，領侍衛內大臣：

> 國初以八旗平定海內，鑲黃、正黃、正白三旗皆天子所自將。爰掄其子弟，命曰侍衛，用備隨侍宿直，統以勳戚大臣。而宗室之秀，外藩侍子，亦咸得以選預環列焉。凡輪直殿廷，以領侍衛內大臣等總統之。若朝會燕饗，時巡大閱，則率其屬以執事。

侍衛的組織與職務，官私記載，既多且詳。本文所注意的，不屬其職務範圍，而是侍衛這個職位，在清王朝滿族最高統治者所運用的滿漢共治政策，中央政府重要職位採取種族複職制度的官僚組織中，所發揮的另一面功用❶。

清王朝滿族最高統治者爲使族人在滿漢共法複職（中央政府）的官僚體制下便於進入政府，參與政治運作，以保障其政權安全，維護族人的特權利益，因此在對族人進身政府及歷階遷轉等資格程序上，除依照所揭示的國家用人任官銓註遷敘的一般規定外，另有兩條專利途徑。一是充任筆帖式；一是挑取侍衞❷。＜清史稿選舉志＞：

滿人入官，或以科目，或以任子，或以捐納議敘，亦同漢人，其獨異者惟筆帖式。滿人以門閥進者，多自侍衞、拜唐阿始。故事，內外滿大臣子弟，五年一次挑取侍衞、拜唐阿。以是閑散人員，勳舊世族，一經揀選，入侍宿衞，外膺簡擢，不數年輒至顯職者比比也❸。

筆帖式已另文討論❹，拜唐阿不屬本文範圍，故只說侍衞。

上引通典所記侍衞情形，都是入關後的現象❺。入關之前，方自部落政權向國家體制發展，自不能如是整齊周備。但侍衞的身分性質及選取範圍等特性的形成，都與滿族王朝早期政權的發展有關。所以先簡述其入關前的存在情形，以便追索其日後所以在本職以外具有特殊功能的原因。

侍衞清語曰蝦（或寫作轄），卽從人之意❻。寫作侍衞，當是順治以後的事❼。清太祖在居於二道河子舊老城時似已有侍衞❽。其後正式見於記載的，有武拜、蘇拜、星訥、巴哈、扈爾漢、博爾晉、索尼、卜陽古、阿敦、伊爾登等人❾。不過目下所見到的這些人的資料，多記述其戰鬥活動，尙不足說明太祖時侍衞的規制狀況。

太祖時侍衞値得特別注意的，是侍衞與太祖間的多重身分關係。如扈爾漢，太祖起兵之六年，隨父率族人來歸，年十三，太祖養以爲子，賜姓覺羅。稍長，使爲侍衞。以屢出征有功，授達爾漢稱號。後爲理政聽訟大臣⑩，天命八年卒。東華錄稱「一等大臣達爾漢侍衞扈爾漢卒。」⑪

又如博爾晉，太祖起兵，挾丁口來歸，使爲牛彔額眞，仍統其衆，尋授侍衞。天命六年，授扎爾固齊⑫，佐理軍民事務。十年，爲梅勒額眞。太宗卽位，每旗設總管旗務大臣，「凡議國政，與諸貝勒偕坐共議之。出師行獵，各領本旗兵行。一切事務，皆聽稽察。」⑬博爾晉爲鑲紅旗總管旗務大臣，兼侍衞如故⑭。

扈爾漢終身帶侍衞銜，並不因其官職變動而解除。博爾晉爲太祖侍衞，太宗卽位，以總管旗務大臣，仍兼侍衞，是否終身仍帶侍衞銜，史文不詳。而二人在官職變動後，是否仍執行侍衞職務，亦未見記載。博爾晉於受命爲總管旗務大臣時書明其爲侍衞，此與同時受命爲總管旗務大臣之達爾哈、和碩圖，特書明二人之額駙身分，意義正復相同。因此，侍衞所代表的意義，已不只是官僚組織上的職稱，而是代表個人或家族參與政權創建，與滿族最高統治者具有一種更親密、更濃厚、氏族的、封建的身分關係。如扈爾漢之賜姓覺羅，養以爲子，使爲侍衞，授親信大臣，可說是滿洲政權初起時爲吸收強大族羣，結集創業力量，建立多重關係連鎖運用的代表形式⑮。

太宗卽位，隨著政權發展形勢的要求，內部組織設施，都在向著規制化客體化推進轉變。因此文獻紀錄，也漸受重視。侍衞的資料，亦較太祖時代爲多。當時不但太宗本人有侍衞，各旗王貝勒，亦有侍衞⑯。而且可擁有的侍衞人數，也有了限制。崇德二年太宗論代善於額外溢選侍衞時云：「向來各旗挑選護衞（《東華錄》作侍衞，以下同。當是最早的譯文。）之數，未有定制。是以牛彔中才能者，諸王貝勒俱選作護衞。如此則從軍者何人，本牛彔應役者何人。

牛彔人數缺少，事何由辦。故朕酌定額數……每一旗下選護衛二十員。今禮親王於額外多選護衛十二員。」⓱

「向來」二字，所指時間不詳。規定各旗可選護衛（包括侍衞）額數的時間，亦不清楚。不過就太宗卽位後政治演進情形看，可能不是天聰前期的事。而太宗所選侍衞，亦僅限於所統之兩黃旗內，人數亦受旗分定額限制⓲。此亦可看出當時旗制組織的特性，及太宗卽位後政權發展與旗制間既統一又矛盾的關係。

太宗時侍衞及護衞不但有了一定的額數，而且有了一定的品級⓳。太宗說自己的侍衞，「乃太祖在時已免役者，或伯叔兄弟之子，或蒙古貝勒之子，或官員之子，或朕包衣之子，皆非應役之人。其應役者，並未選及也。」⓴太宗這一段話，透露了一點侍衞來源的背景。可惜資料不全，除已免役一項外，不足以瞭解其他條件了。至應役免役問題，牽涉甚廣，此處暫不討論㉑。侍衞不得挑選應役之人，此亦當時旗制組織下所形成的現象。太宗在位十七年間，極力推進中央集權制度，改變旗制與政權間的矛盾關係。侍衞不但在其得位及集權鬥爭上發生了相當的力量㉒，同時太宗也非常警覺並設法扼制諸王貝勒與其護衞間的關係㉓。

二

前面提到侍衞與被侍衞者間不只是官僚組織上的從屬關係，尚有氏族的、封建的身分關係。滿族政權的建立，其基本架構是旗制。旗制的基本單位是牛彔（佐領）。牛彔的組成，是以氏族社會遺留下來的血緣、地緣關係爲基素。聽雨叢談：「佐領（牛彔章京）秩四品，爲管轄旗籍人丁親切之官。凡戶婚、田產、譜系、俸餉之考稽，咸有所責。……其佐領之名目有四：若勳舊佐領，皆國初各部落君長，率屬來歸，授爲佐領，仍統其衆，爰及苗裔，世襲罔替。若世管佐領，皆國初攜挈族黨，倡義歸誠，或功在旂常，錫以戶口，爰立佐領，奕葉相承，世亦弗替。若互管佐領，因其本族戶少丁稀，合編兩姓爲一佐領，遞世互襲，亦在勿替之列。若公中佐領，或世襲之家已絕，改爲公中；或人戶滋多，另編公中；或合庶姓之人，編爲公中。皆以本旗不兼部務之世爵及二品以上五品以下文武官員內簡選兼任。從前佐領一官，極爲尊重，由此而歷顯官者最多。」㉔

牛彔之組成分子，編立緣由，承管情形，及牛彔章京的地位㉕，都說明了旗制的構成形式，也指示出滿族政權的性格。例如旗內任官缺額分配，「凡授官有公中缺、有翼缺、有旗缺，有佐領下缺（於本佐領下應用人員內揀選）。」㉖即以選充侍衛作爲分享參與政權途徑而言，作者曾就八旗滿洲氏族通譜中所記曾任侍衛之家族作過一次統計，雖然此書所收人物截止於雍正十三年以前去世者，只能代表參加創業姓族對政權參與所發生影響最強的一個階段；而在統計時亦難作其任侍衛在入關前與入關後的分別。但就說明滿族王朝與各姓族共同創業的關係上，却仍不失爲一個有力的指標。

統計是依姓族居地、家系，觀察其任侍衛、護衛人數。如瓜爾佳氏，居住在蘇完地方者費英東扎爾固齊二十三個家系。居住在安褚拉庫、尼馬察、瓦爾喀、嘉木湖、長白山、蜚悠城等地方者各二個。輝發地方一個，哈達、葉赫地方各四個，烏拉地方八個，訥殷地方四個，其他居住在費德里十二個地方者十四個（順序依通譜）。在每個家系下，統計其任侍衛、護衛人數。計通譜所載曾任侍衛者共一九五個姓族，五九七個家系。任侍衛者一一二九人，護衛（應有早頁。

期諸王貝勒下稱侍衞後改稱爲護衞者）六三七人。茲選擇其中人數較多之十五個姓族列之於下

通譜在每一姓族之下，都首先說明其分佈地方。如瓜爾佳氏：「瓜爾佳，本係地名，因以爲姓。其氏族甚繁，散處於蘇完、葉赫、訥殷、哈達、烏喇、安褚拉庫、蜚悠城、輝發、長白山及各地方。」或在某人下說明與某地方某人同族。但由於散處各地，未必仍保持著原來的氏族意識；且由於納入旗制的時間先後不一，亦不一定在參與政權上給予相同的重視。但在上面十五個姓族中，仍可細分，以個別家系爲單位，尋求其參與滿族王朝的建立及政權參與上的關係。如瓜爾佳氏，蘇完地方費英東扎爾固齊一家，卽有侍衞五十八人，護衞十五人。鈕祜祿氏長白山地方額亦都巴圖魯一家，侍衞五十四人，護衞二人。舒穆祿氏庫爾喀地方揚古利一家，侍衞十九人，護衞三人。董鄂氏董鄂地方何和里一家，侍衞十七人，護衞十五人。他塔喇氏扎庫木地方岱圖哈理一家，侍衞二十八人，護衞八人。佟佳氏馬察地方巴篤理一家，侍衞二十六人；雅爾湖地方扈爾漢一家，侍衞三十二人。納喇氏葉赫地方金臺石一家，侍衞三十八人，護衞十人；哈達地方夏瑚一家，侍衞二十三人。富察氏沙濟地方旺吉努一家，侍衞十三人，護衞四人。完顏氏完顏地方葉臣一家，侍衞九人，護衞十三人。

這些侍衞、護衞特多的家系，都有其個別因素。如費英東、額亦都、何和里、扈爾漢等人，都在太祖時所謂理政聽訟五大臣之列。揚古利爲額駙，巴篤理爲扎爾固齊。俗傳有滿洲八大家族，「凡尚主選婚以及賞賜功臣奴僕，皆八族爲最。」之說。八大家爲：「瓜爾佳氏，直義公費英東之後。鈕祜祿氏，宏毅公額亦都之後。舒穆祿氏，武勳王揚古利之後。納喇氏，葉赫金臺石之後。董鄂氏，溫順公何和里之後。馬佳氏，文襄公圖海之後。富察氏，文清公阿藍泰之

姓族	侍衛人數	護衛人數	總數	附註
瓜爾佳氏	130	86	216	①
鈕祜祿氏	65	22	87	⑤
舒穆祿氏	29	9	38	⑨
董鄂氏	17	15	32	⑬
他塔喇氏	30	22	52	⑦
舒舒覺羅氏	20	7	27	⑮
那木都魯氏	18	5	23	⑭
富察氏	76	20	96	③
巴雅拉氏	35		35	⑪
馬佳氏	31	5	36	⑩
赫舍里氏	21	19	40	⑧
伊爾根覺羅氏	47	37	84	⑥
佟佳氏	77	12	89	④
納喇氏	137	78	215	②
完顏氏	11	23	34	⑫

納喇氏計葉赫地方侍衛52護衛20。烏拉地方侍衛29護衛12。哈達地方侍衛29護衛16。

表中圓圈中的數字，是侍衛與護衛數目合併計算的順序。前文曾說過，原來無論皇帝和諸王貝勒的侍從人員，清語都叫做「蝦」，至少在順治十三年以前是如此。後在漢語記錄上分別稱侍衛、護衛，並將入關之前亦依此加以區別。本文統計之目的，在說明諸族羣與滿族王朝之建立及政權參與上的關係。滿族王朝以愛新覺羅這一個姓族為主體，統計資料所涵蓋的時間，又正是旗制對政權影響力最大的階段，所以侍衛與護衛合併計算是可以使用的。

後。」㉗這八個家族，都在上面所舉的十五個姓族之內。除馬佳氏圖海及富察氏阿藍泰二人事蹟顯於入關之後，納喇氏金臺石在太祖時因拒戰被殺，餘皆為滿洲巨姓，國初即率屬來歸，參與滿族王朝建立之開國元勳。所以由通譜所記各個家族任侍衞的情形，也指示着其參與共建大業的貢獻，與政權參與分配以上的地位。侍衞之選拔與家族之關係，後尚有論述，暫止於此。

三

以上是入關前的大致情形。入關後的侍衞，所謂「視古羽林、虎賁、旅賁之職」，規模組織，自是相當整備嚴密。

入關後侍衞屬侍衞處，由領侍衞內大臣統之。侍衞分一、二、三、四等及藍翎侍衞、漢侍衞。一、二、三等及藍翎共六六〇人（內宗室侍衞九〇人），四等無定額㉘。漢侍衞係指武科甲出身之任衞者而言。聽雨叢談：「漢侍衞則由武進士選充，不論其籍貫滿、漢，凡武甲出身者，概曰漢侍衞。」㉙於武科殿試後候旨選授。一甲一名授一等侍衞，一甲二名、三名授二等侍衞，二甲、三甲授三等及藍翎侍衞。每科共點十八名，多則二十餘名㉚。雖亦有等第之分，然皆無定額㉛。

漢侍衞「年滿後外轉綠營，不更遷等內擢，與滿洲、蒙古、漢軍之選充錫賚者固自不同也。」㉜以其與本文所討論主旨關係不大，故不多述。

侍衞主要來自挑取。挑取的範圍是上三旗子弟。會典：

選上三旗滿洲、蒙古子弟之能者為侍衛㉝。

事實上不限於上三旗。會典：

> 其由下五旗選用之侍衛，及宗室侍衛、漢侍衛，皆掣分上三旗行走㉞。
>
> 八旗世職公、侯、伯承襲後引見，或授散秩大臣，或授侍衛。子以下引見，奉旨在侍衛上行走者，年滿，子、男、輕車都尉、騎都尉、雲騎尉授三等侍衛，恩騎尉授藍翎侍衛㉟。又內外大員子弟京官文職三品以上，武職二品以上；外官文職按察使以上，武職總兵以上，及辦事大臣兄弟子孫，每五年由軍機處開列名單，奉硃筆圈出者，引見挑補侍衛，無定額。滿洲、蒙古中武進士者，與武進士同引見挑取㊱。

侍衛挑選，乾隆五十年明定，每五年查辦一次㊲。嘉慶十年復定，嗣後挑選侍衛，在京文職三品以上，武職二品以上，世職公、侯、伯以上，外省文職知府以上，武職總兵以上，及新疆辦事大臣之兄弟子孫內，年及十八歲之六品以下文武人員，無論補缺與否，俱著查送。其候補五品文武人員，及未經引見之五品廕生，亦入册咨送㊳。

大員子弟挑選侍衛，到道光年間便逐漸停止了。先是道光二十年規定送挑侍衛當差，情願及不情願者，悉聽自便㊴。二十二年，因大員子弟體格武藝，多不合標準，令嗣後如遇挑取侍衛年分，所有大員子弟，無庸挑列㊵。停止的原因，因侍衛係近御差使，最爲體面。大員子弟，「或身軀軟弱，馬上平常；或自幼讀書，不暇兼習馬步箭。即挑取侍衛、拜唐阿，又安望得其力。」㊶光緒年間，又恢復參與挑選與否聽其自便，「以示曲養旗僕，重才器使之至意。」㊷其實大員子弟弓力軟弱，箭不及靶，貪圖安逸，不願挑取侍衞，在乾隆年間已是如此㊸。乾隆五十年規定，每五年查辦一次，即由此而發。

大員子弟身軀軟弱，馬步箭平常，不足以挑取侍衞，說明了清王朝最高統治者所自詡自恃的族人騎射技藝特長的喪失。滿族統治階層的墮落，也指示出滿族王朝逐漸走入結束的道路。

侍衞的另一個來源是由護軍、親軍、拜唐阿中選擢。侍衞瑣言：

> 凡挑選侍衛，俱以護軍、親軍、護軍校、親軍校、善撲及各項拜唐阿、大員子弟、廕生、世職、幼官出學閑散、四品宗室等項挑取㊹。

護軍、護軍校屬護軍營，職司警蹕宿衞，由八旗滿洲、蒙古兵精銳中選取㊺。親軍屬侍衞處，供宿衞扈從，皆上三旗子弟選充㊻。護軍校、親軍校、武職正六品。善撲亦職司扈從警衞，由八旗滿洲、蒙古、漢軍護軍校、驍騎校、領催、前鋒、護軍中挑取㊼。拜唐阿亦選自上三旗二、三品大員子孫㊽。廕生爲武職官出身之一，隨旗行走者可對品授職。世爵按品補授武職曰世職，伯以上者爲超品，子正一品，男正二品，輕車都尉正三品，騎都尉正四品，雲騎尉正五品，恩騎尉正六品。世職幼官出學，《會典》：「世職官學，五年考試。一等者或分部或授侍衞。」㊾

上述侍衞選取資格，正代表着清王朝滿族統治階層的性質。侍衞雖在國家官僚組織上是一個官職，執行所定的職務。但其更重要的，是與所侍衞的滿族最高統治者間的主僕身分關係，挑選侍衛，是盡其服役當差的封建義務。高宗實錄：

侍衛等身係當差，非旗員可比，更宜留心騎射[50]。向來滿洲世僕等以侍衛、拜唐阿為近御差使，視為最榮，於挑選侍衛、拜唐阿時，則甚欣願。近來在京文武大臣及外任大臣官員子弟，多有在館行走，否則捐納，冀圖文職。且跟隨伊父兄任所安逸，不願挑取侍衛、拜唐阿者甚多。是以挑取侍衛、拜唐阿時，不能得人，及至成丁，尚不當差。……今在京文武大臣，外任文武大臣官員等，皆受恩深重，得項較多，伊等子孫長成，更當挑取侍衛、拜唐阿，効力行走，方合滿洲世僕之道。[51]

「當差」是由「世僕」的觀念演伸出來的，在旗人的心目中，有其一定的意義[52]。世僕的觀念，也是在愛新覺羅政權一系列的征服行動中建立起來的。八旗各族姓，除愛新覺羅皇室本身之外，在認同意識上都是滿族最高統治者的世僕。有主從上的名分，也有一種甘苦一體的親切感受。所以內廷當差行走，不只是應盡的本分，也是得以陞進的機會[53]。外任大臣官員，因離京不能在內廷當差，應由子弟代爲効力。《高宗實錄》：

外任八旗官員，均為滿洲世僕，伊等身居外任，既不能在內廷當差，自應將伊子遣赴京城，挑選拜唐阿行走，代伊報効，於理方協。況伊等之子挑為拜唐阿後，如果行走奮勉，又未嘗不加恩陞用，此乃朕教養旗人至意[54]。

滿人子弟並挑侍衞與拜唐阿之高級品官範圍相同，都是當差，侍衞與拜唐阿只有在品階與職務上的差異。拜唐阿行走勤奮，可挑取侍衞，或補放官職。由於旗員外任，自己既不能在內廷當差，又令子弟隨行，躲避任所，所以規定年及十八歲者，必須赴京回旗，以備挑取差使。永憲錄：

> 國制，旗員子弟年十八歲者，當差三年，量能授秩。禁旗員外任擅將子弟十八歲以上者隨行，並捐納驛丞典史官，以圖規避廢業[55]。

《高宗實錄》：

> 從前准令外任大臣官員等各帶一子隨任，辦理家務，係朕曲成之恩。乃伊等藉此將所有子孫俱留任所，是誠何心。嗣後飭令八旗嚴查伊等子嗣內年已及歲者，祇准奏請一人隨任，習辦家務。其餘年已及歲之子弟及孫，俱著催令回旗，以備挑取差使[55]。

大員子弟當差，是在主僕身分關係下，奴僕對主子忠誠的表示。而挑選差使的次序品級，也關係着進身機會及日後發展上的變化。所以可以主僕名分，遞帖請求差使。仁宗實錄：

> 朕思滿洲舊規，凡挑選差使及酌定兵丁應升次序，俱揀選素有勞績，及年久技優者咨送。乃近年來竟不論其次序品級，甚或徇情面行賄賂者皆有之。朕臨御以前，即有在朕前懇求

者，朕惟擲其名帖，置之不問。……嗣後凡挑取差使，及酌定應升次序，務須各遵舊規，秉公辦理。倘有投遞名帖求情挑取者，該管大臣等卽指名參奏57。

侍衛挑取過程不再敘述。茲就清史列傳、清史、清史稿傳記中武臣與侍衛有關之資料統計如下：

上述三書中有傳記武臣共一七一人，其中曾經爲侍衛者九四人，佔傳記人數百分之五四•九。其任侍衛前之出身或職位如下：

世職一六人　武進士一人　廕生五人　閒散四人　拜唐阿五人　親軍三人　護軍三人

前鋒十人　馬甲五人　由他官升改調降十人　不詳者三二人

武官出身，淸會典：「凡武職官出身，曰世職，曰武科，曰廕生，授職各以其等。文職之改武者亦如之。其由兵丁拔補者，不以出身限焉。」58

此九四人中初仕爲侍衞者六九人，除七人爲宗室，一人爲武進士出身外，其餘六一人，其祖或父皆曾爲官。而且在出身不詳之三二人中，有二三人是世家子。這當然與挑選侍衞必須大員子弟的限定有關。但另一方面，由親軍、護軍、前鋒與馬甲擢爲侍衞者二一人，其分配皆在乾隆、嘉慶、道光、咸豐四朝。是否因爲高級品官子弟墮落，弓馬軟弱有關，或是爲了保持侍衞中淳樸勇健精神，用以平衡世家子虛驕文弱習氣，故由兵士中挑選，尙待進一步考察，但必有其一定的用意。

四

本文於開始時，已指出滿族王朝最高統治者爲使族人便於進入政府，參與政治運作，曾爲族人安排了兩條專利途徑。一是挑取侍衛，一是充任筆帖式。但這只是保障族人得以不循國家用人銓選標準進身政府的獨佔途徑而言。事實上如何保障族人在政治中樞各機構中的職位，維持各層次間的安全均衡分配比例，以掌握在運作上所預期的效果，仍得另有進一步的安排。滿清最高統治者對此所作的設計，其一是中央重要機構中職位缺額的劃分，其二是出身資格的保障，其三是八旗官員得文武互遷的運用。

關于缺額的劃分，會典規定，「凡內外官之缺，有宗室缺，有滿洲缺，有蒙古缺，有漢軍缺，有內務府包衣缺，有漢缺。凡宗室京堂而上得用滿洲缺，蒙古亦如之。內務府包衣亦如之。漢軍司官而上得用漢缺；京堂而上，得兼用滿洲缺。凡外官，蒙古得用滿洲缺，滿洲、蒙古、漢軍、包衣皆得用漢缺。滿洲、蒙古無微員，宗室無外任。」59各項缺額在實際運用上的具體範圍，會典都有明確的規定。

滿清王朝在進行統治上最主要的矛盾，當然是滿漢問題。因此在分配政治參與的缺額分配上，自然也以此爲主體。但在滿洲的內部，尙包括滿洲、蒙古、漢軍三部分。三者都屬旗人，在某種意義上說都是征服階級，而在實質上復存在着地位上的基本差異，與權利義務上的種種矛盾。玆就中央政府內閣、軍機處、吏部、戶部、禮部、兵部、刑部、工部、大理寺、都察院、理藩院、翰林院、國子監等十四個較重要機構中的缺額，觀察滿缺、蒙古缺、漢軍缺、漢缺的分配狀況。

十四個機構全部缺額共二三七七個，其中有品級的一九〇九個，無品級的三六八個。全部缺額中已知族別者一九七五個（包括有品級與無品級或品級不詳者），計滿洲一二五五個，佔百分之六三・五四；蒙古一九六個，佔百分之九・九二；漢軍一〇八個，佔百分之五・四六；漢四一六個，佔百分之二一・〇六。如果將滿洲、蒙古、漢軍缺爲一組與漢缺分別計算，則前者佔七八・九三強，後者佔二一・〇七弱。又如就有品級無品級分別計算，有品級缺額一九〇九個，除族別不詳缺額一七六個外，其滿、蒙、漢軍、漢缺的比例爲：滿缺一一二三個，佔百分之六四・八；蒙缺一七四個，佔百分之十；漢軍缺一〇八個，佔百分之六・二三；漢缺二二八個，佔百分之一七・七七。無品級及品級不詳缺額三六八個，除族別不詳缺額一二六個外，其滿、蒙、漢軍、漢缺分配比例爲：滿缺一三二個，佔百分之五三・五；蒙缺二二個，佔百分之九・九；漢缺八八個，佔百分之三六・六。所以無論從那方面看，滿洲都佔着絕對優勢。如將滿、蒙、漢軍算作一組，則所佔比例更高。

缺額保障之後，又有出身資格保護。會典：「分出身之途以正仕籍。凡官之出身有八。一曰進士，二曰舉人，三曰貢生，四曰廕生，五曰監生，六曰生員，七曰官學生，八曰吏。無出身者，滿洲、蒙古、漢軍曰閒散，漢曰俊秀。各辨其正雜以分職。」[60]進士中又分文進士，滿洲、蒙古繙譯進士。舉人中有文舉人，滿洲、蒙古繙譯舉人。生員中有文生員，滿洲、蒙古繙譯生員。官學生限定八旗官學生、義學生、覺羅學生、算學生。繙譯進士、繙譯舉人、繙譯生員、官學生主要都是爲滿人設的。而在此明定的八項出身資格之中，「文進士、文舉人出身者謂之科甲出身，與恩、拔、副、歲、優貢生，恩、優監生、廕生爲正途。其餘經保舉者，亦同正途出身。」惟「旗人並免保舉，皆同正途出身。」[61]

繙譯進士、繙譯舉人、繙譯生員及官學生已使旗人（主要是滿人）出身資格範圍擴大，入仕途徑增加，而正異途不分，關係尤爲重要。不過這畢竟還都有形式上、條件上的限制。爲了進一步解除此種形式上、條件上的限制，因而又有經由充任筆帖式或侍衞進身政府的兩條途徑。

儘管族人進身政府的機會擴大了、方便了，但進入政府之後，國家尚有一套銓敍遷轉的程序規定。爲了表示用人不分種族畛域，進退一秉大公，則形式上不得不遵循銓敍遷轉的必要條件與程序。但完成這一些必要的條件與程序，以滿人與漢人相應比照，滿人自是不利的。爲救濟此一弱點，不但使族人在銓敍遷轉上可以保持形式上的合法性，而且在遇有應補缺額而族人人選受到條件限制時可以順利補入，所以有文武互轉的運用。

文武互轉，一方面可使族人在政治參與上不受出身資格，「各辨其正雜以分職」的限制，一方面也在社會觀念上提高族人的資質地位，並加強族人的自我種族中心意識。所以「八旗官員，文武皆有互遷之階。」[62]「大臣故不判其文武，下至食餉彎弓之士，亦皆有文職之徑。」[63]侍衞可對轉之文職，依會典規定，一等侍衞（正三品）改三品京堂，二等侍衞（正四品）改四品京堂，三等侍衞（正五品）改郎中（正五品），四等侍衞（從五品）改員外郎（從五品）。藍翎侍衞（正六品）改主事（正六品）[64]。

會典所規定八旗官員可文武互轉，是指中下級官員說的。至於滿洲一、二品大員，根本就無所謂文武出身的分別。所以「國朝旗員，不拘文武出身，皆可致身宰輔，或文武互仕。」[65]

就清史列傳、清史、清史稿所有滿人傳記文官二九三人中[66]，初仕曾爲侍衞者四四人，其出身如下：進士一人，廕生一人，文生員三人，官學生一人，閒散一人，世職五人，不詳者三二人。又入仕後曾爲侍衛者三七人，其出身爲：進士一二人，繙譯進士二人，舉人二人，廕生二人，貢生一人，監生三人，繙譯生員一人，官學生四人，閒散一人，不詳者九人。

上述初仕爲侍衛四四人，佔上述三者所有文職二九三人百分之一四・四二。當然從另一方面看，也可說是在文武互轉的運用下，由武職轉入文職的。但無論如何，如再加上初仕非侍衛而因陞改調降等關係曾爲侍衛者三四人，即在文官二九三人中，有七八人曾爲侍衛[67]，佔百分之二六・六。是不但武職中曾任侍衛者佔半數以上，文官中亦佔如此高的比例，足可說明侍衛一職，在滿清最高統治者於族人參與政權運用上的重要性。

由武職及文職初仕爲侍衛的統計觀之，可知侍衛一職，除了其本身的扈從職務外，更重要的，是滿族最高統治者用以親自培養選拔親信文武幹部。而在初仕非侍衛，因調降而爲侍衛的情況中，更指明了另外一層意義—調降侍衛，成了用以保護所親信的滿官獲罪後得以復出的廻旋過程，可以迅速復起的避難所。如前敘文官中初仕非侍衛而由調降爲侍衛者，其任侍衛前後的官職情形如下：

①大學士(1a)—四等侍衛(5b)—四等侍衛×幫辦大臣×—副都統(2a)—總督(2a)

②尚書(1b)—頭等侍衛(3a)—頭等侍衛×參贊大臣×—副都統—侍郎(2b)

尚書(1b)—三等侍衛(5a)—侍郎

③總督—二等侍衛(4a)—二等侍衛×幫辦大臣×—都統(1b)—總督

總督(2)—二等侍衛(4a)—二等侍衛× ×幫辦大臣—副都統—巡撫(2b)

總督(2)—三等侍衛—二等侍衛× ×領隊大臣—總督

④侍郎—頭等侍衛—頭等侍衛× ×辦事大臣—總督

侍郎—頭等侍衛—頭等侍衛× ×辦事大臣—侍郎

侍郎—二等侍衛—內閣學士(2b)

侍郎—三等侍衛—總督

侍郎—三等侍衛—三等侍衛× ×辦事大臣—副都統—光祿卿(4a)

侍郎—三等侍衛—大理寺卿(3a)

⑤巡撫—二等侍衛—巡撫

巡撫—三等侍衛—侍郎

巡撫—三等侍衛—三等侍衛× ×辦事大臣—員外郎(5b)

巡撫—藍翎侍衛—藍翎侍衛×辦事大臣×—道 (4b)

⑥大理寺卿—頭等侍衛—頭等侍衛×領隊大臣×—侍郎

⑦學士—頭等侍衛—副都統—光祿寺卿

學士—三等侍衛—尚書

此外有自總督、巡撫、太常寺卿、按察使、府尹、道、員外郎爲侍衛後，卽終於侍衛者。有轉爲武職，經數次遷轉之後，復爲文職者，不一一細列。

由文職高階官降調爲侍衛，可以說是官僚制度上的行政懲罰。但這一懲罰，一方面包含有深厚的關愛，爲其準備復起的廻旋餘地，一方面又回到了氏族的封建的主僕關係。當差執役是懲罰，亦有贖罪之意。正如世宗所說的，旗員犯罪，施以圈禁，不可與漢人同繫牢獄。旗員雖犯罪，將來仍是有用之人。所以降調爲侍衛當差，雖爲封建關係主僕義務，但又仍具國家官員身分。因此一旦外任，不但具備着君主親信與文武互轉的雙重關係，而且可以不受原來或現在官階的限制。這是非常辯證，非常巧妙的運用。在另一方面，侍衛也正是滿族最高統治者用以籠絡勳舊世族，凝結族人忠誠意識，並藉此訓練培養所需要的親信文武人才。所以「閑散人員，勳舊世族，一經揀選，入侍宿衛，外膺簡擢，不數年輒至顯職者比比也。」[68]

侍衛爲近御差使，品秩清嚴，以宿衛爲顯官者，固指不勝屈[69]。但也不是一經揀選，便有此可能。自然仍需有其他條件。聽雨叢談：「侍衛品級，既有等倫，而職司尤有區別。若御前侍衞，多以王公冑子勳戚世臣充之。御殿則在帝左右，從扈則給事起居。滿洲將相，多由此出。」「若乾清門侍衞，則侍從立於檐霤，扈蹕則弧矢前驅，均出入承明，以示親近。」⑩皇朝瑣屑錄：「定例，宿衞之臣，滿洲輙除乾清門侍衞，其貴戚或有異材，乃擢御前侍衞。漢籍輒除大門上侍衞，領侍衞內大臣轄之。其有異材擢乾清門，而班之崇極矣。」⑪

以與君主接近的距離來說，有御前侍衞，乾清門侍衞，大門侍衞。距離的遠近，也代表著侍衞與所侍衞者二者氏族的、封建的、官僚的、血緣上不同層次的關係⑫。如初仕爲侍衞者（文官與武官）一一三人中，上三旗八二人，下五旗三一人。又姓族方面，除宗室一二人，覺羅二人外，較多的爲鈕祜祿氏十六人，富察氏一四人，瓜爾佳氏九人，納喇氏七人，佟佳氏六人，章佳氏六人，這些都可找出其個別因素。

注釋

❶ 清人入關後，就總的衝突矛盾形勢來說，自然是滿（包括蒙古、漢軍）漢問題。但在其內部，仍有滿洲、蒙古、漢軍、種族上的歧視，社會地位上的差異，及政治參與權利上的區別。本文只討論清統治者在滿漢共治複職的體制下，如何以滿人爲主體，對應漢人政治力量的策略運用。所以滿採狹義解釋，只限於八旗滿族部分。

❷ 侍衛亦有漢侍衛。《清文獻通考》卷八六，職官卷十，領侍衛府：「漢一等侍衛，以一甲一名武進士補授。二等以一甲二、三名武進士補授。三等於二甲內簡選。藍翎侍衛於三甲內簡選。」

❸ 《清史稿》，〈選舉志〉五，推選。

❹ 〈清代的筆帖式〉，本書第五九七至六一九頁。

❺ 論侍衛建置之公私記載，除《大清會典》外，皆言國初如何如何。清史稿冠以「初太祖」三字，更滋誤解。惟大清會典止說明侍衛處之組織職掌等，不言其建置緣起，較爲謹愼。

❻ 侍衛稱蝦，見《滿文老檔》，清太祖武皇帝弩兒哈奇實錄（以下簡稱武錄）。漢譯作從人。武錄卷三，天命四年七月，「宰賽等叩見，其部下蝦兀胡七」。太祖高皇帝實錄（以下簡稱高錄）作「介賽從人名烏胡齊」。惟從人在當時翻譯用法上有時包括「包衣」之意，此是另一問題，暫不討論。

❼ 將皇帝侍從人員寫作侍衛，諸王貝勒侍從人員寫作護衛，是順治以後的事。清鑑易知錄，世祖卷一，順治元年十一月甲午：「定諸王、貝勒、貝子、公等下蝦員。」又佳夢軒叢著一一，括談下。順治十三年，「定諸王、貝勒門上之轄，一體保送梅勒章京。」養吉齋叢錄卷二：「侍衛舊有欽選侍衛一等蝦，及隨蝦學習，二、三、四品服俸名目，今爲一、二、三等侍衛。」後下五旗王公門上侍衛稱爲護衛，清語曰「佳占」。佳夢軒叢著之七，侍衛瑣言：「向例，侍衛俱上三旗人員。其下五旗者曰護衛，清語曰佳占，俱隸王公門上。」

⑧ 努爾哈赤於明萬曆二十四年居於二道河子舊老城時，已有侍衛。「奴酋出入，別無執器械軍牢等引路。只諸將或二或四作雙。奴酋騎則騎，步則步而前導，餘皆或先或後而行。」見《朝鮮李朝宣祖實錄》卷六九，二十八年十一月戊子。

⑨ 十二朝東華錄（文海本，以下簡稱東華錄），天命朝卷一。清史列傳卷六，星納、巴哈、索尼傳。清史稿列傳十二，扈爾漢傳。卷十四，博爾晉傳。卷十七，武理堪傳。八旗通志卷一三五，伊爾登傳。太祖的侍衛不止上述數人，見八旗滿洲氏族通譜。

⑩ 理政聽訟大臣，置於天命建元前一年。東華錄：「置理政聽訟大臣五人，扎爾固齊十人，佐理國事。……凡有聽斷之事，先經扎爾固齊十人審問，然後言於五臣，五臣再加審問，然後言於諸貝勒。」清史稿列傳十二額亦都等傳論：「國初置五大臣，以理政聽訟，有征伐，則帥師以出，蓋實兼將帥之重焉。」

⑪ 《東華錄》與武錄所記語法形式同。

⑫ 見注⑩。詳鄭天挺，《清史探微》(九)，釋扎爾固齊。

⑬ 《東華錄》天聰朝卷一，天命十一年九月丁丑。總管旗務大臣，即後日之都統。

⑭ 〈清史稿列傳〉十四，〈博爾晉傳〉。

⑮ 侍衛與被侍衛者，除官僚組織機能上的關係外，尙有當時政權結構上氏族的、封建的身分關係。所以在解除官僚組織機能上的職務後，稱閑散侍衛，以別於無何頭銜之白身。太宗實錄卷十二，天聰六年十一月乙丑。

⑯ 各旗王貝勒亦有侍衛，見注⑰。又太宗實錄卷五五，崇德六年三月丁酉。多爾袞奏云：「從前誓詞內，凡機密事，不與護衛等共議。」實錄所記諸王貝勒下護衛東華錄皆作侍衛，當爲最早譯文。又太宗與諸王貝勒俱有侍衛人員，每旗限定選取二十人，不知各旗內王貝勒間如何分配，在各人所有牛彔下如何選取。

⑰ 《太宗實錄》卷三七，崇德二年七月辛未。

⑱ 太祖侍衛，如前述之扈爾漢、吳拜、蘇拜、星訥屬正白旗，博爾晉屬鑲紅旗，授侍衛皆在旗制建立之前。旗制建立後，並未變動其所隸旗籍而歸於太祖所統旗分之下。

⑲《東華錄》天聰朝卷一，天聰五年十二月丙申，定朝賀行禮班次，侍衛與參將、遊擊、擺牙喇纛額眞爲一班。在副將之下，備禦之上。可參閱卷二，崇德三年九月丁丑，定優免人丁條例。

⑳太宗之所以責備代善多選護衛，並誅戶部參政恩克，以恩克不但袒護本旗王溢選，且擅免所選護衛下二十九名壯丁徭役。當時在全民皆兵的體制下，國家一切權利義務分配，皆以壯丁爲計算標準。凡成丁者，非經特許，皆需應役。而又未有俸給制度，官兵生活，靠出兵放搶，及家中奴僕生產。每次對外戰爭，官兵無論出征或在家，都可以依分取得人口物質。所以幾乎每一官兵，都有或多或少的奴僕，爲其私有財產，生產勞力。因此又有優免人丁的規定。

㉑見注⑰。

㉒《東華錄》天聰朝卷一，天聰五年八月癸丑，太宗責衆侍衛曰：「朕恩養爾等何用？彼（莽古爾泰）露刃欲犯朕，爾等奈何不拔刀趨立於朕前耶！」又曰：「爾等今及皇考升遐時，以爲眼中若見此鬼，必當殺之之言乎！乃今目覩犯朕，何竟默然旁觀。朕恩養爾輩無益矣。」崇德年間，太宗的侍衛已分爲前鋒侍衛、親隨侍衛。遇有戰爭，太宗不出征時，便派侍衛隨軍作戰。領兵之統帥，亦往往遣隨征侍衛報告前敵情勢。侍衛與文館，在太宗的集權鬥爭上都發揮了相當的作用。

㉓如前引限制各旗王貝勒所選護衛人數，約誓不得與護衛商議國家機密。

㉔卷一，佐領。東華錄雍正卷五，雍正五年八月庚寅。牛彔章京在旗制經世宗改革漸次走入官僚制度後，地位已大不如前。如上引聽雨叢談佐領條云：「從前佐領一官，極爲尊重。由此而歷顯官者最多。如大學士尹文格公泰，以國子祭酒授錦州公中佐領，病免在家，尋於雍正元年起爲內閣學士。證此可見其盛矣。現今只能備充侍衛，升參領，揀用綠營參遊而已。惟科目出身之佐領，尙許備列五品京堂之選，抑亦不易矣。」據考證是書成於咸豐末。

㉕作者曾就八旗通志中所列牛彔，以組成分子，所屬地區，編立緣由，承管人姓族，承管人與本牛彔分子之血緣、地緣關係，承管承襲情形等六項，分析國初所編立的二六五個牛彔（不包包衣牛彔），共分爲六類：㈠

組成分子與牛彔初承管人在地緣、血緣關係上一致者一〇七個。㈡組成分子與承管人同屬一地，但彼此在姓族血緣關係上不明而待考者三十六個。（不過這些牛彔，從旗分志所言雍正、乾隆年間審定牛彔承管情形上觀之，同屬一個姓族是不成問題的。）㈢組成分子之地緣關係已知，由一個單一地區人戶組成牛彔，但承管人與本牛彔分子地緣上並不一致；或承管人之所屬地區姓族不詳者三十七個。㈣承管人所屬地區姓族已知，而牛彔組成分子地區來源不詳，因而不能確知其與承管人之地緣、血緣關係者七十一個。㈤組成分子與承管人之地緣、血緣關係確知其不一致者十一個。㈥組成分子所屬地區已知，合兩個以上姓族人丁組成，而由其中較大姓族人承管者四個。由以上分析顯示，最初牛彔組成之原則，是儘量保持其血緣、地緣關係的一致性。見本書第五二五至五五〇頁，〈滿洲八旗牛彔的構成〉。

㉖ 光緒大清會典（以下簡稱會典）卷八五，八旗都統。

㉗ 八大家之說，見清稗類鈔，姓名類，滿洲八大貴族之姓條。嘯亭雜錄卷十，〈八大家〉條亦有此記載，列了九人而實爲八家。其中烏喇氏應爲烏喇地方之納喇氏。八旗滿洲氏族通譜無烏喇氏。又二書所言之輝發氏阿藍泰，輝發氏應爲富察氏。輝發氏亦不見八旗滿洲氏族通譜。富察氏爲滿洲巨族，通譜中佔三卷。阿藍泰祖父殷達瑚齊之孫，國初來歸。阿藍泰於康熙時由筆帖式累進至武英殿大學士，吏部尚書，加太子太保，卒諡文清。子富寧安自侍衛歷官都統、左都御史、吏部尚書，世襲侯爵，加太子太傅，卒諡文恭，與父阿藍泰同祀賢良祠。

㉘ 佳夢軒叢著之七，侍衛瑣言：「侍衛，清語曰轄，分頭等、二等、三等、四等及藍翎。藍翎侍衛無宗室，惟滿洲、蒙古及覺羅充之。」會典卷八二，侍衛處：一等侍衛六十人，二等百五十人，三等二百七十人，藍翎侍衛九十人，宗室侍衛一等九人，二等十八人，三等六十三人。

㉙ 《聽雨叢談》卷一，侍衛條。

㉚ 佳夢軒叢著之七，侍衛瑣言。

㉛ 會典卷八二，侍衛處。

㉜ 見注㉙。

㉝ 見注㉛。

㉞ 見注㉛。

㉟ 會典卷四六，兵部武選司：「世爵公以下，恩騎尉以上，皆准按品補授武職，是曰世職。」

㊱ 會典卷八二，侍衛處。按察使正三品，總兵正二品。

㊲ 高宗實錄卷一二二七，乾隆五十年三月乙亥。

㊳ 會典事例卷五五八，兵部，職制，挑取侍衛、拜唐阿。

㊴ 東華錄道光朝卷十，道光二十年十二月甲戌。

㊵ 同上卷十一，道光二十二年四月丙戌。

㊶ 見注㊵。

㊷ 德宗實錄卷二六，光緒二年二月辛己。

㊸ 高宗實錄卷三四一，乾隆十四年五月己巳。卷一二二七，乾隆五十年三月乙亥。

㊹ 佳夢軒叢著之七。會典事例卷四，宗人府，教養。近支宗派入宗學，熟悉清語騎射，或用爲筆帖式，或挑爲侍衛，多升進之路。

㊺ 會典卷八七，護軍營。

㊻ 會典卷一一〇六，侍衛處，挑補親軍。親軍選自上三旗，由下五旗挑取者，亦分入上三旗。

㊼ 善撲屬善撲營。會典卷八八，善撲營總統大臣，掌選勇力之士，各習其藝以供應。凡藝之別，曰善撲，曰勇射，曰騙馬。

㊽ 拜唐阿清語，辦事執事之稱。見聽雨叢談卷一，滿官名條及軍士錄用文職條。尙虞處、善撲營、嚮導處等都有拜唐阿。

㊾ 會典卷八五，八旗都統。

㊿ 高宗實錄卷三四一，乾隆十四年五月己巳。

51 高宗實錄卷一二二七，乾隆五十年三月乙亥。

52 當差、行走、報効，都是由「世僕」的觀念中演伸出來的，但後來官場泛用，又有另外一定的意義。在旗人當差來說，挑選拜唐阿最能代表當差的原始含義。八旗通志卷一百十一，勅諭五，乾隆四年六月廿四日諭云「從前挑取鷹狗拜唐阿，選其家道殷實之人，原爲差使辛苦，兼有餵養鷹狗之費，非家道殷實之人，不能當差。」《永憲錄》卷一，康熙六十一年十二月甲寅：「免旗員畜養鷹犬當差。」吏部則例卷二，銓選滿洲官員，雙單月選法雜條：「八旗現任及候補官員，欽奉特旨，挑取拜唐阿，後經該管王大臣以該員當差，本屬勤奮，因其身弱近視，或家道貧寒，不能充當緊要差使，奏明撥回本旗者，准其仍以原職錄用。」又上諭內閣，雍正五年九月廿九日：「旗人與民人不同，民人犯法，完結之日，即回原籍，無所用處。若旗人罪案完結之後，仍供各項差役，並非棄置不用之人也。所以治其罪者，特欲其知所懲戒，以改不肖之行耳。」

53 當差非經特准，即因罪革職之人，亦不能免。永憲錄，雍正元年五月，「令八旗舉人、生員俱免當差，給以錢糧，資其學習。」又上諭旗務議覆，雍正元年十二月初三日：「婪貪枉法、虧欠帑項、規避怠惰、行止不端、曠班等罪革職之人，照例令當勞苦差使。」

54 高宗實錄卷四二二，乾隆十七年九月戊午。

55 永憲錄續編，雍正五年十二月癸巳。

56 高宗實錄卷一二二七，乾隆五十年三月乙亥。以引見人員內大員有子弟皆不聲明，逮簡用後具摺謝恩，方始知之。故令嗣後無論京察、軍政及京外各項引見人員內，凡文武二品以上大員有子弟者俱著自行呈報，引見時於綠頭籤內註明，漏報者查出議處。

57 仁宗實錄卷四〇，嘉慶四年三月壬申。

58 會典卷四六，兵部武選司。

59 會典卷七，吏部文選司。

60 同上。

61 同上。

62 聽雨叢談卷一，文武互用。

63 聽雨叢談卷一，軍士錄用文職。

64 會典卷七，吏部文選司。

65 聽雨叢談卷一，滿洲掌院。

66 入關後始入仕者。

67 武職中短期爲文官不在此內。

68 清史稿，選舉志五，推選。

69 徐世昌，退畊堂政書卷三，遵議變通武備摺。

70 卷一，侍衛。又東華錄綴言卷四，豹尾班侍衛：「豹尾班侍衛，最爲尊貴，向於三旗侍衛內選功臣勳戚後裔六十人充當。」

71 卷一，侍衛。

72 姚元之，竹葉亭雜記卷一，「御前行走與御前侍衛同官而有別。外藩蒙古王公貝勒貝子八分公則稱行走，滿洲則稱侍衛。」

清代滿人政治參與

一、前　言

滿人本為清代才有的名詞，題目中標出滿人，又冠以「清代」二字，是因為清代的政權中參與政治活動的，不但有滿人，還有蒙古人、漢人。而且滿清統治者不但以種族劃分參與政治活動者的身分，復將國家統治機構之職位——缺分，分為宗室缺、滿洲缺、蒙古缺、漢軍缺、內務府包衣缺、漢缺六個範疇。缺分的劃分，雖然不是將所有缺分嚴密的依其代表的權力、利益、地位按照種族身分分為等級順序而分配，但其排列順序如此，自有其在政治上、社會上及心理上一定的意義與作用的。

滿人以氏族社會殘餘仍具有血緣地緣關係的族寨為基礎，益以明代衞所官僚組織的間架，編組屬人為牛彔，建立旗制，並用以融結不同族羣，創建大清帝國。入關之前，由於當時歷史發展情勢及社會結構的限制，旗制不但是具有血緣親族性質的封建制度，行使國家統治權的機構，也是部勒屬人為戰鬥體的軍事組織，融結不同族羣向明鬬爭簡捷有效的體制❶。它包有多方面的特質，也滿足多方面的功用。但入關之前，所佔據地區不大，統治人口不多，而且又處在對外爭生存的交戰狀態，彼此禍福與共，上下心志齊一，故可行之靈活，運用自如。入關之後，情形便完全不同了。這時所要統治的，不但是一個絕對多數人口的異族，版圖遼濶的國家，而且無論在政治制度、經濟結構、社會組織、文化水平上，都遠較自己爲高、爲優、爲複雜，歷史悠久的大帝國。

滿人入關之後，所面臨的問題，除上述種種差異外，更重要的是進入一個被征服的社會——而且又是進入一個異族土地後，如何建立政權，運用何種方式進行統治，不但可使政權鞏固，保障既得利益，而且可使國祚綿長，所享利益能既廣且久。

就統治權的運用技術來說，不外三種形式。其一是完全由征服階級自己內部人員進行直接統治，被征服階級人員經選拔後可以參與非決策性的事務工作，或只令其參與中下級政治運作。這種方式最爲蠻横獨裁，往往不考慮被征服者的生存權利，雖然可做到予取予求，但基礎最不穩定，統治也最不能長久。其二是二元體制，征服階級與被征服階級分別以自己原有的方式統治，統治的運作各以其自己社會分子擔任。對被征服階級只要求其完成所交付的任務，其他不再多所干預。這種方式，雖然最爲省事，但不足以保證能得到最大利益，與有效的預防內部反抗勢力的滋長。其三是征服者與被征服者合作，共同參與統治。除征服者內部事務以其與被征服者無關者外，餘由雙方共同分派分配人員治理。這種方式，可以使征服階級在參與職位掌握政治動向，於運作情態中瞭解被征服社會的離合情況，自是最爲妥當的。但也不能做到合作無間，完全開誠布公。因爲政治權力，本來即是無時不在鬬爭狀況之中。何況雙方又都有非我族類，其心必異，在利害關係上，心理意識上，有不可觸及的忌諱。

清自太祖努爾哈赤起兵創業，至世祖入關，前後六十餘年間，漢化進行，速度甚快。尤其清太宗即位後，一方面仿大明會典置立六部、都察院等機構，設官理事；一方面積極繙譯遼、金、元等史書，尋求統治經驗。及至順治入關以後，面對突然來臨的大帝國，其所以未採取前述一、二兩種政策，而用第三種合治共理方式者，除遼、金、元之歷史鏡鑑外，亦有其本身歷史發展因素作用。清自其祖先阿哈出於明永樂十一年接受明朝封貢貿易治邊政策，明置建州衞使為指揮使以統其衆，到太宗去世，已二百三十餘年。明代的封貢貿易治邊政策，是將統理各族羣的方式，套入自己的衞所制度。以衞所官制官諸族羣酋豪，並以貢市經濟利益的引誘，使不為邊寇盜❷。酋豪受封官職的高低，所予貢市經濟利益的多寡，依其族羣的大小、勢力的強弱而不同。受封者一方面是代表明廷約束管理族人的職官，一方面也是自己族羣中的最高統治者。政治權威、經濟利益及官職的世襲，使他們在族羣中樹立了族長、酋長、官長三位一體穩固的地位，影響了其內部階級的分化，也加速了走入封建社會的過程。清太宗令人繙譯遼、金、元史汲取統治經驗，正表示其認識到所處的社會結構的變化；也說明了其所以能接受投降漢官建言，採用大明會典建制設官的內在動力。明朝衞所制度在治邊政策運用中對建州社會發展的影響，便是清人入關之後所以沒有採用遼、金、元的統治形式，而採取滿漢共治複職（中央）的根本原因。

以上是就建州女眞歷史發展經過，說明清人所以採滿漢共治的原因。而事實上即就純經濟效益觀點而言，爭取被征服社會分子的合作，為雙方的利益執行統治政策，也是最為經濟的。因其瞭解自己社會傳統政治的作業模式，熟悉應付自己社會人員的方法。使其參與統治，自是易收事功。當然合作共治，這其中有彼此利益協調的一面，也有彼此利益衝突的一面。所謂協調與衝突，也常是相對的，這要看雙方當時各自所掌握的條件與所要求的利益尺度而定。不過這一尺度，也常隨雙方對所掌握條件有利狀況的認定及其演變趨向而相應變化。而這種情態，如果征服者與被征服者屬於不同的民族，由於不同的文化系統，不同的生活習慣，上述合作共治穩定性的維持，因素也就更爲複雜。征服者雖然可以在被征服的社會內取得共同利益的合作分子，但雙方潛藏的非我族類其心必異的心理，都甚敏感。因而情緒緊張，疑懼猜防的動機，也隨之加強。所以征服者在此情形之下，雖然找到了願供驅使的統治工具，爲了政權的安全，仍不能不緊握自己的內部武力，監視鎮懾反動力量，以控制合作分子的忠貞，保衛統治機構的靈活運作。另一方面，便是分派自己人員深入到各個統治機構中去，掌握關鍵位置，參與運作活動。這樣，不但可以洞悉合作分子的忠貞程度，而且可以體察被統治社會脈搏跳動狀況，時時處在情報靈敏高度警戒地位。對方如有不利於政權的企圖，可在其行動初萌未發之時，搶佔先機，籌謀對應之策。

合作共治，雙方參與，固然是最佳的統治方式。但在運用操縱時如何才能是最適當的配合範圍，相尅相成達到最圓妙的運用，是需要高度技巧精心設計的。

滿人入關之前，雖然在太宗年間，經過一段急進的改革與漢化❸，但就總的狀況來說，在社會形態上，仍然是氏族崩潰後向封建社會過渡的前封建社會；在經濟結構上，農業生產固然已佔首要地位，但採集、漁獵等生產活動仍有相當重要性；在政治組織上，正由家長制政權越過部落聯盟向君主專制邁進；在文化活動上，則文字創立不久，只能對生活行事作簡樸的紀錄，尚不能在知識活動上發揮大的功用。以如此的內在條件，突然進入一個無論在社會形態、經濟結構、政治組織、文化水平及人口數量，不但遠比自己複雜優異，而且又是自己臣服二百六十餘年的異族社會後，如何建立政權，行使統治，是關係成敗存亡的基本問題。奠基決策選擇的錯誤失當，血戰得來的政權，將會在廟堂上舉手投足間輕而失之。

在中國政治制度來說，自秦始皇廢封建，行郡縣，官僚制度亦由此成立。經過千餘年的長期發展，至明朝已是組織龐大、系統複雜、運作繁瑣的機構。以上下監臨、大小制衡、彼此扼約為其特性，也正是最高統治者為了保障政權安全，便於威柄獨持所設計的。所以要想穩固的掌握中國的政權，必先確實的掌握此一官僚機構。鞏固統治基礎，亦必先鞏固此一官僚組織。滿人入關之前，雖已經歷了一段漢化，並積極學習運用這個官僚制度。但當時由於種種客觀條件的限制，並不是、也不能無條件的、全面的採行，只是部分的、有保留的選擇接受。如太宗所設六部，固由於人口日多，事務日繁，尤其是國中包括女眞人、漢人、蒙古人，不同的文化背景，不同的生活方式，不同的風俗習慣，必須建立一個統一的管理機構，設官理事，不能由各旗各自管理。否則不但在進行的對明戰爭中行動不能統一，力量抵消；而且會造成旗與旗間的糾紛磨擦，內部分裂。而太宗在排除旗制束縛，建立集權的需要中，也必須建立一個籠罩旗制之上的機構，統理八旗事務，並用以塑建領導中心意識，以轉移旗主貝勒對本旗的控制力量。但這一套組織體系的建立，自己歷史文化中並無可資憑藉之處，而且地理環境、歷史因緣可供借用模倣者，只有取自明朝。同時，在人口結構上，不但漢人佔絕大多數，而且問題亦最多。所以乃倣明朝中央政府組織間架形式，設立書房、六部、都察院，利用投降漢官與自己族人共同參與工作。但由於戰爭的需要，旗制在組織上所具有的先天的氏族社會性質，及族羣在構成旗制組織戰鬪力量的種種因素，書房與六部設立後，旗制的影響力量，仍在六部之上。而太宗本人的族類意識，及與明朝長年衝突糾結不解的壓力，亦恐漢化過速，族人失去淳樸之風及騎射之長，內心矛盾不定。因而制度雖設，並沒有認眞施行，也沒有讓參與政治運作的漢人發揮可發揮的力量。所以行事有「吆喝於今日，而更張於明日者。每出己見，故事多猶豫。做一頭，丟一頭，朝更夕改，有始無終，且必狃著故習。」[4]但入關之後，所面臨的局面已完全不同。這是一個與自己多方面不相同的社會，這個社會所推行的政治制度，是靠她自己的歷史條件所產生的官僚組織，而且又已行之千餘年之久。所以要想保持已得政權，順利統治，並期久遠，除接受之外，已沒有可以選擇的餘地。也不許做一頭，丟一頭，吆喝於今日，而更張於明日。但亦由於前述這兩個社會在種種條件上的差異，滿人在接受中國這一套官僚制度爲統治工具時，不但使其原有的特性更爲突出，更爲顯著，並且出現了新的形式，新的色彩。

入關後滿人由以女眞、蒙古（漢人雖在人口上佔多數，並編有八旗漢軍，但在政治地位、社會地位上，漢軍遠在女眞、蒙古之下。旗下漢人則爲奴僕，地位更低。如以自由民來說，人口數量仍以女眞、蒙古爲主。）爲主的部落汗國，造成一個以漢人爲主的君主帝國。滿人在決定進行統治這個大帝國時，很決斷明智的採取了與關內漢人複職合治的辦法。然由於自己人數上的限制，因之所取的主要是控制中央及地方高級職位及重要生產部門。在中央政府各機構中，除了純屬皇族生活範圍內事務外，其餘各衙門各職位，都採取平分共理形式。而在共建大業，分享政權利益的遠近觀念意識上，又將蒙古、漢軍列爲與自己同一範疇。所以在政府職位除滿缺外，另有蒙古與漢軍的保障名額。此即參與分配中，所謂宗室缺、滿洲缺、蒙古缺、漢軍缺、內務府包衣缺及漢缺的由來。本文主要目的，在分析滿人在政治運作中參與程度與方式，因此在缺分劃分中，除蒙古、漢軍、漢人外，將宗室缺、滿洲缺、內務府包衣缺劃爲一類，皆稱之爲滿缺。

前面敍述入關前的政治組織時，曾指出基於當時的社會形態的需要，唯有藉軍制與徭役制並行的組織或機構，才能實施有效的統治。所以國家統治機構旗制化，八旗制度與國家統治機構，成爲互爲轉換的形式❺。而旗制組織，在入關之後大清帝國的政權上，雖然不像入關前旗制與國家幾乎合而爲一的作用，但仍有相當左右力量。其原因，乃由於自努爾哈赤起兵復仇，至不斷向外發展過程中，先建立部勒族羣屬人的牛彔組織，而後由牛彔編組成旗，由旗建立部族政權，由部族政權擴大爲大帝國。在此不斷的成長擴張過程中，吸收了許許多多的族羣，也容納著族羣間不同的特質與利益❻。因此在旗制上不能不始終保持著滿洲、蒙古、漢軍的區別。這不但是種族的，也是參政權利的、經濟利益的劃分。而即在滿洲本身來說，清太祖努爾哈赤自「建州常胡」以父祖遺甲十三副起兵復仇起，到兄弟子侄分領各旗，統一女眞，征服蒙古，向明帝國進行戰爭的過程中，在融合諸族羣，編制成旗時，不得不顧及各族羣的社會形態，以及當時客觀條件下生活資料的來源與分配等問題，所以在將族羣組織轉化爲新的體制——牛彔時，儘可能保持原有族羣的完整性，運用族羣中原有的氏族社會殘存的傳統性能，完成新編牛彔的時代任務要求。八旗中的所謂勳舊佐領、世管佐領，便由此而來。勳舊佐領「皆國初各部落君長，率屬來歸，授爲佐領，仍統其衆。爰及苗裔，世襲罔替。」世管佐領「皆國初攜挈族黨，倡義歸誠，或功在旂常，錫以戶口，爰立佐領，奕葉相承，世亦弗替。」❼由於保持原族羣的完整性，管理牛彔的人又是原族羣中的貴族統治階層，所以便保持了相當濃厚的氏族社會殘餘的特質與力量。牛彔額眞不但與本牛彔屬人具有血緣親族關係，封建主從關係，並具有官僚政治關係。而牛彔也正以此種特質，在旗制組織中保持著可以表示意見的相當力量，在權利義務的分配上，有其一定的地位。

旗制與帝國的關係，入關後由於外在條件的轉變，自不能仍保持著入關前「有人必八家平養之，地土必八家平分之。即一人尺土，貝勒不容於皇上，皇上亦不容於貝勒」❸的形式。但由於旗制的先天特性及帝國由八家共幹得來的歷史因素，故雖經世宗的大力改革，強化獨裁君權，解除血緣親族式封建統治諸王在政治上的干預力量，但八旗畢竟是滿洲政權的支撐骨架，基本元素。無論是化旗爲國，國本在旗，二者是存則俱存，亡則俱亡。所以鞏固種族政權，必須鞏固以種族爲中心力量的旗制。而鞏固旗制，除參與政權，分享政治經濟利益外，尤必須保持內部的和諧平衡。所以八旗對帝國的權利義務依存關係上，必須義務平擔，權利均等。旗制與政權關係上如此，牛彔與旗間之關係，亦復如是。

前所述及的勳舊佐領與世管佐領，他們是建州女眞由建立旗制到創造帝國基本力量中的核心分子。他們不只是全家參加創業行動，而且是全族參加創業行動。努爾哈赤爲了擴人武力基礎，團結向心力量，這些強有力的族羣酋長家族，便成了彼此婚姻對象，建立了雙線婚姻關係。因此當大清帝國建立後，他們不但是基於共建大業伙伴，要求參與政權，分享利益；基於婚姻血緣關係，也要參與政權，共享富貴。在所謂尙主選婚世代相傳的八大家中，都是早期參加創業的有力族羣家庭。除了尙主聯姻關係加強了創業集團的連結外，另外便是選拔勳貴子弟爲宮廷侍衞，以結合共同建業守成關係。侍衞選拔的功用是多方面的，它不但傳遞發難創業的歷史情感，維繫傳統主從關係，而更重要的是用以觀察調教選拔文武人才，培養幹部。侍衞的品秩甚高，可文武對品互轉，一方面滿足勳貴世家參與政權的要求；一方面在政權中始終保持在對抗漢化而造成的危機上，一股極強的向心力量。

上述諸問題，固然是影響滿洲政權性質的先天因素，另外一個影響滿清政治發展方向的重要因素，便是漢化問題。滿人自建州衞建立時起，便是向漢文化地區進攻，由圈外到圈裏，最後終於征服了漢文化大帝國。但在對待漢文化問題上，直到清王朝覆亡，一直處於矛盾心理狀態，回歸與認同的困局。漢文化不但在各方面優於女眞族的文化，而且自進入遼東邊牆後，所佔據的、所生活的、所統治的都是漢文化帝國。在文化接觸歷史經驗上，低文化必然向高文化屈服學習，如持續不變，終至必被吸收涵化。滿清統治者自知爲文化落後的少數民族，所以能得到中華大帝國，並非由於漢文化的衰老，而是人爲的因應失當。自己惟一的優勢，是生活淳樸，尚武習射，以強力取天下。太宗雖已警心留意，但未有調和長策。在入關之前，尚是一個混合社會，滿漢人口上相差比例亦不懸殊。國內的漢人，又多是武夫降卒，文化水準不高，降虜生活甚劣，所以心理上仍有自傲上風。及至入關之後，無異跳入了漢文化大海，而旗人駐集京畿，又是首善之區，全國精華所萃[9]。內心的空虛，外在的壓力，統治上的需要，使來自文化草莽的滿人，不得不俯首於漢文化之下。漢化的結果，首先所表現的是生活奢侈，輕視騎射。生活奢侈，帶來意志腐化。輕視騎射，消磨尚武之風。二者日新月盛，即等於動搖政權基礎。滿清統治者爲了挽此風氣，除強調族人淳樸道德，騎射尚武傳統外，便是選擇世家子弟充當侍衞。而侍衞以清語騎射爲首要條件，希望能由與政權關係密切的裏層，保持住以武功取天下的長技。同時也以騎射清語爲標準，選拔下級軍官士兵充當侍衞。以及在文武官員任用資格上，特別爲貧寒旗人保留機會，寬留餘地，以冲淡調和日趨奢隳的風氣，制約過度漢化的影響。

漢化問題帶來的另一個困擾是科舉。滿人入關後爲儘快的安定新建立的政權，吸收漢族份子參與合作，所以政權甫建，遂即宣布開科取士。科舉制度，本久已成爲讀書人入仕爲官的途徑，獵取榮華富貴的門路，爲社會所嚮往，爲世人所羨慕。滿清統治者爲了民族自尊，表示族人資質無遜於漢人，所以不但不限制或阻止族人參加科舉考試，而且給予種種便利，在不公平中僞造公平進行競爭；而另一方面，實又不願族人追逐場屋，消磨尚武精神，落入漢人文士生活情調。因此，爲了保持族人得參與考試，而有分榜錄取，保障名額辦法；又復強調族人應維持傳統簡樸美德，以清語騎射爲重。事實上在傳統成規中，政府許多職位必須科甲出身才能擔任，是以又不得不令族人追逐考試。而追逐考試，則勢必荒廢清語騎射，因而又高唱旗員文武互轉，將相不泥一途，世祿之家不應考試等論調[10]。左右支應，兩下爲難，無可奈何的發展，無可避免的矛盾，這眞是一個困局。

矛盾的困局，自必設法謀求解救之道。解救之道訴諸大衆接受的第一個要求，是將所提出的政策理性化，連繫於一個高尚的理想，使社會認同接受。於是高唱用人「效法三代，八旗仕進之階，不泥一轍。大臣故不判其文武，下至食餉彎弓之士，亦有文職之徑。」[11]因而產生「文武互轉」，「滿洲翰林不必科目」，「軍士錄用文職」等說詞，爲族人開拓入仕途徑，以便參與政治活動，制衡漢人在政府中的力量。而在族人內部來說，爲了使科甲入仕分量不致過大，減輕影響政權運作的壓力。所以在任官出身上，進士有文進士，滿洲、蒙古繙譯進士。舉人有文舉人，滿洲、蒙古繙譯舉人。生員有文生員，滿洲、蒙古繙譯生員。並特設官學生，包括八旗官學生、義學生、覺羅學生、算學生。無出身者曰閒散。拜唐阿、親軍、前鋒、護軍、領催、馬甲就文職時，皆得視同閒散出身。在後文所統計的文職二九三人中，文進士、文舉人共一〇六人，而閒散及出身不詳者九九人。出身閒散與不詳所佔比例如此之高，這不是自然現象，而是有意的安排。目的是在平衡科甲的力量。就本位文化與漢文化成分爲標準衡量，出身閒散與不詳者，較之科甲出身者，自然保存的本族文化成分較多，與部族政權本質相近，更忠於保衞部族政權的利益。

另一方面，出身閒散與不詳者參與較多，亦是使政權基礎放大，同時並減輕族人漢化科舉的壓力。但出身必須與入仕後的遷轉配合，方能發揮預期的力量。這一點，滿清統治者早已籌度及之。除缺分保障，以防漢人侵入族人缺分外，並且運用文武互轉的方式，由武入文。如任官法中之改班，一等侍衛可改三品京堂，二堂侍衛可改四品京堂，輕車都尉、參領、三等侍衛改郎中，騎都尉、副參領、四等侍衛、佐領改員外郎，藍翎侍衛、雲騎尉改主事，前鋒校、護軍校改主事及七品小京官⑫，便是爲此設計的。而轉入之後，即依文官敍資遷轉，不受出身任何限制。

以上所舉滿清政權的特質，只是擇其犖犖大者；而此已可說明滿清政權具有氏族血緣性、封建主從性、官僚組織性三種性格。本文之目的，即在分析滿洲政權在此種情形下，如何選拔參與政治運作的人才，諸如出身資格、選拔範圍、任用方式、姓族關係、缺額劃分、陞遷過程，如何能維持氏族的、封建的、官僚的三種關係的平衡，而發揮其所預期的功能，滿足所賦予的任務。在資料運用上，以清史列傳、清史、清史稿爲底本，共選出滿洲文職二九三人。在選擇過程中，因爲滿人文武互轉，所以在取捨上，凡是偶而出仕文官，而絕大部分事業活動在武職者，仍入武職範圍。如瑪爾賽由一等男爵兼一雲騎尉爲副都統，工部尚書、戶部尚書、蒙古都統，其爲工部、戶部尚書僅一年，故列入武職。馬喇由佐領爲副都統、刑部侍郎、副都統、護軍統領、工部尚書，侍郎僅一年，工部尚書亦僅一年，其一生活動在軍事，故列入武職。此外有爲文職.而未收入者，如宗室富壽，史文僅言其光緒十四年進士，死後贈侍講學士，其他事蹟不詳，故未收。德格勒史文上僅記其進士出身，任編修、侍讀學士，充日講起居注官、學院學士，其他事蹟無考，亦未收入。又納蘭性德，進士出身，初仕爲三等侍衛，其他無考，故亦未列入。

又所收人物時間劃定，以入關後始初仕爲官者爲限，凡入關前已爲官者皆未收錄在內。以入關前與入關後，所面臨的問題不同，參與政治活動的條件要求亦自相異。客觀情勢不同，自有不同的考慮、不同的選擇、不同的條件。故本文所討論時間，上限到順治入關爲止。

二、參與之出身資格

(一) 出身資格

清代任官之法，清史稿選舉志：

> 凡滿漢入仕，有科甲、貢生、監生、廕生、議敘、雜流、捐納、官學生、俊秀。定制由科甲及恩、拔、副、歲、優貢生、廕生出身者為正途，餘為異途。異途經保舉，亦同正途，但不得考選科道。非科甲正途，不為翰詹及吏、禮二部官。惟旗員不拘此例。官吏俱限身家清白，八旗戶下人，漢人家奴長隨，不得濫入仕籍⑬。

這是通論一般情形，在滿人方面又另有規定。大清會典：

> 分出身之途以正仕籍。凡官之出身有八，一曰進士 文進士、滿洲、蒙古繙譯進士 二曰舉人 文舉人、滿洲、蒙古繙譯舉人、漢軍武舉 三曰貢生 恩貢生、拔貢生、副貢生歲貢生、優貢生、例貢生 四曰廕生 恩廕生難廕生 五曰監生 恩監生、優監生廕監生、例監生 六曰生員 文生員、滿洲、蒙古繙譯生員、

漢軍武生 七曰官學生 八旗官學生、覺羅學生、義學生、算學生 八曰吏 供事、儒士、經承、書吏、承差、典吏、攢典 無出身者，滿洲、蒙古、漢軍曰閒散 拜唐阿、親軍、前鋒、護軍、領催馬甲就文職者，出身與閒散同 漢曰俊秀 武生行伍就文職者出身與俊秀同 各辨正雜以分職⑭。

「文進士、文舉人出身者，均謂之科甲出身。與恩、拔、副、歲、優貢生，恩、優監生、廕生為正途。其餘經保舉者，亦同正途出身。旗人並免保舉，皆得同正途出身。」⑮如此旗人出仕為官，根本無所謂出身正途異途之別，皆為正途出身。使旗人不但入仕途徑放大，將來升遷機會亦因之加寬。可以不必受讀書人始能為文官的限制，使執戈彎弓之士，亦有文職途徑。此外，又在所列八項出身進士項下設滿洲、蒙古繙譯進士，舉人項下設滿洲、蒙古繙譯舉人，生員項下設滿洲、蒙古繙譯生員，官學生更是專為旗人設的。至於無出身者閒散項下等名目，其範圍則更為廣泛了。

需要進一步補充說明的，為第八項「吏」之定義及其所指涉範圍。大清會典：「設在官之人以治其房科之事曰吏。凡京吏之別三，一曰供事，二曰儒士，三曰經承。外吏之別四，一曰書吏，二曰承差，三曰典吏，四曰攢典。」供事，凡宗人府、內閣、文淵閣、翰林院、詹事府、中書科、內廷三館及修書各館、各衙門則例館，治房科之事者皆曰供事。禮部於經承之外，復有儒士。部院衙門之吏，以役分名，有堂吏、門吏、都吏、書吏、知印、火房、獄典之別，統名曰經承。外吏，凡總督、巡撫、學政、各倉各關監督之吏，皆曰書吏。總督、巡撫於書吏之外，復設承差。司、道、府、廳、州、縣之吏曰典吏。首領官、佐貳官、雜職官之吏，皆曰攢典⑯。旗人入仕，無由吏進身者。因為異途無需經過保舉，皆得同正途出身，等於不需有任何資格。而且明定「滿洲、蒙古無微員，宗室無外任。」⑰外官從六品首領佐貳以下官，不授滿洲，道員（正四品）以下不授宗室⑱。

出身統計表：

出身	進士	繙譯進士	舉人	繙譯舉人	貢生	廕生	監生	生員	繙譯生員	官學生	閒散	世職襲爵	不詳	共計
人數	82	6	24	7	4	16	13	11	5	17	3	9	96	293
百分比	28%	2%	8.2%	2.4%	1.4%	5.5%	4.4%	3.8%	1.7%	5.8%	1%	3%	32.8%	100%

又，未收入清史列傳、清史、清史稿而見於八旗通志者尚有六五人，因其所收到乾隆年間為止，不能貫穿整個朝代，故未與前三項資料一併計入。茲將其分配情形附列於後，以供參考：

出身	進士	舉人	貢生	廕生	監生	官學生	閒散	襲爵	不詳	總計
人數	10	2	1	1	4	2	1	1	43	65

1.第一表中所列廕生有恩廕、難廕、特廕之別。大清會典：「凡官死事者，皆贈以銜而廕其子焉。凡贈銜之等十有八，廕子之等六，皆視其官之職以為差。……凡覃恩予廕者，文職京官四品而上，外官三品而上，皆得廕一人焉。武職二品而上亦如之。在告而食俸者亦如之。……辨任職之等，滿洲、蒙古、漢軍廕生差以品，其等四。漢廕生差以級，其等七。及歲則引見，得旨，皆按其等而任之。」⑲

滿洲一品官廕生任員外郎。二品廕生任主事、都察院經歷、大理寺丞、光祿寺署正。三品官廕生任通政司經歷、太常寺典簿、部、寺司庫、光祿寺典簿。四品官廕生任鴻臚寺主簿、八品筆帖式[20]。

2. 襲爵列爲出身之一，因其已有品級，出仕時可對品任官。世爵等級，大清會典：「凡世爵之位九，其等二十有七。一曰公，其等三。二曰侯，其等四。三曰伯，其等四。四曰子，其等四。五曰男，其等四。六曰輕車都尉，其等四。七曰騎都尉，其等二。八曰雲騎尉，其等一。九曰恩騎尉，其等一。凡封爵，以雲騎尉爲準。加等進位襲次，皆以是積焉。……凡公、侯、伯皆按其勳閥而錫以名。」公、侯、伯、子皆視一品，男視二品，輕車都尉視三品，騎都尉視四品，雲騎尉視五品，恩騎尉視七品[21]。

3. 表中出身不詳者最多，佔總數三分之一。在「分出身以正仕籍」的時代，出身不但是其可出任何種官職的條件，而且影響日後陞遷機會，對前途發展有一定的作用與限制。同時也隱隱的表示著其才情氣質，身家地位。這些雖無明顯的界說限定，但在官場中是非常重視的。滿人出身異途固無需經過保舉，皆得視同正途。但因爲出身範疇，具有實質上的一定意義與作用，故對此也非常注意。傳記中不著其出身，可知其不在所定出身資格項目之內，連異途都扯不上了。

4. 由出身統計表所列各項人數比例，可窺知滿清政權的性質。二九三人中，世職襲爵者九人。此等人物由於情形特殊，且不在會典所定出身資格標準之內，可排除不予計算。滿人既然異途不經保舉可視爲正途，故所餘二八四人，可分二大項。自進士至閒散爲一項，一八八人，佔百分之六六．一九強。出身不詳者爲一項，九十六人，佔百分之三三．八強。出身不詳者比例如此之高，不但說明了部族政權的特質，也說明了其運用征服者的身分，不經過所宣布的一般出身資格，使族人進入政府，參與運作。出身不詳者的另一層意義，不只是滿人與漢人參與政權上的鬪爭，也是部族內部問題。這是有意的選擇漢化水準較低族人參與政治活動，以平衡族人參與科舉力量的作用。因為參加科舉者越多，即是漢化程度越深。這與滿洲最高統治者希望族人清語騎射，風尚淳樸，保持族類意識清醒的要求是相矛盾的。這一矛盾，不但會導致內部衝突，而且影響到部族政權的安定基礎。此當於後申論。

(二) 選拔範圍

選拔參與政治活動人材範圍，就滿人來說，不外宗室、覺羅、外戚、世家、平民、奴僕六項。宗室、覺羅是全憑血緣因素。中國的王朝，無論是漢族建立的，或外族建立的，都是走化家為國的路子。因此雖然客觀事實的要求，不得不採取爵職公之天下的理性途徑，但總覺血緣紐帶，較他姓為安全。加上儒家遠近厚薄的倫理色彩籠罩社會一切活動，無形中也助長了家族政權的趨向。因此最接近政權中心的血緣關係集團，便有更多參與政權的機會。明代朱明政權，由於靖難之變，及寘鐇、宸濠的叛亂，以致嚴防宗室在政治上活動，成為純粹接受豢養的祿蟲，是矯枉過正的例外。

在宗室參與政治活動來說，外來王朝，不像漢族王朝的限制束縛。也許因為外來王朝由於進入中國後，最大的利害矛盾是種族的對立。在非我族類，其心必異的疑忌心理下，使內部的矛盾轉化為一致對外的合作。多一個宗族參與政權活動，多佔據一個政府位置，便可多一分防範情報來源，多一分控制操縱力量。因之，血緣關係自然便成了取得參與政治活動最捷便的途徑。

另一個重要途徑，是姻親關係。氏族時代的婚姻關係，固然有其血緣紐帶的一定作用，而尤其當社會解體，逐鹿天下的過程中，往往以聯婚結合力量，劃分敵我，作爲重要的政治資本。及至天下定於一尊之後，或基於共幹大業的合作諒解，或基於其已存在的社會勢力，或基於政治條件的運用，或基於傳統關係的維持，因之，皇族的婚姻，多多少少都帶有一定程度的政治利益的考慮。而這一個政治利益考慮的因素，便造成外戚參與政治活動的有利途徑，當然也還有傳統社會中強有力的倫理作用。中國不少的王朝中，有限制外戚在政治上活動的規定，這也說明了外戚之易於參與政治活動，且往往參與在權力中心，左右朝廷施爲，影響政治方向。

茲將清代后妃所出族姓統計結果說明如下。《清史稿》〈后妃傳〉：「太祖初起，草創闊略，宮闈未有位號，但循國俗稱福晉。福晉蓋可敦之轉音，史述后妃，後人緣飾名之，非當時本稱也。……順治十五年，採禮官之議……議定而未行。康熙以後，典制大備。皇后居中宮，皇貴妃一，貴妃二，妃四，嬪六，貴人、常在、答應無定數，分居東西十二宮……諸宮皆有宮女子供使令。每三歲選八旗秀女，戶部主之。每歲選內務府屬旗秀女，內務府主之。秀女入宮，妃嬪貴人惟上命。選宮女子，貴人以上得選世家女，貴人以下但選拜唐阿以下女。」經統計自清太祖努爾哈赤起至宣統止，二八后，八八妃，一四嬪，五貴人。其姓氏最多者爲納喇氏，五后、九妃、一嬪。其次爲鈕祜祿氏，六后、七妃。其次爲蒙古博爾濟吉特氏，五后、八妃。其次爲佟佳氏，三后、三妃。其次爲富察氏，一后、四妃。其次爲赫舍里氏，一后、三妃。其次爲伊爾根覺羅氏，三妃、一嬪。其次爲董鄂氏，一后、二妃。其次阿魯特一后、一妃。其餘五六人，分散在五一個姓氏中。

后妃姓氏分配如依年代上看，蒙古博爾濟吉特氏集中在太宗、世祖兩朝。計太宗二后、五妃為博爾濟吉特氏，世祖二后、三妃為博爾濟吉特氏。自此而後，只宣宗孝靜皇后出自博爾濟吉特氏，這充分的說明政治婚姻的關係，而且有其極重要的時間因素意義㉒。

氏族社會婚姻關係及政治性婚姻關係，往往是嫁娶雙軌的。茲將清代公主五十二人所嫁族姓統計如下計：

博爾濟吉特氏	三十二人	納喇氏	五人
鈕祜祿氏	四人	瓜爾佳氏	四人
富察氏	三人	郭絡羅氏	二人
伊爾根覺羅氏	二人		

其餘十人，為董鄂、佟佳等十個家族。

由上所示，嫁與蒙古博爾濟吉特氏者最多，而且除最後文宗外，每朝都有。最多者為太宗時，十七個女兒，有十四個嫁與博爾濟吉特氏，這與太宗十三個后妃中，有七個來自博爾濟吉特氏，其政治因素是一致的。由於本文不分析蒙古人參與政治活動情形，故每朝婚嫁特別因素，不再敍述。

又公主出嫁姓族與后妃姓族所佔的比例，兩者的關係是一致的。亦正是清稗類鈔、嘯亭雜錄等書所說的八大家尚主選婚範圍，與後文將論之族姓世家參與關係所顯示情形，亦正相同。(又佳夢軒叢著之十，煨榾閑談，「本朝開國宗藩，其永襲不替者惟六王，六曰禮、鄭、莊、肅、睿、豫。郡王二，曰克勤、順承。即俗所謂與國同休之八大家也。」按此為一般所傳說八鐵帽子王，與選婚尚主之八大家不同。)

宗室外戚，都屬血緣關係集團。世家功臣集團屬於另一個系統。興兵犯難，共圖人業，本來是以家族生命財產爲賭注的投資。當大業已成，元從佐命，汗馬功多。則不能不分配政治利益，共享血戰成果。是以或裂土封藩，或世職食祿，或出仕爲官。計功列等，或及身，或再傳，或世代相襲，皆各有其分。雖然祿有厚薄，官有大小，如不以個人個別家庭爲分析對象，而以功臣世家整體觀之，則其酬勳報功，共享政權之旨皆一。

功臣世家，由於與建業有血肉關係，所以不但廣泛的要求參與政權，而且往往干預選拔參與人材的範圍，有時甚至影響到政治發展方向；這不僅由於共建大業同享政治利益的諒解，也基於禍福一致的情感認同。但功臣世家力量的過分發展，也常使最高統治者感覺如芒刺在背，爲皇權安危憂心，因而形成猜疑防範，誅戮剪除慘劇。滿清自入關取得政權後，除種族中心派與滿漢共治派發生鬪爭流血外，並沒有發生過誅戮開國功臣事件。這也許是因爲正當開國之初，雖然是分享政治利益矛盾最強烈的時期，然而不得不團結自制，一致對外，因而冲銷了皇權與功臣間的矛盾緊張情勢。

平民是指一般旗人自由民說的。努爾哈赤初起之時，女眞族社會，由於明代衞所制度運用入封貢貿易治邊政策，各族羣族長、酋長、官長（衞所官職）長久以來已成三位一體世襲狀態。故清人政權的發展過程，在政治形態上，是在氏族崩潰後，由家族政權，跨過部族聯盟而直接走向封建帝國。但由於發展過於迅速，所以氏族社會的殘餘力量，在社會結構轉變時，仍表現著相當的作用。如保持氏族社會殘餘的血緣地緣的族寨關係，建立牛彔制度，以牛彔爲基礎，建立旗制體系。雖然牛彔組織是部勒其成員的一切活動，功用是多方面的。旗制的編組是爲了容納不同族羣，基於軍事行動統一指揮的需要。但就當時女眞族羣的分佈情形，雄長自立的狀況，各族羣納入牛彔、旗制的經過，以及牛彔的組成分子，承管系統，與旗制間權利義務平分共享，維持均衡發展諸因素觀之，在在都說明了女眞族當努爾哈赤初起時的社會發展情況。

清人政權從氏族崩潰後的一個小家族，到建立統一大帝國，前後六十年間，在政治上說，可謂發展迅速，變化甚大。而社會經濟方面，亦復如此。努爾哈赤興起之前，由於受到明朝封貢貿易馭邊政策長期的影響，社會經濟結構，固已發生不少變化，但畢竟是緩慢的，調整適應是容易的。起兵之後，情況便完全不同了。最主要的，莫過於個人經濟機會的不能保持均衡。加以封建官僚組織的建立，個人成就觀念的突出，氏族社會情感的淡薄，所以社會階級逐漸向兩極發展，族人有淪爲奴僕的。這些失去自由民身分的族人，失去了分享經濟利益的機會，參與政治活動的權利，也失去了自由民應受的法律保障。

上面是就入關前社會階級的分化及旗制組織內部的關係說的。入關之後，所面臨的主要問題，是八旗與漢人的對待關係。情況轉變，原來的內部對應關係，自然要加以修正了。因此，在前述參與政治成分中，特列奴僕一項，是有其原因的。清人在建國過程中，每次出征所掠奪的人口、財物，如出兵時無特別規定，便成爲私人財產。因此旗人家庭一般都有或多或少的奴僕。而最高統治者皇帝由於起初創業之時，在旗制下亦爲旗主，與其它各旗旗主一樣，有自己應得的俘虜奴僕。這些分得的人口，便是後來內務府三旗的來源。他們在其主子名分下雖是奴僕，但由於所服侍的是最高統治者皇帝，所以其地位也較被征服者的地位爲高了。聽雨叢談：

> 內務府三旗，分佐領管領。其管領下人，是我朝發祥之初家臣。佐領下人，是當時所置兵弁。所謂凡周之士，不顯亦世也。鼎業日盛，滿洲、蒙古等部落歸服漸多。於天命元年前二載，遂增設外八旗佐領。而內務府佐領下人，亦與管理下人同為家臣。惟內廷供奉親近差

> 事，仍專用管理下人也。
>
> 國家既設外八旗，列鑲黃、正黃、正白為上三旗，護從御營也。列鑲白、正紅、正藍、鑲紅、鑲藍為下五旗，隸於諸王統帶也。其各王府家臣曰王包衣，（只有下五旗，無上三旗。）除不得挑各旗錢糧及預選秀女外，其餘登進之階，與八旗相同。若食錢糧，只准在本府也㉓。

內務府三旗，不但可以出仕為官，而且在排列缺分順序上，列於漢缺之前㉔。這是以征服者自傲意識作祟，在中國王朝是從來沒有的。而由此亦可瞭解滿清政權在發展的演變過程中，皇室威權日漸突出，君主專制的特性愈來愈濃。雖然旗制組織在形式上仍有氏族社會色彩，但內部早已隨君主權力的擴張加強而日漸官僚化。也正如中國王朝一樣，創業功臣力量，隨政治情況的安定而日漸減弱式微，皇室突出，高高在上。因此，內務府三旗包衣，也可以參與政治活動了㉕。

愛新覺羅氏由家族政權成為大帝國後，由於入關後民族矛盾對立形勢的擴大，所以不得不在政府體制之外，仍保持著旗制的存在。以統整滿洲、蒙古、漢軍的力量與漢人鬪爭。八旗本是在共幹大業過程中成長起來的，其一切權利義務平均分配的觀念，也是由此形成的。入主中國後，雖仍保持此種形式，但由於上三旗天子自將，下五旗分屬諸王，上三旗較下五旗更為靠近權力中心，其佔有權利機會，自然增多。因此表面上是各旗權利義務均等，維持旗間勢力的平衡並立，而實際上是有著遠近高下實質上的差異的。例如抬旗，便是明顯的表徵。這不只是心理上的激勵，也是經濟上的吸收，人才資源的集中。茲將二九三人其所屬旗別，統計如下：

計正黃旗四一人，鑲黃旗六四人，正白旗五四人，鑲白旗二四人，正紅旗一九人，鑲紅旗二三人，正藍旗三二人，鑲藍旗三五人，旗別不詳者一人。上三旗共一五九人，下五旗一三三人。

㈢ 族性家世與參與關係

明代女眞族散佈地區很廣，族羣很多，由於明朝運用封貢貿易分化羈縻政策，所以始終各自雄長，族酋林立，不能產生強大的族羣，統一起來。至萬曆中期，明控制力量，已日漸解體。清太祖起兵之後，各族羣有率部來歸共謀大業者，有被征服歸降收編者，女眞族又走上統一的路程。由於社會發展歷史條件的限制，及爲了軍事行動指揮管理上的方便，所以在設計部勒人口體制編組人力運用的組織而建立旗制時，仍採用了氏族社會遺留下來的族寨結構形式，儘量保持原有族羣的完整性。依其人數的多寡，族羣的強弱，或編爲一個牛彔，或分成數個牛彔，或二個三個族羣合爲一個牛彔。牛彔章京，仍由原族羣中族長或較大家族的人管理。如爲二個三個族羣編成牛彔，牛彔章京即由彼此輪流擔任。因爲本族寨參加編組牛彔人數的多寡，不但代表著勢力的強弱，也指示出參與建立大業的力量。尤其是最先自動來歸而勢力較大有名的姓族，兄弟子侄，大都成了開國佐命元勳，世職傳承。他們在旗制構成上佔有重要地位，在政治上自然也享有較多參與機會。聽雨叢談：

> 舊制每佐領三百人，其佐領之名目有四。若勳舊佐領，皆國初各部落君長，率屬來歸，授為佐領，仍統其衆，爰及苗裔，世襲罔替。若世管佐領，皆國初携挈族黨，倡義歸誠，或功在旂常，錫以戶口，爰立佐領，奕葉相承，世亦弗替。若互管佐領，因其本族戶少丁稀，合編兩姓為一佐領，遞世互襲，亦在勿替之列。若公中佐領，或世襲之家已絶，改為公中；

或人戶滋多，另編公中；或合庶姓之人，編為公中；皆以本旗不兼部務之世爵及二品以下五品以上文武官員內簡選兼任。從前佐領一官，極為尊重。由此而歷顯官者最多。如大學士尹文恪公泰，以國子祭酒授錦州公中佐領，病免在家，尋於雍正元年起為內閣學士，證此可見其盛矣[16]。

佐領之重要，由於其爲氏族社會遺留下來的產物。而八旗制度，本是在氏族社會的廢墟基礎上建立起來的。尤其是勳舊佐領、世管佐領，其地位極爲尊重，正表示其原有力量及投入共同創業的貢獻。而此等勳舊佐領、世管佐領之家，由於早期共同參加戰爭，滿清最高統治者爲了凝結其強固的向心力，強化其成敗與共的認同意識，故常透過聯婚方式，使政治結合上復絡以姻戚紐帶。以此，這些勳舊佐領與世管佐領之家與政權中心的關係，自然更進一層。其可能被選參與政治活動的機會，也自然加多。

族姓家世與參與關係，在上節選拔範圍功臣世家中，已約略提及。滿洲族姓，乾隆年間纂修滿洲氏族通譜時，不但收羅了當時所有滿洲族姓，而且凡有事蹟可述者，皆綴以小傳。尤其對於早期來歸者，敍述更詳。不但可知滿洲族羣在明末分佈情形，亦可知其與建立滿清政權之關係。通譜序云：

我祖宗誕膺天定，勃興東土，德綏威讋，奄甸萬姓。維時龍從鳳附之衆，雲合響應，輻輳鱗集。強者率屬歸誠，弱者舉族內附。我祖宗建師設長以涖之，分旗隸屬以別之。厥有熊熊之士，不二心之臣，效命疆場，建謀帷幄。親以肺腑，重以婚姻，酬以爵命。……代序日遠，族姓日繁，不為之明章統系，俾知世德所自，將罔以克念先人之勤，無以光照前烈。爰發金匱石室之藏，徵載籍，稽圖譜，考其入我朝來得姓所始，表之以地，系之以名，官階勳績，綴為小傳。勳舊戚畹，以及庶姓，釐然備具，秩然有條，與國史相為表裏㉗。

又清朝通志云：

國初時攀龍附鳳之衆，奔走後先，或舊屬編氓，或舉族內附……爰命廷臣，編輯八旗氏族通譜，表以地，系以名，官階勳績，與八旗列傳相為表裏。於是名位世系，昭然可考㉘。

清通志姓氏前後次序，亦悉照八旗氏族通譜。首瓜爾佳氏，次鈕祜祿氏，舒穆祿氏、馬佳氏、董鄂氏、赫舍里氏、他塔喇氏、伊爾根覺羅氏、舒舒覺羅氏、西林覺羅氏、通顏覺羅氏、佟佳氏、那木都魯氏、納喇氏、富察氏、完顏氏。……這一個順序所據標準，通譜未見說明。在前述順序中，瓜爾佳氏佔四卷、鈕祜祿氏一卷、舒穆祿氏一卷、馬佳氏一卷、董鄂氏一卷、赫舍里氏二卷、他塔喇氏一卷、伊爾根覺羅氏四卷、舒舒覺羅氏一卷、西林覺羅氏一卷、通顏覺羅氏一卷、佟佳氏二卷、那木都魯氏二卷、納喇氏三卷、富察氏三卷。如此排列，一定有其原則。在編纂通譜時，甚且將得姓原由、先世活動、歸附經過、勳位戰功、爵職傳遞、現時狀況，都紀錄在內。這是一件大事，何況滿人在未入關前，無論是由於氏族社會關係，或受明朝封貢羈縻政策影響，對譜牒都十分重視。排列順序，自然經過細心考慮，有其一定的理由。世家族姓參與關係的另一個明顯指標，是封爵世職情形。雖然亦有非憑藉家世門第而奮力拔起得爵者，但亦影響於其後代之入仕。下面是清史稿封爵世表所列公、侯、伯、子、男五等爵中首得爵位屬於八旗滿洲者所統計結果，共計一七三人（家），除族姓不詳者十七人（家），覺羅七人外，其餘一四九人（家），分佈三十七個族姓。其順序是⑴博爾濟吉特氏十七人。⑵瓜爾佳氏十六人。⑶納喇氏十五人。⑷鈕祜祿氏十三人。富察氏十三人。⑸董鄂氏八人。⑹舒穆祿氏六人，佟佳氏六人，赫舍里氏六人。⑺他塔喇氏五人。⑻伊爾根覺羅氏四人。⑼完顏氏三人，那木都魯氏三人，章佳氏三人，費莫氏三人。⑽馬佳氏二人，戴佳氏二人，札庫塔氏二人，薩克達氏二人，覺爾察氏二人，碧魯氏二人。其餘郭洛羅氏、輝發氏、李佳氏、多拉爾氏、伍爾特氏、台楮勒氏、吳雅氏、王佳氏、西林覺羅氏、吳札庫氏、高佳氏、魯布哩氏、兆佳氏、寧古塔氏、郭爾貝氏、嵩佳氏各一人。依前面所列順序，除蒙古博爾濟吉特氏外，俗傳所謂之八大家者共七七人，佔去一半尚多。又就旗別分配看，計鑲黃旗三八人，正黃旗四一人，正白旗三一人，鑲白旗五人，正紅旗九人，鑲紅旗十七人，正藍旗十八人，鑲藍旗十四人。上三旗一一〇人，下五旗六三人。

茲復將前面統計所得二九三人之族姓分述於下。計宗室二三人，納喇（葉赫）氏十七人，鈕祜祿氏十七人，費莫氏九人，章佳氏九人，高佳氏八人，烏雅氏八人，舒穆祿氏七人，喜塔臘氏七人，完顏氏七人，佟佳氏六人，博爾濟吉特氏六人，西林覺羅氏六人，董鄂氏五人，索綽絡氏五人，他塔喇氏五人，赫舍哩氏四人，鄂濟氏四人，烏蘇氏四人，馬佳氏三人，覺爾察氏二人，伊拉哩氏二人，族姓不詳者一九人。其餘三七人分配在三十七個族姓中。

1. 根據上所統計，除宗室、覺羅及不詳者外，最多者爲富察氏，其次爲瓜爾佳氏、鈕祜祿氏，再其次爲伊爾根覺羅氏、納喇氏、費莫氏、章佳氏、高佳氏、舒穆祿氏、佟佳氏。

宗室與覺羅的分別，大清會典卷一宗人府：「凡皇族，別以近遠，曰宗室，曰覺羅（註：顯祖宣皇帝本支爲宗室，伯叔兄弟之支爲覺羅。）……凡宗室、覺羅皆別以帶。（註：宗室繫金黃帶，覺羅繫紅帶。革退宗室者繫紅帶，革退覺羅者繫紫帶。）

2. 富察氏等這幾個家族，人數特多，自有其歷史因素，都是從龍創業有力分子。在八旗滿洲氏族通譜中，皆是著姓，所佔卷數亦最多。通譜共八十卷，收羅一〇六六姓。富察、瓜爾佳、鈕祜祿、伊爾根覺羅、納喇、費莫、章佳、高佳、舒穆祿、佟佳等十個姓族共佔二十二卷。而且大部分在所謂八大家之內。清稗類鈔〈姓名類〉滿洲八大貴族之姓條：「滿洲氏族，以八大家爲最貴。一曰瓜爾佳氏，直義公費英東之後。一曰鈕祜祿氏，宏毅公額亦都之後。一曰舒穆祿氏，武勳王楊古利之後。一曰納喇氏，葉赫貝勒錦台什之後。一曰董鄂氏，溫順公何和哩之後。一曰馬佳氏，文襄公圖海之後。一曰伊爾根覺羅氏，敏壯公安費古之後。一曰輝發氏，文清公阿蘭泰之後。凡尙主選婚，以及賞賜功臣奴僕，皆以八族爲最。」嘯亭雜錄卷十之八大家條亦有此記載，列了九人而實爲八家。烏喇應爲烏喇地方之納喇氏。茲就八家八人之資料，簡述如下：

①直義公爲費英東札爾固濟。蘇完部長索爾果之次子，國初隨父率五百戶首先來歸。努爾哈赤授一等大臣，妻以孫女。尋命與阿和哩、額亦都（宏毅公）、扈爾漢、安費楊古爲五大臣，佐理國事。天命五年卒。天聰六年追封爲直義公，配享太廟。順治十六年，晉世爵爲三等公。雍正九年加封號信勇公，乾隆四十三年晉世爵爲一等公。

②宏毅公爲額亦都，世居長白山地方，爲巨族。早年來歸，勇敢善戰，賜號巴圖魯，妻和碩公主，與費英東等同爲五大臣，累官至左翼總兵官一等內大臣。天命六年卒，天

聰元年追封爲宏毅公，配享太廟。

③武勳王爲楊古利額駙。庫爾喀部長郎杜長子，父遇害，與族衆來歸。從戰有功，授一等子。太宗時授三等公，晉超品公。從太宗征朝鮮，中傷卒，追封武勳王。順治時配享太廟。雍正九年，加其世爵封號爲英誠公。

④錦台什，葉赫部長楊吉砮子，爲葉赫東城貝勒。楊吉砮女妻太祖（即孝慈高皇后，太宗母），錦台什女妻太祖子代善。太祖征服葉赫，授其子德格爾爲三等男，子孫相襲。

⑤溫順公爲何和哩，亦作何和禮、和和哩，代其兄長董鄂部。太祖起兵，聞何和哩所部兵馬精壯，加禮招致，以長女妻之。旗制初定，所部隸紅旗，爲本旗總管。後爲五大臣，天命九年卒。太宗時晉爵三等公，順治時追諡溫順，雍正九年，加封號曰勇勤。

⑥文襄公圖海，其曾祖瑚石，國初來歸。圖海由內秘書院學士、內弘文院大學士擢議政大臣，中和殿大學士，吏部尙書，加太子太傅，卒諡文襄。雍正二年，特贈一等公，配享太廟，加其封號爲忠達公。

⑦伊爾根覺羅氏，敏壯公安費古。檢查八旗滿洲氏族通譜及三十三種清代傳記綜合引得，俱無敏壯公安費古傳文資料。按安費古應爲安費楊古。安費楊古覺爾察氏，父子早年來歸，勇武敢戰，得碩翁科羅巴圖魯封號，爲五大臣之一，天命七年卒。順治十六年，追諡敏壯，立碑記功。子阿爾岱，孫都爾德，三世孫遜塔皆受爵世祖朝，有傳。惟檢視清史稿后妃傳、公主表，覺爾察氏既無選爲后妃者，亦無尙主者。嘯亭雜錄及清稗類鈔所云「凡尙主選婚，以及賞賜功臣奴僕，皆以八旗爲最。」蓋爲概括之詞，非必尙主、選婚、賞奴僕三者俱備也。

⑧「輝發氏，文清公阿蘭泰之後」。輝發氏當爲富察氏。輝發氏八旗滿洲氏族通譜未見記載。富察氏亦滿洲巨族，氏族通譜中佔三卷。阿蘭泰祖父殷達瑚齊，國初來歸。阿蘭泰於康熙時由筆帖式累進武英殿大學士，兼吏部尚書，加太子太保，卒謚文清。子富寧安自侍衞歷官都統、左都御史、吏部尚書，世襲侯爵，加太子太傅，卒謚文恭，與父阿蘭泰同祀賢良祠。富察氏被選爲后者一，妃者四。

3. 這幾個人數多的姓族，也正是太祖時五大臣、十札爾固齊，及太宗時八總管大臣、十六佐管大臣、十六調遣大臣家族範圍之內。太祖五大臣除上述費英東、額亦都、何和禮、安費揚古四人外，尚有扈爾漢（佟佳氏）。十札爾固齊已查出者爲費英東（瓜爾佳氏）、巴篤禮、雅虎、噶蓋（伊爾根覺羅氏）、雅希禪（馬佳氏）、博爾晋（完顏氏）、阿蘭珠（董鄂氏）。太宗時八總管大臣、十六佐管大臣、十六調遣大臣，其職務，東華錄云：「太祖刱制八旗，每旗設總管大臣各一，佐管大臣各二。特設議政五大臣，理事十大臣（札爾固齊），後或即總管一旗佐管一旗者兼之，不皆分授。……至是，上（太宗）集諸貝勒定議，每旗仍各設總管大臣一（人名略），是爲總管旗務之八大臣。凡議國政，與諸貝勒偕坐共議之。出獵行師，各領本旗兵行，一切事務，皆聽稽察。其佐管大臣每旗各二（人名略），此十六大臣，贊理本旗事務，審斷詞訟，不令出兵駐防。又每旗各設調遣大臣二（人名略），此十六大臣，出兵駐防，以時調遣，所屬詞訟，仍令審理。」㉙這四十個在旗內僅次於旗主貝勒的高級官員，連同五大臣，十札爾固齊中已知姓族者，共四九人。除去宗室、覺羅外，其餘分散在十七個姓族之中。計瓜爾佳氏六人，伊爾根覺羅氏五人，鈕祜祿氏四人，董鄂氏四人，那木都魯氏四人，佟佳氏三人，納喇氏三人，完顏氏三人，郭絡羅氏二人，兆佳氏二人，馬佳氏、覺爾察氏、戴佳氏、輝和氏、薩克達氏、虎爾哈氏各一人。這些都是在當時族羣大、分佈地區廣的姓族。其中有六個姓族，二十三人，在所謂八大家之內。而佟佳、兆佳、郭絡羅三個姓族，也都在太祖、太宗時彼此有婚姻關係，見前后妃公主表。又太宗時四十個大臣中，八人是五大臣的家屬，三人是札爾固齊家屬，都是值得注意的。

三、職位名額之分配

(一) 缺額劃分

清人入關後，爲了保障族人參與政治活動的權利，爲了平衡扼制漢人的政治力量，一方面將在京各機構職位，分設滿漢兩缺（有時設滿、蒙、漢三缺），保持對立形式[30]；一方面劃分各缺所屬種族範疇，限定補選範圍，防止漢人勢力的擴張。因爲滿人在人數上既少，而文化水平又低，國家既明定以科舉爲選拔人才首要標準，則科舉成爲競爭目標，縱然在科目上可予族人優待，但畢竟亦無法與漢人競爭。而取得資格之後，又須依序註册排班任用。漢人既科舉者衆，取得資格者多，如此一來，如無設計安排，則滿人無形中被擠出參與政治活動之外。所以爲了保障滿人參政機會，爲了限定漢人勢力的擴張，除在出身資格方面爲族人開關途徑外，又在缺分上設定保障名額。前者可爲族人參與政治活動提供人才來源，後者使種族職位上始終保持一定的比例。政府缺額的劃分，《大清會典》：

凡內外官之缺，有宗室缺、有滿洲缺、有蒙古缺、有漢軍缺、有內務府包衣缺、有漢缺。凡宗室京堂而上，得用滿洲缺。蒙古亦如之。內務府包衣亦如之。漢軍司官而上，得用漢缺。京堂而上兼得用滿洲缺。凡外官，蒙古得用滿洲缺。滿洲、蒙古、漢軍、包衣，皆得用漢缺。滿洲、蒙古無微員，宗室無外任㉛。

「滿洲無微員，宗室無外任」，是說從六品首領佐貳以下官不授滿洲、蒙古，外任道員以下官不授宗室。其督撫藩臬，由特旨簡放者，不在此限。

滿清政權內部的矛盾，實際上可以分成幾個不同的層次。第一個層次是滿洲、蒙古、漢軍對漢族的矛盾，第二個層次是滿洲、蒙古、漢軍間的矛盾，第三個矛盾是滿洲旗制間的矛盾。所以在第一、二個層次間依種族分爲滿洲缺、蒙古缺、漢軍缺、漢缺後，在滿洲內部又有宗室缺、滿洲缺、內務府包衣缺。宗室缺是爲了保障宗室的政治權益，內務府缺是爲了保障皇帝包衣的政治權益，滿洲缺則是上三旗與下五旗共同的缺分。茲將所劃定滿洲缺、宗室缺、內務府缺範圍分述於下：

滿洲缺：京官除順天府尹、府丞，奉天府府丞，及京府京縣官，司坊官，無滿洲缺外，大學士以下，翰林院孔目以上，皆有滿洲缺。奉天府府尹，奉錦山海道，吉林分巡道，直隸熱河道、口北道，山西歸綏道，及各省理事、同知、通判，定爲滿洲缺。部院衙門筆帖式，皆定有滿洲缺。

宗室缺：宗人府監察御史及宗人府理事官以下，筆帖式以上，皆由宗人府於宗室內保題揀選。其部院司官，則於滿洲缺內，分吏部員外郎一缺，主事一缺；戶部郎中一缺，員外郎二缺，主事一缺；禮部員外郎一缺，主事一缺；兵部郎中一缺，主事一缺；刑部郎中一缺，員外郎二缺，主事一缺；工部郎中一缺，員外郎一缺，主事一缺；理藩院郎中一缺，員外郎一缺；陵寢衙門郎中一缺，員外郎二缺，主事二缺；由宗室選補。

內務府缺：內務府郎中以下未入流以上官，皆由總管內務府大臣於內務府人內保題揀選，不准推升部院缺。惟坐辦堂郎中，總理六庫事務郎中三缺，於得缺後咨部，以應升之缺列名㉜。

滿洲缺分的劃分，除上述原因外，還有其部族政權上的特別意義。嘉慶十六年批示宗人府議駁御史伯依保奏摺云：「宗室人員請添派學習行走員數一摺，所駁甚是。我朝家法，宗室人員，以學習清語，勤肄騎射爲重，即文學科名，尙非所急。是以宗室考試之例，從前乾隆年間，即曾欽奉皇考高宗純皇帝聖諭停止。所以定其趨向，一其心志，不致荒棄本業也。近年來宗室生齒日繁，朕慮其無進身之階，屢經加恩，於六部理藩院，添設司員十六缺，並准令鄉會試，又增添宗學學生六十名，見在宗室登進之途不爲不廣。今該御史又以宗室人多差少，請將候補人員分部行走。無論見在宗室候補未經得缺者只有一人，該御史人多差少之言，已爲不確；且其意不過欲宗室等多得文職，其流弊必至重文輕武，或竟希圖外任，將來清語騎射，鮮有究心之人，於滿洲家法，殊有關繫。該御史年老平庸，必係聽人慫恿，爲此見好之奏，應無庸議。」㉝

在此需要補充的是，滿洲缺雖然屬於八旗，參與政權，無論係權利，係義務，皆爲各旗共同機會。但實際上在所見資料中，上三旗人數遠較下五旗爲多。如再將宗室缺與內務府包衣缺合併計算，則上三旗所佔比例更大了。

(二) 名額分配與借用佔補

缺分名額分配，有二層意義：一是以種族爲參與政權的條件所作的名額分配。上節所屬缺分劃分，即此意義。至於其在各機構中劃分的實際情況，及所佔比例，將在下節中說明。一是八旗滿洲間族人參與政權的名額分配。前曾一再言之，八旗滿洲是建立滿清帝國的骨幹，在努爾哈赤創業的過程中，旗與政府是不分的。旗制即政治體制，政府組織是以旗爲實際內容。旗制與政府逐漸分化，是太宗即位以後的事。雖然太宗建立了六部、都察院一套行政機構，但旗制既爲部勒國中屬人一切活動的組織，國家一切功能活動，政權一切施爲，都必須透過旗制傳到每個國人（旗人）身上，則旗制的存在，與國家生存，自然仍血肉相連的結合在一起。固然自太宗之時，滿清政權的性格已是氏族的、封建的、君主專制的三種成分，旗制活動，也注入官僚制度精神，但旗制與政權在依存關係上，仍然保持昔日的性質。所不同的，只是入關之後帝國政權已不完全建立在旗的支撐力上，而八旗則必須仰賴政權的滋養而存活。清人入關之初，爲了族人的生計，曾不顧任何反對實行強横的圈地奪產政策，目的是爲族人置立恒產，建立生活資料來源基礎。但這個強奪漢人生計政策，只能滿足滿人一時的掠奪狂，佔有慾，征服者迫害心理，並沒有眞正的使族人生根在所分到的土地上。使漢人死亡載道流離失所，並犧牲了多少官吏所奪來的土地，很快的便典賣出去了。康熙初年，圈地政策雖仍在持續進行，但已是甚多貧窮難以度日者了。康熙、雍正、乾隆三朝，用盡各種方法，代族人贖回典賣出去的土地，運用國帑扶助救濟旗人生計，仍然不能使旗人保有恒產，自食其力。其後，並在軍中食糧名額（如養育兵）及參與政權官俸上謀求解決之道。而另一方面滿清最高統治者爲了使族人能保持原來氏族社會淳樸尙武的習俗，除了用旗制、牛彔制範圍族人生活外，復倡導推行族長制，強調族姓間的互助扶持。所以旗人出仕爲官，除爲了本家生活外，還有謀求濟助本族的責任。因此，八旗參與政權活動的分配，不但是政治上的權利，更重要的是經濟利益上的均霑，以維持八旗內部的和諧關係，共維大業的精神。縱然實際上上三旗與下五旗參與人數的比例，上三旗處處都佔優勢，但在所公佈的文件中，宣布的說詞中，都是八旗機會均等，利益一致。例如爲了培養族人子弟參與政治活動所設的旗學，便規定了各旗的名額，保障各旗下的利益。

缺分借用佔補，亦有三層意義；一是指在滿洲缺分內已劃定此缺限於何種人可以補放，而由不屬於此種範圍內之人員借補佔用。嘯亭雜錄：

> 國初宗臣，皆係王公世廕，無有任職官者。康熙中，仁皇帝念宗室蕃衍，初無入仕之途，乃欽定侍衛九十人，皆命宗室挑補。雍正中，裁汰宗人府滿洲司員、筆帖式之半，皆命宗室人員充補。乾隆中，又設宗室御史四員，以為司員陞擢之階。嘉慶己未，今上親政，特設宗室文繙譯鄉會試諸科目。又於六部理藩院增設宗室司員若干員，以為定額。然後宗室入仕之途，視為廣裕。而亦皆鼓勵以思自振也㉞。

又如光緒四年，以盛京五部並未設有宗室司員，而時舊居宗室已有一千二百餘人，新移居宗室亦有一百七十餘人，僅有宗室營主事二缺，升途阻滯，乃將盛京五部並將軍衙門所屬額設筆帖式一百三十餘缺，五部額設郎中十三缺，員外郎二十四缺，主事二十三缺中，撥出滿洲筆帖式六缺，京選主事內撥出二缺，京選員外郎內撥出二缺，京選郎中內撥出一缺，作爲宗室專缺㉟。

另一意義是種族缺分之間借用佔補。聽雨叢談：

內三旗旗鼓漢軍、外八旗漢軍，三品以上原可滿漢互用。而大學士之缺，外八旗漢軍多用漢缺，內府旗鼓漢軍多用滿缺。從前高文定斌、高文端晉、書文勤麟，今相國官宮保文，皆補滿相。先文肅公先拜滿協辦，後躋漢首揆，二百年來一人也。若外旗漢軍蔣相國攸銛，竟是一路漢缺，直躋首揆。惟甯文毅完我，由漢軍特詔入滿相班位。高文定、高文端、書文勤後皆改隸外滿洲鑲黃旗㊱。

又如武英殿大學士富寧安，鑲藍旗滿洲人，康熙四十六年由正黃旗漢軍都統升都察院漢缺左都御史，旋調滿缺左都御史㊲。亦有漢人借補滿缺者。嘯亭雜錄：

雍正中，滿洲副都御史缺出，一時乏人。憲皇帝命九卿密保。鄂文端公保許公希孔宜任風憲。上曰：彼漢人，礙於資格。鄂公曰：風憲衙門所關甚鉅。臣為朝廷得人計，初不論定制也。上乃用許公為滿副憲缺，踰年始調漢缺云㊳。

(三) 中央機構中職位的配置

在透過機構功能作爲政權控制的運用上，不外組織的與法令的兩種途徑。但無論是組織的與法令的，其要求又不外積極的作爲與消極的防範兩方面。積極的作爲，是透過組織功能，控制政治機構的運作程序，以導向一定的作爲，完成所期待的目的。消極的防範，是使其不能脫出運作程序之外，違法爲非。並造成其依賴、被動、敬畏等心理，保持效忠習性。關於法令方面的控制運用，此處暫不討論。就運用組織產生控制作用來說，最直接有力的，當然是參與政治運作。在運作體系的每一階層，每一階層的每一部門，都配置自己的工作人員。如此，不但可以發生運作導向功能，而且監視反動力量，在異態初萌，甚或異志成長之初，即可予以適時制止。滿人入關之後，既取得朱明政權，擁有廣大帝國，則不能不建立行政系統，以扱取政治利益。而中國大帝國自秦漢以來，其運作施爲，即掌握在龐大的官僚組織之中。欲享有此大帝國，必先控制此大帝國所產生的官僚組織；欲控制此官僚組織，必先瞭然此官僚組織的運用；欲瞭然此官僚組織的運用，最好的方法是掌握此官僚組織每一階層中每一部門中的關鍵位置。所以，清人自世祖「定鼎燕京，統一方夏，內官自閣部以至庶司，外官藩臬守令，提鎮將弁，雖略仿明制，而滿漢並用，大小相維。」[39]這是以種族利益及種族矛盾爲前提的官僚政治組織，復益以封建制度與氏族社會的特性。清自太宗即位之後，即頗注意譯書，尤其是遼、金、元諸史，其所以採重要衙門滿漢並用，大小相維的方式，清通志職官略所謂：「蓋以一代有一代之規模，名目遞更，不相沿襲，變而通焉，以各存其規制。」是客觀條件的表現，也是歷史經驗的教訓。茲就滿人在中央機構中的配署狀況，看其參與運作情形。

我國在君主專制時代，中央政府機構的組織與發展，一直是演著由內而外，由小而大，由私而公，由隱而顯的路線前進。原來本爲管理皇室內廷事務的集團，漸漸成爲處理外朝政事的組織；本爲宮中使令給役的侍從，漸漸成爲國家的命臣法吏。所以，有些事務在某種程度上，宮中府中，仍有家國糾結不清的現象。但就主要結構形態上，仍可以其所理事務的性質，及直接牽涉到國家人民利害關係範圍的大小，影響程度的深淺，分爲皇室事務與國家政務，分別處理。而事實上有的事務，有的機構，因爲牽涉到最高統治階層內部的特殊利益，既不讓圈外人知道，更不許圈外人涉入。此在清人來說，如宗人府、內務府、侍衛處等衙門，即屬此類。宗人府「掌皇族政令。凡天潢屬籍，修輯玉牒，以奠昭穆，序爵祿，麗派別，申教誡，議賞罰，承陵廟祀事。」㊵這都是征服階級族內家務，所以除府丞及堂主事，因掌治漢册文稿，由經過特選的漢人充任外，其餘上自宗令，下至無品級效力筆帖式，都由宗人充任。內務府掌「上三旗包衣之政令，與宮禁之治」。其機構之龐大，屬司之完備，事務之繁雜，人員之衆多，皆前未有㊶。因其所理者皆宮中及皇室生活事項，所以除坐辦堂郎中，總理六庫事務郎中關係漢文簿籍三缺，於得缺後咨部以應陞之缺列名請旨外，其餘郎中以下，未入流以上，皆由內大臣於內務府內揀選保題。又如侍衞處，「掌上三旗侍衞親軍之政令，供宿衞扈從之事。」爲皇帝身側最親信的安全人員。不僅保護宮廷安全，更重要的是用以直接觀察培養訓練親信幹部，以供轉任八旗或政府重要官職。這些機構，因爲都與帝國民生國計不發生直接關係，而且與滿人參與政治機構用以制衡種族矛盾的主要用意上，亦不發生直接作用。（發生關係，產生作用，是由此途徑轉入外廷政府機構職位以後的事。）所以，以此爲標準，將宗人府、內務府、侍衞處、太醫院、鑾儀處，列爲皇室事務範圍；內閣、軍機處、六部、都察院、理藩院、通政司、大理寺、翰林院、詹事府、太常寺、光祿寺、太僕寺、鴻臚寺、國子監、欽天監列爲國家事務範圍。而這些機構中，復就其職權依其關係國計民生直接利害程度，將內閣、軍機處、六部、都察院、理藩院、大理寺、通政司、翰林院、國子監，列爲第一級。將掌祭祀禮樂之事，廟壇牲帛之等，舞樂之節，齋戒之期的太常寺；掌國之馬政，籍畿甸牧地畜馬之數，考其蕃息損耗，別以印烙而時閱之的太僕寺；掌祭饗宴勞酒醴饍饈之事的光祿寺；掌觀天象，定氣朔，占候步推之事的欽天監㊷，列爲第二級。以下就第一級中各機關滿人配署情形，列表說明：

內閣

官職		品級 正	品級 從	員額及族別 滿	漢	蒙	漢軍	不詳	小計
大學士		1		2	2				4
協辦大學士			1	1	1				2
學士			2	6	4				10
典籍廳典籍		7		2	2		2		6
滿本房	侍讀學士		4	2					2
	侍讀	6		4					4
	中書		7	39					39
	貼寫中書			24					24
漢本房	侍讀學士		4	2	2				4
	侍讀	6		3			2		5
	中書		7	31			8		39
	貼寫中書			16					16

蒙古房				滿票籤處				漢票籤處			誥勅房	稽察房	收發紅本處	飯銀庫	副本庫
侍讀學士	侍讀	中書	貼寫中書	侍讀	委署侍讀	中書	貼寫中書	侍讀	委署侍讀	中書					
	6			6	由大學士於滿洲典籍、中書內派委，無定員			6	由大學士於漢典籍、中書內派委，無定員		隸漢本房，由大學士於漢侍讀、中書內添派管理，無定員	由大學士於滿漢侍讀、中書內派委，無定員	由大學士於滿漢中書內派委，無定員	由大學士於滿洲侍讀、典籍、中書內派委，無定員	由大學士於滿洲中書內派委，無定員
4		7				7				7					
				3		⑳	⑧								
2	2	16	6			②	於滿漢本房派撥	2		27					
						於滿蒙本房派撥									
2	2	16	6	3				2		27					

官職	正	從	滿	漢	蒙	漢軍	不詳	小計
批本處 中書（詹翰官）		7	71	於詹翰官內開列簡放				71
共計			143	40	26	12		221

＊協辦大學士於尚書內特簡，滿漢或一人，或二人，本表以一人計算。

1. 表中固定編制缺額共二二一個。計滿缺一四三個，佔百分之六四・七；漢缺四〇個，佔百分之一八・一；蒙古缺二六個，佔百分之一一・七；漢軍缺一二個，佔百分之五・三。
2. 二二一個缺額中，有品級缺額一七四個。滿缺一〇二個，佔百分之五八・六；漢缺四〇個，佔百分之二二・九。品級不詳或無品級缺四七個。計滿缺四十個，佔百分之八六・五，蒙古缺六個，無漢缺。
3. 滿本房中有品級與無品級缺額共六九個，俱滿缺。漢本房中有品級與無品級缺額六七個，計滿缺五二個，漢缺五個，漢軍缺十個。
4. 滿本房、漢本房貼寫中書俱滿缺。
5. 漢軍最高者為侍讀，無六品以上官。蒙古最高者為侍讀學士，無四品以上官。
6. 蒙古缺額多於漢軍。

軍機處

官職	品級員額及族別							
	正	從	滿	漢	蒙	漢軍	不詳	小計
軍機大臣			於滿漢大學士、尚書、侍郎、京堂內特簡，無定員					

軍機章京	方略館					內繙書房						稽察欽奉上諭事件處				
	總裁	提調	收掌	纂修	校對	管理大臣	提調官	協辦提調官	收掌官	掌檔官	繙譯官	管理大臣	委署主事	行走司官	筆帖式	額外筆帖式
													7		7,8,9,	7,8,9,
16	軍機大臣兼充	②	②	③	無定員	軍機大臣兼管						特簡無定員	1			
16		②	②	⑥										4		
							②	②	④	④	40				4	8
32											40		1	4	4	8

官職	品級：正	品級：從	員額及族別：滿	漢	蒙	漢軍	不詳	小計
中書科：稽察科事學士		2	1	1				2
掌印中書		7	1					1
掌科中書		7		1				1
中書		7	1	3				4
筆帖式	7，8，9						10	10
共計			20	25			62	107

1. 表中固定編制缺額一〇七個。計滿缺二十個，漢缺二十五個，無漢軍缺、蒙古缺，族別不詳者六十二個。
2. 一〇七個缺額中，有品級缺額六十三個。計滿缺二十個，佔百分之三一・七；漢缺二十一個，佔百分之三三・三；族別不詳者二十二個，佔百分之三十五。品級不詳或無品級者四十四個。計漢缺四個，佔百分之九；族別不詳者四十個，佔百分之九十一。
3. 有品級而族別不詳者二十二缺，俱為筆帖式。筆帖式大部為滿人專職。故滿缺額數，應較上述分配更高。又無品級而族別亦不詳者四十缺，為內繙書房繙譯官，掌繙清譯漢之事，難判斷其族別。

吏部

官職	品級：正	品級：從	員額及族別：滿	漢	蒙	漢軍	不詳	小計
尚書		1	1	1				2
左侍郎		2	1	1				2
右侍郎		2	1	1				2
清檔房主事	6		2					2

漢本房 主事	漢本房 繕本筆帖式	司務廳 司務	督催所	當月處司員	文選、考功、稽勳、驗封（四司） 郎中	文選、考功、稽勳、驗封（四司） 員外郎	文選、考功、稽勳、驗封（四司） 主事	筆帖式	共計
6		8	郎中、員外郎、主事無定員，由堂官委派，期滿則代	以四司郎中、員外郎、主事、七品小京官每日滿漢各一人輪值	5		6	7,8,9	
						5			
2		1			9	宗1,8	宗1,4	57	88
		1			6	6	7		23
					1	1	1	4	7
1								12	13
	12								12
3	12	2			16	16	13	73	143

額外郎中、員外郎、主事、七品小京官無定員，由堂官分派四司辦事

1. 上表固定編制缺額一四三個。計滿洲八八個，漢人二三個，蒙古七個，漢軍一三個。
2. 一四三個缺額中，有品級缺額一三一個。滿缺八八個（宗室缺二個），佔百分之六七・二；漢缺二三個，佔百分之一七・六。
3. 漢軍十三個缺額內，主事一缺，筆帖式十二缺，尚不如蒙古缺額分配。蒙古七個缺額中郎中一缺，員外郎一缺，主事一缺，餘四缺為筆帖式。
4. 筆帖式品級不詳並族別亦不詳者一二個。

戶部

官職		尚書	左侍郎	右侍郎	南檔房 清字堂主事	北檔房 領辦	北檔房 總辦	北檔房 漢字堂主事	北檔房 筆帖式	司務廳司務	督催所	當月處司員	監印處司員
品級	正				6			6	7,8,9	8			
	從	1	2	2									
員額及族別	滿	1	1	1	2	②	⑥	2		1	郎中、員外郎、主事、無定員，由堂官派委	①	②
	漢	1	1	1		②	⑥			1		①	②
	蒙					由堂官選擇資深廉正熟習例案司員充當						由十四司司員輪直	由十四司司員輪直
	漢軍							2					
	不詳								20				
小計		2	2	2	2			4	20	2			

（清吏司）江南司、浙江司、江西司、福建司、湖廣司、山東司、山西司、河南司、陝西司、四川司、廣東司、廣西司、湖南司、貴州司　郎中	5		宗1，17	14	1			33
員外郎		5	宗5，33	14	1			53
主事	6		14	14	1			29
現審處	設郎中、員外郎、主事無定員，由堂官派委							
飯銀處	司員滿二人、漢三人，由堂官於郎中、員外郎、主事、七品小京官內派委							
捐納房	司員滿六人、漢六人，由堂官於郎中、員外郎、主事、七品小京官內派管							
（各司）筆帖式	7，8，9		100		4	16		120
額外郎中、員外郎、主事、七品小京官無定員，由堂官分派十四司一體辦事								
內倉監督			2					2
管理錢法侍郎		2	1	1				2
主事	6		1	1				2
寶泉局　監督			1	1				2
寶泉局　大使		9	1					1
寶泉局　筆帖式	7，8，9		4					4
寶泉局　（四廠）大使		9	4					4

銀、緞、疋、顏料三庫								倉場				共計
管理大臣	檔房主事	郎中	員外郎	司庫	大使	筆帖式	庫使	侍郎	筆帖式	坐糧廳	(各倉)監督	
		5		7		7,8,9			7,8,9			
	6		5		9			2				
2	1	3	6	5	4	15	26	1		1	13	269
2								1		1	13	66
												7
												18
									6			26
4	1	3	6	5	4	15	26	2	6	2	26	386

1. 表中固定編制缺額共三八六個。計滿缺二六九個，漢缺六六個，蒙古缺七個，漢軍缺一八個，族別不詳者二六個。
2. 三八六個缺額中，有品級缺額三二四個。計滿缺二二四個，佔百分之六十九；漢缺四十九個，佔百分之十五。族別不詳缺額二六個。又品級不詳或無品級缺額六二個，計滿缺四十五個，漢缺十七個。
3. 漢軍缺額分配，都集中在筆帖式上，十八缺中僅堂主事二缺。蒙古雖七缺，郎中、員外郎、主事各一缺，餘為筆帖式。
4. 族別不詳二六缺，俱為筆帖式。筆帖式大部為滿人專職，故滿人所佔缺額應較上述分配更高。

禮部

官職	品級 正	品級 從	員額及族別 滿	員額及族別 漢	員額及族別 蒙	員額及族別 漢軍	員額及族別 不詳	小計
尚書		1	1	1				2
左侍郎		2	1	1				2
右侍郎		2	1	1				2
清檔房堂主事	6		2					2
漢本房堂主事	6		1			1		2
司務廳司務	8		1	1				2
督催所			郎中、員外郎、主事、無定員，由堂官委派					
當月處司員			①	①	以四司郎中、員外郎、主事、七品小京官輪直			
儀制、祠祭、主客、精膳（四司）郎中	5		5	4				9
儀制、祠祭、主客、精膳（四司）員外郎		5	宗1, 8	2	1			12
儀制、祠祭、主客、精膳（四司）主事	6		宗1, 3	4	1			9

鑄印局 員外郎		5		1				1
鑄印局 主事銜筆帖式	7		1					1
鑄印局 大使		9		1				1
會同四譯館 稽察大臣			②	由六部、都察院、通政司、大理寺滿洲官派兼				
會同四譯館 提督			提督會同四譯館兼鴻臚寺少卿					
會同四譯館 大使		9	1					1
會同四譯館 序班		9		2				2
會同四譯館 朝鮮通事	6,7,8		8					8
筆帖式	7,8,9		34		2	4		40
共計			69	18	4	5		96
額外郎中、員外郎、主事、七品小京官無定員，由堂官分派四司一體辦事								

1. 所屬書籍庫、版片庫、南庫、養廉處、地租處等，皆由堂官委司員管理，無定員，故不列入。
2. 表中固定編制缺額共九六個。（鑄印局主事銜筆帖式，由堂官於本部筆帖式內擬定引見補用，故以七品筆帖式計算）計滿缺六九個，佔百分之七一．九；漢缺十八個，佔百分之十八．八；蒙古缺四個，佔百分之四．二；漢軍缺五個，佔百分之五．一。
3. 漢軍五缺內主事一缺，筆帖式四缺。蒙古四缺內，員外郎、主事各一缺，筆帖式四缺。

兵部

官職	品級：正	品級：從	員額及族別：滿	員額及族別：漢	員額及族別：蒙	員額及族別：漢軍	員額及族別：不詳	小計
尚書		1	1	1				2
左侍郎		2	1	1				2
右侍郎		2	1	1				2
清檔房主事	6		2					2
漢本房：主事	6		2			1		3
漢本房：繕本筆帖式			15					15
司務廳司務		8	1	1				2
督催所			郎中、員外郎、主事、無定員，由堂官派委					
當月處司員			①	①	以四司司員輪直			
武選、車駕、職方、武庫（四司）郎中	5		宗1，11	5	1			18
武選、車駕、職方、武庫（四司）員外郎		5	宗1，9	2	3			15
武選、車駕、職方、武庫（四司）主事	6		4	5	1			10

品級員額及族別	筆帖式	共計
正	7,8,9	
從		
滿	62	111
漢		16
蒙	8	13
漢軍	8	9
不詳		
小計	78	149

1. 表中固定編制缺額一四九個，計滿缺一一一個，佔百分之七四・五；漢缺十六個，佔百分之一〇・七；蒙古缺十三個，佔百分之八・七；漢軍缺九個，佔百分之六・一。
2. 一四九個缺額中，無品繕本筆帖式十五缺。
3. 漢軍九缺內，主事一缺，筆帖式八缺。蒙古十三缺內，郎中、主事各一缺，員外郎三缺，筆帖式八缺。

刑部

品級員額及族別＼官職	尚書	左侍郎	右侍郎	清檔房主事	清檔房繕本筆帖式	漢檔房主事	漢檔房繕本筆帖式
正				6		6	
從	1	2	2				
滿	1	1	1	2		3	
漢	1	1	1				
蒙							
漢軍						1	
不詳					12		28
小計	2	2	2	2	12	4	28

機構	職官								
司務廳	司務	8		1	1				2
督催所									
當月處司員				①	①	以十八司郎中、員外郎、主事、七品小京官輪直			
（清吏司）直隸、奉天、江蘇、安徽、江西、福建、浙江、湖廣、河南、山東、山西、陝西、四川、廣東、廣西、雲南、貴州、督捕司	郎中	5		宗1，16	20	1			38
	員外郎		5	宗1，22	19	1			43
	主事	6		宗1 16	18	1			36
提牢廳	主事	6		1	1				2
	司獄		8	4			2		6
贓罰庫	司庫	7		1					1
	庫使			2					2
飯銀處				由堂官於司員中派滿漢各一人					
筆貼式		7，8，9		105		4	15		124
共計				179	62	7	18	40	306

額外郎中、員外郎、主事、七品小京官無定員，由堂官分派十八司一體辦事

1. 表中固定編制缺額共三〇六個。計滿缺一七九個，佔百分之五八・五；漢缺六二個，佔百分之二〇・三；蒙古缺七個，佔百分之二・三；漢軍一八個，佔百分之五・九。
2. 三〇六個缺額中，族別不詳者四〇個，為清檔房及漢本房繕本筆帖式。
3. 漢軍十八缺內，主事一缺，司獄二缺，筆帖式十五缺。蒙古七缺內，郎中、員外郎、主事各一缺，筆帖式四缺。
4. 十八司內無漢軍缺。

工部

官職	品級 正	品級 從	員額及族別 滿	員額及族別 漢	員額及族別 蒙	員額及族別 漢軍	員額及族別 不詳	小計
尚書		1	1	1				2
左侍郎		2	1	1				2
右侍郎		2	1	1				2
清檔房主事	6		2					2
漢檔房主事	6		1			1		2
黃檔房			郎中、員外郎、主事，由堂官派委，無定員					
司務廳司務	8		1	1				2
督催所			郎中、員外郎、主事，由堂官派委，無定員					
當月處司員			①	①	以四司司員輪直			

		1	2	3	4	5	6	7	8
營繕 虞衡 都水 屯田（四司）	郎中	5		17	4	1			22
	員外郎		5	宗1, 17	4	1			23
	主事	6		宗1, 11	7	1			20
硝礦庫	員外郎		5	1					1
	主事	6			1				1
鉛子庫	員外郎		5	1					1
	主事	6			1				1
製造庫	郎中		5	2	1				3
	司匠		9					2	2
	司庫	7						2	2
	庫使							22	22
慎節庫	郎中	5		①	兼充				
	員外郎		5	1					1
	司庫	7						2	2
	庫使							12	12

官職	品級 正	品級 從	滿	漢	蒙	漢軍	不詳	小計
飯銀處			由堂官在滿洲司員內派委，無定員					
筆貼式	7,8,9		85		2		10	97
共計			144	22	5	11	40	222
額外郎中、員外郎、主事、七品小京官，由堂官分派各司一體辦事								

1. 表中固定編制缺額二二二個。計滿缺一四四個，佔百分之六四・九；漢缺二二個，佔百分之九・九；蒙古缺五個，佔百分之二・三；漢軍缺一一個，佔百分之四・九；族別不詳者四〇個。
2. 二二二個缺額中無品庫使三四個。
3. 漢軍十一缺內，主事一缺，筆帖式十缺。蒙古五缺內，郎中、員外郎、主事各一缺，筆帖式二缺。
4. 另管理錢法侍郎，滿漢各一人，以本部侍郎兼管。寶泉局監督，滿漢各一人，大使二人。管理火藥局大臣二人，直年河道溝渠大臣四人，督理街道衙門御史，滿漢各一人，皆為兼職。

理藩院

官職	品級 正	品級 從	員額及族別 滿	漢	蒙	漢軍	不詳	小計
尚書		1	1					1
左侍郎		2	1					1
右侍郎		2	1					1
額外侍郎		2			1			1

滿檔房主事	漢檔房主事	司務廳司務	當月處	旗籍王會典屬柔遠徠遠理刑（六司）郎中	旗籍王會典屬柔遠徠遠理刑（六司）員外郎	旗籍王會典屬柔遠徠遠理刑（六司）主事	蒙古房員外郎	蒙古房主事	筆帖式	銀庫司官	銀庫司庫	銀庫筆帖式	銀庫庫使	共計
6	6	8		5		6		6	7,8,9		7	7,8,9		
					5		5							
1	1	1	郎中、員外郎、主事輪值	宗1,3	宗1,11	2			32	於本院郎中、員外郎、主事內酌委	1	2	2	61
3		1		8	23	7	1	1	55					100
	1								6					7
4	2	2		12	35	9	1	1	93		1	2	2	168

1. 分旗籍、王會、典屬、柔遠、徠遠、理刑六司。
2. 另內館監督一人，外館監督一人皆兼職，族別亦不詳，故未列。
3. 表中固定編制缺額一六八個，計滿缺六一個，佔百分之三六・三；蒙古缺一百個，佔百分之五九・五；漢軍缺七個，佔百分之四・二。清人對邊疆民族統治策略，不使漢人參與，亦其特質之一。
4. 漢軍七缺內，主事一缺，筆帖式六缺。

都察院（六科）

官職	品級 正	品級 從	員額及族別 滿	員額及族別 漢	員額及族別 蒙	員額及族別 漢軍	員額及族別 不詳	小計
左都御史		1	1	1				2
左副都御史	3		2	2				4
右都御史		1						
右副都御史	3							
經歷	6		1	1				2
都事	6		1	1				2
筆帖式	7,8,9						10	10

六科			十五道監察御史			共計
掌印給事中	給事中	筆帖式	掌印監察御史	監察御史	筆帖式	
5	5	7,8,9			7,8,9	
			5	5		
6	6		15	13		45
6	6		15	13		45
		80			32	122
12	12	80	30	26	32	212

1. 另京師五城巡城御史，五城滿漢各一人，兼攝。兵馬司指揮（六品）副指揮（七品）、吏目（未入流）每城各一人，皆漢人。掌巡輯盜賊，平治道路，稽檢囚徒、火禁等，未列。
2. 右都御史為總督兼銜。右副都御史為巡撫，河道總督、漕運總督兼銜。
3. 表中固定編制缺額二一二個，指明族別者九十個，滿漢各佔其半。族別不詳者為筆帖式一二二個。
4. 無蒙古及漢軍缺。

通政使司

官職	品級 正	品級 從	滿	漢	蒙	漢軍	不詳	小計
通政使	3		1	1				2
副使	4		1	1				2
參議	5		1	1				2
經歷	7		1	1				2
知事	7		1	1				2
筆帖式	7, 8, 9		6			2		8
登聞鼓廳 參議	5		①	兼充				
登聞鼓廳 筆帖式	7, 8, 9		1			1		2
共計			12	5		3		20

1. 表中固定編制缺額共二十個，計滿缺十二個，佔百分之六十；漢缺五個，佔百分之二十五；漢軍缺三個，佔百分之十五；無蒙古缺。
2. 漢軍缺三個，都是筆帖式。
3. 蒙古事務由理藩院管理，不經過通政使司。

大理寺

官職	品級 正	品級 從	員額及族別 滿	員額及族別 漢	員額及族別 蒙	員額及族別 漢軍	員額及族別 不詳	小計
卿	3		1	1				2
少卿	4		1	1				2
檔房堂評事	7		1					1
司務廳司務	8		1	1				2
左寺寺丞	6		1	1		1		3
左寺評事	7			1				1
右寺寺丞	6		1	1		1		3
右寺評事	7			1				1
筆帖式	7,8,9		4			2		6
共計			10	7		4		21

1. 表中固定編制缺額共二十一個。計滿缺十個，佔百分之四七・六；漢缺七個，佔百分之三三・三；漢軍缺四個，佔百分之一九・一。無蒙古缺。
2. 蒙古案件由理藩院管理，不經大理寺，但刑部有蒙古缺額七個。

翰林院

官職		掌院學士	侍讀學士	侍講學士	侍讀	侍講	修撰	編修	檢討	典簿廳 典簿	典簿廳 孔目	待詔廳 待詔	待詔廳 筆帖式	庶常館 教習	庶常館 提調
品級	正							7					7,8,9		
	從	2	4	4	5	5	6		7	8		9			
員額及族別	滿	1	2	2	2	2	*無定員	*無定員	*無定員	1	1	2	40	①	
	漢	1	3	3	3	3				1	1	2		①	
	蒙														
	漢軍												4		
	不詳														
小計		2	5	5	5	5				2	2	4	44		

起居注館			國史館					共計
日講起居注官	主事	筆帖式	總裁	提調	總纂	纂修	校對	
	6	7，8，9						
⑩	2	14	兼充無定員	②	④	⑫	⑧	69
⑫	1			②	⑥	㉒	⑧	18
		2						6
	3	16						93

1. 數目字外有圓圈者為兼充，不在統計之列。
2. 表中固定編制缺額九三個。計滿缺六九個，佔百分之七四・二；漢缺十八個，佔百分之十九・四；漢軍缺六個，佔百分之六・四；無蒙古缺。滿缺六九個，除去筆帖式外，只餘十五個缺額。清文獻通考：「翰林院掌制誥文史，以備天子顧問。凡珥筆鑾坡，陳書講幄，入承儤直，出奉皇華，職司綦重。」然亦僅侍讀學士、侍講學士、侍讀、侍講，漢缺較滿缺各多人而已。
3. 漢軍六缺，都是筆帖式。

詹事府

官職	品級（正）	品級（從）	員額及族別（滿）	員額及族別（漢）	員額及族別（蒙）	員額及族別（漢軍）	員額及族別（不詳）	小計
詹事	3		1	1				2
少詹事	4		1	1				2
左右庶子	5		2	2				4
左右中允	6		2	2				4
左右贊善		6	2	2				4
司經局洗馬		5	1	1				2
主簿廳主簿		7	1	1				2
筆帖式	7, 8, 9		6					6
共計			16	10				26

1. 此表係附列，未在統計之內。
2. 詹事府固定編制缺額二六個，除筆帖式滿缺六個外，其餘滿漢平分。無漢軍缺、蒙古缺。

國子監

官職	品級：正	品級：從	員額及族別：滿	漢	蒙	漢軍	不詳	小計
管理監事大臣	設一人，或滿或漢，於大學士、尚書、侍郎內特簡							
祭酒		4	1	1				2
司業	6		1	1	1			3
繩愆廳監丞	7		1	1				2
博士廳博士		7	1	1				2
典籍廳典籍		9		1				1
典簿廳典簿		8	1	1				2
六堂* 助教		7		6				6
六堂* 學正	8			4				4
六堂* 學錄	8			2				2
八旗官學 助教		7	16		8			24
八旗官學 教習			8	32	16			56
八旗官學 額外教習				16				16
檔子房			無定員，由堂官專派滿洲、蒙古助教及筆帖式數員管理					

錢糧處	筆帖式	算學館管理大臣	算學館助教	算學館教習	共計
	7,8,9		7		
由堂官專派助教、廳官管理	4	1		1	35
			1	2	69
	2				27
	2				2
	8	1	1	3	133

* 六堂謂率性、修道、誠心、正義、崇志、廣業六堂。

* 八旗各設官學一所。

1. 表中固定編制缺額一三二個，計滿缺三四個，佔百分之二五・八；漢缺六九個，佔百分之五二・二；蒙古缺二七個，佔百分之二〇・五；漢軍缺二個，佔百分之一・五。
2. 一三二個缺額中，有品級者五七個。滿缺二五個，漢缺十九個，蒙古缺十一個，漢軍缺二個。
3. 六堂助教、學正、學錄及算學館助教、教習皆滿缺。八旗助教為滿缺、蒙古缺，無漢缺。
4. 漢軍僅筆帖式二缺。蒙古缺除理藩院外，國子監在比例上亦算甚高。

以上十四個機構實際缺額（兼充者除外），有品級者一九〇九個，品級不詳或無品級者三六八個，共計二二七七個，其族別分配如下：

表一：有品級、無品級缺額合併計算族別分配（族別順序依清朝官書所列順序）

族別	滿	蒙	漢軍	漢	不詳	共計
額數	一、二五五	一九六	一〇八	四一六	三〇二	二、二七七
百分比	五五・一%	八・六%	四・七%	一八・三%	一三・三%	一〇〇%

表二：有品級缺額族別分配

族別	滿	蒙	漢軍	漢	不詳	合計
額數	一、一二三	一七四	一○八	三二八	一七六	一、九○九
百分比	五八・八%	九・一%	五・七%	一七・二%	九・二%	一○○%

表三：無品級或品級不詳缺額族別分配

族別	滿	蒙	漢軍	漢	不詳	合計
額數	一三二	二二	○	八八	一二六	三六八
百分別	三五・八%	六%	○	二三・九%	三四・三%	一○○%

①表一各族別缺額分配總數中，族別不詳者三○二個。此三○二個缺額，其分配亦分有品級、無品級兩類。有品級者計筆帖式缺額一七○個，司匠缺額二個，司庫缺額四個。無品級者繙本筆帖式缺額五二個，內繙書房繙譯官缺額四十個，庫使缺額三四個。

②表二所列有品級缺額族別分配，漢缺尚不及滿缺三分之一。

③十四個機構中筆帖式（有品、無品）缺額共九六八個。註明族別者七四六個，計滿缺五八一個，蒙缺八一個，漢軍缺八四個。滿缺佔百分之七七・八八。依此比例推算，表一族別不詳項內有品級與無品級筆帖式共二二二個，在此二二二個缺額中，滿缺應佔一七二個。如此則筆帖式總數九六八個缺額中，滿缺佔七五三個。

④表一所列全部二二七七個缺額中，滿缺一二五五加上一七二，成為一四三七個。

⑤在種族矛盾上，滿、漢、蒙古、漢軍固然彼此之間都存有矛盾，但深淺各有不同。見第一表所列各族別缺數及百分比。如將滿、蒙、漢軍合為一組以與漢族主要矛盾觀察，則前者總計為一五五九個缺額，佔百分之六八・四六；後者缺額四一六個，佔百分之一八・三。事實上族別不詳者，大抵皆滿缺。如此則滿、蒙、漢軍共缺額一八六一個，佔百分之八一・七。

⑥各族參與政權的分配，口頭上是所謂滿漢一體，不分畛域。但缺分的明文劃分，額數的明白限定，顯然是畛域分明。缺分缺額的分配，只是根據征服階級種族條件，並沒有其他如人口數量、知識、技術等因素的考慮。

以上為十四個機關中的共同現象。其個別現象應特別指出的：

①內閣漢本房中有滿缺，且所佔比例甚大，但滿本房中無漢缺。

②戶部組織最為龐大，有些倉庫管理只有滿缺，沒有漢缺。如寶泉局大使，及其下東、西、南、北四廠大使。銀庫、緞疋庫、顏料庫郎中、員外郎、司庫、大使、庫使、檔房主事都是滿缺。

③兵部滿缺比例最大，漢缺最少。

④理藩院沒有漢缺，除少數漢軍缺外，都是滿缺與蒙古缺。

⑤六部都有檔房，分滿檔房、漢檔房，堂主事多數是滿缺，亦偶有漢軍缺，沒有漢缺。

⑥十五道掌印御史皆滿缺，沒有漢缺。

⑦國子監典籍廳，率性、修道、誠心、正義、崇志、廣業等六堂沒有滿缺，都是漢缺。

上面是從十四個幾構中觀察族別分配情形。下面將此十四個機構作業程序，分成幾個層次，看各層次中族別分配，以說明滿人所佔職位性質。

依一般作業程序，可分為四級。第一級包括內閣大學士、協辦大學士、學士，六部及理藩院尚書、侍郎，都察院左都御史、左副都御史，通政使司通政使、副使，大理寺卿、少卿，翰林院掌院學士，國子監祭酒。第二級包括內閣及翰林院侍讀學士、侍講學士、侍讀、侍講、修撰，軍機處章京，六部及理藩院郎中、員外郎、主事、堂主事，都察院掌道御史、御史、都事，六科都給事中、給事中，通政使司參議，大理寺寺丞，國子監司業，庫、局管理大臣。第三級包括內閣及軍機處中書、典籍，各部院司務、大使、司庫，禮部序班，刑部司獄，工部司匠，翰林院待詔、典簿，都察院及通政使司經歷、知事，大理寺評事，國子監監丞、典簿、博士、學正、學錄、助教，各倉庫監督，各部、院、監、寺、司筆帖式。第四級包括各部、院、監、司貼寫中書、繕本筆帖式、孔目、教習、額外教習，倉、場、局、庫之監督、庫使等。

第一級，爲各機關長官，對本機關業務，可直接上疏，甚而面奏請旨，具有決策影響力量。但在中國官僚制度下，眞正實際擬定計劃方案，負責推行的，往往是第二級人員，堂上官畫稿判諾。第三級屬於日常庶務及書辦工作，依成例受命行事。第四級屬使役性工作，根本不能接觸到對政務定策推動的範圍。下面是依前述二三一七七人其族別在所設定的四級中的分配情況。（見下頁）

由下表之各級族別缺額分配中，不難瞭解清人在入主中國後，如何掌握操持爲自己利益服務的官僚機構其組織內部的情形。如滿漢缺額在第一級中雖然相近，但在中國過去官僚制度的運作情形，第一級長官，固然負政策性責任，指揮監督權力，而政策的擬議與推動，第二級往往較第一級有更大的作用。在滿清統治者的構想中，第一級缺額相同，既可發揮控馭力量，又可博得最引人注目的國家最高官員無種族畛域的視聽。在第二級中多用族人，不但整個機構的運作更爲穩固，作業的任何一個環節，都可控制。而且第二級的人員有時也可與第一級參與最高決策，或直接奏陳意見。第三級中滿人所佔比例最高，是高在筆帖式缺額上。筆帖式所理雖是日常庶務，受命行事。但這是滿清統治者爲訓練族人參與高層政治活動的特意安排，「將來

族別／級別	第一級	第二級	第三級	第四級	共計
滿	42	390	727	96	1,255
百分比	52.5%	54.9%	61.3%	32%	55.1%
蒙	1	67	106	22	196
百分比	1.2%	9.4%	8.9%	7.3%	8.6%
漢軍		12	96		108
百分比		1.7%	8.1%		4.7%
漢	37	241	82	56	416
百分比	46.3%	34%	6.9%	18.7%	18.3%
不詳			176	126	302
百分比			14.8%	42%	13.3%
共計	80	710	1,187	300	2,277
百分比	100%	100%	100%	100%	100%

陞用堂司官之人」[40]。此外，如各機構中檔房，無論清字檔房漢字檔房都無漢缺，自有其一定的用意。又如戶部之四廠三庫郎中、員外郎、主事、大使，這些都是管理實際業務的各級主管，都是滿缺。是不是因爲這些機構有關國家財政狀況或皇室費用，因此都令族人掌管。又如兵部缺額，漢缺僅及滿缺的七分之一。理藩院無漢缺，以處理邊疆問題，種族利害關係，根本不使漢人有參預機會。十五道掌印御史都是滿缺。固然御史皆可獨立行使職權，掌道御史亦不能左右，但爲何要規定掌印御史皆屬滿缺，立法之初，當有其所以如此設定的構想。而十五道之筆帖式皆滿缺，亦自有學習兼監視之意。十五道監察御史如此，六科情形，亦復如是。至於國子

監六堂漢缺多，滿缺少，這是由於本族文化水平的制約，無法克服的弱點，不得不多用漢人，是可以瞭解得到的。

四、陞遷與文武互轉

(一) 初仕職位

初仕職位與出身條件，二者有其骨肉相連密不可分的關係。一個機構中其內部某一職位的任務特質、功能負荷、活動範圍、接觸系絡，決定了其在整個組織中的地位，也決定了此職位適任者的必要條件。在過去中國傳統官僚組織系統來說，機構中人與事的關係，雖然不是以職定位，以位求才。科舉與入仕，各有其自身一定意義與作用。但二者經長期的發展演變後，取士與授職，各自爲了本身的利益與生存的需要，也有了相應相守的標準。表現得最明顯的，是出身條件與初仕職位的對應關係上。雖然這其中一直存在著所謂正途、異途的分別，社會階級與傳統意識並對此有其一定的影響力量。但出身正途、異途與所適任職位的劃分，自也有一定程度的客觀標準及存在的理由。並非如某些人所強調的此皆由於某一階級爲本身利害所把持壟斷的結果。

清人入關之後，爲了便於族人參與政治活動。爲了使族人在政治活動中不受出身條件的阻抑，所以不但強調「旗員出身不泥一轍」，而且強調「文武互用」，「滿洲翰林不必科目」，爲族人開拓入仕途徑，擴大陞遷範圍。茲將出身與初仕情形，表列於次頁。

1. 清代授官之法，分爲除、補、轉、改、升、調六班，茲述有關滿洲部分。

其一爲除班：文進士一甲一名進士除修撰，一甲二名三名進士除編修。其進士改庶吉士散館後留翰林者，二甲除編修，三甲除檢討。新進士引見分部學習者，爲額外主事，三年期滿奏留後，按報滿月日以次除。以中書用者，以學正、學錄用者，各按科分甲第除。其中書先到閣行走，一年期滿，亦准留補。其以知縣即用者，按科分甲第除。歸班者除國子監監丞、博士、知縣。進士就教職者，除府教授。以知縣分發者歸各省補用。散館以主事用者，以知縣即用者，各按散館名次除。歸班仍按原科甲第入月選。其以主事用者，先分部行走，如經堂官奏留，亦准題補本衙門之缺。

滿洲繙譯進士分部學習者、歸班者，例與文進士同。滿洲舉人除知縣，以科名爲次，於三科後入月選。筆帖式中文舉人者亦除知縣。

滿洲文進士、文舉人、繙譯進士除翰林院典簿、詹事府主簿、光祿寺署丞、國子監監丞、博士、典簿六項，是爲科甲小京官。宗室文進士、文舉人、繙譯進士皆不除知縣。文進士歸班者亦除科甲小京官。文進士除宗人府筆帖式。繙譯進士歸班者除中書。文舉人，亦除科甲小京官。

拔貢朝考後引見以七品小京官用者，分部行走，三年期滿奏留，即爲實缺。又三年期滿奏留者，作額外主事。又三年期滿奏留，即歸本衙門留補主事。以知縣用者，分發各省試用甄別，除知縣。

廕生按原廕官之大小引見，滿洲除員外郎、主事、都察院經歷、大理寺寺丞、光祿寺署正、通政司經歷、太常寺典簿、部寺司庫、光祿寺典簿、鴻臚寺主簿、八品筆帖式。奉旨外用者，除同知、知州、通判、知縣。其各項廕生分各衙門行走，二年期滿留奏者，

出身初仕統計表

出身	初仕職位	人數
進士（82人）	給事中	1
	侍讀	25
	主事	16
	修撰	1
	編修	32
	知縣	3
	檢討	13
	中書	2
	筆帖式	2
	學正	1
	佐領	1
	不詳	2
繙譯進士（6人）	主事	4
	知縣	1
	中書	1
舉人（23人）	知州	1
	主事	5
	編修	
	知縣	5
	贊禮郎	2
	助教	2
	中書	1
	筆帖式	6
	佐領	1
繙譯舉人（8人）	中書	5
	筆帖式	3
貢生（4人）	主事	1
	筆帖式	3
廕生（16人）	主事	8
	寺丞	1

	員外郎	3
	筆帖式	2
	侍衛	1
	不詳	1
監生（13人）	員外郎	1
	主事	1
	知縣	1
	中書	5
	筆帖式	5
生員（11人）	郎中	1
	贊禮郎	1
	中書	2
	筆帖式	3
	侍衛	3
	整儀衛	1
繙譯生員（5人）	中書	1
	筆帖式	4
官學生（17人）	鳴贊	1
	順天府教授	1

	贊禮郎	
	中書	8
	靈台郎	1
	筆帖式	2
	庫使	2
	侍衛	1
	拜唐阿	1
閒散（3人）	中書	1
	筆帖式	1
	侍衛	1
襲爵（9人）	員外郎	1
	散秩大臣	2
	侍衛	4
	佐領	2
不詳（96人）	弘學士	1
	秘學士	1
	員外郎	2
	主事	8
	知縣	1

中書	3	佐領	1
小京官	2	理事官	5
筆帖式	39	護軍校	2
副都統	1	整儀尉	1
散秩大臣	1	拜唐阿	1
侍衛	26		
雲麾使	1	總計	293

＊拜唐阿，清語作辦事執事之稱，為近御差使，於滿洲大員子弟中挑選。清史稿選舉志：「滿人以門閥進者，多自侍衛、拜唐阿始。故事，內外滿大臣子弟，五年一次挑取侍衛、拜唐阿。以是閒散人員，勳舊世族，一經揀選，入侍宿衛，外膺簡擢，不數年輒至顯職者比比也。」

准補各衙門之缺。其咨歸部選者，仍入月選。不能學習者，令隨旗行走。難廕生按死事官之大小，除主事、七品筆帖式。

以考授者，滿洲順天府學教授，以文進士、文舉人。訓導以恩、拔、副、歲貢。國子監助教，以部院筆帖式。進士、舉人、貢生，皆由禮部考試，以次除授。滿洲內閣中書，旗缺由內閣以本旗貼寫中書擬正陪，公缺按旗輪轉，由內閣以本旗貼寫中書與本旗文舉人考擬正陪，引見補授。滿洲貼寫中書，以舉人、貢生、監生、生員、官學生、算學生、覺羅生，及由以上各項出身之候補筆帖式，現任及候補之繕本筆帖式，現任及已邀議敘並候補之繙譯官、謄錄官，年滿及現任並候補之教習，現任未年滿及年滿戶部貼寫筆帖式，未年滿之兵部員外郎，由吏部會同內閣奏派大臣考試擬取，欽定後交部註册，以次傳補。滿洲筆帖式，以文舉人、武舉、貢生、監生、文生員、繙譯生員、武生、官學生、覺羅學生、義學生，由部奏派大臣考試，擬取進呈，交吏部註册，入月選，以次除。各部繕本筆帖式，戶部貼寫筆帖式，以應考筆帖式之人，由吏部派員考取，以次補用，三年期滿除筆帖式。

其二爲改班：八旗武職奉特旨改用文職者，一等侍衞改三品京堂，二等侍衞改四品京堂，輕車都尉、參領、三等侍衞改郎中；騎都尉、副參領、四等侍衞改員外郎；藍翎侍衞、雲騎尉改主事；前鋒校、護軍校、驍騎校改主事及七品小京官。奉旨記名改者，滿洲原任文職承襲世職在參領、佐領上行走者，由部引見記名註册，參領改太常寺少卿、鴻臚寺卿、太僕寺少卿，佐領改鴻臚寺少卿。拔貢小京官期滿，以不諳部務甄別咨部者，改七品筆帖式。內閣中書以文理生疏，年力堪以辦事，甄別咨部，科甲出身者改詹事府主簿，光祿寺署丞、典簿，非科甲出身者改光祿寺典簿。文進士即用知縣願改京職者，改筆帖式[11]。

2. 上表二九三人，無出身者閒散三人，襲爵九人，不詳者九六人。閒散本爲無出身者，包括拜唐阿、親軍、前鋒、護軍、領催、馬甲之就文職者。襲爵不在會典所定出身八項之內，是亦應列入閒散之內。故閒散、襲爵、不詳三項，依會典所定出身八途標準，都應在無出身範圍內。此三項共計一〇八人，佔百分之三四強。

3. 出身與初仕關係，除閒散、襲爵、不詳三項外，其餘在出身八項範圍內者，亦有特殊現象。如進士項有給事中、佐領，舉人項內有佐領，都是國初情形。初仕最多者爲筆帖式與侍衞，尤其是筆帖式幾乎每項出身都有。

4. 前述閒散一項中所包拜唐阿、親軍、前鋒、護軍、領催、馬甲就文職時，其出身與閒散同。此皆爲兵丁出身。會典卷四六，兵部武選司：「凡武職官出身，曰世職，曰武科，曰廕生。授職各以其等。文職之改武者亦如之。其由兵丁拔補者，不以出身爲限焉。」其下註云：「滿洲前鋒，准拔補前鋒校、委署前鋒校。親軍，准拔補親軍校、委署親軍校。鳥槍護軍，准拔捕鳥槍護軍校。健銳營前鋒，准拔補副前鋒校。前鋒、親軍、護軍、鳥槍護軍、領催，俱准拔補護軍校、驍騎校。前鋒、親軍、護軍、領催、馬甲，俱准拔補城門吏。」所以閒散一項，即是准許士兵可以閒散名目轉任文職。是以聽雨叢談云，八旗仕進之階，不泥一轍，大臣故不判其文武，下至食餉彎弓之士，亦有文職之徑㊺。而拜唐阿（或作栢唐阿），非官非吏非兵，清語作辦事執事之詞，只是宮廷內供奔走使役人員。

在初仕中最値得注意的，是筆帖式與侍衞。這是清王朝滿族最高統治者爲使族人在滿漢共治復職（中央政府）的官僚體制下便於進入政府，參與政治運作，以保障政權安全，維護族人的特權利益。因此在對族人進身政府及歷階遷轉等資格程序上，除依照所揭示的國家用人任官銓註遷敍的一般規定外，所安排的兩條專利途徑。筆帖式，《淸史稿》：「滿人入官，或以科目，或以任子，或以捐納、議敍，亦同漢人，其獨異者惟筆帖式。」「筆帖式爲滿員進身之階。國初大學士達海、額爾德尼、索尼諸人，並起家武臣，以諳練圖書，特恩賜號巴克什，即後之筆帖式也。厥後各署候補者，紛不可紀矣。」㊻《聽雨叢談》：「筆帖式爲文臣儲材之地。是以將相大僚，多由此歷階。」㊼侍衞，清史稿：「滿人以門閥進者，多自侍衞、拜唐阿始。故事，內外滿大臣子弟，五年一次挑選侍衞、拜唐阿。以是閑散人員，勳舊世族，一經揀選，入侍宿衞，外膺簡擢，不數年輒至顯職者比比也。」[48]《聽雨叢談》：「侍衞品級，既有等倫，而職司尤別。若御前侍衞，多以王公冑子勳戚世臣充之。御殿則在帝左右，從扈則給事起居。滿洲將相，多由此出。」[49]關于筆帖式與侍衞在滿人政治參與上所發生的作用，作者已有專文說明，以文長不再重複[50]。

(二) 陞遷與文武互轉

文武互轉互用，這是清代特有的現象。明代武官轉文官者，通明代二百六十餘年，僅一二見。而滿人在任官時，則不受此限制，清文獻通考：

> 八旗人士，能開數石弓，以技勇稱最者，總萃林立。各直省中式者，見其挽強執銳，驚為神勇，此皆漢六郡良家羽林期門之選，及唐時翹關負重之倫。特以技勇為滿洲所素具，飫聞而習見，未曾設科目之名，是以無從紀述。我朝舉士，文武並重。[51]

又聽雨叢談：

> 我朝效法三代，八旗仕進之階，不泥一轍。大臣故不判其文武，下至食餉彎弓之士，亦有文職之徑。如驍騎校、護軍、馬甲選贊禮郎，若栢唐阿、親軍、馬甲升筆帖式，……均存因材器使之意[52]。
>
> 八旗武職大臣，亦叨枚卜，唯不似兩漢專用武臣為相也。康熙年，馬爾賽以都統授武英殿

大學士。雍正年，漢軍高其位由江南提督署總督，內擢禮部尚書、協辦大學士。乾隆十三年，滿洲領侍衛內大臣傅恒、兆惠，參贊大臣達爾黨阿，道光年，蒙古伊犁將軍長齡，盛京將軍富俊，均由武秩入相。其他由武職出身轉文員而陟揆席者尤多，未能悉載也53。

國朝旗員，不拘文武出身，皆可致身宰輔，或文武互仕54。

文武互易，行於滿人，漢人甚難。故偶有改易，視爲異典。《池北偶談》：

本朝用人器使，有不拘文武資格者。以武臣改文職，如順治中總兵官李國英改四川巡撫，後為總督川陝，兵部尚書。總兵官胡章，改山東右布政使。遊擊王肇春、黃明改知府。以文臣改武職，如莊浪道參議朱衣客改隨征四川總兵官，吏部侍郎陳一炳、戶部倉場侍郎周卜世，前總督浙閩兵部侍郎劉兆麒，俱改都督同知僉事等銜，充山西、山東、直隸等處援剿提督總兵官。55

《郎潛紀聞》：

本朝漢臣文武，不相移易。故池北偶談記朱衣客以道員改總兵一事，嘯亭雜錄記劉清以運使改總兵一事，以為罕異。近十年中，蔣中丞益澧，始為武員，張軍門曜，始為文員，已稱奇才。至楊制軍岳斌，由湘鄉把總起家，官至陝甘總督。且適與嘉慶間楊忠武公遇春同姓，同起行伍，同任兼圻，同督陝甘，先後若出一轍。咸同軍興，一人而已。56

《清稗類鈔》

漢臣文武不相移易，然亦有以文改武，以武改文者。如徐湛恩以侍衛改郎中，姚儀以知府改總兵，朱衣客以道員改總兵，劉清以鹽運使改總兵，黃廷桂及楊忠武公遇春以提督改總督，劉襄勤公錦棠、劉壯肅公銘傳皆以提督改巡撫。又如彭剛直公玉麟、蔣果敏公益澧之始為武員，張勤果公曜之始為文員，而仍以武改文。至楊勇慤公岳斌由湘鄉把總起家，官至陝甘總督，且適與嘉慶間楊忠武同姓，同起行伍，同任兼圻，同督陝甘，先後若出一轍，則為咸同軍興後一人而已。其後又有光緒末葉之劉永慶、田文烈、言敦源三人。劉字延年，汴人。初至朝鮮，以直隸州知州充領事，洊至道員，尋被簡為江北提督，加侍郎銜。田字煥庭，鄂人。初以廣濟縣訓導投新建陸軍，積功保至道員，曾任宣化鎮總兵。言字仲遠，蘇人。初以道員需次直隸，署大名鎮總兵，未幾，而改任直隸巡警道。57

又《聽雨叢談》：

八旗官員，文武皆有互遷之階，漢籍官員則否，然亦未嘗全無也。漢武臣改文者，如順治年，宋犖由侍衛改通判，歷官巡撫。李國英由總兵改四川巡撫，升總督。胡章由總兵改山東右布政使。王肇春、黃明均由遊擊改知府。康熙中，趙良棟由提督授川陜總督兼將軍。梁鼐由提督改浙閩總督。雍正中，岳鍾琪由提督授川陜總督。韓良輔由廣西提督改巡撫。劉世明由提督改巡撫，升閩浙總督。馬會伯由四川提督改巡撫，擢兵部尚書。道光中，楊遇春由提督授陝甘總督。同治三年，楊岳斌由提督授陝甘總督。其以文臣改武者，順治中，朱衣客由莊良道參議改四川總兵。陳一炳由兵部侍郎、周卜世由總督倉場侍郎、劉兆熊以前浙閩總督，均改都督同知、僉事等銜，充山西、山東、直隸等處援剿提督。嘉慶中，劉清以山東運使授登州總兵。同治二年，張曜由河南布政使改總兵。三年，余承恩由直隸廣平知府保開缺道員，特旨改以總兵用。此外，乾嘉八十餘年文武互用者，不知凡幾。[58]

漢人改易者，不過二十餘人，各家皆視爲罕異，傳鈔記載，津津樂道。然此皆由於地方動亂，以非常之地，非常之時，非常之事，非常之人，故有此非常之舉措，非行之於平時。非如八旗官員，文武皆有互遷之階。不特此也，「（滿洲）內外文職選補，一時不能得官，及降調咨回各員，許改授武職，尤特例也。」[59]而且文武互遷，會典皆有規定。以武職改文職者，見於吏部授官之法[60]。以文職改武職，見於兵部武官出身項下：「凡武職官出身，曰世職，曰武科，曰廕生，授職各以其等，文職之改武者亦如之。」其改易範圍：「八旗文職改武職者，科道郎中道府，改副參領、佐領、城門領。員外郎、同知、知州，改步軍校、監守信礮官。主事、通判、知縣，改驍騎校。小京官、司府首領、州縣佐貳、筆帖式，改城門吏。改駐防武職者，烏里雅蘇台、科布多駐班主事銜筆帖式改防禦，額外筆帖式改驍騎校。」[61]

茲就上文所引用資料文職二九三人中其互轉情形統計如下：

曾任武職者一五八人　　佔百分之五三・九。

未曾任武職者一三五人　　佔百分之四六・一。

在遷轉過程中，所有文職缺分，都有明確規定的途徑路線，這是歷朝所沒有的。但在滿人來說，由於有文武互轉的辦法，便不會受此一途徑路線的限制。因爲在文職途徑遷轉如受到限制時，便可先轉武職，有機會時再以武職對品轉爲文職。如此，便可越過由文職遷轉上必須遵守的一定程序條件的限制。由於文武互用，在高階層官職中，又只是一個籠統的原則，沒有明確的規定，所以都統轉尚書、大學士、都御史等官甚爲自由。這樣，一方面使滿人任官資格放寬，不一定受某種官職一定條件的限制。而即使人所重視的翰林院，亦非必進士出身不可。《聽雨叢談》：

> 我朝事法三代，國初八旗科目之制，或舉或停，不甚專重。筆帖式、中書可轉編修，部郎可升翰林學士。如尼滿由筆帖式授編修，洊至尚書。傅達禮以郎中授內院讀學，遷翰林侍讀學士，擢掌院學士。齊蘇勒由官學生出身，尹泰筆帖式出身，均歷官翰林侍讀、侍講、國子祭酒。凡此致身者，不勝枚舉。[62]

又清稗類鈔：

> 嘉慶戊辰，庶吉士散館，崇綬改三等侍衛。同時有步軍統領文寧者，忽為侍郎廣興所劾，降翰林院編修。都人有一聯云：翰林充侍衛，提督作編修。時謂之文升武降。蓋庶吉士從七品，三等侍衛正五品，步軍統領從一品，編修正七品也。[63]

不過滿洲翰林可不必由科目出身的觀念，隨著滿人漢化程度的日深，追逐科舉的慾望日烈，也逐漸發生轉變。聽雨叢談作者於滿洲翰林不必科目條述畢滿人非科目出身任翰林院官後續云：「自余束髮以來，今四十餘年，不由科目而歷翰林者，未之得聞，不識改自何始。咸豐元年，尚書穆蔭由軍機候補五品京堂詔授國子祭酒，一時舉朝愕然，以爲曠典。蓋當事者老成凋謝，不知事溯成憲，非行創格。」64

終清之世，文武互轉運用最爲方便靈活的是侍衛65。納蘭性德以進士授編修，擢侍衛。其弟揆敍以侍衛擢翰林學士66。以文易武，以武易文，出於一門，可謂典型例子。

侍衛職位之易於互轉，自亦有其特殊因素。侍衛與被侍衛者皇帝的關係，本來具有氏族的、封建的、官僚的三重身分。（其實滿官與清王朝最高統治者，都具有此三重身分關係。）入宮廷充當侍衛，即是入宮廷當差執役。當差執役，行走報効，是由「世僕」的觀念延伸出來的，也是滿族最高統治者以氏族的、封建的關係地位，對其「世僕」在某等級以上所要求提供的當然義務。大清會典：「凡文武官子弟之充執事者，自十八歲以上皆與選。隨任者，及歲則歸旗，留者限以制。」67所謂執事，是指挑取各項拜唐阿。「於在京大臣官員子弟內，將未得差使之閒散、捐納監生、天文生、捐納候補筆帖式，及各項小京官，考取候補各館謄錄官，年十八歲以上者，咨送挑選。外任旗員子弟，文職知府以上，武職副將以上，駐防副都統以上，除不准挑哈哈珠子外，俟及歲時，亦送京挑差。至內外大員子弟，每五年由軍機處開列名單進呈，奉硃筆圈出者引見，或授侍衛，或授拜唐阿，其年限亦如之。」68又《實錄》：「外任八旗官員，均爲滿洲世僕。伊等身居外任，既不能在內當差，自應將伊子遣赴京城，挑選拜唐阿行走，代伊報効，於理方協。況伊等之子，挑爲拜唐阿後，如果行走奮勉，又未嘗不加恩陞用，此乃朕教養旗人之至意。」69其實侍衛，亦「身係當差，而非旗員。」70旗員是指旗人在外廷政府機構中任職之身分說的，是國家官僚系統中的君臣關係。而侍衛身係當差，則是雖仍爲官僚系統中的一員，而重要的是更親密、更濃厚的、氏族的、封建的主僕關係。實錄：「向來滿洲世僕等以侍衛、拜唐阿爲近御差使，視爲最榮。於挑選侍衛、拜唐阿時，則甚欣願。……今在京文武大臣，外任文武大臣官員等，皆受恩深重，得項較多，伊等子孫長成，更當挑取侍衛、拜唐阿，効力行走，方合滿洲世僕之道。」[71]

文武互轉，一方面可使族人在參與政治活動上不受出身資格，「各辨其正雜以分職」，及銓註敍階遷轉呈序上的限制；一方面也用以提高族人的資質地位，並加強族人的自我種族中心意識。

侍衛的挑取，不只是單方面表示滿洲門閥大員向最高統治者盡當差服役的義務，也是（至少在早期）在氏族的、封建的關係下分享政權參與的權利。所以侍衛這一職位，其在各族羣參與共建大業中出現的經過，在滿人分配政權參與上所表現的面相，入關後維護滿人參與政治運作上所發揮的功能，是相當複雜的。它是滿族最高統治者用以凝結族人忠心意識的策略，也是訓練選拔重要文武幹部的方法，滿人得不受國家官人之法以進入政府的途徑。而更重要的，是在保護滿員以維持滿漢人才平衡上，滿員於獲罪後，得以迅速復起的避護所。所以滿人文武官員犯罪受處分，奪職降級，甚至往往由一二品大員，降爲三等四等侍衛。奪職降級，本甚爲嚴重的處分，此後經積功積資重新陞遷上去，需要一定的條件，一定的年限，亦甚不易[72]。但滿員如降調爲侍衛，只不過是一時廻避緩衝，往往爲時不久，又以什麼什麼大臣身分外出任事，而旋卽轉改開復。

康雍乾三朝會典中央政府重要機構職官比較表

族別	朝代	(內閣)殿閣大學士	學士	侍讀學士	侍讀	典籍	中書	中書舍人	貼寫中書	筆帖式	小計	(吏部)尚書
滿	康		6	4	11	2		76		16	115	1
	雍		6	4	8	2		65		16	101	1
	乾	1	6	4	10	2	72	2	40	10	147	1
蒙	康			2	2			19			23	
	雍			2	2			16			20	
	乾			2	2		16		6		26	
漢軍	康		2	2	2	2		13			21	
	雍			2	2	2		8			14	
	乾						8				8	
漢	康		2			2		44			48	1
	雍		4		2	2		40			48	1
	乾	1	4	2	2	2	34	4			49	1
備註												

左侍郎	右侍郎	郎中（四司）	員外郎	主事	堂主事	司務	筆帖式	小計	尚書（戶部）	左侍郎	右侍郎	郎中（十四司）	戶部員外郎	主事	堂主事
1	1	8	8	8		1	65	93	1	1	1	22	39	18	
1	1	8	8	8		1	65	93	1	1	1	22	39	19	
1	1	8	8	4	4	1	57	85	1	1	1	18	38	14	4
							2	2				3	5		
		1	1	1			2	5				1	1	1	
		1	1	1			4	7				1	1	1	
		2	6	1			16	25				2	6	3	
				1			12	13						2	
					1		12	13							
1	1	4	4	5		1		17	1	1	1	14	14	16	
1	1	4	5	6		1		19	1	1	1	14	14	14	
1	1	4	5	6		1		19	1	1	1	14	14	14	2
							七～九品，以出身爲差，六部同								

小計	筆帖式	大通橋監督	倉監督	坐糧廳	總督倉場侍郎	內倉監督	筆帖式	大使	司庫	堂主事	員外郎	總理三庫郎中	寶泉局大使	筆帖式	司務
223	4				1									135	1
233	4				1			3	6					135	1
223	4	①	⑭	①	1	2	15	4	5	1	6	3	5	99	1
8															
3															
7														4	
43														32	
34														32	
16														16	
50					1								1		1
47					1										1
49		①	⑭	①	1										1
		由各倉監督內奏委	由各衙門司官內奏委	由科道及各部司官奏委											

（禮部）尚書	左侍郎	右侍郎	（四司）郎中	員外郎	禮部主事	堂主事	司務	筆帖式	讀祝官	堂子官	皇史宬	司牲官	行人司司正	司副	行人
1	1	1	6	10	7		1	39	2	8	8		*1 族別不詳	*1 族別不詳	*12 族別不詳
1	1	1	6	10	7		1	39							
1	1	1	6	10	4	3	1	34							
			1	1								2			
			1	1	1										
			1	1				2							
					1			4							
					1			4							
								2							
1	1	1	4	4	4		1								
1	1	1	4	4	4		1								
1	1	1	4	4	4		1								

鑄印局員外郎	△大使	筆帖式	會同四譯館郎中	大使	序班	朝鮮通事	馬館監督	樂部和聲署署正	署丞	奉鑾	左右司樂	協同官
族*1 別不詳*1	*1 族別不詳 1	1	1	1	族 別*1 不詳 2	族*12 別*12 不詳*12	族別不詳 *2	1	1	1 1	2	族別不詳 *10
						六品四人、七品四人、八品四人						

備用官	小計	(兵部)尚書	左侍郎	右侍郎	(四司)郎中	員外郎	主事	堂主事	司務	筆帖式	會同館大使	督捕左侍郎	右侍郎	理事官
禮部官兼㉚	126	1	1	1	11	13	8		1	67	*1 族別不詳	1		2
	81	1	1	1	11	10	8		1	67				
	81	1	1	1	12	10	4	4	1	62				
	4				4	4				8				
	3				1	3	1			8				
	4				1	3	1			8				
	5				2	6	1			11				
	5						1			11				
	2									8				
	16	1	1	1	4	3	5		1				1	2
	16	1	1	1	5	3	5		1					
	16	1	1	1	5	3	5		1					

司務	堂主事	刑部主事	員外郎	郎中（十八司）	右侍郎	左侍郎	尚書（刑部）	小計	馬館監督	司獄	筆帖式	主事	員外郎	郎中	司務
1		19	18	14	1	1	1	161			34	3	15	1	1
1		20	18	14	1	1	1	100							
1	5	17	24	17	1	1	1	97	族別不詳*1						
								16							
		1	1	1				13							
		1	1	1				13							
		1	12	4				37			16	1			
		1						12							
	1							8							
1		10	10	14	1	1	1	29		1		6	1	1	1
1		15	18	18	1	1	1	17							
1		18	19	20	1	1	1	17							

司庫	節慎庫員外郎	筆帖式	司務	堂主事	主事	員外郎	（四司）郎中	右侍郎	左侍郎	（工部）尚書	小計	提牢	贓罰庫司庫	司獄	筆帖式
2		90	1		15	17	16	1	1	1	152		1		96
2		90	1		15	17	16	1	1	1	165		1	4	104
2	①	77	1	3	12	19	17	1	1	1	177	①	1	4	105
						3	1								
					1	1	1				3				
		1			1	1	1				7				4
		14			1	6	2				36				19
		14			1						24				23
		8									16				15
			1		8	6	5	1	1	1	42			4	
			1		8	5	5	1	1	1	59			4	
			1		8	4	4	1	1	1	63	①		2	

筆帖式	庫使	製造庫郎中	員外郎	司庫	司匠	筆帖式	營繕所所丞	寶泉局監督	大使	琉璃窰監督	街道監督	柴廠監督	煤炭廠監督	小計	（理藩院）尚書
	*12 族別不詳	2	2	2	2	5								157	1
		2	2	2	2	5								157	1
2		2		2	2	4		①	②	①	①	②	①	158	1
														4	
														3	
						1								5	
						1								24	
						1								16	
						2								10	
							1							24	
														22	
								①		①	①	②		20	
								寶泉局以下監督、大使，皆由本部司官、筆帖式內奏委							

左侍郎	右侍郎	郎中（五司）	員外郎	主事	堂主事	司務	院判	知事	副使	筆帖式	銀庫司官	司庫	筆帖式	蒙古繙譯房員外郎	主事
1	1	11	29	4	4	1				11					
1	1	11	29	6		1				29					
1	1	6	18	4	2	1				36	②	1	2	族別不詳 *1	族別不詳 *1
						1				41					
						1				41					
		5	18	5	3	1				55					
										2					
										6					
					1					6					
							1	1	1						
											由本院司官內奏委				

唐古特學司業	助教	筆帖式	內館外館監督	游牧處員外郎	小計	(都察院)左都御史	左副都御史	左僉都御史	十五道監察御史	經歷	都事	筆帖式	六科掌印給事中
					63	1	2		23	1	1	51	6
			族別不詳*③		69	1	2		30	1	2	35	6
					75	1	2		13	1	1	35	6
					42								
					42				2				
1	1	4		16	109								
					2				8	1	1	7	
					6				5	1		5	
					7					1	1	5	
					3	1	2	1	24				6
						1	2		32				6
						1	2		13				6
			由科道司官內奏委										

給事中	筆帖式	小計	（通政使司）通政使	副使	左通政	右通政	左參議	右參議	經歷	通政使司知事	筆帖式	小計	（大理寺）卿	少卿
6	107	198	1		1	1	2		1	1	8	15	1	1
6	107	190	1		1		2		1	2	9	16	1	1
6	80	145	1	1			1		1	1	7	12	1	1
		2												
		17									2	2		
		11								1	3	4		
		7									3	3		
6		40	1		1	1	2	1	1	1		8	1	2
6		47	1		1	2	2		1			7	1	2
6		28	1	1			1		1			4	1	1
							雍正後不分左右							

寺丞	左寺正	右寺正	左司副	右司副	堂評事	左評事	右評事	司務	筆帖式	小計	（翰林院）掌院學士	侍讀學士	侍講學士	侍讀	侍講	修撰	編修
	1	1			1			1	6	12	1	3	3	3	3		
1	1	1			1			1	6	13	1	3	3	3	3		
1					1			1	4	9	1	3	3	3	3		
	1	1			1					3							
	1	1					1		2	5							
									2	2							
1			1	1		1	1	1		9	1	3	3	3	3		
1	1	1				1	1	1		9	1	3	3	3	3		
1						1	1	1		6	1	3	3	3	3		
雍正後改爲左右丞											俱兼禮部侍郎銜					無定員	無定員

典簿	學錄	學正	助教	博士	監丞	司業	（國子監）祭酒	小計	筆帖式	主事	（起居注館）記注官	筆帖式	待詔	▲孔目	△典簿	檢討
1			16	3	1	2	1	82	14	3		48	2	1	1	
1			16	2	1	2	1	74	14	2		42	2	1		
1			16	1	1	1	1	71	14	2	⑧	40	1	1		
			4													
			4													
			8			1										
								9		1		8				
								4				4				
								6	2			4				
1	2	6	6	3	1	1	1	17					2	1	1	
1	2	4	6	2	1	1	1	16					2	1		
1	2	4	6	1	1	1	1	16		1	⑩		1	1		
		康熙時有孔氏世襲學正一員									由翰林詹事坊局官充					無定員

典籍										1	1	1
筆帖式	5	5	4			2	4	2	2			
鄂羅斯館助教			1									1
算法館助教												1
小計	29	28	26	4	4	11	4	2	2	22	19	20

1.根據上表所列內閣、六部、理藩院、都察院、通政使司、大理寺、翰林院、國子監十三個機構有品級及無品級職位統計，康熙會典共二、〇八二個。計滿缺一、三八八個，佔百分之六六・七。蒙缺一〇三個，佔百分之四・九。漢軍缺二二八個，佔百分之一一。漢缺三二五個，佔百分之一五・六。族別不詳者三八個，佔百分之一・八。雍正會典共一、九〇八個。計滿缺一、三二〇個，佔百分之六九・二。蒙缺九八個，佔百分之五・一。漢軍缺一五〇個，佔百分之七・九。漢缺三二六個，佔百分之一七・一。族別不詳者一四個，佔百分之〇・七。乾隆會典共一九三一個。計滿缺一三〇六個，佔百分之六七・六。蒙缺一八九個，佔百分之九・八。漢軍缺一〇〇個，佔百分之五・二。漢缺三〇七個，佔百分之一五・九。族別不詳者三〇個，佔百分之一・五。

2.如依上述一般作業程序所分四個等級分析各族別人數及所佔百分比，其結果如下。（此可與光緒會典相互比較，以見各時期各族別所佔缺額的分配狀況。）

(一)康熙《會典》:

族別＼級別	第一級	第二級	第三級	第四級	共計
滿	38	402	927	21	1,388
百分比	55.9%	58%	77.4%	17%	66.7%
蒙		26	25	52	103
百分比		3.8%	2.1%	42.3%	4.9%
漢軍	2	71	155		228
百分比	2.9%	10.2%	12.9%		11%
漢	28	194	90	13	325
百分比	41.2%	28%	7.5%	10.6%	15.9%
不詳			1	37	38
百分比			0.1%	30.1%	1.8%
共計	68	693	1,198	123	2,082
百分比	100%	100%	100%	100%	100%

(二) 雍正《會典》：

族別＼級別	第一級	第二級	第三級	第四級	共計
滿	37	380	899	4	1,320
百分比	54.4%	60.9%	75.2%	20%	69.2%
蒙		25	73		98
百分比		4%	6.1%		5.1%
漢軍		16	134		150
百分比		2.6%	11.2%		7.9%
漢	31	202	90	3	326
百分比	35.6%	32.4%	7.5%	15%	17.1%
不詳		1		13	14
百分比		0.1%		65%	0.7%
共計	68	624	1,196	20	1,908
百分比	100%	100%	100%	100%	100%

(三)乾隆《會典》：

族別 \ 級別	第一級	第二級	第三級	第四級	共計
滿	37	353	837	79	1,306
百分比	53.6%	55.8%	75.4%	65.3%	67.6%
蒙		71	106	12	189
百分比		11.2%	9.6%	10%	9.8%
漢軍		2	98		100
百分比		0.3%	8.8%		5.2%
漢	32	204	69	2	307
百分比	46.4%	32.3%	6.2%	1.6%	15.9%
不詳		2		28	30
百分比		0.3%		23.1%	1.5%
共計	69	632	1,110	121	1932
百分比	100%	100%	100%	100%	100%

注釋

❶ 細谷良夫，清代八旗制度之演變，故宮文獻三卷三期。

❷ 陳文石：明代前期（洪武四年——正統十四年）遼東的邊防，本書第七七六頁。 研究所集刊第卅七本。

園田一龜：明代建州女直史研究。

❸ 陳文石：清太宗時代的重要政治措施，本書第四二一至五二四頁。

❹ 天聰朝臣工奏議上，胡貢明〈五進狂瞽奏〉，天聰六年九月。〈陳言圖報奏〉，天聰六年正月二十九日。

❺ 關于八旗制度的建立，參閱孟森八旗制度考實，中央研究院歷史語言研究所集刊第六本。

❻ 陳文石：八旗滿洲牛彔的構成，本書第五二五至五五〇頁。

❼ 光緒大清會典（以下同）卷八五，八旗都統。聽雨叢談卷一，佐領。

❽ 陳文石：清太宗時代的重要政治措施，見注❸。

❾ 在全國來說，京師固是首善精華之區。外省八旗兵所駐各地，也是國家人文經濟精華之地。

❿ 聽雨叢談卷十二，世祿之家不應考試。

⓫ 同上卷一，軍士錄用文職，滿洲翰林不必科目。

⓬ 大清會典卷七，吏部文選司。七品小京官所包範圍：正七品有翰林院編修，大理寺左右評事，太常寺博士，國子監監丞，內閣典簿，通政司經歷、知事，太常寺典簿，太僕寺主簿，部、寺司庫、兵馬司副指揮，太僕寺滿洲讀祝官、贊禮郎，鴻臚寺滿洲鳴贊。從七品有翰林院檢討，鑾儀衛經歷，中書科中書，內閣中書，詹事府主簿，光祿寺署丞、典簿，國子監博士、助教，欽天監靈台郎；祀署奉祀，和聲署署丞。其中詹事府主簿，光祿寺署丞，國子監監丞、博士、典簿六項，稱爲科甲小京官，以滿洲、蒙古文進士、文舉人、繙譯進士除授。

⑬ 選舉志五。

⑭ 卷七，吏部文選司。

⑮ 同上。

⑯ 卷十二，吏部驗封司。

⑰ 同上卷七，吏部文選司。

⑱ 清史稿，選舉志五。

⑲ 卷十二，吏部驗封司。

⑳ 同上。又清史稿選舉志五，封廕。

㉑ 同上。又光緒大清會典卷四十六，兵部武選司。

㉒ 「清初廣與他部通婚，蓋爲一代國策。太祖時，如哈達部、烏喇部、葉赫部、董鄂部、蘇完部、渥集部、科爾沁部、札魯特部、喀爾喀部，其部長莫不與太祖近屬相婚嫁。而一時親近大臣：若額亦都（娶太祖妹、繼娶太祖女），何和哩（娶太祖女），費英東（娶太祖女），揚古利（娶太祖女），康果禮（娶穆爾哈奇女）之屬，既崇之以爵秩，復申之婚姻，其漢人初降者亦間及焉。」鄭天挺清史探微（一）滿清皇室之氏族與血系：清初通婚政策。清初廣與他部締結婚姻關係，是政治的，也是戰略的，亦有經濟的意義。這是與起兵後建國發展過程相併進行的。如太宗時主要開拓方向是爭取察哈爾、蒙古各部，以打開西進轉折南下通路，拊明京師畿甸。所以太宗時的婚姻政策運用集中在察、蒙博爾濟吉特氏。世祖時代，一方面是與博爾濟吉特氏建立起來的友好關係正在高潮延續；一方面是加緊進行中國征服需要蒙古的大力支持。所以婚姻關係的運用，亦集中在博爾濟吉特氏。

㉓ 卷一，八旗原起。

㉔ 缺分的排列順序是宗室缺、滿洲缺、蒙古缺、漢軍缺、內務府包衣缺、漢缺。

㉕ 包衣參與外廷政治活動後，往往以其宦績優異，抬入上三旗。包衣地位，在滿洲統治者眼中，雖高於漢人，

但其在旗中地位，仍是低下的。

㉕ 卷一，佐領。

㉖ 八旗滿洲氏族通譜序。

㉗ 清朝通志卷一，氏族略一。

㉘ 清太宗實錄卷一，天命十一年九月丁丑。

㉙ 清通志卷六四，職官略一，官制：世祖章皇帝定鼎燕京，統一方夏，內官自閣部以至庶司，外官藩臬守令，提鎭將弁，雖略仿明制，而滿漢並用，大小相維，創制顯庸，超軼前代。

㉚ 卷七，吏部文選司。

㉛ 卷七，吏部文選司。

㉜ 卷七，宗室任職官。

㉝ 清仁宗實錄卷二四〇，嘉慶十六年三月甲寅。

㉞ 皇朝掌故彙編卷三，銓選。

㉟ 卷一，滿漢互用。

㊱ 卷五，滿洲大臣亦可借補漢缺。

㊲ 卷四，漢人任滿缺。

㊳ 清通志卷六四，職官略一，官制。

㊴ 清史稿志八九，職官一，宗人府。志九〇，職官二，太醫院。志九二，職官四，侍衞處，鑾儀衞。

㊵ 同上志九三，職官五，內務府。

㊶ 同上志九〇，職官二，太常寺、太僕寺、鴻臚寺、光祿寺。

㊷ 上諭內閣，雍正五年七月初三日。筆帖式之作用，詳見陳文石：〈清代的筆帖式〉。本書第五九七至六二〇頁。

㊹大清會典卷七，吏部文選司。
㊺聽雨叢談卷一，軍職錄用文職。
㊻清史稿職官志，宗人府。選舉志五，推選。
㊼聽雨叢談卷一，筆帖式。
㊽清史稿選舉志五，推選。
㊾聽雨叢談卷一，侍衛。
㊿陳文石，〈清代的筆帖式〉。本書第五九七至六二〇頁。〈清代的侍衛〉，本書第六二一至六四八頁。
51卷五三，選舉七。
52卷一，軍士錄用文職。
53聽雨叢談，大學士。
54同上，滿洲掌院。
55卷一，文武互用。
56卷一〇，漢人文武不相移易。
57爵秩類，文武互改。
58卷一，文武互用。
59清史稿選舉志五，推選。
60大清會典七，吏部文選司。
61大清會典卷四六，兵部武選司。
62卷一，滿洲翰林不必科目。
63爵秩類，文武升降。
64卷一，滿洲翰林不必科目。

65 陳文石，清代的侍衛，本書第六二一至六四八頁。

66 八旗通志初集，科舉表。

67 卷八四，八旗都統。

68 同上。

69 清高宗實錄卷四二二，乾隆十七年九月戊午。

70 同上卷三四一，乾隆十四年五月乙巳。

71 清高宗實錄卷一二二七，乾隆五十年三月乙亥。

72 大清會典卷一一，吏部考功司。凡處分之法三：一曰罰俸，其等七。二曰降級，留任者其等三，調用者其等五。三曰革職，其等一。留任者，別爲等焉。凡降調而級不足者，則議革。凡處分有展參者，則變其法。凡處分，至革職則止焉。甚者曰永不敍用。……定開復之法。降級留任者，三年無過則開復。革職留任者，四年無過則開復。若有旨六年八年開復者，至期無過則開復。

清代八旗漢軍蒙古政治參與之研究

一、前　言

在拙作〈清代滿人政治參與〉中❶，曾說明努爾哈赤起兵之後，為了組訓屬人，擴張武力，乃以當時女眞族仍保有的氏族社會殘餘特質「族寨」為基礎，並吸取明代衞所制度官僚組織的精神，而編組牛彔，創建旗制，融結所屬族羣，建立部落政權。其子孫復恢宏奮庸，用以屋明社稷，肇建大清帝國。

旗制組織，在入關以前，由於所統人口不多，所佔地區不大，加以政治、經濟、社會等歷史發展條件的限制，而且又是處在無日不戰的全體動員狀態，所以用旗制以部勒屬人的一切活動，頗能收到心志齊一，運作自如的效果。但入關之後所處的客觀條件已與前全然不同，這種旗、國不分，軍、政一體的政治體制的特性便受到限制了。這時所要統治的，不只是一個人口佔有絕對多數的異族，幅員極其遼濶的國家；而且無論在政治制度上、社會組織上、經濟結構上，都遠較自己為高、為優、為複雜，無以相比的文化悠久的大帝國。面對如此的客觀情勢，如何組織政府，運用何種方式進行統治，始能使已得到的政權，安全穩定；所享利益，既廣復久。

這是需要善為安排設計的。

滿人入關，覆滅朱明政權，獲得了前所未有的政治利益，也遇到了前所未有的難題，同時也暴露了自己內部前所未有的矛盾。難題反應出主觀能力與客觀條件適應上的差距，矛盾說明了政權內部結構與利益的衝突。難題與矛盾，從另一面說，也正是其政權的特性在新的歷史形勢面前所遭受挑戰與反應的顯現。

滿人政權，本來是從氏族社會的廢墟上，在狂暴的征服戰爭中，急遽發展起來的。雖然在發展過程中不斷的吸入新的分子，帶進新的文化質素，但社會、政治、經濟的發展，畢竟要受到一定歷史發展進程與時間的制約。也因而存在著在飛躍變動中，必然出現的種種衝突與矛盾。不過這些衝突矛盾，在未入關前雖亦有凸露浮動，但在爭生存的巨大壓力下，（內部主要是經濟問題，外部是對明戰爭）注意力有了更迫切的集中點，（對明戰爭有時亦是為了解決內部經濟問題）所以都被暫時壓抑掩蓋下去了。及至入關以後，政權佔有的大勢一定，爭生存的壓力已經解除，原來潛存的衝突矛盾，便隨着政治利益的擴大，活躍滋長，而公開表面化了。

就當時最高的矛盾來說，當然是滿（廣義包括滿洲、蒙古、漢軍）漢政權分配的問題。但就旗制內部來說，自興兵起事，編組牛彔，建立滿洲八旗，至擴充漢軍八旗，蒙古八旗，每一階段的發展，都與當時所採取的統治組織型態，息息相關，也都是當時內外歷史條件制約下發展現象的具體反應。這些特質，復都與後來旗分內部分配帝國政權利益的形式一脈相連。因此在大一統政權建立後，旗制內部對政權利益的分配，不但有滿洲、蒙古、漢軍、漢人的劃分，顯示著彼此間的衝突矛盾；而且在滿洲本身來說，皇帝與旗主間、八旗相互間、旗內牛彔間，都存在著層次不同、大小不一的衝突矛盾。例如官制中將缺額分為滿、蒙、漢軍、漢缺大的範疇之後，滿缺內部復有宗室缺、旗缺、左右翼缺、上三旗缺、下五旗缺、兩黃旗缺、兩白旗缺、兩紅旗缺、兩藍旗缺、本旗參領缺、佐領缺、及內務府包衣缺之分。這些缺分的劃分，說明了滿清政權與旗制內部結構的性質，也指示著愛新覺羅王朝由努爾哈赤以父祖遺甲十三副起兵到福臨入關創造大清帝國的組合成分。

本文所討論的雖只限於八旗漢軍、八旗蒙古在滿清政權中的政治參與部分（中央政府），問題不若滿洲八旗內部的複雜，但在整個滿（廣義）漢政權分配上，意義亦甚重要。不但可由此說明漢軍、蒙古在滿清政權上所佔的地位，滿清統治者對二者所持的態度，並可由此瞭解滿清王朝駕馭蒙古部族的策略，及漢軍心理矛盾所以墮落的原因。為易於明瞭起見，先敘述八旗漢軍與八旗蒙古的建立經過。

二、八旗漢軍與八旗蒙古的建立

1.八旗漢軍的建立

滿族以旗制統治屬人，所有人口都被編入旗制之下❷，因此都稱為「旗人」。旗是軍事團體，戰鬥單位，也是政教組織，社會結構。滿洲最高統治者認為這種「以旗統人，即以旗統兵」，具有平時戰時全體功能的「兵民合一」組織形式❸，是最有效、最完善的政權體制。所以不但用之於部勒本部族人，而且用之於凡加入其集團所能直接控制下的人民。因之在入關以前所歸降或俘虜的漢人、蒙古人都編組入旗，施行統屬部勒❹。《旗軍志》：「我國家自太祖武皇帝創業，以上聖啓東垂，用兵威兼併小國，及太宗文皇帝撫有全遼，臣服朝鮮，百度漸舉。

爰立八旗，曰正黃、鑲黃、正白、鑲白、正紅、鑲紅、正藍、鑲藍。每旗析三部，以從龍部落及傍小國臣順者子孫臣民爲滿洲，諸漠北引弓之民景化內徙者別爲蒙古，而以遼人故明指揮使子孫，他中朝將衆來降，及所掠得別隸爲漢軍。」每旗析爲滿、蒙、漢三部，合爲二十四旗。稱爲八旗滿洲、八旗蒙古、八旗漢軍。

漢軍成員的來源，都是被俘掠或被迫投降的漢人。八旗漢軍建立以前，漢人皆分屬各旗滿洲官兵戶下爲奴，或編在屯莊上從事農業生產❺。將漢人部分抽出編兵，使參加戰鬥行動，始於天聰五年。是年正月初命佟養性統理漢人一切軍民事務❻，爲編軍作準備工作。三月卽有檢閱新編漢軍的記載❼。不過此次所編的漢兵，並沒有依旗制組織體系編組，納入旗制序列。只是令其掌管火器，以特殊兵種，跟隨八旗作戰。滿人在對明戰爭中，俘獲了不少明軍的火器。這些火器，都是新法所製❽。滿人初次接觸，尙不能運用。自己所長的，只是野戰騎射，而俘降的漢人中有不少是曾經使用過此種火器的明軍，因此乃將其抽出編爲特種兵團，配合八旗行動作戰。並由中央直接指揮，獨立於任何個別旗分之外。天聰六年正月檢閱軍備，以額駙佟養性所統漢兵軍容整肅，且出征大凌河有功，特頒賞佟養性及六甲喇額眞、精兵額眞、步兵額眞石國柱等八人❾。三月，大軍征察哈爾，令「管舊漢兵總兵官佟養性等留守」❿七年正月，「滿洲八旗、蒙古二旗、舊漢兵一旗，各牛彔額眞等，歷年久任無過者，各依品級賞緞有差。」⓫七月，「命滿洲各戶有漢人十丁者授綿甲一，共一千五百八十戶，命舊漢軍額眞馬光遠等統之，分補舊甲喇之缺額者。」⓬是漢軍在天聰七年正月，已獨立編旗。八年三月閱兵，全國共十一旗，計「滿洲八旗，蒙古二旗，舊漢兵一旗。」⓭五月更定各營名色，稱「漢兵爲漢軍」。另有「元帥孔有德兵爲天祐兵，總兵官尙可喜兵爲天助兵。」⓮崇德二年七月，分漢軍爲左右翼兩旗，照滿洲例，編壯丁爲牛彔[15]。每旗設固山額眞一人，轄所編牛彔，其旗皆用皀色。四年六月，兩旗擴爲四旗，每旗牛彔十八。設固山額眞一，梅勒章京二，甲喇章京四[16]。初兩旗纛色，皆用元青。至是改爲以元青鑲黃，以元青鑲白，以元青鑲紅，純元青四色[17]。

七年六月，分編爲八旗。將國內漢人編兵，納入旗制序列，是隨著對明戰爭局面的開展擴大、俘降漢人數目的日益增多、內部種族矛盾的日益激化、中央集權鬥爭發展上的需要，種種因素相併而促成的。清太宗自大凌河之戰後，由於與蒙古新關係的發展，乃轉變對明戰略。一方面在關外進行陣地戰，吸住明軍戰力；一方面迂迴入關，深入俘掠，藉以破壞明軍後方經濟社會，消弱支援前敵力量。並扮弄以戰求和姿態，動搖明人朝野戰鬥意志。這是軍事、政治、經濟、社會總體戰的運用。崇德元年、四年、五年、八年數度深入，大肆搶掠人口，都是在此戰略下進行的[18]。而在內部來說，太宗卽位之後，便積極的向中央集權政治發展，剝奪旗下足以造成獨立發展的權力。使旗人意志、力量都向中央認同一點上集中。其大者如國家行政組織統屬體系的建立，漢化政策的推進，法制觀念的宣教，種族問題的調和，家主與屬人主屬關係權利義務的劃定。這些，都是滿洲政權歷史發展中所面臨的挑戰下必作的抉擇，也是其由部落到帝國所以成功的主要條件。尤其是漢、蒙旗分的編立，在大清帝國史上的意義，更爲重要。在漢軍旗來說，漢人從分散在各旗戶下撥出，統一管理，進而編組爲軍[19]，列入旗序。個人由奴隸處境中解放出來，恢復某種程度自由民的身分[20]。有的並可參與中央政治活動，自會竭心盡智，感激圖報；而漢人編組成旗後，與滿洲、蒙古同在旗制序列，直受中央指揮統馭，加強了中央的統治優勢，卽相對的消減了旗制與中央的對峙力量[21]。而更重要的，是編組成旗後，減少了內部種族磨擦，緩和了衝突爆發的可能性。在安定社會，穩定政權，進而能心志齊一[22]，向明進攻，都發生了決定性力量㉓。

2. 八旗蒙古的建立

滿清統治者未入關前的建國用兵戰略運用中，一方面在關外進行陣地戰，向明節節逼進，拓地興農，聚人組兵，相機迂迴突入，俘掠人畜財物，破壞明軍後方社會，製造混亂心理；一方面剪明東西與國，征服朝鮮與內蒙古，瓦解明朝包圍封鎖態勢，進而使敵方聯軍，成爲自己助力㉔。尤其是察哈爾蒙古的編旗，不但在與明爭戰的行動上，發揮了相當大的影響力量㉕，也是形成後來滿洲所以能夠統治全中國的重要因素之一。

蒙古部族與滿清政權的關係，遠在努爾哈赤汗國建立以前，雙方在經濟上、文化上已經有了交流活動。明萬曆二十二年（努爾哈赤建元天命前二十三年），蒙古科爾沁部明安貝勒、喀爾喀部勞薩貝勒遣使來通好，此後「蒙古各部長遣使往來不絕」㉖。後科爾沁部明安、孔果爾和莽古思，扎嚕特部鍾嫩、內齊汗和額爾濟格，巴約特部恩格德爾，敖漢部瑣諾木杜稜和賽臣卓禮克圖等，並進一步和努爾哈赤一家或其親屬建立了婚姻關係㉗。

蒙古部族接受旗制編制㉘，並不是因爲受到與滿族發生經濟、婚姻關係的作用而形成的，而是由於滿族對蒙古部族的征服。明萬曆四十四年努爾哈赤稱後金國汗，建元天命。標誌著此後與明的關係已步入一個新的階段。此後汗國的一切行動，皆依此新形勢的展開重新作最高戰略部署。萬曆四十六年宣佈「七大恨」正式向明進攻，宣示了準備與明朝作生死之鬥的最後決心。四年薩爾滸之戰殲滅了明朝企圖一舉撲滅整個滿族的大軍，並從而贏得開原、鐵嶺、瀋陽、遼陽等地一系列的勝利。這一戰不但擊潰了明朝軍事優勢的信心，掌握了和戰運用自如的態勢，而且也瓦解了明朝與東西與國聯防的戰略。尤其是對察哈爾蒙古的進攻，不但斷明左臂，去西顧之憂；更重要的是可編組蒙古騎兵，收括戰馬，轉變敵人的聯軍爲自己的新生力量。天命六年，喀爾喀台吉古爾布什等六百戶來歸㉙。七年，兀魯特部明安等十七貝勒率三千餘戶來附㉚。便是此戰略運用的初步成果。

太宗對蒙古的用兵較太祖更爲積極。天命十一年九月卽位，十月卽派兵進攻喀爾喀札魯特部，獲其貝勒十五人，盡俘所屬人戶而還㉛。天聰元年，復對喀爾喀奈曼及敖漢施加壓力，奈曼和敖漢擧國來降㉜。二年，札魯特部來歸。科爾沁部被迫簽訂攻守同盟㉝。三年，頒敕諭於科爾沁、敖漢、奈曼、喀爾喀、喀喇沁五部落，令悉遵守滿洲制度㉞。此外被迫歸降的還有巴林部落㉟、阿祿部落㊱。

征服喀爾喀五部的直接目的，是先孤立始終與明朝站在一邊的察哈爾林丹汗，然後向其發動攻勢㊲。太宗對林丹汗的大擧用兵，前後共三次。第一次在天聰二年，林丹汗聞風先避，兩軍未遭遇戰鬥，但仍有五千人來歸㊳。第二次在天聰五年，大軍長驅深入，林丹汗遭受意料之外的打擊，乃放棄蒙古根據地西行投奔圖白忒部（西藏），走死途中，部衆潰散，或逃或降㊴。第三次在天聰九年，此役林丹汗之子額哲及其母后囊囊太后等和殘餘部衆一千五百戶全部被俘㊵，察哈爾至是遂亡㊶。察哈爾的滅亡，使整個內蒙古都入於滿族統治者之下。爲了統治管理方便，編組新生戰鬥力量，不使人口再分配各旗，加強中央集權，於是乃將各旗下蒙古戶口撥出。並「編審內外喀喇沁蒙古壯丁，共一萬六千九百五十三名，分爲十一旗。」㊷

內蒙古未編旗之前，已先編蒙古牛彔，大概在天命六年以前㊸。由編組牛彔到編成八旗，是與對蒙古的用兵同時進行的。也可以說八旗蒙古編成的過程，就是蒙古被征服的過程。蒙古牛彔擴編爲旗的確實年代雖不可考㊹，但在天聰七年已有「蒙古二旗」的存在㊺。不過當時正式的名稱爲左營、右營㊻。天聰九年編審內外喀喇沁蒙古壯丁爲正黃、鑲黃、正白、鑲白、正紅、鑲紅、正藍、鑲藍八旗，其編制形式，一如滿洲八旗之制㊼。八旗蒙古的編成，亦正如八旗滿洲、八旗漢軍一樣，編制是由小而大，旗色由少而多，隨着客觀情勢的演進，逐步形成的。

三、八旗漢軍與八旗蒙古的政治參與

1.滿清政權種族缺額的劃分

八旗漢軍與八旗蒙古的成立經過，既然是在被征服狀況下成立的，其成員都是來自被俘或迫降，因此也就限定了他們在旗下的地位，政治上的活動範圍，及權利義務的尺度。

八旗漢軍與八旗蒙古對滿清政權的參與活動，早在入關之前已經開始㊽。不過在入關以前，雖然滿族統治者自稱帝國，但由於客觀條件的種種限制，所以無論在政權結構系統、組織形式、權力運用程序上，即使不能說與入關後全然不同，但至少可說是有很大很大的差別㊾。而且此時內部雖然也有滿、漢、蒙種族間的矛盾，但滿族佔有絕對的統治地位，可掌握對漢軍、蒙古的一切情勢。及至入關定鼎，情形便改變了。漢軍、蒙古在形式上都成了征服者，他們面對著被征服的中國內部的漢人，自然要求滿族統治者重新考慮他們的地位。尤其是漢軍，他們覺得他們是來自這個被征服的社會，瞭解這個社會的行事規範，知道它的運作方式，熟悉政治推行的技巧。同時在滿族自身來說，即使沒有八旗內部（漢軍、蒙古）的矛盾，面對漢人衆多的人口、廣大的土地、高度的文化，已失去了像入關以前可掌握內外全局的優勢地位。因此，分析八旗成員（滿洲、漢軍、蒙古）的政治參與，必須將入關前入關後劃成兩個階段，分別進行。

本文所討論的，即限於入關後的參與情形。

滿洲入關之後，爲了鞏固政權，保障族人政治利益，穩定內部衝突矛盾，及扼制漢人的政治力量，一方面爭取漢人領導分子的參與合作，讓其分享政權，共同治理；一方面以種族劃分職位缺額，保持滿（廣義）漢參與的一定範圍，維持設想的平衡形勢。

《聽雨叢談》：

國家涵一區夏，滿漢並重。惟京朝武臣，置有滿洲專缺，其文職衙門堂官，皆滿漢並用。如內閣四相，必兩滿洲，兩漢人。六部十二尚書，滿六人，漢六人是也。惟宗人府堂屬，全用宗室，只漢府丞一人，漢主事二人。又內務府、理藩院，均不用漢人。太醫院全用漢人（原註：間有一二滿人，亦借補漢缺），稍有不同也。外任官員，不分滿漢，惟擇賢而任[50]。

《清史稿》：

初制，內外群僚，滿漢參用，蒙古、漢軍，次第分佈。康、雍兩朝，西北督撫，權定滿缺，領隊辦事大臣，專任滿員，累朝膺閫外重寄者，滿臣為多。逮文宗兼用漢人，勳業遂著。大抵中葉以前，開疆拓宇，功多成於滿人；中葉以後，撥劇整亂，功多成於漢人。季世釐定官制，始未嘗不欲混齊畛域，以固厥根本也。而弊風相仍，一物自為鴻乙，徒致疑駴[51]。

所謂滿漢參用，是滿族最高統治者在客觀形勢的約制下，不得不向漢人讓步的政治號召。其實滿族最高統治者何嘗不想讓族人佔有所有政權或者說較多的政府職位。康熙時即曾擬將直隸道府盡用滿人[52]。雍正並明白說出如宗室中有一善人，滿洲內亦有一善人，必先用宗室；滿洲內有一善人，漢軍內亦有一善人，必先用滿洲。推之漢軍、漢人皆然的話[53]。關於滿漢間自順治入關至宣統退位的矛盾情形，將另有專文討論。這裡只說滿族最高統治者在處理滿（廣義）漢矛盾，劃分職位缺分後，滿（廣義）方自己內部的分配形式。分配的形式，不但指示著在滿（廣義）漢總矛盾下的內部矛盾，也具體的說明了漢軍、蒙古在旗制中的政治利益地位。《大清會典》：

> 凡內外官之缺，有宗室缺，有滿洲缺，有蒙古缺，有漢軍缺，有內務府包衣缺，有漢缺。凡宗室京堂而上得用滿洲缺，蒙古亦如之，內務府包衣亦如之。漢軍司官而上得用漢缺，京堂而上兼得用滿洲缺。凡外官，蒙古得用滿洲缺，滿洲、蒙古、漢軍、包衣，皆得用漢缺。滿洲、蒙古無微員，宗室無外任。[54]

缺額的分配，一方面說明了滿清政權的結構基礎[55]；一方面也說明了其部族政權的特質。滿清統治者將國家官缺分爲六種，實際上是滿洲缺、蒙古缺、漢軍缺、漢缺四種。文字上的順序，是以征服者的心理排列的，這並不重要，重要的是缺分劃分，是以種族自我中心的立場設計的。其特分出宗室缺和內務府包衣缺，這是種族色彩之上，又加上了封建關係。自然也在不同的名目下，爲族人擴充了更多的參與機會。而將內務府包衣缺排列在漢缺之前，更說明了滿清統治者的驕恣意識。

缺額分配，卽是參與政治權利的分配。將國家官職缺額，依政治羣體作定額分配，其目的使各政治羣體，接受規定員額，各自在所分得的範圍內競爭，以維持分配的穩定。維持分配上的穩定，卽是維持政權基礎的穩定。各政治羣體既有各自的參與範圍，因此欲參與政治活動者，只能享有其政治羣體內的機會，自不致出現某一政治羣體勢力越位膨脹發展，造成偏頗失重，難以控制的情勢。但缺額分配，名額上的多寡，並不足以說明其在實際政治運作上的絕對力量。所以必須探討其所分配名額與所在機構的關係，及在此機構作業系統中所佔的位置。因爲內部作業系統中關鍵職位的掌握，才眞正的表示出其政權分配的實質狀況。分配的實質狀況，始具體的反應出參與政權分配的各政治羣體在現實政治上所代表的力量，所佔有的比重。

2.八旗漢軍與八旗蒙古在中央政府職位名額的分配

缺額的分配，必須形式上與內容上，也可以說是量與質上，相互支援，始能發揮其應有的力量。量指參與人數，質是職位配屬。而且這二者不能以政府中一個特定機構爲論點，必須視其在政府全部機構，或全部重要機構中的分配狀況爲衡量標準。爲瞭解漢軍、蒙古的實際政治參與情形。茲就大清會典所列中央機構，進行分析。

依光緒大清會典中央機構文職衙門共有：宗人府、內閣、辦理軍機處、吏部、戶部、禮部、兵部、刑部、工部、理藩院、都察院、通政司、大理寺、翰林院、詹事府、太常寺、太僕寺、光祿寺、鴻臚寺、國子監、欽天監、太醫院、內務府等二十三個衙門。（新設官職總理各國事務衙門皆派兼，故不列。又所列盛京五部，此區爲滿族封禁之地，各部官職皆滿人[56]。）此二十三個衙門中，在我國以往君主專制時代家天下的觀念下，有些機構其指揮系統，事權性質，往往有「宮中」「府中」混淆的現象，缺乏明確的劃分。雖然如此，但在處理時仍可就其掌理事務之性質及與國家人民利害直接關係範圍之大小，直接影響程度之深淺，分爲皇室事務與國家政務兩個範疇，分別處理。而滿族政權，由於以外族入主中國，在種族畛域的作用下，有些機構對族外人是封閉的。如宗人府，「掌皇族屬籍，以時修輯玉牒，奠昭穆，序爵祿，麗流別，中教誡，議賞罰，承陵廟祀事。」[57]內務府，「掌上三旗包衣之政令，與宮禁之治。」[58]「內府財用之出入，祭祀、宴饗、饍饈、衣服、賜予、刑法、工作、教習之事，武備院、上駟院、奉宸院皆隸焉。」[59]宗人府屬滿洲最高統治階層內的家族事務，內務府掌理皇室及宮中一切日常生活事項，與廣大的民生國計，不發生直接關係，自不應與主管國家行政事務的機構，列在同一層次。而且其官職缺額，完全屬內部分配範圍，不在以種族甚至以旗制分配政權參與的考慮範圍之內[60]。因之，以此爲標準，可將此二十三個機構，分爲兩個範疇。宗人府、內務府、太醫院等列爲宮廷事務機構，排出本文分析範圍之外。內閣、軍機處、吏部、戶部、禮部、兵部、刑部、工部、理藩院、都察院、通政司、大理寺、翰林院、詹事府、太常寺、太僕寺、光祿寺、鴻臚寺、國子監、欽天監列爲國家政務機構。而此二十個機構，復可就其職權性質，及與民生國計直接利害關係的程度，分爲二個層次。第一個層次，包括內閣、軍機處、六部、理藩院、都察院、大理寺、通政司、翰林院、國子監等十四個機構；將詹事府、太常寺、太僕寺、光祿寺、鴻臚寺、欽天監等六個機構[61]，列爲第二個層次。第一個層次各機構中分析漢軍、蒙古所佔職位及分配情形，已見〈清代滿人政治參與〉一文。

在十四個機構中，實際（兼充者除外）缺額，有品級者一九〇九個，品級不詳或無品級者三六八個，共二、二七七個。

二、二二七七個缺額，滿、漢、漢軍、蒙古之分配如下：

表一：

族別	額數	百分比
滿	1,255	55.1％
漢	416	18.3％
漢軍	108	4.7％
蒙古	196	8.6％
不詳	302	13.3％
共計	2,277	100％

表中族別不詳者三〇二個，計爲軍機處內繙書房繙譯官四〇個，軍機處暨各部院筆帖式、繕本筆帖式、額外筆帖式二二二個，工部司匠二個，司庫四個，庫使三四個。

筆帖式、繕本筆帖式、額外筆帖式都是滿、漢軍、蒙古專缺。這三〇二個族別不明缺額，如就十四個機構中標明族別之七四六個（有品、無品）筆帖式所屬族別之比例推算，（七四六個筆帖式中，計滿缺五八一個，佔百之之七十八；漢軍八四個，佔百分之一一・二；蒙缺八一個，佔百分之一〇・五）則此三〇二個族別不明缺額，滿洲應爲二三六個，漢軍應爲三四個，蒙古應爲三二個。照此計算，則二二七七個缺額分配比例如下：

表二：

族別	額數	百分比
滿	1,491	65.5%
漢	416	18.3%
漢軍	142	6.2%
蒙古	228	10 %
總計	2,277	100 %

不過實際情形，可能不是如此分配。滿洲所佔比例，可能比此爲高。可參閱表四所表示情形。

再就以上十四個機構種族佔缺分配所顯示情形，可得結果如下：

A漢軍：

①在十四個機構中，漢軍所佔百分比甚小。以有品級缺額計算，其分配爲：

表三：

族別	額數	百分比
滿	1,123	58.8%
漢	328	17.2%
漢軍	108	5.7%
蒙古	174	9.1%
不詳	176	9.2%
總計	1909	100%

十四個機構中無品級缺額三六八個。漢軍一個都沒有。

表四：

族別	額數	百分比
滿	132	35.8%
漢	88	23.9%
漢軍	0	0
蒙古	22	6%
不詳	126	34.3%
總計	368	100%

三六八個無品級缺額中，除內閣批本處翰林官一人，軍機處章京三二人，行走司官四人，戶部內倉監督三人，銀庫管理大臣二人，倉場坐糧廳一人，國子監教習五九人，額外教習十六人外，餘為貼寫中書、繕本筆帖式、庫使，皆未入流。

②漢軍不但所佔名額最少，而有的機構根本被排斥在外，不令參與。如軍機處、都察院皆無漢軍名額。

③漢軍品級上最高的是正六品，職位上最高的是侍讀，部、寺主事。

依表三所列漢軍職位職務如下：

表五

職位名稱	品級	所屬機關	人數	職務
侍讀	6a	內閣	2	掌收發通本定緩急之限而發繙焉
主事	6a	六部、理藩院	8	掌文案章奏
寺丞	6a	大理寺	2	掌覈內外刑名質成長官參糾部讞
典籍	7a	內閣	2	掌章奏文移治其吏役收藏圖籍
中書	7b	內閣	8	掌繕清本書印文之清篆
筆帖式	7,8,9	六部	84	掌繙譯清漢章奏文籍受遣文書之事
司獄	8b	刑部	2	掌管獄卒稽查南北所之罪囚支衣糧藥物而散給之

依一般作業程序，可將前述十四個機構成員分爲四級。

第一級：內閣大學士、協辦大學士、學士，六部、理藩院尙書、侍郎，都察院左都御史、左副都御史，通政司通政使、副使，大理寺卿、少卿，翰林院掌院學士，國子監祭酒、司業。

第二級：內閣、翰林院侍讀學士、侍講學士、侍讀、侍講、修撰、檢討，軍機處章京，六部、理藩院郎中、員外郎、堂主事、主事，都察院掌道御史、都事、御史，六科都給事中、給事中，通政使司參議，大理寺丞，國子監監丞、博士，庫、局管理大臣。

第三級：內閣、軍機處中書、典籍，各部司務、大使、司庫，禮部序班，刑部司獄，工部司匠，翰林院典簿、待詔，都察院、通政司經歷、知事，大理寺評事，國子監博士、學正、學錄、助教、教習，倉庫監督，各部、院、監、寺筆帖式。

第四級：各部、院、監、司貼寫中書，繕本筆帖式，翰林院漢孔目、額外教習，倉、場、局、庫監督、庫使等。

第一級皆爲堂上官，對本機關事務，固有綜持監督之權，並可直接上疏論列，或面奏請旨，在決策上具有影響力量。但在官僚制度作業下，實際對本機構事務擬定方案，執行推動的，往往在第二級，堂上官畫稿判諾[62]。第三級所執掌的屬於日常庶務及書辦工作，對本機構事務策劃推動，無何影響力量。第四級爲額外書寫或幫辦雜務，只是受命行事而已[63]。以此爲標準，可得族別分配如下：

表六：

	滿	百分比	漢	百分比	漢軍	百分比	蒙	百分比	不詳	百分比	共計	百分比
第一級	42	52.5％	37	46.3％			1	1.2％			80	100％
第二級	390	54.9％	241	34％	12	1.7％	67	9.4％			710	100％

第三級	第四級	共計
727	96	1,255
61.3%	32%	55.1%
82	56	416
6.9%	18.7%	18.3%
96		108
8.1%		4.7%
106	22	196
8.9%	7.3%	8.6%
176	126	302
14.8%	42%	13.3%
1,187	300	2277
100%	100%	100%

依上表，漢軍在第一級中無一人。第二級十二人，爲內閣漢本房侍讀二人，吏部主事一人，戶部北檔房漢字堂主事二人，禮部漢本房主事一人，兵部漢本房主事一人，刑部漢檔房主事一人，工部漢檔房主事一人，大理寺丞二人，理藩院漢檔房主事一人。而第四級亦無人。第四級雖未入流，但可由此積資考選授職，是無形中亦減少了參與機會。

B 蒙古

①蒙古較漢軍爲稍優。

②軍機處、通政使司、大理寺、都察院、翰林院皆無蒙古名額。蒙古人之參與，只限於與蒙古有關事務。

③依前表蒙古品級最高的是從二品，職位最高的是額外侍郎，其分配是：

表七：

職位名稱	品級	所屬機構	人數
額外侍郎	2b	理藩院	1
侍讀學士	4b	內閣	2
郎中	5a	吏、戶、兵、刑、工、五部，理藩院	13
員外郎	5b	吏、戶、禮、兵、刑、工六部	32
侍讀	6a	理藩院、內閣	2
主事	6a	吏、戶、禮、兵、刑、工六部，理藩院	17
司業	6a	國子監	1
中書	7b	內閣	16
助教	7b	國子監	8
筆帖式	7,8,9	吏、禮、兵、刑、工五部，理藩院、國子監	81
司務	8a	理藩院	1
貼寫中書		內閣	6
教習		國子監	16

除理藩院額外侍郎外，其餘都在二、三、四級

職位分配集中在理藩院，這是專門處理蒙古、回部及諸番部的機構。卽使如此，在決策階層仍無蒙古參與。理藩院管理院務大臣、尙書、左右侍郎，皆爲滿人，惟額外侍郎爲蒙古。

蒙古在參與人數及職位分配方面，都較漢軍爲優。蓋以語言文字風俗習慣關係，凡事牽蒙古者，令蒙古人參與。若漢軍，則其語言文字風俗習慣既與漢人同，無特殊條件，故便無此機會了。蒙古較漢軍爲優，亦有民族畛域。開國龍興記云：「夫草昧之初，以一城一旅敵中原，必先樹其羽翼於同部。故得朝鮮人十，不若得蒙古人一。得蒙古人十，不若得滿洲部落人一。族類同，則語言同，水土同，衣冠居處同，城郭土著射獵習俗同。故命文臣依國語製國書，不用蒙古、漢字。而蒙古、漢軍各編旗籍，不入滿洲八旗，所以齊風氣，一心志，固基業，規模宏遠矣。」其實這種「非我族類，其心必異」的潛在意識，一直存在。

四、參與方式與陞遷途徑

1. 參與方式與出身條件

清代官人之法，清史稿選舉志云：

凡滿漢入仕，有科甲、貢生、廕生、監生、議敍、雜流、捐納、官學生、俊秀。定制，由科甲及恩、拔、副、歲、優貢生、廕生出身者為正途，餘為異途。異途經保舉，亦同正途，但不得考選科道。非科甲正途，不為翰詹及吏、禮二部官。惟旗員不拘此例。官吏俱限身家清白，八旗戶下人，漢人家奴長隨，不得濫入仕籍。其由各途入官者，內則修撰、編檢、庶吉士、主事、中書、行人、評事、博士，外則知州、推官、州縣教授，由進士除授。內閣中書、國子監學正、學錄、知縣，學正由舉人考授及大挑揀選。小京官、知縣、教職、州判，由優拔貢生錄用。員外郎、主事、治中、知州、通判由一二品廕生考用。此外貢、監生考職，州判、州同。縣丞、主簿、吏目、京通倉書、內閣六部等衙門書吏供事多年役滿，用從九品、未入流。禮部儒士食糧三年，用府檢校、典史。吏員考職一等，用正八品經歷，二等用正九品主簿，三四等用從九品、未入流。官學生考試，用從九品筆帖式、庫使、外郎。俊秀識滿漢字者考翻譯，優者用八品筆帖式。厥後官制變更，略有出入。其由異途出身者，漢人非經保舉，漢軍非經考試，不授京官及正印官，所以別流品，嚴登進也。64

《大清會典》：

分出身之途以正仕籍。凡官之出身有八，一曰進士（文進士、滿洲蒙古繙譯進士），**二曰舉人**（文舉人、滿洲蒙古繙譯舉人、漢軍武舉），**三曰貢生**（恩貢生、拔貢生、副貢生、歲貢生、優貢生、例貢生），**四曰廕生**（恩廕生、難廕生），**五曰監生**（恩監生、優監生、廕監生、例監生），**六曰生員**（文生員、滿洲蒙古繙譯生員、漢軍武生），**七曰官學生**（八旗官學生、覺羅生、義學生、算學生），**八曰吏**（供事、儒士、經承、書吏、承差、攢典。）**無出身者，滿洲、蒙古、漢軍曰閒散**（拜唐阿、親軍、前鋒、護軍、領催、馬甲就文職者，出身與閒散同），**漢曰俊秀**（武生行伍就文職者，出身與俊秀同）。**各辨正雜以分職。**65

文進士、文舉人出身者，均謂之科甲出身。與恩、拔、副、歲、優貢生，恩、優監生、廕生爲正途。其餘經保舉者，亦同正途出身。旗人並免經過保舉，皆視同正途出身66。是旗人出仕爲官，根本無所謂正途、異途的分別，皆爲正途出身。如此則不但使旗人入仕途徑放大，而將來陞遷，除特定職位必須科甲出身之條件外，其機會亦寬。八旗漢軍、蒙古都屬旗人，當然亦包括在內。

在分配官職缺分範圍時，漢軍缺定有欽天監從六品秩官正，內閣侍讀、典籍、中書、部院堂主事，大理寺丞，太常寺博士，欽天監靈臺郎、司晨、博士，部院衙門筆帖式。蒙古缺有唐古特司業、助教、中書、游牧員外郎、主事，內閣侍讀學士、侍讀、中書、給事中，御史，各部院郎中、員外郎、主事、堂主事、司務，國子監司業、助教，欽天監五官正、靈臺郎、挈壺正、博士，部院衙門筆帖式[67]。「官員身在滿洲旗下者，以滿洲員缺用。在蒙古旗下者，以蒙古員缺用。在漢軍旗下者，以漢軍員缺用。不得相互調補。」[68]但這是指上面所分配各機構缺分範圍說的，逾此「漢軍司官而上，得用漢缺，惟刑部司官不補漢軍。京堂而上，兼得用滿洲缺。凡外官，蒙古得用滿洲缺，滿洲、蒙古、漢軍、包衣，皆得用漢缺。」[69]

茲就清史列傳、清史稿、清史所見漢軍七八人之出身、初仕、最高官職、旗別等統計如下：

表一：八旗漢軍名官出身統計：

出身	人數	比率
進士	13	16.67%
舉人	4	5.13%
武舉人	1	1.28%
貢生	8	10.26%
廩生	11	14.15%
監生	9	11.54%
官學生	3	3.85%
閒散	1	1.28%
襲爵	1	1.28%
不詳	27	34.56%
總計	78	100%

本表所統計人數，以順治元年入關後始出仕者爲限。凡在入關前已入仕者概不列入。

出身係依照大清會典所訂條目。襲爵雖未在會典所列出身條目之內，但襲爵後已有品級，任官職時雖未必卽以所襲爵位之品級授職，然畢竟與白身不同。亦不同於會典所訂「無出身」條目。

(一)

在沒有解說表中統計結果所表示的意義之前，表中幾項名詞，需先稍加說明：

漢軍科舉：八旗科目，未入關前，始於天聰三年考試生員。「順治開科，緣八旗以騎射爲本，故不與試。八年吏部疏言，八旗子弟多英才，可備循良之選，宜遵成例開科，於鄉試後拔其優者除官。下部議行，八旗鄉會試自此始。先試騎射，爲文事不忘武備之意。康熙二十八年，特詔八旗考中舉人進士倘有騎射不堪者，監射官舉人一併治罪。順治時，八旗滿、蒙主考用滿洲內院禮部官各一員閱卷。凡應試通漢文者翻譯漢文一篇，不通漢文者作清文或蒙文一篇，會試倍之。滿蒙會試均止試一場。漢軍聽漢主考官閱卷。第一場試四書文一篇，經文一篇，不通經者增四書文一篇，嗣增四書經文各一篇。二場試論一篇，嗣加判五條。三場試策一道，嗣加二道。各衙門筆帖式等同生員應鄉試，博士、有品筆帖式可同舉人應會試。鄉試中額，滿洲、漢軍各五十名，蒙古三十名，會試中額半其數。滿、蒙鄉會殿試均另爲一榜，漢軍與漢生監同列一榜。但因當時八旗子弟每旗讀書者有定額，額外者不得習，各衙門應用悉於此選取，應試人少，且慮荒廢武事，故八年辛卯及十一年甲午兩科後，十四年遂詔令停止。康熙八年，從御史徐之誥之請，復命八旗鄉會試，其生員於鄉試前一年八月內考試，滿、蒙皆試漢文，與漢人一體應試同榜。應試止准生員、舉人，其部院衙門博士、筆帖式不准應鄉、會試，遂爲永制。鄉試中額改定滿、蒙、漢軍各取十名。二十六年再減漢軍五名，後名額又復遞增。至乾隆九年，定爲滿、蒙二十七名，漢軍十二名。同治間，以輸餉增滿、蒙六名，漢軍四名。滿、蒙副榜定取五名[70]。

(二) 舉人入仕，可經揀選、大挑、截取等途徑。舉人於會試外，入官之途，爲揀選、大挑、截取三項[71]。清初舊例，舉人會試三科，准其揀選知縣。就教職者，不拘年分。順治十五年改定遠省舉人如舊例，直隸近省舉人會試五科方准揀選，三科方准就教職。康熙三十七年，仍准直隸、山東、河南、江南、浙江、江西、陝西、湖北等處近省舉人會試三科不中者揀選知縣，一科不中者改就教職，以州學正，縣教諭錄用。然每科中額千二百餘人，綜十年計之，共五千餘人，銓官不及十分之一。選班雖重正途，但尚有優於舉人之進士班次。雍正時，進士有遲至十餘年而不能得官者，舉人知縣之銓補，則有遲至三十年外者。乾隆間僅成虛名。廷臣屢言舉班壅滯，謀疏通之法。十七年，始定大挑制，於會試榜後舉行（僅乾隆三十一年、五十二年兩科於榜前挑選）。大挑六年一次，資格初爲經過會試正科四科者。嘉慶五年改爲三科。到遇挑之年，取具同鄉京官印結，旗員取具本佐領圖片，呈請由禮部查造清册，註明年歲咨送吏部。屆期吏部堂官先過堂驗看，然後請旨派王大臣於各省舉人內公同挑選。道光五年，准滿洲、蒙古、漢軍舉人一體大挑。舉人於中試三科後，又有截取之例，惟此與旗人無關。

(三) 武舉人：八旗滿洲、漢軍、蒙古之武生、護軍、驍騎校、領催、馬甲、千總、把總及七、八品筆帖式、廕生、監生，在京由本旗參領、佐領甄別送考，駐防由該將軍、副都統等甄別送考。滿洲、蒙古中額初定三十名，嗣爲十三名。漢軍取中二十名，後以應試人數減少，改爲十人取中一名。漢軍武舉揀選，一二等以門千總用，三等以衞千總用，不分發隨營學習。武舉人參加武會試，滿洲、蒙古、漢軍在京由該管本旗都統給文，駐防由該省將軍、副都統給文。滿洲、蒙古、漢軍取中八名。

(四) 八旗生員、貢生：八旗子弟於順治八年令考取入順天府學，有提督滿洲、蒙古翻譯學政，以滿侍讀、侍講充任。由內三院（康熙時裁）禮部會同學政考試，或翻譯漢文一篇，或作漢文一篇，漢軍令與順天府民童同考。十四年以旗人崇尚文學，怠於武事，停止考取童生並鄉、會兩試。康熙六年復准八旗子弟考試漢文。考生向各都統報名，開造禮部，移送順天府府丞錄取之後，送順天學政考試，優者入順天府漢生員數內。十三年因三藩用兵，恐誤訓練，又暫停止考試文生員、舉人、進士。二十六年一律如舊，與漢人一體考試。皆先試馬步箭，通過者方准入試。學額，在京者初爲滿洲、漢軍各二十名，蒙古六十名。康熙中定滿洲、蒙古四十名，漢軍二十名。旋復增爲滿、蒙六十名，漢軍三十名。

八旗貢生：歲貢，八旗京師滿、蒙一年二貢，漢軍一年一貢。盛京滿、蒙三年一貢，漢軍五年一貢。各省駐防五年一貢。其例不一。拔貢：康熙十八年准八旗生員通行選拔，滿洲、蒙古每旗二名，漢軍每旗一名。同治、光緒年間，廣州、荊州、成都駐防各定選一名。優貢：嘉慶十八年令順天八旗生員一體舉優貢生。同治二年，議定甲子科廷試優貢生，仿順天鄉試例，分南、北、中卷，八旗、奉天、直隸、山東、山西、河南、陝西、甘肅爲北卷。優貢可用知縣、教職，附設訓導。而優貢始相率赴京朝考，京試只准一次。

(五) 八旗廕生：廕敍有恩廕、難廕、特廕。恩廕始於順治十八年，詔滿、漢文官在京四品，在外三品以上，武官在京在外二品以上，各選一子入監。護軍統領、副都統、阿思哈尼哈番、侍郎、學士以上之子爲廕生，餘爲監生。初制，公、侯、伯予一品廕，子、男分別授廕。

雍正二年改世職俱依三品予廕。乾隆三十四年定公、侯、伯依一品，子依二品，男依三品予廕。雍正初定例，廕生、廕監生通達文義者，交吏部分各部院試驗行走。其十五歲以上送監讀書者，年滿學成，咨部奏聞，分部院學習。又令文武廕監生通達文理者遵令考試，以文職錄用。其幼習武藝，人材壯健，願改武職者，呈明吏部移兵部改廕。

㈥八旗監生：國子監，初清沿明制，在北京者曰北監，在南京者曰南監。順治七年，裁南京國子監，改爲江寧府學，只留北監，謂之國學，亦曰太學。入監讀書，有廩、增、附生，有廕生，有五貢，有例監、例貢，有舉人。故有生監、廕監、貢監、舉監各名目。八旗子弟有志向學者，亦許送監讀書。滿洲勳臣子弟送監者，亦稱國子監生。旗人廩生、增生，漢軍始於順治九年，滿蒙始於康熙十年。雍正間在京定滿蒙二十名，漢軍三十名。各省駐防後亦設廩、增生，各二名。

㈦八旗官學生：包括八旗官學生、義學生、覺羅學生、算學生。八旗官學生隸屬於北京國子監，專爲八旗宗室親貴以外的旗人子弟而設。順治元年，始命八旗官員子弟有願讀清書或漢書者，俱送國子監就讀。順治二年，每兩旗設一學，後每旗有滿洲、蒙古、漢軍三處。雍正六年擴充八旗學舍，最小者正白旗二十五間，最大者正藍旗四十八間。學生名額，順治二年定每佐領下取一名，後各取二名。十一年仍爲每佐領一名。十四年定滿洲、漢軍每佐領選一名，蒙古每佐領二名。十八年滿洲、漢軍每佐領又各增一名。止許武官及軍兵子弟開選，文官子弟不許。康熙元年，解除八旗文官子弟不得選充官學生禁例。十一年，每佐領下復裁去一名。雍正五年，學生名額改爲以旗爲單位，每旗額生一百名，滿洲六十人，漢軍、蒙古各二十人。乾隆三十三年，准下五旗包衣子弟入學，每旗因各添十名，內滿洲六名，漢軍、蒙古各二名。五十四年，定八旗官生額八百五十名，永爲定例。所習科目，半數習清文，半數習漢文。八旗義學，亦謂之清文義學，專教清語騎射，創設於康熙三十年。八旗幼童十歲以上者，各佐領選清文優良者一人，教習清語、蒙古語，並習馬步箭。雍正二年，擴充學舍，八旗左右兩翼各二所。六年，以兩旗之人各自散處，因之入學者甚少，有每旗不過數人，或竟無一人者。於是改爲每旗一學，旗人子弟年二十以下，十歲以上，情願入學者，俱令入學。覺羅學，是專爲覺羅子弟設立的，隸內務府。覺羅學設於雍正七年，於各旗衙門之旁，各設一學，凡八旗覺羅子弟，八歲以上，十八歲以下者，俱令入學讀書，共學生三四〇名。算學生，康熙五十二年設算學館於暢春園，選八旗世家子弟學習算法。乾隆三年，奏准於欽天監附近專立算學一所。學生滿洲、漢人各十名，蒙古、漢軍各六人。四年，算學撥隸國子監。六年，准滿洲、漢軍、蒙古算學生與官學生一體考試監生，准應鄉試。

(八) 八旗世爵：《會典》，「凡封爵之制，其別有五，一曰酬庸，以彰世賞。二曰獎忠，以優死事。三曰推恩，以逮外戚。四曰加榮，以殊聖裔。五曰備格，以恤勝國。」「凡世爵之位九，其等二十有七。一曰公，其等三。二曰侯，其等四。三曰伯，其等四。四曰子，其等四。五曰男，其等四。六曰輕車都尉，其等四。七曰騎都尉，其等二。八曰雲騎尉，其等一。九曰恩騎尉，其等一。凡封爵，以雲騎尉爲準，加等進位襲次，皆以是積焉。若有世襲罔替者，不計次。其計次者，次盡，則改恩騎尉以世襲罔替焉。」[72]

(九) 拜唐阿：「清語辦事執事之詞。」「清語作執事之稱。」[73]無品級，給事內廷。其來源由大員子弟挑選。實錄：「從前內外大員之兄弟子孫，每屆五年查辦一次，挑選侍衞、拜唐阿差使。原因侍衞、拜唐阿差使體面，務須熟習清文，技藝騎射，差使方可得人。自同治十年查辦後，迄今已逾五年，又當查辦之期。惟念該大員之子弟中不齊，或身弱有疾，或馬上平常，或自幼讀書，一時未能學習騎射，此等卽使挑選侍衞、拜唐阿，又安能得力，自應變通辦理。嗣後在京文職三品以上，武職二品以上，外任文職自總督至按察使，武職自將軍、提督至總兵，其兄弟子孫年已及歲，願挑侍衞、拜唐阿者，至查辦時，如情願挑取，該大員等報明本旗，由該旗造册咨送軍機處彙奏，經朕圈出帶領引見。儻有身弱有疾，馬步平常，不願挑選者，由該大員等據實報明該旗，轉行軍機處，均著聽其自便。該旗亦無庸行催挑選，以示曲養旗僕，量才器使之至意。」❼❹拜唐阿供事內廷，無品級，食錢糧，無俸給❼❺，故家貧者皆無力充當。吏部則例：「八旗現任及增補官品欽奉特旨挑取拜唐阿，後經該管王大臣以該員當差本屬勤奮，因其身弱近視，或家道貧寒，不能充當緊要差使，奏明撥回本旗者，仍准其以原職錄用。」❼❻這是滿洲旗主與旗人間封建性的關係。選拔拜唐阿爲主人服役，是應盡的義務。這一層封建主從關係，轉變到政治參與時，較之純官僚關係更近一層。清史稿：「滿人入關，以門閥進者，多自侍衞、拜唐阿始。故事，內外滿大臣子弟，五年一次挑取侍衞、拜唐阿。以是閑散人員，勳舊世族，一經挑選，入侍宿衞，外膺簡擢，不數年，輒至顯職者比比也。」❼❼

表中最值得注意的是不詳一項，佔總數百分之三四·五六。明清是一個入仕爲官最注重出身的社會。在「分出身以正仕籍」的時代，出身不但關係其所出任何種官職的條件，而且影響其日後陞遷機會。對前途發展，有一定的作用與限制。同時也隱隱的表示著其才情氣質，身家地位。（此雖無明顯的界說界定，但在官場中是非常重視的。）這種有明文的和無明文的資格條件，由於取得入仕資格的人多，政府職位缺額少，因此競爭激烈。準備作官的人，都在細心注視，十分關心。旗人出身異途，固然無須經過保舉，皆可視同正途出身，但因爲出身如何，具有實質上一定的意義與作用，所以對此也特別注意。傳記中不著其出身，可知其不在所定之出身資格範圍之內，連異途都扯不上，甚至連所定的無出身者曰閒散都不是。因爲拜唐阿、親軍、前鋒、護軍、領催、馬甲就文職者出身與閒散同。所以雖然說無出身者曰閒散，而傳記中往往特標出以閒散入仕如何如何。是閒散已視爲一定的資格了。漢軍中出身不詳者佔總數百分之三四・五六，如此之高，此與滿人情形亦復相同。滿人二九三人中之出身分佈爲：

八旗滿洲各官出身統計：

出身	人數	百分比
進士	82	28%
繙譯進士	6	2%
舉人	24	8.2%
繙譯舉人	7	2.4%
貢生	4	1.4%
廕生	16	5.5%
監生	13	4.4%
生員	11	3.8%
繙譯生員	5	1.7%
官學生	17	5.8%
閒散	3	1%
襲爵	9	3%
不詳	96	32.8%
共計	293	100%

由出身統計所列各項人數比例，可窺知滿清政權的性質。在漢軍出身來說，七八人中襲爵者一人，因此等人物情形特殊，且不在會典所定出身資格標準之內，可排除不予計算外，所餘七七人，可分爲兩大項。自進士至閒散爲一項（因旗人異途出身，不需經過保舉手續，皆可視爲正途。除特定官職需進士出身者始可充任外，餘無所謂正途異途。），共五〇人，佔百分之六五弱。出身不詳者二七人，佔百分之三五點弱。出身不詳者如此之高，不但指出了滿清政權的特質，同時也說明了其運用征服者的身份，使旗人不經過所宣布的國家一般入仕爲官應具出身資格進入政府，參與政治運用，以平衡漢人在政治上的力量。出身不詳所代表的另一層意義，

表二：八旗漢軍各官初仕統計：

職位		人數	百分比
佐領	4a	5	6.41%
知府	4b	1	1.28%
三等侍衛	5a	3	3.85%
同知	5a	1	1.28%
理事官	5a	1	1.28%
副理事官	5b	1	1.28%
員外郎	5b	4	5.14%
知州	5b	6	7.69%
藍領侍衛	6a	1	1.28%
主事	6a	3	3.85%
通判	6a	1	1.28%
苑丞	6	1	1.28%
知縣	7a	16	20.51%
知事	7a	1	1.28%
縣丞	8a	1	1.28%
編修	7a	8	10.26%
檢討	7b	4	5.14%
典簿	7b	1	1.28%
小京官	7	1	1.28%
筆帖式	789	16	20.51%
啓心郎		2	2.56%
共計		78	100%

不是旗人與漢人在參與政權上的鬥爭，而是用來平衡內部的參與分配問題。在滿清統治者來說，旗人以科舉入仕，表示尚武精神的喪失，與以武功定天下的歷史經驗及祖宗清語騎射的遺訓相違背的（當然這其中還有內部貧富問題）。出身不詳者其家庭狀況有兩種情形：一是世宦子弟，一是貧寒家子。前者代表政權的傳統勢力，後者是最高統治者有意拔取新生力量，以爲平衡作用。

右表中值得注意的是初仕爲四品者六人中，正四品佐領五人。依大清會典所定授官之法中改班一項，「八旗武職奉旨改用文職者，一等侍衞改三品京堂，二等侍衞改四品京堂，輕車都尉、參領、三等侍衞改郎中，騎都尉、副參領、四等侍衞、佐領改員外郎，藍領侍衞、雲騎尉改主事，前鋒校、護軍校、驍騎校改主事及七品小京官。」此五人係由武職改爲文職。餘一人爲從四品知府，由捐納而來。正五品四人，其中侍衞二人，理事官一人，同知一人。從五品十一人，除副理事官一人外，員外郎四人中三人係貢生出身，一人係例捐。知州六人中生員出身者一人，廕生出身者四人，監生效力擢知州者一人。此外爲筆帖式十六人。筆帖式是旗人的專職，聽雨叢談：「筆帖式爲文臣儲材之地，是以將相大僚，多由此途歷階。」[78]《清史稿》：「筆帖式爲滿員進身之階，國初大學士達海、額爾德尼諸人，並起家武臣，以諳練圖書，特恩賜號巴克什，卽後之筆帖式也。」[79]《清通志》：「本朝諸司衙門，多置滿洲、漢軍、蒙古筆帖式，以繙譯清、漢章奏文牘，蓋卽金元女直令史譯史，蒙古筆且齊之職，而其原實沿歷代令史遺制。特是唐、宋用人頗輕，而今筆帖式登用之廣，遷擢之優，固非前代僅稱雜流者所可比也。」[80]十六個筆帖式中，有十人出身不詳。筆帖式在滿清政權旗人政治參與的作用與意義，見拙作〈清代的筆帖式〉[81]。

表中啓心郎，爲入關前所設官職。天聰五年，設六部時，每部一貝勒主之，下設承政、參政、啓心郎等官。順治九年定秩視侍郎。十五年傳諭，「各衙門滿、漢啓心郎，原因諸王貝勒管理部院事務而設。今宗人府啓心郎仍照舊，其餘部院滿、漢啓心郎俱著裁去。」[92]

表三：八旗漢軍文官最高官職統計：

職位		人數	百分比
大學士	1a	10	12.82%
尚書	1b	7	8.97%
左都御史	1b	2	2.56%
漢軍都統	1b	4	5.14%
大將軍	1b	4	5.14%
侍郎	2a	11	14.10%
副都統	2a	2	2.56%
總督	2a	14	17.94%
布政使	2b	4	5.14%
巡撫	2b	7	8.97%
鹽運使	3b	2	2.56%
道員	4a	1	1.28%
知府	4b	2	2.56%
同知	5a	1	1.28%
知州	5b	4	5.13%
不詳		3	3.85%
共計		78	100%

大學士十人中，出身進士、庶吉士者二人，出身廕生者二人，出身監生者二人，出身閒散者一人，出身不詳者三人。如依出身初仕關係分析，十人中，出身進士、庶吉士散館初仕爲編修者二人。出身廕生，初仕爲員外郎者一人，初仕爲筆帖式者一人。出身監生，初仕

爲侍衞者一人，初仕爲典簿者一人。出身閒散（拜唐阿），初仕爲苑丞者一人。出身不詳，初仕爲筆帖式者三人。如只依初仕分析，則最多者爲筆帖式，共四人。

尚書七人，出身進士、庶吉士，初仕爲編修者二人。出身舉人，初仕爲知縣者一人。出身廩生，初仕爲員外郎者一人，爲知州者一人。出身武舉，初仕爲筆帖式者一人。出身官學生，初仕爲啓心郎者一人。

表四：八旗漢軍文官旗別統計：

旗別	人數	百分比
鑲黃	20	25.64%
正黃	5	6.41%
正白	19	24.36%
鑲白	6	7.69%
正紅	4	5.14%
鑲紅	11	14.1%
正藍	7	8.97%
鑲藍	4	5.13%
不詳	2	2.56%
共計	78	100%

鑲黃、正黃、正白爲上三旗，所以入仕機會亦多。計上三旗四四人，佔百分之五六・四。下五旗三四人，佔百分之四三・六。此與滿洲入仕情形相同，八旗滿洲入仕旗別分佈爲：

八旗滿洲文官入仕旗別統計：

旗別	人數	百分比
鑲黃	63	21.5%
正黃	41	14%
正白	54	18.3%
鑲白	23	29%
正紅	19	6.5%
鑲紅	22	7.5%
正藍	35	12%
鑲藍	35	12%
不詳	1	0.3%
共計	293	100%

八旗蒙古入仕統計，其資料所選範圍，與漢軍同。茲表列如下：

表一：八旗蒙古文官入仕出身統計：

出身	人數	百分比
進士	7	29.17%
繙譯進士	2	8.33%
舉人	1	4.17%
繙譯舉人	1	4.17%
貢生	1	4.17%
廕生	3	12.5%
監生	1	4.17%
繙譯生員	2	8.33%
官學生	2	8.33%
閒散	2	8.33%
不詳	2	8.33%
總計	24	100%

繙譯科爲清代特定的科目，但亦本於金之女眞進士科。金世宗大定四年，頒定女眞大小字所譯經書，與女眞字學校，擇良家子爲生徒，諸路至三千人，命助教以古書作詩策，創設女眞進士科。初試策一道，限五百字以上，免鄉府兩試，止赴會試、廷試。後增試論，遂謂之策論進士。因當時漢人有經文、詞賦兩科進士，故以策論別之。二十年定試三場考策詩，策用女眞大字，詩用小字，並譯作漢字程文。試期皆依漢進士例，得進士後補省令史。二十八年後復增經題論。章宗明昌四年，令女眞進士及第後仍試以騎射，中選者升擢之，於漢人榜外另開一榜。清之繙譯科，專爲滿洲、蒙古文與漢文之繙譯而設，應試者以八旗士子爲限，亦分童試、鄉試、會試，與文武科相同。清初滿文與漢文相輔而行，故漢人之得庶吉士者，往往使之學習滿文。厥後滿人已同漢化，滿文用處無多，而滿人能通滿洲語文者亦日見減少。因有此科爲考試出身之階梯，故旗人尚有肄習。

繙譯一科，考試只限八旗，有滿洲繙譯與蒙古繙譯。滿洲繙譯以滿文譯漢文或以滿文作論。蒙古繙譯以蒙文譯滿文而不譯漢文，試法不同，中額亦分。

繙譯童試，順治八年定考試滿洲、蒙古繙譯，十四年停止。雍正時復行考試，考滿文者不分滿洲、蒙古、漢軍，考蒙文者限蒙古人，皆三年兩考。乾隆四十九年改爲三年一考。嘉慶四年仍照舊例。乾隆十三年以前，滿洲繙譯取進生員，自四、五十名至九十名不等。蒙古繙譯取進生員，自八、九名至十三、四名不等，無一定之名額。乾隆十三年定滿洲繙譯十餘人取一名，共取進生員六十名。蒙古繙譯每十人取一名，共取進生員九名，後遂沿爲例。

繙譯鄉試，順治十四年亦停止。雍正元年復行考試繙譯，定鄉會試三年一次，別立繙譯場，二十年舉行鄉試。乾隆四年方舉行會試。鄉試前必先錄科，在京與直隸、奉天等處滿、蒙、漢軍之繙譯生員、文生員、貢生、監生、廕生、天文生、中書、七八品筆帖式、小京官，先經各旗都統驗看馬步箭合式者，造具名册送請錄科。中額初無一定，乾隆十三年定滿洲繙譯舉人中三十三名，蒙古繙譯舉人中六名。五十年應試人少，滿、蒙均減中額。道光八年，滿洲由五、六百人減至一百三十餘人。蒙古由五、六十人減至二十餘人。中額者滿洲七、八名，蒙古二、三名。二十年，蒙古應試者六人，遂停蒙古鄉試。

乾隆二年，因自雍正初鄉試，至是已歷六科，舉人有百餘人，乃於四年八月舉行繙譯會試。滿洲、蒙古、漢軍繙譯舉人、文舉人，與由舉人出身之筆帖式、小京官，由各旗及兵部考試馬步箭，合格者均准考試。中額臨時欽定。道光以後。京旗約中二、三名，駐防各旗約共中八、

表二：八旗蒙古文官初仕統計：

職別	人數	百分比
副都統	1	4.17%
員外郎	2	8.33%
主事	4	16.67%
侍衛	1	4.17%
編修	6	25%
檢討	1	4.17%
筆帖式	6	25%
知縣	1	4.17%
謄錄	1	4.17%
繙譯官	1	4.17%
總計	24	100%

九名。中試後覆試，覆試及格者引見，俱賜進士出身。優者以六部主事即用，次者在主事上學習行走，餘照文進士例選用，或擇充咸安宮官學教習。同治以後，主事有不願在部供職者，准呈請以知縣截取分省，或聽部銓選。蒙古繙譯舉人、進士，則均分發理藩院任用。

表三：八旗蒙古文官最高官職統計：

職別		人數	百分比
大學士	1a	7	29.17％
尚書	1b	4	16.67％
左都御史	1b	1	4.17％
辦事大臣	1b	1	4.17％
都統	1b	2	8.33％
將軍	1b	1	4.17％
副都統	2a	2	8.33％
總督	2a	1	4.17％
巡撫	2b	1	4.17％
布政使	2b	1	4.17％
道員	4a	1	4.17％
侍讀學士	4b	1	4.17％
主事	6a	1	4.17％
總計		24	100％

表四：八旗蒙古旗別統計：

旗別	人數	百分比
鑲黃	4	16.67%
正黃	7	29.17%
正白	5	20.83%
鑲白		
正紅	2	8.33%
鑲紅	1	4.17%
正藍	5	20.83%
鑲藍		
總計	24	100%

表中各項分佈狀況，其性質與漢軍同，不再分別解說。

2.升遷途徑與過程

升遷途徑與出身及初仕所任職位有相互的關係。如滿洲翰林院編修、檢討，皆進士出身。侍講以上官，國子監祭酒、滿洲司業，順天府教授、訓導，皆科甲出身，其他出身人員皆不得與。又考取中書，筆帖式、閒散出身者不得與考。漢內閣學士，翰林院檢討以上官，詹事府贊善以上官，國子監祭酒、司業，奉天府丞，皆進士出身。禮部尙書、侍郎，順天府丞，內閣侍讀、典籍、中書，國子監監丞、博士、助教、學正、學錄，起居注主事，皆科甲出身。漢吏部、禮部郎中、員外郎、主事，宗人府主事，皆進士出身。惟吏、禮二部七品小京官，雖拔貢出身，亦准升本部司員。其業經升降出部者，卽不復至吏、禮二部。學政及考官、同考官，皆進士出身。漢科道皆正途出身。非正途出身者，雖經保舉不與。教職除進士、舉人正途貢生外，其例貢生非由廩膳生員者不與。非監生出身，但由俊秀捐輸及官者，止授從九品未入流[83]。又如漢軍非經考試，不授京官[84]。刑部司官不補漢軍[85]。都影響到升遷的途徑、機會、速度與最後可以出任的官職。

清代政權由於種族上的矛盾，及旗制內部的矛盾，所以在分配政權利益、劃分參與機會時，不但名額缺分有規定，而且將授缺方式，升轉途徑，亦依出身及缺分的不同，都做了極其詳細明確的規定。會典：「授官之班有六，一曰除班，二曰補班，三曰轉班，四曰改班，五曰升班，六曰調班。凡特旨用者，則別爲班焉。」[86]「凡官非特授者，有缺，各考其班以請旨而授之。凡授官，大學士而下至京堂以上開列，得旨則授。若太常寺，若鴻臚寺滿洲少卿，則開列以引見。不開列者有揀授，有推授。詹翰坊缺亦如之。科道皆引見。科則通列，道則列其記名者三人以候旨。司官有留授、有調授、有揀調，皆引見，得旨則授，餘則以選授。小京官殊者有考授，筆帖式亦如之。五城二尹所屬官亦如之。外官督撫藩臬以開列。運使則請旨授焉。道府有請旨、有揀、有題、有調、有留，餘則選。廳州縣之缺，有揀、有題、有調、有留，餘則選。佐雜要缺則留，餘則咨與選分缺焉。教職亦如之。鹽官亦如之。」[87]每一項下，皆詳細舉出其所指涉範圍。

不但規定了缺分補授之出身條件，升轉範圍與途徑，而且規定任官月選之法，「雙月曰大選，單月曰急選，惟閏月不選。凡月選，滿洲、蒙古、漢軍以上旬，漢官以下旬，筆帖式以中旬。前期截缺。凡月選之缺，有分有合，各以其月所開之缺，按其人之到班者而選之。凡選，有即選，有挿選，有坐選，各辨其積缺，而選以其序。凡月缺揀補者，不入於月選。」[88]此外有正選、併選、抵選等名目。

漢軍、蒙古缺分既有一定，其升遷途徑範圍自亦受其限制。

漢軍、蒙古之政治參與雖受所劃定之缺分限制，但在滿清統治者來說，畢竟是屬於征服階級，享有不少方便。如漢軍之得佔漢缺，永憲錄：「本朝漢軍、漢人一體簡用，內外不分。惟科道部屬小京官，漢軍不佔漢人缺。其閣部漢缺以漢軍補者，從前未詳。康熙五十年間，以陝西提督蕭永藻爲吏部尚書，拜大學士。繼以總督漕運桑格爲吏部尚書，都統公孫徵爲兵部尚書，浙閩總督郭世隆爲刑部尚書。此後大學士有漢軍一人，兵部尚書多屬漢軍。」[89]又《清史稿》：「滿洲京堂以上缺，宗室、漢軍得互補。漢司官以上缺，漢軍得互補。外官蒙古得補滿缺。滿、蒙、包衣皆得補漢缺。」[90]

又如漢軍御史亦可不由科目出身。聽雨叢談：「定例，滿洲、蒙古人由部郎改授給事中、御史等官，不必專用科目出身。凡廉能才幹者，皆可薦用。若外八旗漢軍人，既補漢缺，必須仿照漢人廕生、進士、舉人、拔貢出身者，方許考用。按從前豫東總督田文鏡，漢軍正黃旗人，初由監生任福建長樂縣丞，遞升知州，內擢員外郎，晉郎中。康熙五十八年，改授御史。是從前漢軍御史，亦不必盡用科目也。」[91]

滿洲統治者爲了保持護衞政權的武力，所以極力維持旗人騎射技藝（並令旗人保持清語），而又必須令旗人參與政權，以平衡扼制漢人在政治上的力量。因此又強調文武互轉互用，爲旗人解除升遷調轉途徑上的限制，以開拓任官機會。清文獻通考：「八旗人士，能開數石弓，以技勇稱最者，總萃林立。各直省中式者，見其挽強執銳，驚爲神勇。此皆漢六郡良家、羽林、期門之選，及唐時翹關、負重之倫。特以技勇爲滿洲所素具，飫聞而習見，未曾設科目之名，是以無從紀述。我朝舉士，文武並重。」[92]又聽雨叢談：「我朝效法三代，八旗仕進之階，不泥一轍。大臣故不判其文武，下至食餉彎弓之士，亦有文職之徑。如驍騎校、護軍、馬甲選贊禮郎，若栢唐阿（拜唐阿）、親軍、馬甲升筆帖式，蒙古護軍校升補察哈爾等處游牧理事、員外郎、主事缺，均存因材器使之意。」[93]「八旗武職大臣，亦叨枚卜，惟不似兩漢專用武臣爲相也。康熙年，馬爾賽以都統授武英殿大學士。雍正年，漢軍高其位，由江南提督署總督，內擢禮部尚書協辦大學士。乾隆十三年，滿洲領侍衞內大臣傅恒、兆惠，參贊大臣達爾黨阿，道光年，蒙古伊犂將軍長齡，盛京將軍富俊，均由武秩入相。其他由武職轉文員而陟揆席者尤多，未能悉載也。」[94]

漢軍七十八人中，以武職改班文職者八人，文武互轉者二十六人，始終爲文職者五十二人。而此五十二人中，有七人甫入仕卽去世。蒙古二十四人中，以武職改班文職者五人，文武互轉者二十一人，始終爲文職者三人。

於此需要補充說明的，漢軍雖列身旗人，但在滿清最高統治者內心深處，畢竟與本族人不同，不能與八旗滿洲，甚至八旗蒙古享受同等待遇。《聽雨叢談》：「直省有旗兵駐防處，均設立將軍或副都統、城守尉統之。又必設置理事同知、通判以治之，凡詞訟案件皆隸焉。旗民交涉之案，理事同通會同有司審擬，向於京察一等之滿洲、蒙古筆帖式內，記名推補。任滿後以員外郎內升。若漢軍筆帖式，則弗預也。考八旗通志內載，漕運總督郞廷樞，漢軍鑲黃旗人，由廕生補江寧理事同知，升雲南順寧知府，洊升總督，諡溫勤。是從前漢軍人亦可任理事同知。

且可外升知府，不轉部曹。」95又《佳夢軒叢著》：「郭什哈巴雅拉，漢語曰親軍，惟上三旗有之。每佐領下二人，滿、蒙共一千七百七十人，漢軍不預也。」96南屋述聞：「漢軍初無充章京者。同治中，工部保送小京官丁鶴年，隸鑲黃旗漢軍，樞臣以向無成案，繕片請示。奉旨准其帶領引見。嗣後漢軍章京皆歸入漢章京班內。光緒季年，漢領班繼蓮續昌，卽漢軍籍也，後官至江寧布政使。」97《掌故零拾》：「漢軍出路較窄，祇六部各有漢字堂主事二缺。內閣中書有漢軍缺，而須以滿文考試，餘則與漢人無異。謔者至有和尙道士漢軍人之誚。以僧綱道紀兩司至六品爲止，武職則鑾輿衛專缺較多。故世職多以在職自達。」98

漢軍專缺，後且裁減。聽雨叢談：「自裁漢軍專缺後，八旗漢軍除內閣侍讀、大理寺丞、六部漢字堂主事、中書、筆帖式仍有專缺外，其餘均借補漢缺，故仕途淹滯者多。」99這樣，不但使漢軍出仕機會減少，只能向武職上求出路，而且也侵奪了漢官機會，無形中影響到滿（廣義的）漢缺分劃分上的比例。而漢軍在政治參與上的地位，自順治、康熙之後，卽日漸低落，滿族最高統治者對漢軍的貶抑低視，甚至見於文字。漢軍的墮落，受到輕視（包括社會上的），這是一個非常複雜的問題。本文止在說明漢軍與蒙古在政權參與上的現象，進一步深入的分析，只有留待專文了。

注釋

❶ 見上文。

❷ 《八旗通志》初集，御製八旗通志序：「太祖高皇帝龍興東土，創造鴻基，肇建八旗，以統滿洲、蒙古、漢軍之衆。……太宗文皇帝繼緒膺圖，遐邇率服，輸誠歸附者，雲集景從，咸隸旗籍。」又旗分志：「國家龍飛東海，列聖肇基，顯庸創制，始立四旗，復鑲爲八旗。丕應徯志，兆姓歸往，蒙古萬里，盡入版圖。正號紀元，遂成帝業。凡蒙古、漢人輸誠先服者，亦各編爲八旗，列在親信。迨定鼎燕京，統一四海，有明舊臣率先慕義者，皆得編在旗籍。」

福格，《聽雨叢談》卷一，滿洲原起條：「當太祖發祥之初，遼金舊域語言相同之大國滿洲五部，曰完顏，曰蘇克蘇護河，曰渾河，曰棟鄂，曰哲陳。長白山二部，曰訥殷、曰鴨淥。東海三部，曰渥集，曰瓦爾喀，曰庫爾喀。扈倫四部，曰葉赫，曰哈達，曰輝發，曰烏拉，此外若瓜爾佳，若富察，若佟佳等數十姓巨族，則各踞城寨，小族亦自主屯堡，互相雄長。各臣其民，均有城郭。土著習射獵知稼穡，非如蒙古行國可比者也。天命以先來歸者，編爲舊滿洲。崇德以後撫有者，編爲新滿洲。迨康熙十年後所收之墨爾根之索倫及絕北打牲各部，亦號新滿洲，皆與在京八旗舊滿洲稍有不同。至東北使犬部之赫哲，使鹿部之奇赫爾，庫頁部海島雜處之赫哲、費雅哈、鄂倫春，與今貢貂之赫哲各部，皆不編佐領，不列入滿洲八旗。龍興舊部及滿洲各國，長白山各國，崇德以先歸附者，大都入於上三旗滿洲。崇德以後來歸之東海部、扈倫部各國，多入於五旗滿洲。在京則分隸八旗，在外則環於盛京、興京境內。若居近吉林之錫伯人，居近伯都訥之卦勒察人，居近琿春之庫爾喀人，皆分駐佐領治之，隨地隨時編入軍籍，統稱吉林兵，不稱滿洲兵。黑龍江北之索倫人、達瑚爾人、鄂倫春人，統稱黑龍江兵，亦稱索倫兵。若極北之打牲烏拉人，即仍其舊名，不列入滿洲之籍矣。又鑲黃旗滿洲第四參領所屬第八佐領下係卦爾察人，第十七佐領下係俄羅斯人，皆以率先來歸，附入上三旗。」

又〈滿蒙漢旗分條〉：「外八旗各有滿洲、蒙古、漢軍，實二十四旗也。吉林寧古塔舊部及天命、天聰年來歸之遼、金、完顏、棟鄂等國人，爲舊滿洲，後收遼、金散處各部爲新滿洲。蒙古乃蒙部人民。漢軍乃遼東、三韓、三衞人民。國初曰烏眞超哈，亦稱遼人。或內地遷於國外，如丁令威，管幼安者也。或明季勳戚投旗者也。孔、尙、耿三王所領之天佑兵、天助兵亦隸焉。」

❸《清文獻通考》卷一七九，兵考一：「國初先編立四旗，以統人衆。尋以歸服益廣，乃增建爲八旗，然猶統滿洲、蒙古、漢軍之衆而合于一也。迨其後戶口日繁，又編蒙古八旗，設官與滿洲等。繼編漢軍八旗，設官與滿洲、蒙古等，合爲二十四旗。其制以旗統人，卽以旗統兵。蓋凡隸於旗者，皆可以爲兵。非如前代有僉派、召募、充補三項，而後收兵之用也。」旗以佐領爲其基層組織，聽雨叢談卷一佐領條：「佐領秩四品，爲管轄旗籍人丁親切之官。凡戶婚、田產、譜系、俸餉之考稽，咸有所責，如漢人之牧令焉。」

❹有高麗佐領，《八旗通志》初集卷四。後改稱朝鮮佐領。見《光緒大清會典事例》卷一一一，八旗都統，佐領，滿洲佐領。俄羅斯佐領，見兪正燮癸巳類稿卷九，俄羅斯佐領考。番子佐領，見光緒《大清會典事例》卷一一一，八旗都統，佐領、滿洲佐領。回子佐領，見養吉齋叢錄卷三。

又《聽雨叢談》卷一滿洲緣起條，鑲黃旗滿洲第四參領所屬「第十七佐領下係俄羅斯人，以率先來歸，附入上三旗。」滿蒙漢旗分條：「鑲黃旗滿洲內有俄羅斯佐領一缺，原命俄羅斯人伍朗各里管理，後隸滿洲官員領之。今只准做五品以上武職，非高麗入旗之索羅豁滿洲比也。……高麗佐領下人曰索羅豁滿洲，仕進與滿洲同。又有回子佐領，由內三旗人員補放。」

❺如《太祖高皇帝實錄》卷五，天命三年四月伐明，乙巳，下撫順等地，撫順守將李永芳降。論功行賞，以俘獲人口三十萬分給之。其歸降人民編爲一千戶。乙卯，安揷撫順降民，父子兄弟夫婦，毋令失所。其親戚奴僕，自陣中失散者，盡察給之。並皆給以田廬、牛馬、衣糧、畜產、器皿。仍依明制，設大小官屬，令李永芳統轄。俘降漢人沒爲私人奴隸，或編在屯莊上令從事農業生產，見陳文石：清太祖時代的農業生活。大陸雜誌卷二二，第九、十期。民國五十五年五月，台北。清太宗時代的農業生活，大陸雜誌特刊，慶祝朱家驊先生

七十歲論文集。五十一年五月，台北。（以上二文均已收入本書中）

❻《東華錄》太宗卷一，天聰五年正月乙未：「諭額駙佟養性曰：凡漢人軍民一切事務，付爾總理，各官悉聽爾節制，勿徇情面，分別賢否以聞。爾當殫厥忠忱，簡善黜惡，恤兵撫民，勿私庇親戚故舊，凌轢疏遠仇讐。昔廉頗、藺相如、一將一相，以爭班位，幾成嫌釁。幸相如重視國事，不念私讐，是以令名垂於千祀，願爾效之。又諭諸漢官曰：凡漢人一切事務，悉命佟養性額駙總理，爾衆官不得違其節制。如有勢豪嫉妬，藐視不遵者，非僅藐視養性，是輕國體而玩法令也，必罹禍譴。如能恪遵約束，不違節制，先公後私，爲國效力，則令名亦共揚於後世矣。」是漢人份子相當複雜，故以額駙佟養性總理。彼等雖爲敗兵之將，羈人俘虜，但爲了個人出路，仍傾軋相侵不已，甚爲滿族統治者所輕。

❼《東華錄》太宗卷一，天聰五年三月丁亥。實錄言，「上出閱新編漢兵，命守戰各兵，分別兩翼，使驗放火礮鳥槍。以器械精良，操演嫻熟，出帑金大賚軍士。」在對明戰爭中，俘虜許多明朝官兵，也俘獲許多火器，所以才令所編漢兵掌管使用，後來自造紅衣大礮成，亦歸漢兵。漢兵在此似爲特種部隊。

❽陳文石：〈清人入關前的手工業〉，本書第二八一至三二四頁。

❾《太宗實錄》卷十一，天聰六年正月癸亥：「上幸北演武場閱兵。額駙佟養性率所屬漢兵，擐甲冑，執器械，列於兩傍，置鉛子於紅衣將軍礮內，樹的，演試之。上見其軍容整肅，且以出征大凌河時，能遵方略，有克捷功，賜養性雕鞍良馬一匹，銀百兩。並賜六甲喇額眞副將石國柱、金玉和、高鴻中、金礪，遊擊李延庚，備禦圖瞻，精兵額眞副將石廷柱，步兵額眞參將祝世昌等鞍馬一匹。其餘將士，分賞銀兩布疋有差。」

❿同上，四月戊辰條。

⓫同上卷十三，天聰七年正月甲辰。

⓬同上卷十四，天聰七年十月辛卯。

⓭《太宗實錄》卷一八，天聰八年三月己亥：「大閱於瀋陽城北郊，兵部貝勒岳託率滿洲八旗、蒙古二旗、舊

漢兵一旗，共十一旗行營兵。」

⑭ 同上，五月庚寅。

⑮ 《太宗實錄》卷三七，崇德二年七月乙未。《清文獻通考》卷一七九，兵考一。

⑯ 同上卷四七，崇德四年六月丙申。

⑰ 同上卷六一，崇德七年六月甲辰。

⑱ 滿人俘掠漢人，舉其每次俘獲超過一萬者，如天命三年下撫順，俘獲三十萬（？）分給有功將士，降民編爲一千戶。天聰五年，大凌河降人一萬數千人。崇德元年，一次人畜一五二三〇人，一次一七八二〇人。四年，三〇一五〇二人。五年，四三七四人。八年，三六九〇〇〇人。

⑲ 並不是將國中所有漢人都撥出獨立編旗。當時對外戰爭，佔有俘掠的人口物資，是其生活資料來源，也是其應得的權益。所以每個官兵，都有或多或少的人口，這是他們的私有財產。後來編爲漢軍旗者，多爲未曾分配或暫時寄養在各家的人口。各人原有漢人人口，仍多保存。如崇德四年六月戊子罰多鐸漢二牛彔。見太宗實錄卷四七。漢人先編兵後發展成旗，亦指示著其中的意義。

⑳ 滿族在入關前對待漢人，根據其係被俘或投降，分爲二種不同的待遇。俘虜者，即歸所俘者或分配給個人爲私人奴隸。投降者，多編爲戶口，派人管轄，令其從事生產，爲公家奴隸。此爲滿人用兵俘降人口分配通則。注❹便是一個最好的例子。漢人編兵編旗，只是部份解放。而且即是編旗後，在政治、社會、經濟上的權益地位，仍然不能和滿人相比。

㉑ 《東華錄》太宗卷二，天聰八年正月癸卯，衆漢官以差徭負擔繁重，請將每備禦所幫八丁准照官例當差。太宗諭之云：「先是爾等俱歸併滿洲大臣，所有馬匹，爾得不得乘，而滿洲官乘之。所有牲畜，爾等不得用，滿洲官強與價而買之。凡官員病故，其妻子皆給貝勒家爲奴。既爲滿官所屬，雖有腴田，不獲耕種，終歲勤劬，米穀仍不足食，每至鬻僕典衣以自給。是以爾等潛通明國，書信往來，幾蹈赤族之禍。自楊文明被訐事覺以來，朕姑宥爾等之罪，將爾等拔出滿洲大臣之家，另編爲固山。從此爾等得乘所有之馬，得用所畜之牲，

妻子得免爲奴，擇腴地而耕之，當不似從前典衣鬻僕矣。爾等以小事來訴，無不聽理，所控雖虛，亦不重處。……爾等另編固山之時，咸云拯我等於陷溺之中，不受滿洲大臣欺陵，雖肝腦塗地，不能仰答上恩於萬一。」

㉒ 魏源，〈開國龍興記〉：「夫草味之初，以一城一旅敵中原，必先樹其羽翼於同部。故得朝鮮人十，不若得蒙古人一。得蒙古人十，不若得滿洲部落人一。族類同，則語言同，水土同，衣冠居處同，城郭土著射獵習俗同。故命文臣依國語製國書，不用蒙古、漢字。而蒙古、漢軍各編旗籍，不入滿洲八旗。所以齊風氣，一心志，固基業，規模宏窈矣。」《小方壺齋輿地叢鈔》本

㉓ 陳文石：〈清太宗時代的重要政治措施〉本書第四二一至五二三頁。劉家駒：〈清初漢軍八旗的肇建。〉《大陸雜誌》第三四卷，第十一、十二期。民國五十六年六月，台北。

㉔ 朝鮮與明在洪武二十五年建立宗主關係後，兩國一直在以小事大的關係中和睦相處。尤其明萬曆二十年，日本發動侵略朝鮮戰爭，朝鮮八道被陷，國王逃亡。賴明朝仗義伸援，出兵相救，戰爭持續七年之久。雖將日軍驅出，而明廷亦因此國用困竭，民力凋敝，遼東受害尤甚。論者以建州日漸坐大，遼東之失，終至內外交困，社稷爲屋，實肇因於此。然也因此贏得朝鮮君民之衷心感戴。故建州起後，朝鮮始終以感恩圖報心情，與明站在一起。直至明亡，仍念念不忘。

當建州坐大向明進攻，明東以朝鮮，西以蒙古，結成三面圍攻態勢。清太祖努爾哈赤時代，雖統一女眞諸部，據有明遼東瀋陽、遼陽等鎖鑰重鎮，不幸於進攻寧遠時戰死，但其生前亦無叩關內犯，或迂迴深入之想，以朝鮮與蒙古皆可襲其後方，有背腹受敵之憂。實則努爾哈赤早已將朝鮮、蒙古看作假想敵。天命十年三月遷都瀋陽時云：「瀋陽形勝之地，西征明由都爾鼻渡遼河，路直且近。北征蒙古，二三日可至。南征朝鮮，可由清河路以進。」（《十二朝東華錄》太祖卷一）。故清太宗皇太極未即位前，即主張對朝鮮用兵，及至即位之後，即首向朝鮮進攻。天聰元年正月，夜襲義州。三月，兩國成立江都盟約。朝鮮此後不得與金國（時稱金國）爲仇，並不得整理兵馬，新建城堡。而且盟約中未用明天啓的年號，在名義上使朝鮮與明朝斷絕宗主關係。退兵之時，又訂立平壤盟約。㈠致送金國禮物（爲後來歲幣的來源）。㈡金使、明使同等待遇。

㈢負責送還逃回之高麗人。㈣與明絕交，與滿洲往來。此約已幾將朝鮮置於附庸之下。崇德元年十二月終又向朝鮮用兵，朝鮮遂完全淪於臣屬，受清人的控制指揮。

㉕ 蒙古在明清戰爭中有著重大的影響力量。明自隆慶五年與俺答封貢關係成立後，緩和了自正統以來的雙方邊境緊張情勢。建州興起，蒙古站在明朝一方。雖在直接戰鬥上沒有提供大的力量，但給予滿洲側背威脅力量甚大。所以必西破蒙古，東破朝鮮，始能斷明左右聯軍包圍壓力。清太祖時，雖亦以蒙古爲假想敵，但情勢所限，只能與蒙古部長維持某種個別間的和戰不定的關係。而還想取道自遼西繞過山海關外明軍防地，西向入長城，進擾京畿，破壞後方，熱河丘陵地帶，爲唯一通路。熱河丘陵，地當蒙古與松遼平原通道，自山海關以西的長城重要關口，如九門口、冷口、喜峰口、古北口，都在此一線上。控制此一地帶，可北向蒙古，西向桑乾河盆地，南越長城，入黃淮平原。軍事戰略位置，十分重要。所以明成祖棄大寧之防後，開平、東勝防線，突出暴露，不得不後移，使北疆國防割裂，使國都陷於不利態勢。清太宗即位後，以東方朝鮮已於天聰元年用兵，雖未完全征服，已無多大後顧之憂。而對明戰爭，以山海關外尚有明軍堅城。遼西走廊入山海關，一線相通，用兵所忌。故即位之後，遂銳意西向，進兵蒙古，爭奪熱河丘陵地帶，打開迂迴入長城之通路。札奇斯欽在論〈蒙古與西藏在歷史上的相互關係和它對中原的影響〉中云：「蒙古末代可汗林丹(Lindan)(Ligdan)治世之際（一六〇四—一六三四），正是東西大局發生巨大變化的前夕。蒙古內部分裂之局已成，可汗大權旁落。長城以南的明朝已趨衰微。女眞的後裔，滿洲正在興起。……對於新興的滿洲，林丹可汗認爲是第一敵人，進而改善對明關係，採取聯明制滿政策。……後來由於內部的紛亂和滿洲的壓力，林丹可汗被迫由遼東基地退走青海病死（一六三四）。……使他的部屬投降滿洲，清太宗乘機收漠南蒙古於自己的掌握之下。」（《國立政治大學邊政研究所年報》，第六期，五十四年七月，台北。）

㉖ 《東華錄》太祖卷一，甲午年（一五九四，明萬曆二十二年）正月：「北科爾沁部蒙古貝勒明安、喀爾喀五部貝勒老薩始遣使通好。自是蒙古諸貝勒通使不絕。」乙巳年（一六〇五，明萬曆三十三年）「蒙古喀爾喀把岳忒部貝勒達爾漢巴圖魯之子台吉思格德爾來朝，獻馬二十四。上曰：彼越敵國而來，蓋望恩澤於我也。優

賫遣之。」丙午年（一六〇六，明萬曆三十四年）十二月，「台吉思格德爾又率蒙古五部喀爾喀諸貝勒之使進駝馬來朝。尊上爲神武皇帝。……自此蒙古各部朝貢歲至。」

蒙古部族與清室歷史關係狀況，《聽雨叢談》卷二，蒙古條：「蒙古者，西北外藩各部之通稱，如十八省之爲漢人也。各省族類風俗不同，各部蒙古亦自不同也。內地以大江限南北，塞上以沙漠瀚海限內外也。（瀚海即戈壁地，浮沙不生水草）漠南六盟，曰內札薩克蒙古，屬於理藩院旗籍司，或誼屬戚畹，或著有勳勞，或率先歸附，以奉其土地人民，比於內臣。定鼎以來，屏藩攸寄，帶礪之封，爰及苗裔。錄功存舊，或選備宿衛，授以職司。編戶比丁，均與八旗蒙古無異。漠北外札薩克四盟，喀爾喀三汗，於國初同時歸附納貢。厥後漠北蕩平，庇我宇下。康熙之世，超勇親王策楞有功，另置賽音諾顏一部，授爲大札薩克親王，俾與三汗共爲北部屏翰，其恩禮均與漠南蒙古同也。至青海則元之戚族，西藏則元之臣僕，至今雖通朝貢，與漠北則以超勇親王策稜戰功爲多，故生沐殊恩，後邀廟配。且子孫三世，繼爲定邊左副將軍，北部三汗，皆稱甥舅爲外戚者殊科。此蒙古四大部之梗概也。漠南以科爾沁功績最著，故封建獨繁，祿糈亦視各蒙古爲厚。歸節制，功業之盛，爲藩臣之最懋者。

㉗ 《東華錄》太祖卷一，壬子年（一六一二，明萬曆四十年）正月，「上聞科爾沁貝勒明安女甚賢，遣使往聘，明安許焉。送女至，上具車服以迎。」甲寅年（一六一四，明萬曆四十二年）四月，「蒙古札魯特部貝勒鍾嫩以女妻貝勒代善。」「札魯特部內齊汗以妹妻上子貝勒莽古爾泰。」「蒙古科爾沁貝勒莽古思以女歸上子四貝勒（皇太極）爲婚。」「札魯特部貝勒額爾濟格以女妻上子台吉德格類。」乙卯年（一六一五，明萬曆四十三年），「科爾沁貝勒孔果爾以女來歸，上具禮迎納。」天命二年（一六一七）「以弟舒爾哈奇女妻喀爾喀把岳忒部台吉思格德爾。」太宗實錄三，天聰元年十二月乙卯，「以哈達公主下嫁敖漢部落瑣諾木杜棱 。」戊午，「塞臣卓禮克圖請婚於上，行納聘禮。」

㉘ 在此需要說明的，是滿洲人在入關前征服一地方後，即用統轄自己族人社會組織形式之旗制，進行統治已准予參與其集團的人民。旗制的基層組織是牛彔，人少則編牛彔，多則編旗。因此有朝鮮佐領、俄羅斯佐領、

番子佐領、回子佐領等。凡屬人都納入旗，故稱「旗人」。

㉙ 蒙古部落大批來歸，天命六年十一月十八日：「蒙古喀爾喀部內古爾布什、莽古爾台吉率民六百四十五戶並牲畜來歸。」(《滿洲實錄》，華文影印本，頁三三三)。

㉚ 天命七年二月十六日，蒙古兀魯特部明安、諤勒哲依圖、索諾木、吹爾札勒、達賴、密賽、拜音岱、噶爾瑪、昂坤、多爾濟、固祿、綽爾齊、奇卜塔爾、布彥岱、伊林脊、特靈、實爾呼納克等十七貝勒，並喀爾喀等部台吉，共率所屬軍民三千餘戶並牲畜歸附。」(滿洲實錄，華文影印本，頁三四三—四)。八旗中有蒙古兵，見於天命六年。《東華錄》太祖卷一，天命六年三月攻瀋陽之戰。

㉛ 《太宗實錄》卷一，天命十一年十月己酉，命代善等征蒙古喀爾喀札魯特部落。「代善自軍中遣人奏言，喀爾喀札魯特部落貝勒巴克與其二子及喀什布希、戴青、桑喀爾賽等十四貝勒，俱已擒獲。殺其貝勒鄂爾賽圖，盡俘其子女人民牲畜而還。」

㉜ 同上，卷二，天聰元年二月己亥，遣書蒙古柰曼部落袞出斯巴圖魯。如欲和好，可與敖漢部落杜稜、賽臣卓禮克圖定議，遣人來計議。是年六月辛酉，蒙古敖漢部落瑣諾木杜稜、賽臣卓禮克圖，柰曼部落袞出斯巴圖魯三貝勒率衆來歸。(《太宗實錄》卷三)

《聽雨叢談》卷二，蒙古條：「柰曼部、敖罕部，俱天命元年來歸。巴林部，三年來歸。克什克騰部八年來歸。烏珠穆沁部八年來歸，蘇尼特部九年來歸。浩齊特部八年來歸。……均爲元太祖十五世孫達延車臣汗之裔。」「科爾沁部，在喜峰口外，天命年來歸。乃元太祖弟哈薩爾之後。明初置兀良哈三衞之一也。因同族有阿魯科爾沁，乃號嫩江科爾沁以別之。其札賚特、杜爾伯特、鄂爾羅斯三部，皆科爾沁一部所分，兄弟同牧也。自天命年來歸，至乾隆初冊后三，尙主八。有大征伐，則屬櫜先驅，功在竹帛。又非直親懿而已。」「喀爾喀皆成吉思汗之後，元太祖十五世孫車臣汗之季子格呼森札賚爾，有曾孫阿巴岱，世號土謝圖汗者，與其旗車臣汗、札薩克圖汗，共爲三汗。其地東西五千里，南北三千里，北界鄂羅斯，南盡瀚海，又謂之和林，元代發祥之基也。雍正年增置賽音諾顏部一部，共八十二旗，皆天命時通使，國初始來歸。」

33 《太宗實錄》卷四，天聰二年十二月丁亥，札魯特部落貝勒色本、馬尼，舉國來歸。

34 同上，卷五，天聰三年正月辛未，「上頒敕諭於科爾沁、敖漢、奈曼、喀爾喀、喀喇沁五部落，令悉遵我朝制度。」

35 同上，卷四，天聰二年四月丙辰：「巴林部落貝勒塞特爾、台吉塞冷、阿玉石、滿朱習禮來歸。」「塞特爾、塞冷等蒙古喀爾喀所屬也。蒙古察哈爾林丹汗既破喀爾喀，於是塞特爾、昂阿遂舉部投蒙古嫩江科爾沁國。科爾沁貝勒復擾害之。至是率部衆來歸。」

36 卷七，天聰四年十一月甲午，阿祿四子部落諸貝勒來歸。

37 清太宗即位後首征喀爾喀札魯特部。以喀爾喀札魯特部背誓與明及察哈爾通好，爲發動戰爭理由。太宗實錄卷一，天命十一年十月己酉致書喀爾喀札魯特部云：「前己未年，擒貝勒介賽時，曾刑白馬烏牛，誓言天地云：我滿洲及喀爾喀，協力征明，無相携貳。戰與和，均當共議以行。若喀爾喀聽明人巧言厚賂，背棄盟誓，而先與明私和者，天地譴責，令喀爾喀濺血暴骨而死。我滿洲若背棄盟言，譴責亦如之。乃爾喀爾喀五部落竟潛通於明，聽其巧言，利其厚賂，以兵助之，是爾之先絕我好也。又爾卓禮克圖貝勒下有托克退者，犯我台站，且擾害我人民，掠取我財畜，至再至三，甚至將所殺之人，獻首於明。疇昔盟言安在焉。……癸亥年復申盟誓云：察哈爾我仇也，科爾沁我戚也，爾愼無與察哈爾通好，或要截我遣往科爾沁之人，致起兵端。無何爾又背此盟。……是爾札魯特之貪詐不仁，妄加於我者終無已時也。我之所以興師致討者，職是之故耳。」

38 同上卷四，天聰二年九月壬申。卷五，天聰三年十月庚申。天聰二年二月丁未，察哈爾多羅特部，俘一萬一千二百人。

39 同上卷十，天聰五年十一月丁亥。卷十九，天聰八年六月辛酉，來歸戶口一千。乙亥，塞冷等五寨桑率男子七百人，家屬二千人來歸。卷二十二，天聰九年正月癸酉，以察哈爾國來歸各官並壯丁三千二百十有一人，均隸各旗。來歸大臣一百二十七人及屬官一百九十一人賞賚各有差。

40 同上卷二二，天聰八年十二月丁未：「以和碩墨爾根戴青貝勒多爾袞、貝勒岳託、薩哈廉、豪格爲統兵元帥，以固山額眞納穆泰爲右翼，以吏部承政圖爾格爲左翼，率護軍、騎兵。每甲喇官各一員，精兵萬人，往收察哈爾林丹汗之子額哲孔果爾額哲。」此次出兵後，察哈爾隨卽有來歸者。如卷二三，天聰九年正月戊午：「察哈爾國祁他特台吉來朝。」庚午：「察哈爾國巴賴都爾塞桑、胡囉、巴特瑪扎薩吉爾、阿山寨桑、巴吉爾扎薩吉爾、綽克圖、雅當扎薩吉爾、塞冷塔布囊、寨薩木寨桑、沙齊德爾格爾、寨薩、額習格庫魯克等十二項目，率一千四百人，携妻子牲畜來歸。」

㊶ 《聽雨叢談》卷二，「插罕部蒙古，元之嫡派子孫也，又曰林丹汗。天命四年，士馬強盛，橫行漠南，自稱統領四十萬衆蒙古國主巴圖魯青吉斯汗。天聰八年，亡於青海。其子額哲率所部奉傳國璽來降，封親王，位冠四十五旗貝勒之上。編其衆爲旗，安置義州。其弟襲爵，傳至布爾尼。當康熙十四年吳三桂之變，徵其兵不至，且煽柰曼等部同叛。命信郡王鄂札督師，圖海副之，率不附逆之科爾沁等部蒙古兵討之。犁其庭爲牧場，移其衆於宣化、大同邊外，編爲二翼，其旗內官事地土，治以獨石豐鎮等四廳，轄以都統，隸於理藩院典屬司。此八旗在蒙古四十九旗之外，官不得世襲，事不得自專，與各札薩克蒙古君國子民不同。又歸化城土默特蒙古二旗，明順義王俺答之後，先滅於插漢。太宗平插漢，仍其故封，還其王印，旋以叛除之。定鼎之後，封爲輔國公世爵，不理旗務，其部衆均隸於將軍都統，治以理事同知、通判。與在京之八旗蒙古相同，而與插漢大同小異。」

㊷ 與明作戰中，亦俘獲了許多蒙古人。例如大凌河之役，東華錄太宗卷一，天聰五年十一月壬申，「其自戊午年逃至大凌河蒙古悉收之，有兄弟親戚在敖漢柰曼部者，給敖漢柰曼。在喀喇沁部者，給喀喇沁。餘選其精銳，上與諸貝勒收養之。又其餘分撥八旗，令旗下官及諸貝勒下並富戶量力收養。仍諭收養之人加意愛惜。時蒙古共計一千五百七十名。」

㊸ 蒙古軍隨軍作戰最早見於天命六年三月攻瀋陽。見東華錄太祖卷一。既已隨同征戰，當然有了組織。滿人的軍事、政治、社會單位組織，只有牛彔一種。當時可能已有了蒙古牛彔。又是年瀋陽城破時，其中蒙古人必甚多。明史卷二五九，袁應泰傳：「是時蒙古諸部大饑，多入塞乞食。應泰言我不急救，則彼必歸敵，是益之兵也。乃下令招降。於是歸者衆，處之遼、瀋二城，優其月廩，與民雜居。……議者言收降過多，或陰爲

敵用，或敵雜間諜其中爲內應，禍且叵測。應泰方自詡得計，將以抗大清兵。……明年，天啓改元……清兵攻瀋陽……降人果內應，城遂破。」此外，八旗中有明朝蒙古官兵投降，當亦不少。如天命四年，明開原守備蒙古人阿布圖以二百餘人降。東華錄太祖一，天命四年六月辛酉。

蒙古牛彔，最早見於天命六年十一月：「蒙古喀爾喀部內古爾布什台吉、莽果爾台吉率民六百四十五戶並牲畜來歸……以聰古圖公主妻古爾布什，賜名青卓禮克圖，給滿洲牛彔三百人，並蒙古一牛彔，共二牛彔。」（《滿洲實錄》）。

㊹ 《太宗實錄》卷五，天聰三年三月戊午，遣國舅阿什達爾漢同尼堪等齎勅諭歸順各部落蒙古諸貝勒，申定軍令。勅曰：「爾等既經歸順，凡遇出師期約，宜各踴躍爭赴，協力同心。……我兵若征察哈爾，凡管旗事務諸貝勒，年七十以下，十三以上，俱從征。……若往征明，每旗大貝勒各一員，台吉各二員，以精兵百人從征。」本年正月，已頒諭科爾沁、敖漢、奈曼、喀爾喀、喀喇沁五部令悉遵滿洲制度，但尙未編旗。文中雖有「每旗」、「管旗務貝勒」字樣，非指後來之編旗。

㊺ 同上卷一三，天聰七年正月甲辰：「滿洲八旗、蒙古二旗、舊漢兵一旗……」

㊺ 同上卷一八，天聰八年三月乙亥：「大閱於瀋陽城北郊，兵部貝勒岳託，率滿洲八旗、蒙古二旗、舊漢兵一旗，共十一旗行營兵。」五月庚寅，定各營伍名色，「舊蒙古右營爲右翼兵，左營爲左翼兵。舊漢兵爲漢軍。」是二旗及左右營。

㊼ 同上卷二二，天聰九年二月丁亥，「編審內外喀喇沁蒙古壯丁，共一萬六千九百五十三名，分爲十一旗。」十一旗是指在新編八旗蒙古外，尙有古魯斯轄布，俄木布楚虎爾，耿爾格，單把四人所統轄的三旗而言。三旗共九一二三名，仍然隸屬原有的「八旗滿洲」之下。其餘的七八三四名和原有的八旗「舊蒙古」合編成八旗，俱令「舊蒙古固山」兼轄。此次編審的內外喀喇沁蒙古壯丁共一六九五三名。如果依照當時滿人「三丁抽一」的規定計算，則這時歸降的蒙古人的總數，約在五萬左右。與崇德八年七月丁巳諭朝鮮國王言「蒙古國人六萬，已歸附五萬。喀爾沁人萬餘，已服其半。」的說法相合。（太宗實錄卷六五）。又八旗蒙古的編立，

並不是將未編旗前在八旗滿洲下的蒙古人都編入八旗蒙古。事實上不但古魯斯轄布等三旗，仍然隸屬八旗滿洲之內，且尚有滿洲牛彔下蒙古人，亦未撥出編入八旗蒙古。《太宗實錄》卷廿九，崇德元年五月庚午：「此行若多所俘獲，每牛彔派取男婦六人，牛二頭。其附滿洲牛彔下蒙古貝勒之人，及內外新編入牛彔內者，亦照此派取。」而八旗蒙古編立後，仍有蒙古人被編入八旗滿洲的。《太宗實錄》卷廿五，天聰九年九月丙辰：「以鄂爾多斯濟農處所得察哈爾壯丁八百名，補各旗之缺少者。」「各旗」當不是專指八旗蒙古而言，應包括八旗滿洲在內。八旗滿洲內有蒙古牛彔。《光緒會典事例》卷一一一一，八旗滿洲佐領內，尚有蒙古佐領三十五個，半分佐領二個。

依乾隆四年《八旗通志》初集卷十一、十二旗分志所載八旗蒙古佐領編成時間，計天命八年一個，天聰四年八個，五年一個，六年二個，七年一個，八年四個，九年八個。只言天聰年間，確實年份不詳者十七個。崇德元年一個，二年一個，四年一個，七年一個，九年一個。

因此，被俘或歸降蒙古人，並不是全編入八旗蒙古之下。如崇德元年十月丁亥，「命內弘文院大學士巴克什希福、蒙古衙門承政尼堪，偕都察院承政國舅阿什達爾漢、蒙古衙門承政塔布囊達雅齊，往察哈爾、喀爾喀、科爾沁國，查戶口，編牛彔，會外藩，審犯罪，頒法律，禁姦盜。」（《太宗實錄》卷三一）又同年十一月丙午：「先是，內弘文院大學士巴克什希福等奉上命往科爾沁等國，會外藩，料理一切事務，以五十家編爲一牛彔，造載牛彔章京姓名及甲士數目冊籍。至是攜之還。」（《太宗實錄》卷三三）由上所引史料，是有編佐領又編旗的旗佐制，及只編佐領不編旗的佐領制。

㊽ 入關前漢人與蒙古參與政治活動，始於太宗卽位之後。天聰元年九月李棲鳳上疏云：「臣待侍書房，已幾七年。」（《天聰朝臣工奏議》卷上，李棲鳳盡進忠言奏。）天聰三年四月，復將書房分爲繙譯漢字書籍，記注政事兩值。（《太宗實錄》卷五，天聰三年四月丙戌。）就前引天聰朝臣工奏議，漢人僅在書房工作者卽有八人。後書房改爲文館，又改爲內三院，參與者更多。天聰五年七月仿明制設立吏、戶、禮、兵、刑、工六部。

吏部	戶部	禮部	兵部	刑部	工部
和碩貝勒一或台吉一	和碩貝勒一或台吉一	和碩貝勒一或台吉一	和碩貝勒一或台吉一	和碩貝勒一或台吉一	和碩貝勒一或台吉一
承政四人滿二漢一蒙一					
侍郎十四人滿八蒙四漢二	侍郎十四人滿八蒙四漢二	侍郎十四人滿八蒙四漢二	侍郎十四人滿八蒙四漢二	侍郎十四人滿八蒙四漢二	侍郎十四人滿八蒙四漢二
啓心郎四人滿二漢二	啓心郎四人滿二漢二	啓心郎四人滿二漢二	啓心郎四人滿二漢二	啓心郎四人滿二漢二	啓心郎四人滿二漢二
筆帖式十人滿八漢二	筆帖式十八人滿十六漢二	筆帖式十人滿八漢二	筆帖式十八人滿十六漢二	筆帖式十人滿八漢二	筆帖式十人滿八漢二
	倉長十人滿八漢二				
	稅課長十二人滿八漢四				
章京每牛彔一名	章京每牛彔一名	章京每牛彔一名	章京每牛彔一名	章京每牛彔一名	章京每牛彔一名
差人每旗一名	每札蘭一名	每札蘭一名	每札蘭一名	每旗二名	每牛彔一名

（上表據廣祿、李學智：〈老滿文原檔與滿文老檔之比較研究〉，附錄：〈清太宗初設六部考實〉，《中國東亞學術研究計劃委員會年報》第四期。）又《太宗實錄》所記與此不同。太宗實錄記六部各設管部貝勒一

人，俱滿洲當權貝勒。其下爲承政，每部滿、蒙、漢各一人。其下爲參政，每部八人。其下爲啓心郎，每部一人。其下爲辦事筆帖式，各若干人。其中除每部滿人及漢人承政可確定其族別，蒙古承政即難以確定其爲滿人或爲蒙古人。雖然其官職爲蒙古承政，依漢人分配參與情況應當是蒙古人。（見《太宗實錄》卷九，天聰五年七月庚辰。）

六部到崇德三年七月又有變動，如表：

吏部	戶部	禮部	兵部	刑部	工部
管部貝勒	管部貝勒	管部貝勒	管部貝勒	管部貝勒	管部貝勒
承政一人	承政一人	承政一人	承政一人	承政一人	承政一人
參政 左二人 右二人	參政 左二人 右四人	參政 左二人 右三人	參政 左二人 右三人	參政 左二人 右三人	參政 左二人 右三人
理事官 四人	理事官 十人	理事官 四人	理事官 十人	理事官 六人	理事官 八人
副理事官 六人	副理事官 十五人	副理事官 七人	副理事官 十六人	副理事官 八人	副理事官 十人
啓心郎 滿一漢二	啓心郎 滿一漢二	啓心郎 滿一漢二	啓心郎 滿一漢二	啓心郎 滿一漢二	啓心郎 滿一漢二
主事（辛者庫）二人	主事（辛者庫）二人	主事（辛者庫）二人	主事（辛者庫）二人	主事（辛者庫）二人	主事（辛者庫）二人

此次變動，承政一級，每部只設滿洲一人，已沒有蒙古和漢人參與，表示政權向滿人進一步的集中，漢人蒙古已不能參與高層次決策。啓心郎滿一漢二，也表示著漢人在總人口中所佔的比重及漢化要求的情形。其中沒有蒙古人，說明了當時所用的官方文字只有滿漢二種。另就所有官職人數分配統計，滿人佔百分之五九強，漢人佔百分之二七強，蒙古佔百分之一三強。（見《太宗實錄》卷四二，崇德三年七月丙戌）

另一個可以表示參與的指標，是開科與荐舉。天聰八年三月舉行第一次漢人生員考試。計一等十六人，二等三十一人，三等一百八十一人。四月命考取舉人，分滿文、漢文、蒙古文三科。共取了十六人。（見太宗實錄卷一八，天聰八年三月壬子，四月辛巳。）崇德六年六月，又舉考生員舉人。共取舉人滿洲二人，漢人四人，蒙古二人。一等生員滿洲四人，漢人十三人，蒙古一人。（見《太宗實錄》卷五六，崇德六年六月辛亥）

㊾

滿清政權的結構系統，組織形式，權力運用程序，入關以前與入關以後，雖然不能說是全然不同，但至少可說是有很大很大的差別。入關以前，國勢正在發展階段，一切以軍事爲第一。八旗制度，本來是爲適應戰爭的要求，組織國人一切力量而出現的。因此八旗制度本身便是國家的統治機構。而另一方面，努爾哈赤這個以父祖遺甲十三副起兵的家族政權，雖對旗的掌握都在自己及子侄手中，但事實上不能不賦予各旗下勢力強大族羣相當程度參與高層次決策的權利與機會，這是「心志齊一」，「共幹大業」的基本動力。

又旗制組織，由於戰爭的需要，不能不賦予各旗相當程度的獨立發展力量，及子侄等分享政權而佔有人口——牛彔，牛彔是旗制的基本組織單位，因此便造成旗對國家統治力量的影響作用，根據努爾哈赤對旗制與國家統治機構關係的設構，統制機構是由統治階級八旗諸王合議而成的。但太宗即位後，八旗制度與國家統治機構的關係，即逐漸發生變化。而中央集權的發展，在旗制之外，另建立了一套官僚行政組織。國家統治力量，透過此官僚組織，向旗內滲透、侵逼，有計劃的削弱旗制對國家統治權力的作用。但由於內外條件都不夠成熟，所以只能進展到某種程度。入關之後，情勢又自不同。所面臨的不只是一個土地廣大，人口衆多，文化進步，政治、經濟、社會組織複雜，而且有一套行之千餘年的自身系統完整官僚組織。入關前的旗、國不分的政權運用方式，自不能適應此新的形勢。所以經過順治、康熙、雍正三朝，八旗制度成了只是管理旗人統治階層的行政組織兼軍事單位，君主獨裁統治下的官僚統治機構。雖然在參與政治利益上，旗制仍作爲劃分單位，而且在旗制內部來說，還保持著某種程度血緣親屬式的封建關係，但其與國家的關係來說，只是屬於皇帝下的官僚統治組織了。

啓心郎滿一漢二，也表示着漢人在總人口中所佔的比重及漢化要求的情形。其中沒有蒙古人，可能是當時所用的官方文字只有滿漢二種。另就所有官職人數分配統計，滿人佔百分之五九強，漢人佔百分之二十七強，蒙古佔百分之一三強。(見《太宗實錄》卷四二，崇德三年七月丙戌)

50 卷三，八旗直省督撫大臣條。

51 《清史稿》職官志序。

52 《兼濟堂文集》卷二〇，魏貞菴先生年譜：「時（康熙八年）吏部疏言直隸道府盡用滿洲官。是日同金公巴泰在瀛台啓奏，上詢可不可。公對曰：何爲不可，但各府州縣文皆漢字，未便翻譯，須用兼通滿漢者乃可耳。上遂止其事不行。」無論是爲了解決滿人經濟利益，爲了鞏固京師安全，或爲了開拓族人參政機會，其所以未行之者，非不欲爲也，實不能爲也。

53 〈上諭內閣〉，雍正三年三月十三日。這一個問題，一直存在，只是無人願意或不敢直接了當的指出來而已。乾隆八年二月，因考選御史，試以時務策，杭世駿乃藉機明言。策云「意見不可先設，畛域不可大分，滿洲才賢雖多，較之漢人，僅什之三四。天下巡撫，尙滿漢參半，總督則漢人無一焉，何內滿而外漢也。」結果以「國家教養有年，滿洲人才輩出，何事不及漢人。杭世駿獨非本朝臣子乎！而懷私心，敢於輕視若此。若稍知忠愛之義者，必不肯出此也。杭世駿著交部嚴查議奏。尋革職。」指到痛處，便以大帽子威嚇了。（〈東華錄〉高宗卷六，乾隆八年三月癸巳。）

54 《大清會典》卷七，文選淸吏司。宗人府缺：宗人府監察御史及宗人府理事官以下，筆帖式以上，皆由宗人府於宗室內保題揀選。其部院司官，則於滿洲缺內，分吏部員外郎一缺，主事一缺，戶部郎中一缺，員外郎二缺，主事一缺，禮部員外郎一缺，主事一缺，兵部員外郎一缺，郎中一缺，刑部郎中一缺，員外郎二缺，主事一缺，工部郎中一缺，員外郎一缺，主事一缺，理藩院郎中一缺，員外郎一缺，陵寢衙門郎中一缺，員外郎二缺，主事二缺。滿洲缺：京官除順天府府尹、府丞，奉天府府丞，及京府京縣官，司坊官，無滿洲缺外，大學士以下，翰林院孔目以上，皆有滿洲缺。奉天府尹，奉錦山海道，吉林分巡道，直隸熱河道，口北道，山西歸綏道，及各省理事、同知、通判，定爲滿洲缺。部院衙門筆帖式，皆定有滿洲缺。蒙古缺：唐古特司業、助教、中書，游牧員外郎、主事，定爲蒙古缺。內閣侍讀學士、侍讀、中書，給事中，御史，各部院郎中、員外郎、主事、堂主事、司務，國子監司業、助教，欽天監五官正、靈台郎、挈壺正、博士，部院衙門筆帖式，皆定有蒙古缺。漢軍缺：欽天監從六品秋官正，定爲漢軍缺。內閣侍讀、典籍、中書，部院堂主事，大理寺寺丞，太常寺博士，欽天監靈台郎、司晨、博士，部院衙門筆帖式，皆定有漢軍缺。內務府包衣缺：內務府郎中以下，未入流以上官，皆由總管內務府大臣於內務府人內保題揀選，不准推升部院缺。惟坐辦堂郎中，總理六庫事務郎中三缺，於得缺後，咨部以應升之缺列名。

55 《清通志》卷六四，職官略一，官制：「世祖章皇帝定鼎燕京，統一方夏。內官自閣部以至庶司，外官藩臬守令，提鎮將弁，雖略仿明制，而滿漢並用，大小相維。」

56 盛京戶、禮、兵、刑、工五部，自侍郎至庫使共一九六缺。其中漢軍僅堂主事一缺，筆帖式八缺。蒙古僅主事二缺。漢人司獄一缺。餘一八四缺，俱屬滿缺。見光緒大清會典卷二五、四〇、五二、五七、六二。

57 《清史稿》，職官一，宗人府。

58 《大清會典》卷八九，內務府。

59 《清文獻通考》卷八三，職官考九，內務府。
內務府設廣儲司、都虞司、掌儀司、會計司、營造司等機構，其職能一如外廷。故大清會典云：「凡府屬吏戶禮兵刑工之事皆掌焉。」其組織之龐大，事務之繁雜，人員之衆多，皆前代所未有。此亦反映出滿族政權之特質。

60 宗人府宗令、左右宗正、左右宗人，由親王郡王以下，鎮國輔國將軍以上特簡。其下自堂主事以下，至無品級效力筆帖式以上，皆由宗人充任。僅府丞一人爲漢人，掌治本府漢文之事。堂主事四人中漢二人，掌守漢文冊籍。內務府：府屬文職武職官，皆不由部銓選。其不兼隸於吏兵二部者，亦不入二部品級考選。

61 太常寺：掌祭祀禮樂之事。凡壇廟牲帛之等，樂舞之節，齋戒之期，皆所專司。光祿寺：掌祭饗宴勞酒醴饍饈之事。太僕寺：總國之馬政，籍畿甸牧地畜馬之數，考其蕃息損耗，別以印烙而時閱之。鴻臚寺：掌朝會賓客吉凶儀禮傳贊之事。欽天監：掌察天文，定氣朔，占侯步推之事。

62 堂官，司官：堂官一般指京堂而言。京堂有三品京堂，四品京堂，五品京堂。三品京堂又有大三品、小三品之別。大三品爲都察院左副都御史，通政司通政使，大理寺卿，（亦包括宗人府丞、順天府尹）。小三品爲太常寺卿，光祿寺卿，太僕寺卿（包括奉天府府尹）。四品京堂亦分大四品小四品，大四品爲通政使司副使，大理寺少卿。小四品爲太常寺少卿，鴻臚寺卿，太僕寺少卿，內閣侍讀學士（包括順天府丞）。五品京堂爲通政使司參議，光祿寺少卿，鴻臚寺少卿。見《大清會典》卷四八，吏部，滿洲開列。吏部則例（道光二十三年本）卷一，銓選滿洲官員，開列。司官包括宗人府理事官、副理事官、主事、漢主事。六部、理藩院、盛京五部、陵寢衙門、步軍統領衙門郎中、員外郎、主事，太僕寺員外郎、主事，起居注、鑾儀衞主事，盛京、吉林、黑龍江將軍衙門主事，察哈爾游牧員外郎、主事。見《大清會典》卷八，文選清吏司。一說京堂指各部侍郎，內閣學士，國子監祭酒，通政司使，大理寺卿，太常寺卿，太僕寺卿，光祿寺卿，鴻臚寺卿等官。見商衍鎏，清代科舉考試述錄，第一章，童生之考試、生員及生員系內之各種考試。部院辦理公文程序是，文「堂到發司，司具稿呈堂，堂官畫諾。」會典卷四四，吏部，漢員銓選。呈堂畫稿情形，《清稗類鈔》爵秩類，各部堂司官瑣事。「堂官至，則掌印主稿率全司司官魚貫而出，至堂檐下，書吏捧稿，每人而授之，使呈堂焉。受之者，莫知其內容，亦無庸知也。至堂上，則堂官整冠迎之，立而畫行，司官雁行之。畫畢，敬還司官，不敢久閱，以煩司官也。有問，則掌印主稿肅以對。對畢，率其曹出。有隨班上堂數年，不得與堂官交一語者。」「非當家之堂官，値司官來請畫稿，不敢細閱，謂之畫黑稿。故有任堂官數年而不知部務爲何物者。」掌印主稿，六部條：「每部分若干司，司有掌印，有主稿：有幫掌印，有幫主稿。又或有掌印上行走，幫掌印上行走；主稿上行走，幫主稿上行走。然任事者掌印主稿而已。吏、刑部有漢掌印，餘皆滿員，且不限郎中、員外郎、主事，惟堂官所任。主稿亦然。不限定司缺，亦有此司候補人員掌他司印鑰者，全以堂官意旨爲之。」又前引各部堂司官瑣事條：「掌印主稿，列坐堂皇，書吏持稿至，印稿取其數目字或案名筆點之。書吏肅退，則公事畢矣。新入署之司官至，則隅坐無過問者，故鮮入署。如必欲習部務，則日往而隅坐，久之，印稿見其人面善，偶一垂盼，乃試以小事，無誤，則漸引而上之。舍此，則末由自進也。」

部院掌稿地位甚爲重要。阮毅成〈清代的刑律〉：「清代審判刑事案件，常引用成案，有如歐美國家之引用判例。惟刑部核覆之時，並無一定標準。有時謂「查有成案，可以照覆」。有時謂「未經通行之案，不准引用」。其間完全憑一二掌稿者之意見爲准駁。」

(63) 其職務範圍，會典雖未註明，但顧名思義，可知其所司之事。

(64) 《清史稿》選舉志五，推選。

(65) 《大清會典》卷七，文選清吏司。

(66) 同上。

(67) 同上。

(68) 《吏部則例》（光緒十二年刊本）卷二，銓選滿洲官員，月選，旗員按缺補用條。聽雨叢談卷一，滿漢互用條：「內三旗旗鼓漢軍，外八旗漢軍，三品以上原可滿漢互用，而大學士之缺，外八旗漢軍多用漢缺，內務府旗鼓漢軍多用滿缺。從前高文定斌、高文端晉、書文勤麟，今相國官宮保文皆補滿相。先文肅公先拜滿協辦，後躋漢首揆，二百年來一人也。若外旗漢軍蔣相國攸銛，竟是一路漢缺，直躋首揆。惟甯文毅完我，由漢軍特詔入滿相班位。高文定、高文端、書文勤後皆改隸外滿洲鑲黃旗。」

(69) 《大清會典》卷七，文選清吏司。清史稿選舉志五，推選：滿洲京堂以上缺，宗室漢軍得互補。漢司官以上缺，漢軍得互補。外官蒙古得補滿缺，滿蒙包衣皆得補漢缺。惟順天府尹、府丞，奉天府府丞，京府京縣官，司坊官，不授滿洲，刑部司官不授漢軍。蕭奭，永憲錄續編，雍正五年三月壬寅。本朝漢軍，漢人一體簡用，內外不分，惟科道部屬小京官，漢軍不佔漢人缺。

(70) 商衍鎏：《清代科舉考試述錄》，第二章，舉人及關於舉人系內之各種考試。福格、聽雨叢談卷七，八旗科目條：「定鼎後，順治八年，禮部議准八旗科舉之例，鄉試取中滿洲五十名，蒙古二十名，漢軍五十名。滿、蒙識漢字者試繙漢字文一篇，不識漢字者作滿字文一篇。漢軍文章篇數，如漢人例。會試中滿洲二十五名，蒙古十名，漢軍二十五名，其文字均照鄉試之例。八月上皇太后尊號，恩詔九年會試，加中八旗滿蒙漢舉額二十五名，共為八十五名。禮臣又請本科鄉試滿蒙舉額中五十名，用內院禮部堂官各一員為主考。漢軍舉額五十名，聽漢主考官閱卷。詔均如之。是科鄉試，次年會試，滿洲蒙古生員筆帖式同一榜。九年歲在壬辰，滿洲蒙古取中狀元麻勒吉等五十人，漢軍遲煌等歸於漢榜三百九十七人之內。漢狀元鄒忠倚，江南人。遲煌中二甲第一名。十三年，減滿洲舉額十名，進士額五名。蒙古減舉額五名，進士額五名。漢軍減舉額五名，進士名額照舊。十四年丁酉科，停止八旗考試。康熙二年癸卯，特開八旗考試之場，取中滿洲齊蘭保等二十一名，蒙古布顏等十七名，漢軍姚啓聖等一百一十八名，咨送吏部錄用。落第者悉斥革，另挑差使。自來漢軍中額之多，無過於此。八年，御史徐誥武請復八旗鄉會考試之例，並請將八旗滿蒙漢與漢人同場，一例考試，詔從之。八年己酉科，定八旗鄉會試額，滿蒙古編滿字號，共取十名。漢軍編合字號取中十名。會試滿字號中四名，合字號中三名。三十二年，國子祭酒吳苑疏言，八旗學習制藝日多，中額太少，因加增滿蒙舉額六名，共十六名。漢軍三名，共十三名。會試滿蒙增二名，共中六名。漢軍增一名，共中四名。三十五年七月，廣八旗解額滿字號四名，合字號二名。四十一年八月，增八旗順天鄉試中額，滿蒙三名，漢軍一名。從順天府尹錢晉錫請也。嗣後改鄉會試中額，為臨時奏請欽定，不限成額。世宗御宇後，加意人材，八旗鄉會試之額，每科遞增。中式之士，館選而外，復加揀選。而迴避之卷，下第之士，亦蒐羅不遺。雍正元年，詔於文場外，另設繙譯鄉會試，並增設八旗武秀才及舉人進士之途。九年，又設繙譯蒙古文字之場，與滿洲繙譯鄉會試同，專試蒙古之人，滿洲、漢軍不預。今科場之制，滿洲蒙古鄉試仍為滿字號，會試另分蒙字號。咸豐二年，恩科廣額，不知如何舛錯，致將蒙古、漢軍進士中額，轉為裁減，而山東、河南兩省進士中額，每科各加增十餘名之多。至今十餘年，亦無一人建言者，異哉。（或言由於筆誤所致，非上意也。）」

71 見前引商衍鎏書第二章第九節，舉人之揀選、大挑、截取。

72 《大清會典》卷十二，吏部驗封清吏司。

73 福格，《聽雨叢談》卷一，滿官名條，軍士錄用文職條。

74 《清德宗實錄》卷二六，光緒二月辛巳。《仁宗實錄》卷一五四，嘉慶十年二月己丑。

75 《八旗通志勅諭》五。《清高宗實錄》卷一二，乾隆元年正月壬子。卷四二二，乾隆十七年九月戊午。卷一二二七，乾隆五十年三月乙亥。

76 《吏部則例》卷二，（光緒十二年本）拜唐阿計俸條。又道光二十三年本吏部則例卷二，雙單月選法雜錄條。

77 《清史稿》，選舉志五，推選。

78 卷一，筆帖式條。

79 職官一，宗人府。

80 卷六四，職官略一。

81 陳文石，〈清代的筆帖式〉，本書第五九七至六二〇頁。

82 《清文獻通考》卷七七，職官(一)。

83 《大清會典》卷七，吏部文選清吏司(一)。

84 《清史稿》選舉志五，推選。

85 《大清會典》卷七，吏部文選清吏司(一)，《聽雨叢談》卷三，〈漢軍迴避刑部條〉：「今漢軍人皆迴避刑部，不知例意原委。考康熙年，刑部侍郎李輝祖、喻成龍、卞永譽、金璽，雍正年王國恩，均漢軍人。或言此例自年羹堯擬罪時，漢軍人頗存黨護之意，由此始不准漢軍人任刑官。然而首發年羹堯之僭妄者，爲漢軍蔡珽，而祖年者爲隆科多，其迴避漢軍官員之例，恐別有所爲，非僅爲此也。」

86 《大清會典》卷七，吏部文選清吏司(一)。

87 同上卷八，吏部文選清吏司(二)。

88 同上卷九，吏部文選清吏司(三)。

89 《永憲錄》續編，雍正五年三月壬寅。

90 《大清會典》卷七，吏部文選清吏司(一)。《清史稿》選擧志五，推選。

91 《聽雨叢談》卷十一，漢軍御史亦可不由科目條。

92 《清文獻通考》卷五三，選擧七。

93 《聽雨叢談》卷一，軍士錄用文職條。

94 同上，大學士條。

95 同上卷十一，理事同知亦用漢軍人條。

96 《佳夢軒叢著》之八，管見所及。

97 水東花隱輯，《南屋述聞》卷一。

98 《掌故零拾》卷一，八旗漢軍。

98 《聽雨叢談》卷一，內旗旗鼓與八旗漢軍不同條。

贅語

文石兄任職中央研究院歷史語言研究所時，寫了些很有分量的文章，發表在不同刊物上。這都是治明清史者需要參考的。爲免應用者的翻檢之勞，徵得作者同意，彙刊成册。前史語所同仁蘇同炳先生自願任複印、校對之勞，費時一月。現任該所研究員黃寬重先生洽准臺灣學生書局印行。出版在即，特贅數語以彰寬重、同炳兄與作者的厚誼，及學生書局承印之美意。如因此論集的問世，文石兄再創研究的第二個春天，自屬更大收穫。

張存武　民國八十年國慶日記于台灣南港中研院近史所

國家圖書館出版品預行編目資料

明清政治社會史論（全二冊）

陳文石著. – 初版. – 臺北市：臺灣學生，1991
冊；公分

ISBN 978-957-15-0297-7(精裝)
ISBN 978-957-15-0298-4(平裝)

1. 中國 – 歷史 – 明(1368-1644) – 論文，講詞等
2. 中國 – 歷史 – 清(1644-1912) – 論文，講詞等

626.04 80003998

明清政治社會史論（全二冊）

著作者 陳文石
出版者 臺灣學生書局有限公司
發行人 楊雲龍
發行所 臺灣學生書局有限公司
地址 臺北市和平東路一段 75 巷 11 號
劃撥帳號 00024668
電話 (02)23928185
傳真 (02)23928105
E-mail student.book@msa.hinet.net
網址 www.studentbook.com.tw
登記證字號 行政院新聞局局版北市業字第玖捌壹號
定價 精裝新臺幣一五〇〇元
平裝新臺幣 九〇〇元

一九九一年十一月 初版
二〇二三年七月 初版二刷

62606

ISBN 978-957-15-0297-7(精裝)
ISBN 978-957-15-0298-4(平裝)